정신건강사회복지의 이해와 실제 2

한국정신건강사회복지사협회 편

신정

집필진

이름	소속	이름	소속
고진선	우리동네마음건강연구소	이나래	인천참사랑병원
권자영	세명대학교 사회복지학과	이미경	부산가톨릭대학교 사회복지상담학과
김근향	대구대학교 심리학과	이성규	숭실대학교 사회복지학부
김도윤	정신건강NPO 마음두레	이은진	수원과학대학교 사회복지학과
김문근	대구대학교 사회복지학과	이정하	정신장애와 인권 파도손
김수영	서대문해벗누리	이종국	국립공주병원
박미은	한남대학교 사회복지학과	이지현	강남세브란스병원
박애란	대한간호협회 정신간호사회	임규설	지역사회전환시설 라온
박재우	서초열린세상	장명찬	마음샘정신재활센터
박현숙	경성대학교 사회복지학과	장수미	청주대학교 사회복지학과
배정훈	우리병원	장창현	느티나무의료사협의원
백형의	을지대학교 중독재활복지학과	전준희	화성시정신건강복지센터
서성자	하모니하우스	채인숙	인제대학교 해운대백병원
손덕순	용인송담대학교 사회복지학과	최명민	백석대학교 사회복지학부
유숙	송국클럽하우스	하경희	아주대학교 공공정책대학원
이구상	한국생명존중희망재단	현진희	대구대학교 사회복지학과
이근희	국립정신건강센터	황순찬	인하대학교 사회복지학과
이기연	한국보건복지인력개발원	황정우	지역사회전환시설 우리마을

발간사

한국정신건강사회복지사협회는 1997년 창립되어 정신건강을 실천하는 사회복지사의 단체로서, 나아가 국민의 정신건강을 지키는 파수꾼으로서 소임을 다하고 있습니다. 현대인을 지치게 하는 정신적 고통과 잦은 재난으로 인한 삶의 위협으로부터 서로를 지켜내는 지혜의 중요성은 더욱 커가고 있습니다. 이렇듯 다양하게 분출되는 정신건강의 필요와 서비스 욕구에 부응해야 할 과제가 우리 앞에 직면해 있습니다. 그래서 급변하는 사회적 이슈들을 새롭게 정리하고 보다 효과적인 복지서비스를 제시하는 자료가 필요하였습니다.

본 교재는 정신건강서비스의 기본지식을 수련 받는 예비 정신건강사회복지사를 위한 교재로 집필되었습니다. 또한 정신건강 현장에 있는 사회복지사의 실무를 충실하게 담아 보고자 하였으니 실천현장에서의 교육자료, 대학 교과과정의 교재 등 다양한 용도로도 활용할 수 있을 것입니다.

특히, 이번에는 정신건강, 그중에서도 보다 사회복지적인 정체성과 사회복지적인 실천기술을 탐색하고 정리해 보고자 고민하였음을 말씀드립니다. 그러나 여전히 부족한 부분은 이후의 과제로 남겨두어야 함도 인정합니다.

코로나19로 힘겨운 생활 속에서, 짧은 원고마감 일정임에도 흔쾌히 원고작성에 열정을 담아주신 선·후배 집필진들께 진심으로 감사드립니다. 그리고 훌륭한 글들을 멋지게 엮어주신 이은진 편집위원장님과 편집위원님들, 협회사무국 선생님들의 노고에도 깊이 감사드립니다.

2021년 4월

한국정신건강사회복지사협회 회장 황정우

머리말

한국정신건강사회복지사협회는 1997년부터 정신건강수련사회복지사 이론교육을 진행하고 있으며, 2012년 「정신보건전문요원 수련교재」를 첫 발간하였고, 2015년 수련교재를 재개정하는 등 정신건강사회복지사를 배출하고 역량 강화를 위해 다각적인 노력을 기울여왔습니다. 최근 급속한 정신건강 환경 변화와 함께 정신건강수련사회복지사 이론교육 교과목 변경으로 인하여 수련교재 재개정이 필요하다는 요구에 부응하기 위해 이번에 2차 수련교재 재개정을 진행하게 되었습니다.

본 교재는 정신건강증진 및 정신질환자 복지서비스 지원에 관한 법률 시행규칙 제7조 제2항 「정신건강전문요원 수련과정」을 근거로 전체 7부 36장으로 구성되어 있습니다. 제1부는 「의료·복지와 윤리」에 대한 내용으로 정신건강의 중요성과 정신건강전문요원의 역할, 정신장애인 인권과 권익옹호, 정신건강사회복지사의 역할과 윤리로 구성되어 있고, 제2부는 「법과 정책」에 대한 내용으로 정신건강복지법, 국가정신건강복지정책, 공공보건복지 전달체계, 정신건강사회복지서비스에 대해 소개하였습니다. 제3부와 제4부에서는 「정신건강이론 및 실제」에 대한 내용으로 임상심리학, 정신건강간호, 정신질환과 약물치료, 응급 위기관리, 치료적 의사소통, 중독질환, 재난, 생애주기별 정신건강, 정신병리, 진단에 따른 정신과적 면담, 심리사회적 사정, 정신건강 실천이론, 집단에 대한 이해와 개입, 가족에 대한 이해와 개입, 지역사회와 지역사회 정신건강 네트워크 구축, 정신사회재활, 퇴원(퇴소)계획과 사후관리, 사례관리, 직업재활서비스와 주거서비스가 기술되었습니다. 제5부에서는 「기획 및 행정」에 대한 내용으로 정신건강사회복지사업의 기획과 평가, 정신건강사회복지 행정실무, 프로그램 개발과 평가, 사회사업기록을 다루었고, 제6부는 「조사연구」에 대한 내용으로 통계의 이해와 지역사회 진단 및 조사, 정신질환 예방 및 정신건강복지 조사연구로 구성되어 있으며, 제7부에서는 「정신건강 이슈 대응」에 대한 내용으로 동료지원가 및 당사자활동, 자살과 자해, 커뮤니티케어, 폭력과 학대, 정신장애와 당사자중심의 임파워민드 실천을 소개하였습니다.

이 교재의 집필진은 각 주제의 전문성을 가진 1급 정신건강사회복지사와 교수진, 정신건강의학과 전문의, 정신건강간호사, 정신건강임상심리사, 당사자 등으로 구성되었습니다.

이상과 같이, 본 교재는 정신건강사회복지에 대한 이해를 높이기 위해 다양한 최신 이론적 지식을 제공하고 있으므로 정신건강수련사회복지사뿐만 아니라 수련 수퍼바이저, 정신건강분야에서 헌신하고 계신 정신건강사회복지사와 일반 사회복지사, 수련을 준비하고 있는 예비 정신건강수련사회복지사, 대학에서 사회복지를 전공하고 있는 대학생, 정신건강분야를 연구하는 학자들에게도 널리 활용되길 바랍니다.

끝으로 본 교재의 출판을 적극적으로 지지해 주신 황정우 협회장님과 이미경 전 협회장님, 편집위원회 이나래, 백형의, 고진선 위원님과 사무국 박지혜, 송유선 선생님께 감사드립니다. 또한 짧은 기간임에도 불구하고 집필을 수락해 주신 모든 집필진께 머리 숙여 감사드립니다.

2021년 4월

한국정신건강사회복지사협회 편집위원장 이은진

차례

1권 차례

PART 04

정신건강이론 및 실제 2

19장

집단에 대한 이해와 개입

손덕순
(용인송담대학교)

I. 서론

집단사회복지실천은 사회복지실천 역사와 맥을 같이 한다고 해도 과언이 아니다. 사회복지실천의 중요한 시작점이 되었던 인보관운동의 실제적 내용이 바로 집단을 활용한 이웃주민들의 여가 및 문화활동, 시민권 수업 그리고 교육집단을 제공하는 것이었기 때문이다.

정신건강영역에서 집단을 활용한 실천은 매우 중요하고 기본적이다. 생태체계적 관점에서 개인과 개인을 둘러싼 환경체계인 다양한 집단에 대한 이해와 이를 활용한 개입은 정신건강사회복지사에게 기본적인 실천을 의미한다. 정신사회재활의 궁극적 목적은 정신장애를 가진 사람들이 사회 속에서 자신을 이해하고, 다양한 체계와 관계하면서 나타나는 현존하는 문제에 대처하고 해결할 수 있도록 돕고, 예상되는 문제를 예방하거나 앞으로 악화될 위험에 대해 대처할 수 있도록 하여 자신의 삶을 영위해 나가도록 지원하는 일이다. 정신장애인을 둘러싼 다양한 체계, 즉 가족, 조직, 지역사회 체계 등도 모두 집단의 의미에서 벗어나지 않기 때문에 집단을 활용한 실천은 필수적이다. 그러므로 정신장애인의 정신사회재활의 효과적인 개입을 위한 다양한 집단의 활용과 집단의 치료적 요인 활용은 정신건강사회복지사의 중요한 역량으로 볼 수 있다.

Ⅱ. 이론적 배경

1. 집단사회복지실천의 개념

집단사회복지실천은 사회복지실천의 한 방법으로서 손상된 사회적 기능을 회복하려는 욕구가 있거나 현재의 사회적 기능을 더욱 적극적으로 유지하며 강화하려는 욕구가 있는 사람들을 대상으로 의도적인 집단과정을 통해 그 욕구를 실현하며, 개인·집단·집단환경 등의 당면 문제에 더욱 효과적으로 대처할 수 있도록 소집단의 역동적인 상호교류와 전문가인 집단사회복지사의 지도와 원조를 통해 이루어지는 실천 과정이다(조학래, 2006).

2. 집단사회복지실천의 기본 이해

1) 집단실천의 기본 전제(조학래, 2019: 37-38)

(1) 인간의 일생주기에 관한 기본 전제

① 모든 사람은 사랑을 받고 싶어 하는 기본적 욕구와 타인을 사랑하는 역량과 힘이 있다. 이런 기본적 욕구와 능력은 타인과의 상호작용을 통해서만 충족되고 학습된다.

② 모든 사람은 평생 건전하고 적절한 집단생활을 통해 건전하게 성장한다.

③ 모든 사람은 일생을 통해 집단생활을 영위한다. 따라서 인간은 다양한 집단경험을 해야 한다. 특히 집단 경험의 중요성은 아동기에 증가하며, 청소년기에 정점에 도달하며, 그 이후도 집단 경험의 필요성은 계속 유지된다.

(2) 카놉카(Konopka, 1972)의 집단실천의 기본 전제

① 하나의 전문적 활동으로서 집단실천은 사람들의 사회적 기능 향상에 관여한다

② 사회적 기능과 집단경험 간에는 중요한 상호관계가 있다.

③ 사회적 기능 향상을 위해 사람들은 때때로 전문적 도움이 필요하다.

2) 집단실천의 목적

(1) 집단실천의 목적

성원들이 집단경험을 통해 문제해결에 필요한 태도와 자기관리 능력을 습득하고, 대인관계 기술의 향상을 통해 사회적으로 충분히 기능하는 사람이 되도록 하는 것이다

(2) 집단실천의 일반적 목표

① 자기와 타인에 대한 이해의 증가와 개인적 성장으로 자신감을 느끼게 된다.

② 개인 및 사회생활 측면에서의 발달 과업을 해결하는데 필요한 사회적 기술과 대인관계능력을 개발한다.

③ 문제 해결 및 의사결정 능력의 향상을 통해 다른 사회 장면에서도 발휘할 수 있게 한다.

④ 타인과의 대화에서 공감적 경청 능력과 자기가 생각하고 믿는 바를 정확하게 표현할 수 있는 의사소통능력을 향상한다.

⑤ 각자에게 필요한 구체적인 행동 목표를 설정하여 실천하도록 돕는다.

(3) 대인관계와 환경에서 집단실천의 목표

① 재활과정: 성원들의 기능 수준을 이전의 수준으로 회복하는 것

② 적응과정: 성원들의 치료보다는 성장과 발달을 원조

③ 교정과정: 법과 관련된 어려움이 있는 성원들을 원조

④ 사회화과정: 타인과의 관계를 맺는 방식을 배우고 사회적으로 수용되는 방식으로 행동하도록 원조

⑤ 예방과정: 적정 수준까지 발달하고 기능하도록 원조하고 앞으로 발생할 수 있는 어려움에 대처하도록 원조

⑥ 사회행동과정: 성원들이 환경의 변화에 대처하도록 성원들을 원조

⑦ 문제해결과정: 성원들이 과업달성, 의사결정, 사회문제 해결 등에 집단을 사용하도록 원조

⑧ 사회적 가치의 개발과정: 성원들이 자신의 삶과 관련된 사회적 가치를 개발하도록 원조

3) 집단실천의 모델

〈표 19-1〉 집단실천의 모델

특징	사회적 목표모델	치료모델	상호작용모델
목저	사회적 쟁점에 관한 토론과 대안 모색을 통해 사회적 의식, 사회적 책임, 책임 있는 시민으로 성장	역기능적으로 행동하는 성원들의 치료와 재활	최적의 적응과 사회화 달성을 위해 성원 간의 상호 원조체계 형성
기관	인보관, 지역사회복지관	임상기관, 사회복지기관이나 시설	임상기관, 지역사회복지관
초점	이웃과 사회환경이라는 맥락에서 개인과 더 큰 사회 형성	문제나 걱정의 감소, 대처기술 향상	모든 성원 간의 자조, 상호 원조체계의 개발
주요 과제	필요한 자원 제공과 사회적 붕괴의 예방	사회적 위험으로부터의 회복과 재활(집단 매개체를 통한 치료)	앞의 두 모델의 조합
사회복지사의 역할	책임 있는 민주시민을 위한 역할 모델과 조력자	성원들의 개별 치료 목표를 달성하도록 돕는 조사, 진단, 치료에 참여하는 변화대행자	성원들의 욕구와 집단 및 사회의 욕구 간의 중재자, 성원들이 이용할 수 없는 자료 획득의 조력자
대상	시민, 이웃, 지역주민	역기능 또는 삶의 과업 대처에 도움이 필요한 클라이언트	공유하는 공동 관심사의 성취를 위해 일하는 협력자
집단에서 사용하는 방법	토론, 참여, 합의, 집단과업의 개발 및 실행, 지역사회 조직화, 성원들의 사회적 행동기술 습득과 사회변화에 필요한 프로그램이나 행동기술	성원들의 행동 유형 변화를 돕기 위해 구조화된 활동, 직접 또는 간접적 영향력 행사	성원들의 관심사 토론, 상호지지의 형성, 상호이익이 되는 결속된 사회체계의 형성을 위한 공유된 권위
집단 크기	3~30명 정도	7~10명 정도	유동적이지만 15명 이상을 넘지 않음
회합기간	지도력의 유형에 따라 유동적	정기적이며, 시간 사용 계획을 사전에 설정	유동적이며, 성원과 집단사회복지사 합의
기초 이론	절충적인 이론적 기조	사회 역할이론, 사회행동이론, 집단역학, 자아심리학	체계이론, 장이론
대표학자	Rylan, Wilson, Wiener, Coyle	Vinter, Glasser, Sarri, Redl	Schwartz, Lewin

출처: 조학래(2019). pp.50-51에서 재인용.

4) 집단발달(group development) 단계

집단도 하나의 체계로서 형성되고 진화되며 소멸되어 가는 과정을 경험하게 된다. 집단의 형성시점부터 소멸까지의 변화과정을 집단발달이라고 한다. 모든 집단을 집단발달의 전체 단계를 거치기도 하고, 그렇지 않을 수도 있다. 모든 집단은 발달단계의 순서를 따르지만, 이전 단계로 되돌아가거나 특정 단계를 뛰어넘기도 하며, 어느 한 단계에 정체할 수도 있다. 하나의 발달단계에 소요되는 시간은 집단에 따라 다를 수 있고 집단의 특정 발달단계에서 효과적인 개입방법이 다른 집단의 발달단계에서도 동일한 효과를 얻을 수는 없다.

집단사회복지실천에서 발달단계에 대한 지식은 중요하다. 사회복지사는 이를 통해 집단 내에서 일어나는 집단성원들의 행동을 이해하고, 앞으로 일어날 일에 대해서도 예측을 하게 된다. 그러한 지식은 또한 사회복지사가 집단에 개입하는 방법에도 영향을 준다. 사회복지사의 집단발달단계에 대한 이해와 각 단계에서의 집단성원들의 욕구에 대한 이해는 사회복지사의 개입에도 영향을 준다(노충래 역, 2012: 65-67).

(1) 1단계: 포함-적응(Inclusion-Orientation)

집단성원들과 관련된 사회정서적 과업문제와 관련이 있다. 이 단계에서 주된 과업은 적응이다. 집단성원들은 사회복지사와 다른 성원들에게서 정보를 주고받으며 공통점을 모색하고 집단이 자신에게 주는 의미를 찾으려 노력한다.

(2) 2단계: 불확실성-탐색(Uncertainty-Exploration)

성원들이 집단의 운영에 관해, 특히 누가 권력을 갖고 있으며, 집단에서 자신들이 수용되었는지에 관해 불확실해한다. 집단성원들은 이러한 문제를 탐색하게 된다. 이 단계에서 주된 사회정서적 주제는 갈등과 무관심으로 이것은 특히 사회복지사의 권위와 성원들 간의 권력 분배에 관련된 것들이다. 이 단계에서 나타나는 행동유형은 상호수용과 집단정체감, 권력을 위한 경쟁, 집단 내의 만족스러운 역할 개발 등에 대한 불확실성과 불안의 표현이다. 주된 과업으로는 자신들이 원하는 이득과 관련된 상황을 탐색하는 것, 현실적인 상호 기대감을 획득하는 것, 상호신뢰와 수용을 바탕으로 대인관계를 형성하는 것이 있다. 이 단계에서 집단은 상호원조체계가 된다.

(3) 3단계: 상호성-목표성취(Mutuality-Goal Achievement)

이 단계에서 사회정서적 주제는 상호의존성이며 주된 과업은 목표성취를 위한 작업이다. 이 단계에서 나타나는 주된 사회정서적 행동은 개인참여의 극대화, 친밀성 형성 혹은 회피, 집단정체감에 따른 자아정체감의 향상을 들 수 있다. 대인관계의 특징으로는 상호 수용, 공감, 자기노출, 차이점에 대한 존중 등이 있다. 갈등이 나타나고 이를 순기능적인 방법으로 해결한다. 집단은 집단의 통합과 분리(differentiation)를 허용하는 적절한 응집력을 갖게 된다. 집단성원들은 집단의 과업에 적극적으로 협력하고 참여한다. 이 단계에서 주요한 과업은 사회적 성장과 문제해결의 수단으로써 집단의 관리와 향상이다. 이 시기에 상호원조는 최고조에 다다르게 된다.

(4) 4단계: 이별–종결(Separation–Termination)

주된 사회정서적 주제는 이별이며 주된 과업은 종결이다. 집단성원들은 사회복지사, 집단, 그리고 다른 성원들과의 이별에 대해 양가감정을 갖는다. 집단성원들은 집단을 떠나 다른 사람들과의 관계나 활동으로 전환해 갈 준비를 한다. 또한 집단에서 미처 해결하지 못한 과업을 종결하려고 하고, 집단경험을 회고하고 평가하며, 자신들이 집단에서 얻은 이익을 안정시키고 지역사회의 새로운 환경에 적용하려고 한다.

5) 집단의 유형(정지영 외, 2016: 314–316)

집단의 유형은 학자들마다 다양하게 분류하였다. 집단은 목표, 집단성원들의 관심사, 상담자의 기법과 역할, 상담 주제 등에 따라 다양하게 나뉘는데 여기에서는 주로 정신건강과 인간적 성장을 도모하는 집단의 유형에 초점을 맞추어 살펴보고자 한다.

(1) 상담집단(counseling groups)

상담집단은 보통 개인적, 교육적, 사회적, 직업적 문제에 초점을 맞추고 치료적인 목표 외에도 예방과 교육적인 목표를 설정하여 집단상담을 실천하는 집단의 형태이다. 대략 4~12명 정도의 집단원으로, 보통 집단원의 사고와 감정, 행동을 강조하는 대인관계와 문제해결 전략을 강구하는 데 초점을 맞춘다. 집단성원으로 하여금 그들의 문제와 경험을 다루도록 조력하고, 현재의 문제와 관련된 요인들을 검토하고 앞으로의 성장과 적응에 강조점을 둔다. 또한 상담집단은 개인에 따라 예방적이거나 치료적이 될 수 있다. 예방적인 기능은 집단구성원의 문제가 심각한 문제로 발전하기 전에 집단상담을 통해서 개인으로 하여금 문제를 해결할 수 있도록 하는 것이다. 치료적인 기능은 집단성원의 문제가 이미 심각한 문제로 발전했을 경우에 집단구성원의 행동변화를 가져오기 위한 개입의 과정으로 집단상담을 활용하는 것이다. 집단상담에서 지도자는 집단지도처럼 권위적이고 전적으로 책임을 지는 것과는 달리 안내자, 도움자, 촉진자로서의 역할을 수행한다.

(2) 치료집단(therapy groups)

치료집단은 상담집단에 비해 보다 심각한 정도의 정서·행동 문제나 정신장애를 치료하기 위한 목적으로 구성되어 있고, 치료의 정도도 집중적이며 강도 깊은 심리치료가 필요한 4~10명의 사람들을 대상으로 한다. 따라서 그들에게는 집단치료 이외에 약물요법이 병행되어야 하는 경우가 대부분이고 치료기간도 일반 집단상담에 비해 장기적이고, 치료회기의 빈도수도 매우 높아야 한다. 이처럼 치료집단은 참가자의 심리적 문제를 해결하도록 돕는다는 점에서 상담집단과 유사하지만, 치료집단의 참가자들은 임상적으로 환자라는 점이 상담집단과 다르다. 상담집단은 일반인들을 대상으로 예방적이며 성장을 촉진하는 데 목적을 두고 있는 데 비해 치료집단은 내담자를 교정, 치료하는 것을 목적으로 한다.

(3) 교육집단(educational groups)

교육집단은 집단에 참여하는 사람들에게 치료적 측면보다는 정의적·인지적 측면의 정신건강 교육의 기회와 이와 관련된 다양한 주제에 대한 정보를 제공하기 위해 구성되는 집단을 말한다. 이것은 지도자가 준비하여 실시하며 프로그램의 내용도 정보를 제공하고자 하는 내용과 관련된 주제 중심적이다. 일반적으로 다루어지는 내용은 학습방법, 수험요령, 진로결정 방법, 여가선용, 인간관리, 그리고 인간관계와 의사소통 등이다. 즉, 교육집단은 특수한 정보를 얻고, 특정한 방법을 학습한다는 참여자들의 공통적 목표가 있다.

(4) 성장집단(growth groups)

성장집단은 집단 경험을 원하거나 자신에 대해 좀 더 알기를 원하는 집단성원들로 구성된 집단을 말한다. 성장집단의 기본 가정은 집단성원이 안전한 분위기 속에서 집단의 치료적 요소를 경험하게 됨으로써 자신을 정직하게 평가하여 자신의 참모습을 깨닫게 되고 사고, 감정, 행동의 변화를 꾀하게 되면서 궁극적으로 인간적 상장을 실현한다는 것이다. 집단에서는 주로 발달상의 문제, 즉 집단원들이 삶에서 겪게 되는 개인적인 관심사와 문제 및 갈등을 다룬다. 또한 집단은 참여자 모두에게 직접적인 경험의 기회를 제공한다는 점에서 경험 중심이라고 할 수 있다. 성장집단은 세 가지 유형, 즉 훈련집단(training group), 참만남집단(encounter group), 마라톤집단(marathon group)으로 나눈다.

① 훈련집단

훈련집단이란 'T 그룹(T-group)' 또는 'T 집단'이라고도 하는데, 집단원들의 인간관계에서 감수성을 높이고 인간관계 기술을 신장시키기 위해 고안된 집단을 말한다. 훈련집단은 주로 체험과정을 통하여 인간적 성장과 효과적인 의사소통 그리고 인간관계의 발전과 증진을 강조한다.

② 참만남집단

참만남집단이란 모든 장면에서 사람들의 인간적 성장 기회를 제공하기 위한 훈련의 형태에서 발전된 집단을 말한다. 그래서 참만남집단의 목표는 집단원들의 사회적 기술(social skills) 개발보다 주로 일치성(genuineness)과 진솔성(authenticity)을 신장시키는 데 있다.

③ 마라톤집단

마라톤집단은 며칠 동안 연이어 회기를 가짐으로써 집단원들의 방어를 감소시키는 반면, 친밀감을 창출함으로써 더 집중적이고 심화된 상호작용을 가능하게 하여 인간적 성장을 꾀하는 집단을 말한다.

훈련집단, 참만남집단, 마라톤집단은 공통적으로 집단원들에게 직접적인 경험의 기회를 제공한다는 점에서 '경험적 접근(experiential approaches)'으로 불린다.

(5) 자조집단(self-help groups)

자조집단은 글자 그대로 스스로 돕는 집단, 즉 정신건강 전문가의 도움을 필요로 하지 않거나 전문가들이 돕기에 한계가 있는 문제를 지닌 사람들을 위한 집단이다. 이러한 특성으로 인해 차례로 돌아가면서 집단을 이끌게 된다.

(6) 과업집단(task groups)

과업집단은 글자 그대로 구체적인 과업의 목적을 달성하기 위해 모인 구성원들의 집단을 말한다. 과업집단에는 상호 결정된 목적을 완수하기 위해 결성된 특별 과제팀, 위원, 직원회의처럼 사전에 계획된 집단, 지역사회 기관과 조직, 토론집단, 공부모임, 학습집단 그리고 이와 유사한 구조가 포함된다.

6) 집단실천의 역동적인 힘(노충래 역, 2012: 42-43)

〈표 19-2〉 집단실천의 역동적인 힘

구분	내용
상호지지	사회복지사와 동료의 지지는 불안감 감소, 자기표현 촉진, 새로운 생각과 행동을 시도해 볼 수 있는 의지를 갖게 함
응집력-집단 소속감	수용과 집단에 대한 헌신을 통해 집단성원들은 집단에 매력을 느끼게 됨(사회적 굶주림=소속감)
관계의 질	사회복지사와의 관계 및 집단 성원들과의 관계가 지지와 도전을 제공하게 되면 그 안에서 통제된 친밀감으로 인해 상대적인 안정감이 나타나며 이러한 긍정적 관계를 통해 치료적인 감정을 경험하게 됨
보편성	집단성원들이 서로 간에 비슷한 감정과 어려움이 있다는 것을 인식하게 되므로 자신이 독특하고 외로운 존재라는 느낌이 감소함
희망감	집단을 동일시하고 집단에서 긍정적인 결과를 얻을 것이라는 기대를 갖게 되면서 집단성원들은 타인의 긍정적인 목표에 의해 영향을 받게 되고 이를 성취하려고 함. 자신과 비슷한 문제들을 어떻게 잘 참아 왔으며 대처해 왔는지 발견함
이타심	집단성원들은 자신들이 다른 사람들을 도울 수 있으면서 동시에 받을 수 있다는 점으로 인해 자긍심과 자아정체감을 향상시키게 됨
지식과 기술의 습득	집단은 필요한 지식을 얻고 새로운 생각과 노력 및 행동을 실험해 보며, 사회기술을 습득할 수 있는 안전한 장소임
정화	집단성원들은 수용되면서부터 감정의 표현과 생각 및 경험을 노출하게 되어 불안감은 감소하고 원하는 목표를 성취할 수 있는 에너지를 방출하게 됨
현실검증	집단은 다양한 관점을 공유할 수 있는 역동적인 환경을 제공해 줌. 집단성원들은 다른 성원들을 공명판(sounding board)으로 활용하여 자신들의 의견과 감정, 사실을 비교해 볼 수 있음
집단통제	집단성원들은 집단의 기대에 일치하도록 행동함으로써 권위에 대한 저항감을 줄이고, 부적절한 행동을 억누르며, 초조함을 참고, 필요한 공정한 규제들을 사용하려고 함. 집단의 일시적인 통제는 적절한 자기통제력의 목표를 성취할 수 있는 수단이 됨

7) 집단치료와 집단활동의 비교(조은영, 2000; 유수현 외, 2018: 202에서 재인용)

집단사회복지실천은 일반적으로 정신건강영역에서 집단치료와 집단활동(프로그램)으로 구분하여 실행된다. 집단치료와 집단활동의 목적은 동일하나 강조점과 과정에서 차이가 있다. 정신건강실천현장에서는 두 가지 접근이 혼용되어 활용되기도 한다.

〈표 19-3〉 집단치료와 집단활동의 비교

구분	집단치료	집단활동
개요	• 집단 역동성과 구성원을 통해 상호작용 활성화	• 활동프로그램을 매체로 하여 상호작용 활성화
강조점	• 증상 감소 및 관리 • 대인관계 경험 • 정신역동적 이해와 치료 활용	• 일상생활의 사회적 퇴행을 예방 • 사회적응력 향상 • 대인관계기술 향상
과정	• 구성원들과의 상호작용이나 관계를 통해 자기 노출 및 인식	• 매체를 통해 자기노출 및 인식 그리고 관계형성
목적	증상치료, 사회적 역량 증가, 상호작용 활성화	

8) 집단프로그램 실천과정에서 사회복지사의 역할(정지영 외, 2016: 319-320)

(1) 전체 집단프로그램의 발달단계별 사회복지사의 역할

〈표 19-4〉 집단프로그램의 발달단계별 사회복지사의 역할

구분	사회복지사의 역할
집단사전단계	구성원 선정 구성원에 대한 정보수집, 욕구파악 집단의 규모, 기간, 빈도, 소요시간, 시간, 장소 확인 및 설정 융통성 있는 목적과 목표 설정 세부적 계획서 작성
집단초기단계	오리엔테이션과 탐색 / 신뢰관계 형성 집단의 목적 및 진행자의 역할 설명 집단규범 설정 / 비밀보장 설명 구성원의 피드백 및 집단구조화 집단의 목적 설정 및 공유 집단과정에 대한 구성원들의 동기부여 촉진
집단중간단계	집단구성원의 지위, 위계질서, 역할 리더 형성 집단의 응집력 발달 집단의 목적과 목표를 재확인하고 모든 구성원의 참여유도 각 구성원에 대한 진행자의 평가(태도, 관계, 행동, 동기, 목표 등) 집단의 현 위치를 파악(진행상황, 갈등, 협조체계 등) 집단구성원이 다양한 경험을 할 수 있도록 도움 집단의 갈등 해소
집단종결단계	집단의 종결이 임박함을 알리고 종결을 준비 집단종결에 대한 욕구와 목표 달성정도, 성과의 유지정도 등을 점검 집단구성원, 집단, 진행자에 대한 이별 준비 집단구성원의 성과에 대한 논의 집단의 변화평가, 개인의 변화평가, 진행자의 집단진행에 대한 평가 등

(2) 1회기별 집단진행에서 사회복지사의 역할

사회기술훈련을 포함한 모든 집단활동에서 각 회기의 실행과정을 구조화하는 것은 필수적이다. 집단활동 1회기의 실행과정은 다음과 같은 실행과정으로 구성할 수 있다.

〈표 19-5〉 1회기별 집단진행에서 사회복지사의 역할

구분	사회복지사의 역할
사전준비/ pre-meeting	• 집단구성원 및 집단에 대한 정보 및 상황적 맥락 파악 • 준비사항 점검(장소, 자리배치, 준비물 등) • Co-worker들끼리 호흡 맞추기
인사	• 사회복지사는 집단성원보다 먼저 입실하여 사전준비를 완료 • 사회복지사는 입실하는 집단성원들을 맞이하고 관심을 표현하며 친밀감 형성 • 개별 성원, 집단 그리고 성원 간의 교류에 대한 정보 및 변화 파악
Warm-up	• 집단성원의 긴장이나 불안이 감소하고 신체, 정서적으로 이완될 수 있도록 활동적인 것으로 기획 • 흥미유발을 위해 재미있는 것으로 구성 • Main program과 관련된 것으로 구성
Main program진행	• 집단의 발달단계별 취지에 맞는 프로그램 구성 • 집단성원의 특성과 기능, 욕구에 적절한 프로그램 구성 • 집단성원에게 너무 어렵거나 추상적이지 않도록 진행 • 진행자는 긍정적, 개방적, 적극적 자세, 관심과 배려, 적극적인 피드백 제공 • Here and Now에 충실하고 진행자의 의도대로 몰고 가지 않도록 주의 • 집단성원들의 역량강화와 성공의 경험이 가능하도록 진행 • 집단성원 간의 경쟁유발을 지향하고 협력과 공유, 나눔을 촉진 • 건강하고 개방적인 교류를 촉진 • 진행자의 말은 줄이고, 집단성원들의 목소리에 경청 • 진행자는 자신이 준비한 프로그램을 완성하는 데 집착하기보다는 here and now의 상황에 따라 탄력적이고 융통성 있게 운영
Sharing	• 프로그램에 참여하면서 자신이 느낀 점에 대해 건강하게 표현할 수 있도록 촉진 • 자신의 생각이 아닌 느낌(feeling)을 표현하도록 촉진
평가	• 집단성원이 자신, 집단, 진행자에 대한 평가 • 진행자의 각 성원, 집단, 전체 진행에 대한 평가 • 긍정적인 변화와 성장에 초점을 맞추어 피드백 제공 • 진행자가 먼저 평가하는 것을 지양하고 집단성원들이 먼저 자유롭게 평가하도록 기회 부여
마무리	• 차기 회기에 대한 공지를 통해 기대감 부여(필요할 경우 차기 회기를 위한 준비물 공지) • 집단성원들이 동의할 경우 다음 회기까지 달성해야 하는 과제 부여(실생활에 적용하기: Action Plan)하고, 격려 • 마무리 인사: 개인성원들에 대한 관심표현
After-meeting	• 진행자들의 전체 프로그램에 대한 평가 • 차기 회기 준비상황 점검 및 프로그램 사전조정 • 프로그램에 소극적이거나 결석한 집단성원에 대한 점검 • 차기 회기까지의 기간 동안 집단성원에 대한 개별 접촉을 통해 개인적 상황 및 욕구, 집단에 대한 만족도 파악을 하도록 계획

Ⅲ. 집단실천의 실제

1. 정신건강영역에서 집단실천

정신건강영역에서 집단의 활용은 매우 다양하다. 집단활동의 종류는 매우 다양하며 현장의 특성에 따라 응용하여 활용할 수 있다. 백형의 외(2014)는 정신건강영역에서 실행되는 집단활동을 프로그램 특징과 내용에 따라 크게 재활요법, 예술요법, 여가활용, 운동요법으로 분류하였다.

〈표 19-6〉 정신건강영역에서 집단실천의 유형

프로그램명		내용
재활요법	사회기술훈련	대인(인간)관계훈련, 자기주장훈련
	스트레스대처훈련	이완훈련, 명상훈련
	일상생활기술훈련	생활예절훈련, 자기관리, 요리요법
	건강증진프로그램	일상생활관리, 활력증진, 금연 및 금주교육
	정신건강교육	약물관리교육, 증상교육
	가족교육	가족교육 및 모임
예술요법	음악요법	음악감상, 난타(악기), 노래 부르기, 합창
	미술요법	그림그리기, 작품공예, 서예, 사군자
	영화요법	영화감상
	작문요법	문예요법, 산문읽기, 독서요법
	연극요법, 무용동작요법, 사이코드라마	
여가활용	레크리에이션	게임, 보드게임, 치료 레크리에이션
	Beauty wellbeing	네일아트, 미용(외모)관리
	웃음치료, 풍선아트, 동물매개치료, 원예요법, 산책 프로그램	
운동요법	요가, 댄스, 에어로빅 등 다양한 운동	

2. 집단프로그램 계획하기

1) 집단프로그램 사전 계획하기: 집단계획을 위해 고려해야 할 사항 점검하기 (정선영 · 손덕순 · 오영림, 2017: 213–215)

집단을 활용하여 사회복지실천을 하기 위해서는 집단프로그램에 대해 계획하는 것이 필요하다. 계획은 서비스를 제공하는 기관 및 사회적 상황 속에서 집단 구성에 대해 사회복지사가 사전에 고려해야 하는 것을 점검하도록 돕는다. 클라이언트가 가진 욕구(집단에 참여하는 성원들이 가지고 있는 문제나 어려움 등)가 무엇이며, 집단의 목적(이 집단을 통해 궁극적으로 해결하려고 하는 목적과 목표는 무엇인지, 집단구성원들이 이 집단을 통해 변화하거나 얻고자 하는 목표는 무엇인지, 집단 전체와 집단구성원들이 갖는 목표와 목적에 관계는 어떠한지, 치료적인지, 교육을 목적으로 하는지, 성장을 도모할 것인지), 집단의 구성(집단구성원은 몇 명으로 할 것인지, 모든 구성원들이 같은 문제나 어려움을 가지고 있어야 하는지, 집단을 이끌어갈 사회복지사와 전문가들은 누구이며, 몇 명이 집단을 활용하여 실천에 참여하는지), 집단의 구조(집단 운영에 대해 필요한 것들은 무엇인지, 시간과 장소, 필요한 자원 등은 무엇인지), 집단의 내용(집단의 목적을 달성하기 위해 활용될 도구나 자원 등은 무엇인지), 사전에 집단성원들과 만나는 것은 어떻게 할 것인지 등 다양한 측면을 고려하면서 집단계획이 이루어져야 한다.

다음은 사회복지사가 집단을 계획하기 위해 가장 먼저 고려해야 할 내용에 대해 표로 정리한 것이다.

〈표 19-7〉 집단을 계획할 때 사회복지사가 고려해야 할 사항

구분	사회복지사가 해야 할 일
(1) 클라이언트의 욕구는 무엇인가?	-사회복지실천 이론과 전문적 개입에 대한 지식에 비추어볼 때 클라이언트의 욕구, 문제, 관심사는 무엇인지 파악하기 -생태체계적 관점에서 클라이언트 문제 파악해 보기 -인간발달에 대한 지식을 적용하여 문제 파악해 보기 -생애주기과정에서 클라이언트 욕구, 문제 파악하기: 지식, 기술, 경험의 부족/생애주기 전환에 따른 역할과 변화에 대한 대처와 문제해결 기술부족/위기를 야기하는 생활사건/ 죽음, 이혼 등 관계단절/다양한 관계 속에서 갈등발생/사회적 배제/ 질환, 개인의 취약성 -개인의 심리, 정서, 건강, 교육, 경제적 문제, 사회적 관계의 문제 등에 대해 파악하기
(2) 클라이언트를 둘러싼 사회적 상황은 어떠한가?	-잠재적 클라이언트가 살고 있는 지역사회는 어떤 곳인지 파악하기 -지역사회에 산재해 있는 사회적자원체계들은 어떤 것들이 있는지 파악하기 -지역자원들이 클라이언트에게 효과적으로 개입하고 있는지 파악하기 -내가 계획하고자 하는 집단프로그램이 현재 제공되거나 존재하는 서비스, 사업들과 어떤 차이와 관계가 있는지 파악하기 -잠재적 클라이언트의 사회복지서비스에 대한 태도는 어떠한지 파악하기 -집단을 구성한다면 참여가 가능할 것인지 파악하기
(3) 기관의 상황은 어떠한가?	-기관에서 집단프로그램을 실행하기 위한 절차 파악하기 -계획하려는 집단프로그램이 기관의 목적과 목표를 지향하는지 파악하기 -구성하려는 집단에 대해 관심을 가지고 승인하는 사람 파악하기 -기관 내에서 집단프로그램에 대한 태도와 기존에 실시여부와 결과 파악하기

	-기관이 집단을 지원할 수 있는 여건인지 파악하기(장소, 인적, 물적자원 등) -기관 내에서 프로그램에 대한 협력, 협의가 필요한 부분 파악하기
(4) 집단의 목적은 무엇인가?	-사회복지사가 생각하는 집단의 목적은 무엇인지 파악하기 -심리사회적 기능이나 대인관계 능력 등을 변화시키는 치료적 목적을 갖는지 파악하기 -집단성원에게 정보를 제공하거나 구체적인 기술을 가르치는 교육적 목적을 갖는지 파악하기 -집단성원들이 사회심리적 건강을 향상시키고, 자신의 성장기회로 집단을 활용하게 하려는 목적을 갖는지 파악하기 -사회복지사가 임시로 정한 집단의 목적과 집단성원의 목적은 일치하는지 파악하기 -기관에서 이 집단에 기대하는 목적은 무엇인지 파악하기 -기관, 클라이언트, 사회복지사의 목적에 차이점과 유사점 파악하기
(5) 집단의 구성은 어떻게 할 것인가?	-집단구성원은 몇 명으로 구성할 것인지 파악하기 -집단구성원의 선정기준은 무엇인지 결정하기(성, 연령, 인종, 종교, 사회경제적 위치, 지적능력, 건강, 학력, 직업, 진단명, 이전 집단경험 등) -집단성원의 특성에서 이질성과 동질성을 고려하기 -집단성원의 능력 및 문제, 문제 대처방식을 고려하기 -집단성원 모집방법 고려하기
	-사회복지사의 특성과 집단성원의 특성을 고려하여 전문인력 배치하기 -전담사회복지사가 이 집단을 구성하고, 실행하고 평가할 수 있는 능력이 있는지 파악하기 -이 집단을 전담할 사회복지사는 몇 명으로 구성할 것인지 파악하기 -리더를 공동으로 할 것인지, 단독으로 할 것인지 고려하기 -사회복지사의 성별, 전문영역, 팀워크 능력, 태도 등을 고려하기 -실습생이나 전문, 일반 자원봉사자를 활용할 것인지 파악하기 -실습생, 전문, 일반 자원봉사자들의 역할은 무엇인지 설정하기 -공동지도자 체제로 집단진행 시 이 집단을 운영해가는 팀을 지원하는 체계가 필요한지 고려하기
(6) 집단의 구조는 어떻게 할 것인가?	-집단진행을 진행하기 위한 준비상태를 말함 -집단 프로그램은 언제, 어디서 진행할 것인지 파악하기 -집단이 진행되는 기간 설정하기(1회성 집단, 단기집단, 장기집단) -얼마나 자주 모일 것인가 고려하기(모임의 빈도 고려하기) -1회 모임에 소요되는 시간 고려하기 -모임의 시간은 하루 중 언제가 좋을지 고려하기 -모임장소의 접근성과 편리성 고려해 보기 -모임 장소의 환경, 즉 공간배치, 분위기, 조명, 의자와 탁자의 배열이나 상태 파악하기
(7) 집단의 활동내용은 무엇인가?	-집단이 모여서 하는 활동내용이 무엇인지 파악하기 -교육, 토의, 토론, 친교활동 등을 고려하여 구성하기 -집단내용을 누가, 어떻게 계획할 것인지 파악하기 -집단의 목적과 구성원의 목표를 달성하기 위해 필요한 내용은 무엇인지 파악하기 -집단활동이나 교육, 토론 등에 활용할 인적자원이나 필요한 물적자원은 무엇인지 파악하기 -집단의 발달단계(1~4단계)별로 집단의 활동내용 구성을 고려하기
(8) 집단 평가방법은 무엇인가?	-집단 목적이나 목표달성을 객관화할 수 있는 평가방법 확인하기 -객관화된 도구 찾아보기 -집단 전체와 세부 회기별 평가를 어떻게 할 것인가 탐색하기 -양적평가와 질적평가 방법(예, 포토보이스 기법) 활용하기

2) 정신건강 집단프로그램 계획서 예(태화기독교사회복지관, 2003: 239-249)

정신건강사회복지사가 집단실천을 위해 작성한 계획서의 사례를 제시한다. 현장에 따라 목적과 대상, 내용은 차별성을 갖추어야 하나 기본적으로 동일하게 계획서에 제시되어야 하는 내용은 앞의 고려사항들이 체계화되는 다음의 형태를 갖추어야 할 것으로 보인다. 다음은 태화기독교사회복지관(2003)에서 성인약물사범 수강명령 대상자를 위한 집단프로그램을 개발하여 수행한 사례이다(내용보다는 전체 구조를 간략하게 축약하여 제시함).

-**프로그램명:** 성인약물사범 수강명령 집단프로그램

-**프로그램 개요**

본 프로그램은 보호관찰소와 연계되어 진행되는 집단프로그램으로 보호관찰 수강명령을 받은 성인약물사범을 대상으로 실시되며, 집단과정을 통해 약물사용으로 발생되는 문제점을 인식하고 대처기술을 습득하여 궁극적으로는 약물사용을 중단하도록 돕는 것을 목적으로 한다. 프로그램은 참여하는 구성원들이 집단과정을 통해 약물 및 자신에 대한 통찰력을 갖고 문제해결을 위한 구체적인 기술들을 습득할 수 있도록 돕기 위한 세부내용들로 구성되어 있다.

▶ 문제분석

-마약류의 중독이 신체, 정신건강에 영향을 미친다는 객관적인 자료제시
-우리나라 마약류 사범 단속현황. 심각한 수준
-약물사범 대상자들의 특성
-약물사범 대상자들의 재범의 문제와 현황
-약물사범 대상 현행 프로그램의 현황과 문제점
-약물사범의 재발 방지에 대한 지역사회 노력이 요구

▶ 이론적 배경

-약물사범의 일반적 특성
-약물사범에게 있어서 보호관찰제도의 의의
-프로그램의 이론적 배경
-사회학습이론에 근거한 인지행동적 개입

첫째, 약물과 관련된 학습 및 훈련을 통해 약물사용 행위로 인해 손상된 본인과 가정에 대한 심각성을 올바르게 인지하고, 약물사용 결과에 대한 기대나 신념을 감소시켜 약물에 대한 왜곡된 사고를 교정

둘째, 약물사용의 원인이 되는 부정적인 정서상태를 완화, 자신에 대한 이해를 통해 긍정적인 자아상과 자기효능감을 증대
셋째, 분노조절, 스트레스 대처기술, 효과적인 의사소통기술 습득을 통해 약물 대처능력을 향상

▶ 프로그램

1) **프로그램명:** 성인약물사범 수강명령 집단프로그램

2) **목적:** 약물사용문제로 인해 수강명령처분을 받은 약물사범에 대해 약물과 관련된 학습 및 훈련을 통해 약물사용 행위로 인해 손상된 본인과 가정에 대한 심각성을 인지하게 하고, 약물사용에 대한 대처능력 향상을 통해 약물사용 재발을 방지하게 한다.

3) 목표

목표	세부목표	평가방법
① 약물이 인체에 미치는 심각성을 인지한다.	① 약물교육을 통해 80% 이상의 구성원들의 약물 사전·사후 검사점수가 향상되도록 한다.	• 약물사전 사후검사 (KOADAST Ⅱ) • 일일소감문 • 프로그램 종결평가
② 자신에 대해 이해한다.	① 자기성격의 장단점을 이해하고 모든 구성원들이 자기 성격의 긍정적인 측면을 3가지 이상 발견하도록 한다.	• 성격검사(MBTI) • 일일소감문 • 프로그램 종결평가
③ 손상된 가족관계를 회복한다.	① 약물사용으로 인해 가정에 발생한 문제를 모든 구성원이 1가지씩 인식하고 이를 해결할 수 있는 방안을 1가지씩 계획하도록 한다.	• 일일소감문 • 프로그램 종결평가
④ 약물대처능력을 향상한다.	① 80% 이상의 구성원들이 스트레스 대처, 분노조절, 의사소통기술을 1가지씩 습득하도록 한다. ② 80% 이상의 구성원들이 자기효능척도 점수가 향상되도록 한다.	• 자기효능척도 • 일일소감문 • 프로그램 종결평가
⑤ 재발방지계획을 수립하고 실행한다.	① 모든 구성원들이 구체적이고 적용가능한 재발방지계획을 2가지 이상 수립하게 한다.	• 재발방지계획 분석 • 일일소감문 • 프로그램 종결평가

4) 대상

대상구분	산출근거	인원수
일반집단	서울·경기지역 거주 성인약물사범	5,244명
위기집단	서울·경기지역 보호관찰 수강명령 성인약물사범	1,626명
표적집단	서울보호관찰소에서 관리하는 보호관찰 수강명령집행대상 성인약물사범	232명
클라이언트의 수	태화기독교사회복지관에서 진행하는 성인 약물사범 수강명령 집단프로그램 참가자로 지정된 대상자	15명

최근 공동모금회의 대상자 선정에서는 핵심참여자, 주변참여자로 구분하기도 함.

5) 실시구조

기간	1주(5일)	간격	주 5회
소요시간	매회 8시간	횟수	총 5회
지도자	주지도자 2명(남, 여) 보조지도자 6명(사회복지사 5명, 자원봉사자 1명)	장소	집단활동실
인력구성	지도자와 보조지도자 자격과 역할 및 과업에 대한 제시		
프로그램 매개체	-교육 및 강의 -각종 질문지: 일일소감문, 약물검사지, 프로그램종결평가서, KOADAST Ⅱ, 자기효능감, MBTI 유형검사 -시청각 교재: 영상, 사진자료, 스모키 인형 -토론 -보상물: 중식제공, 수료증 발급		

6) 프로그램 단계 및 내용

회기	목표	프로그램 단계		회기명	내용
	정보 수집	사전준비단계		보호관찰소와 소통	-프로그램 관련 소통 -구성원 정보수집
1	목표 ①	실행단계	초기 단계	OT 사전검사	-집단프로그램과정, 규칙, 참여동의서, 검사지 작성 -개인별 초기면접 실시
2~13	목표 ①~⑤	실행단계	중기 단계	-약물교육 -자신에 대한 이해 -스트레스관리 -의사소통훈련 -분노조절 -가족에 대한 이해	-단약의 심각성 이해 -성격유형 검사 -약물 인지정도 -약물영향 -스트레스관리 -의사소통 -분노표현방법 -약물중독자 가족 이해 -인생곡선 그리기 -가족 안에서 역할 찾기
14~15	①④⑤	실행단계	종결 단계	-재발방지계획 -사후검사 및 수료식	-사후검사 -수료식 -소감문 작성
	단약 점검	사후단계			

7) 평가방법

양적평가	-표준화된 설문지를 활용한 사전·사후검사 • 약물교육 사전·사후검사지 • KOADAST Ⅱ • 자기효능척도 • 프로그램 종결평가 설문지
질적평가	• 과정기록서 • 소감문 분석 • 효율성 및 운영과정 평가
효율성 및 운영과정 평가	• 서비스 단위: 참가인원 • 서비스 생산량: 17명×5회=85명 • 서비스 단위당 비용: 예산/총 서비스 생산량

8) 예산

항목	금액	비고
집단활동 준비물비	5만 원	기관경비
야외활동비	20만 원	보호관찰소 지원
중식비	2,500×17명×4회=17만 원	보호관찰소 지원
합계	42만 원	강사비 별동

3. 사회기술훈련

1) 사회기술훈련의 개념(이준우 · 손덕순, 2017: 296)

사회기술훈련은 "인간의 모든 행동은 학습되는 것이며 인간의 모든 주관적이고 생리적인 감정 역시 학습되는 것이다"라는 행동주의 학파의 사회학습이론 원칙에 근거를 둔 재활치료의 중요한 전략 중의 한 형태(Manderino & Bzdek, 1987)로서 1970년대 초부터 개발되어져 왔다. 최근 사회기술훈련은 현대 정신의학적 재활전략의 필수 요소가 되고 있다. 사실 만성정신질환자들의 약물치료는 양성증상에서는 큰 효과를 보이나 음성증상을 치료하는 데는 효과가 없으며, 사회적응을 위한 대인관계, 일상생활기술, 문제해결기술 등을 크게 호전시키지 못하므로 재활에 어려움이 따른다. 즉 환자의 증상이 호전되어도 재활이 자동적으로 이루어지지는 않는다는 것으로, 다시 말해 약물치료가 환자의 작업수행에 대한 직접적인 효과를 주지는 못한다는 것이다(Engelhardt & Rosen, 1976; 임규설, 2006).

만성정신질환자의 부족한 사회적 기능은 퇴원 후의 사회적응력을 제한하여 증상악화에 대한 취약성을 더욱 높이는 결과를 낳는다. 그러므로 사회적 대응력은 재활의 성패를 좌우하는 중요한 척도라고 볼 수 있다. 재활치료의 궁극적인 목적은 환자들을 사회로 복귀시켜서 그들이 속한 지역사회 내에서 의미 있는 인간관계를 맺고 가정, 직장, 사회생활에 성공적으로 적응하여 독립된 한 인간으로서 살아갈 수 있게 하는 것이다.

사회기술훈련이란 사회적으로 역기능적인 환자들이 지역사회에서 적절히 기능할 수 있는 능력의 향상에 목적을 두고 설계된 심리·사회적 개입이며, 행동적 학습기술의 구조화된 적용을 나타낸다고 할 수 있다(이만홍, 1993).

2) 사회기술훈련 프로그램 목적

만성정신장애인은 부적절한 감정표현과 자신감 결여, 사회기능의 어려움을 가지고 있다. 이에 사회기술훈련의 목적은 정신장애인의 사회적 기능을 유지하고 강화하며, 증상 악화 및 사회적 불안을 감소하기 위하여 그들의 환경에서 발생하는 스트레스에 능동적으로 대처할 수 있도록 하는 것이다.

첫째, 자신의 문제를 인지하고 발견하도록 돕는다.

둘째, 타인과의 신뢰관계를 형성하여 대인관계가 보다 원만해질 수 있도록 훈련한다.

셋째, 문제해결능력을 향상시켜 지역사회에서 경험할 수 있는 환경적 스트레스에 대처할 수 있도록 돕는다(백형의 외, 2014: 27).

3) 프로그램 실행과정

(1) 계획단계

① 사회기술의 사정(assessment) 및 평가(evaluation)

사회기술훈련을 실시하기 위해서는 집단성원들의 사회기술을 면밀히 사정하는 것이 필수적이다. 사정을 통하여 개인의 손상정도와 기능제약을 확인할 수 있으며, 집중적으로 다루어야 할 문제와 개입의 목적이 수립될 수 있다. 즉, 정신질환자들이 부적절한 대인관계 행동을 보이는지, 부적절한 행동을 하거나 어려움을 느끼는 상황과 대상, 빈도, 그것의 근원은 무엇인지 등에 대해 자세한 사정이 선행되어야 한다.

사정에는 정형화된 사정과 비정형화된 사정의 두 가지 방법이 있다.

비정형화된 사정방법	• 관찰에 의한 평가: 일상생활 내에서 직원들, 다른 사람들과의 상호작용의 정도, 비언어적 행동-시선접촉, 얼굴표정, 자세, 몸동작, 걸음걸이 등의 관찰, 고립 또는 주도적인 행동의 결핍정도, 극도로 수동적인 태도들을 관찰하여 사정하는 평가 • 당사자의 진술을 통한 평가: 고독감이나 친구의 부족, 부끄러움, 타인에게 이용당한다는 느낌, 대인관계에서의 불안 등에 대한 환자 자신의 표현을 통하여 사정하는 것 • 면접을 통한 평가: 가족과 친지 그리고 환자에게 있어서의 중요한 인물들로부터 정보를 얻어서 사정
정형화된 사정 및 평가의 방법	• 설문지를 통한 평가로 객관적인 평가도구 활용: 대인관계변화척도(Relationship Change Scale(RCS): 문선모, 1980), 자기주장척도(Rathus Assertiveness Scale(RAS): Rathus, 1973), 문제해결에 대한 자기평가척도(Problem Solving Inventory(PSI): Heppner & Petersen, 1982), 사회행동척도(Social Behavior Scale(SBS): Trower & Argyle, 1978) 등 • 행동분석적인 평가: 사회기술훈련을 보다 효과적으로 평가하기 위해 면담을 하는 것으로, 실제 상황에서 직접 관찰하는 것 다음으로 가장 정확한 정보를 얻을 수가 있으며 환자,

	가족, 평가자가 함께 자유롭게 문제되는 행동, 사회기술 및 적응수준, 자원과 강화물에 대한 조사, 의학적 병력, 환경적 스트레스 여부와 지지상태 등을 파악 • 역할시연을 통한 평가방법 :행동 분석적 방법을 통해 환자에 대한 정보를 얻은 후에 환자나 가족이 제공한 정보가 어느 정도 신뢰가 있는지 실제 그 장면을 역할시연을 통해 파악하는 것 • 실제상황에서의 평가: 가장 이상적이고 신뢰성이 있지만 현실적으로는 대부분 불가능한 실정(이영실, 1995)

② 집단성원의 참여기준

사회기술훈련을 집단을 통해 실시할 경우 해당되는 것으로 이때에는 유사한 문제를 가지고 있거나 기능수준이 비슷한 사람들로 구성할 때, 서로 배우고자 하는 사회기술이 비슷하기 때문에 효과적이다. 너무 낮은 기능수준을 가진 사람들로 구성했을 경우, 적절한 피드백이나 강화, 원활한 집단토론이 이루어지지 못하기 때문에 가능한 한 피하는 것이 좋다. 정신건강사회복지사는 집단의 기준과 복표를 잘 고려하여 혼성으로 할 것인지 혹은 다양한 연령층을 포함할 것인지를 결정하여야 한다. 집단을 분열시키는 사람이나 적대감을 전혀 통제하지 못하고 공공연히 표현하는 사람, 행동화(acting out)하는 사람, 집중력이 짧은 사람, 장기간 동안 환각이나 망상이 심하고 잦은 사람 등을 제외한다.

③ 집단성원의 모집

집단에 대한 설명을 사전에 개개인에게 하는 것이 효율적이다. 보통 정신건강사회복지사가 1명인 경우는 4~6명의 환자가 적당하고, 2명인 경우에는 6~12명의 환자가 참여할 수 있다. 훈련시간과 개별 면담을 통해 지속적인 관심과 지지를 통해 자신감과 참여동기를 갖게 하는 것이 중요하다.

④ 훈련모임의 시간 및 빈도

1회낭 40분에서 90분 정도의 시간이 적당하며 빈도는 매일 하면 좋으나 일주일에 적어도 1회는 해야 한다. 반복학습은 사회기술훈련의 목적인 동시에 치료기법이기도 하다.

(2) 실행단계

집단 프로그램이 시작되면 긴장하지 않고, 안정감 있는 분위기를 조성하도록 해야 하며, 집단성원들의 자발성을 격려하고 집단활동에 흥미를 증대시키는 것이 중요하다. 여기서 분위기 조성에 도움이 되는 방법은 첫째, 훈련 목적에 대한 재고찰, 둘째, 훈련 과정의 설명, 셋째, 각 환자들이 집중적으로 관찰해야 할 부분에 대한 언급, 넷째, 지금-여기의 경험에 대한 중요성과 실효성을 제시하는 방법이 있다.

① 준비단계

워밍업(warming-up) 단계라고도 하는데 새로운 구성원이 있거나 불안 수준이 높은 구성원이 있을 경우에는 필수적이다. 계획단계에서 제시된 사항들에 대한 확인 및 주요 대인관계 문제점 등을 점검하는 일이 중요하다.

② 중간단계

가. 당일 훈련 상황에 대하여 설명해준다(소개).

훈련의 목적과 어떻게 진행될 것인지, 집단이 진행되는 과정 속에서 성원들이 무엇에 관심을 두어야 하는지를 설명한다.

나. 훈련상황에 따라 역할시연(role playing)을 한다.

각 구성원들과 역할모델은 각자의 역할실연을 통해서 상호작용하게 된다. 설정되는 문제 상황은 과거에 집단성원이 경험하였거나, 현재 어려워하는 상황, 다른 대부분의 정신질환자들이 어려워하는 문제 상황을 설정하게 된다.

다. 다양한 도구를 활용하여 전 구성원이 공유한다.

다양한 도구 활용은 구성원들의 부족한 주의력을 증가시키는 데에 도움을 준다. 영상자료는 즉각적이고 객관적인 피드백을 줄 수 있으므로 중간 중간에 영상을 정지시키고 개개인의 역할극에서의 행동이 사회적으로 적절 또는 부적절한 행동인지에 대해 논의하고 반복 확인, 질문한다.

라. 피드백을 주고받는다.

역할시연과 비디오테이프 시청이 끝난 후에 본인이 자신의 시연에 대한 평가를 하고 다른 구성원들(동료, 역할모델)이 적절하고 좋았던 점에 대해서 피드백(긍정적 강화)을 준 후에 부족했거나 보충해야 할 점에 대해서도 피드백(부정적 강화)을 준다.

마. 정신건강사회복지사가 모든 내용을 정리, 총괄적 평가를 한다.

(3) 종료단계

사회기술훈련 과정에서 논의된 각자의 대인관계상의 문제점을 요약, 정리해 보도록 하고 가정 내에서 시행할 과제를 부여한다.

(4) 평가단계

정신건강사회복지사는 각 구성원의 행동을 자세하게 관찰한 후 적절한 평가를 하여 다음 훈련에 반영할 수도 있고, 환자의 변화 정도를 평가해 볼 수 있다.

① 언어적 의사소통 행동

목소리의 크기, 질, 음의 고저, 음의 명확성, 말의 속도, 언어적 장애, 역할모델에게 반응하는 전체 시간, 역할상대가 말을 끝낸 후부터 성원이 대화를 시작할 때까지의 시간, 말의 유창성 정도 등

② 비언어적 의사소통 행동

상대방과의 거리, 상대방에 대한 몸의 각도, 외모, 얼굴표정, 시선, 자세의 긴장, 제스처, 구체적으로 역할모델을 바라보는 시간의 길이, 역할시연과정 동안의 미소 짓는 횟수 등

③ 대화내용과 감정상태

대화의 길이, 대화내용의 일반성, 격식, 대화내용의 다양성, 유머, 상대가 요구한 내용에 따라서 반응하는지의 여부, 자신의 의사를 적절하게 밝히는지 여부, 전달하는 내용이 분명한지의 여부, 비합리적인 요구에 대해서 새로운 요구사항을 제시하거나 상대의 행동변화를 요구하는지의 여부, 상황에 맞는 충분한 감정을 나타내는지를 중심으로 평가한다.

전체 사회기술훈련 프로그램에 대한 평가는 실행했던 사회기술훈련에 대한 전체적인 평가와 각 구성원의 평가로 구분할 수 있다. 집단과정, 집단지도력, 프로그램의 효과성 등에 대한 적절한 평가를 실시하게 된다. 이를 통해 대상 구성원들의 사회기술을 평가하여 향후 요구되는 기술에 초점을 맞추어 사회기술훈련의 새로운 계획이 이루어진다.

4) 사회기술훈련을 담당하는 정신보건사회복지사의 태도와 자질

사회기술훈련을 담당하는 정신보건사회복지사는 정신장애인에 대한 존중심과 긍정적인 사고를 가져야 한다. 정신장애를 가진 사람도 재활의 잠재력이 무한하다는 사실을 믿고, 그들의 변화에 대한 희망을 가져야 한다. 정신장애인을 돕고자 하는 열정을 가지고 적극적으로 프로그램을 진행해야 한다. 정신장애인의 이야기에 귀 기울여 주며 공감하려는 태도와 변화를 기다릴 줄 아는 인내심이 있어야 하며, 스스로도 좋은 사회기술의 모범을 보여주어야 한다.

(1) 태도

사회기술훈련을 담당하는 정신보건사회복지사는 환자의 생활 속에 기꺼이 뛰어들려는 마음의 자세를 가져야 한다. 이 세상에는 정형화된 사회기술의 방법은 없으므로 융통성과 창의성을 갖고 끈기와 희망을 지닌 가운데에 시행하는 것이 가장 좋은 사회기술훈련의 방법이다. 장기적으로 정신적인 취약함을 지닌 환자들의 기능을 향상시키도록 도와, 환자가 선택한 환경 속에서 최소한의 전문가의 개입을 받으면서 성공적이고 만족하게 살 수 있도록 하여야 한다는 사명감을 가져야 된다는 것이다. 아무리 심한 환자라고 하더라도 그 환자가 아직까지도 유지하고 있는 능력과 강점이 있으므로 이를 조장하고 이용해야 한다는 사실과 또한 보통 사람에게는 사소한 변화일지라도 환자에게 변화가 생기면 그의 삶의 질을 한 단계 올려놓을 수 있다는 사실을 반드시 기억해야 한다(임규설, 2006).

(2) 자질

전문적인 자질로는 학습행동이론, 정신병리학적 지식, 사회기술훈련 경험 등이 있어야 한다(박상규·김이영·손명자, 2001; 이용표 외, 2006 재인용). 다음은 사회기술훈련을 담당하는 정신보건사회복지사에게 필요한 전문적인 기술을 제시해 놓은 것이다(김철권·조진석, 2001).

- 행동원리에 대한 기본지식
- 조현병, 특히 병의 증상과 손상에 대한 지식
- 학습할 내용을 이해하기 쉽게 설명하는 능력
- 역할연기 시나리오를 계획하고 제시하는 능력

- 정신장애인에게 행동적 예행연습을 시키는 능력
- 역할연기 중 언어적 내용과 비언어적 및 준언어적 요소에 대해 구체적인 피드백을 유도해 내는 능력
- 역할연기에서 원하는 행동변화를 일으키기 위하여 적극적으로 지도하고 훈련하는 능력
- 정신장애인의 개인적 욕구에 맞게 과제를 내어주는 능력
- 치료시간 동안 일어날 수 있는 문제행동을 관리하는 능력

5) 사회기술훈련프로그램에서 1회기 세부계획서 작성하기의 예

<table>
<tr><td colspan="5">2 회기</td></tr>
<tr><td rowspan="2">회기 주제</td><td colspan="2" rowspan="2">기본적인 의사소통기술</td><td rowspan="2">진행자</td><td>정신건강사회복지사 1명</td></tr>
<tr><td>보소 1인, 자원봉사자</td></tr>
<tr><td>일 시</td><td colspan="2">2021. 3. 5.</td><td>장 소</td><td>집단활동실</td></tr>
<tr><td>참석대상
및 인원</td><td colspan="4">10명</td></tr>
<tr><td>회기목표</td><td colspan="4">타인과 우호적인 관계를 형성하기 위해 필요한 의사소통 방법에 대해 알아보고, 평가의 기본이 되는 비언어적·언어적인 표현을 중점적으로 연습한다.</td></tr>
<tr><td rowspan="3">개입과정</td><td>도입</td><td colspan="3">인사하기, 오늘의 주제 설명하기</td></tr>
<tr><td>본론</td><td colspan="3">1. 대화의 기본 요소인 비언어적 표현과 언어적 표현에 대해 알아본다.
-비언어적 표현 : 얼굴표정, 시선 맞추기, 몸짓, 몸의 자세, 타인과 간격의 중요성
-언어적 표현 : 목소리 크기, 말의 빠르기, 정확한 내용 전달의 중요성
2. 모든 참여자들이 비언어적인 표현과 언어적 표현을 연습한다.
〈비언어적인 표현〉
-얼굴표정 : 사람 표정이 그려져 있는 그림이나 사진을 활용하여 어떤 감정을 나타내는지 함께 맞춰 보고 여러 가지 다양한 얼굴표정을 지어본다.
-시선 맞추기 : 참여자들이 음악에 맞춰 방을 돌다가 진행자가 '멈춰'라고 외치면 2명씩 짝을 지어 처음에는 3초, 나중에는 5초 동안 시선 맞추기를 유지한다.
〈언어적 표현〉
2팀으로 나누어 서로 같은 단어 또는 문장을 다른 팀이 들을 수 없도록 마지막 사람까지 전달하여 마지막 사람이 얼마나 정확하게 들었는지 확인한다.</td></tr>
<tr><td>정리</td><td colspan="3">1. 위의 활동을 해보고 비언어적·언어적인 표현의 중요성에 대해 나눈다
2. 매회 진행되는 역할연기 시 비언어적·언어적 표현을 바탕으로 피드백을 줄 수 있음을 설명한다(자료1)
3. 과제부여: 하루에 3번 거울을 보고 웃는 표정을 짓고, 사람들과 웃으면서 인사하기를 연습한다. 또한 다른 사람들과 대화할 때 대화의 요소(비언어적·언어적 표현) 중 잘 안 되는 것을 적어온다(과제수행지 활용)
4. 오늘 활동에 대해 소감나누기</td></tr>
<tr><td colspan="2">준비물</td><td colspan="3">언어적·비언어적 요소 설명 패널, 강화물</td></tr>
</table>

출처: 백형의 외(2014). p. 34 내용을 활용하여 양식을 제안함.

자료 1. 기본적인 의사소통기술

피드백의 주요 요소들	
역할 연기를 관찰하거나 피드백을 나눌 때 이런 내용을 토대로 할 수 있다.	
1. 비언어적 요소	-상대방을 바라보고 이야기 했나?(시선) -얼굴표정이 상황에 적절했나?(표정관리) -손을 비비거나 발을 흔드는 등 부자연스러운 행동은 없었나?
2. 언어적 요소	-상대가 충분히 알아들을 수 있을 만큼 큰 소리로 이야기했나?(목소리 크기) -상대방이 알아들을 수 있을 만큼 말의 빠르기는 적당했나?
3. 내용적 요소	-자신의 의사를 적절하게 이야기했나? -말하려는 내용을 잘 전달했나? -자신의 감정을 상황에 맞도록 적절하게 표현했나?

자료 2. 사회기술훈련 과제 수행지

사회기술훈련 과제 수행지	
이 과제는 현재 사회기술훈련 시간에 배우고 있는 내용을 실제 생활에서 연습하여 더욱 긍정적인 대인관계를 가질 수 있도록 하는 것이므로, 열심히 동참해 주시기 바랍니다.	
1. 이름	
2. 과제내용	
3. 과제실행: 언제 누구와 함께 했나요?	
4. 어떻게 표현했나요?	
5. 상대방의 반응은 어땠나요?	
6. 과제를 한 후, 어떠했는지를 적어 보세요. (잘 되었던 부분, 어려웠던 부분, 소감 등)	

수고하셨습니다.

○ 진행자 확인란 ________________

출처: 백형의 외(2014). pp.35-36.

Ⅳ. 현황 및 과제

정신건강현장에서 집단사회복지실천은 일반적이라 할 만큼 다양한 프로그램들이 진행되고 있다. 정신장애를 가진 사람들이 갖는 심리내적인 어려움뿐만 아니라 사회적 관계에서 어려움을 돕기 위해 집단을 활용해야 하는 필요성은 더욱 중요하고 이로 인해 정신건강사회복지사는 집단실천 역량을 갖추는 것이 필수사항이 되어야 한다.

집단사회복지실천은 사회복지실천의 기본적인 지식 및 기술을 토대로 어떻게 집단을 구성하고 어떤 활동이나 매개체를 활용하여 집단구성원이 가진 목적과 목표를 달성할 수 있을 것인지, 평가는 어떻게 할 것인지 등 프로그램 개발의 기초적 지식과 기술을 활용 한다. 개인성원을 변화시키는 방법뿐만 아니라 집난성원의 변화를 위해 집단을 활용하는 방법, 즉 집단의 역동을 읽어 내고, 활용하는 과정을 주도적으로 실행할 수 있어야 한다. 집단사회복지실천을 위한 학교 교육과정의 교과목을 보면, 사회복지실천기술론, 프로그램개발과 평가, 정신건강사회복지론, 사회복지조사론 등의 지식과 기술이 정신건강영역에 적용되는 것이라고 볼 수 있다. 향후 집단실천을 위한 정신건강전문가들의 과제를 보면,

첫째, 정신건강현장 특성을 반영하는 집단프로그램이 개발, 실행되어야 한다. 현재 정신건강영역의 대상자는 매우 다양하고 욕구 또한 다양하다. 정신건강영역에서 집단의 활용은 대상자 특성(질환, 연령, 생애주기 등)과 현장(정신의료기관, 사회복귀시설, 정신요양원, 지역사회정신건강복지센터 등)을 고려하여 집단계획이 이루어져야 한다.

둘째, 기존의 것을 답습하는 것이 아니라 객관적인 문제분석을 통해 무엇을 변화시킬 것인지, 무엇이 변화되어야 하는지에 대한 사정(Assessment)역량을 강화하는 것이 필요하다. 프로그램의 본질적 목적은 현장의 빈틈을 찾아 메우는 것인데 정신건강영역에서 집단실천 프로그램들이 비슷한 프로그램을 반복하는 것이 아닌지 반성적 고찰이 필요하다.

셋째, 정신건강영역에서 전통적인 집단프로그램인 사회기술훈련이나 활동요법에서 좀 더 확대되어 다양한 프로그램을 구성할 수 있는 역량을 갖추는 것이 필요하다. 사회 문화적 요인들이 다양화되면서 대상자의 욕구수준 또한 다양하다. 집단프로그램에 다양한 사회문화적 요소들을 적용하여 현장중심의 프로그램 개발이 필요하다.

넷째, 집단프로그램의 지속성을 위한 보고서 작성의 역량도 필요하다. 객관화된 프로그램결과를 토대로 증거기반 프로그램의 확대를 위해 기록역량과 평가역량뿐만 아니라 보고서를 작성하는 역량도 필요하다.

참고문헌

용인정신병원 사회사업과 (2014). 집단프로그램 활용지침서. 신정.
유수현, 서규동, 유명이, 이봉재, 이종하 (2018). 정신건강사회복지론. 나눔의집.

이준우, 손덕순 (2017). 정신보건사회복지론. 나남.

정선영, 손덕순, 오영림 (2017). 사례로 배우는 사회복지실천기술론. 학지사.

정지영, 김교상, 서성자 (2016). 정신보건사회복지의 이해와 적용–집단개입의 이론과 실제. 예일기획.

조학래 (2019). 집단사회복지실천의 이해. 신정.

태화기독교사회복지관 (2003). 태화 프로그램 매뉴얼 –가족기능강화사업중심. 나눔의집.

Northen, H., & Kurland, R. (2001). 집단사회복지실천. 노충래 역. 학지사.

20장

가족에 대한 이해와 개입

황순찬
(인하대학교)

I. 전이해

1. 체계이론

체계란 한정할 수 있는 경계와 밀접하게 상호작용하는 부분들의 집합으로 구성된다. 이러한 체계의 부분들은 지각 가능한 물리적 차원일 수도 있고 관계성을 가진 사회적 차원일 수도 있다. 또한 체계는 상호 연관된 개념들, 실체들, 이념들, 이론들일 수도 있다. 사회복지 실천모델 가운데서도 이러한 체계이론을 수용하여 가족체계적 접근, 생태학적 모델, 사례관리, 사회적 지지체계에 초점을 둔 전문 사회복지 모델 등이 만들어지기도 했다. 체계라는 개념에 가족을 투영해 보면 가족 역시 하나의 사회적 체계라고 할 수 있다. 가족은 다시 작은 체계들로 나눠질 수 있는데 전체 가족이라는 상위체계 아래에 부모하위체계, 부부하위체계, 형제하위체계, 모녀 또는 부녀하위체계 등 다양한 하위체계가 가능하다. 가족 내 하위체계들 간의 경계는 명료하고 유연하고 투과성이 있어야 한다. 경계가 명료해야 유연성도 가능한데 경계가 유연해야 상황에 따른 조절도 가능할 수 있다. 투과성과 관련해서는 가족이 외부와 자유로운 상호작용이 가능하면 개방체계, 상호작용이 불가능하면 폐쇄체계가 된다. 체계는 생명력을 갖고 순환해야 지속 가능하다. 순환이 차단되고 내외부적으로 상호작용을 하지 않는다면 체계는 고인 물처럼 훼손될 수 있다(Maguire, 2007에서 발췌수정).

2. 사이버네틱스 이론

사이버네틱스 이론은 자동제어 장치의 원리를 가족체계에 응용한 것으로 한 체계는 항상성을 유지하기 위해 이전 삶의 경험에서 얻어진 결과를 현재에 환류시켜 재투입하고 스스로 조절한다는 것이다. 여기서 투입되는 환류정보(피드백)가 중요한데, 어떤 정보를 재투입하느냐에 따라 도출되는 행동이 달라지기 때문이다. 사이버네틱스 이론을 가족치료에 접목하면, 치료자가 가족의 환류정보를 변경하는 데 영향을 줌으로써 지금까지 비정상적인 결과로 나타났던 행위패턴들이 달라질 수 있게 된다. 사이버네틱스 이론은 일차와 이차로 나뉘는데, 먼저 일차 사이버네틱스 이론은 내담자가족체계에 치료자가 개입해서 치료자 의도대로 가족체계에 영향을 줄 수 있다는 것이다. 그야말로 기계론적인 인과적 메커니즘에서 관련변수들을 건드려서 예측되는 반응을 가져올 수 있다는 입장이었다. 그러나 이러한 기계적 변수조정은 가족의 고유성을 간과한 것으로 체계에 부정적인 영향을 줄 수 있다는 비판이 제기되었다. 이러한 비판을 고려한 이차 사이버네틱스 이론은 객관적 절대성을 거부하는 포스트모더니즘과 사회구성주의의 영향을 수용하여 체계의 외부에서 체계를 온전히 객관화해서 볼 수 있는 관찰자란 존재할 수 없다고 보았다. 치료자 역시 내담자가족을 만나게 되는 순간부터 내담자가족체계와 분리될 수 없는 참여자가 되는 것이며, 가족의 실재 역시 객관적 실재가 아니라 가족성원들의 사회적 상호작용을 통해 그때그때 합의한 것으로 이해된다. 이차 사이버네틱스는 규정된 메커니즘이 아니라 가족 내 문제가 되는 상호작용 패턴을 관찰한 후 그 패턴을 만들어내는 가정과 전제들을 발견하고자 한다. 이차 사이버네틱스는 지금까지 가족성원 중 누구의 경험은 우세한 것으로 채택되고 누구의 경험은 사소한 것으로 소외시키는 방식이 아니라 왜 일부의 경험이 전체를 좌우하게 되었는지를 드러내게 하는 방식이다. 이차 사이버네틱스에 기반을 둔 가족치료는 특정한 변화보다는 변화를 위한 맥락을 드러내고, 특정 행위보다는 가족체계를 지배하고 있는 전제와 가정을 변화시키는 데 초점을 맞춘다(박태영 외, 2001에서 발췌수정).

3. 구성주의

구성주의를 한마디로 표현하면, “현실은 객관적으로 존재하지도 않고 또 고정되어 있지도 않다.”로 요약된다. 구성주의는 현실을 외부의 실재가 아니라 개인의 내적구성물로 보고 각각의 사람들이 자신의 현실에 대해 어떻게 의미구성하고 있는가에 주목한다. 가족치료분야에 구성주의가 접목되면서 생긴 변화 역시 객관적인 상호작용이나 가족구조에 대한 관심이 아니라 가족성원들이 가지고 있는 의미체계를 탐색하고 발견하는 관점의 전환이었다. 사물에 부여하는 의미 역시 그 사물을 바라보는 사람의 신념과 상황인식에 따라 달라질 수 있다. 결국 고정된 의미가 아니라 다양한 삶의 요소들에 영향을 받는 개인이 끊임없이 새로운 의미를 만들어내는 것이다. 구성주의에 입각한 가족치료에서는 치료에 대한 관점도 돌봄, 공감적 대화, 새로운 의미구성으로 달라지고, 치료자에 대한 상도 전문가보다는 내담자와 동등한 위치에서 함께 걸어가고 관계를 형성하는 사람으로 위상변화가 이루어졌다. 구성주의는 이전까지 상상하기 어려웠던 가족치료자–내담자관계에서 위계의 민주화, 협동적 관계, 대화적 접근을 가속화시켰다. 또한 이러한 변화물결은 문제중심적 관점에서 해결중심적 관점으로 패러다임 이동을 가져왔다. 과거의 치료접근이 내담자가 가진 결핍, 약점, 상처, 문제 등과 같이 잘 안 되는 것에만 천착한 것이었다면, 새로운 패러다임은 내담자의 강점, 가능성, 잠재력, 할 수 있었던 것, 해결 가능한 것에 우선적인 관심을 둔 것이다. 그리고 상황을 변화시키는 사람 역시 다른 누가 아닌 내담자 자신이라는 신념을 확고하게 갖고 있다(송성자, 2003에서 발췌수정).

4. 사회구성주의

구성주의에서는 객관적이고 중립적이며 주도권을 가진 치료자의 상이 해체되고 치료자도 치료체계에 함께 참여하는 파트너가 되었다. 사회구성주의에서도 이러한 입장을 수용하면서 치료사와 가족과의 상호작용을 서로 영향을 받는 순환적인 관계로 인식한다. 치료시기 만나는 가족이 다른 사회적 배경, 문화적 차이, 다른 경제적 상황, 사회적 입장을 가졌을 때 이러한 이해 순환적 관계형성은 더 중요할 수 있다(내담자 및 그 가족을 대상화해서 바라보는 입장에서는 진정한 이해가 일어날 수 없기 때문이다). 사회구성주의에서는 언어의 힘을 강조하고 있는데, 치료 또한 언어적인 상호작용에서 이루어진다고 보고 있다. 사회구성주의 치료접근에는 해결중심치료, 이야기치료, 다중음성 협력(polyvocal collaborations) 등이 포함되는데 이들이 사용하는 '외재화', '알지 못한다는 자세', '반영 팀' 같은 기법들은 모두 현실을 사회적이며 언어적인 산물로 본다는 공통점을 갖고 있다. 이러한 공동의 기반에서 White는 오염된 이야기 속에 묻힌 독특한 성과(내담자는 판을 뒤집을 수 있는 가능성을 자신의 이야기 속에 이미 갖고 있음)에 주목하였으며, Goolishian은 전문지식에 근거한 전문가의 이야기에서 벗어나 지금까지 언급되지 않은 새로운 이야기를 들으려고 하였다. 한편, Anderson은 일방경 뒤에서 전문가끼리만 주고받는 대화를 거부하고 내담자에게 들려지는 대화를 실천하였다. 다시 말하면 사회구성주의의 치료방법은 지금까지의 지배적인 이야기에서 벗어나서 새로운 이야기를 끌어내고 발전시키도록 내담자를 돕는 것이다. 즉, 현실이란 사람들이 그 문제에 대하여 어떻게 지각하고 이야기하느냐에 따라 다르게 존재하므로, 같은 상황을 다른 관점에서 보고 이야기할 수 있다면 더 이상 문제는 존재하지 않는다고 본 것이다. 가족들에게도 더 이상 문제의 원흉으로 지목(지탄)받지 않아도 되고, 스스로 자책과 죄의식에서 갇히지 않는 해방의 공간을 열어 놓는다(김유숙, 2002에서 발췌수정).

5. 포스트모더니즘 관점

포스트모더니즘에서는 절대적인 것, 확고한 중심, 불변의 진리 등이 존재하지 않는다. 이러한 관점에서 가족을 보면 특정 가족에 대해 그 가족은 어떻다고 단정할 수 없게 된다. 어떤 가족에 대해 역기능적이라고 규정하는 것 역시 일종의 선입견일 따름이다. 현실 역시 사람들이 함께 살아가면서 대화를 통해 전개되는 과정에서 현실이 구성되는 것이지 객관적으로 규정된 현실은 존재하지 않는다. 현실을 연결하고 또 새로운 현실을 구성하는 것은 언어이며, 언어적 상호작용 과정을 통해 현실은 구성된다. 지식 역시 객관적 설명으로 고정된 것이 아니라 언어를 통해서 형성되는 사회적 현상이라고 할 수 있다. 포스트모더니즘에 입각한 가족치료는 인간 삶의 밑바탕을 형성하는 이야기의 구성과정에 초점을 맞춘다. 그것은 가족성원들이 자신의 삶에서 의미를 만들어가는 과정, 현실을 구성해가는 과정이라고도 할 수 있다. 치료자는 가족성원들이 가진 상이한 신념과 의미에 대해 '알려는 자세'를 취하고 문제의 원인이 아니라 가족성원들이 함께 실현가능한 해결책을 발견하는 것에 집중한다. 구성주의, 사회구성주의와 마찬가지로 포스트모더니즘 관점의 치료자 역시 전문가가 아니라 가족들과 동등하게 참여하는 협업자로 일하며 가족성원들이 가능성 있는 대안을 찾도록 함께 대화하는 가운데 이들이 정형화된 틀에서 벗어날 수 있도록 돕는 역할을 한다(송성자, 2003에서 발췌수정).

6. 가족개입 관점에 따른 접근방법

시대의 변화에 따라 가족을 바라보는 관점과 개입초점도 다양해지고 있다. 치료자에 대한 입장 설정(정체성)도 변화하고 있다. 분명 시대의 흐름은 포스트모더니즘 관점을 더

〈표 20-1〉 가족개입 관점별 사정 및 개입전략

	역사적 관점	구조적 관점	과정중심 관점	경험주의 관점
표출문제의 정의 및 가설	미해결된 과거 관계의 잔재, 원가족과의 미분리	가족구조상 결함(위계/경계)	고착된 상호작용 연쇄고리	표현되지 못한 정서
관련이론	가족체계이론, 세대전이이론, 대상관계이론	구조주의가족이론, 체계이론	전략적 치료/MRI, 해결중심, 인지·행동, 밀란 그룹, 심리·교육치료	경험주의(experiential) 이론, 상징적 표현, 이야기치료, 의사소통
대표적 이론가	Bowen	Minuchin	Haley, Fisch, Weakland, Watzlawick, Berg, de Shazer	Satir, Whitaker
사정의 틀	가계도, 전이 및 역전이	가족지도(family map), 시연(갈등상황 재연)	순환질문(가족구성원들이 돌아가면서), 기적질문, 가설설정	가족조각, 이야기하기, 이야기 재구성
개입전략 및 기술	분화촉진, 탈삼각화, 해석, 편지쓰기	합류, 재구조화, 경계 구분 짓기, 탈균형화(unbalancing)	지시, 역설, 예외상황, 변화강화, 계약, 교육, 기술훈련, 이야기 재구성	가족조각, 자기노출, 의사소통훈련, 사이코드라마, 유표화, 은유
치료목표	각 가족구성원의 자아분화의 극대화	가족관계 맥락의 변화, 역기능적 교류의 배경인 가족조직 재구조화	가족구성원 간 반복되는 역기능적 교류의 연쇄고리를 차단·변화	성장지향적 상호작용 촉진, 명료한 의사소통, 진정한 자기에 대한 자각의 확대
주요개입 활동	가계도의 작성 및 해석, 밀착된 대상에게 편지쓰기(분화촉진), 원가족으로부터 취할 것과 버릴 것을 생각해 낸 후 취사선택	불분명한 경계의 명료화, 경계구조의 재구조화, 가사 분담 등 역할구조의 재조직	종래의 문제해결방법과 정반대의 방법을 시도하도록 함. 문제 상황 속에서도 문제가 없었던 예외적 상황을 찾아내 그것을 일상적인 것으로 만듦. 상호 교류 중 자동적으로 튀어나오는 비이성적 생각/반응을 이성적 생각으로 바꿈	가족조각이나 그림에 대한 소감은 가족에게 묻고 변화가 필요한 부분을 찾아내게 함. 상대방에 대한 솔직한 감정의 표현, 상대방 감정의 인정

출처: 엄명용(2020)에서 재인용.

반영하는 쪽으로 이동하고 있다. 그러나 여기서 주의해야 할 점은 포스트모더니즘 관점을 절대화하는 것은 원래 포스트모더니즘이 지향하는 취지에 맞지 않는다는 것이다. 포스트모더니즘 역시 지금 이 순간을 대변하는 것일 뿐, 영속적인 것도 아니고 모든 상황을 설명해줄 수 있는 것도 아니라는 한계설정이 필요하다. 현재 가족치료에 사용되고 있는 개입관점과 접근방법들은 다 나름의 가족 이해의 정수를 담고 있고, 특정한 어려움에 상당한 도움이 될 수 있는 방법들이다. 어느 한 가지 방법이 완벽하게 모든 경우에 통용되기란 어렵다. 그렇지만 치료자의 선호가 아니라 가족들의 입장에서 가장 도움이 되는 방법을 선택하는 노력은 필요할 것으로 보인다.

Ⅱ. 가족개입 모델

1. 역사적 관점

1) 대상관계이론

(1) 기본적인 이해

대상관계이론은 개인내적 역동에 초점을 맞추는 정신분석과 사회적 관계에 주목하는 가족치료를 연결시킨 것이라 할 수 있다. 대상관계이론은 인간의 성적, 공격적 충동에 천착한 정신분석과 다르게 인간은 관계에 대한 기본적인 욕구를 가지고 있다는 가정을 한다. 대상관계이론은 현재 보이고 있는 정신적 어려움을 최초의 타자관계로부터 발아한 것이라는 입장을 취했다. 인간은 출생 후 주양육자와의 초기경험에서 형성된 이미지를 바탕으로 현재의 인간관계를 맺는다. 성격형성도 여기에 기초한다. 유아에게 긍정적인 경험이 내면에 정초되면 충족감과 안정감을 갖게 하지만 부정적인 경험들이 내면화되면 분노, 불안, 공포 같은 감정에 휩싸이게 되고 심리내적 불만을 발생시킨다. 분명 과거의 기억(잘 기억나지 않는 기억)이고 무의식적인 것이지만 무의식 자체가 시간의 한계를 넘어서 작동하기 때문에 한 개인의 삶에 지속적인 영향을 미치게 된다. 심지어 결혼상대자를 선택할 때에도 진정으로 원하는 상대를 선택하는 것이 아니라 자신의 대상관계가 갈망하는 사람을 선택하게 된다(김안자, 2002에서 발췌수정).

(2) 개입방법

대상관계이론의 치료목표는 개인을 가족(왜곡된 상호투사가 이루어지는)이라는 올가미에서 벗어나게 하는 것이다. 한마디로 원가족으로부터 분화시키는 것이다. 부정적으로 정초된 무의식적 영향에서 자유롭지 못할 때 가족들은 건강한 상호작용보다는 이전투구(泥田鬪狗)에 가까운 양상을 보일 수 있다. 가족성원 간에 이간질, 세력다툼, 배척, 징벌, 강요된 결속, 역할 재배치 등이 일어날 수 있다. 이러한 가족 간 갈등의 핵심은 부부관계로부터 비롯되는데, 부부가 가진 문제 역시 자신들의 원가족과의 관계에서 형성된 내면화된 문제, 즉 대상관계를 통해 탐색할 수 있다. 원가족과의 관계를 탐색하기 위해서는 가족이 자신의 심리적 봉인을 해제하고 드러낼 수 있도록 치료자의 진심어린 경청과 공감적 이해가 필요하다. 이러한 이해를 바탕으로 가족에 대한 해석은 가족성원이 원가족에서 경험한 과거에 억압된 가족관계의 심상을 현재의 가족성원이나 치료자와의 상호작용에서 드러내는 감정전이를 기초로 하여 이루어진다(전이는 사람들이 다른 사람과 관계를 맺을 때 그 이전의 다른 사람들, 특히 어린 시절 부모와 같이 중요한 사람들과 맺은 관계에 기초를 두고 관계를 형성한다는 것이다. 정신분석적 개입에서 치료자는 환자가 부모의 표상과 관계를 맺던 방식으로 치료자와 관계를 형성한다고 보고 이 과정을 적극적으로 수용). 내면의 일그러진 자신의 모습을 인정하기 어렵기 때문에 저항이 생길 수밖에 없는데, 치료자는 이러한 저항을 잘 다루면서 가족성원들이 현재의 감정전이 안에서 과거를 소급해갈 수 있도록 중립적인 디딤돌 역할을 한다. 치료자는 지시, 충고 같은 직접적인 개입보다는 가족이 표현하는 것을 분석하는 역할을 수행한다. 이 과정에서 가족 스스로 자신의 문제에 대한 통찰과 깨달음을 얻는 것이 가장 중요하다(김안자, 2002에서 발췌수정).

2) 다세대 가족치료

(1) 기본적인 이해

가족성원들은 복잡다단한 정서적 자극을 주고받고 또 반응하면서 가족 고유의 정서적 환경을 만든다. 이를 가족정서체계라도 하는데, 이러한 체계 속에서 가족들은 서로가 서로의 정서적 기능에 영향을 미친다. 정서적 기능은 가족성원의 신념, 가치, 태도, 감정, 행동에도 중요한 영향을 미치며, 또 다른 가족성원들과의 관계에서도 상호 교차영향을 주고받는다. 가령 과잉보호와 의존적인 가족성원들이 공존할 때 가족정서체계는 이를 더 강화시키는 방향으로 상호영향을 미칠 수 있다. 가족정서체계는 가족성원들의 자아분화에도 영향을 미쳐, 자아분화의 기회를 가로막거나 분화할 수 있는 여지를 아예 원천봉쇄하는 경우도 있다. 개인의 분화는 먼저 그 개인의 부모가 자신의 원가족으로부터 얼마큼 정서적 분리를 이루었는가에 영향을 받는다. 그리고 그 개인이 점하고 있는 가족 내 위치, 부모 형제들 사이에 형성된 관계성에 좌우된다. 인간은 태어날 때 어머니와 완전한 공생, 융합상태이고, 개인의 분화는 점차 이 밀착된 관계에서 분리돼 하나의 개체로서 일관된 가치, 신념, 생활원리, 독립적 목표를 가지고 행동할 수 있는 상태가 된다는 것을 의미한다. 한 개인의 자아분화 수준은 자신이 정서적으로 의미를 가지고 맺고 있는 타인들과의 관계의 질뿐만 아니라 그가 관계를 형성하고 있는 사람의 자아분화 상태에 따라서도 영향을 받는다(김정택 외, 1993에서 발췌수정).

(2) 개입방법

Bowen은 증상발달의 근원을 개인의 미분화된 동질화 경향에 있다고 보았다. 즉, 가족 중 자아분화를 통해 개별화를 이루지 못한 사람에게서 증상이 발현할 수 있다는 것이다. 증상 자체가 가족의 정서체계와 깊은 관련이 있고 특정 가족성원이 이러한 증상을 보일 때, 가족성원들은 정서적으로 더 융합하는 반응을 보이게 되는데 이는 증상발달을 가속화시키는 근간이 된다. 이를 개선하는 방법은 개인의 분화수준을 높이고, 그 개인을 가족 정서체계로부터 분리하는 길이다. 정서적 문제를 가진 개인들을 보면 대개 자신들이 출생가족으로부터 충분한 관심과 배려를 받지 못했고, 지금이라도 자신이 출생가족으로부터 관심과 배려를 충분히 받아야만 현재보다 더 나은 생활을 할 수 있다는 믿음을 공통적으로 갖고 있다는 것이다. 그러나 이러한 생각은 그가 아직 출생가족으로부터 정서적 분리를 이루지 못했다는 것을 의미하고, 관심과 배려에 집착 내지는 중독된 상태라는 것을 시사한다(김정택 외, 1993에서 발췌수정).

정서적 미분화에서 벗어나는 방법은 사고의 변화에서 시작될 수 있는데, 정서적 결핍을 충족하는 여타의 행동이나 반응으로는 문제가 해결될 수 없다는 것을 인식하는 것이 무엇보다 중요하다. 다세대 가족치료에서는 특정한 기법을 강조하기보다 내담자의 가족 관계체계에 대한 통찰이 생길 수 있도록 지원한다. 이를 위해 가계도를 주요 개입도구로 활용하는데, 가계도를 작성하는 과정에서 가족의 정서과정, 가족연대기, 탈삼각관계, 치료적 삼각관계, 관계실험, 코칭, 자기 위치 지키기, 다른 가족 이야기 대치하기, 교육 등의 기법들을 사용한다(임원선, 2008에서 발췌수정).

치료자 역시 가족의 정서과정에 융합되기보다 제3자로서 객관적 입장에 서는 것이 중요하다. 여기서 치료자가 객관적 입장을 견지한다는 것은 가족의 고통을 도외시한다는 의미가 아니라 정서적으로 혼란된 가족체계에 중심을 잡는다는 의미라고 할 수 있다. 치료자도 자신의 원가족과 분화수준이 높을수록 내담자들에게 균형 잡힌 안내자 역할을 할 수 있고 객관적 입장도 가능하다. 만약 치료자 자신이 미분화된 사람이라면, 내담자들의 정서적 반동 작용에 동화되어 함께 정서적 늪에 빠지는 결과를 초래할 수도 있다. Bowen은 성숙한 치료자(잘 분화된 사람)가 왜곡된 정서체계에 개입하면서도 객관적인 입장에서 가족성원의 사고기능을 전환할 수 있는 기회를 제공하고, 가족성원들의 분화도 가능하게 한다고 보았다. 여기서 사고기능의 변화란 단순히 문제를 문제로 규정하는 것이 아니라 문제의 맥락을 바꾸어주고 문제를 내담자의 입장에서 새롭게 정의할 수 있게 되는 것을 말한다(이영분, 1995에서 발췌수정).

2. 구조적 관점

1) 구조주의 가족치료

(1) 기본적인 이해

Minuchin은 가족의 위계, 하위체계, 가족경계선의 투과성, 의사거래 유형 같은 가족구조에 주목하고 기능적인 가족과 역기능적인 가족의 차이를 확인하였다. 가족구조라는 단어가 자칫 혼란을 줄 수 있는데, 가족구조는 가족성원들 간의 상호작용방식으로 눈에 보이지 않는 기능적인 차원으로 이해할 필요가 있다. 기능적인 가족은 정체되어 있지 않고 새로운 상황에 대처할 수 있는 새로운 기능적인 구조를 계속해서 생성, 발달시키는 가족이다. 이에 비해 역기능적인 가족은 어려움이 표현되고 있는 상황에서도 문제를 직면하지 않고 덮으려 하고 이전의 가족구조를 계속 고집하면서 당면한 상황에 대처하는 데 실패한다. 증상 역시 역기능적인 가족구조의 표현이라고 볼 수 있는데, 어쩌면 현재 가족들이 유지하고 있는 가족구조에 의해 지지된 어려움이라고 할 수 있다(박태영, 1997에서 발췌수정).

따라서 치료자는 문제의 스펙트럼을 개인에 한정하지 않고 가족으로 확대하고, 가족성원들로 하여금 현재 답습하고 있는 역기능적인 가족구조를 새로운 기능적인 가족구조로 대체해야 한다는 사실을 인식하게 해야 한다(전혜성, 2017에서 발췌수정).

(2) 개입방법

가족구조의 산물인 증상을 변화시키기 위해서는 먼저 가족체계의 변화가 선결되어야 한다. 가족구조 또는 가족체계의 변화는 가족성원의 행위뿐만 아니라 내부의 정신적 과정까지 변화시킬 수 있다. 전체적인 구조가 달라지면 연동된 개별 가족성원들의 경험도 달라진다. 치료자가 가족과 함께 협업할 때, 치료자의 행동은 치료자를 만나는 가족들의 입장에서는 자신들이 경험하는 상황의 일부가 된다. 치료자는 자신을 치료의 도구(치료의 매개)로 사용한다. 그러므로 치료자가 가족 안에 합류하는 것이 치료 시작 때부터 매우 중요하다. 또 증상을 초점화하여 가족구조를 변화시키는 데 활용하고, 증상 탐색과 묘사, 가족지도, 상호작용 패턴을 통찰하게 하여 새로운 가족 상호작용 방식을 만들게 한다(전혜성, 2017에서 발췌수정).

가족은 분리된 하위체계를 통해 가족체계의 기능을 수행한다. 하위체계 간의 경계가 명확할 때 전체로서의 가족은 기능적으로 원활하게 수행할 수 있다. 가족구조의 변화를 위해서 하위체계, 가족 간 경계(선)에 초점을 맞추고 개입한다. 가족 내 위계구조 역시 중요한 개입초점으로 가족이 제대로 기능하기 위해서는 적절한 위계구조를 갖추고 권력을 가져야 한다. 여기서 말하는 권력은 절대적인 의미의 권력이 아니라 적합한 역할수행을 가능케 하는 정당성에 기초한 권력을 의미한다(전혜성, 2017에서 발췌수정).

3. 과정중심 관점

1) 해결중심 가족치료

(1) 기본적인 이해

de Shazer와 Insoo Berg는 한편으로는 전통적 이론과 이론의 대혁신(일반체계이론의 사이버네틱스 이론을 근거로 사회심리치료 모델에서 문제해결모델로 발전시킨)을 수용하고, 다른 한편으로는 Erikson(내담자의 강점과 자원활용)의 영향을 지속적으로 받으면서 해결중심 단기치료를 발전시켰다. MRI에서의 다양한 경험, 동료들과의 팀 접근 등은 이후 해결중심치료가 가족치료모델로 성장하는 계기가 되었다. de Shazer와 Insoo Berg는 형태(가족구조)와 기능(기능/역기능)보다는 과정과 환류고리에 초점을 맞추었다. 그 이유는 지금까지 문제를 유지해온 환류고리가 끊기면, 행동도 구속에서 풀려나 지평이 확대될 수 있기 때문이다. 해결중심 단기가족치료에 담긴 de Shazer와 Insoo Berg 관점은 철저히 내담자 중심이라고 할 수 있다. 무엇보다 내담자의 문제해결능력을 존중하고, 내담자가 자신의 자원과 에너지에 대한 가장 잘 알고 있다는 것을 인정한다. 또한 문제나 문제의 발생경위보다 해결에 초점을 맞추고 이미 변화 욕구를 갖고 찾아온 내담자 스스로 적합한 해결방안을 찾을 수 있도록 안내한다. 해결중심 가족치료의 가정과 전제 역시 내담자는 진정으로 변화하기를 원하고 이미 자신의 문제를 해결할 수 있는 기술을 갖고 있는 사람이라는 것이다. 해결중심 가족치료의 원칙은 병리가 아닌 건강, 약점이 아닌 강점, 판단(이론이나 가설에 의한)이 아닌 수용, 복잡한 것보다는 단순한 것, 변화의 불가피성(문제가 발생하지 않는 예외적 상황의 증가), 과거가 아닌 현재와 미래, 내담자와 치료자 간 협력적 치료과정 등에 있다. 또한 경제성을 중요시한다. 한마디로 효과가 없는 방법은 다시 사용하지 않는다는 것이다. 어떤 것이든 효과가 있는 방법을 더 사용하겠다는 입장이다(송성자 외, 1994에서 발췌수정).

(2) 개입방법

해결중심 가족치료에서 면담은 그 자체로 개입이다. 면담은 일종의 '치료적 대화'로써 내담자에게 문제가 되는 것, 그리고 앞으로 내담자와 치료자가 그 문제를 해결하기 위한 협력할 방법을 구상하는 과정이라고 할 수 있다. 이러한 면담에서 해결중심 가족치료는 다음과 같은 5가지 질문을 활용한다. ① 최근 면담 전 변화에 관한 질문을 한다. 변화란 불가피한 것이라는 가정하에 면담 약속 이후 지금까지의 변화를 확인하고 여기서 중요한 단서를 찾는다. 치료 전 변화가 있는 경우, 이를 근거로 내담자의 잠재능력을 발견하고 내담자 자신은 의식하지 못한 해결방안을 찾는 데 활용한다. ② 예외를 찾기 위한 질문을 한다. 예외란 내담자가 인식하는 부정적인 상황과 다르게 성공적으로 행동했던 경험, 현재 잘 하고 있는 것 등을 말하는 데, 이러한 질문은 예외상황을 찾아내어 그러한 행동을 강화하고자 하는 목적을 갖는다. 내담자가 문제제기에만 몰입되어 있는 시각에서 벗어나 해결방안을 찾는 데 집중하도록 시각의 변화를 줄 수 있는 중요한 질문이다. ③ 기적에 관한 질문을 한다. 이 질문은 문제 자체를 건드리지 않고 문제와 동떨어져서 이미 모든 것이 해결된 상황을 상상하게 함으로써 자신이 원하는 상황이 되기 위해서는 무엇부터 바뀌어야 하는지 근본적으로 인식하게 하는 중요한 질문이다. 마치 미래의 시간에 스스로를 기획투사해서 자신이 원하는 상태로 모든 것이 바뀌었을 때 어떤 모습인지를 시뮬레이션하고 미래가 현재를 전복시키게 하는 실존적 시간개념을 채용한 질문이라고 할 수 있다. ④ 척도 질문을 한다. 내담자의 입장이나 생각, 태도, 정서 상태, 관계성, 투여한 노력수준, 변화의 정도 등을 수치로 표현하도록 함으로써 치료자는 문제해결에 대한 내담자의 태도를 확인할 수 있고, 내담자의 변화과정을 격려하고 강화해 줄 수 있다. ⑤ 대처방법에 대해 질문한다. 이 질문은 미래에 대한 희망을 갖지 못하고 체념하는 내담자에게 주로 사용된다. 지금까지 힘든 상황에서도 잘 견뎌내고 더 나빠지지 않은 것을 강조하면서 칭찬해 주고, 위기에서 빠져나오기 위해 지금까지 적절히 대응해 온 것을 발견하고 그것을 인식하고 확대하기 위한 근거로 이 질문을 사용한다(이영분, 1995에서 발췌수정).

치료자는 면담 상황이 아닌 일상생활에서도 내담자가 자신의 해결책을 찾을 수 있도록 과제를 부여할 수 있다. 과제 부여에 앞서 치료자는 내담자를 진심으로 칭찬하고, 내담자의 어려움과 고통을 헤아리고 인정한다. 과제는 내담자와 치료자의 관계유형(불평형, 방문형, 고객형)에 따라 내담자가 수용하고 실행할 수 있는 것을 부여한다. 치료에 적극적으로 참여하는 내담자(고객형)는 잘되는 행동을 계속해서 더 하도록 한다. 다른 가족성원에게 문제를 귀인시키고 불평이 많은 내담자(불평형)는 이전과 다른 방식으로 가족을 관찰하는 정도의 과제를 부여한다. 그러나 자신의 의사와 달리 강제로 참석하게 된 내담자(방문형)에게는 치료에 온 것만으로도 칭찬하고 다음 치료에 참여할 수 있도록 격려한다(이영분, 1995에서 발췌수정).

2) MRI 단기 가족치료

(1) 기본적인 이해

미국 Palo Alto에 소재한 MRI(Mental Research Institute)는 미국 가족치료의 근원지라고 할 수 있으며 조현병 환자와 가족에 대한 상호작용적-체계적 연구(ex. 이중구속이론), 심리치료, 가족치료 등으로 잘 알려진 곳이다. MRI는 Milton Erickson의 영향을 받아 실용적이고 문제해결에 초점을 둔 전략적 치료를 수행하였으며 사이버네틱스 이론과 일반체계이론의 가족규칙을 이론적 기반으로 삼았다. 사실상 MRI는 이론상으로 존재했던 가족체계이론을 현실화시켜 실제 가족치료에 적용하는 곳이라고 할 수 있다. 단기치료를 표방하는 MRI는 가능한 한 짧은 시간에 최대한 효과를 내고자 개인과 가족생활주기와 관련된 증상에 가장 부합하는 대안적 방식을 개발하고자 하였다. 그 결과 MRI는 불안, 결혼 부조화, 성적 역기능, 가족갈등, 정신·신체질환 및 약물과 알코올 의존을 포함하는 다양한 상황에 조응할 수 있는 수많은 전략들을 발달시켰다. MRI 치료자들은 문제의 원인을 탐색하기보다는 문제에 대해 효과적으로 생각하는 방법과 해당 문제를 다루는 가장 실용적인 방법을 찾는데 주력했다. 또한 치료자들은 내담자와의 불필요한 에너지 낭비를 최소화하기 위해 권위적인 태도를 버리고 내담자보다 '한 단계 낮은 자세'를 취함으로써 내담자의 저항을 감소시키는 입장을 선택한다(정문자 외, 2020에서 발췌수정).

MRI는 문제행동을 계속하게 되면 문제가 유지되는 것으로 본다. 역으로 문제를 유지시키는 행동이 변화되거나 사라지면 그 문제는 해결된 것이다. 그 문제의 성질이나 기원은 처음부터 관심을 두지 않을 뿐더러 논의의 대상이 안 된다. 오직 행동변화에 초점을 맞춘다. 가족문제의 경우도 문제를 해결하려는 가족들의 잘못된 시도에 의해 오히려 문제가 유지되는 것으로 본다. 계속 실패했음에도 동일한 문제해결방식을 반복하는 것도 문제를 유지시키는 것으로 본다. 문제를 잘 들여다보면 그 문제를 개선하고자 계속해 온 바람직하지 못한 행동들로 이루어져 있고, 문제의 지속은 사람들이 그 행동을 해결방법으로 알고 그 행동을 멈추지 않은 데서 기인한다(일명 '시도된 해결'). 이러한 잘못된 문제해결노력으로 인해 문제가 더 악화되기도 한다. 치료자는 내담자나 가족이 지금까지 시도해온 해결책을 재인식하고 상황을 다르게 볼 수 있도록 돕는다(박태영, 2002에서 발췌수정).

(2) 개입방법

MRI 단기치료의 기본 전제는 ① 사람들이 의사소통하지 않는 순간은 없으며 모든 행동은 의사소통이다. ② 모든 의사소통에는 '내용'과 '관계'의 두 차원이 있는데, 내용 차원은 정보를 전달하고 관계 차원은 정보가 받아들여지는 방법을 규명한다. ③ 모든 체계는 '규칙'에 의해 규정되며 이러한 규칙으로 인해 '항상성'이 유지되고 그 결과 체계가 보존된다 ④ 모든 행동과 의사소통은 '맥락'(context) 안에서 검토되어야 한다. ⑤ 의사소통은 순환적 상호작용의 연속이다. ⑥ 의사소통이 일어나는 상황 내의 피드백으로 인해 의사소통 유형이 반복되고 이러한 과정을 통해 문제가 유지된다. 이러한 전제를 기초로 MRI 단기치료 접근은 다음과 같은 전략을 사용한다. ① 시도된 문제해결 방법의 중지, ② 시도된 문제해결 방법을 공격하지 않음, ③ 대립되는 해결책 제시(상식에 반하는 역설적 방법), ④ 문제의 재정의(심각한 내용을 받아들일 수 있는 내용으로 재정의), ⑤ 천천히 진행하기 ⑥ 좋은 의도의 태업(sabotage), ⑦ 개선은 위험하다는 인식(퇴보에 대한 걱정과 우려로 변화를 더 갈망하도록), ⑧ 문제를 악화시키기(양가감정을 유발하여 변화를 더 열망하도록)(정문자 외, 2020에서 발췌수정).

MRI 단기치료 치료초점은 해결책에 있고 치료의 중심과업은 첫째, 내담자가 호소하는 문제를 행동적인 언어로 구체화하는 것이다. 둘째, 지금까지 했던 모든 시도된 해결책의 공통점과 취지를 발견하는 것이다. 셋째, 내담자가 말로나 행동으로 지금까지와는 완전히 다른 어떤 것을 하도록 지원하는 것이다(박태영, 2002에서 발췌수정).

4. 경험주의 관점

1) Satir 경험주의 가족치료

(1) 기본적인 이해

Satir는 경험하는 것이 치료에 효과가 크다는 것을 강조한다. 가족들에게도 직접 경험을 통해 배우고 변화가 가능하도록 시도하였기 때문에 경험주의 관점으로 분류되었다. Satir는 역기능적 가족은 의사소통, 규칙, 자존감, 타인과 사회와 유대 맺는 방식에 문제가 있다는 것을 발견하였다. 그리고 이러한 요인들을 변화시키면 기능적 가족이 될 수 있다고 보았다(최정랑, 2014에서 발췌수정).

Satir는 가족을 체계이자 개인들의 집합으로 보고 가정구성원들의 변화가 가족의 변화를 가져올 수 있다고 보았다. Satir는 증상해결에 초점을 맞추기보다는 개인의 내적성장과 인간관계의 변화, 자존감 향상 등에 초점을 맞추었다. 이러한 경험을 통해 현재 가족관계가 변화되고 성장이 이루어질 수 있다는 것이다. Satir의 경험적 가족치료는 부부관계나 부모자녀관계에 천착하면서 가족성원이 자신을 개방하고 가족과 상호작용을 촉진시키는 기법으로, 치료자는 내담자의 감정을 존중해 주고 가능성과 자기가치감을 강조한다. 경험적 가족치료의 특징은 우선 자신을 사랑하게 하고, 가족 내 의사소통을 증진시키고, 왜곡된 가족의 신념을 수정하고, 자발적으로 참여하게 하고, 내담자 자신이 책임감 있는 선택을 할 수 있도록 하는 것이다. Satir는 인간의 내면을 빙산으로 비유(빙산 메타포)하여 겉으로 드러나는 말과 행동은 빙산의 일부이고, 수면 밑에 있는 인간 내면의 감정, 지각체계, 기대, 열망, 자기(self) 등이 실제 우리가 표현하고 행하는 것에 더 많은 영향을 끼친다고 하였다(이화자 외, 2010에서 발췌수정).

Satir는 사람들이 스트레스 상황에서 살아남기 위한 대처방식으로 선택하는 역기능적인 의사소통을 아첨형, 비난형, 초이성형, 산만형으로 명명하였다. 이러한 역기능적 의사소통은 낮은 자존감과 심리적 불균형으로 인해 시작되고, 우리 자신을 다른 사람이나 그 어떤 것에 넘겨줌으로써 활성화된다고 하였다. 자신의 입장에서는 자기 가치감을 위한 몸부림일 수 있으나 실은 스트레스나 갈등상황을 우회하려는 무의식적 반응일 수 있다 (이화자 외, 2010에서 발췌수정).

〈표 20-2〉 Satir의 의사소통 유형

의사소통 유형	주요언어표현	내적정서상태	주요행동	해설
아첨형 (placater) [자신 무시, 타인과 상황 존중]	"모두 내 잘못입니다." "당신이 없으면 나는 아무것도 아닙니다." "당신의 말은 무엇이든 옳습니다. 나는 오직 당신을 기쁘게 하기 위해 여기 있습니다.	"나는 쓸모없고, 사랑받을만 하지 못하다." "어떤 일이 있어도 다른 사람의 기분을 상하게 해서는 안 된다." "나는 구제불능이다."	사과행동, 비굴하게 간청하는 듯한 행동, 남 앞에서 너무 잘하려는 행동, 대부분의 남의 요구에 '예'로 응답하는 행동	일치형 의사소통을 하는 사람에게는 잘 통하지 않음(역겨움, 모멸감을 느끼게 함) 비난형의 사람이 이 유형의 사람을 받아들이기 쉬움
비난형 (blamer) [타인 무시, 자신과 상황 존중]	"당신, 잘하는 일이 하나도 없군." "어떻게 된 거야?" "이 모든 것이 당신 때문이야."	"나는 외롭다." "나의 낮은 자존감을 노출시켜서는 안 된다." "나는 실패자이다."	삿대질, 상대 흠잡기, 독선적 판단, 상대방 의견의 묵살, 공격적 행동(강간, 학대 등)	취약한 자신을 보호하기 위해 타인과 주변환경을 괴롭히고 비난함 상대방이 당당하고 강하게 나오면 쉽게 무너져 내림
초이성형 (super-reasonable) [자신과 타인무시, 상황 무시]	"최근의 연구자료에 의하면…" "객관적 사실과 정확한 논리에 의해 판단해 본다면…"	"나는 상처받기 쉽다." "나는 완벽한 내 모습을 나타내 보여야 한다." "감정은 나약한 것이다." "사람은 어떤 상황에서도 냉정하고 침착하며 온전한 모습을 보여야 한다."	단조로운 목소리, 경직된 태도, 기계나 컴퓨터 같은 인상	완벽하게 생각하고 표현하기 위해 복잡하고 현학적인 용어를 사용하여 미세한 사실을 장황하게 설명하려는 성향이 있음 주변의 타인이나 전체 사회와 거리를 두고 고립되는 경향이 있음
산만형 (irrelevant) [자신, 타인, 상황 모두 무시]	상황과 동떨어진 말을 함 현재 진행되고 있는 화제와 전혀 다른 말을 꺼냄	"나에게 신경 쓰는 사람은 아무도 없다." "내가 설 자리가 없군."	끊임없이 움직임, 한 대화 주제에 오래 머물지 못함, 몸의 일부분을 지속적으로 움직임	재미있고 익살스러운 모습과 혼동됨 초이성형과 정반대의 모습 주의를 끌기 위해 행동을 함
일치형 (congruent) [자신, 타인, 상황 모두 존중됨]	언어적 메시지와 억양, 표성, 자세, 내부 정서 등이 일치함, 언어에 진솔한 감정이 묻어남, 직접적 의사소통을 함	"나는 나의 본연의 모습과 감정에 충실하다." "타인과 주변상황도 충분히 존중되어야 한다."	자신감, 원만함, 친근감, 창의성, 정직성, 독특성	남을 통제, 무시, 공격하거나 자신을 방어하기 위해서가 아니라 자신이기를 선택하고, 타인과 연결되기 위함임

출처: 엄명용(2000).

(2) 개입방법

Satir 가족치료의 핵심개념은 일치성, 열망, 가족규칙, 대처방식 등이다. 먼저 일치성(congruence)은 내면으로부터 경험과 자각, 표현간의 내적 일관성을 뜻하고 의사소통에서도 긍정적인 영향을 미치는 관계적 특성이다. 이러한 일치성은 가감 없이 있는 그대로의 자신의 모습을 수용할 때 가능하다. 다음으로 열망(yearning)은 사랑과 인정에 대한 갈망으로 내담자가 이루고자 하는 소망이다. 치료과정에서 이러한 열망을 경험하는 기회가 제공될 필요가 있다. 그 다음으로 가족규칙(family rule)은 가족성원들로 하여금 특정한 방식으로 행동하게 하고 생활 전반을 지배하는 것이다. 이러한 규칙들에 의해 가족의 행동유형이 형성된다. 마지막으로 대처방식(coping stance)은 스트레스 상황에서 자신을 보호하고 생존하기 위해 사용하는 것이다. Satir는 문제 자체보다는 대처방식을 바꾸면 문제나 증상도 사라진다고 보았다(최정란, 2014에서 발췌수정).

Satir는 빙산 메타포에 의한 듣기 말하기 방법, 의사소통 규칙, 비일치적 의사소통(자신을 보호하기 위한 반사적 반응의 의사소통방식)을 일치적 의사소통방식으로 바꾸고, 탄력 있고 인간적이며 변화 가능한 규칙을 선택하도록 한다. 부부는 각각 자신의 원가족으로부터 물려받은 규칙을 지닌 채 새로운 가족을 형성하게 된다. 부부 각자가 가진 규칙이 갈등을 유발시키고 비일치적 상호작용을 하게 만든다. Satir는 이 규칙을 지침으로 바꾸도록 하고 새로운 것을 추가해가면서 변화가 일어나도록 하였다. 우선 '해야만 한다(must)'를 '할 수도 있다(can)'로, 다음 단계에서는 '결코(never)'를 '가끔(sometimes)'으로, 그리고 그 다음 단계는 '나는 할 수 있다'를 세 개 이상의 가능성으로 확장시킨다. 새로운 규칙 선택은 심리 내면에 변화를 가져올 수 있다(최정란, 2014에서 발췌).

1차 수준의 변화는 감정들을 수용하고, 다른 사람들에게 개방하고 이를 책임 있게 다루어나가도록 한다. 2차 수준의 변화는 다른 사람들에게 투사해왔던 충족되지 못한 기대를 내려놓거나 대안적인 방법으로 충족시키면서 '자기(self)'와 조화를 이루는 것이다. 3차 수준의 변화는 개인 생명의 근원인 '자기(self)'와 전체 생명의 근원인 초월적 영성과의 일치를 이루는 것이다. 세 가지 중 어느 한 수준의 변화라도 일어나면 내적성장을 촉진시키고 심리내면에서부터의 변화를 가져온다. 이러한 변화는 결국 행동차원의 가시적인 상호작용의 변화로도 이어지게 된다(최정란, 2014에서 발췌수정).

2) 이야기치료

(1) 기본적인 이해

포스트모더니즘과 사회구성주의의 영향을 받아 White와 Epston이 체계화한 이야기치료는 현실은 언어를 매개로 사람들의 상호작용에 의해 구현된다고 보았다. 이야기는 그 사람의 삶, 정체성, 다른 사람들과의 상호작용(관계성)을 드러내주는 것으로, 이야기치료의 기본원리는 내담자의 삶을 규정하고 지배해온 이야기를 내담자가 가지고 있는(사실 자신도 미처 파악하지 못했을 수 있는) 대안적 이야기로 바꾸는 일련의 과정이라고 할 수 있다. 이야기치료는 사람을 문제로 보지 않는다. 오히려 그 사람을 고통스럽게 구속하고 있는 이야기가 문제라고 본다. 치료자는 내담자 또는 가족의 삶에서 문제적 이야기를 확인하고 이를 그들과 분리시키고 협력하는 입장에서 새로운 대안적인 이야기로 전환할 수 있도록 돕니다. 그리고 이러한 대안적 이야기를 구성할 수 있는 재료는 내담자나 가족이 이미 갖고 있는 것이다(오영섭 외, 2018에서 발췌수정).

이야기치료는 인간을 바라보는 관점에서 구조주의(모든 물리적 현상은 불변하는 법칙에 지배되고 그 법칙이나 구조를 발견하게 되면 세계를 이해할 수 있다는 것)와는 다른 입장을 취하는데, 그 이유는 인간은 구조주의 관점으로 이해될 수 없기 때문이다. 인간은 고유성을 갖고 타인과 상호관계 속에 있는 존재이기 때문에 규정된 틀로 재단할 수도 없고 현재 나타나는 몇 가지 특징을 가지고 단정할 수도 없다. 인간의 정체성은 사회환경과 타인과의 관계 속에서 계속해서 변화하고 있고, 그 사람의 삶의 경험이 표현되는 과정에서 현재진행형으로 형성된다는 것이다. 이야기치료는 체계적 가족치료와도 일정부분 거리를 두고 있다. 체계적 치료는 원래 정신역동적 접근이 개인이나 가족이 처한 환경을 고려하지 못하기 때문에, 이를 비판하면서 인간 삶의 장, 생태계, 맥락으로서 가족에 관심을 가지면서 시작되었다. 그러나 체계적 치료 역시 가족구조와 체계의 역학관계에만 초점을 맞추면서 더 큰 체계에 대한 시야를 잃는 한계를 반복하고 있다고 보았다. 이야기치료는 현재 문제에 영향을 미치고 있는 사회구조적 요소를 확인하고, 그 요소가 내담자 또는 가족의 과거, 현재에 어떤 방식으로 영향을 미쳤고 어떻게 재현되고 있는지 확인한다. 또 그 과정에서 가족성원 각자가 어떤 피해와 희생의 당사자가 되었는지 구체적으로 확인한다. 이야기치료는 여기에 국한되지 않고 희생자를 양산하는 사회구조(규범, 제도, 편견, 고정관념 등)로 인한 피해를 최소화하기 위해 무엇을 어떻게 할 수 있는지에 대한 구체적 탐색이 이루어진다(이선혜, 2008에서 발췌수정).

(2) 개입방법

이야기치료에서 가장 기본적으로 사용되는 기법은 외재화 대화, 독특한 결과 대화, 재저작 대화, 회원재구성 대화, 정의예식, 치료적 문서 사용 등이다. 먼저 외재화 대화(externalizing conversation)는 문제와 자신을 동일시하고 있는 내담자로 하여금 자신과 문제를 분리하고, 문제가 내담자에게 어떤 영향을 미치고 있는지 확인하고, 내담자와 문제 사이의 관계를 변화시키고자 한다. 독특한 결과 대화(unique outcome conversation)는 처음에는 예측하기 어렵지만 커다란 의미와 변화 잠재력의 원천이 될 수 있는 사건(일상에서 내담자가 문제에 지배당하지 않은 일)을 가시화하고 이를 확장 발전시키는 것을 의미한다. 재저작 대화(re-authoring coversation)는 자신의 삶에서 그동안 주목하지 못했던 사건, 경험, 특정 선택 속에 담긴 대안적인 요소들을 발견하고 이를 풍부한 이야기로 재구성해 내는 작업이다. 처음에는 실낱같이 작은 것에서 출발해서 점점 의미가 구성되면서 지배적 이야기에서 벗어날 수 있는 힘을 주는 살아있는 이야기가 만들어진다. 회원재구성 대화(re-membering conversation)는 내담자가 살아오면서 만났던 인물들 중에서 내담자의 대안적 정체성 발달에 도움을 줄 있는 인물을 의도적으로 소환시켜 그 인물과의 상호작용, 관계에서 내담자가 선호하는 정체성, 삶의 의미 등을 다시 발견하게 한다. 정의예식(definitional ceremony)은 내담자가 원하는 자기정체성 형성을 위한 방법으로 외부증인을 세우고 이들이 내담자의 이야기를 반영해 줌으로써 사회적으로 인정받는 경험을 하게 된다. 치료자와 내담자의 협업에 더하여 외부인에 의한 공명효과를 기대할 수 있는 방법이다. 치료적 문서는 치료과정에서 발견한 의미, 치료자가 내담자에게 하고 싶은 격려와 위로, 내담자 스스로 발견한 문제에서 벗어나는 노하우, 내담자가 치료자에게 주는 자문 등을 문서로 기록함으로써 치료자와 내담자가 함께했던 치료적 작업이 특정 순간이라는 한계에 갇히지 않게 한다(이선혜, 2020에서 발췌수정).

참고문헌

김안자 (2002). 가족치료의 정신역동모델, Bowen모델, Haley모델의 비교연구. **한국사회복지논총**, 7, 213-231.

김유숙 (2002). 사회구성주의 가족치료. **한국가족치료학회지**, 10(1), 1-23.

김정택, 심혜숙 (1993). 자아분화 개념을 통한 Bowen의 정신역동적 가족치료의 특징. **한국가족치료학회지**, 1, 31-45.

박태영 (1997). 재미교포 부부·가족문제에 대한 구조적 가족치료모델의 적용. 한국가족치료학회지, 5, 117-140.

박태영 (2002). MRI의 상호작용적 가족치료모델과 가족체계이론을 적용한 포르노 중독자의 부부치료. 정신건강과 사회복지, 13, 158-193.

박태영, 유수현 (2001). 가족치료 패러다임의 변화와 가족치료 모델 유형에 관한 연구. 한국가족치료학회지, 9(1), 21-56.

송성자 (2003). 강점관점과 해결중심치료 접근법을 통합한 가족치료 접근법 개발에 관한 연구. 한국가족치료학회지, 11(2), 1-27.

송성자, 김정택 (1994). 해결중심 단기 가족치료의 관점과 치료전략. 한국가족치료학회지, 2, 131-150.

엄명용, 노충래, 김용석 (2020). 사회복지실천기술의 이해. 학지사.

오영섭, 김영순, 왕금미 (2018). 이야기치료의 국제적 연구동향에 관한 탐색적 연구. 문학치료연구, 48, 41-74.

이선혜 (2008). 내러티브접근의 가족치료사적 의의와 한국 가족치료 발전에 대한 함의. 한국가족치료학회지, 16(1), 43-62.

이선혜 (2020). 이야기치료. 학지사.

이영분 (1995). 청소년자녀문제 치료를 위한 '해결중심단기가족치료' 모델의 적용성에 관한 연구. 한국가족치료학회지, 3, 21-39.

이화자, 최연실 (2010). 중년기 부부관계증진(enrichment) 집단상담 프로그램의 개발 및 효과성 연구. 한국가족치료학회지, 18(1), 131-156.

임원선 (2008). 어머니의 자아분화수준이 낮아 직장과 가정에서 갈등을 겪고 있는 가족치료 사례연구. 한국가족치료학회지, 16(2), 31-48.

전혜성 (2017). 자살유가족의 외상대처 및 가족재구조화를 위한 위기개입 가족상담. 가족과 가족치료, 25(2), 375-400.

정문자, 이영분, 김유순, 김은영 (2020). 해결중심 가족상담. 학지사.

최정락 (2014). 사티어 경험적 가족치료모델 의사소통훈련 결혼준비교육이 참여자들에게 미치는 영향. 한국가족치료학회지, 22(3), 229-251.

Maguire, L. (2007). 전문사회복지실천. 배태순, 최영민, 김영미 공역. 시그마프레스.

21장

지역사회에 대한 이해와 지역사회 정신건강 네트워크 구축

유 숙
(송국클럽하우스)

I. 서론

지역사회 실천현장에서 일을 하고자 하는 정신건강사회복지사는 지역사회를 어떻게 이해해야 하는가? 환경과 인간의 상호작용을 중요시하는 생태체계학적인 관점에서 우리는 사회를 어떻게 바라볼 것인가? 여러 가지 질문을 가지고 글을 시작한다. 지역사회에서 일을 하는 정신건강사회복지사는 복지에 필요한 제반 조건과 지역사회를 둘러싼 정치, 사회, 경제적 요소를 명확하게 인지해야 한다. 생태체계이론에서는 '환경 속의 인간'을 총제적인 인간관으로 설정하고 있으며, 인간과 환경의 상호작용, 상호교환, 상호적응의 관계를 파악하기 위해서 당연히 요구되는 것이다. 이러한 요소는 지역사회 주민들의 생활의 안정과 정신건강증진 그리고 정신장애인 삶에 영향을 미치기 때문에 중요하다. 관심을 놓지 않는다면 사회복지현장의 선배들이 사회환경을 분석해 놓은 자료[1]를 어렵지 않게 찾을 수 있다. 관심을 가지고 인구와 기술발전 같은 우리사회의 변화와 기본소득, 지역화폐, 커뮤니티케어, 온 마음 정신건강복지 기본계획(2021-2025), 패러다임 전환에

1) 우리가 통제 불가능한 거시환경을 분석해주는 도구(PEST)로 우리 사회의 변화를 예측하였다. P(political, 정치/정책), E(economy, 경제)), S(societal, 사회/문화), T(technological, 기술)로 나누어 분야별로 연관성을 가지고 설명하였다. 자세한 내용은 문용훈(2020) '윤리는 습관이다' 2020년 국립정신건강센터 정신건강전문요원 공통과정 보수교육 자료를 참조하기 바란다.

따른 지역사회정신보건 현장개입을 위한 실천기술[2] 등을 챙겨 본다면 수년 내에 내가 일하는 실천현장에 도움이 되는 변화의 흐름을 읽을 수 있을 것이다.

지역주민의 행복한 삶과 건강한 사회를 만들기 위해 노력하는 정신건강사회복지사는 그들이 살아가고 있는 지역사회에서 배제되고 차별당하는 현상을 주목해야 한다. 영화 '나, 다니엘 블레이크[3]'는 사회복지제도의 허점을 지적한 영화로 인간의 존엄성에 대해 다시 한 번 생각하게 하였다. 대한민국의 상황은 어떠할까? 송파 세 모녀 사건 이후 정부는 사각지대를 찾고 해결하기 위해 노력했다. 그러나 또 다시 증평모녀 사건이 발생했다. 여성과 장애라는 사회배제 요소를 제대로 다루지 못한 것은 아닐까? 지금도 코로나19 상황 속에서 재난지원금의 사각지대에 있는 일용직노동자와 장기실업상태에 있는 경제적으로 빈곤한 사람들, 사회적 관계망이 상대적으로 빈약한 정신장애인[4]들은 매우 힘든 상황에 놓여 있다. 이미 정신장애인 국가인권위원회 보고서(2009)를 통해 대한민국의 정신과병의원 장기입원 현상, 지역사회 재활시설 인프라 부족, 충분하지 못한 복지서비스 등으로 정신장애인의 취업률, 불안정한 지역사회 정주율, 지역사회 재활서비스 이용률 등의 지표(국립정신건강센터, 2018)는 정신건강의 문제를 가진 사람들이 지역사회의 주변인으로 살아가고 있다고 말해주고 있다. 지역사회에서 사회의 한 구성원으로서 살아갈 수 있도록 지원하는데 이러한 배제와 차별의 요소는 여러 가지 걸림돌로 작용한다. 이를 개선하기 위해 지속적인 노력을 기울여야 할 것이다.

1995년 정신보건법이 제정되면서 정신건강사회복지사들이 지역사회 정신건강분야에서 첫발을 내딛게 되었다. 1997년 지역사회정신건강 기관 중에서는 정신재활시설 2개소가 처음으로 정부의 재정지원을 받기 시작했으며 현재 345개소가 운영 중이다. 정신건강복지센터는 1998년 모델형 4개소로 시작하여 현재 전국 255개소로 확대되어 운영하고

2) 정신건강사회복지사 2급 수련생들이 수련에 임하기에 앞서 사회복지 실천 이론을 새로운 패러다임에 맞춰서 정리하기 좋은 교재이다. 성균관대학교 사회복지연구회 역(2013). 인간행동이론과 사회복지실천. 박영사.

3) 감독 켄 로치, 출연 헤일리 스콰이어, 데이브 존스(개봉 2016. 12. 08).

4) 코로나19 시대의 정신건강사회복지현장에서 정신건강사회복지사들이 고군분투하며 개입한 사례 「온택트 사회복지실천: COVID-19사회복지실천사례/태화샘솟는집(2020)」, 「클럽하우스실록: 코로나19 한국클럽하우스 온택트 활동기록/클럽하우스연합 13개소(2021)」, 「부산정신건강사회복지실천백서/송국클럽하우스, 아미정신건강센터, 자매정신요양원, 컴넷하우스, 해운대구정신건강복지센터(2021)」 등을 통해 확인할 수 있다.

있으며, 2000년 알코올상담센터 시범사업 4개소로 시작하여 현재는 중독관리통합지원센터라는 이름으로 50개소가 운영 중이다. 그 외에 우리나라 정신건강체계를 이루는 정신의료기관은 1,828개소(국공립), 정신요양시설 59개소가 운영 중이다. 이처럼 우리나라 정신건강기관은 모두 2,537개소에 이르고 있다(보건복지부, 2020). 25년의 세월이 흐른 지금도 여전히 한국의 자살률은 OECD 회원국 중에 1위이며, 정신장애로 인한 비자의 입원과 장기 입원율은 선진국에 비해 매우 높고 입원중심의 치료에서 지역사회 기반 치료로의 전환이 필요한 상황(국가인권위원회, 2009; OECD, 2013)이라는 평가는 유효하다. 이는 지역사회정신건강에 과감히 예산을 투자하여 지역 내 재활 인프라를 구축하고 정신건강복지서비스를 발전시켜 정신건강의 어려움을 가진 사람들이 병의 치료와 지역사회에서의 생활에 균형을 맞출 수 있도록 발전시켜 가야 하는 중요한 근거이다.

본 장에서는 지역사회에 대한 개괄적인 개념과 지역사회배제와 원인, 지역사회정신건강 개요와 네트워크에 관한 내용을 살펴보고, 국내 지역사회정신건강 네트워크 사업의 실제를 통해 향후 과제에 대해 논의하고자 한다.

Ⅱ. 지역사회에 대한 이해

1. 지역사회

1) 개념

지역사회(地域社會)는 사회에서 일반적으로 한 지역의 일정한 범위 안에서 지연(地緣)에 따라 자연스럽게 이루어진 생활 공동체를 일컫는 용어이다(네이버 사전). 지역사회라는 말은 학자, 사회복지사, 행정가, 정치인, 자원봉사자들이 일반적으로 사용한다. 지역사회에 대한 정의는 위키백과[5]에 다음과 같다. 지역사회(community)는 내부적인 사회적 관계, 연대감을 가지고 있으면서 다른 지역과 구분되는 지리적 영역을 구성하는 하나의 사회를 의미한다. 지역사회를 규정하는 방식에는 크게 지리적인 의미, 기능적인 의미, 둘 모두를 동시에 고려하는 경우로 나눌 수 있다. 지리적인 의미의 지역사회는 그를 구성하는 주민

5) 위키백과 2020년 1월 25일 마지막 수정.

들과 조직의 지리적 활동 범위에 초점을 맞춘 것으로, 함께 생활하는 장소를 기반으로 정의된다. 지리적인 지역사회는 이러한 특성을 기반으로 다른 지역사회와 구별되는 특수성을 지니게 된다. 기능적 의미의 지역사회는 지리적 장소 개념을 배제하고, 서로 같은 이익을 추구하고 동질성을 가지는 공동체의 특성을 강조하여 지리적 한계를 벗어나려 하였다. 이러한 기능적 지역사회는 집단구성원이 가지는 공통의 욕구를 충족시키는 기능을 수행하며, 집단구성원 사이의 상호의존성에 의해 고유의 특성을 나타내게 된다.

정신건강영역에서는 '성취감, 소속감, 자기 가치감, 선택하는 힘인 정신건강은 지역사회로부터 분리될 수 없다. 지역사회가 정신질환의 원천은 아니라 하더라도, 정신건강의 원천은 지역사회이다. 기회, 자원, 사람이 풍부한 것이 지역사회이다'(Rapp & Goscha, 2006; 황정우, 2020[6]에서 재인용)라고 지역사회의 중요성을 언급하고 있다.

2) 지역사회관계 모델

우리[7]는 지역사회를 어떻게 이해하고 지역사회에 대한 개입을 어떻게 경험하였을까? 미시간 대학교의 사회사업 교수인 로스만(Rothman; 최일섭·류진석 1997에서 재인용)은 지역사회조직사업(C.O)을 하나의 현상으로 보지 않고 세 가지의 다소 독특한 지역사회관계(community interaction)모델로 설명하였다.

Model A 지역사회개발이란 지역사회의 변화를 가장 효과적으로 이룩하기 위해서는 광범위한 주민들의 변화를 위한 목표결정과 실천행동에 참여시켜야 한다는 전제에서 나온 지역사회조직사업[8]의 한 행태이다. 도시지역에서 전개되는 복지관의 지역개발사업 등을 들 수 있다. Model B 사회계획[9]은 비행, 주택, 정신건강과 같은 사회문제를 해결하고자 하는 기술적(technical)인 과정을 강조한다. 이 모델에서 중요한 것은 문제해결을 위한 합리적인 계획수립과 통제된 변화이다. 이 방법을 주진하는 기관으로는 정부(각 부처의 기획담당부서), 건강정책국, 지역사회복지협의회와 수많은 민간 복지보건 관계기관을 들 수 있다. Model C 사회행동[10]은 지역사회의 불우계층에 처한 주민들이 사회정의와 민주주

6) 한국정신건강사회복지사협회(2020). p.409.

7) 이 글을 쓰고 있는 저자와 비슷한 시기에 사회복지를 전공하고 사회복지현장에서 일을 하고 있는 이들을 지칭하는 말. 예시 대부분은 저자가 직·간접적으로 경험한 내용을 제시하였다.

8) 영도구 봉산마을은 돌봄공백을 해결하기 위해 돌봄공동체를 주민조직화로 이루어진 좋은 예시이다.

9) 2001년에 시작된 학장천 살리기 주민모임 학장종합사회복지관과 지역주민의 협업으로 지역이슈를 가지고 환경운동을 한 A와 B가 합쳐진 형태이다.

10) 2001년 부산시 해운대구 반송동 산업폐기물 매립장 반대운동은 A, B, C가 합쳐진 형태의 사례이다.

의에 입각해서 보다 많은 자원과 향상된 처우를 그 지역사회에 요구하는 행동을 말한다. 학생운동, 복지권운동(예: 2006년 부산복지예산 20% 확보운동[11]), 소비자보호운동, 환경보호운동 등이 있다.

황정우(2020)[12]는 지역사회에 대한 개입을 증상감소, 기능증진, 역량강화, 인권과 권익옹호활동 등을 사람 중심으로 실천하는 개인, 가족, 집단에 대한 개입과 편견해소, 인식개선 활동, 문화선도 운동을 지역주민의 인식, 문화와 같은 가치·관념에 대한 개입 그리고 기존의 자원을 효율적으로 관리(사각지대, 중복해소, 점검, 평가, 조정)하고 새로운 지원의 수요확인과 개발, 강화하기 위해 조직, 자원을 관리하는 전달체계에 대한 개입으로 설명하였다. '정신건강사회복지사는 개별 자원을 네트워킹이라는 협력망으로 묶어 냄으로써 지역사회의 문제를 해결하는 거시 실천가'라고 강조하였다.

2. 지역사회배제[13]

"2020년 아침 독서모임의 첫 번째 도서가 조귀동 작가의 《세습중산층》(2020)이었다. 이 책에서 '개천용지수'[14]라는 말을 처음 접했다. 사회의 배제현상에 대해 다시 한 번 생각해 보는 기회가 되었다. 「명견만리Q100」[15]에서도 '개천용 불평등지수'로 알아보는 기회의 불평등을 다룬 적이 있는 방송을 본 적이 있다. 오랜 기간 정신장애인이 정신질환으로 잃어버린 삶의 기회를 찾을 수 있도록 지원하고 있으나, 취업률, 지역사회 정주율 등 많은 지표가 정신장애인이 지역사회에서 배제되고 있음을 경험하고 있다. 정신건강사회복지사로서 지역사회 배제 현상에 주목해야 함을 느꼈다."

---

11) 2005년 11월 9일에 부산참여자치시민연대 강당에서 2006년 부산시 사회복지예산 20% 실현을 위한 시민대책위원회 발대식을 하였다.

12) 한국정신건강사회복지사협회(2020). p.410.

13) 감정기 외(2021). 지역사회복지론 챕터 2장을 요약 정리하였다.

14) 개천용지수라는 말을 창안한 사람은 주병기 서울대학교 교수이다. 2018년 분배정의연구센터에 제출한 보고서 〈소득과 교육의 공정한 기회평등: 우리사회의 현실과 개선안〉(서울대 분대정의 연구센터 워킹페이퍼 DP201813)에서 가장 열악한 환경에 있는 학생이 최상위 학력을 기록할 확률을 나타내는 개념으로 개천용지수를 만들었다. (출처: 네이버 브런치 책찜 매거진 by 정은균)

15) KBS 2020.11.27. 방송 [청년기획] 불안, 불공정 시대의 청년을 말하다. 부모보다 못사는 첫 번째 세대, 대한민국에서 청년으로 산다는 것은 어떤 의미일까?

1) 개념

사회배제라는 용어는 프랑스의 사회정책분석가인 르네 르누아르(Rene Lenoir)가 1974년 『배제된 사람들: 프랑스인 10명 중 1명』에서 사회적 보호로부터 배제되어 있는 사람들에 대해 주의를 기울여야 함을 주장하면서 처음으로 사용하였다. 이후 1980년대 사회배제는 모든 유럽 국가의 정책적 아젠다로 자리 잡았고, 1990년대 초반 이후에는 유럽 국가들의 사회정책에서 핵심적인 기초가 되었다(Berman & Phillips, 2000). 1997년 영국 정부가 설립한 '사회배제위원회(social exclusion unit)'는 사회배제에 대해 '개인이나 집단이 실업, 저숙련, 낮은 소득, 열악한 주거, 높은 범죄환경, 나쁜 건강상태 그리고 가족해체 등 복합적인 문제로 고생할 때 발생할 수 있는 것'이라고 정의하였다. 카스텔(Castel, 1998), 바를뢰지우스(Barlöius, 2004), 리티히와 그리슬러(Littig & Grießler, 2005) 등은 사회배제가 '실업, 불안정 노동, 근로빈곤층, 이주민에 대한 차별의 증가가 내재되어 있는 노동시장의 현재 기능에 전적으로 의존'한다고 주장했는데, 이는 즉 사회배제가 일차적으로 빈곤이나 실업 등 경제적인 조건에서 비롯된다는 것을 의미한다(Novy et al., 2012에서 재인용). 워커와 워커(Walker & Walker, 1997)는 사회배제가 '사회 안에서 한 사람의 사회적 결속(social integration)을 결정짓는 사회적·경제적·정치적·문화적 체계로부터 봉쇄되는 역동적인 과정'이라고 정의하였다. 이상의 논의를 종합하여 사회배제를 간략히 정의하자면 '경제적, 정치적, 법적, 사회·문화적 제도나 혜택에 대한 권리나 기회가 부족한 상태 또는 이러한 상태를 유지·강화하는 조건'이라고 할 수 있다. 지역사회배제는 한 개인이 그가 거주하고 있는 지역사회의 경제적·정치적·사회적·문화적 자원에 접근하거나 참여할 기회에서 배제되는 것을 말한다. 어떤 개인 혹은 집단이 사회의 경제·정치·문화 등 다양한 영역에서 일부 또는 모두 단절될 경우, 정신적·신체적 고통을 받으며 인간의 기본적인 욕구를 충족시키기 어려워진다. 건강하고 균형적이며 안정적인 지역사회란 지역주민들이 차별받거나 소외당하지 않으며 지역사회로부터 배제되지 않는 사회라고 할 수 있다. 지역사회배제는 사회배제에 포함되는 개념이다. 곧 사회배제는 전체 사회적 측면에서의 배제를, 지역사회배제는 지역사회 측면에서의 배제를 나타낸다. 그러므로 지역사회배제 역시 사회배제와 마찬가지로, 빈곤이나 실업, 소득불평등 같은 경제적 영역에서의 배제뿐만 아니라 사회, 문화, 정치적 영역에서의 배제를 포함하는 다면적 의미로 이해해야 한다.

2) 원인

빈곤 및 소득양극화는 상당 부분 앞서 살펴본 실업 및 노동양극화에서 기인한다. 특히 사회적 안전망이 부족한 한국 사회에서는 한번 빈곤층이 되면 다시 자립하기가 어렵다. 여러 수치에서 볼 수 있듯 한국 사회에서 사회배제의 원인이 되는 경제적 요인의 수준은 매우 심각하다. 따라서 빈곤층을 양산하고 불평등을 심화시키는 경제 구조에 대한 개선과 함께 사회보장의 확충이 요구된다. 이와 같은 경제적 원인 외에도 한국의 사회배제를 드러내는 지표들은 많다. 또한 이러한 원인들은 원인과 결과로 명확하게 구분되는 것이 아니라, 여러 원인들이 서로 영향을 미치며 다른 영역의 사회배제를 촉진하거나 심화시키는 경우가 많다. 예컨대 신체 및 정신 건강, 의존과 중독, 가족해체, 범죄 등 반사회적 행동, 극단적으로는 자살 등 여러 지표들은 사회배제의 원인 및 결과로 해석할 수 있다. 나아가 이러한 사회배제는 노인, 여성, 장애인과 같은 사회적 소수자와 차별적 시선과 대우에 노출되는 다문화 가정 또는 한부모 가정 등의 가족구성원에게 더 심각하게 나타난다. 사회배제는 특정 지역 단위에 따라 그 정도가 다르게 나타난다. 해당 지역사회가 보유한 자산, 제공하고 있는 서비스, 주민 간 네트워크의 활성화 정도 등이 동일하지 않기 때문이다. 그러므로 지역사회배제에 대한 대응은 지역사회마다 상이할 수 있지만, 한국의 보편적인 사회배제 수준은 모든 지역사회에 영향을 미치기 때문에 이에 대한 대처 방안은 중앙정부와 지방정부가 함께 마련해야 한다.

Ⅲ. 지역사회 정신건강 네트워크 구축

1. 지역사회 정신건강

"1990년대 중반 사회복지 전공도서는 나남출판사의 하드커버 서적이 많았다. 최송식 교수님께 정신보건론(정신건강복지법으로 개정된 것이 얼마 되지 않은 일이니 당연히 교과과정도 정신보건론이었다) 수업을 들으면서 정신보건에 관심을 가지게 되었고 하계현장실습을 송국클럽하우스에서 하면서부터 지금까지 지역사회정신건강의 매력에 흠뻑 빠져서 정신장애인의 지역사회에서의 사람살이를 돕는 일을 하고 있다."

1) 개념

지역사회정신건강(Community Mental Health: CMH)은 정신건강이라는 이름으로 지역사회 내에서 행하는 모든 활동을 의미한다. CMH는 치료나 서비스를 받는 데 있어 몸과 마음의 통합적 상태에서 자기결정권을 행사한다는 인간 존엄성의 가치에 이념적 기반을 두고 있다. 정신건강과 관련해서 지역사회가 움직인다는 의미로서 의료를 포함한 각종 정신건강서비스를 제공하면서 그 대상은 물론이고 제공 주체도 역시 지역사회가 되는 것이다. 정신장애가 누구에게나 일어날 수 있는 것인 만큼 지역사회는 정신장애를 가진 사람들에게 일상생활에 필요한 포괄적이고 광범위한 활동기반을 마련할 수 있는 환경을 제공해야 하는 것을 의미한다. CMH는 최소한의 규제, 정상화, 사회통합의 원칙으로 질병관리, 기능적 기술재활, 장애예방 그리고 삶의 질 증진을 목적으로 시행한다. 지역사회정신건강에서는 ① 위기개입, ② 의료 및 정신보건서비스, ③ 일상생활훈련, ④ 직업관련서비스, ⑤ 상담 및 가족상담서비스, ⑥ 주거서비스, ⑦ 생계보조서비스, ⑧ 자문 서비스, ⑨ 예방 및 교육, 홍보·권익 옹호 서비스, ⑩ 사회조사 서비스를 기본적으로 제공해야 한다(양옥경, 1996).

2) 등장배경

현대의 CMH의 등장배경은 다음 5가지로 정리된다(Becherarch, 1978; Bloom, 1995; 양옥경, 2006에서 재인용). 제2차 세계대전 후 1946년 미국에서 ① 제정된 정신보건법(National Mental Health Act)이다. 이 법에 따라 1949년 국립정신보건연구원(NIMH)이 설립되어 각 주마다 기관을 선정하여 지역사회를 기반으로 하는 정신건강서비스 제공을 규정하였다. 1950년대 말부터 발전되기 시작한 항정신성 ② 약물치료의 효과이다. 정신의약물의 발견은 심하던 증상이 생리학적으로 대부분 조절되면서 격리·감금되어 있을 필요가 없게 되었다. 1960년대 미국사회 전체를 지배하던 ③ 인도주의 이념도 CMH 등장에 큰 영향을 미쳤다. 대규모 정신병원의 열악한 환경 조건과 정신병원에서의 비인간적 처우 등에 반기를 들고 나온 인도주의 운동가들은 정신장애인들을 장기 수용상태에서 해방시켜 지역사회로 복귀시킬 것을 주장하였다. 100여 년의 역사를 가진 대규모 정신병원은 건물 자체의 유지만으로도 ④ 경제적 부담이 만만치 않았다. 또한 장기 입원 환자들의 24시간 보호에 필요한 인적자원이 늘어나면서 직원들의 인건비 충당비용 절감해 보고자 하는 생각이 인도주의 운동에 편승하면서 지역사회치료 등장에 박차를 가했다. 이와 같은 여러 가지 요인들이 결합하면서 정책적 차원에서 탈시설화 움직임이 표면화되었다 1963년 당시 미국의 케네디 대통령은 지역사회 정신보건센터 건립법을 제정하여, '최소한의 규제'를 보장하는 곳에서 정신장애의 치료와 보호가 이루어지도록 ⑤ 탈시설화 정책을 펼쳤다.

3) 발달과정

한국 지역사회정신건강의 역사를 지역사회정신건강 이전과 이후로 나누어 볼 수 있다 (최송식, 2008; 권성진 외, 2017; 보건복지부, 2020).

(1) 지역사회정신건강 이전의 시대

1945년 이후 한국전쟁까지 창살 없는 현대적 정신병원 건립과 아동상담소 건립, 대한신경정신의학회 활동 등을 찾아볼 수 있다. 1975년부터 광주지역에 성요한병원에서 아일랜드 정신보건모형이 도입되었다. 1983년 추적 60분에 정신장애인을 기도원 등 사설수용소에 평생 수용하는 환자 유기사태가 방영되어 그 참상이 세상에 폭로되었다.

1984년 보건사회부 정신질환 종합대책 수립(무허가기도원을 정신요양원으로 양성화)하였고 이듬해 정신질환 역학조사를 실시하였다. 전국에 200~300병상 규모의 국립정신병원이 설립되었다. 1985년 정신보건법안 국회 제출(정부안)하였으나, 1986년 제12대 국회 회기 만료로 정신보건법안은 자동 폐기되었다. 정신요양시설 52개소를 운영 지원하였으며 이후 73개소까지 확대 운영되었다. 1987년 OECF 차관으로 정신병원이 건립되어 의료보호 명목으로 정부의 재정지원을 받는 장기 입원환자가 양산되었다. 1986년 미국 Fountain House 모델을 도입하여 태화복지관의 '태화샘솟는집'이 시작되었고 1987년부터 연세의료원에서 강화도 시범사업을 시작하였다. 1991년 이전까지는 입원중심치료의 정신보건정책이 펼쳐진 시기이다.

1991년 보건사회부 질병관리과로 정신보건 업무가 이관되면서 정부정책이 다소 변화하기 시작했다. 1991년 용인정신병원에 직업재활치료를 통한 만성정신질환자 사회복귀사업이 시행되었고, 1993년에 정신건강복지연구소의 '하늘타리 프로그램' 등 사회복지사 중심의 심리사회센터 모형이 일부 수행되었다. 1994년에 보건복지부에서 연구 용역 사업으로 아주대학교는 입원 또는 입소 중인 정신질환자의 실태조사와 재분류 지침에 관한 연구, 한국보건사회연구원은 정신의료기관과 정신요양원의 실태조사 그리고 서울대학교는 정신보건 정책 제안을 의뢰하였다. 1995년 정신보건법 제정을 기념하여 '정신건강의 날' 행사를 개최하기 시작하였고 보건복지부는 서울특별시 서대문구의 사회복지관에서 지역사회정신건강사업을 실시하였다. 사랑밭재활원이 정신요양시설에서 정신재활시설로 전환하였고, 서울시 의약과와 강남구 보건소와 연계하여 CMH센터를 설치하고 1994년 부산·경남 한국정신보건가족협회 발족하였고 같은 해 낮병원 치료가 의료보험 수가로 인정이 되었다.

(2) 지역사회정신건강의 시대: 1995년 이후

1996년 CMH운동의 확산과 정신보건센터 모델이 개발되고 같은 해 송국클럽하우스가 부산시 특별시업으로 개소하였다. 1997년 정신보건법이 시행되면서 정신보건행정이 체계화되기 시작하였다. 경기도 CMH사업의 확대와 계획이 수립되었고 보건복지부 보건국 내에 정신보건과가 신설되었다. 정신보건사회복지사 제1기가 배출된 해이기도 하다. 1998년 CMH센터 서울 성동 및 성북, 강원 춘천, 울산 남구 4개소가 운영을 시작하였고 다음해 부산 금정구에 CMH센터가 운영을 시작하였다. 이후 지속해서 확대되고 있으며 같은 해 정신보건발전 5개년 계획을 수립하였다. 1999년 CMH 기술지원단 운영이 시작되었다.

1997년 사회복귀시설 2개소가 설치 운영되었고 정신요양시설이 9개소는 정신의료기관으로 1개소는 사회복귀시설로 전환되었다. 1999년 정신요양시설 1차 평가가 이루어졌으며 이후 사회복귀시설이 양적 확대를 이루었다. 2000년 4개의 알코올상담센터 시범사업을 시작으로 2001년 사회복귀시설 1차 평가와 전국적으로 정신질환실태 역학조사가 이루어졌고 2002년부터 CMH센터의 아동·청소년 정신보건사업이 16개소에서 시작되었다. 2005년부터 자살 등 위기 상담전화가 운영되었고 2008년 광역정신건강증진센터 3개소가 신설되었다. 2009년 정신보건시설 설치 운영자, 종사자 인권 교육이 실시되었으며 2013년 응급실기반 자살시도자관리사업이 시작되었다. 2013년 지역사회기반 노인자살예방사업이 운영되고 2014년 중앙심리부검센터 운영을 지원하였다. 2017년 「정신건강증진 및 정신질환자 복지서비스 지원에 관한 법률」이 시행('17.5.30)되고 다음해부터 입원적합성심사위원회가 운영되고 있다. 정신건강전문요원 보수교육이 시작된 해이기도 하다. 또한 제7장 권익보호 및 지원 등에 관한 조항은 당사자와의 연대를 위한 법적 근거로 삼을 수 있다.

2004~5년 '서울정신건강 2020' 추진계획에 따라 서울시 소아청소년 정신장애 유병률 역학조사 후 서울시 예산으로 2006년에 지역사회 주간치료센터인 아이존 1개소 시범사업으로 시작하였다. 이후 2018년 정신재활시설 아동·청소년정신건강지원시설로 법적 근거 마련하였고, 2021년 4월 현재 9개소 운영 중이다. 2019년 6월부터 지역사회통합돌봄 정신질환자 선도사업을 화성시에서 실시하고 있으며 2025년까지 지역사회통합돌봄 참여 지자체 수를 8개로 확대할 계획이다.

2. 네트워크

2009년 공동모금회 기획사업에 참여하면서 네트워크에 관심을 가지게 되었다. 이 당시 지역에 현안을 해운대 네트워크를 통해 해결하고자 하는 CI[16]사업에 모두 익숙하지가 않았던 때라 해운대지역 네트워크 거점기관과 참여기관에서 근무하는 사회복지사들이 『사회복지 네트워킹의 이해와 적용』을 교재로 담당자 학습 모임을 가졌다. 여러 차례 회의를 통해 선정된 지역사회 아젠다가 '아동청소년 정신건강 문제'였고 바우처도 정신건강복지센터도 없던 시절이었기에 해운대구종합복지관, 영진종합사회복지관 그리고 송국클럽하우스가 거점기관으로 네트워크의 한 축을 담당하게 되었다. 지금은 취약계층아동 맞춤형 통합서비스를 제공하는 드림스타트센터가 운영되고 있고, 구청과 관할 동주민센터에 통합사례관리사가 배치되었고 정신건강복지센터가 그 규모를 더해가고 있다. 현재는 다양한 형태의 네트워크가 활성화되어 전문화된 여러 서비스제공자들이 협력하여 자원부족의 한계를 극복함과 동시에 적절하고 포괄적인 서비스를 통해 지역주민의 어려움을 해결하고 있는 중이다.

1) 개념

네트워크(network)의 사전[17]적 의미는 ① 다수의 컴퓨터를 유선이나 무선의 통신 매체

16) 사회복지공동모금회 기획사업으로 접한 Community Impact(이하 CI)는 사회적 관계망을 재구성하고 사회자본을 확장하는 전략을 기반으로 일하는 방식의 전환과 성과를 공유하는 지역사회의 네트워크 과정을 통해 지역이슈를 지역에서 스스로 해결하고 돕도록 하는 것이다. 지역사회가 지역의 강점 및 역량을 강화하도록 하는 장을 마련하고 모금회가 지역 문제 해결을 위한 파트너십 형성 기반을 강화하면서 커뮤니티 임팩트 개념의 이해 및 확산을 통해 지역이 일하는 방식을 바꾸는 과정에 함께 동참하는 방향 설정을 통해 장기적으로 역량이 강화된 지역을 증가시키고자 하는 목적을 가지고 있다. CI가 더 궁금하다면 이은정·구지윤·조윤호(2007). 사회복지공동모금회 나눔문화사업 연구보고서 2007권 5호 커뮤니티 임팩트 실천과정의 이해 COMPASS 2: Guide to Community Building을 읽고 공부해 보자.

로 연결하여 서로 자료를 주고받을 수 있게 한 통신 체계, ② 텔레비전이나 라디오의 각 방송국을 서로 연결하여 놓은 체제, ③ 어떠한 일을 수행하는 데 각 기관 등이 긴밀하게 연결되어 조직적이고 효율적으로 움직일 수 있도록 만든 체계이다. 박은주(2006) 네트워크는 '공동의 목적을 실현하기 위하여 구성원 간 상호작용과 환경과의 교환 작용을 통해 자율적으로 연계·협력하여 나가는 활동 시스템'이라고 하였다. 이러한 네트워크는 여타의 조직에 있어서도 그 의의가 크지만, 특히 정보와 가치, 자원의 공유가 자유롭고 활발해야 하는 사회복지조직의 서비스 발전 측면에서 함의하는 바가 무척 크다고 하였다. 김영종 외(2008)는 사회복지현장의 새로운 형태의 조직화 전략으로써의 네트워크는 독립된 조직(혹은 개인)단위들이 공통된 목적하에서 협력적 교환관계를 형성하고 자율성을 유지한 상태에서 공동선(common good)을 위한 유기적 통합 상태를 만들어낼 수 있다.

2) 단계

네트워크를 연결하는 네트워킹은 네 단계로 구분할 수 있다. 처음 ① 네트워킹을 준비하는 단계 그리고 구체적으로 ② 네트워킹 구성단계, 구상한 ③ 네트워킹 실행단계, 마지막으로 네트워킹 관리단계이다. 이를 세분화하여 여덟 단계로 나눌 수 있다(<표 21-1> 참조).

〈표 21-1〉 네트워킹의 단계

단계	세부 내용
네트워킹 준비단계	• 1단계-네트워킹 적합성 검토하기 • 2단계-네트워킹 승인받기
네트워킹 구성단계	• 3단계-네트워크 찾기 • 4단계-네트워크 접촉하기
네트워킹 실행단계	• 5단계-네트워크 영역 구축하기 • 6단계-네트워크 실행하기
네트워킹 관리단계	• 7단계-네트워크 갈등 관리하기 • 8단계-네트워크 유지하기

현장에서 일을 하다 보면 네트워크에 활발하게 참여하는 기관과 그렇지 않은 기관을 만나게 된다. 어떻게 이런 차이가 나타나는 것일까? 복합적인 문제를 가진 클라이언트를 지원하기 위해서 때로는 지역사회의 정신장애인 편견극복 활동을 위해서 네트워크가 필

17) DAUM 한국어사전.

수 불가결하다면 지역사회정신건강유관기관과 정신건강사회복지사는 네트워크에 참여하여 경험치를 쌓아가는 것이 필요하다.

네트워크는 개인적 요인과 조직적 요인에 따라 활성화될 수 있기 때문이다. 개인적인 요인 활성화요인으로 서비스 제공자의 전문성, 훈련이나 교육상태, 태도(협력적·개방적 태도), 개인 간 의사소통이나 가치철학의 차이, 개인의 신뢰도와 헌신 등이 영향을 준다. 또한 자율성이 높은 조직, 외부자원 의존도가 높은 조직, 신생조직, 동질적 조직 간(필요성은 높으나, 경쟁의 가능성 내포), 공식적 인맥보다는 비공식적 인맥이 더 큰 요인으로 작용한다(황정우, 2020).[18]

Ⅳ. 지역사회정신건강 네트워크의 실제

1. 민관협력체계를 통한 다양한 정신건강 문제와 복지욕구: 해운대구 사례[19]

지역사회 현장에서의 CMH사업은 전통적인 정신건강영역에 대한 욕구 이외에도 다양한 정신건강의 문제와 복지서비스에 대한 요구에 부응해야 한다. 최근 전국적으로 민간협력을 통한 지역단위의 사례관리 협력체계를 구축해가고 있다. 지역주민의 복지체감도 향상을 위한 촘촘하고 진화된 민관협력으로 지역사회에서 정신건강의 이슈를 포함하고 있는 자원 간 협력적 접근 사례를 아래와 같이 살펴보고자 한다.

1) 사업명: 민관협력 '다복한 사례관리 네트워크' 운영
2) 사업기간: 2020년 1월~12월
3) 사업내용: 공동사례관리 내실화 및 함께하는 역량 강화 기회 제공 등
   ⇨ 거점 동·기관 중심 지구단위 자율적 사례회의 운영, TFT회의 및 전체 교육 실시 등
4) 참여기관: 72개 기관(복지관 10개소 이외 유관기관 62개소)

---

18) 한국정신건강사회복지사협회(2020). p.430.

19) 본 사례는 해운대구에서 송국클럽하우스와 해운대구정신건강복지센터가 참여하고 있는 민관협력네트워크로 정신건강사회복지사들이 정신건강복지센터에 근무하면서 가장 자주 접하게 되는 사례관리 네트워크일 것이다. 참조: 공문서 해운대구 복지정책과-8140(2020.3.20.)

5) 2019년 사업운영 실적(필요에 따라 탄력적으로 운영)

⇨ 지구별 정기회의 30회, TF 5회를 통해 21건의 공동사례를 수행

⇨ 교육 및 워크숍 9회 운영하여 216명이 참여

⇨ 민관협력 사례관리 스터디 6개월간 7회 운영

6) 2020년 네트워크 운영체계

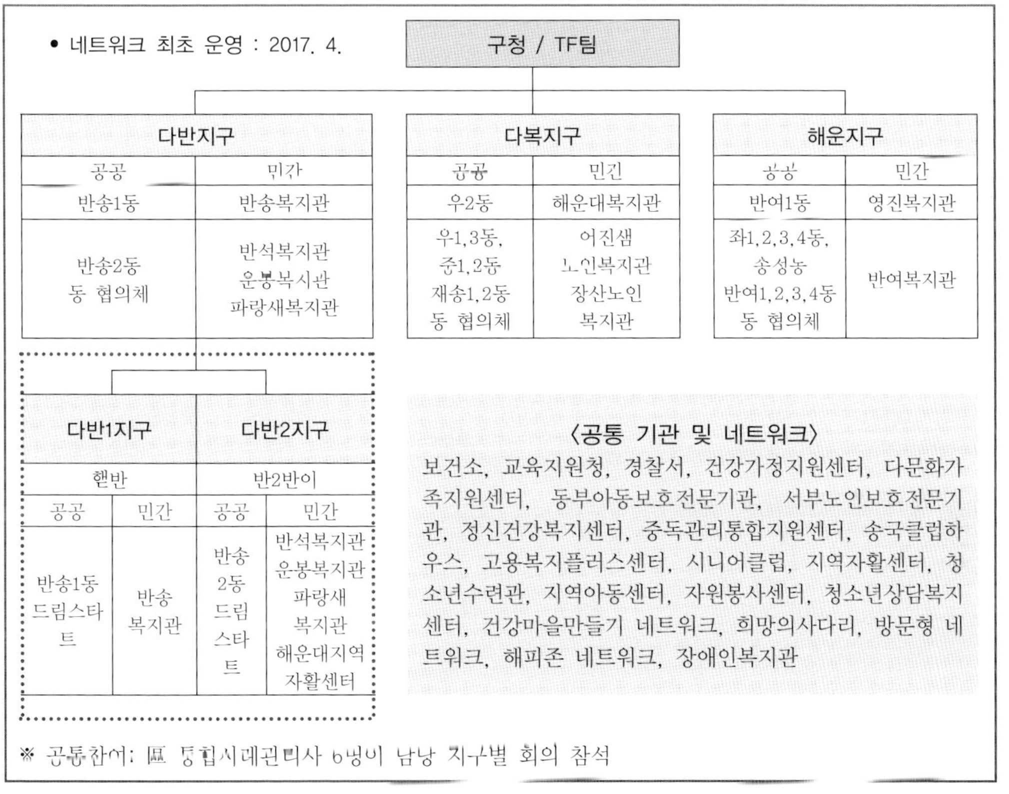

7) 정신건강사회복지사의 역할: 보건소 또는 정신건강복지센터로부터 정신보건 및 건강서비스를 주요 서비스로 제공받고 있거나 제공받을 것으로 판단, 예측되는 대상자에 대한 통합사례회의 개최 시, 보건소 또는 정신건강복지센터의 관련 담당자가 반드시 참석하도록 한다(보건복지부,2020). 정신건강사회복지사는 지구별로 통합사례회의 때 참여하여 클라이언트의 정신건강과 관련된 문제(약물치료, 입원, 재활서비스 등)에 대한 전문적인 의견을 제시하고 구성원들과 함께 문제를 풀어가는 역할이 요구된다.

2. 사회복지조직 간의 네트워킹을 통한 '아동청소년 정신건강문제예방': 아이해피센터 사례[20]

지역사회 투자를 통해 지역문제 해결과 지속적인 변화를 유도하고 궁극적으로 지역주민의 삶의 질 향상을 위해 2007년 해운대구청 지역사회복지협의체 실무협의체 간담회와 대표협의체 사업설명회를 하면서 네트워크 구축과정이 시작되었다. 지역사회에 CI 사업을 알리고 지역복지협의체 실무자 회의를 시작으로 지역이슈 브레인스토밍과 전체 공유, 9개 분야 50여 개 지역문제를 발견하고 공유하고, 이후 Concept mapping을 통해 지역문제를 분류하고 구조화하여 6가지 아젠다를 도출하고 우선순위를 정했다. 3차 회의에서 아젠다를 '아동청소년 정신건강'으로 합의하여 사업기획 TF를 구성하였다. TF 1차 회의에서 아동청소년 정신건강 관련 사업방향 및 내용을 논의하고 TF 2차 회의에서 Logic Model에 따른 사업개요정리 문제, 욕구, 전략, 성과 논의 및 정리작업을 하였고. TF 3, 4차 회의에서 사업개요를 검토하고 거점기관 및 센터 설치장소, 필요 인적자원 그리고 기관별 세부사업 분담 논의가 이루어졌다. 앞에서 설명한 네트워크 1단계 타당성 검토하기에서 5단계 네트워크 영역을 구축하는 데 1년의 시간이 소요되었고 이러한 일련의 과정을 통해서 네트워크 사업을 시작할 수 있었다.

1) 사업명: HAPPY해운대『아이해피 네트워크』운영
2) 사업기간: 2008년 5월~(5년간)
3) 사업내용(3차년도 사업 기준)
   ⇨ 아동에 대한 개입(심리평가, 개인상담, 치료프로그램, 집단상담)
   ⇨ 부모 및 가족을 위한 개입(부모교육, 부모상담, 가족상담, 가족캠프, 가족치료)
   ⇨ 학교에 대한 개입(교사교육, 학교 적응프로그램)
   ⇨ 지역사회와의 연계(지역사회 아동관련 복지기관, 정신보건센터, 소아정신과)
4) 참여기관
   ⇨ 104개 기업 및 단체, 128명의 개인 행복주주가 금전, 물품, 재능 나눔을 통해 참여
   ⇨ 5차년도 사업 당시 23여 개소의 사회복지유관기관이 참여하였고 사회적 협동조합을 준비

---

20) 자세한 내용은 해운대구청·부산사회복지공동모금회(2013). 함께해서 행복한 해피해운대 사업보고서 참조.

5) 네트워크 운영체계

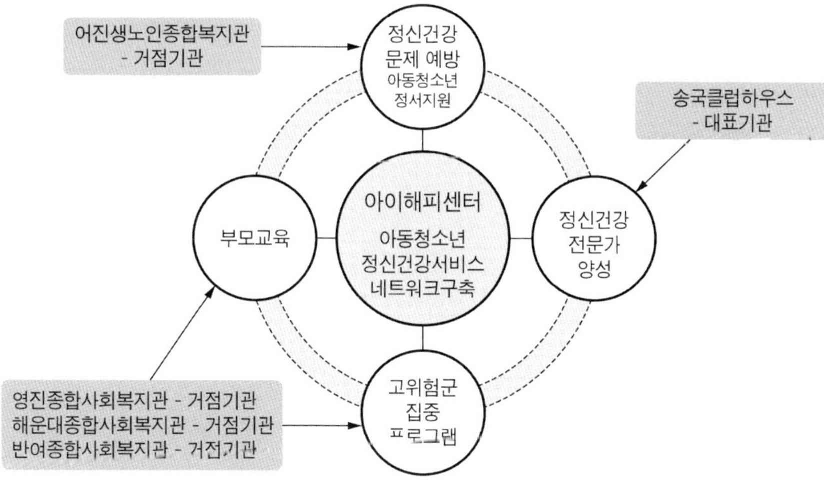

〈그림 21-1〉 HAPPY 해운대 아이해피 네트워크

3. 지역사회 정신건강유관기관 네트워킹을 통한 '코로나19 현장심리지원센터 운영과 정신건강증진 및 자살예방사업': 정신건강 희망이음 네트워크 사례[21)]

아동청소년, 범죄 피해자, 보호관찰 대상자, 복무 부적응 군인, 사회복무요원, 자살 고위험 청장년, 노인, 사회복지서비스 외상경험, 재난상황 등 정신건강 고위험군과 이슈에 따라 다양한 각기 다른 정신건강 네트워크가 조직·운영될 수 있고, 하나의 네트워크가 지역사회의 문제와 요구에 따라 유연하게 협력체계를 형성하여 운영할 수도 있다.

본 사례로 언급하고자 하는 정신건강 희망이음 네트워크는 매년 초 협약을 통해 지역사회 정신건강 이슈에 따른 다양한 사업들을 정신건강유관기관이 주도적으로 협의하여 수행하고 있는 네트워크이다. 2020년에는 중증 정신장애인 사례에 대한 conference 및 실무자 역량강화, 코로나19 현장심리지원센터 운영, 비대면 생명사랑 생명존중 문화제 '희

21) 지역사회정신건강사업 초창기였던 1999년 송국클럽하우스 정신건강사회복지사, 반석종합사회복지관 재가정신장애인 담당 사회복지사, 해운대자명병원 정신건강사회복지사들의 학습모임으로 시작하였다. 2011년부터 해운대구정신건강복지센터와 함께 거점기관으로 역할을 나누어 네트워크를 운영하여 왔다. 현재 해운대구통합중독관리센터, 해운대구보건소를 중심으로 현재는 해운대지역 정신건강유관기관과 함께 중증사례관리와 허들링 사업을 공동으로 진행하는 유기적인 네트워크이다.

들링' 등을 진행하였으며 희망이음네트워크는 기존에 수행해 왔던 사업 이외에도 2020년 발생한 코로나19라는 감염병 재난상황에서 정신건강유관기관 네트워크의 중요성을 확인할 수 있다.

1) 사업명: 정신건강유관기관 '희망이음 네트워크' 운영
2) 사업기간: 2020년 1월~2월
3) 사업내용: 중증사례 conference 및 실무자 역량 강화, 코로나19 현장심리상담 운영 및 비대면 생명사랑 자살예방사업 허들링 운영 등
4) 2020년 사업운영 실적(필요에 따라 탄력적으로 운영)
   ⇨ 중증사례 conference 및 실무자 역량 강화 교육 및 workshop 총 10회 150명 참여
   ⇨ 해운대구 코로나19 심리지원단 구성
   ⇨ 코로나19 현장심리지원센터 운영
   - 부산광역시 최초 코로나19 현장심리지원센터 운영 및 심리지원 재난안전문자 발송
   - 반여동(2주간) 정신건강검사 및 심층상담 실시: 170건, 스크리닝(우울, 불안, 스트레스 등) 결과: 정상군 103명, 고위험군 67명, 고위험군 매주 1회 정신건강상담 및 모니터링 실시, 추후 심리지원 프로그램 기획, 제공, 필요시 전문의료기관 연계, 감염병 스트레스 안내서, 마음건강 안내서, 정신건강 리플릿 제공, 감염병 예방 물품(마스크, 손소독제, 비누 등) 지원(해운대구 코로나19 자가격리해지자 174명 중 대다수가 반여동 일대 거주하고 있어 서비스 접근성을 위해 '반여동 문화센터'에 지역주민의 심리적 방역을 위한 현장심리지원센터를 운영)
   - 롯데백화점 센텀점 고객 50명 현장심리지원센터(4일간) 운영
   - 영산대학교 외국인 재학생 및 교직원 99명 현장심리지원센터(4일간) 운영
   - 지역별 거점기관 코로나19 심리지원상담 실시(해운대구정신건강복지센터, 송국클럽하우스, 해운대중독관리통합지원센터)
   ⇨ 거점 동·기관 중심 지구단위 자율적 사례회의 운영, TFT회의 및 전체 교육 실시 등
   ⇨ 제8회 생명사랑 생명존중 문화제 허들링(Huddling): 2,015명

코로나19 확산에 따라 네트워크 회의를 통해 비대면 온라인으로 진행하기로 함. 해운대구정신건강복지센터 홈페이지 내 문화제 탭, 거점기관에서 유튜브 영상촬영 및 업로드, 사업 홍보의 역할을 나누어 시행

5) 2020년 네트워크 운영체계

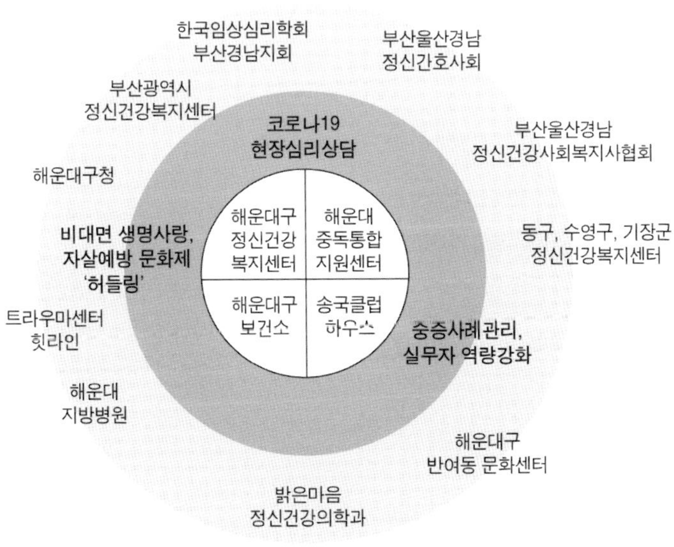

〈그림 21-2〉 2020 희망이음 네트워크

6) 정신건강사회복지사의 역할: 중증사례관리에 필요한 전문적인 의견제시와 자원연계 등의 역할이 요구된다. 당해 연도에 필요한 사업 아이템을 함께 고민하고 기획의 역할이 요구되기도 하며, 코로나19 현장심리지원센터 운영 시 정신건강검사와 심층상담을 실시하였다.

4. 새로운 사업 적용 프로젝트: 한국 「당사자연구 네트워크」 운영 사례[22)]

정신장애인 당사자의 삶은 서사이며 고생하고 있는 것이라는 관점 및 실천의 전환을 통해 새로운 패러다임을 구축하고, 연구를 통해 자기를 돕는 방법을 모색하고 병에 대한

22) 본 사례는 청주정신건강센터에서 중앙사회복지공동모금회에 지원을 받아 2019년부터 3년간 운영 중인 사업이다. 자세한 내용은 청주정시건강센터 홈페이지(http://cjmhc.or.kr) 참조.

이해를 도모해 가는 연구 활동을 한국 확산에 기여하고자 삼성전자와 사랑의 열매가 함께하는 나눔과 꿈 "한국 당사자연구 네트워크" 사업으로 2019~2021년까지 수행하고 있는 프로젝트이다. 3년간 1억 5천만 원의 예산이 투입되었으며 2020년까지 정신장애인 당사자를 지원하기 위해 10개의 연대기관이 함께 참여였고 2021년 40개로 확대 예정이다. 전국의 정신재활시설 간의 특정사업을 중심으로 하는 네트워크의 실제를 엿볼 수 있다.

1) 프로젝트 개요

• 사 업 명: 한국『당사자연구 네트워크』운영

• 사업기간: 2019년 1월~2021년 12월(3년간)

• 사업내용: 당사자연구 기초 · 심화교육, 당사자연구의 실제 적용 등

⇨ 대표기관 충주정신건강센터, 당사자연구의 진행방법 및 연구 등

• 참여기관: 전국 정신재활시설 총 10개소(서울 1개소, 경기 1개소, 광주 3개소, 부산 2개소, 충남 1개소, 충북 2개소)

• 2019~2020년 사업운영 실적

⇨ 연대기관 담당자 정기회의 7회(81명 참석)

⇨ 교육 및 워크숍 12회 운영하여 1,278명이 참여

⇨ 경험전문가 세미나 등 총10회

2) 2021년 네트워크 운영체계

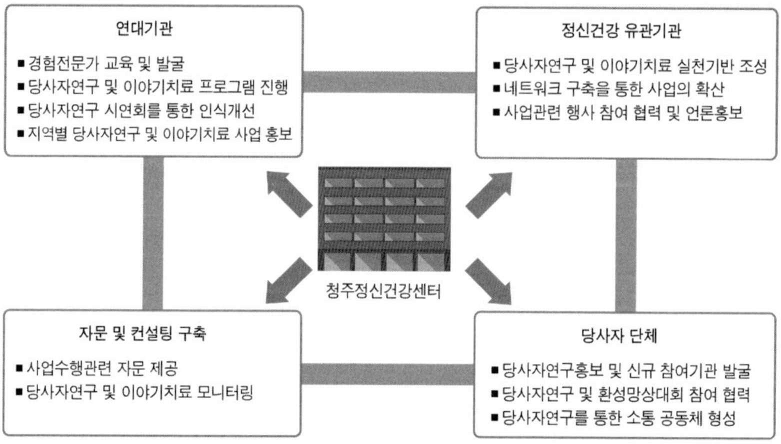

〈그림 21-3〉 2021년 당사자연구 네트워크 운영체계

〈협력 기관 및 네트워크〉

광주광역정신건강복지센터, 대성재활센터, 대구재은심리상담센터, 마인드포스트, 송파동료지원센터, 일본 베델의집, 파도손, 한국후견신탁연구센터, 한국정신건강전문요원협회, 한국정신장애인자립생활센터, 한울정신장애인권익옹호사업단, 한울정신건강복지재단, 코리안매니아

V. 향후 과제

주요 선진국들은 신체 건강과 마찬가지로 정신건강에 우선순위를 두면서 적극적이고 예방적인 국가 자원의 정신건강 정책을 추진 중에 있다. 최근 코로나19의 장기화에 따른 코로나 우울 현상 확산은 그간 소외받은 정신건강영역에 대한 국가 책임의 강화를 요구된다. UN보고서('20.5월)는 코로나19 문제 최소화를 위해 사회 전반에 걸쳐 정신건강 개혁이 요구되며 국가적 재정투자가 필수임을 강조한 바 있다. 더불어 WHO에서는 전체 보건 예산 중 정신건강 분야 투자를 5% 이상 할 것을 권장 중이나 우리나라 경우 1.6% 수준('20)이며, 정신건강 문제를 경험하는 국민 중 정신건강서비스를 이용하는 경험률은 외국의 절반 수준인 22.2%('16)에 불과하여 정신질환에 대한 사회적 편견과 배제 등은 정신건강 관리에 대한 사회적·개인적 관심을 저해하는 요소로 작용하고 있다(보건복지부 관련부처합동, 2021).

정신건강사회복지사는 정신장애관련 지역사회 정책이슈에 적극적인 관심을 가져야 한다. 시대의 변화와 정신건강 패러다임의 변화로 정신보건법이 2017년 정신건강복지법으로 개정되면서 지역사회정신건강복지서비스를 한 단계 올려놓는 역할을 하였다. 이렇듯 전문가로서 정신건강사회복지사의 의견이 반영된 지역사회정신건강과 관련된 법 개정과 제도의 개선은 지역사회정신건강의 전반적인 발전에 영향을 줄 수 있다.

장기적인 안목을 가지고 지역사회정신건강의 긍정적이고 발전적인 변화를 이끌어 낼 수 있는 전략은 무엇일까? 지역의 다양한 복지욕구에 효율적으로 대응하기 위해서 네트워크를 통한 새로운 정신건강복지서비스 개발과 개입이 더욱더 요구되고 있다.

네트워크에서 정신건강사회복지사는 지역사회 구성원 또는 조직과 함께 자원의 구슬을 꿰는 실의 역할을 하는 사람이 아닐까? 개별 자원을 협력망으로 묶어 냄으로써 지역

사회의 문제를 해결하는 거시실천가로 크고 작은 네트워크 사업에 참여하자. 작게는 기관 간 컨소시엄 형태로 시작하여 차츰 네트워크를 넓혀간다면 지역사회에서 복합적인 문제를 가진 클라이언트를 효과적으로 지원하고 사업의 성과를 극대화하는 기쁨을 누릴 수 있을 것이다.

> 빨리 가려면 혼자가고 멀리 가려면 함께 가라.
> -아프리카 속담-

참고문헌

감정기, 김형용, 김진석, 홍재봉 (2021). **지역사회복지론**. 사회평론아카데미.
국가인권위원회 (2009). 정신장애인 인권보호와 증진을 위한 국가보고서.
국립정신건강센터 (2018). 정신건강현황 4차 예비조사 결과보고서.
권성진, 권혜숙, 문숙희, 민혜진, 박경덕, 박미옥, 유숙, 윤경화, 정방글, 채혜란, 최숙희, 한지연 (2017). **희망담은 부산 정신보건사회복지 이야기**. 공동체.
김영종, 홍현미라, 이현주, 이혜원, 이민영, 진재문 (2008). **사회복지 네트워킹의 이해와 적용**. 학지사. p. 9, pp. 28-29.
박은주 (2006). 정신장애인의 재활서비스네트워크 모형 개발. 부산대학교 박사학위논문.
보건복지부 (2020). 공공부문 사례관리 연계협력 업무 안내.
보건복지부 (2020). 정신건강사업안내.
보건복지부 관련부처합동 (2021). 온국민 마음건강 종합대책 -제2차 정신건강복지기본계획(안).
양옥경 (1996). **지역사회정신건강**. 나남출판사.
양옥경 (2006). **정신보건과 사회복지**. 나남출판사.
청주정신건강센터 홈페이지.
최송식 (2008). **지역사회정신보건과 사례관리실천**. 공동체.
최일섭, 류진석 (1997). **지역사회복지론**. 서울대학교 출판부. pp. 44-46.
한국정신건강사회복지사협회 (2016). **정신보건사회복지의 이해와 적용**. 예일출판사.
한국정신건강사회복지사협회 (2020). 2020년 2급 정신건강사회복지사 수련자체교재(직역별).
해운대구정신건강복지센터 (2020). 운영위원회 내부자료.
해운대구청, 부산사회복지공동모금회 (2013). 함께해서 행복한 해피해운대 사업보고서.
OECD (2013). Mental health in Korea.
위키백과.
DAUM 한국어사전.

22장

정신사회재활

장명찬
(마음샘정신
재활센터)

I. 서론

1. 정신사회재활의 등장배경

세계적으로 지난 반세기 동안 항정신병약물의 개발과 탈시설화, 지역정신보건운동 등의 영향으로 정신장애인의 치료적 접근에 있어서 지역사회에서의 적응과 재활이라는 개념이 중요하게 대두되었다(이수희, 2010). 이러한 흐름에 따라 우리나라에서도 1995년 정신보건법이 제정된 후 정신보건의 방향이 지역사회정신건강에 맞춰지면서, 지역사회정신건강의 목적을 달성하기 위한 접근방법으로서 정신사회재활모델(psychosocialrehabilitation model)에 근거한 정신보건서비스의 확대가 이루어졌다(김이영, 2004).

정신사회재활모델은 정신장애인이 지역사회에서 적절한 기능훈련과 환경적 지지를 제공 받음으로써 일상생활기능과 사회적응능력 등이 가능한 최대로 회복되고 지역사회에서의 삶의 질이 향상될 수 있도록 하는 데 초점을 두고 있다(김현숙, 2002). 이러한 정신사회재활모델에 근거하여 우리나라 대부분의 정신재활시설에서는 정신장애인에게 대인관계, 스트레스관리, 일상생활관리, 인지재활 등을 포함하는 사회기술훈련, 약물증상관리 프로그램, 직업훈련 및 직업재활 프로그램, 가족교육프로그램, 장애인식개선활동 등의 다양한 정신사회재활서비스들을 통합적으로 제공함으로써, 그들의 재활과 회복 및 삶의 질 향상을 도모하고 있다.

정신장애인은 만성적인 정신질환으로 인해 정상적인 일상생활이 힘들다고 알려져 있다. 오랜 기간의 투병생활은 생활에 필요한 기능의 손상과 퇴행의 주요 원인이 되고 있다. 그러나 한 가지 원인만으로는 그 이유를 찾기에 무리가 있다. 많은 학자들은 만성화에 따른 사회기능의 손상이 가장 많은 것으로 알려진 정신장애인의 경우, 사회적 상황에 대한 인지적 장애를 주요 원인으로 꼽고 있다. 정신장애인은 어떤 사건에 대한 정보를 처리하는 과정에 왜곡되거나 중요 상황을 선택하는 선택적 주의력에 장애를 가지게 된다. 이는 정신장애인의 주의집중력, 기억력, 추리력, 개념형성력 등의 인지장애를 유발시키는 음성증상을 심화시키고, 결국에는 생활 속에서 발생되는 문제해결능력을 약화시킨다. 그러나 문제해결능력의 약화가 인지적 장애를 촉진시키는지 혹은 인지적 장애가 문제해결능력의 약화를 촉진시키는지는 분명치 않다.

정신질환에 대한 여러 가지 이론적 근거가 존재하는 것은 다양하고 복합적인 문제를 가진 만성정신장애인의 개입에서도 다양하고 포괄적인 접근이 필요하다는 것을 의미한다. 특히 병원이 아닌 지역사회에서 생활하고 있는 만성 정신장애인의 경우 복합적인 사회기능이 결핍된 상태에서 매일의 다양하고 복잡한 문제 상황을 접하게 됨으로써 사회적응에 큰 어려움을 겪게 되고, 이는 곧 재발로 이어질 수 있다는 점에서 지역사회 정신사회재활의 필요성이 제기된 것은 자연스러운 현상이라고 할 수 있다.

2. 정신사회재활의 필요성

그동안 정신질환적 증상에 초점을 둔 의료모델에 입각한 증상의 감소를 위한 입원치료와 약물치료는 탈시설화의 촉진으로 인해 지역사회에서 살아가는 수많은 만성정신질환자들의 증상을 완화시키는 데 기여하였다. 하지만 이러한 약물치료는 만성정신질환자들이 지역사회에서 살아가는 데 필요한 일상생활기술, 즉 일상생활관리, 다양한 사회기술, 대인관계기술 등에 대한 고려는 간과한다. 오랜 시간 동안 만성정신질활자들은 입·퇴원을 반복하면서 사회생활과의 괴리감이 점차 증가하게 된다. 특히 정신질환은 대부분 만성화로 진행됨에 따라 약물관리와 더불어 적절한 개입이나 지원이 이루어지지 않는 경우 입원과 퇴원을 반복하는 순환적 삶을 살아가게 되며, 만성적인 투병 속에서 경험하게 되는 환자로써의 역할(patient role)에서의 많은 이점과 익숙함을 경험하게 되고, 정상적인 생활보다는 환자로의 보호받는 수동적인 생활을 선호하도록 만드는 역기능적인 양상을 띠게 된다.

스트레스-취약성 이론에 따르면 정신장애인은 일반인들에 비해 사회적 스트레스에 취약하다. 정신장애인에게 있어 사회복귀를 위한 환경적 변화에 대처하고 적응하여야 한다. 그러나 음성증상과 낮은 사회기능으로 정신장애인은 일상생활에 발생되는 다양한 스트레스에 더욱 취약하게 노출되고, 자신의 생활을 스스로 관리할 수 있는 기능을 약화시킨다. 특히 지역사회에서 생활하고 있는 만성정신질환자의 경우 복합적인 사회기능장애를 가진 상태에서 매일의 생활 속에서 다양하고 복잡한 문제 상황을 자주 접하게 됨으로써 사회적응에 큰 어려움을 겪게 되고, 재발로도 이어질 수 있다.

1990년대 이후 많은 정신건강전문가들은 정신질환을 유전적, 생화학적, 사회적 그리고 심리적 요인들이 상호작용하는 가운데서 발병된다는 점을 받아들이면서 정신질환 치료를 위해 생물학적, 사회-학습적 그리고 정신 사회적 개입을 포함하는 통합적인 치료를 제공하려는 경향이 확대되었다. 또한 정신질환을 유전적, 생화학적, 사회적 그리고 심리적 요인들이 상호 작용하는 가운데서 발병된다는 점을 받아들이면서 정신질환 치료를 증상의 감소에서 만성정신질환 당사자의 삶의 질에 초점을 둔 접근을 하고 있어 정신사회재활의 필요성은 더욱 확대되었다.

본 장은 다음과 같이 구성되었다. 먼저, 이론적 배경에서는 정신사회재활의 개괄적 이해를 돕기 위해 구성되었다. 구체적인 내용으로는 정신사회재활의 개념과 목적을 살펴봄으로써 정신사회재활이란 무엇인지에 대해 정리하였으며, 정신사회재활의 이론적 근거가 되는 정신사회재활모델을 살펴보고, 정신사회재활의 과정과 기본원리를 정리하였다. 이를 기반으로 다음 장에서는 정신사회재활의 실제에 대한 내용으로 구성하였다 먼저 정신사회재활 프로그램으로 실시되고 있는 사회기술훈련, 가족교육, 직업재활과 자조집단, 그리고 정신재활 낮 프로그램을 중심으로 정리하였으며, 최근의 접근방법인 통합재활 프로그램의 개념과 그 유형으로 인지분화훈련프로그램, 사회지각훈련프로그램, 문제해결훈련프로그램을 중심으로 제시하였다. 사례관리는 정신사회재활에서 핵심 요소로 인정받고 있다. 따라서 사례관리의 개념과 목적 및 원칙을 살펴보고, 정신사회재활에서 사례관리의 실무과정을 두 가지 접근으로 정리하였다. 마지막으로 이러한 이론적 검토를 토대로 하여 정신사회재활의 현황과 과제를 제시하였다.

Ⅱ. 이론적 배경

1. 정신사회재활의 개념과 목적

정신사회재활(psychosocial rehabilitation)은 정신장애로 인해 오랫동안 기능적 장애를 가진 사람이 스스로 선택한 환경 내에서 최소한의 전문적 개입을 받으며 성공적이고 만족스러운 삶을 살아가기 위해 필요한 기능을 증진 시키는 것이라고 할 수 있다(Anthony et al., 2002). 즉, 전문집단의 도움을 최소한도로 적게 받으면서 정신적 장애를 지닌 환자들이 지역사회 내에서 살아가고 배우며 일하는 데 필요한 신체적, 정서적, 사회적, 지능적인 기술들을 수행할 수 있도록 보장하는 모든 노력을 정신사회재활이라고 할 수 있다. 이러한 정신사회재활은 1950년대 말 개발된 항정신병 약물의 효과로 인해 정신과적 증상들이 완화되면서 병원에서 지역사회로 나오게 된 정신장애인이 다시 입원하지 않고 가정이나 지역사회 내에서 생활할 수 있도록 사회기능을 향상시켜 주거나 이들에게 좀 더 좋은 환경을 만들어 주기 위한 시도로서 발달하게 되었다(Liberman, 1988).

따라서 정신사회재활의 주요 대상은 지역사회 내에 거주하는 정신적 어려움을 가진 만성정신질환자들이다. 만성정신질환자란 정신분열병, 기분장애 등 주요 정신질환에 이환 되어 있는 환자로서 급성증상이 호전되거나 사라진 경우에도 완전히 회복되기보다는 잔존증상인 음성증상을 보이며, 일상생활 및 사회적, 직업적 기능의 장애가 있는 사람을 일컫는다. 이러한 정신질환자들의 정신사회적 손상을 줄이기 위한 노력으로 퇴원 후 다시 입원하지 않고 가정이나 지역사회 내에서 생활할 수 있도록 사회적응 능력을 향상시켜주거나 이들에게 좀더 좋은 환경을 마련하려는 시도로서 지역사회 정신보건정책의 일환인 정신사회재활이 발달하게 되었다(Liberman, 1988).

정신사회재활의 목적은 만성정신질활자들이 전문집단의 도움을 최소한으로 받으면서 지역사회에서 살아가고, 배우고, 일하는 데 필요한 신체적 · 사회적 · 지능적 기술을 수행할 수 있도록 보장하는 데 있다. 즉, 정신재활의 궁극적 목적은 정신사회재활서비스가 정신장애인에게 실제적이고 일상적인 욕구에 근거한 서비스와 능동적인 참여 환경이 긍정적인 재활효과를 가져올 것을 전제로 한다(Anthony, 1983; Liberman, 1988). 이러한 목적을 통해 정신사회재활은 정신장애를 가진 사람들이 지역사회에서 독립적인 사회생활을 유지하고 건강한 삶을 살아갈 수 있도록 지원하는 것이다.

2. 정신사회재활모델

1) 정신사회재활모델의 이해

정신사회재활의 목표를 달성하기 위한 이론적 기반이 되는 것이 바로 정신사회재활모델이다. 정신사회재활모델에 의하면, 일반적으로 한 개인에게 정신질환이 발생하게 되면 '손상 ⇔ 기능결함 ⇔ 역할장애 ⇔ 불이익'의 네 영역에서 개인의 삶에 부정적인 영향을 미치는데, 각 영역들은 서로 서로 영향을 주고받는다고 가정한다(이수희, 2010).

정신사회재활모델의 네 가지 영역은 다음과 같다.

첫 번째 영역은 손상(impairment)으로 심리적, 생리적 기능 혹은 해부학적 구조에서의 손상으로 인해 사고장애, 망상, 환각, 불안, 우울, 무감동, 무쾌감증과 같은 증상으로 나타난다. 이 단계에서의 개입방법으로는 약물치료와 정신치료가 사용되는데, 치료를 통해 증상이 최적의 상태로 안정이 되었다고 하더라도 다음의 영역들에서 일어나는 이차적인 문제들을 보완하지 않으면 다시 악화될 수밖에 없다.

그리고 손상으로 인해 나타나게 되는 여러 가지 증상들은 생활상의 기술에 영향을 미쳐서 기능결함을 유발하게 된다. 이러한 기능결함(dysfunction)이 두 번째 영역이 된다. 기능결함은 정상이라고 생각되는 방식과 범위 내에서 활동 수행 능력이 제한되거나 부족한 상태로서 사회기술, 대인관계기술, 일상생활기술 등의 결함이 나타나게 되는데, 이것은 증상으로 인한 잦은 입·퇴원의 반복에서 기인한 사회와의 단절과 사회기술 및 대인관계기술의 학습기회 부족 및 자신감 저하 등의 문제로 인해 나타나게 된다. 이 영역에서는 재활상담 및 기술훈련을 통해 기능결함을 극복할 수 있도록 개입이 이루어져야 한다.

세 번째 영역은 역할장애(disability)로 정상적인 사람으로서의 역할, 즉 학생, 직업인 등의 역할수행능력이 제한되거나 부족한 상태를 나타낸다. 정신장애로 인해 학생 및 직업인으로서의 역할을 제대로 수행하지 못하기 때문에 학교에 다니지 못하거나 취업을 하지 못하게 되는 것이다. 따라서 이 영역에서 필요한 개입으로는 직업재활 및 역할훈련과 이를 지원하는 환경지원이 있다. 그러나 이 영역에서 아무리 역할수행능력을 갖추었다고 하더라도 사회가 그들을 낙인찍고 그들에게 기회를 주지 않으면 역할수행이 불가능해지게 된다. 이것은 결국 네 번째 영역인 불이익(disadvantage) 영역과 밀접하게 연결된다.

불이익 영역은 사회적 편견과 낙인, 차별로 인해 정신장애인이 정상적인 역할을 하는 데 제한과 방해를 받는 것이다. 따라서 이 영역에서의 개입은 주로 제도를 변화시키고 사회의 편견을 해소하며 권익옹호 활동을 하는 것이다(김이영, 2004에서 재인용).

정리하면, 심리적 및 생리적인 손상(impairment)으로 인해 망상, 환각, 불안, 우울, 무쾌감증 등의 증상들이 나타나게 되고, 이러한 증상들은 한 개인의 사회기술, 대인관계기술, 일상생활기술 등의 활동수행능력에서의 결함(dysfunction)을 유발하는 원인이 되기도 한다. 또한, 정신질환으로 인해 나타나게 되는 증상과 기능결함은 한 개인이 가지는 사회적 역할수행능력의 제한과 장애(disability)를 유발하게 된다. 그러나 아무리 기능과 역할수행능력을 갖추었다고 하더라도 사회가 그들을 낙인찍고 불이익(disadvantage)을 주게 되면 사회구성원으로서의 역할수행이 불가능해진다(Anthony et al., 2002; Liberman, 1988). 따라서 정신장애인들의 문제가 해결되고 재활에 성공해서 회복되기 위해서는 정신사회재활모델의 네 가지 영역의 서비스가 통합적으로 제공되어야 한다(손명자·배정규, 2003).

2) 치료와 재활

전통적인 의료모델에 입각한 치료적 접근은 정신질환의 증상을 감소와 치료적 통찰, 즉 병식을 개발하는 것을 초점으로 한다. 이러한 치료적 접근은 증상을 발생시키는 원인을 찾기 위해 과거를 집중적으로 탐색함으로써 현재의 증상을 감소하기 위한 치료적 개입의 효과를 평가하고자 한다. 따라서 정신건강전문가에 의한 진단에 근거하여 정신치료 및 약물치료를 주요 치료기법으로 활용한다.

반면 재활관점은 만성정신질환자들의 구체적인 환경 속에서 그들의 기능을 향상시키고 삶의 질을 높이는 데 초점을 둔다. 따라서 과거에 대한 탐색보다는 '지금-여기'에서 현재의 강점과 자원에 집중하고 미래의 변화를 지향한다. 따라서 증상을 발생시키는 원인을 찾기보다는 현재와 미래의 변화를 위해 필요한 기술과 지역사회 내에 존재하는 자원들을 파악하고 연계하는 데 초점을 둔다. 재활관점에서는 전문가의 진단이 아닌 만성정신질환자 당사자 및 가족의 욕구와 그들이 규정하는 문제해결에 집중함으로써 당사자와 전문가는 협력적 관계를 형성한다.

재활과 치료에 대한 내용을 비교하면 <표 22-1>과 같다.

〈표 22-1〉 재활과 치료의 비교

구분	재활	치료
사명	구체적 환경 속에서 기능을 향상시키고 만족감을 증대	치유, 증상감소, 치료적 통찰(병식) 개발
기저의 인과이론	인과이론 없음	개입의 성질을 결정하는 인과이론을 토대로 함
초점	현재와 미래	과거, 현재, 미래
진단내용	현재와 미래에 요구되는 기술과 자원 평가	증상과 가능한 원인 평가
주요 기법	기술교육 및 훈련, 자원 조정, 자원 수정	정신치료, 약물요법
역사적 근거	인간자원 개발, 직업재활, 내담자-중심치료, 학습이론	정신역동이론, 신체정신의학

정신사회재활 체계가 구축된 지역사회에서 만성정신질환자는 증상이 발현된 이후부터 지역사회 내 정신건강의료기관에 등록하여 치료를 받게 된다. 또한 지역사회에 위치한 정신건강복지센터 및 정신재활시설에서 실시하는 정신재활 프로그램에 참여하면서 일상생활을 유지하기 위한 다양한 훈련과 경험을 하며 살아간다. 즉, 지역사회에서 일상적인 삶을 살아가기 위한 포괄적 개입과 지원이 실현되는 것이 정신사회재활이라고 할 수 있다.

정신과치료와 재활의 차이를 정리하면 <표 22-2>와 같다.

〈표 22-2〉 정신과치료와 재활의 비교

정신과치료	정신재활
증상(정신병리평가)	기능(기능평가)
결손	강점과 자원
유전적, 생물학적 요인	환경과 보호인자
진단적 집단(표준화된 서비스)	개별 환자(개별화된 서비스)
임상가가 치료의 주체가 됨	환자가 치료의 주체가 됨
약물치료와 정신치료	포괄적 서비스
진단에 따른 결과	의지, 노력, 희망, 변화
단기효과	장기간의 과정
의료기관	지역사회
임상가	팀워크

3. 정신사회재활의 과정과 기본원리

1) 정신사회재활의 과정

정신사회재활모델을 바탕으로 정신장애인의 재활과 성공적인 사회복귀를 위해 제공되고 있는 재활서비스는 일반적으로 재활 사정 – 재활 계획 – 재활 개입의 세 단계를 거쳐 제공되고 있으며, 각 단계들은 연속적이고 역동적이며 총체적으로 진행되는 것으로 알려져 있다(박상규, 2006; Pratt et al., 2006). 정신사회재활의 각 단계에 대해서 구체적으로 살펴보면 다음과 같다.

첫 번째, 정신사회재활에서 가장 중요한 단계이자 기초가 되는 단계로 재활 사정(rehabilitation assessment) 단계이다. 이 단계에서는 재활의 목표를 설정하기 위하여 전문가와 정신장애인 및 가족구성원이 함께 정신장애인이 가진 기술과 강점, 결함 및 손상 정도, 환경적 상황과 같은 정보들을 사정한다. 이러한 사정은 크게 두 가지로 구분될 수 있는데, 첫 번째가 기능에 대한 사정이다. 기능 사정(functional assessment)은 정신사회재활 서비스를 제공받는 정신장애인이 가지고 있는 기술이나 행동에서의 강점이나 손상 및 기술의 결손 등과 같은 약점에 대한 정보를 파악하는 것이다. 두 번째로 자원에 대한 사정(resource assessment)으로 정신장애인이 재활의 목표를 달성하도록 도울 수 있는 자원의 종류와 가용성 등을 평가하는 것이다. 전문가는 기능 및 자원의 사정을 통해 정신장애인의 대인관계와 일상생활 능력 및 사회적·직업적역할수행능력, 자원 등에 대한 보다 구체적인 정보들을 바탕으로 정신사회재활의 목표와 서비스 계획을 수립할 수 있게 된다.

두 번째, 재활 계획(rehabilitation plan)의 단계로, 이 단계에서는 재활 사정단계에서 수집된 정보를 바탕으로 정신장애인이 지역사회에서 생활하기 위해 필요한 기술과 자원을 개발하기 위한 계획과 목표를 수립하게 된다. 이 단계에서 중요하게 고려되어야 하는 것은 재활 개입의 목표나 목적의 우선순위에 대한 계획이 정신장애인 스스로에 의해서 결정되어야 한다는 것이다. 예를 들어, 만약 정신장애인이 엑셀 프로그램을 사용하고 싶다는 욕구를 가지고 있는 경우에 복잡하고 어려운 엑셀 프로그램을 배우기 전에 컴퓨터나 키보드 및 마우스를 다루는 법부터 배워야 하는 것처럼, 서비스의 우선순위를 정하는 과정에서 정신장애인의 수준에 맞는 적절한 계획이 수립되어야 한다는 것을 뜻한다.

세 번째, 재활 개입(rehabilitation intervention)의 단계로서 정신장애인이 지역사회에서 생활하는 데 필요한 기술과 행동, 자원을 얻기 위한 구체적인 전략과 활동으로 구성된다.

이 단계에서 전문가는 정신장애인 개인의 기술을 최대한 향상시켜야 하고 정신장애인이 살고 있는 환경을 보다 지지적으로 만들도록 노력해야 한다. 구체적으로 정신장애인이 가지고 있는 손상을 감소시키기 위한 약물치료, 사회기술훈련이나 직업훈련을 실시하여 정신장애인이 가지고 있는 기능 및 역할 손상을 개선하고, 불리와 불이익에 대한 대처능력 향상 등의 방법이 포함된다(박싱규, 2006; 박병선, 2013에서 재인용). 이러한 개입은 구체적이고 객관적이며 수치화할 수 있어야 하고 정신장애인 당사자의 적극적인 참여가 있어야 한다(Pratt et al., 2006).

2) 정신사회재활의 기본원리

정신사회재활의 기본원리는 나음과 같다(Bachrach, 1996).

첫째, 개별화된 치료(Individualized treatments)로써 각 내담자의 독특한 욕구결핍 및 환경에 기초한나.

둘째, 환경에 초점을 두는 것으로 서비스를 위하여 환경 내의 자원을 동원한다.

셋째, 환자의 강점에 초점을 두는 것으로 당사자의 병리보다 강점을 강조한다.

넷째, 과거의 문제보다는 현재를 강조하는 '지금-여기'에서 출발하는 것이다.

다섯째, 정신사회재활은 당사자의 자기결정의 권리와 책임을 강조한다.

여섯째, 정상화(normalization)를 기본 이념으로 하는데 당사자에 대한 서비스는 가급적 정상적인 환경 내에서 제공하도록 한다.

일곱째, 직업적 가능성을 강조(Emphasis on vocational potential)하고 직업재활을 재활과정에서 중요하게 다루고 모든 사람은 사회적, 직업적, 교육적, 대인관계적, 기타의 기술들을 습득할 수 있다.

여덟째, 정신사회재활은 사회환경을 바꾸려고 시도한다.

아홉째, 소기개입을 선호하며, 전문가는 매우 열정적이고 권위적 태도나 가시 없이 친절한 태도로 보살핌을 제공한다.

열째, 돌봄의 형태는 의학적이기보다 사회적이다.

Ⅲ. 실제

1. 정신사회재활 프로그램

1) 기술훈련

사회기술이란 의사소통을 통해 대인관계의 효율성을 향상시키는 기술을 의미한다. 이때 필요한 사회기술의 첫 번째 단계는 어떤 상황에서 연관된 사회 정보를 경청하고 정확하게 지각하는 데 필요한 받아들이는 기술이 필요하게 되고, 두 번째 단계로는 지각된 상황에 따라 자신의 목표에 가장 효과적으로 성취하기 위하여 어떤 반응을 보일 것인지를 결정하게 되는 진행기술을 필요로 하게 되고, 세 번째 단계로는 결정한 기술을 적절하게 표현할 수 있는 보내는 기술이 필요하게 된다. 이러한 사회기술을 가지고 있으면 자신의 목표를 쉽게 성취하고 상대방에게 좋은 인상을 심어주기 때문에 모든 사회적 상황에서 만족스러운 결과를 얻게 된다.

사회기술은 정상적인 발달과정을 통해 습득하게 된다. 그러나 만성정신장애인의 경우는 정상적인 발달과정을 겪지 못한 상태에서 자신의 감정을 표현하는 방법을 배우지 못했거나, 정신질환으로 인한 인지적 장애와 더불어 사회기능의 손상으로 인해 적절한 사회기술을 가지고 있지 못하다(전석균, 1991; 박강규, 1990). 또한 과도한 스트레스 상황에서는 더욱 사회기술의 취약성을 보이게 되는데, 이는 만성정신장애인 자신의 스트레스를 관리하고 극복하는 것도 사회기술의 일부라 할 수 있기 때문이다. 만성정신장애인의 취약한 사회기술은 자신이 필요한 것을 스스로 얻기가 힘들게 되고, 대인관계의 빈약한 기술은 상대방의 감정을 파악하고 자신의 감정을 표현하는 데 비효율적인 방식을 사용하게 된다. Sylph(1978)은 만성정신장애인의 50%가 사회적 상황과 대인관계의 상황에서 주요한 기능장애를 보인다고 보고하고 있다(김철권 외 역, 1995). 사회기술훈련프로그램은 빈약한 사회기술들을 사정하고 진단한 후 적절한 훈련절차를 통해서 수정된다.

사회기술훈련프로그램은 상황에 맞는 적절한 사회기술의 습득을 통해 인지기능의 향상과 효율적인 대인관계를 목적으로 한다. 이때 훈련의 효과를 일반화하기 위해서는 만성정신장애인의 인지장애의 정도가 각각 차이가 있듯이 문제 상황이나 사회기술 역시 개별적인 차이가 있다는 것과 훈련효과를 일반화하기 위한 실제 상황에서의 직접적인 연습에 대한 치료자와 환자 자신의 모니터가 필요하다.

2) 가족교육

정신장애인의 회복에 있어 가족은 매우 중요한 지지체계이자 치료에 있어 중요한 지원이다(양옥경, 1995; 서미경, 2014). 정신장애인의 가족이 경험하는 문제를 해결하고 가족이 정신장애인에게 미치는 부정적인 영향력을 감소시키기 위하여 1980년대부터 정신장애인의 치료와 재활에 있어 가족의 참여를 도모하는 개입들이 확대되었다(Pitsche-Walz, Leucht, Bauml, Kissling, & Engel, 2001; 배성우 외, 2013에서 재인용). 특히, 정신장애인의 치료와 재활의 과정에서 가족의 참여는 가족교육(family psychoeducation 또는 family intervention)의 형태로 많이 이루어졌는데, 주로 질병과 관련된 정보의 제공, 위기개입, 가족 내 문제해결 및 대처능력 고양 등의 내용을 중심으로 정신장애인과 가족들에게 일련의 교육을 제공하는 방식(김이영·배성우, 2005; 배성우 외, 2013에서 재인용)으로 이루어져 왔으며, 2017년 「정신건강증진 및 정신질환자 복지서비스 지원에 관한 법률」이 시행되면서 정신질환자의 회복과 자립지원을 위한 정보제공과 가족교육을 실시하도록 하고 있다.

정신장애인 가족을 대상으로 가족교육 프로그램의 제공은 가족들에게 질병에 대한 지식 및 대처능력 향상, 가족 내 문제해결 등에 있어 긍정적인 영향을 주며, 함께 거주하고 있는 정신장애인의 약물치료에 대한 순응도 향상 및 치료비용의 감소, 재발률의 감소 등과 같은 정신장애인의 치료와 재활에도 직·간접적인 영향을 미치는 것으로 나타났다(Dixon & Lehman, 1995; Pitsche-Walz et al., 2001; Tarrier et al., 1988; 배성우 외, 2013에서 재인용).

정신장애인 가족을 위한 가족교육은 다음과 같은 목표를 가진다.

첫째, 정신장애인의 증상과 치료에 대한 정보를 가족들에게 제공한다.

둘째, 가족 내 의사소통 패턴을 긍정적으로 변화시킨다.

셋째, 가족의 문제해결능력과 대처 전략을 발전시킨다.

넷째, 가족들이 정신장애인의 치료와 재활에 적극적으로 참여하도록 하는 데 그 목표를 두고 있다(Glynn et al., 2006).

3) 직업재활

직업은 개인의 사회적 위치와 영향력을 평가하는 주요 기준으로 개인의 삶 모든 면에 영향을 미친다. 만성정신장애인에 있어 직업은 치료결과이면서도 동시에 치료경과에 영향을 미치는 결정적인 요인이 된다. 즉, 직업이 없다는 것에 대한 스트레스원을 완화시켜 증상의 재발을 막아주게 되고 사회생활을 통해 극복의 기회를 가질 수 있게 된다. 따라서 직업재활은 생산성을 개발할 수 있는 주요 재활수단이 된다.

Stein과 Test(1980)는 만성정신장애인이 직장생활을 할 경우 향후 예후가 좋아지고 사회에서 생활하는 기간 역시 길어진다고 보고하고 있다(Stein & Test, 1980). 직업재활은 단순히 일상생활 유지를 위한 경제적 자립만을 의미하는 것이 아니라 지역사회 내에서 사회적 역할수행과 이를 통해 지속적인 사회와의 연결통로가 되며 자아존중감을 가질 수 있는 계기를 제공한다. 그러나 만성정신장애인들은 직업생활을 지속적으로 유지하는 데 많은 어려움을 갖게 되고 그 성공률은 정상인에 비해 매우 낮은 실정이다(Anthony, & Liberman, 1986).

직업재활 프로그램은 직업재활에 필요한 개별적인 기술들을 습득함으로써 구직에 대한 기회를 확대하고 사회생활에 대한 동기를 강화시켜 자신에 대한 존중감 회복을 목적으로 한다. 이때 직업재활기술에 대한 교육은 인지장애로 인한 학습의 어려움을 가진 만성정신장애인들에게 구조화된 도구나 프로그램의 이용이 더욱 효과적이다.

4) 자조집단

1980년대부터 정신질환에서 회복을 경험한 대상자들의 수기발표가 이루어지기 시작하면 형성되기 시작한 회복패러다임은 소비자운동의 적극적인 지지를 받으면서 확산되었고, 이러한 회복의 경험을 나누는 자조집단이 형성되기 시작하였다.

자조집단은 동질적인 문제를 가지고 있는 개인이 모인 집단으로, 개인적인 경험을 나누고 대처방법을 논의하며 상호지지를 제공하는 집단이다(Hinrichsen et al, 1985; 김수진 1996; 이미경, 2011에서 재인용).

NASW(1995)는 자조집단의 기능을 다음의 세 가지로 규정하고 있다(이미경, 2011에서 재인용).

첫째, 정보보급으로 자조집단은 개인이 직면한 상황, 조건, 혹은 질병에 대한 풍부한 정보의 원천이 될 수 있으며, 여기에서는 전문가들이 제공하지 못하는 다양한 정보가 보급될 수 있다.

둘째, 지지로서 자조집단은 개인적 친밀감 속에서 상호 지지한다.

셋째, 구성원들은 자조집단 내에서의 개별적 경험이 늘어날수록 옹호 활동에 연관되도록 자극을 받는다. 즉, 옹호는 다른 사람들에게 도움을 제공하는 것의 일부가 된다.

정신장애인의 회복에 있어서 가족의 변화와 성장은 곧 정신장애인 당사자의 변화와도 연결될 수 있다. 또한, 가족이 회복의 주체로서 스스로 삶의 회복력을 높임으로써 스트레스와 보호부담이 감소되고 지지체계로서의 기능이 높아지게 된다. 이러한 계기로 형성된 가족 자조집단은 사회로부터 고립되고 지지를 얻을 수 있는 채널이 제한적인 정신장애인 가족들에게 낙인감 없이 정서적 지지와 사회적 지지를 얻는 중요한 수단이 될 수 있다. 또한, 공통의 문제를 겪고 있는 사람들이 함께 문제를 논의하고 해결하면서 스스로 역량을 강화시켜 나갈 수 있다는 측면에서 자조집단의 가치와 효용성은 정신장애인 가족이 회복의 주체로 거듭나는 데에도 큰 의미를 지닌다.

미국의 가족자조집단은 가족들이 가족지원체계의 필요성을 인식하고 정신장애인 가족의 일상생활과 어려움에 대해 이야기하고 집단이 커지고 사회적 활동으로 확산되면서 정신장애인에 대한 사회적 낙인을 감소하기 위한 사회운동 차원의 활동을 했다. 1979년 정신장애인 당사자의 권리를 옹호하고 정신보건체계에서 목소리를 내는 NAMI(미국정신장애인연맹)가 조직되었다. NAMI는 연방정부의 재정보조 없이 정신장애인, 부모, 형제·자매, 자녀, 친구 등 정신보건 이슈에 관심 있는 사람들 모두가 회원이 될 수 있다. 또 여러 협회를 포괄하여 정신질환에 대한 연구, 후원, 정신장애 자조집단, 법적 문제를 다루고 있으며 정신장애 가족집단(Family Support Group)에서 가족들의 권리를 옹호하기 위한 교육 및 자조모임이 적극적으로 이루어지고 있다(이미경, 2011에서 재인용).

한국의 경우는 전문가의 역할과 개입의 효과에 초점을 둔 교육 차원에서의 자조집단의 성격이 더 강하다고 볼 수 있다. 1980년대 말부터 클럽하우스모델인 태화샘솟는집에서 실무자들이 운영하는 교육적 가족집단이 지역사회 최초의 가족자조모임이라 할 수 있다.

5) 정신재활 낮 프로그램

정신재활 낮 프로그램은 클럽하우스 운동과 부분입원, 그리고 환경치료에 그 기운을 두고 있다. 이러한 프로그램들은 1960년대, 1970년대, 1980년대에 걸쳐 일어난 탈시설화로 생겨난 많은 사람들을 위한 치료시설의 원칙이 되었다.

이 프로그램들은 비슷한 문제와 주제를 가지고 모이는 사람들이 치료와 재활, 회복을 유도하는 환경을 만들어낼 수 있다는 믿음을 가지고 있었다. 오늘날의 프로그램들은 부분입원(예: 약물강조, 치료)의 요소와 클럽하우스(예: 삶의 질 강조, 소비자 역량강화)의 요소들을 통합하고 있다. 이 프로그램 중 일부는 심각한 정신질환으로 진단받은 개인들의 요구 대부분을 충족시킬 수 있는 성공적 통합 서비스 기관으로 성장하였다.

회복의 정신사회재활 프로그램은 여전히 많은 부분 다채로운 성격을 가지고 있지만, 질이 좋은 프로그램들은 비슷한 내용들을 공유한다. 클럽하우스 운동으로부터 우리는 개인의 삶의 질과 이를 지지하기 위한 일들, 즉 취업, 주거, 사회적지지, 그리고 지역사회의 구성원이 되는 것에 대한 변화와 존중을 중요시하게 되었다. 이러한 것들은 정신질환 자체를 치료하는 것 이상의 지지 발화제로 작용한다. 최신 프로그램은 정신장애인의 주거환경의 안정성을 보장하고, 하나 또는 그 이상의 직업재활 요소를 가지고 있고, 정신장애인들의 추가적인 교육을 지원하며, 사회적 지지와 관계망을 만드는 기회를 제공하는 도구적인 역할을 한다. 예를 들어 지역사회 낮 프로그램을 실시하고 있는 기관들은 저녁이나 주말에 문을 여는 경향이 있는데 이는 정신장애인들의 사회생활과 여가가 중요하기 때문이다. 이는 전문가와 소비자가 선호하는 프로그램으로 형성되어 가고 있으며, 정신재활의 회복운동은 이러한 움직임에 더욱 큰 자극을 주고, 효과적인 개혁에 필요한 기준을 제공할 것이다.

2. 통합재활 프로그램

1) 통합재활 프로그램의 개념

정신병에 대한 정확한 원인을 찾으려는 많은 연구가 시행되고 있지만, 유전적, 생화학적, 사회적, 심리적 어느 한 가지 요인만으로는 원인을 설명할 수 없다. 따라서 연구자들은 정신병이 생물학적, 사회적, 심리적인 변인들의 상호작용에 의해 유발된다고 설명하고 있다(Brenner et al., 1994; 정선영, 2001에서 재인용).

Elvevag와 그의 동료들(Elvevag et al., 2000)은 20명의 만성정신장애인과 정상집단간의 인지장애와 사회기능 간의 상관관계를 연구한 결과가 만성정신장애인집단이 정상집단보다 일정한 상황에 대해 주의집중하는 인지기능이 결여되어 있고, 이와 더불어 작업에 대한 과제수행의 효율성이 떨어진다는 사실을 발견하고 사회적응력을 향상시키기 위해서는 인지장애에 대한 치료와 연결된 사회기술훈련의 필요성을 강조하고 있다(정선영, 2001에서 재인용).

그러나 오늘날 이러한 여러 원인들을 포괄적으로 포함한 재활치료프로그램의 개발은 미미한 수준에 머물러 있다. 만성정신장애인들이 다양한 치료를 받고 있지만, 이것들은 여러 요인들을 통합적으로 포괄한 치료프로그램의 형태가 각각 분리된 단일프로그램의 형태로 실행되고 있다. 단일프로그램의 효과성 검증과 관련된 많은 연구들은 퇴원 후 만성정신장애인들이 치료효과가 지속되면서 일반화하는데 어려움을 갖게 되고 단기간의 효과만이 있다고 보고하고 있다(Ballack et al., 1993; Wallace, 1998). 단일프로그램의 단편성은 만성정신장애인이 퇴원 후 지역사회로 나갔을 때 재활치료프로그램들과 실질적 연계의 어려움을 주는 주요 원인이 되기도 한다(Mackain, Smith, Wallace, & Kopelowicz, 1998; 정선영, 2001에서 재인용).

이상에서 볼 때, 통합재활 프로그램이란 만성정신장애인의 사회적응과 재발예방이 라는 목표 아래 장애가 되는 특징적인 인지 및 사회기능장애의 치료를 위해 여러 프로그램들을 상호보완적으로 통합하여 패키지화한 개입프로그램을 의미한다.

2) 통합재활 프로그램 유형

(1) 인지분화훈련프로그램

인지장애는 만성정신질환의 한 증상으로 주의, 지각 및 사고를 진행해 나가는 능력의 결핍, 적절한 자극과 부적절한 자극을 구분하는 능력의 장애로 정의된다. 인지장애로 인한 주요 증상은 주의력 및 기억력의 결핍 등을 야기하게 되는데, 특히 지속적으로 주의를 집중해야 하는 상황과 그들이 극복하기 힘든 스트레스 상황에서 더욱 두드러지게 된다(Schwartz, 1978; Nuechterlein, & Dawon, 1984에서 재인용).

인지장애의 또 다른 증상으로 개념 형성의 결핍을 들고 있다. 새로운 개념을 형성하기 위해서는 적절하지 못한 사고와 지나간 사고 모두를 처리할 수 있어야 하는데, 적절치 못하고 특히 부정적인 사고를 지나치게 강조하면서 새로운 개념 형성을 위한 인지분화 작업이 이루어지지 못한다(Schwartz, 1978). 이러한 인지장애들은 적절한 문제해결을 할 수 없게 만드는 원인이 되고 결국에는 전반적인 사회적응력의 약화를 초래하게 한다. 또한 인지장애는 상호간에 영향을 주게 되고 순환적인 특징을 가지고 있다. 따라서 인지분화훈련프로그램에서는 주의력, 집중력 및 개념 형성에 이상 기능을 보이는 인지기능을 반복연습을 통해 치유하는 직접적인 방법과 행동 수정법을 이용하는 간접적인 접근법을 혼합하여 사용하게 된다.

(2) 사회지각훈련프로그램

사회적 지각이란 들어오는 사회적 메시지에 대한 정확한 지각을 통해 타인과 관련된 문제를 인식하고 정의하는 과정이다(Wallace, 1983). 이 과정은 정보처리 원리에 근거하여 연속적인 단계를 거치게 되는데, 먼저 사회적 자극에 대한 지각이 이루어지고 이렇게 지각된 사회적 단서들은 이전에 획득된 정보와 비교하여 의미를 부여한다. 부여된 의미에 따라 다음 단계의 반응을 선택하게 되고 실행에 옮긴다(Storzbach, & Corrigan, 1996; Mcfall, 1990). 그러나 만성정신장애인은 통합적이지 못한 선택적 주의력으로 인해 중요한 사회적 자극과 중요하지 않은 자극을 구별하지 못한다. 주요하지 않은 정보를 걸러내지 못한 상태에서 과부하된 자극들은 만성정신장애인을 지속적으로 혼란스럽고 산만하게 하며, 어디에 초점을 두어야 할지 모르는 상태에서 더 이상 자신들이 지각하고 경험한 것을 알지 못하게 된다(이만홍 외, 1998; 정선영, 2001에서 재인용).

따라서 만성정신장애인은 기존의 경험을 적절하게 새로운 상황에 잘 이용하지 못하고 일부분만 사용하기 때문에 사회적 자극을 통합적으로 지각하는 데 장애를 가지게 된다. 특히 자신들이 대처할 수 없는 과도한 스트레스 상황에서는 더욱 심해진다. 만성정신장애인들은 기본적인 인지장애로 인해 사회기능과 밀접한 상관관계를 가지고 있는 사회지각의 수행능력이 떨어지는 것으로 알려졌다. 적절한 사회지각을 위한 사회지각훈련에는 언어재생 기억력, 주의력과 특히 높은 상관관계가 있음을 보고하고 있다. 사회지각은 구체적인 사실을 지각하는 시각적이고 공간적인 지각과 추상적, 감정적 분위기를 지각하는 분위기 지각으로 구성되어 있다(Corrigan & Nelson, 1994). 사회적 자극을 통합적으로 지각할 수 있도록 훈련하는 사회지각프로그램은 사회자극에 대해 단편적이고 불완전하게 정보수집을 하는 환자들의 지각패턴을 적절하게 자극을 재해석하면서 기존의 학습경험을 원활하게 활용할 수 있는 패턴으로 전환하여 실제 생활에서의 적응력 향상을 목적으로 한다.

(3) 문제해결능력 훈련프로그램

문제해결능력이란 개인의 일상생활에서 부딪히는 문제 상황에 대처하는 효과적인 방법들을 확인하거나 발견하여 수단을 형성하는 능력을 말한다. 개념적으로 볼 때 '문제'란 적응적 기능이 요구되지만 여러 가지 장애로 인해 효과적인 대처를 방해하는 구체적인 일상 상황으로 정의되며, '해결'이란 문제시되는 상황의 본질과 그에 대해 생기는 개인의 부정적인 정서반응 모두를 변화시킬 수 있는 대처방안으로 정의된다(D'Zurilla, & Nezu, 1992). 이때의 대처방안은 개인의 과거의 학습을 통해 습득한 행동양식에서 나오게 된다. 문제해결능력은 개인의 사회기능 수행정도를 가늠하는 중요한 기준이 될 수 있다. 동일한 상황에서 개인에 따라 매우 다른 해결과정이 적용되기 때문에 문제해결능력을 위한 프로그램은 표준화된 구조화의 형태를 가지기 힘들다. 그러나 문제해결의 과정이 개별적인 인지적인 과정이기는 하나, 그 과정에서의 인지적 요소가 어떤 것인가를 단편적으로 보기보다는 전체적인 하나의 흐름으로 보는 과정적인 접근이 필요하다(정선영, 2001에서 재인용).

만성정신장애인은 인지장애와 오랜 투병으로 인한 현실세계와의 괴리로 현실력 부족을 겪게 되고 효율적으로 문제를 해결할 수 있는 능력의 결여를 초래한다. 즉 만성정신장애인들은 자신들이 인지한 방식대로 지나치게 편중된 방식을 사용하여 문제의 원활한 해결과정을 경험하지 못하면서 미해결된 문제 상황의 잦은 경험은 문제를 해결해 보려는 의지조차 크게 위축시킨다. 특히 만성정신장애인은 문제 상황이 더욱 복잡할수록 더 어려움을 겪고, 문제해결을 위한 적절한 정보이용능력이 정상인에 비해 매우 떨어지는 특징을 갖고 있다. 그러나 만성정신장애인의 문제 상황을 실제로 만성정신장애인이 느끼는 것이 아닌 치료자의 추측에 의한 상황으로 설정하는 사실성이 떨어지는 훈련 상황 구성은 효과를 감소시킬 수 있으므로 환자중심의 문제 상황 진단작업이 중요하다.

문제해결훈련프로그램은 문제 상황의 현실적인 해석과 실행가능한 해결방안을 습득함으로써 문제 상황에 대한 해결의 동기부여와 해결 지향적인 태도를 갖는 것을 목적으로 한다. 이는 결국 문제 상황에 대한 만성정신장애인들의 위축된 감정과 실패에 대한 두려움 극복에 도움이 된다. 문제해결의 실질적인 경험은 만성정신장애인들로 하여금 문제는 해결될 수 있다는 의지를 강화시켜 줄 수 있다.

3. 사례관리

1) 사례관리의 개념과 목적

사례관리에 대한 정의는 학자들마다 조금씩 차이가 있다. Moxley의 사례관리의 개념은 가장 고전적인 정의이다. Moxley(1989)는 복합적인 욕구를 가진 사람들의 기능화와 복지를 위한 공식적, 비공식적자원과 활동의 망(network)을 조직, 조정, 유지하는 것으로 사례관리를 정의하였다(권진숙 외, 2018에서 재인용).

Barker(1987)는 정신질활자에 대한 사례관리를 정의하면서, 복잡한 여러 문제와 장애를 가지고 있는 정신질환자가 적합한 형태로 적절한 시기에 그들이 필요로 하는 모든 서비스를 받을 수 있도록 보장하는 것으로, 서비스를 공급하는 접근법의 하나로 정의한다. 또한 Anthony 등(1988)은 체계의 목표에 의해서가 아니라 환자의 목표에 따라 움직여야 하며, 사례관리 기법은 환자가 필요로 하고 원하는 서비스를 받도록 지원해 주는 과정이라고 정의하였다.

이러한 학자들의 사례관리에 대한 정의를 종합해 보면, 사례관리란 '환자에게 그들이 원하는 서비스를 통합되고 효과적이며 효율적으로 제공받을 수 있도록 보장하는 과정(process) 또는 방법(method)'이라고 정의할 수 있다.

특히 정신건강사업에서의 사례관리는 지역사회 내에서 정신질환자들이 건강한 삶을 영위할 수 있도록 다학제로 구성된 팀(정신건강의학과 의사, 정신건강전문요원, 사회복지사, 임상심리사, 간호사 등)에 의해 개인 맞춤형 돌봄을 조정, 통합, 수행서비스를 제공하는 것을 말한다(권진숙 외, 2018).

중증정신질환자가 연속성 있게 지역사회 내에서 관련 서비스를 받게 하는 것이 정신건강사업에서 사례관리의 일차적인 목표이며, 최근에는 사회적인 요구도에 따라 조기 정신증 또는 서비스가 일정수준 이상 필요한 정신질환에 대한 관리에 대해 언급되고 있다. 이는 전통적인 의미의 사례관리에 비해 확장된 의미로써 정신질환자의 만성화를 방지하고 사회가 복잡해짐에 따라 다양해지는 정신질환의 모습을 반영한 것이라고 할 수 있다(국립정신건강센터, 2020).

사례관리의 목적은 특별한 지지와 격려가 필요한 사람들에게 지역사회에서 지속적인 생활을 보장해 주기 위한 공식, 비공식 지지망과 자원을 활용하고 확대할 수 있게 해주는 것이다(Billing, 1989). 이를 보다 구체적으로 정리하면 다음과 같다.

- 서비스와 자원들을 이용하고 접근하는 데 있어서 가능한 한 환자 자신의 생활기술을 증진시키도록 한다.
- 환자의 복지와 기능화를 증진시키기 위해 사회적 연결망(social network)과 관련 휴먼 서비스 지지자(related human service supporter)들의 능력을 발전시키도록 한다.

• 가능한 한 가장 효율적인 방법으로 전달되는 서비스 및 자원이 되도록 하고 동시에 서비스의 효과성을 증진시키도록 한다.

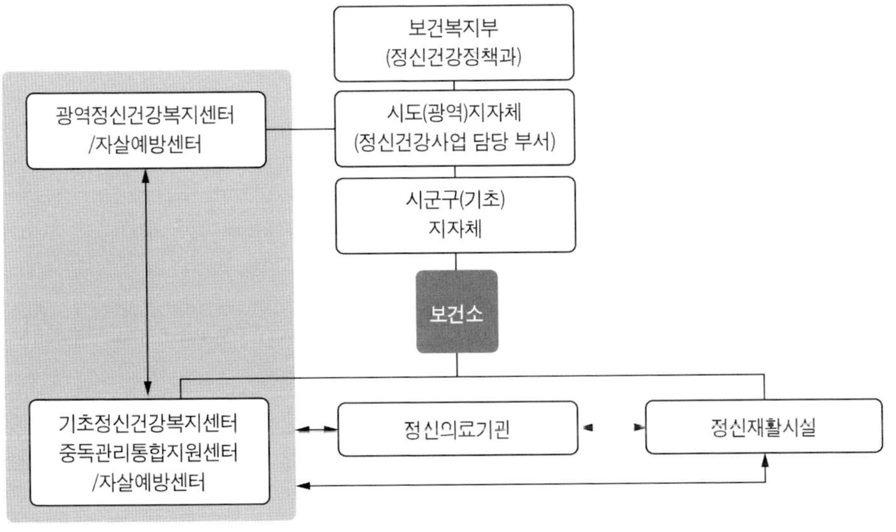

〈그림 22-1〉 포괄적 정신건강 시스템 구조

출처: 2020년 지역사회 정신건강 표준 사례관리 매뉴얼. p.4.

사례관리는 이미 그 유용성이 입증되어 있고, 정신분열병 치료에 효과적이며(이충순·한은선·황태연, 1996), 대상자의 높은 만족감, 환자들의 입원기간 감소, 비용 감소, 재입원율을 감소시킨다는 연구결과(Beckworth, 1994)에 따라 사례관리는 지역사회에서 생활하고 있는 만성정신질환자들의 재활치료에서 그 핵심 요소로 인정되고 있다(국립정신건강센터, 2020에서 재인용).

2) 사례관리 원칙

사례관리는 일반적으로 개별성, 유연성, 포괄성, 자율성, 지속성, 연계성의 원칙을 따른다(Kirst-Ashman & Hull, 2017에서 재인용).

(1) 개별성

개별성의 원칙은 정신질환 당사자의 정신과적 문제, 사회적 상황 또는 대상자 및 가족의 욕구에 맞게 서비스가 제공되어야 한다는 것을 의미한다.

(2) 유연성

정신질환 당사자는 지역사회 내에서 대내외적 요소에 의해 상태가 변할 수 있기 때문에 시시각각 변하는 상태에 대응할 수 있어야 하며, 한 번 설정된 계획도 변화하는 상황을 반영하도록 하여야 함을 의미한다.

(3) 포괄성

사례관리 서비스 제공의 포괄성은 당사자의 다양한 욕구를 충족시키고 지역사회에 적응하는 데 필요한 지지체계를 연결하고 제공서비스를 조정하고 점검하는 것이다. 사례관리자는 필요한 서비스의 유형과 범위가 대상자마다 다르기 때문에 정신건강증진기관 뿐만 아니라 지역사회에 존재하는 잠재적자원에 대해서도 정보를 알고 있고 이를 활용할 수 있어야 한다.

(4) 자율성

사례관리자는 대상자의 선택의 자유를 최대화함으로써 자기결정권을 보장하여야 한다.

(5) 지속성

사례관리는 1회성의 단편적인 서비스 제공을 의미하는 것이 아니라 대상자가 지역사회에 안정적으로 정착할 수 있도록 지속적으로 제공되어야 한다.

(6) 연계성

보건, 복지서비스가 통합된 지역사회 정신건강서비스 전달체계를 연결시키고 대상자에게 필요한 서비스에 맞는 기관에 의뢰함으로써 서비스를 받도록 하여 서비스가 분산되지 않도록 한다. 사례관리자는 연계성의 원칙에 따라 여러 가지 서비스 전달체계 간 중개자 혹은 권익 옹호자의 역할을 수행한다.

사례관리는 다음의 네 가지 원칙으로도 정리할 수 있다.

- 각 개인은 서로 다르고 자신만의 장점(strength)과 욕구(need)가 있으므로 서비스 계획도 이에 맞추어야 한다.
- 각 개인의 장점과 욕구는 시간에 따라 변하므로 서비스와 지지가 지속되는 동안 이에 맞춰 유형(type)과 강도(intensity)가 변해야 한다.

- 각 환자에게 제공되는 서비스 수준은 개인의 손상(deficit) 정도와 맞아야 하며, 환자가 가능한 한 독립적으로 기능하도록 격려되어야 한다.
- 환자에 대한 사례관리 서비스의 책임은 무한하며, 환자의 요구에 맞추어 평생 동안 지속되어야 함을 원칙으로 한다.

3) 사례관리 실무과정

(1) 사례발견과 현장접근(Client identification & outreach)

지역 내에서 대상자를 파악할 수 있는 방법으로 생활보호 대상자 중 정신질환자, 동사무소를 통해 정신질환자로 판정된 자, 기타 연계병원에서 추후 관리를 의뢰한 정신질환자, 지역사회 조직(정신 가족협회, 경찰, 119 구급대 등)에서 의뢰를 통하여 대상자를 발견하게 된다. 다른 방식으로 현장접근이 있는데, 지역사회재활기관 또는 정신의료기관의 정신건강선문요원이 만성정신질환자를 발견할 목적으로 대상자가 있는 지역사회로 직접 나가 가정방문을 하는 것이다.

(2) 개별화된 대상자 사정(Individualized Clients assessment, 1차 평가)

대상자와의 면담을 통하여 대상자의 개인적, 심리적 상태, 정신병리적 상태, 일상생활 기술, 직업 적응 상태, 그리고 삶의 만족도를 사정하여 이를 토대로 정보수집을 한다. 이때 사용되는 사정도구는 심리사회적사정(Psychosocial assessment) 및 정신상태검사(Mental Status Examination: MSE) 등이 활용된다.

(3) 서비스 계획(Coordinating & developing the plan)

목표설정 사례관리팀은 개별화된 1차 평가 분석 자료를 토대로 구체적인 장단기 목표를 설정하고 문제해결 방향을 제시하고, 이에 적합한 방법을 선정한다. 이때 사례관리팀은 대상자가 변화되기 원하는 부분을 분명히 하고, 대상자의 욕구 충족을 위해 대상자들 참여시킨다. 목표설정 시 중요한 것은 현실가능해야 하고, 결과는 확인될 수 있어야 한다. 또한 서비스 계획을 발전시키는 데 있어서 사례관리자는 대상자와 서비스 차원에서 일어날 수 있는 장애요인과 대처방안을 고려해야 한다. 서비스 계획을 수행하기 위해 필요한 자원을 개발하고 제공될 서비스 목록을 작성한다. 이때 사례관리자는 이용가능한 자원을 파악한 후 그것을 토대로 서비스 계획을 세워야 한다.

(4) 직접적, 간접적인 서비스 연계 및 제공(Linkage& Implementation with requisite service)

연계는 사례관리에서 핵심이 되며 사례관리자들이 가장 역점을 두고 활약해야 하는 과정이다. 연계기능은 누구를 어떤 차원에서 만나야 하는지, 새로 개발된 자원이 무엇이며, 이용가능한 자원은 어떤 것이 있으며, 적용할 수 있는 입법정책은 어떤 것인지와 같은 지역사회를 기반으로 하는 기술을 사용해야 하는데 이는 서비스 연결을 가장 효과적으로 하기 위함이다. 사례관리자는 대상자의 문제를 개별화시키고 대상자의 참여와 서비스의 질을 중요시하면서 장단기 목적달성을 위해 총체적이고 통합적인 다양한 서비스를 제공한다. 사례관리 프로그램은 대상자가 필요로 하고 원하는 서비스를 받도록 지원해 주는 과정이라고 할 수 있으며, 이는 개인의 욕구를 충족시키기 위해 서비스를 대상자와 연결, 관리, 조정하는 한 과정으로 본다.

국립정신건강센터에서 발행한 "2020년 지역사회 정신건강 표준 사례관리 매뉴얼"에서는 '대상자의 초기상담-사정-계획-개입-점검-평가'의 과정으로 설명한다. 그 과정별 기능과 주요 활동은 <표 22-3>과 같다.

〈표 22-3〉 사례관리 과정별 기능과 주요 활동내용

단계	사례관리 단계별 기능	주요 사례관리 활동
초기상담 (intake)	• 제공서비스 소개 • 서비스의 결정 • 사례등록 여부 결정	• 서비스의 목적과 과정에 대한 설명 • 일반적 정보 및 정신적 문제와 관련된 주호소에 대한 정보 습득
사정	• 사례관리 확정 및 등록 • 대상자의 욕구사정 및 강점, 한계점 파악 • 자원사정 및 장애물 파악 • 가족의 정보 및 욕구 파악	• 당사자 및 가족의 신체적 정신적 건강상태에 대한 전반적인 정보수집 • 등록관리 중 정기적인 재평가와 재사정수행 및 기록 필요
계획	• 욕구영역에 대한 특정화 • 명확한 목적·목표 설정과 항목화 • 수행자 선정 및 시간 분배 • 기대되는 변화 진술	• 욕구사정 도구를 이용한 관리구분 • 대상자의 능력 및 기술의 개선을 위한 목표의 우선순위와 장단기 구분 • 관리 등급에 따른 구체적 계획 작성
개입	• 직접서비스(개별 및 가족상담, 그룹프로그램, 자원조정 등) • 간접서비스(교육, 행사, 캠페인 등)	• 관리구분에 따른 직·간접적 사례관리 서비스 제공 • 대상자의 기본자원 점검 및 활용
점검	• 계획, 수행결과에 대한 질적, 양적 점검	• 대상자의 사회적 기능에 대한 평가 • 사례관리 계획의 이행 정도 점검
평가	• 계획에 대한 평가	• 대상자의 기능수준 및 삶의 질

	• 서비스 목적 달성 평가 • 전반적 효과성 평가 • 대상자 만족도 평가	• 서비스에 대한 만족도가 개선되고 있는지 평가 • 성공요인의 분석과 긍정적 강화 제공 • 장애요인 분석 • 정기적인 재평가와 재사정 수행 후 사정단계에서부터 계획을 재수립

출처: 2020년 지역사회 정신건강 표준 사례관리 메뉴얼. p.7.

Ⅳ. 현황과 과제

정신보건의 전반적인 측면에서 생각해 보면 정신사회재활 프로그램이 진행되는 데는 여전히 많은 문제가 있다. 현재 제기되는 문세를 간략하게 제시하면 다음과 같다.

첫째, 지역사회 내에서 병원과 지역사회 정신사회재활기관의 네트워크가 미흡하다.

둘째, 서울·경기지역과 지방에서의 정신건강정책사업 추진 의지에서 격차가 심하다.

셋째, 정신건강 전문인력의 격차가 심하다.

넷째, 지역사회 내 정신질환에 대한 부정적 인식과 적극적 참여 의지가 부족하다.

다섯째, 정신장애인의 가족 혹은 소비자 중심의 서비스 전개가 여전히 미흡하다.

여섯째, 관료체계적 사고가 여전히 팽배하며 민간조직과의 큰 차이가 존재한다.

일곱째, 전문 직종 간의 정신건강사업에 대한 인식순위에 편차가 존재한다.

정신사회재활의 모형은 형태가 매우 다양하며 각 나라, 지역마다 프로그램의 주체를 설정하기가 어렵다. Bachrach(1992)가 제시한 8가지 정신사회재활 프로그램의 개념은 ① 개인중심(individuality), ② 환경지향(environmentalism), ③ 적임성(competency), ④ 긍정성(positivity), ⑤ 낙관론(optimism), ⑥ 전체성(wholeness), ⑦ 자발성(spontaneity), ⑧ 진행성(ongoing process) 등으로 정리할 수 있다.

또한 이 개념을 바탕으로 제시되는 5가지 기본 치료모형은 ① 낮병원, ② 사회성 기술훈련, ③ 질병교육, ④ 직업재활, ⑤ 독립생활기술훈련 등이다. 이 모든 치료모형이 지역사회정신보건과 연결고리를 가져야 함은 당연하다.

현재 우리나라 정신보건 현장에서 제공되는 재활 프로그램은 상기 8가지 요소에 부합되는 면이 많다. 한 가지 단점은 예산부족과 인력부족의 이유 때문에 개인성에 따른 독자적 프로그램 제공이 어렵다는 점이다. 이는 정신보건 환경의 개선이 이루어지는 속도와 함께 극복되어야 할 과제이지만 나머지 부문의 정신사회재활에 대한 열정은 어느 나라보다 더 높다고 할 수 있다.

이와 같은 점을 고려한 정신사회재활의 변화와 성장은 지역사회 현장에서 정신장애인들의 삶이 고려된 형태로 창조될 수밖에 없는 것이 사실이다.

참고문헌

국립정신건강센터 (2020). 정신건강 표준 사례관리 매뉴얼.

권진숙 외 (2018). 사례관리론. 학지사.

김이영 (2004). 통합정신재활서비스의 재활성과 및 삶의 질에 관한 연구. 계명대학교박사학위논문.

박병선 (2013). 정신사회재활서비스 사정 및 성과평가 척도개발 연구: 정신사회재활 모델을 중심으로. 경북대학교 박사학위논문.

배성우 외 (2013). 정신장애인과 그 가족을 위한 가족교육 프로그램의 효과, **사회과학연구**, 24(4), 295-314.

손명자, 배정규 (2003). 정신분열병과가족. 대구: 정신재활.

이미경 (2011). 자조집단에 참여하는 정신장애인의 회복경험. 한국정신보건사회복지학회 학술발표논문집. 165-213.

이수희 (2010). 정신장애인의 재활에 영향을 미치는 요인-회복요인을 중심으로. 가톨릭대학교 석사학위논문.

정선영 (2001). 지역사회 정신장애인을 위한 통합재활 프로그램의 효과성에 관한 연구. 이화여자대학교 박사학위논문.

Anthony, W. A., & Liberman, R. P. (1986). The practice of psychiatric rehabilitation: historical, conceptual, and research base. *Schizophrenia Bull, 12*, 542-559.

Anthony, W., Cohen, M., Farkas, M., & Gagne, C. (2002). *Psychiatric Rehabilitation.* Boston, MA: Boston University, Center for Psychiatric Rehabilitation.

Brenner, H. D., Hodel, B., Roder, V., & Corrigan, P. (1994). Integrated psychology therapy for singlecase studies. *Research on Social Work Practice, 7,* 419-445.

Corrigan, P. W., & Nelson, D.(1994). Factors that affect social cue recognition in schizophrenia. *Psychiatry Research, 53*, 257-267.

D'Zurilla, T. J., & Nezu, A. M. (1992). Development and preliminary evaluation of the Social Problem-Solving Inventory. *Psycho Assess, 2,* 156-163.

Glynn, S. M., Cohen, A. N., Dixon, L. B., & Niv, N. (2006). The potential impact of the recovery movement on family interventions for schizophrenia: opportunities and obstacles. *Schizophrenia Bulletin, 32*(3), 451-463

Kirst-Ashman, K. K., & Hull, G. H., Jr. (2017). *Understanding Generalist Practice*(6th eds). Belmont: Books/Cole, Cengage Learning.

Liberman, R. P. (1988). *Psychiatric Rehabilitation of Chromic Mental Patients.* Washington. D.C.: American Psychiatric Press Inc.

Pratt, C. W., Gill, K. J., Barrett, N. M., & Roberts, M. M. (2006). *Psychiatric Rehabilitation*(2nd ed). Boston: Academic Press.

23장

채인숙
(인제대학교
해운대백병원)

퇴원(퇴소)계획 및 사후관리

I. 서론

퇴원계획은 병원에 사회복지사가 일을 하게 되면서 주어진 고유업무 중 하나이다. 1973년 의료법 개정으로 병원에서 사회복지사가 일한 근거가 생기고, 1995년 정신보건법의 제정으로 정신건강사회복지사(당시 정신보건사회복지사라는 용어사용)가 법적 근거를 가지고 현재까지 정신건강영역에서 활동하고 있다. 정신보건법은 병원중심 치료에서 지역사회로의 탈원화가 목적이었는데, 법이 시행된 이후에는 정신병상 수의 증가와 장기입원일수의 증가 등으로 지역사회로의 탈원화는 기대에 미치지 못하고 퇴원계획도 활발하게 이루어지지 못하였다.

정신질환자 치료의 효율성을 높이고, 지역정신건강서비스 제공을 확대하고 장기입원을 축소해야 한다는 주장은 지속적으로 제기되어 왔으나 한계가 있었다. 서울대학교 김윤 교수는 조현병의 경우 치료율이 외국대비 3분의 1에 불과하며, 입원이나 외래가 아닌 지역사회의 적절한 관리가 필요한 환자 85%를 차지하지만 그중 관리를 받고 있는 환자는 14% 밖에 안 되는 실정이라고 하였다. 이러한 현실을 극복하기 위해 지역사회정신건강서비스를 포함한 예산 기반의 정신건강서비스에 건강보험 급여를 확대하고 통합적으로 제공할 수 있는 시스템으로 전환해야 한다고 주장한다.

2017년 정신건강증진 및 정신질환자 복지서비스 지원에 관한 법률(이하 정신건강복지법)로의 개정과 진주방화사건, 전문의 임세원 사건 등 일련의 사회적으로 이슈화된 사건으로 인하여 정신질환에 대한 지속치료와 치료 이후 사후관리에 대한 필요성이 부각되고 있다. 이는 2020년부터 정신질환자 지속치료 지원 시범사업[1]실시에도 영향을 주었으며, 그 내용 중 하나가 병원기반 사례관리 시 퇴원계획수립과 추후관리에 대한 건강보험 수가를 청구할 수 있도록 한 것이다.

퇴원계획 및 사후관리에 대한 국내외 연구결과를 살펴보면, 정신장애인에게 지역사회 정신보건시설이나 정신건강서비스를 연계하는 퇴원계획 및 사후관리 서비스는 불필요한 입원과 재발을 방지하고, 사회적응을 도와주고 재활을 촉진하고 삶의 만족도를 향상시키는 데 효과적이었다(Stltzer et al., 1980; Caton et al., 1984; 김철권 외, 1998; 최명민, 2000; 최말옥 외, 2002; 오정하, 2006). 이에 정신건강사회복지사 수련과정에 퇴원계획 및 사후관리에 대한 직역교육과 실습을 통하여 관련 기술을 습득하도록 하고 있다.

Ⅱ. 이론적 배경

1. 퇴원계획의 흐름

퇴원계획(Discharge Planning)은 1905년 미국 매사추세츠 종합병원에 사회복지 서비스과(social service department)에서 환자에 대한 정확한 진단과 효과적인 치료를 위해 서비스를 제공하며 시작되었다. 특히 사회복지사에게는 사회조사뿐만 아니라 지역사회의 유대관계를 유지하면서 정신과의사와 긴밀히 협동하여 효과적인 치료를 수행해 내길 기대하였는데, 이는 퇴원계획의 시작이라 할 수 있다(김규수, 1987; 박귀서 외, 2016).

미국에서 1980년대 증대하는 연방정부의 의료비용 부담을 억제하기 위해 Diagnostic Related Group(DGR, 우리나라 포괄수가제-진단명별로 일정한 액수가 지급되는 방식)가 시행되어 퇴원계획이 병원 재원일수 단축과 병원 재정운영에 활용되었다. 그러나 이는 환자나 가족의 동의하지 않은 경우가 생기고 비용측면이 강조되어 비판이 제기되기도 하였

1) 정신질환자 지속치료 지원 시범사업은 정신응급 환자 발생 시 초기 집중치료부터 지속치료 지원까지 충분한 의료서비스를 제공하여, 정신질환 증상 악화를 예방하고, 사회복귀를 도모하는 사업이다.

다(최명민, 2000). 따라서 재정적 효율성의 강조와 환자보호라는 요소의 불일치를 줄이기 위하여 퇴원계획에 환자와 가족의 심리사회적 욕구를 반영한 인도적 접근과 서비스의 지속을 위한 노력이 강조되어 왔다고 할 수 있다(황숙연, 1994; 김명민 2000에서 재인용).

우리나라의 경우 1960년대 사회복지사가 정신과의사들이 미처 개입하지 못한 부분인 환자의 개인력조사 및 가족사항, 가정방문 등을 통하여 정신의료영역에서 자리를 잡았다(박귀서 외, 2016). 1977년 의료법에 '정신의학적 사회사업'에 대한 의료수가 청구가 새로 도입되었는데, 개인력조사, 사회조사, 사회사업지도, 그리고 가정방문에 대하여서는 사회복지사만이 청구하도록 하였다. 이는 환자와 가족에게 퇴원계획 및 사후관리를 실시한 법적 제도가 만들어진 것이다. 그러나 일부 퇴원계획이 실시되었으나 수가가 낮게 책정되고, 인력의 문제 등 한계가 많았다. 1995년 정신보건법의 제정으로 지역사회정신보건사업으로의 전환으로 장기입원환자의 퇴원계획이 이루어져 지역사회로의 복귀가 이루어질 것으로 기대하였으나 현실은 그러지 못하였다.

그러다가 최근에 조기 정신증에 대한 관심과 정신질환과 관련한 사회적 이슈(진주방화사건, 전문의 임세원 사망사건) 등으로 정신질환의 지속치료와 관리에 대한 관심이 증가하였다. 이러한 영향으로 2020년 정신질환자 지속치료 지원 시범사업이 실시되고 있다. 그 내용 중 일부는 병원기반 사례관리로 퇴원계획과 사후관리에 대한 의료급여 수가 산정을 포함한다. 병원기반 사례관리팀을 구성하여 퇴원계획수립료 1회, 환자와 가족을 대상으로 퇴원 시 필요한 교육 및 상담을 실시한 경우 퇴원 시 1회 사정가능하다. 또한 퇴원계획에 따라 환자의 가정을 직접 방문하여 필요한 교육과 상담을 시행한 후 방문료를 청구할 수 있고(월 4회, 사례관리 요원 2인 이상 방문 시 방문한 인력 수대로 산정), 비대면 상담(유선, 화상 통화)을 통해 증상 및 복약여부 확인 등 환자 상태를 상시적으로 관리할 경우에도 환자관리료의 청구가 가능하다(월 4회). 시범사업 이후 그 결과를 바탕으로 수가가 결정되겠지만 현행과 같이 이루어진다면 1977년 수가체계가 만들어진 이후 가장 큰 변화이고, 퇴원계획 및 사후관리가 활발하게 이루어질 체계가 구축될 것으로 기대하고 있다.

2. 퇴원계획의 효과성

미국과 영국의 경우 퇴원계획을 통하여 입원 기간을 단축하고, 재입원을 줄이며, 환자 및 가족의 만족도를 높이는 노력을 해 왔고 그 결과 다학제 간 팀접근과 효과적인 퇴원계획의 절차, 모델, 정책을 구조화하였다(Birminghan, 2004; 임정원 외, 2020에서 재인용). 퇴원계획의 효과성에 대한 연구에서, 다학제 간 팀 접근을 한 퇴원계획은 환자들의 삶의 질을 증가시키고, 퇴원 후 건강관리에 대한 만족도를 향상시키며(Preen et al., 2005) 입원기간을 감소시킬 뿐만 아니라 환자의 만족도를 향상시키는 데 중요한 역할을 하고 있는 것으로 나타났다(Shepperd et al., 2009; Michele et al., 2009: 임정원 외, 2020에서 재인용).

우리나라에서 퇴원계획에 대한 연구는 정신보건법 시행 이후 간간히 이루어졌다. 그러나 오랫동안 장기 입원한 환자에 대한 퇴원계획이 이루어지고 지역사회로의 탈원화가 될 것으로 기대하였으나 현실은 병상수의 증가와 장기입원은 지속되는 등 기대에 한참 미치지 못하였다.

퇴원계획에 관련한 연구를 살펴보면, 최명민(2000)은 정신과 입원환자의 퇴원계획 프로그램이 퇴원 후 서비스 이용에 미치는 영향요인을 연구했는데, 환자의 의지와 병식, 가족의 지지와 질병에 대한 이해도, 치료자의 가족면담 횟수, 기관접촉 횟수 등이 환자의 퇴원계획에 영향을 주는 것으로 나타났다. 일반의료사회복지영역에서 임정원과 김명민(2017)은 퇴원계획 수가의 필요성을 제시하고, 이용호와 정형선(2017), 전용호(2018) 등은 복지와 보건서비스 연계에 기반한 통합적·체계적 퇴원계획 및 사후관리가 필요하다고 언급하고 있다.

최근 고령화와 이로 인한 의료비용의 증가와 같은 사회적 환경의 변화로 지역사회통합돌봄(커뮤니티케어, community care)[2]에 대한 요구가 커지고 있다. 정신건강영역에서는 2020년 1월부터 정신질환자 지속치료 지원시범사업을, 일반의료영역에서는 2021년 급성기 환자 퇴원지원 및 지역사회 연계활동 시범사업[3]을 시작한다. 두 영역 모두 시범사업의 내용에는 퇴원계획과 사례관리 그리고 이에 대해 요양급여비용을 청구할 수 있도록 하고 있다. 퇴원계획에 사후관리에 대한 요양급여비용 청구는 퇴원계획 및 사후관리에 대한 효과성이 입증되었다는 것을 의미한다.

정신의료기관과 정신사회재활시설의 퇴원 및 퇴소의 목적은 다를 수 있다. 정신의료기

2) 지역사회 통합돌봄은 돌봄이 필요한 주민이나 장애인 등이 자기가 살고 있는 집에서 그들의 욕구에 맞는 서비스를 누리고 지역사회와 함께 어울려 살 수 있도록 하는 사회서비스 정책이다(보건복지부, 2018).

3) 일반의료사회복지영역에서 2020년 12월 급성기 환자 퇴원지원 및 지역사회 연계활동 시범사업을 실시하고 있다(급성기 의료기관 뇌혈관 질환자를 대상으로 진행). 이는 종합병원 급 의료기관에서 퇴원 시 환자 상태를 통합적으로 평가하고 적절한 퇴원계획을 통해 지역사회로 원활히 복귀할 수 있는 체계를 구축하고 이에 걸맞는 보상체계로 수가책정하고 있다.

관의 퇴원계획은 ① 환자의 권익보호와 삶의 질 보장, ② 안전하고 효과적인 퇴원 과정 지정, ③ 퇴원 후 치료적 환경조성, ④ 환자와 가족의 원만한 사회복귀, ⑤ 병원의 병상 가동률 증대에 기여이다(박귀서 외, 2016).

정신사회재활시설은 당사자와 가족, 지역사회 및 서비스 제공기관 등 다양한 환경을 고려하여야 한다. 단순한 서비스 제공이 아니라 퇴소 후 평생의 삶을 계획하는 관점에서 인간다운 삶을 목적으로 한다. 그러기 위해서는 ① 당사자의 욕구를 기반으로 하고, ② 질환의 관리 및 회복을 포함한 평생계획을 수립하고, ③ 퇴소 후 생활환경을 고려한 계획 수립하고, ④ 당사자 및 가족의 사회화 및 일반화를 염두에 두고, ⑤ 서비스 제공의 연속성, 체계성, 계획실천의 효율성과 효과성을 고려하여야 한다(박귀서 외, 2016).

3. 퇴원계획의 정의 및 과정

1) 퇴원계획의 정의

퇴원계획이란 환자를 병원으로부터 지역사회로 복귀시키는 과정에서 양질의 서비스를 제공하고자 하는 전문직 및 조직상호 간의 활동이며, 환자가 참여하는 활동이라고 할 수 있다(James, 1987; 최명민, 1999에서 재인용). 미국사회복지사협회(National Association of Social Workers: NASW)에 따르면 퇴원계획이란 한 환경에서 다른 환경으로의 이전을 용이하게 해 주는 모든 활동으로 환자와 그 가족을 도와 퇴원 후 보호계획을 개발하는 병원 차원의 팀 접근적 과정으로 정의하고 있다(오하정, 2006).

퇴원계획은 재원기간의 감소와 재입원 및 재발을 예방하고 궁극적으로 독립적이고 만족스러운 삶을 살아가도록 하기 위한 서비스이다. 즉 환자가 병원에 입원한 시점부터 시작하여 입원에 있는 동안 정기적인 평가를 수행하고 퇴원(소) 후의 사후관리까지 서비스를 제공한다. 이는 환자가 정신질환 혹은 장애로부터 사회에 잘 복귀하도록 도와주는 전반적인 과정이라고 할 수 있다.

최근 지역사회 통합돌봄(커뮤니티케어)은 정신건강의 영역에서 퇴원계획 및 사후관리의 연속적이고 연장선상의 서비스이다. 지역사회통합돌봄은 돌봄이 필요한 주민이나 장애인 등이 자기가 살고 있는 집에서 그들의 욕구에 맞는 서비스를 누리고 지역사회와 함께 어울려 살 수 있도록 하는 사회서비스 정책이다(보건복지부, 2018). 정신질환은 조기진단과 지속치료가 매우 중요하나 서비스에 대한 정보부족이나 연계부족 등으로 불필요한 입원을 하고 있거나 충분한 서비스를 받지 못해 재발하기도 한다. 따라서 병원에서 지역사회로의 복귀 시 퇴원에 대한 계획을 수립하여 서비스를 지속적으로 받을 수 있도록 하는 것이 매우 중요하다.

2) 퇴원계획의 과정

James(1987)는 퇴원계획의 모델을 서비스 종류와 병원 관계자가 그 서비스를 위해 연락을 하고 계속 관여하는지의 여부에 따라 종결 및 사전지도, 전원/의뢰, 조종(Streering)으로 구분하였다(최명민, 1999).

(1) 종결 및 사전지도(Termination & Anticipatory Guidance)

퇴원 후 연결될 서비스에 대한 병원이 접촉하지 않으며, 약 처방이나 복용 등에 대한 환자의 가족에게 교육을 제공함으로써 의료적 지시를 잘 따르도록 하는 것이다.

(2) 전원/의뢰(Referal/Transfer)

퇴원에 대한 사전 지도와 함께 이후에 이용하게 될 서비스와 상호작용을 잘 하도록 도와주는 역할을 포함한다. 종결에 따른 환자의 심리역동적인 문제를 다루며 병원, 의뢰를 받은 기관, 그리고 환자체계 간의 상호작용을 도울 수 있는 숙련된 기술이 필요하다.

(3) 조종(Streering)

환자 스스로 필요한 서비스를 연결하고 접근할 수 있도록 도우며 퇴원계획가는 조정자의 역할을 수행한다. 환자의 독립성과 자기결정권을 존중하는 것이다.

이와 같은 내용은 환자의 질병에 대한 반응과 치료 종결을 준비하도록 하는 심리상담과 지속적인 보호를 위한 자원연결이 포함되는 것이다(최명민, 1999에서 재인용).

James(1987)은 퇴원계획 과정에 대해서 <표 23-1>과 같이 심사, 개입 동의 및 정보수십, 사정/계획/실행, 모니터링 평가/수정 4단계로 구분하였다. Blumentfield와 Rosenberg(1988)은 <표 23-2>와 같이 입원 전 단계, 입원단계, 퇴원계획 3단계로 구분하였다.

〈표 23-1〉 James의 퇴원계획 4단계

구분		내용
1단계	심사(Screening)	고위험도 환자군을 선별하거나 담당의사의 의뢰
2단계	개입 동의 및 정보수집 (Engagement & Data Collection)	퇴원계획의 개입에 대한 동의를 얻고 환자의 욕구, 강점, 환경적 요소, 가족의 지지정도 등에 대한 정보수집
3단계	사정, 계획, 실행 (assessment, Plan Development, and Implementation)	환자의 문제와 자원에 대해 명확히 평가하고 상담, 교육, 팀 접근의 조정, 지역사회 서비스 활성화 등
4단계	모니터링 평가, 수정 (Monitoring, Evaluation, Corrective action0	목표에 따라 수행되며 경험에 근거한 정보수집과 연구

〈표 23-2〉 Blumentfield와 Rosenberg의 퇴원계획 3단계

구분		내용
1단계	입원 전 단계	사전심사과정을 통하여 입원 결정
2단계	입원단계	환자와 가족을 위한지지, 교육, 재사회화의 서비스를 제공
3단계	퇴원계획	환자의 특성에 맞는 기관으로 연결하며 지속적인 보호

2020년 정신질환자 지속치료 지원 시범사업에서 병원기반 사례관리에 나타난 퇴원계획 과정을 요약해 보면 screening 및 의뢰, 환자 및 가족의 사례관리 동의, 퇴원계획수립, 실행(서비스제공), 사례관리점검 및 평가 등으로 이루어진다.

〈표 23-3〉 병원기반 사례관리 시 퇴원계획 과정

단계		내용
1단계	Screening 및 의뢰	정신건강의학과 전문의가 퇴원 시 사례관리가 필요하다고 판단된 환자를 사례관리팀에 의뢰
2단계	동의절차	사례관리팀이 환자 및 가족에게 퇴원계획과 사례관리 서비스 이용에 대한 동의절차
3단계	퇴원계획수립	의료적 요구, 환자 및 가족의 욕구 및 상황 등 전반적인 평가와 퇴원 후 계획수립
4단계	실행: 서비스제공	교육상담, 가정방문을 통하여 필요한 진료 및 간호, 교육 및 상담서비스 제공, 필요시 투약 및 처치, 비대면상담, 지역사회서비스 연계 등 서비스제공
5단계	점검 및 평가	제공된 서비스 등 사례관리 결과를 바탕으로 매월 사례관리 평가 및 계획 재수립

Ⅲ. 퇴원(퇴소)계획 및 사후관리의 실제

퇴원 및 퇴소계획은 정신장애인 인권옹호의 측면에서 보았을 때, 퇴원계획이 적절하게 이루어지지 않는 것은 방임에 해당한다. 당사자의 인권의 측면에서도 퇴원계획은 매우 중요하다. 퇴원계획 및 사후관리는 정신건강사회복지사의 수련과정 중 하나로 직역실습 과제이다. 과제 수행 시 다루어야 할 내용을 중심으로 기술하고자 한다. 병원에서 퇴원계획은 병원이 급성기 환자가 주로 있는 병원인지 만성 환자가 많은 병원인지에 따라 달라질 수 있고, 정신사회재활시설에서는 평생계획의 측면이 강조될 수 있다.

1. 스크리닝 및 의뢰: 퇴원(퇴소)계획의 시작

퇴원(퇴소)계획의 시기는 당사자가 소속된 병원이나 정신사회재활시설에 따라 다르다. 급성기 환자가 주로 입하는 경우 입원과 동시에 퇴원계획이 시작되기도 하고, 혹은 당사자 혹은 가족의 요청과 전문가에 의뢰에 의하여 퇴원 및 퇴소계획이 시작되기도 한다.

퇴원계획은 당사자, 가족, 전문가, 연계기관 등 다양한 사람들과 관여를 하는데, 일차적으로 서비스를 제공받은 당사자와 가족의 동의로 퇴원계획은 구체화되기 시작한다. 그러나 때론 당사자와 가족의 동의가 이루어지지 않는 경우도 종종 발생한다. 즉 안정화되지 않았거나 병식이 낮은 당사자는 서비스에 동의를 하지 않지만 가족은 동의할 수도 있다. 그 반대의 사례도 있고 전문가가 퇴원계획 및 사례관리가 필요하다고 판단하나 당사자 혹은 가족은 동의하지 않을 수 있다. 당사자나 가족이 동의를 하지 않는 경우 정신질환에 대한 잘못된 지식과 불충분한 정보제공으로 인한 경우가 많다. 정신건강사회복지사는 개입 초기부터 당사자와 가족과 라포 형성을 하고 접촉빈도를 높이며 적절한 교육을 통해 관계를 형성하고 서비스에 동의를 높이도록 할 필요가 있다.

퇴원계획 및 사후관리는 당사자, 가족, 타 전문가, 지역사회 유관기관 등 다양한 사람과 함께 하므로, 전문지식을 익히고 최신의 지역사회자원에 대한 정보를 획득하는 등 끊임없는 노력하고 소통능력뿐만 아니라 중재능력 등 다양한 기술이 필요한 복잡한 과정이다. 따라서 수련사회복지사는 사례를 독자적으로 진행하기보다 수련지도요원과 사례에 대해 충분히 논의하고 적절한 지도감독을 받으며 진행하는 것이 도움이 된다.

사례 1

A씨는 40대 여성으로, 전문정신병원에 10여 년간 입원 중 강력하게 퇴원을 요구하였다. 피해사고와 망상을 주로 호소하는 조현병으로, 보호자는 타 지방에 거주하는 10대 아들이 있다. 면회 오는 가족과 친지가 전혀 없었다. 수급자로 그동안 모아둔 기백만 원이 전 재산이다. A씨의 강력한 요구에 모든 치료진이 거주지도 없고 경제적으로 취약하고 잔존증상이 있으니 입원이 더 안전하다는 의견이 우세하였다. 그러나 A씨의 바람과 인권에 대한 인식이 있던 주치의는 퇴원에 동의하고 사회사업실에 퇴원계획을 의뢰하였다.

첫 번째 목표는 주거지를 마련하는 것이었는데, A씨는 입소시설이나 주거시설은 한사코 반대하였다. 병원에서 죽을 만큼 집단생활을 했기 때문에 환경이 좋지 않아도 혼자 생활하겠다고 하였다. A씨는 지지체계는 거의 없는 상황이라 급한 일이 있을 경우 도움을 받을 수 있도록 병원 근처에 월세방을 구하기로 합의하고 장기적으로는 임대아파트를 신청하기로 하였다.

두 번째는 퇴원 이후 주간에 이용할 시설로 정신사회재활시설을 다닐 수 있도록 하였다. 규칙적인 생활을 위해서이기도 하지만 피해사고와 망상, 환청 등 잔존증상이 꽤 남아 있어 생활에 영향을 미치는 부분이 간간히 있었기 때문에 관리가 필요한 상황이었다. 이 때문에 퇴원 당시 병원관계자들은 A씨가 1달 안에 재입원하지 않으면 손에 장을 지지겠다고 장담하기도 하였다. 지역사회자원을 활용하기 위해서는 정보를 제공하고 이용시설을 스스로 선택하도록 하였다. 또한 주간재활시설에 함께 방문하여 상담하고, 이용방법에 대해 자세한 설명을 들었다. 이용할 시설을 결정한 이후에 새로운 집에서 시설까지 교통편을 익히고 현장연습을 하였다.

세 번째는 약물과 증상에 대한 자기관리능력의 향상과 비상시 대응능력을 향상시키는 것이다. 증상과 약물관리 등에 대한 교육을 실시하였으며, 발생가능한 상황을 설정하여 예행연습을 실시하였다. 실제로 피해사고가 갑자기 몰려올 때 전화연락을 통하여 위기에 대응하도록 하였다.

사후관리로, 퇴원하여 첫 한 달 동안 주 2~3회 정도 가정을 방문하여 약복용상태, 식사관리, 위생관리, 생활의 변화 등에 대해 상담하고 주간재활시설을 안정적으로 다닌 이후에는 외래 진료 시 상담을 하며 사례관리를 하였다. 임대아파트 배정을 받기 위해 2년 정도 소요될 것이라 예상하였으나 8개월 만에 아파트로 이사하였고, 지금도 여러 가지 증상들이 남아 있지만 만족스러운 삶을 살아가고 있다.

2. 퇴원(퇴소)계획 및 사후관리의 실제

당사자 및 가족이 퇴원계획 및 사후관리에 동의를 하게 되면 퇴원계획수립을 위하여 당사자와 당사자를 둘러싼 주변 환경에 대한 정보를 파악하게 된다. 진단명, 병력, 입원 전후의 정신과적 평가, 정신과적 증상 및 병식, 정신상태검사, 사회경제적 상황, 일상생활기능평가, 주거상황, 가족의 질병에 대한 이해도와 지지도, 대인관계문제, 알코올 및 약물관련 문제, 자살 등 다양한 측면을 사정한다. 또한 지역사회연계가 필요한 경우 서비스를 연계하는 다양한 활동을 지원한다. 퇴원계획수립 시 기본적으로 파악하여야 하는 내용은 <표 23-4>와 같다.

〈표 23-4〉 퇴원계획 수립 시 고려해야 할 내용

- 병력 및 입원전과 후의 정신과적 평가, 정신상태검사
- 사회경제적 상황: 현재 직업유무, 주 수입원, 월 가구소득
- 투약관리: 복용약물, 투약이행, 약물부작용, 부작용 시 약물관리에 대한 조치
- 일생생활 기능평가: 식사준비, 청소 및 세탁, 개인위생(양치, 목욕, 옷치장 등), 여가활동, 대인관계, 사회활동, 교통이용 등
- 가족관련 사항: 가족 수, 동거가족, 가족의 질병에 대한 이해도와 지지정도 등
- 상담목록: 심리사회적 문제, 경제적 문제, 가족문제, 주거 상태, 직업문제, 지역사회자원문제, 정신질환(증상)문제, 기타 등
- 지역사회자원목록

1) 인적 사항과 병력 등 의학적 평가

정신질환은 조기개입이 무엇보다 중요한데 적절한 치료시기를 놓치며 만성화되기 쉽다. 만성화되었다 하더라도 당사자 및 가족의 질병에 대한 이해도, 병식 등에 따라 지속치료와 관리에 영향을 준다. 따라서 당사자 혹은 가족이 질병에 대해 어떻게 이해하고 있고, 병식은 어떠한지, 퇴원계획 시점에 정신건강상태를 통해 현재의 정신과적인 전반적인 평가는 반드시 이루어지는 것이 좋다. 또한 당뇨병과 고혈압 등과 같은 신체질병 유무를 사정하여 함께 사례관리를 해 나가는 것은 중요하다.

입원 당시 환청이 심하여 환청이 지시하는 대로 방 밖을 나오지 않고 방안에서만 생활한 환자에 대해 개입한다고 할 때, 입원 치료 후 환청은 얼마나 줄어들었고, 얼마나 남아 있는지, 환청에 대해 어떻게 생각하는지, 약물복용이나 부작용에 대해서는 어떻게 대처하고 있는지 등을 살펴보아야 한다. 이에 따라 퇴원계획수립 시 정신건강교육, 일상생활훈련 등 문제의 우선순위를 정할 수 있고, 이후 사후관리 때 제공되어야 할 서비스의 종류가 달라질 수 있다. 예를 들어, 환청이나 망상으로 가족에게 심각한 위협을 하고 이로 인해 가족관계가 악화되었다면, 우선적으로 당사자와 가족에게 질병과 위기 시 대처방법 등에 대해 교육하여 가족을 지원하여 가족이 긍정적 역할을 할 수 있도록 도울 수 있다.

퇴원계획을 수립할 때 표준화된 평가도구 사용하는 것을 원칙으로 하는데, 2020년 정

신건강사업안내와 2020년 정신질환자 지속치료와 관련한 시범사업에서 정신과적 평가도구로 GAF, BPRS, HONOS, WHODAS, 아동청소년의 경우 C-GAS, SDQ-kr, 알코올중독에는 AUDIT-L 등을 활용하고 있다.

2) 인적자원에 대한 사정: 가족, 친척, 친구, 이웃 등

당사자와 관련이 있는 가족구성원에는 누가 있는지, 가족 수와 가족관계, 특히 퇴원 이후 함께 동거할 가족이 있다면 누구이고 관계가 어떠한지 아는 것은 중요한다. 함께 거주하지 않는다며, 가족의 교류정도를 파악하여 지지자원으로 활동가능한지를 확인한다. 또한 사회적 지지체계로 친척, 친구, 이웃, 지인 등과 실제적으로 얼마나 왕래하고 교류하는지 파악하여야 한다. 또한 가족관계에 어려움이 있는지, 파악한 인적자원 중 도움을 받을 지지체계는 있는지, 당사자의 질병이나 환자에 대해 이해와 수용정도 등을 파악한다.

함께 거주할 가족구성원이 당사자의 퇴원을 희망하는지, 거부하는지, 가족 간의 불화 여부, 당사자의 질환 혹은 장애에 관련한 막연한 불안이나 두려움은 없는 지 등을 파악하여 정신병적 증상과 심리적 스트레스, 대처방법 등에 대한 정보를 제공하여 지지자원으로 활용할 수는 있도록 노력하여야 한다.

사례 2: 낮병원 연계

A씨는 20세로 대학 재학 중 망상과 환청, 음성증상으로 입원하였다. 퇴원 이후 집에서만 지냈으나 곧 재발하여 재입원하다. 퇴원 당시 증상은 거의 사라졌으나 대학에 복학하기에는 두렵고, 낮 시간에 가족이 없는 빈집에서 지내기에는 규칙적인 생활을 하기에는 어려움이 있었다. 더불어 첫 발병이라 질환에 대한 정보가 부족하여 불안과 두려움이 있고, 병식을 높이고 증상이나 약물복용에 대해 스스로 결정할 능력을 향상시키는 것이 필요하다는데, 의료진과 가족은 낮병원 이용을 이용하는 데 동의하였다. 이후와 환자는 처음에 망설였으나 지난번 퇴원 때 할 일 없이 집에 있었던 것이 재발 원인 중 하나라는 생각하여 복학하기 전까지 낮병원을 이용하기로 하였고, 이후 복학하며 만족스러운 대학생활을 하고 있다.
실제 현장에서 단기간 이용 이후 복학하거나 직장을 구해 사회생활을 하고 있는 사례들이 있다. 낮병원에서 체계적인 정신건강교육을 받고, 규칙적인 생활습관을 형성하고 가족관의 관계를 개선하는 데 도움이 되었다. 당사자에 대한 욕구와 사정이 잘 이루어져 적절한 퇴원계획 및 사후관리가 이루어진 경우 당사자와 가족 모두 만족스러운 삶을 영위할 수 있다. 더불어 서비스를 제공하는 전문가로서 성취감고 뿌듯함을 느끼는 것은 덤으로 얻는 기쁨이다.

3) 가정방문 및 현장방문

정신건강사회복지사 수련과정으로 퇴원계획 및 사후관리는 직역과제로 수행하기 위해서는 가정방문이나 현장방문을 1회 이상 수행하도록 되어 있다. 가정방문이나 현장방문이란 퇴원계획 수립 시 당사자를 의뢰하거나 당사자가 퇴원 후 일정기간 지속적으로 거주 또는 이용가능성이 있거나 서비스가 연계될 수 있는 기관을 방문하는 것이다. 당사자의 거주지(집, 자취방, 하숙집, 기숙사, 종교시설 등), 정신재활시설(주거 및 입소시설 포함), 정신건강복지센터, 낮병원, (노인/정신)요양시설, 학교, 학원, 장애인직업능력개발센터, 복지관, 일터(보호작업장, 공장, 기업체, 식당 등), 자치센터 등 다양하다. 단, 대학병원 또는 종합병원급 병동에서 퇴원 시 동일 기관의 낮병원에 연계는 사례로 인정되지 않으며 타병원 낮병원으로 의뢰는 인정된다. 병원 퇴원 전후로 이루어지는 것이 좋다(2020년 수련지침).

먼저 가정방문 시에 당사자 그리고 가족이 함께 거주할 경우 가족구성원의 동의가 필요하다. 가정방문은 2인 1조로 방문하는 것을 원칙으로 하며, 부득이하게 혼자 방문할 경우에는 무엇보다 안전이 확보되어야 한다.

가정방문 시 위생상태, 사적공간의 확보여부, 동거가족 간의 관계, 이용할 지역사회시설이 있다면 교통수단 및 이동시간, 주변 활용가능한 시설 등에 살핀다. 가정방문 전 사전면담 때에 집이 깨끗하고 혼자만 지낼 공간이 있다고 말하였으나 실제 가정을 방문해 보면 그 위생수준이나 물리적 공간 등이 말과는 다른 경우도 상당히 있다. 어떤 경우에는 당사자가 집을 매일 어지럽힌다고 불평불만한 가족이었는데, 방문해 보니 당사자는 보통수준으로 정리정돈을 한다면 보호자는 강박적으로 청소에 집착하여 관계가 악화된 경우도 있다. 또한 사적공간이 마련되어 있다고 하였으나 당사자를 위해 확보된 공간은 가족이 함께 공유하는 거실 한편이었다. 따라서 방문 전 파악한 정보와 실제 환경이 때론 다를 수 있으므로 정확한 사정을 위해서는 가정방문과 같은 현장방문이 반드시 필요하다.

거주지 주변 환경도 중요한데, 특히 알코올중독자의 경우 집이 시장 한가운데 있으면 음주 유혹에 빠질 가능성이 높으므로 장기적으로는 주거지 이동 등의 계획이 필요할 수도 있다.

가정방문 시 당사자나 가족이 증상이나 약과 관련한 잘못된 지식 혹은 불충분한 정보로 인하여 적절하게 증상이나 약물관리를 하고 있지 않다면 즉각적으로 교육과 정보를 제공하고 궁금증을 해소할 수 있도록 해야 한다. 가족과 당사자 간 갈등이 있을 경우 효과적인 의사소통방법이나 갈등관리 등을 제공하는 것이 좋다. 그러므로 정신건강사회복지사는 증상, 약물 및 부작용 관리 등에 대한 전문지식, 효과적인 의사소통 기술 등을 습득하여야 한다. 만약 잘 알지 못하는 부분이거나 애매한 부분은 추후 확인하여 알려주어 라포 형성과 신뢰도를 높이도록 한다.

4) 지역사회 정신건강시설이나 서비스 의뢰 및 연계

당사자 욕구(직업, 학업, 주거지 등)에 맞는 지역사회서비스가 있다면 적극적으로 의뢰 및 연계서비스를 제공한다. 정신건강복지센터나 정신사회재활시설을 연계할 경우, 거주지와 이용가능한 시설 간의 교통편, 이용가능한 서비스 등 충분한 정보 제공이 필요하다. 보통 2개 이상의 시설이나 서비스에 대한 정보를 제공하고 당사자가 장단점을 충분히 고려하려 스스로 결정할 수 있도록 한다. 당사자의 동의하에 연계기관에 의뢰서를 작성하여 낼 수 있다. 가능하면 당사자나 가족이 직접 시설에 연락하고 방문하면 가장 좋으며, 함께 방문하였을 때 연계성공률을 높일 수 있다.

병원에서 약 10년 동안 입원해 있던 당사자에 개입한 사례이다. 퇴원하여 모와 함께 생활하기로 결정하고, 낮에는 정신재활시설을 이용할 계획이다. 당사자는 병원에 오랜 시간 방치한 모에게 반감을 가지고 있어 모의 말을 잘 수용하지 않는 편이었다. 모는 정신사회재활시설 이용에 적극적인 데 반해 당사자는 마지못해 동의하였다. 당사자는 모와 관계로 인하여 시설방문을 혼자 하겠다고 말하나 10여 년간의 병원생활로 버스를 타는 것에도 불안함을 드러낸 상황이었다. 그래서 사례관리자와 당사자와 정신사회재활시설을 방문하여 인테이크 상담을 함께 하였다. 현장방문 동행 시 관찰한 당사자는 버스를 이용하여 시설을 이용하기에는 매우 비자발적이고, 혼자 버스를 이용해 시설에 가기에는 불안과 두려움의 수준이 상당히 높은 상태였다. 특히 처음으로 사용하는 교통카드 사용에 불안감이 컸고, 내릴 버스정류장을 놓칠까봐 매우 두려워하였다. 기관 사례관리자에게 버스 이용의 어려움을 전달하였다. 이후 당사자와 사례관리자가 일주일 남짓의 버스 이용훈련을 통해 스스로 시설을 이용할 수 있게 되었다. 아마 본 사례의 경우 사례관리자가 함께 시설을 방문하고, 필요한 서비스에 대한 정보를 전달하지 않았다며 말로 그쳤거나 재입원할 가능성이 높았을 것이다. 필요한 경우 현장방문을 통해 서비스를 연결하고 그 어려움을 관찰하고 극복해 가는 과정은 매우 효과적인 결과를 얻을 수 있다.

기관연계 이후에는 적절하게 서비스를 받고 있는지, 그렇지 못하다면 무엇 때문인지,

또 다른 서비스를 연계가 필요한 것인지를 재사정하는 것이 좋다. 위 사례의 경우 초기 3개월 정도 시설 이용에 있어 상당한 불안감을 가지고 있었다. 병원 외래방문 시 사후관리 차원의 상담으로 시설이용의 불안감이나 두려움 등을 다루어주다. 이는 새로운 시설 사례관리자와 충분한 관계를 형성하기 전까지 기존 신뢰관계를 활용하여 어려움을 극복하고 지지하도록 사후관리를 제공함으로써 회복의 길로 안내할 수 있다.

병원에 입원해 있는 경우 퇴원 전후로 방문하는 것이 도움이 되며, 급성이 입원병원의 경우 치료기간이 짧아 퇴원 전 현장방문이 어려운 경우가 많다. 이럴 경우 퇴원 당일이나 퇴원 후 1주일 내에 방문하는 것이 서비스 이용가능성이 높아지는 것을 볼 수 있다.

5) 사후관리 및 평가

퇴원 이후에는 시설에 방문하거나 선화상담으로 사후관리가 이루어지는 경우가 많다. 퇴원 시 사후관리할 예약날짜를 미리 잡고 확인하고, 변경사항이 있을 경우 연락할 수 있도록 안내한다. 사후관리는 대면으로 이루어지기도 하나 SNS, 유튜브 등 비대면 상담이 차츰 증가하고 있다. SNS 등을 이용하여 서비스를 제공할 때 사전에 비대면 상담에 대한 동의를 받은 후 서비스를 제공하여야 한다. 병원기반 사례관리에서는 비대면상담 시 윤리 가이드라인 <표 23-5>를 제공하고 있으므로 참고하면 도움이 될 것이다.

사후관리에서 다루는 내용은 퇴원계획 시 수립한 개입방향에 부합하여야 한다. 그러기 위해서는 이전 상담 시 점검했던 내용 중 달성한 목표가 유지되고 있는지 점검하고, 달성하지 못하였거나 새로 개입해야 할 내용에 대해 사정하고 목표를 재설정하는 과정이 필요하다. 매 회기마다 점검해야 할 부분도 있는데, 정신질환은 당뇨나 고혈압처럼 관리를 해야 하므로 매 회기마다 약물의 복용여부, 외래방문여부, 식사 및 수면관리, 술이나 약물섭취여부와 정도, 약물 부작용, 증상관리 등에 대해서는 일상적으로 점검하는 것이 좋다. 정신상태검사가 익숙해지면 면담을 통해 자연스럽게 정신과적인 상태를 점검하는 것이 가능해질 것이다.

〈표 23-5〉 병원기반 사례관리팀의 비대면 상담 시 적용되는 윤리 가이드라인

원칙 1: 사례관리팀의 일원으로서 책임감을 갖습니다. - 사례관리팀은 소셜미디어나 메시지 사용, 온라인 소통 등 비대면 상담에 있어서 환자의 인권 보호와 지역사회 기반 치료권 보장에 치료자로서 책임감을 가지고 행동해야 합니다. - 치료진은 담당하고 있는 업무에 대해서 전문가라는 인식을 갖고 환자와의 의사소통에 있어서 신뢰를 주어야 합니다.
원칙 2: 대상자의 개인정보 보호를 위해 노력합니다. - SNS 사용 시 대상자의 개인정보 및 식별 가능한 정보를 누설해서는 안 됩니다. SNS의 부적절한 사용은 치료자뿐만 아니라 기관의 다른 관계자 및 대상자의 사생활에 피해를 줄 수 있다는 점을 명심하여야 합니다.
원칙 3: 대상자의 인격을 존중하고 언어 사용에 유의합니다. - 차별적 발언, 개인적 수치심 조장, 강압적인 언어 등 대상자의 인격을 손상시키는 어떠한 활동도 SNS에서 이루어져서는 안 됩니다.
원칙 4: 대상자와 올바른 치료적 관계를 유지합니다. - 사례관리 제공 시 직역별 윤리지침을 준수하고 치료진과 환자 사이에 치료적 관계를 유지하여야 합니다. - 트위터, 페이스북, 카카오톡 친구등 사적인 관계를 맺을시 소셜미디어에 자신의 개인 정보 공개와 게시물의 공개 범위 설정에 있어 신중하여야 합니다. - 필요시 소셜미디어 사용에 있어 사적 목적과 공적 목적의 사용을 분리하는 것도 고려하여야 합니다.
원칙 5: 치료진 간 대상자 정보는 임상적 목적에만 활용합니다. - 치료자 간 온라인 소통이나 소셜미디어를 통한 대상자의 임상적 소견, 개인정보의 전달 등은 사례관리의 목적에만 활용하여야 하고, 회람자는 정보 보호의 의무를 준수해야 합니다.

출처: 보건복지부·건강보험심사평가원(2020). 정신질환자 지속치료 지원 시범사업 지침(개정).

Ⅳ. 현황 및 과제

1995년 정신보건법의 제정으로 정신건강사업의 패러다임이 전환하였다. 수용중심에서 지역사회로의 전환이 그 핵심이나 장기입원과 병상수의 증가는 여전하여 그 기대에 미치지 못하였다. 또한 퇴원계획 및 사후관리가 정신건강사회복지사의 중요한 업무이나 퇴원계획이 활발하게 이루어지고 있지는 않은 상황이다. 정신건강과 의료영역에서 이루지고 있는 퇴원계획수립과 사례관리에 대한 수가산정을 하도록 하는 시범사업의 실시는 이런 상황에서 퇴원계획의 효과성을 인정받는다는 것에 의미가 있다. 그러나 의료사회복지에서 퇴원계획 시 이루어지는 지역사회연계활동에 대해 수가를 청구[4]할 수 있도록 있

4) 지역사회연계관리료 Ⅰ은 필요한 지역사회 자원 및 서비스 정보를 수집하고, 유선 등으로 확인, 신청하는 등 연계활동

으나 병원기반 사례관리팀에서는 당사자의 가정을 직접 방문하여 필요한 서비스를 제공한 경우에만 방문료를 신청할 수 있다. 가정방문뿐만 아니라 지역사회자원을 연계할 때도 동일하게 수가를 청구할 수 있도록 관심을 갖고 적극적인 대처를 해야 할 것이다.

퇴원계획 및 사후관리는 당사자, 가족, 전문의, 타 지역 정신건강전문요원, 기타 전문가 등 다양한 사람들과 관계하며 전문적인 지식과 기술이 필요한 분야이다. 따라서 퇴원계획 및 사례관리 과제를 수행할 때 수련지도요원과 의견을 주고받으며 필요한 지식을 직접 실행하며 배우는 과정을 반드시 필요하며 앞으로 더 많은 관심이 필요한 영역이라고 할 수 있다.

참고문헌

권진숙, 김정진, 전석균, 성준모 (2017). **정신건강사회복지론**. 공동체.

보건복시부, 건강보험심사평가원 (2020). 정신질환자 지속치료 지원 시범사업 지침(개정).

보건복지부, 건강보험심사평가원 (2020). 급성기 환자 퇴원지원 및 지역사회 연계활동 시범사업 지침.

오정하 (2006). 정신보건사회복지사의 퇴원계획에 관한 연구. 이화여자대학교 사회복지대학원 석사학위논문.

임정원, 장수미, 유조안, 김민영 (2019). 종합병원 의료사회복지사의 퇴원계획 모델 개발과 수가 적용방안. **한국사회복지학**, 71(4), 31-65.

임정원, 장수미, 유조안, 김민영 (2019). 커뮤니티케어 대응을 위한 의료사회복지사의 퇴원계획모델 개발. 한국사회복지학회 학술대회 자료집, 259-275.

최명민 (1999). 정신과 환자의 사례관리를 활용한 퇴원계획에 대한 분석. 한국정신건강사회복지학회 학술발표논문집, 118-142.

최명민 (2000). 정신과 입원환자의 퇴원계획 프로그램이 퇴원 후 서비스 이용에 미치는 영향요인 연구. **정신건강과 사회복지**, 9, 177-196.

허만세 (2020). 정신병원 장기입원환자에 대한 정신건강증진센터의 퇴원연계서비스 모형 개발을 위한 참여실행연구. **한국사회과학연구**, 39(1), 203-231.

한국정신건강사회복지사협회 (2020). 2020년도 정신건강사회복지사 수련지침서

한국정신건강사회복지사협회 (2016). **정신보건사회복지의 이해와 적용**. 예일.

황승현 (2018). 커뮤니티케어(지역기반 케어) 추진 로드맵. 한국지역사회복지학회 학술대회, 25-38.

데일리메디(2020. 7. 1). http://www.dailymedi.com/detail.php?number=857708

을 수행하고 환자(보호자)에게 정보를 제공한 경우 수가신정이 가능하고, 지역사회연계관리료 Ⅱ는 지역사회 자원 및 서비스 연계를 위하여 환자(보호자)와 함께 지역사회 기관 현장방문을 한 경우 신청

24장 사례관리

이기연
(한국보건복지
인력개발원)

Ⅰ. 서론

이미 만들어진 서비스제공이나 전달이 아닌, 개인의 욕구 중심의 맞춤형 서비스이자 전달체계로서의 사례관리 역사는 정신보건영역에서 출발하고 있다 해도 과언이 아니다. 가장 오래된 역사로서만이 아니라 이후의 타 영역 사례관리에 미친 영향(Halloway et al., 1991; Ram, 1994)도 지대하다. 정신보건영역에서의 사례관리를 이해하기 위해서는 그 등장 배경 및 이후의 전개상황에 대한 이해를 바탕으로 국내에서의 도입 및 현황을 살펴볼 필요가 있다.

1. 도입배경

장애인의 인권 및 치료권 확보를 위한 다양한 시민운동에 힘입어 1960년대부터 장애, 정신장애, 노인, 아동에 대한 탈수용화 움직임이 시작되었다. 그러나 탈수용화 이후 지역사회에서의 대안적 서비스의 부족 혹은 서비스 간의 중복이나 분절을 조정할 수 있는 체계가 마련되어 있지 않은, 단편적인 서비스체계는 만성정신장애인의 삶의 질을 위협하거나 노숙 정신장애인을 양산하는 문제를 야기하였다. 이러한 문제를 개선하기 위해 포괄적인 보호체계를 구축하고 적절한 치료와 서비스를 보장하기 위한 방안으로 사례관리가 등장하게 되었다(Turner & Shiffren, 1979).

즉, 사례관리는 수용보호가 불필요한 사람을 구분해 내고, 지역사회에서의 대안적 치료방법이나 서비스를 개발하고, 사례관리자라는 전문직과의 일대일 관계를 통해 재발·재입원을 방지하고 독립생활에 필요한 개별화된 서비스를 제공한다. 특히 개개인의 삶의 상황 및 욕구에 맞는 적절한 서비스를 제공하고, 정신장애인의 의료적 욕구뿐만 아니라 다양한 삶의 욕구를 충족하기 위한, 서비스의 포괄성과 통합성을 확보하는 방안으로 널리 받아들여지고 있다. 그 결과 사례관리는 정신장애인의 지역사회 생존율을 높이고, 재입원을 예방하고, 삶의 질 향상을 가져온다는 연구결과 및 적극적인 사례관리를 통하여 정신장애인의 일상생활 및 사회적 기능 향상, 입원치료비 등 정신보건 관련 비용 감소에도 영향을 미치는 것으로 보고되고 있다(Mueser et al., 1998; Patterson & Lee, 1998; Jinnett, et al., 2001).

정신보건영역에서 초기에는 주로 중증정신장애인에 초점을 둔 사례관리가 이루어지다가 최근에는 다양한 정신건강 문제나 욕구를 가진 대상층으로 확대 적용되고 있다. 즉, 중증 만성정신질환자가 아닌 초발정신질환자, 우울장애를 가진 인구집단을 대상으로 하는 사례관리, 자살생존자나 자살 고위험군에 대한 사례관리, 재난 등 정신건강상의 다양한 문제영역으로 그 대상 범위가 확대되고 있다(보건복지부, 2021). 그럼에도 불구하고 사례관리라고 하는 포괄적인 서비스의 제공, 다양한 차원의 삶의 욕구 충족을 위해서 통합적 서비스가 필요한 인구집단은 여전히 중증정신장애인이 주축이 되고 있다는 점에서 본 교재에서는 중증정신장애인에 초점을 두고 살펴보고자 한다.

2. 필요성

정신장애인들은 어떠한 특성과 욕구가 있기에 단편적인 서비스가 아닌, '사례관리'라는 접근방법이 필요한가? 이는 정신장애인을 '환자'가 아닌 정신질환이라는 특수한 욕구를 가진 '사람'이라는 것에 초점을 둘 때 그 필요성이 더욱 부각된다. 즉, 병원 등 시설보호가 아닌 지역사회 보호를 위해서, 또한 정신장애인들이 지역사회에서의 단순한 생존이 아닌 사회통합 및 질적인 삶을 살기 위해서는 '환자'로서의 삶이 아닌 정신건강과 관련한 특수한 욕구를 가진 '인간'이자 '지역주민'으로서의 삶에 관심을 가질 때 사례관리의 중요성이 더욱 강조된다. 대개의 정신질환이 있는 사람들은 정신과적 치료나 재활서비스를 제외하고도 주거나 일상생활을 유지하기 위한 욕구, 여가나 사회적 관계를 맺고 유지의 욕구, 교육 및 직업의 욕구, 정신장애인이라는 이유로 받게 되는 사회적 차별이나 불이익에 대한 옹호 등, 다양한 삶의 국면에서 도움과 지지가 필요하다는 것을 의미한다. 이러한 광범위한 욕구를 충족시키기 위해서는 다양한 조직이나 다차원적인 개입이 포괄적이고 통합적으로 제공될 필요가 있다.

그러나 대개의 서비스제공 조직들은 서로 다른 서비스제공 원칙이나 적용 방식의 차이로 인해 정신장애인의 개별화된 욕구 충족에 실패할 가능성이 크다. 어느 지역사회에서 정신장애인을 위한 서비스나 자원이 결핍되어 있거나 혹은 비효율적 방식으로 제공하면, 결과적으로 그 지역사회 정신장애인에게는 미충족 욕구가 발생하게 된다. 더구나 정신장애인들은 다양한 '서비스의 정글'에서 자신에게 필요한 서비스를 찾고, 접근하기 위한 기술이 부족하거나, 자원접근에 필요한 또 다른 자원이 결핍된 경우가 많다. 따라서 지역사회자원이 다양하고 충분하다 하더라도 필요한 서비스를 활용하지 못할 가능성이 생긴다. 이러한 문제를 해결하기 위해 사례관리를 주요한 접근방법으로 하는 사례관리기관 혹은 사례관리 서비스를 제공하는 사례관리자가 필요하다. 이러한 이유로 많은 국가의 지역사회정신보건정책에서 정신질환자의 삶의 질 향상, 사회통합 등이 주요한 정책목표가 되고 있으며, 이를 달성할 수 있는 수단이자 서비스제공방식으로서의 사례관리가 강조되고 있다.

Ⅱ. 이론적 배경

1. 정의

사례관리와 관련한 다양한 정의가 있으나 한국적인 상황을 고려하여 한국사례관리학회(2020)에서는 사례관리의 정의를 다음과 같이 제시하고 있다.

"사례관리란 복합적이고 다양한 욕구가 있는 클라이언트와 그 가족의 사회적 기능회복을 돕는 통합적 실천방법이다. 이를 위해 운영체계를 확립하고, 클라이언트와 함께 강점관점의 체계적인 사정을 해야 하며, 클라이언트의 내적자원 및 지역사회자원을 개발하고 활용하여 삶의 질 향상을 위해 노력해야 한다."

이러한 정의와 함께 사례관리라는 용어사용과 관련한 다양한 주장과 역사의 흐름을 이해하고 용어사용의 차이에도 불구하고 사례관리를 통해 지향하고자 하는 공통적인 특성이 무엇인지 살펴보면 다음과 같다.

1) 사례관리에 대한 다양한 이해

사례관리는 서비스전달방식을 개선하고 서비스의 통합성을 도모하기 위한 새로운 접근이라는 시각에서부터 사회복지의 역사를 통해 이미 그 경험적 근거를 찾을 수 있는, "새 옷을 입고 있는 오래된 사회사업"(Moore, 1990)이라는 주장에 이르기까지 다양한 시각이 존재한다. 이는 '사례관리'가 다양한 영역에서, 다양한 목적으로, 그 초점을 달리해왔을 뿐만 아니라(Moxley, 1997; Woodside & McClam, 1998; Holt, 2000; Huber, 2000), 용서 자체도 Case, Care, Service와 Management, Coordination, Navigation 등의 단어 조합으로 명명되고 있다. 이는 다양한 복지환경의 맥락에서 대상의 특성과 사업목적에 따라 그 의미를 좀 더 잘 살릴 수 있는 용어를 선택해온 결과라 할 수 있다(Austin, 1991; 2000). 이렇듯 '사례관리'에 대한 혼란은 그 실체나 핵심을 파악하기 쉽지 않은 '사례관리'의 역사와도 밀접한 관련이 있다.

2) 사례관리의 공통분모

사례관리를 지칭하는 다양한 단어나 정의에도 불구하고 '사례관리'는 서비스전달방식의 개선이나 서비스의 통합성을 확보하려는 노력을 공통 기반으로 강조하고 있다. 즉, 클라이언트의 삶의 질 향상 혹은 욕구충족 방안, 지역사회의 보호 수준 향상을 위하여 클라이언트에게 필요한 서비스를 적극적으로 제공하고, 서비스 간의 분절이나 중복을 소정함으로써 최적의, 맞춤형 서비스 제공과정으로 정의된다. 비록 사례관리 초기역사에서 적용대상이 만성적 욕구를 가진 장애인, 정신장애인, 노인 등에 대한 포괄적, 통합적 서비스 제공의 차원에서 출발하였으나 1970년대 이후에는 복지국가 재정위기에 의해 지역사회 보호 및 서비스전달체계의 개선, 비용 절감의 수단으로 강조되고 있다. 특히 재정성과를 강조하는 영역에서 더욱 정교한 사례관리시스템이 개발, 적용되는 양상을 보인다(Frager, 2000; Erdmann & Wilson, 2001).

국내 사례관리의 전격적 도입은 사회보험이나 국민기초생활보장 등 공적 급여의 발달에 비해 상대적으로 사회복지서비스의 질이나 전문성, 성과에 대한 회의적 시각, 사회복지조직의 급속한 확대와 관료화에 따른 서비스대상 및 영역 간의 범주화된 서비스제공, 제공자 중심의 정형화된 서비스로 인해 서비스 간 단절이나 중복, 서비스 이용자들의 미충족 욕구에 대한 해결책으로 기대된다.

사례관리는 용어사용으로 인한 혼란에도 불구하고 다양한 이해관계자나 시대를 초월하며, 다양한 지역과 적용영역을 포괄할 수 있는 실천원리의 공통분모를 중심으로 정의되고 있다(Gursansky et al., 2003). 이는 다음과 같이 요약할 수 있다. ① 서비스 제공자 중심으로 만들어진 서비스를 제공하는 것에 초점을 두는 것이 아니라 사례관리대상자의 욕구에 기반한 서비스전달체계를 수립하는 것, ② 사례관리대상자에게 사례관리과정과 계획에 참여하며 서비스에 대한 선택권을 부여하는 것, ③ 서비스 혹은 보호 계획은 사례관리대상자가 단순히 요구하는 것에 초점을 맞추는 것이 아니라 객관적 관점과 책임성에 기반한 계약수립, ④ 사례관리대상자의 욕구에 반응할 수 있는 서비스의 경계확장추구, ⑤ 서비스 범주에 공식적자원뿐만 아니라 사례관리대상자의 비공식적자원이나 지지체계의 적극적 활용, ⑥ 서비스의 결과는 얼마나 많은 것을 제공했는가가 아닌, 변화목표를 지향하며 변화목표 달성여부를 평가하고 모니터링을 적극적으로 활용할 것을 강조, ⑦ 사례관리자는 언제까지 어떤 목표를 달성할 것인지에 대한 설계를 하는, 변화목표 달성을 위한 시간계획에 기반하여 효율성과 효과성을 지향, ⑧ 사례관리자는 사례관리대상자나 서비스시스템에 변화를 가져오기 위한 활동을 하되 이는 옹호의 관점에서 이루어지길 기대한다. 이러한 공통분모는 사실상 사례관리의 수행방식이나 평가의 주요한 기준이 됨을 시사한다.

2. 국내 정신건강영역 사례관리사업의 도입과 발달과정

국내 정신보건정책의 도입[1]은 정신질환자 무허가시설 양성화를 시도한 보건사회부 정신질환종합대책(1984)을 기점으로 하며, 1980년 중후반부터 정신병원 및 정신요양시설을 설치하는 하드웨어의 기반을 갖추기 시작하였으며, 1995년 정신보건법을 제정함으로써 정신보건사업을 추진할 법적 기반을 조성하였다. 한편 지역사회 단위의 정신보건사업

1) 보건복지부, 정신보건사업안내(2021)중 정신보건사업의 연혁을 중심으로 기술함.

에서 사례관리를 도입한 것은 민간영역에서는 1988년 연세대 의과대학의 강화정신보건 시범사업을 출발지점으로 하며, 공공영역에서는 1994년 서대문정신보건사업, 1995년 서울시 지역사회정신보건사업, 1996년 경기도 지역사회정신보건사업 등 일부 지자체의 시범사업에서 1998년부터 중앙정부 및 서울시와 경기도를 중심으로 모델형 정신건강복지센터 운영사업이 본격화되었다. 즉 지역사회정신보건사업이 주요사업내용인 중증정신질환관리사업이 사례관리를 근간으로 설계되어 적용되다가 대상이 점차 확대되어, 2020년 정신건강복지센터 기초 244개소, 광역형 16개소를 중심으로 "지역사회 내 정신질환 예방, 정신질환자 발견·상담·정신재활훈련 및 사례관리"를 주요기능으로 제시하고 있으며, 종사자 중 팀원의 기본업무를 사례관리로 제시함으로써 사실상 전체 정신건강사업이 사례관리를 근간으로 하고 있다. 아울러 정신건강복지센터와 중독통합관리센터의 미션과 가치, 비전을 제시하면서 신뢰와 책임성에 기반한 지속적인 사례관리, 즉 지속성을 핵심가치로 제시하고 있다.

3. 중증정신질환관리

정신건강증진시설에서의 사례관리는 사실상 정신보건사업안내(2021)를 통해 사례관리의 기본방향과 통일된 업무내용을 제시하고 있다. 이는 매년 정신건강관련 정책 변화를 반영하여 수정·보완되며 개별 수행기관의 업무가이드이자 평가의 기준이 된다는 점에서 중요하다. 본 교재에서는 정신건강증진시설 중 기초 정신건강복지센터를 중심으로 하는 '중증정신질환관리'를 중심으로 사례관리의 방향과 내용을 살펴보고자 한다. 전달체계 및 사례관리과정의 주요내용은 <그림 24-1>과 같다.

1) 주요 업무

(1) 시·군·구 차원

- 지역주민센터, 지역사회복지관, 공공부문 사례관리 기관(희망복지지원단, 찾아가는 복지전담팀, 자활센터, 드림 스타트, 의료급여팀, 노인돌봄기본서비스, 방문건강관리팀 등) 과의 신규발견 및 등록체계 활성화
- 지역 내 의료기관과의 상호 협력적 의뢰연계 체계 개발로 신규발견 체계 활성화 및 사례관리 서비스의 질적인 향상 도모

• 전문적 사례관리 서비스 제공
• 전문성 향상을 위한 내·외부 슈퍼비전 체계 운영

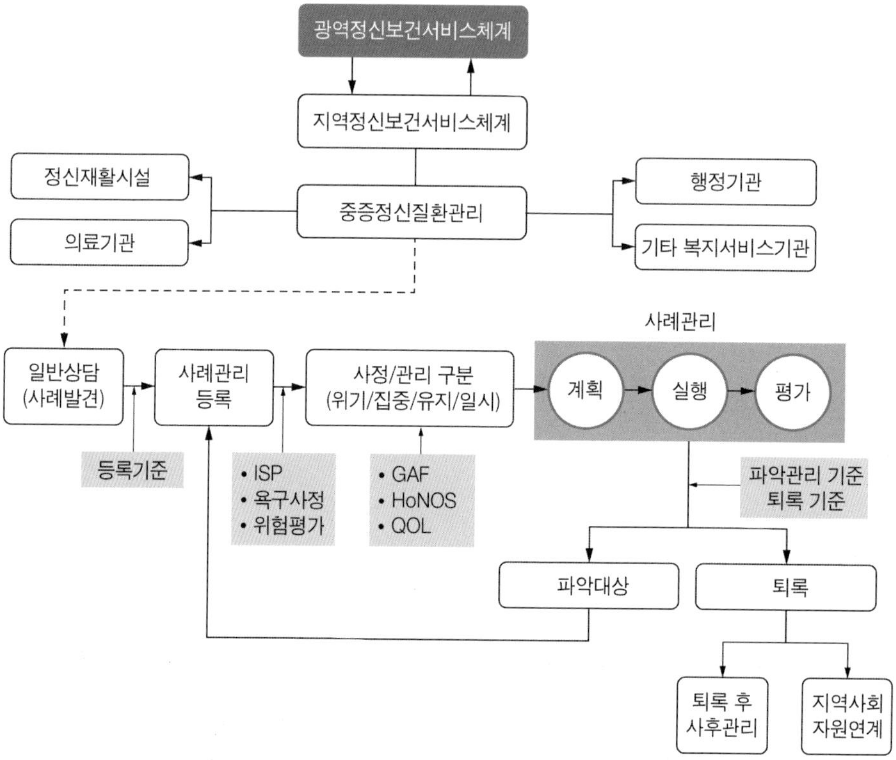

〈그림 24-1〉 지역사회 내 정신건강영역 중증정신질환자관리 흐름

출처: 지역사회 정신건강 표준사례관리 매뉴얼(2019).

• 위기상황에 대한 일차적 책임성 구현: 광역센터와의 협력체계 구축
- 사회재활 및 직업재활 프로그램은 지역사회 자원 현황에 따라 달라질 수 있음. 지역 자원이 없는 경우 환자와 가족의 요구(need)를 외면하기보다는 필요 서비스를 직접 수행하는 것을 권고하며 기획을 통해 필요 인프라를 설치할 수 있도록 함
- 지역 자원이 있는 경우 상황에 따라 부분적 혹은 전체적으로 재활 프로그램 네트워크를 운영하도록 하며 정기적으로 네트워크 운영회의를 개최함으로써 서비스 포괄성을 향상시킬 수 있도록 함

(2) 수행기관 차원

① 중증정신질환 조기개입체계 구축

- 중증정신질환의 조기발견과 조기개입을 통한 만성화 예방 및 회복 촉진 도모
- 초발중증정신질환자 조기발견을 위하여 지역 유관기관에 필요한 관련 정보제공
- 임상적 고위험군에 대한 일차적 평가체계 구비
- 임상적 고위험군의 평가에 대한 정신건강의학과 전문의 자문체계 운영
- 미등록 중증정신질환자의 서비스 등록 촉진을 위한 정신의료기관과의 연계체계 가동
- 초발중증정신질환자에 특화된 사례관리 서비스 또는 프로그램 운영
- 공공 사례관리에서 초발정신질환자에 대한 초기상담 및 평가 요청이 있을 경우 사전 동의된 클라이언트에 한하여 공동 방문상담을 실시

② 개별적 서비스 계획의 수립과 제공

- 중증정신질환자의 욕구에 기반한 개별적 서비스 계획수립 및 제공
  - 등록 중증정신질환자에 대한 개별적 서비스 요구도 평가 및 개별 서비스 계획을 초기평가 이후 6개월에 1회 이상 수립
  - 개별서비스 계획 수립은 서비스 요구도 평가에 기반하여 수립하여야 하며, 입·퇴원, 증상 및 기능의 변화 시점에 수립하되 6개월에 1회 이상 수립
  - 개별서비스 계획의 수립에는 증상 및 기능평가적 요소가 포함되어야 하며 서비스 욕구를 해결하기 위한 구체적 전략이 제시되어야 함
- 등록 중증정신질환자에 대한 주기적인 사례회의 실시
  - 사례회의에 정신건강의학과 전문의 참여 권장
- 사례관리 등록, 퇴록 및 운영 전반에 대한 매뉴얼 구비
  - 사례관리 매뉴얼은 자체개발 또는 광역 단위에서 개발하여 공통 적용함
- 개별서비스 계획수립 시 소득, 의료비, 주거, 자활, 건강관리, 돌봄 등의 사회보장 욕구가 있는 경우 공공부문 사례관리 기관(희망복지지원단, 찾아가는 복지전담팀, 자활센터, 드림스타트, 의료급여사례관리, 노인돌봄기본서비스, 방문건강관리 등)에 의뢰하여 지역사회 서비스 연계
  - 의뢰된 클라이언트 중 6개월 이상 접촉이 불가능하거나, 클라이언트 미동의로 서비스 제공이 현실적으로 불가능한 경우 의뢰 기관에 알림

③ 위기개입 서비스 제공 및 위기대응체계 구축

• 중증정신질환자의 증상과 연관된 자타해 위험상황에 대한 위기개입 서비스

• 중증정신질환자 위기개입을 위한 대응체계 구축 및 매뉴얼 구비

- 중증정신질환 위기개입을 위한 지역사회와의 연계 및 경찰 및 소방대와의 협조체계 구축

• 사례관리 중 위기개입으로 입원 연계된 클라이언트의 재원관리와 퇴원계획 수립에 참여

• 정신과적 증상으로 인해 자·타해 위험성이 있는 경우 집중, 위기, 응급 사례 등으로 구분하여 정신건강 및 사회보장에 대한 욕구를 평가한다.

- 의뢰 클라이언트의 사전 동의가 필수적으로 선행되어야 하며 방문 시 관할 기관 사례관리 담당자와 동행하여 함께 가정방문을 실시한다.

④ 포괄적 서비스 제공과 지역사회 네트워크 구축

• 중증정신질환자의 다양한 서비스 요구도 충족을 위하여 사례관리 과정에서 다양한 지역 유관기관과의 긴밀한 협력체계 구축

- 영역별 지역사회 자원기관 현황 목록화

- 정신의료기관과 퇴원환자 지역연계 촉진을 위한 정기적 활동 수행

- 클라이언트 서비스 회의·연계 시 희망복지지원단 통합사례회의(솔루션 회의, 권역형 읍면동 회의)에 참석요청 시 협조

- 정신건강 문제로 타 공공부문 사례관리 사업으로부터 사례회의 참석 요청 시 협조

• 등록회원의 직업재활 욕구, 신체건강관리, 독립적 생활(주거 훈련 등)을 위한 유관기관 연계체계 가동

- 지역 유관기관과의 연합사례회의 분기별 1회 이상 개최

⑤ 정신건강심사위원회 업무 지원

• 입원연장 청구대상자에 대한 면접 평가 지원

• 퇴원명령 대상자에 대한 지역사회 연계 및 사례관리

- 상기 업무는 시·도와 시·군·구의 업무 수행체계 구성에 따라 광역정신건강복지센터와 협력해서 수행할 수 있음

• 외래치료 지원 대상자 집중적인 사례관리

⑥ 긴급지원 대상자 발굴

• 센터 이용대상자가 생계곤란 등의 위기상황에 처한 경우 시·군·구에 신고하여 긴급지원 등 복지서비스를 받을 수 있도록 조치

2) 업무 정의

구체적으로 정신건강복지센터 업무실적 정의(definition)를 통해 사례관리의 주요 과정과 업무 내용이 어떻게 규정되고 있는지를 중심으로 살펴보면 다음과 같다.

(1) 사례관리

• 등록회원(또는 가족)을 대상으로 등록부터 퇴록하기까지 제공된 모든 서비스.

• 사정평가를 통해 대상자 욕구를 파악하고 개별 서비스 계획(Individualized Service Plan: ISP) 수립에 따라 제공되는 정신건강서비스 통칭

- 제공 서비스: 개별상담, 주간재활 및 직업재활 프로그램, 의뢰 및 연계, 교육 및 훈련 서비스 등
- 수행방법: 등록회원 개별상담(가정방문, 전화관리/사이버상담, 내소상담, 기타 상담), 가족상담, 자원조정(기관)
- 실적: 의뢰, 연계현황, 응급개입, 사례관리 수행, 등록회원 재활서비스(주간재활 및 직업재활, 가족교육, 기타 재활)에는 등록관리 대상자에게 제공된 서비스만 실적화

(2) 등록관리

① 등록

• 등록대상자는 만 19세 이상의 정신질환자(단, 정신지체, 간질, 치매는 등록대상에서 제외)로, 다음의 세부 기준을 충족시켜야 함

- 등록 관리에 대한 회원(등록대상자) 또는 보호자의 동의
- 센터 사례관리 담당자는 대상자 병력, 증상 등에 대한 사정(assessment) 수행. 등록 후 4주 이내 정신과의사(정신과전문의 또는 전공의)의 정신의학적 진단 및 소견, 사례관리자 심층사정평가(assessment) 토대로 개별 서비스 계획(ISP)이 수립되어야 함

• 또한 등록대상자가 현재 입원을 하였더라도 등록대상자 가족과 정기적인 상담을 수행하고 등록 대상자의 입원 경과 파악 등 지속적인 사례관리(재원관리)를 하는 경우 등록회원으로의 상태(자격)를 유지할 수 있음

② 퇴록

• 퇴록자는 사망자, 타 지역으로 전출자, 퇴록 요구 대상자 등을 말함
• 특히, 타 지역으로 이사하여 퇴록될 경우에는 본인 동의를 구한 후 해당 지역 정신건강복지센터로 연계하여 지속적으로 서비스를 제공할 수 있도록 함

(3) 사정평가

• 사정평가는 신규 등록회원과 기존회원의 병력 및 기능, 증상과 관련한 상태를 사정(assessment)하고 척도를 활용하여 평가한 것을 포함, 그 결과를 바탕으로 개별 서비스 계획(ISP)을 수립하는 것
• 표준화된 평가도구를 사용하는 것으로 원칙으로 함. 제시한 평가도구 센터에서 자율 선택 및 활용가능
  - 표준화된 평가도구: 현재 정신건강사례관리시스템에 평가도구 메뉴단 활용, 정신건강 검진도구 및 사용에 관한 표준 지침 책자 참조(예시: GAF, BPRS, HONOS 등)

(4) 의뢰 · 연계 현황

• 의뢰는 타 기관으로부터 대상자를 의뢰받는 것을 의미
• 연계는 대상자에게 필요한 정신건강 및 보건복지 서비스를 제공을 위해 타 기관 연계를 실시한 경우를 의미함

① 의뢰접수

• 타 기관 또는 지역사회 기관 등으로부터 정신건강서비스 대상자를 정신건강사례관리시스템 또는 서면(의뢰서 또는 공문)으로 의뢰받는 경우, 행정기관, 의료기관, 정신보건기관, 지역사회기관/학교, 기타로 나누어 지역 내 유관기관 등으로부터 의뢰되어 신규 등록한 경우를 구분하여 취합됨

② 연계처리

- 정신질환자 사례관리 등록회원을 대상으로 필요한 서비스 제공하기 위하여 타 기관으로 서비스를 의뢰하는 것과 전출로 인해 타 기관에 사례관리를 이관할 경우
  - 정신질환 이외의 신체질환치료를 위해 병의원에 연계
  - 복지서비스 연계를 위한 행복e음 시스템을 통한 연계
  - 취미여가활동을 증진목적으로 지역사회 내 복지관(관련 프로그램 수강 등) 연계

3) 등록회원 사례관리

(1) 응급개입

- 등록회원 사례관리 중에 자살 및 자해, 타해 시도하거나, 신체적 위급상황 및 학대(가학 또는 피학), 방치 상황에 있는 대상자에게 개입한 것을 말함
- 실직기록은 사례관리 수행을 진행한 상황별로 개별상담(대상자 및 보호자)과 자원조정(기관상담)으로 구분하여 기록

(2) 사례관리 수행방법

- 등록 회원 및 가족(보호자)에 대한 상담서비스를 상담대상과 방법(전화, 방문, 내소)을 구분하여 [개별상담]란에 입력함
- 등록 회원의 서비스 조정을 실시한 기관과의 상담 내용은 상담 방법(전화, 방문, 내소, 기타)을 구분하여 [자원조정]란에 실적을 입력하도록 함

① 전화(비내면 상담: 사이버 상담 포함)

- 개별상담 전화상담: 등록회원에게 전화, 인터넷 등을 활용해 개별 서비스 계획에 따른 서비스를 제공
- 자원조정 전화상담: 등록 회원의 서비스 연계, 조정을 위한 기관 및 서비스 담당자와의 전화 등 비대면 상태에서 대상자의 사례관리 서비스에 대해 상담

② 방문

- 개별상담 방문: 등록 회원의 가정(혹은 거주 및 생활지역) 혹은 거주하는 기관을 방문하여 대상자 또는 가족에게 개별 서비스 계획에 따른 서비스를 제공

• 자원조정 방문: 등록회원을 위해 센터 사례관리담당자가 지역 내 정신건강증진 관련 기관이나 의료기관, 시설, 상담센터 등을 방문

③ 내소

• 개별상담 내소: 정신건강복지센터에 등록회원 및 가족이 내소하여 상담 진행
• 자원조정 내소: 등록 회원과 유기적으로 관계를 맺고 있는 기관 실무자가 본 센터에 내소하여 상담한 경우

④ 심층면담

• 주간재활서비스 이용 등록회원이 개별 서비스 계획 ISP(Individualized Service Plan)에 따라 주간재활 프로그램 참여한 당일에 20분 이상 심층면담(내소) 실시

4) 등록회원 재활서비스

등록회원을 대상으로 주간재활이나 직업재활 및 기타 정신건강서비스(그룹프로그램)을 제공한 것을 의미

(1) 주간재활

• 등록회원을 대상으로 사례관리 서비스 계획에 근거하여 치료적 목적을 수행하기 위한 활동. 주간재활 프로그램 이용 회원은 따로 등록관리 대장을 비치하고 주간재활 프로그램 참여 시작일, 간단한 신상기록 및 정보, 주간재활서비스에 대한 동의서 등이 근거자료로 구비
• 주간재활 프로그램에 참여한 회원의 연인원, 프로그램을 진행한 날 수, 그리고 주간재활 프로그램을 진행한 날에 실시한 프로그램 수를 기록함
• 주간재활 프로그램 기록은 회기별 프로그램 내용 및 운영평가, 참여한 등록회원 대한 치료적인 개입 내용과 과정, 개별평가 등이 기록되어 있어야 함
• 일상생활훈련, 사회기술훈련, 약물증상관리훈련 등의 프로그램을 의미, 신문읽기, 차모임, 대청소 등과 같은 단순한 모임은 제외함. 또한 프로그램을 진행하는 목적 및 효과 등 운영의 근거 자료 필요

(2) 직업재활

• 정신건강복지센터에서 진행한 직업재활 프로그램으로 내부, 외부로 구분

① 내부 직업재활

• 정신건강복지센터 내에서 진행된 직업재활로 취업 전 프로그램 및 보호 작업장을 의미함(단, 보호 작업장은 필요할 경우 운영할 수 있는 것으로 모든 센터가 보호 작업장을 운영해야 하는 것은 아님). 직업재활을 목적으로 진행한 집단프로그램을 진행한 것을 포함

② 외부 직업재활

• 외부에서 진행된 직업재활은 정신건강복지센터로부터 지속적인 사례관리 서비스를 받는 등록 회원이 외부 직업훈련 전문기관 등에 연계되어 훈련을 수행하고 유지할 경우를 말하며 직업훈련, 취업 적응 훈련 등이 해당됨. 단, 대상자가 독립 취업하여 직업을 유지

III. 사례관리의 실제

1. 사례관리의 구성요소

사례관리는 무엇으로 구성되며, 어떻게 진행되는가? 사례관리사업을 설계하고 실행하는 과정에서 필수적이며 각 요소 간의 영향을 고려할 필요가 있는 것들로 사례관리는 이루어지며, 이는 다음의 질문으로 구성된다.

누구를 사례관리대상자로 할 것인가? 누가 사례관리를 할 것인가? 이를 조직 안에서 어떻게 지원할 것인가? 사례관리가 이루어지는 지역사회환경은 어떠한가? 지역사회의 협력체계나 자원의 총량과 협력의 수준은 어떠한가? 사례관리가 실제로 이루어지는 수행과정과 절차를 어떻게 구성할 것인가 등이다. 기관이나 지역사회의 특성, 자원의 총량과 분포 등을 고려하여 사례관리사업을 수행하고자 하는 조직이 최적의 운영체계를 만들어

가기 위해 구성요소 간의 상호연결성과 영향을 고려하여 설계하는 것이 중요하다. 이를 세부적으로 살펴보면 다음과 같다.

1) 클라이언트

누가 사례관리대상자인가? 혹은 어떤 집단을 사례관리대상자로 선정할 것인가와 관련된 요소이다. 대개의 사례관리대상자는 삶의 다양한 영역에서의 미충족 욕구가 있으며, 정보의 부족 혹은 다양한 원인에 의해 능력이 제한되어 혼자의 힘으로 욕구충족에 필요한 자원에 접근하지 못하거나 자원 활용에 장애가 있다. 이러한 추상적인 수준에서가 아니라 특정한 정책 결정이나 조직차원에서는 좀 더 구체적으로 어떤 특성이나 조건을 가진 사람을 사례관리대상자로 선정할 것인가에 대한 기준이 필요하다. 대개의 경우는 클라이언트의 삶의 조건이나 제한된 역량을 기준으로 사례관리대상자를 규정하고 있다.

2) 사례관리자

누가 사례관리자인가? 어떤 훈련 배경이나 조건, 자격 기준을 갖춘 사람을 사례관리자로서의 책무를 부과할 것인가와 관련된 요소이다. 경력이나 학력, 교육과 훈련배경을 어느 수준으로 요구할 것인가는 역시 사례관리대상자로 선정하고자 하는 클라이언트의 특성에 영향을 받을 수밖에 없다. 클라이언트가 가진 문제나 욕구의 특성에 따라 전문성이 더욱 강조되기도 하고 덜 강조되기도 할 것이다. 일반적으로는 정책목표나 사례관리사업의 목표와 함께 사례관리라는 직접적 실천과 간접적 실천을 모두 아우르는 역량을 발휘하기 위한 교육과 훈련의 최소기준을 제시하고 있다.

3) 지역사회자원

사례관리는 사례관리자의 역량도 중요하지만 결국 지역사회 자원의 다양성과 총량, 지역사회의 협력체계나 협력의 수준에 영향을 받게 된다. 지역사회자원이 부족하거나 협력수준이 낮다면 사례관리자는 단순한 자원연계만이 아니라 자원개발이나 협력체계구축이라는 다차원적인 역할이나 활동이 기대된다는 점에서 더 높은 수준의 사례관리자 역량이 필요하다. 반면 지역사회자원이나 네트워크의 수준은 클라이언트 선정에 영향을 주기도 한다. 자원이 불충분하거나 협력수준이 낮은 경우에 자원 의존도가 높은 클라이언트를 주요 사례관리대상자로 선정하는 경우 욕구 미충족 상황을 개선하기 어려울 것이기 때문이다.

4) 운영체계

사례관리 운영체계는 실제로 사례관리가 작동되는 구조나 전달체계와 관련된 것으로 조직 내부와 조직 외부의 운영체계로 구성된다. 내부운영체계는 사례관리와 관련한 조직 내 부서와 내부전달체계를 의미하며 외부 운영체계는 지역사회 내의 사례관리와 관련한 네트워크나 전달체계라 할 수 있다. 조직내외부에서의 팀 간 혹은 기관 간 협력의 방법과 구조, 이를 공고히 하기 위한 매뉴얼이나 규정 등을 포함한다. 사례관리자의 개별적인 역량이나 노력도 중요하나 내외부 전달체계가 구조화되고 안정적이어야 사례관리자의 역량이 제대로 발휘할 수 있다는 점에서 운영체계 역시 사례관리의 주요한 구성요소가 된다.

2. 사례관리과정

마지막 구성요소는 사례관리과정이다. 사례관리 주요 과정의 명칭이나 단계는 사례관리대상자의 특성이나 정책목표, 사업모형 등에 따라 일부 용어나 정의에 차이가 있을 수 있다. 그러나 대부분 초기면접-(실제)대상자 선정-동의확보와 계약-사정평가-목표와 계획수립-실행-모니터링-조정-평가-종결-사후관리에 이르는 과정을 채택하고 있는데 이는 사실상 일반적인 사회복지실천의 주요 과정과 유사하다. 그러나 세부적으로 각 단계별 소요 기간이나 핵심과업은 사례관리대상자의 특성, 사례관리자의 역량 수준, 지역사회자원 혹은 역량의 수준에 영향을 받게 된다.

이렇듯 사례관리의 각 구성요소는 상호의존적이므로 그 영향을 고려하여 최적의 모형이 될 수 있도록 설계하는 것이 중요하다. 이상의 내용을 그림으로 제시하면 <그림 24-2>와 같다.

〈그림 24-2〉 사례관리 구성요소

3. 사례관리 실천 과정

1) 사례관리 도입 전 준비작업

(1) 사회복지서비스 대상자 유형 이해

사례관리 대상자는 사회복지서비스 이용자 중의 일부이며, 사례선정은 사례관리라는 접근방법이 필요한 클라이언트를 결정하는 과정을 의미한다. 복합적이고 다양한 문제 상황에 직면하고 있어서 한두 가지 단편적인 서비스의 연결만으로는 삶의 온전성이나 삶의 질을 높이기 어려운 경우, 필요한 다양한 서비스의 통합성 확보가 최우선인 경우가 사례선정의 주요기준이 된다. 서비스의 통합성을 확보한다는 것은 서비스의 단순한 연결을 통해 다양한 서비스를 제공하는 것이 아니라, 서비스 간의 충돌이나 분절 등의 문제 발생을 예방하고 그것을 조정하기 위한 노력을 해야 함을 의미한다. 따라서 기존의 서비스 이용자와는 다른 접근이 필요하며, 서비스제공 기관이 마련한 서비스의 이용 적격 여부에 의해 서비스를 결정하는 것과의 차이를 이해해야 한다. 따라서 사례관리와 함께 '제공자 중심'이 아닌, '이용자 중심 서비스', '맞춤 서비스'라는 용어가 혼용되는 배경에 대한 이해가 필요하다.

(2) 서비스 선택권과 자율성의 범위

서비스의 선택권과 자율성은 어디까지 보장해야 하는가? 이는 많은 사례관리자가 하는 주요 질문 중 하나로, 이러한 질문은 대개 지나치게 '고위험군'을 사례관리 대상자로 선정하면서 생긴다. 자해나 타해의 위험이 있거나 지역사회에 고립·방치되어 있는 위기가구에 대한 사례관리를 시작하면서 서비스 거부, 사례관리자의 안전 확보가 이루어지지 않았어도 접근방법을 모색해야 하는 경우일 것이다. 즉, 이들 '고위험군'으로 불리는 클라이언트는 자해와 타해의 위험이 있고, 서비스 거부로 인해 현실적으로는 개입이 어렵다 해도 그들 삶이 더욱 열악해지거나 문제가 심각해질 가능성이 크다. 이에 따라 사례관리자는 사례관리의 주요 원칙이나 업무매뉴얼을 단순 적용하는 데 어려움을 느끼고 심지어 윤리적 딜레마를 경험하기도 한다.

그러나 사회복지서비스 대상의 유형 및 접근방법의 차이를 고려한다면, 이렇듯 '고위험군'에 대한 자기결정권이나 자율성을 존중한다는 것만이 최선은 아니다. 자기결정권은 그것을 행사하는 것이 자신에게 궁극적으로 해를 끼치지 않아야 하며, 특히 자해나 타해의 위험을 가중하는 것이 자기결정권을 존중한다는 의미는 아니기 때문이다. 즉, 대개의 '고위험군'은 자해나 타해의 위험을 줄이고 안전을 확보하는 것이 일차적인 목적이 되며, 이를 위해서는 서비스의 통합성보다는 위기안정화를 위한 특정 서비스나 특정 개입(예: 입원, 즉각적 분리 등)이 집중적으로 제공되어야 한다. 따라서 이 경우 클라이언트의 서비스에 대한 선택권을 확보하거나 자기결정권 등 자율적인 서비스에의 참여보다는 관련 법과 절차, 전문가의 판단에 의한 보호가 우선시될 수밖에 없다. 그러나 자신의 판단을 존중하고 서비스에 대한 선택권의 보장 및 옹호가 필요한 대다수 클라이언트에 대해서는 지역사회주민으로서의 권리와 서비스이용자로서의 권리를 보장하기 위한 노력을 지속해야 한다.

2) 초기상담

(1) 초기상담의 의미 및 중요성

초기상담에는 첫 면접을 포함하여 사례관리의 의미 및 주요 단계를 설명하는 과정, 사례관리자와의 관계형성 과정, 좀 더 세부적인 삶의 상황을 이해하는 데 필요한 정보수집을 위한 과정이 모두 포함된다.

초기상담을 포함한 모든 상담의 과정에는 효과적인 의사소통이 필요하며, 효과적인 의사소통방법뿐만 아니라 의사소통의 기본적 한계에 대한 인식도 중요하다. 즉, 훌륭한 의사소통 기술인 경청과 면접의 기술은 개입과 실천에 필수적이나 민감하고 목적이 분명해야 하는 동시에 타인의 세계를 본다는 것이 본질적인 불확실성을 내포하고 있다는 사실도 고려해야 한다.

초기상담을 통해 파악 혹은 이해하게 된 클라이언트의 삶의 모습은 새로운 정보에 의해 수정될 수 있으므로 새로운 정보를 유연하게 받아들이고 현재까지 파악한 정보의 범위 안에서 제한적으로 클라이언트를 파악하고 있을 뿐임을 인정해야 한다. 사례관리의 과정이 초기상담–사정평가 등의 순으로 진행되나 매회의 접촉을 통해서 주요 과정은 순환적이고 통합적으로 전개된다는 측면에서 초기상담 과정에서 확보한 제한된 정보로 형성된 클라이언트에 대한 인식이나 평가에 매몰되지 않도록 노력해야 한다.

(2) 동의 및 계약절차

잠재적 사례관리 대상자로 선정한 후에는 실제 접촉을 통해 사례관리 서비스가 있다는 사실을 알리고, 이러한 작업과정에 동참할 것을 권유하며 필요한 동의 및 계약절차를 수행한다.

사례관리 과정에서 동의 및 계약의 절차를 중요시하는 이유는 다음과 같다. 우선 사례관리 대상자의 문제해결이나 변화, 욕구충족 과정은 장기적인 접근이 필요한 경우가 많다. 이 과정에서 클라이언트의 자발적 참여나 변화 노력 없이 서비스 제공기관의 일방적인 자원연결이나 변화목표를 달성하는 데 기여하고 있는지 모니터링 하지 않고 자원을 반복적으로 제공하는 것으로는 실제적 변화를 이끌어 내지 못한다. 심지어 사례관리대상자의 의존성을 심화시킬 위험성도 있다. 따라서 사례관리 대상자가 결정되면 사례관리의 의미, 사례관리의 주요 진행방식 등에 대한 구체적인 설명과 함께 이러한 과정에 협력적인 노력을 기울이는 것의 중요성 등을 충분히 설명해야 한다.

사례관리 과정을 개시하기 전에 동의 및 계약 절차가 필요한 또 다른 이유는 사례관리 과정에는 사례관리자의 자원연결을 위한 노력은 물론 사례관리 대상자가 제공되는 자원을 이용하는 데에도 많은 에너지와 노력이 투입되기 때문이다. 일반적으로 사례관리자나 서비스 제공자는 국가 혹은 사회가 클라이언트의 문제해결을 위해 노력하고 또 다양한 서비스 제공을 하고 있는데도 오히려 사례관리 대상자가 '제공하는 서비스를 적절히 혹은 성실히 이용하지 않는 것'으로 판단하고 이에 대해 비판적 시각을 가지는 경우가 많다. 하지만 아무리 무료 혹은 도움이 되는 서비스라 하더라도 사례관리대상자가 서비스 제공계획을 따른다는 것은 쉽지 않은 일이다. 더군다나 사례관리 서비스의 의미, 방향, 주요 목적에 대한 충분한 이해나 합의 없이는 이 모든 것을 국가나 서비스 제공기관의 일방적인 행위 혹은 소극적으로 받기만 해도 되는 과정으로 이해하게 될 것이다. 사례관리의 과정은 사례관리대상자의 어려움이나 욕구충족을 위해 합의한 목표를 달성하기 위해 함께 노력하고, 사례관리대상자의 노력을 지원하기 위한 과정임을 분명히 해야 한다.

3) 욕구 사정

(1) 욕구

욕구(need)의 사전적 정의는 필요, 곤란, 빈곤, 결핍 등을 의미한다. 그러나 사회복지 실천적 정의로는 삶의 질을 확보하고 유지하고 비축할 수 있도록 하는 데 필요한 것이며, 그에 따라 특정 프로그램이나 서비스를 제공해야 할 필요성이 있는가를 규명하는 작업과 연관된다. 즉 개입의 필요성이자 개입을 통해 변화를 도모해야 할 클라이언트의 상황에 대한 가설을 수립하는 과정이라고 정의할 수 있다. 따라서 욕구는 변화목표 혹은 성과와 연결되며 변화목표 달성의 수단적 성격을 가진 서비스 자체에 대한 요구(demand, want)와는 구분해야 한다.

그러나 현실은 어떠한가? 자신의 '욕구'를 직접 혹은 명확하게 표현하는 클라이언트는 거의 없다. 대부분 자신의 고통이나 어려움에 대한 호소에만 머물거나 이 역시도 제대로 진술하지 못하거나 다양한 이유로 감추기도 한다. 따라서 다양한 정보를 종합하여 클라이언트가 겪는 어려움의 해결방안으로 클라이언트가 제시하는 '요구'사항의 의미를 탐색해야 한다. 그 과정에서 사례관리를 통해 해결해 나가야 할 개입의 결과목표를 수립하고 이를 달성하는 방안을 찾기 위한 노력으로 이어지게 된다.

(2) 사정

사정(assessment)이란 사례관리자와 클라이언트가 함께 클라이언트의 욕구에 관한 정보를 수집하고, 분석하고, 우선순위를 정하고, 종합화하는 과정이다. 즉, 사정은 클라이언트의 욕구를 확인하고, 그 욕구충족을 위한 방법이나 전략을 개발하고 구체적으로 제공할 서비스를 결정하는데 필요한 정보를 얻고 분석하는 과정이다. 다양한 정보원을 통해 수집한 정보를 클라이언트가 경험하는 어려움의 원인과 해결방안, 과거-현재-미래의 연관성 등으로 분석하여 일종의 가설을 수립하기 위한 과정으로, 이는 모든 원조과정의 근본이자 사례관리의 핵심과정이다.

정보를 종합하여 클라이언트가 어떠한 삶을 살아왔는지, 현재와 같은 어려움을 겪게 된 계기와 이러한 어려움을 극복하기 위해 어떤 노력을 기울여 왔는지, 그리고 그 노력의 결과인 현재 삶의 모습이 어떠한지를 종합적으로 조망하는 과정이 필요하다. 즉, 사정은 현재 클라이언트의 문제를 확인하고 그것을 해결하기 위한 도움이나 서비스의 내용을 결정하는 것에 국한된 것이 아니라 클라이언트의 삶을 종합적으로 이해하기 위한 과정이라는 것에 초점을 두어야 한다.

(3) 욕구 사정하기

욕구 영역을 어떻게 구분할 것인가? 이는 구분 목적에 따라 차이는 있지만 대체로 삶을 살아가는 데 필요한 혹은 확보되어야 할 다양한 삶의 영역이 포괄적으로 제시된다. 그러나 욕구 영역을 구분한다는 것은 자원확보나 서비스 제공계획수립에 유용한 것일 뿐 사실상 개인의 삶에서는 구분하기 어려울 정도로 서로 밀접한 관련이 있다. 욕구 영역을 구분하여 각각 어떠한 어려움을 겪고 있는지, 이러한 어려움을 해소하기 위해 어떤 노력을 기울일 것인지를 계획하는 데는 욕구 영역별 사정이 필수적이다. 욕구 영역 구분의 이러한 특성을 고려하여 욕구는 포괄적이고 통합적으로 사정되어야 한다. 이는 마치 의료적으로 전인적 치료, 인간 삶의 질 향상과 온전한 삶의 회복 측면을 고려하지 않고 신체 부위별 임상 각 과를 구분하여 접근하는 것의 한계로 비유할 수 있다. 따라서 욕구의 영역을 구분하고 영역별로 면밀하게 사정하는 것도 중요하지만 각각의 영역을 분절적으로 보지 않고 인간 삶의 전체성을 보기 위한 노력도 병행해야 한다.

욕구사정은 사례관리의 목적에 충실해야 한다. 즉, 모든 사람의 삶의 질 향상을 위해 개인과 사회가 서로 도움이 될 수 있도록 상호작용 방식을 개선하거나 향상을 가져오는 것이 사례관리의 목적이라면, 사례관리자는 이러한 목적을 위해 개인-환경의 상호작용에 초점을 맞춘 생태체계적 사정을 해야 한다. 즉, 클라이언트뿐만 아니라 비공식적 지지체계, 나아가 지역사회 환경에 이르는 다양한 차원에 대한 포괄적이고도 세밀한 사정이 요구된다. 사정 단계에서 사례관리자는 다음과 같은 것을 포함하는 포괄적 사정 활동에 집중한다(Moxley, 1993).

- 클라이언트의 능력과 대인서비스 욕구에 대한 사정

- 클라이언트의 사회적 망과 이러한 망 구성원이 클라이언트의 욕구에 부응하는 능력에 대한 사정
- 대인서비스 제공기관에 대한 사정과 서비스제공자가 클라이언트의 요구에 부응하는 능력에 대한 사정

사례관리자는 클라이언트와 함께 당사자 및 그 가족의 안녕과 삶의 질 향상에 초점을 두고 강점관점 사정이 이루어지도록 하며, 문화적 민감성을 가지고 임하여야 한다. 클라이언트와 가족의 자발성 및 주관적 관점에 기초하되 사례관리자의 객관적·전문적 판단이 더해진 종합적·포괄적 사정이 이루어지도록 한다.

사정은 일회적인 과정이 아니며 클라이언트와 가족의 욕구 및 상황 변화에 따라 정기적으로 재사정한다. 정기적 사정은 기관이 설정한 기준에 따라 그 주기를 달리하되, 클라이언트와 가족의 욕구 및 상황 변화에 따라 수시로 재사정을 통해 서비스계획을 수정한다.

사정 내용을 토대로 보호 혹은 서비스 계획이 수립되므로 보다 현실적인 계획을 수립하기 위해서는 클라이언트와 가족의 상황을 구체적으로 파악하여야 한다. 이를 위해 많은 사례관리 서비스 업무 매뉴얼에서는 가정방문을 통한 면접상담을 1회 이상 실시하도록 규정하고 있다. 사례관리대상자와 그 가족의 진술뿐만 아니라 이웃, 주변인, 친구, 친척, 지역사회의 보건복지 관련 기관이나 단체의 다양한 의견 및 관점을 종합해 현 상황을 객관적으로 파악한다.

4) 목표설정 및 개별화된 서비스 제공계획수립

이 단계는 사정을 통해 밝혀진 내용에 기초하여 달성하고자 하는 변화목표를 분명히 하고, 그 목표를 달성하는 데 필요한 전략, 방법으로서의 서비스의 패키지를 구성해 가는 논리적이고 체계적인 과정이다. 따라서 이전 단계에서 적절한 사정이 이루어져야 이와 연관된 적절한 목표, 적절한 수행방법, 구체적인 활동계획을 수립할 수 있다. 개별화된 서비스 계획은 단순히 많은 서비스 자원을 연계하거나 서비스 제공기관 간 역할분담을 하는 것 이상이어야 하며, 우선순위를 설정하여 서비스를 제공한다. 각각의 서비스는 변화목표를 달성하는 데 기여하는 분명한 근거를 통해 적절하게 설계되어야 한다. 세부적으로는 클라이언트와의 협력을 통해 변화의 목표를 분명히 하고 그것을 달성하도록 이끄는 적절한 활동의 선정, 주요 활동의 우선순위 결정, 서비스 제공자, 서비스제공시기,

제공 기간 등 구체적 내용으로 구성된다. 이는 실제 수행과정의 밑그림 혹은 설계도 기능을 한다. 따라서 사례관리자는 클라이언트의 삶에 변화를 가져오기 위한 주요 전략을 구성하는 데 필요한 다양한 요인에 대한 충분한 검토와 제한된 시간과 자원의 활용가능성, 효율성을 극대화하기 위해 노력한다. 그 구체적인 과정은 다음과 같다.

(1) 욕구사정 내용 숙고

개별화 서비스 계획(Individualized Service Plan)을 수립하기 위해서는 욕구사정 내용에 대한 종합적 분석을 통해서 사정 내용의 적절성에 대한 최종 검토가 이루어져야 한다. 이 작업은 사례관리자 자신만의 숙고과정일 수도 있고 사례회의를 통한 협력적 작업이 될 수도 있다. 클라이언트와 그 가족이 현재까지 살아온 삶의 방식을 이해하고 자신이 앞으로 어떤 노력을 더 기울여야 할지, 사회적으로는 그 노력을 어떻게 지원할 것인지에 대한 검토를 한다. 이는 향후 클라이언트의 삶에서 기대할 수 있는 긍정적인 변화의 상(象)이나 지향점에 대한 밑그림을 그리는 작업이다.

사례관리자가 클라이언트의 삶을 충분히 이해하고 미래 전망을 위한 숙고의 과정을 거치지 않는다면 단순히 서비스를 연결하는 알선자의 기능에서 벗어나지 못할 수 있다. 이런 방식은 클라이언트에게 삶의 의지를 북돋우거나 자립심을 고양하는 것이 아닌 자원에 대한 의존성을 심화하거나 자기주도성을 훼손할 위험성이 크므로 사례관리 과정에서 욕구사정 내용을 숙고하는 작업이 중요하다.

(2) 시간계획에 기반한 변화목표 수립

욕구사정 내용을 숙고하여 클라이언트와 그 가족의 바람직한 삶의 변화 방향에 대한 잠정적인 밑그림을 그렸다면, 좀 더 분명한 변화 지점을 확정하기 위한 작업을 해야 한다. 이는 욕구사정에 대한 숙고과정과 동시에 일어나거나, 순차적 혹은 순환적으로 이루어질 수 있다. 전반적인 변화목표가 경제적 자립인지, 경제적 자립은 어렵겠지만 지금보다는 좀 더 높은 삶의 수준을 확보하는 것인지 등의 큰 방향을 설정한 후, 이와 관련한 구체적이고 측정가능한 변화목표를 수립한다. 변화목표 수립은 사례관리자의 일방적인 계획이 아닌 클라이언트와의 충분한 상담을 통해 합의된 것이어야 하며 클라이언트의 자율성과 참여가 충분히 보장된 것이어야 한다. 이러한 과정이 비록 더디고 비효율적인 것처럼 보일지라도 궁극적으로는 더욱 견고한 관계형성 및 협력적 노력을 가능케 한다.

변화목표에 대한 합의는 사례관리자의 의견과 클라이언트의 의견에 대해 단순히 중간 지점을 선택하는 것이 아니라 클라이언트가 자신의 삶에 대해 긍정적으로 전망하는 부분을 발견하고 이를 실현할 수 있는 현실적인 부분에 초점을 두고 도전하도록 하는 의도적이고 적극적인 과정이다.

장기적 변화목표는 사례관리라는 서비스 제공과정이 종결되는 계획된 시점에서 어떤 변화가 이루어질 것인지에 대한 현실적 목표 상태나 수준을 반영한다. 그 기간을 얼마로 설정할 것인가는 기관의 사례관리정책이나 프로토콜에 따라 다르겠지만 대개 1년 이상의 기간이 소요되는 것을 장기목표로 설정하고 단기목표는 3개월 이내에 달성가능한 목표로 설정한다. 단기목표는 장기목표와 무관한 별도의 과정이 아니며, 장기목표를 지향하고 그 달성에 기여하고, 장기목표 달성을 위한 과도적 목표의 성격을 지닌다. 즉, 단기목표를 지속하여 추구하고 달성하면 장기목표를 달성하게 된다는 전망이 반영되어야 한다. 이와 함께 욕구 영역별로 구체적인 목표 및 과업이 제시되어야 한다.

(3) 서비스 제공기관의 선정

수립한 계획을 누가 어떤 방식으로 수행할 때 가장 효과적인가에 초점을 두고 서비스 제공기관을 탐색한다. 이때 모든 활동을 제공기관에 연계하는 것이 아니라 누가 제공하는 것이 효과적인가에 초점을 둔 탐색이 이루어져야 한다. 클라이언트 자신이나 가족, 친인척, 이웃 등 지역사회의 비공식 지지체계도 일차적인 고려대상이 되어야 하며, 이들 체계를 적극적으로 참여시키고 관계성을 회복하는 데에도 초점을 두어야 한다. 만약 이러한 비공식적 지지체계의 협력을 기대할 수 없는 경우나 전문적인 서비스 제공기관을 통한 지원이 더욱 효과적인 경우는 다양한 지역사회 자원에 대한 탐색이 필요하다. 같은 효과를 기대할 수 있는 서비스 제공기관이 많다면 클라이언트가 선호하는 기관을 선택할 수 있도록 한다.

잠정적인 서비스 제공 주체나 기관이 선정된다면 그 주체나 기관에 접촉하여 가능성을 타진하고 협력을 촉구하며 서비스 제공에 대한 동의를 확보한다. 이러한 작업은 개별 기관과의 접촉이나 지역 내 통합사례회의를 통해서 이루어질 수 있다. 이 밖에 그 지역사회의 특성에 맞는 가장 효과적이고 대응수준이 높은 통로를 협약 등 공식적으로 마련하여 이를 적극적으로 활용한다.

(4) 서비스별 시간계획 수립

욕구 영역별로 서비스 제공 주체 및 기관에 대한 확정과 함께 서비스 제공주기와 빈도를 구체적으로 수립한다. 서비스 제공 빈도 및 기간은 해당 기관의 정책이나 지침에 의해서가 아니라 클라이언트의 변화목표 달성에 충분한지에 따라서 계획되어야 하며, 서비스의 충분성이 확보되도록 필요시 해당 기관에 대한 설득이나 협조요청 등의 조정 작업이 선행되어야 한다. 시간계획은 클라이언트의 상황 변화에 따라 유동적일 수 있으므로 진행 상황에 따라 지속적인 수정·보완이 필요하다.

(5) 계약수립

이상의 내용이 확정되면 클라이언트와의 계약을 수립한다. 계약의 내용에는 서비스 제공기관, 제공방식, 빈도, 관련 기관과 클라이언트에 대한 정보 공유의 범위와 내용 등이 포함된다. 계약은 특히 클라이언트의 적극적인 참여, 협력적인 공동의 노력이 필요한 과정에 의미를 두고 수립되어야 한다. 계약수립의 실제적인 결과물은 계약 내용에 대한 클라이언트의 서명을 확보하는 것이지만, 단순히 서명을 확보하는 것에 초점을 두는 것이 아니라 클라이언트가 자신의 삶에서 중요한 부분을 결정하고 참여함으로써 자기 주도성을 가질 기회를 제공하는 것이다.

(6) 서비스 제공계획서의 공유

완성된 서비스 제공계획서는 사례관리자만 보유하는 것이 아니라 클라이언트, 서비스 제공기관이 사본을 공유함으로써 각각의 책임과 역할, 전체 진행 과정에 대한 로드맵을 공유하도록 한다. 이를 통해 각각의 분명한 역할과 책임 인식, 적극적인 수행과 변화목표를 지향하기 위한 노력을 촉구하고 조율할 수 있는 여지를 확보한다.

5) 계획 실행

사례관리 과정에서 개입 혹은 실행에 해당하는 단계로, 실제적인 내용은 계획된 활동을 수행하는 단계이자 계획된 서비스를 제공하거나 연결하는 과정이므로 '계획 실행'이라는 표현이 더욱 적절하다. 계획 실행의 과정은 사례관리의 전 과정에서 가장 가시적인 과정(visible phase)이며(Sheafor & Horejsi, 2005), 사례관리의 중심기능인 서비스 조정이 강조되는 단계이다(Murer & Brick, 1997). 이 과정은 단순히 많은 자원을 투입하는 과정이 아니라 클라이언트의 상황에 변화를 가져오기 위한 방향이 강조되어야 한다. 이를 위해 계획에 포함된 다양한 서비스 제공자와의 협력관계를 바탕으로 서비스가 연결되도록 노력하며, 서비스의 이용가능성을 높이기 위한 옹호활동(Walsh, 2000)과 변화의 지속성을 보장하기 위한 다양한 활동을 전개한다.

사례관리자는 클라이언트에게 필요한 서비스의 제공자로서 직접적인 개입 활동을 수행하기도 하지만 간접서비스 제공자로서 클라이언트의 욕구에 적합한 서비스를 개발하거나 연결·조정하는 기능을 수행한다. 특히 서비스의 분절이나 중복 문제가 발생할 때 그것을 적절히 관리하고 조정하는 능력을 갖추어야 한다.

(1) 자원개발

계획을 실행하는 데 가장 도전적 이슈는 바로 자원을 발견하고 개발하는 것이다. 클라이언트는 사례관리기관이나 사례관리자의 직접 개입 이외의 다양한 자원이 필요한 경우가 대부분이므로 사례관리자의 직접 서비스만으로 클라이언트의 욕구를 충족시키기는 어렵다. 따라서 지역사회의 다양한 자원을 확인하고 필요한 자원을 개발하기 위한 노력을 해야 한다. 이러한 활동은 대개 임상적인 실천과는 거리가 멀다는 생각에 등한히 하거나 사례별로 적용되는 개별화된 작업이라고 생각하여 사례관리자 간에 자원에 대한 정보 공유가 충분히 이루어지지 않는 부작용을 낳기도 한다. 새로운 자원개발만이 아니라 확인 혹은 개발된 자원에 대한 정보관리를 통해 자원 활동도를 높이려는 노력이 필요하다.

(2) 점검 및 조정

사례관리 과정에서의 점검은 개별화된 개입계획에 충실한 실천을 하고 있는지, 실천 과정을 통해 변화목표를 잘 달성해 가고 있는지, 클라이언트의 상황이나 서비스 환경에 변화가 없는지를 종합적으로 확인하는 과정이다. 점검을 위한 준거틀은 사정내용이고, 점검내용은 개별화된 개입계획서(ISP)와 서비스 계약서가 될 것이다. 이때 주의해야 할 점은 점검 활동이 적절한 서비스를 제공하기 위한 것에 초점이 있으며, 상대 기관의 활동을 감시하거나 평가하는 것이 아니라는 점이다. 즉, 클라이언트를 위한 파트너를 존중하고 상대 기관의 전문성과 역량이 충분히 발휘될 수 있도록 돕는다는 것에 중점을 두고 이루어져야 한다.

조정이란 수립된 계획이 수행되는 과정에 투입된 다양한 서비스가 효과적으로 클라이언트의 삶에 변화를 가져올 수 있도록 조율하거나 전체를 지휘하는 활동(orchestration)에 비유할 수 있다. 각 기관의 서비스 제공 방침이나 매뉴얼대로 기존의 서비스를 기계적으로 연결·연계하는 활동의 의미를 넘어서서 각 기관이 새로운 수요와 방법을 적극적으로 수용하고 대응할 수 있도록 한다는 의미에서 사례관리자는 경계확장자의 기능을 수행한다.

점검 및 조정은 서비스의 흐름과 클라이언트, 사례관리에 참여하고 있는 서비스 제공기관, 비공식적 지지체계가 각각 어떻게 작동하고 있는지에 대해 민감성을 가지고 각 단계별로 진행되는 과업을 잘 관리해 나가야 한다. 즉, 클라이언트와 사례관리자, 그리고 서비스 제공기관이 초반에 상호 합의한 목적을 여전히 공유하고 있는지, 합의한 대로 협조하고 있는지, 협력관계 속에 갈등 혹은 위기가 잠재되어 있지는 않은지, 그리고 현 상황에 적절한 수준의 서비스와 협력 범위를 확보하고 있는지 등을 지속적으로 확인하고 조정해야 한다.

6) 평가

사례관리자는 서비스 제공을 통해 클라이언트와 클라이언트의 삶의 조건이나 환경에 어떠한 변화가 생겼는지에 대한 평가(evaluation)를 실시한다. 이를 위해 클라이언트가 서비스를 통해 어떤 이득을 경험하고 있는지, 또 어떤 변화가 생겼는지를 판단하는 데 양적 혹은 질적인 방법을 적절히 활용해야 한다. 이때 사례관리자의 주요 평가 내용은 계획은 효과적이었는지, 계획대로 수행한 결과가 클라이언트의 기능 향상과 복지를 개선했는지 등이며, 이에 대한 답에 따라 종결 여부를 결정하게 된다. 사례관리가 클라이언트 차원의 내적 변화만을 도모하는 것은 아니므로 클라이언트의 사회적 지지체계가 더욱 활성화되었는지, 해당 지역사회나 서비스제공기관이 클라이언트와 유사한 문제에 대응하기 위한 전달체계의 개선을 이끌어냈는지 등에 대한 평가도 포함할 수 있다.

평가의 기능은 사례관리를 위해 활용한 기술이나 방법의 효과성 측정을 가능하게 하고, 성과에 영향을 준 구조적 요소를 분석할 수 있게 한다. 성과(outcome)가 강조되는 보건복지 환경에서는 평가의 중요성이 더욱 강조될 수밖에 없다. 특히 사례관리실천에 대한 평가는 그 성과를 비용효과로 측정하는 데 어려움이 많지만 시행착오를 발견하고 개선하기 위한 노력은 전체 프로그램의 성공여부와는 또 다른 측면에서 필요한 부분이다.

7) 종결

사례관리에서 종결은 사례관리 활동을 공식적으로 마무리하는 과정이다. 즉 사례관리자의 개입과 사례관리를 위해 형성된 전문적인 관계가 종료되는 것을 의미한다. 종결은 대개 평가를 통해 결정하지만 예측하지 못하거나 의도하지 않은 방식으로 결정되는 경우도 흔하다.

종결을 결정하기 위해서는 사례관리자와 클라이언트간의 합의 또는 결정에 합당한 근거가 명확하게 구비되어야 한다. 종결을 결정하게 되는 이유는 기대된 변화가 달성된 경우, 주거지 이전이나 사망, 장기간 연락두절, 이용자 본인이나 보호자의 의사 반영 등이 일반적이다.

종결 단계에서 사례관리자는 클라이언트와 함께 종결 시기를 결정하고, 클라이언트와 사례관리자의 종결에 대한 정서적 반응을 다루며, 개입 효과의 유지와 강화 방안을 모색하고 타 기관으로 필요한 서비스를 의뢰한다. 경우에 따라서는 지역사회 기관 간 서로 다른 사례관리정책, 목표나 범위로 인해 이관을 통해 사례관리가 지속될 수 있도록 한다. 마지막으로 클라이언트와의 합의를 통해 이와 연관된 사후 관리 계획을 수립해야 한다.

종결 과정에서 클라이언트는 사례관리자와의 관계가 종료되는 것에 대한 불안과 이전의 문제 상황이나 어려움이 다시 발생할 것을 염려하여 종결을 거부하거나 결정하지 못하는 경우가 발생하는데 사례관리자 역시 같은 경험을 할 수도 있다. 사례관리자는 클라이언트가 사례관리 과정에서 체득한 변화와 성취의 동력을 계속 유지하고 강화하도록 지지하며, 클라이언트가 필요할 때 다시 만날 수 있음을 알려주어야 한다. 사례관리에 참여한 다른 서비스제공자들에게 종결 과정을 알리고 이후 각 기관이 서비스 계획을 논의하는 장을 마련한다.

8) 사후관리

사후관리는 서비스 종결 이후 일정 기간을 두고 종결 이후의 변화 상황이 안정화되고 있는 지를 모니터링하고 다른 자원 연결의 필요성을 조기에 판단하기 위해 수행된다. 사례관리자는 클라이언트에게 사후관리의 기능과 목적을 설명하고 담당자, 기간, 방법 및 빈도에 대해 합의한다. 이때 사후관리는 개입기간에 부족했던 서비스를 추가로 제공하기 위한 과정이 아니라 사례관리의 성과 유지와 필요시 재등록의 적절한 시점을 판단하여 조기개입 및 단기개입을 통해 사례관리를 통해 거둔 성과 유지와 안정화를 지원하는 것이 목적임을 명확히 한다.

Ⅳ. 현황과 과제

1. 정신건강서비스 수요와 공급의 갭을 어떻게 극복할 것인가

중증정신장애인에 대한 사례관리는 정신건강 인프라를 중심으로 이루어지고 있는 것 외에도 공공사례관리의 강화, 다양한 복지전달체계 내에서 사례관리를 강조함에 따라 주요한 사례관리대상자집단으로 부각되고 있다. 이에 따라 정신건강증진시설에 대한 지역사회의 요구나 사례관리강화 요청 혹은 압박 등 정신건강 사례관리 환경에 많은 변화가 일고 있다. 이는 중증정신장애인에 대한 사례관리의 주체가 주요 정신건강 인프라에서 복지의 전 영역으로 확장되고 있다는 의미이기도 하다. 따라서 정신건강 정책뿐만 아니라 복지정책과의 연계 혹은 통합방안, 서로 다른 제도적 기반하에서 제공되는 사례관리 서비스의 질 관리 방안 등 다양한 과제가 있음을 의미한다. 정신건강서비스에 대한 다양한 기대를 충족시키기 위해 정신질환 예방이나 정신건강 증진사업에 대한 높은 수요로 인한 사업의 우선순위 결정은 지속적인 문제점으로 제기되고 있다. 이에 따라 중증정신질환자 관리라는 이름으로 이루어지는 사례관리가 약화되는 것에 대한 문제제기 등 서비스 수요와 공급의 갭을 어떻게 좁힐 것인지, 제한된 자원으로 우선순위를 어디에 둘 것인가의 문제는 여전히 진행 중인 과제라 할 수 있다.

2. 체계적인 사례관리 설계가 이루어지고 있는가

사례관리는 과정별로 구분하여 설명할 수 있지만 실제로는 명확한 구분이 어렵고 단선적이지 않은 순환적 과정이라 할 수 있다. 따라서 각각의 단계는 논리적 연관성을 가지고 전후 단계의 맥락을 잘 유지하는 것이 필요하다.

사례관리를 시작하기 전에 어떤 클라이언트를 선정할 것인가는 사례관리사업의 도입을 통해 어떤 변화를 도모하고자 하는지, 즉 잠정적인 사업의 성과목표와 밀접한 관련을 가지고 설계되어야 한다. '고위험군'의 클라이언트를 선정하여 개입하고자 한다면 사례관리자의 전문성이나 지역사회의 자원 충분성이나 협력수준을 고려해야 할 것이다. 만약 사례관리자의 전문성이나 내부 운영체계가 성숙하지 않고 자원도 충분하지 않다면 사례관리의 주요 과정은 지속적인 난항을 겪게 될 것이며, 이는 결국 사례관리의 실패로 이어질 수 있다. 즉, 클라이언트의 삶에도 성공 경험이 필요한 것처럼 사례관리 수행기관이나 사례관리자에게도 성공 경험이 필요하다. 전반적인 과정의 논리성을 확보하는 것, 전후 맥락에 맞는 활동을 수행하는 것과 필요한 요소가 적정한 수준으로 투입되어야 사례관리사업의 성공가능성을 높일 것이다.

Rothman과 Sager(1998)는 사례관리 실행에 부정적 영향을 주는 요인으로 클라이언트의 동기 부족, 느슨하게 형성된 목표, 클라이언트의 저항, 클라이언트의 꾸준하지 않은 참여, 비협조적인 기관, 시간제한과 일에 대한 압력 등을 들고 있다. 이는 사례관리를 성공적으로 이끄는 데는 클라이언트의 동기화, 분명한 성과목표의 수립, 클라이언트의 협력을 제고하기 위한 노력, 지역사회의 협력체계 구축, 조직 내부의 사례관리에 대한 충분한 지원 등 다차원적 측면에서 정교하게 고안된 활동이 전제되어야 함을 의미한다. 구조적 모순이 있는 경우 사례관리자의 활동과 역할 수행이 성과목표를 지향하지 못할 수 있기 때문이다. 따라서 기관 내 사례관리운영체계의 구조적 모순을 개선하기 위한 지속적인 노력이 필요하다.

3. 현재의 평가체계는 윤리적 실천을 담보하고 있는가

사례관리사업 설계 시 평가체계도 중요한 구성요소로 반영되어야 한다. 그러나 많은 경우 사업설계와 평가체계가 분절적이거나 모순 혹은 긴장 관계를 일으키기도 한다. 한편 성과목표가 강조될수록 서비스의 효과성 평가만 강조되고 수행의 효율성 지표에 대한 관심은 줄어들게 된다. 어떤 가치를 보존할 것인지, 이를 담보할 수 있는 평가체계인지 등 균형잡힌 설계가 필요하다.

특히 사례관리와 관련한 평가체계에서 평가의 기초자료로 활용되는 전산입력 실적 중심의 성과관리 체계는 배임 행위나 윤리적 문제를 야기할 가능성도 있다. 즉 효율적인 서비스 전달체계를 구축하기 위해서는 클라이언트, 사례관리자의 소속기관, 법과 규정,

사법체계, 전문가 윤리강령 간의 균형을 잘 유지할 필요가 있다. 다양한 갈등상황에서 사례관리자는 클라이언트에게 최선의 이익을 가져다주는지, 윤리적으로 옳은 선택인지, 기관의 사업지침에 맞는 선택인지, 윤리강령과 규정에 맞는 선택인지에 대한 답을 찾아야 할 것이다. 이 상황에서 균형이 깨져 어려운 선택을 해야 하는 경우 결국 사례관리자 개인적 위기로, 즉 '위기의 개인화'를 초래할 가능성이 있다. 나아가 정신장애인의 권익옹호 실천 및 서비스에 대한 선택권 강조, 가족들의 참여 강조, 제한된 자원 사용에 따른 공정한 자원 배분과 비용 억제에 대한 책임성의 강조 등의 형태로 사례관리자들에 대한 다양한 압력이 가중되고 있다. 이러한 사회적 분위기와 정책 변화가 평가체계에 충실히 반영되어 있는지, 이러한 이슈를 어떻게 다루어 나갈 것인지는 현재의 사례관리시스템에 대한 반성과 정교화를 통해 해결해 나가야 할 과제로 남아 있다.

참고문헌

보건복지부 (2019). 지역사회정신건강 표준사례관리 매뉴얼.

보건복지부 (2020). 정신건강사례관리시스템 운영매뉴얼. 국립정신건강센터.

보건복지부 (2020). 정신재활시설 표준사례관리매뉴얼. 국립정신건강센터.

보건복지부 (2021). 정신건강사업안내.

한국사례관리학회 (2019). **사례관리 전문가교육: 실무자 기초과정**. 학지사.

한국사례관리학회 (2020). **사례관리론**. 학지사.

Austin, C. D., & McClelland, R. W. (2000). *Perspectives on case management practice.* Grimsby, Ontario: Manticore Publishers.

Ballew, J. R., & Mink, G. (1996). *Case management in social work: Developing the professional skills needed for work with multiproblem clients.* Springfield, IL: Charles C. Thomas.

Erdmann Y., & Wilson, R. (2001). Managed care: a view from Europe. *Annual Review of Public Health. 22,* 273-291.

Frager, S. (2000). *Managing managed care: Secrets from a former case manager.* New York: John Wiley & Sons.

Gursansky, D., Harvey, J., & Kennedy, R. (2003). *Case management: Policy, practice and professional business.* New York: Columbia University Press.

Holloway, F. (1991). Case Management, Looking at the Evidence. *International Journal of Social Psychiatry, 38,* 2-11.

Holt, B. J. (2000). *The Practice of Generlaist Case Management.* Boston, London, Toronto, Sydney, Tokyo, Singapore: Allyn and Bacon.

Huber, D. L. (2000). The diversity of case management models. *Uppincott's Case Management, 5*(6), 248–55.

Jinnett, K., Alexander, J. A., & Ullman, E. (2001). Case management and quality of life: Assessing treatment and outcomes for clients with chronic and persistent mental illness. *Health Service Research, 36,* 61-90

Moore, S. (1990). A social work practice model for case management: The case management model grid. *Social Work, 35*(4), 444-448.

Moxley, D. P. (1997). *Case management by design: Reflections on principles and practices.* Chicago: Nelson Hall.

Moxley, D. P. (2004). 효과적인 복지서비스를 위한 케이스매니지먼트 실천론. 김만두 편역. 홍익제.

Mueser, K. T., Bond, G. R., Drake, R. E., & Resnick, S. G. (1998). Models of community care for severe mental illness: A review of research on case management. *Schizophrenia Bulletin 24*(1), 37-74.

Patterson, D., & Lee, M. S. (1998). Intensive Case Management and Rehospitalization: A Survival Analysis. *Research on Social Work Practice, 8*(2), 152-171.

Ram, A. (1994). The New American Social Work Gospel: Case Management of the Chronically Mentally Il. *The British Journal of Social Work, 24*(5), 533-557.

Rapp, C., & Goscha, R. (2006). *The strengths model: Case management with people with psychiatric disabilities* (2nd ed.). New York: Oxford University Press.

Rothman, J., SAGER, J. S., & Rothman, J. (1998). *Case management: integrating individual and community practice.* Boston, Allyn and Bacon.

Sheafor, B. W., & Horejsi, C. R. (2005). *Techniques And Guidelines For Social Work Practice.* Allyn & Bacon.

Turner, J. E. C., & Shifren, I. (1979). Community Support Systems: How Comprehensive? *New Directions for Mental Health Services, 2,* 1–13.

Walsh, J. (2000). *Clinical case management with persons having mental illness: A relationship-based perspective.* Belmont, CA: Brooks/Cole.

Woodside, M., & McClam, T. (1998). *Generalist case management: A method of human service delivery.* Pacific Grove, CA: Brooks/Cole.

Woodside, M., & McClam, T. (2005). *Generalist case management: A method of human service delivery* (3rd ed.). Pacific Grove, CA: Brooks/Cole.

25장

직업재활서비스와 주거서비스

임규설
(지역사회전환
시설 라온)

I. 서론

정신장애인은 다른 장애유형에 비해 장애 회복속도가 느리고 장기적인 질병관리와 지속적인 정신재활서비스를 필요로 한다. 또한 정신장애인들의 독립적인 삶을 지원하기 위하여 직업재활과 주거지원이 그 무엇보다 필요하다. 직업과 주거는 모든 인간의 삶의 과정에 있어서 가장 중요한 요소이며, 특히 정신장애인의 자립에 있어서 없어서는 안 될 가장 필수적이고 효과적인 수단이라고 할 수 있다.

「정신건강증진 및 정신질환자 복지서비스 지원에 관한 법률」(이하 정신건강복지법, 2017)의 시행과 더불어 정신건강복지 기본계획(2021-2025, 한국보건사회연구원), 장애인 종합대책(보건복지부, 2016)은 국내 사회에서 편견이 높고 회복과 고용관련 서비스에 대한 접근성이 낮은 정신장애인들의 사회적 삶과 시민으로서의 삶을 보장하기 위해 다양한 정책 및 제도를 제공하고 있다. 정신장애인의 회복을 높이기 위해 사회복귀, 거주, 고용 전략을 개발하고 제도화하는 등 다방면으로 노력하고 있지만, 정신장애인에 대한 사회적 인식과 편견은 여전히 부정적인 것이 현실이다(김민 · 임규설 · 김솔아, 2017).

2017년 장애인실태조사에 따르면 정신장애인은 전체 장애인구 중 5.0%이며, 다른 장애유형과 비교하여 소수로 분류되기 때문에 이들에 대한 사회적 관심이 낮게 나타나는 것으로 생각할 수 있다. 겉으로 드러나는 장애에 익숙해진 사람들은 정신장애와 같이 눈에 보이지 않는 장애를 두려운 것으로 인식하여 실제로 경험해 보지 않고 부정적으로 인식해 버린다. 대중들의 편견과 선입견으로 인해 정신장애인들은 다른 장애유형과 달리 사회로 나와 다른 사람들과 함께 생활하고 직업을 갖고 자신이 원하는 삶을 사는 등 시민으로서 자신의 권리를 영위하는 것이 제한된다. 결국, 증상발현이 낮아지고 병원에서 퇴원하더라도 지역사회에 나와 거주하고, 직업을 가지고, 일상적인 생활을 하는 등 스스로 독립적인 생활을 하는 데 힘이 들며, 관련 서비스 이용이 제한된다(김민 · 이근용 · 조성재, 2015). 이러한 이유로 정신장애인이 지역사회에서 안정적으로 거주하면서 경제생활을 유지하는 것이 다른 장애유형보다 더 힘든 것이 현실이다.

2018년 장애인주거실태조사에 따르면 자립을 원하는 정신장애인이 83.7%이며, 이들 중 '혼자 살고 싶다'는 67.8%, '일상생활을 지원해 주는 사람과 함께 살고 싶다'는 11.7%로 나타났다. 그리고 자립을 위해 필요한 지원으로는 '주택지원' 58.8%, '일자리 지원' 22.4% 등으로 나타났다. 이러한 점을 볼 때 정신질환자들의 녹립생활과 독립주거를 위해 다양한 주거지원 정책이 필요함을 알 수 있다(한국보건사회연구원, 2018).

장애인실태조사와 같이 장애인이 사회에서 살아가기에 필요한 욕구를 조사한 연구결과에 따르면 정신장애인이 회복을 통해 지역사회에서 자신이 원하는 삶을 살기 위해 장애증상 관리, 주거, 직업재활 및 교육서비스가 지속적으로 언급된다(국가인권위원회, 2016).

정신장애인 지역사회 통합을 위해 필요한 기본 조건으로 정신건강복지법 및 정신보건 전달체계의 재정비, 정신장애인의 주거지원 정책 확대, 정신장애인을 위한 기초생활보장 제도 확충, 일상생활 및 돌봄체계 구축, 지역사회 네트워크 및 사례관리 서비스 지원체계 확립, 복지자원 지원체계 구축 등 6가지를 언급하였다. 그리고 전문가와 정신장애인들을 중심으로 지역사회에서 살아가기 위해 필요한 사업유형에 대한 의견으로 주거시설(예: 전환시설, 독립주택), 정신장애 인식개선, 사회복귀 지원, 정신질환 통합관리, 정신장애 집중 사례관리, 동료활동가 양성사업 등으로 나타났다(소윤화 외, 2014).

결국, 많은 연구들이 정신장애인의 독립적인 생활과 지역사회통합을 위해 정신보건서비스, 주거지원 서비스, 복지지원 서비스, 인식개선 등을 언급하고 있으며, 이들의 고용과 취업유지에 대한 연구들이 제안되어 있다(김민, 2016).

2017년 12월 31일 기준 정신재활시설 및 지역사회 재활기관 등록 정신질환자 가운데 수입을 목적으로 1시간 이상 취업한 대상자의 비율은 16.2%이다(국립정신건강센터, 2018).

지역사회 재활서비스 이용률이 극히 낮은 상황에서, 취업의 범위를 넓게 포괄하더라도 재활서비스를 통해 경제활동까지 이어진 경우가 많지 않다는 점에서, 정신장애인들은 정신적인 문제와 더불어 경제적 어려움에 함께 노출되어 있다고 할 수 있다(한국보건사회연구원, 2019). 2017년 장애인 실태조사에서 장애인 고용지원제도를 이용할 수 있는 정신장애인의 경우 국민기초생활수급권자 비율이 54.7%로 15개 장애 중 가장 높게 나타났으며 경제활동 참가율은 19.2%로 다른 정신적장애(지적장애 35.7%, 자폐성장애 28.3%)에 비해서 낮은 편이고 정신장애인의 경제활동인구의 실업률은 18.3%로 자폐성장애에 이어 두 번째로 나타나 정신장애인의 취업이 어려움을 보여주고 있다(보건복지부, 2017).

정신장애인 실업률은 시간이 지날수록 점차 악화되며(한국보건사회연구원, 2014), 청/장년 정신장애인의 실업률이 전 장애영역에서 가장 높게 나타났다(변용찬, 2016). 정신장애인은 다른 장애유형에 비해 최종학력이 높게 나타나지만, 근로자들은 다른 장애유형에 비해 임금수준이 낮고 정규직 비율이 낮은 열악한 고용환경에 처해 있다.

지역사회 재활기관 및 정신재활시설을 이용하는 등록 정신질환자 90,849명 중 불안정 거주상태의 비율이 12.3%로 전년도에 비해 2.1% 증가하였다(국립정신건강센터, 2018).

보호자가 필요한 대상자로 발굴된 이들이 안정적인 환경에서 적절하게 관리를 받지 못하고 있어 재활의 가능성이 낮고, 이러한 상황은 지난해에 비해 악화된 것으로 보고되어 거주공간의 확보가 시급함을 보여주는 것이다(한국보건사회연구원, 2019). 이처럼 정신장애인에게 필요한 주거시설은 그 욕구에 비해 현저하게 공급이 부족한 것이 현실이다.

양옥경 등(2010)은 당사자의 사회복귀를 위해 필요한 서비스로 지역사회기반 정신/보건서비스, 주택지원/주거, 교육, 약물남용/예방, 지지/옹호, 특수교육, 중복장애, 재발방지, 취업지원/소득보장, 사례관리 서비스 등으로 제시하였다.

적절한 주거환경과 직업재활 없이는 안정적인 지역사회 통합을 기대하기 어려우며, 무엇보다도 정신장애인들이 지역사회 내에서 안정적으로 정착하여 생활하기 위해서는 그들의 욕구에 맞는 다양한 직업재활서비스와 주거서비스 지원이 필수적이다.

Ⅱ. 이론적 배경

1. 패러다임의 변화

정신장애와 관련된 패러다임이 변화함에 따라 정신장애인 당사자들이 이용할 수 있는 서비스의 유형과 종류가 다양해지고 있다. 정신건강 및 보건문제가 생물학적 요인에 의해 발생하는 질병이고 문제를 해결하기 위해 병원이 가장 적합한 치료 장소로 인식되는 의학적 패러다임의 경우 정신장애인들은 정신보건서비스를 주로 이용하였다. 이로 인해 정신장애인들이 지역사회로 나가 독립적인 생활보다 안전하고 지속적인 보호와 케어를 받을 수 있는 병원에 머물러 장기적인 치료를 받는 것이 우선시되었다. 이 시기에는 정신보건서비스가 의료서비스로 인식되었으며, 사회심리적인 서비스나 직업서비스는 부차적인 것, 즉 의료전문가의 판단에 따라 필요한 경우 제공되는 것으로 간주되었다. 따라서 정신장애인이 병원에 입원하는 것은 가장 안전한 곳에서 필요로 하는 서비스를 받을 수 있는 곳으로 인식되었다(박선주, 2017).

이후 20세기 후반부터 세계적으로 보편화된 패러다임인 탈시설 및 탈원화가 나타나면서 정신장애인이 병원이 아닌 지역사회에서 생활하고 의료적 개입과 함께 지역사회 기관에서 직업재활, 일상생활, 사회심리적 재활서비스를 이용하는 형태로 변화하고 있다. 최근에는 회복운동이 나타남에 따라 정신장애인이 주도하는 치료 및 재활계획을 개발하고 서비스를 제공하는 형태가 나타나며, 보건-정신보건-거주-취업지원-교육-자기옹호와 같은 서비스들이 결합하여 정신보건과 지역사회거주가 하나의 개념으로 통합되고 있다(김미곤, 2017).

최근에는 4차 산업혁명과 플랫폼경제의 도래, 국제적인 기준에 의한 권고사항 등으로 노동시장 등 경제적인 변화뿐만 아니라 장애인 돌봄서비스 자체에도 큰 변화가 있을 것이라는 전망이 나오고 있다. 이러한 흐름으로 인해 변화할 경제와 사회의 모습이 어떠할 것인지 예단하기 어렵지만, 적어도 정신장애 영역과 관련하여 볼 때 기존의 사회보장제도와 지원시스템의 변화가 필요한 상황이다(문용훈, 2020).

2. 정신장애인 직업재활서비스

신체적, 정신적 장애를 가진 사람들은 직업을 가지고 살아가는 데 있어 다양한 어려움과 제한점을 경험하기 때문에 장애인들의 고용안정과 고용유지를 위해 직업재활서비스를 필요로 한다(한국장애인개발원, 2008). 직업재활은 개인의 능력과 적성, 욕구를 기반으로 하여 자신이 원하는 직업을 선택하고, 취업을 위한 훈련을 받고, 취업을 통해 직업을 유지하는 단계를 포함하며, 이러한 단계들을 성공적으로 완료하기 위해 필요한 지원들을 포함한다. 정신장애인을 위한 직업재활서비스는 정신재활시설, 정신요양시설, 정신건강복지센터에서 제공하는 사회복귀를 위한 훈련으로 직업준비, 훈련, 구직, 사후관리 등의 형태로 제공된다(손성원, 2016).

정신장애인에게 있어서도 직업은 사회적으로 고립되고 활동이 위축되어 있는 상태에서 벗어나 사회구성원으로 소속감을 가지고 자기정체성을 확립할 수 있도록 한다. 또한 잠재되어 있는 다양한 능력을 발견하고 지역사회에서 자립하기 위해서도 직업이 가지는 의미는 크다고 할 수 있다. 오늘날 직업은 정신장애인에게 사회적응을 가능하게 하는 지역사회 복귀의 수단이자 긍정적 재활치료 효과를 주는 중요 수단으로 여겨지고 있다(심경순, 2002).

정신장애는 정신장애인 자신뿐만 아니라 가족과 지역사회에 심리적, 경제적, 사회적 영향을 미치므로, 정신장애인이 사회적, 경제적 기능을 회복하고 지역사회에서 성공적으로 독립적인 생활을 하는 것은 개인은 물론 가족과 사회에 생산적인 기여를 한다는 의미를 갖는다. 또한 직업을 가지고 지역사회에서 활동적으로 생산적인 일을 할 때에 정신적인 증상이 경감될 뿐만 아니라 자신의 역할에 대한 정체성과 시간 및 공간에 대한 개념이 확립되고, 타인과 상호작용을 함으로써 자신의 가치를 확인하게 되는 등 직업을 통하여 전반적인 삶의 질이 향상되는 것으로 나타났다(Strauss et al., 1998: 최희수, 1999에서 재인용).

따라서 직업재활을 통하여 취업의 기회를 갖는 것은 정신장애인이 지역사회에서 정상적인 삶을 다시 시작하고, 정신건강서비스에 대한 의존성과 기대를 감소시킴으로써 사회통합을 촉진시킨다.

정신장애인 직업재활 및 사회복귀와 관련하여 다양한 서비스들이 정신장애인에게 제공되고 있다. 정신장애인 회복에 중요한 역할을 하는 정신장애인 가족단체인 정신장애연합(National Alliance on Mental Illness)은 고용을 통해 정신장애인은 정신장애로부터 회복하고 지역사회 거주를 높이는 데 중요하다고 강조하고 있다(NAMI, 2014: 김민 외, 2018에서 재인용). 비록 정신장애인이 고용을 통해 정부에서 받는 경제적 혜택과 의료보호 자격을 잃을 수 있지만, 사회보장서비스 내에 남아 있는 것보다 고용을 통해 얻을 수 있는 점이 더 많다는 것을 강조하고 있다. 정신장애인에게 중요한 직업재활서비스로 개별배치 및 지원, 지역사회 집중재활지원, 임시취업장 확보, 그 외 고용서비스를 언급하고 있다(김민 외, 2018).

김민 등(2015)은 정신장애인 직업재활서비스와 관련된 대한 26가지 연구물을 수집한 후 특성에 따라 4가지 영역(지원고용(개별배치 및 지원), 지원교육, 사회기술훈련, 그 외 서비스)으로 구분하였다.

첫째, 지원고용(supported employment)과 개별배치 및 지원은 직업훈련과 직업전 훈련, 집단 기술훈련, 전통적 직업재활서비스, 일반치료(직업훈련을 제외한 질병관리 및 장애관련 서비스) 등이 포함된다. 전통적인 서비스에서 직업전 훈련의 최소화와 빠른 직업배치를 강조하고 있는 행태로 변화하면서 지원고용이 개발되었다. 보다 효과적인 서비스 제공을 위해 Quality of Supported Employment Implementation Scale나 Individual Placement and Support Fidelity Scale 등을 개발되어 사용되고 있다.

둘째, 지원교육(supported education) 및 직업개발/훈련은 직업생활 중 장애로 인해 나타나는 부정적인 증상(급격한 감정변화, 낮은 근로역량, 높은 직무스트레스)을 최소화하고 빠른 직장적응과 유지기간을 높이기 위한 훈련이 포함된다. 정신장애인이 일상 및 사회생활에서 경험하는 문제들보다는 직업과 관련된 문제를 최소화하기 위한 훈련이 제공된다. 이는 정신장애인의 자존감과 인지기능 향상 및 직업훈련/교과과정 수료로 나타난다.

셋째, 사회기술훈련은 정신장애인의 신체적·정신적 증상완화, 금전관리 능력 및 의사소통 기술개선, 직업유지, 대인관계 기술 확대, 삶에 대한 만족도 향상을 목적으로 하는 서비스이다. 이 훈련을 통해 정신장애인은 장애에 따른 증상과 상태를 스스로 관리하거나 적절한 대응기술을 배우는 것이다. 그리고 증상 재발을 낮추고, 장애에 대한 적응을 높여 질적으로 높은 삶을 살 수 있도록 돕는다. 기술훈련을 제공하기 위해서 실무자는 심리교육, 행동중재, 인지기술 능력을 가지고 있어야 한다. 제공되는 프로그램은 당사자의 역량강화, 사회보장서비스에 대해 알고 스스로 찾기, 자기결정, 계획 세우고 실행하기 등이 있다.

넷째, 그 외 서비스는 클럽하우스 모델, 사회적 협동조합, 사회적 기업, 보호작업장 등이 있다.

3. 정신장애인 주거서비스

장애인을 위한 서비스에 있어 '자기결정권', '효율성', '효과성'을 고려할 때, 장애인 스스로 자신의 신체 및 정신적 장애에 따라 주거 적합성과 선호성을 확인하는 것을 통해 주거관련 지원을 선택할 수 있는 체계가 중요하게 대두되고 있다(김정희 · 김은혜 · 이진숙, 2010).

정신장애인의 대부분이 성인기와 노년기에 걸쳐 있기 때문에 사회경제학적 측면에서 사회활동, 주거소유, 주거를 매개로한 서비스 활용 및 지역사회생활 적응 등과 관련한 사회적 욕구가 큰 시기라고 할 수 있다.

무엇보다 장애인에게 주거는 단순히 주택의 의미보다 자신의 장애를 적응하는 일차적 공간일 뿐만 아니라 일상의 삶의 철학을 담아내고 있는 전반적 생활의 중심이며, 단순히 거주하는 장소로서의 환경보다 그러한 물리적인 공간을 통해 이루어질 수 있는 다양한 상호관계를 형성하는 사회적 매개체의 의미를 가진다(Wolf-Branigin, 2006; 김정희 외, 2010에서 재인용).

최근 실제적인 자립성을 지원할 수 있는 주거환경과 주거를 매개로 한 정신장애인의 전반적인 삶의 질 향상의 중요성이 강조되고 있다.

지역사회 내 주거는 모든 사람들에게 필수적이지만, 특히 정신장애인에게 주거는 독립생활의 기본 원칙인 자기결정, 지역사회접근권 실현의 전제조건, 지역사회 중심 통합을 향한 핵심열쇠라고 할 수 있다(국가인권위원회, 2014). 실제 주거는 정신장애인이 지역사회 내 안정적 삶의 지속, 삶의 질 및 사회적 기능 향상에 영향을 준다(Aubry et al., 2015: 송승연, 2020에서 재인용).

2017년 정신건강복지법으로 전면 개정되면서 '제4장 복지서비스 제공. 제37조(지역사회 거주 · 치료 · 재활 등 통합지원)'이 신설되었다. 2006년 결의된 국제조약인 UN장애인권리협약(CRPD)은 제19조(자립생활 및 지역사회통합) 세부조항에는 '거주 선택 및 누구와 살 것인가에 대한 선택의 자유', '장애인의 지역사회통합을 위한 주거지원서비스' 등이 제시되어 있다. 또한 제28조(적정한 삶의 수준과 사회적 보호)를 통해 '공공주택 프로그램에 대한 장애인의 접근성' 등을 명시하고 있다. 이와 같이 정신장애인의 지역사회 삶을 위한 주거서비스를 중요한 요소로 명시하고 있다(송승연, 2020).

정신장애인을 위한 대표적인 주거유형을 살펴보면, 전문가의 보호와 규제의 강도가 가장 크고 이용기간 제한이 있는 지역사회전환시설(중간집, halfway house) 유형, 야간을 제외하고 전문가의 보호와 도움을 받으며 이용기간에 제한이 있는 지원주거시설(supportive housing) 유형, 거의 독자적으로 생활하면서 대상사의 선택과 자조 역량강화를 강조하며 완전한 독립을 위한 준비단계로서 전문가 도움이 없이 생활하는 개념의 지지주거(supported housing) 유형, 마지막으로 일반 집 혹은 아파트에서 정신장애인들끼리 혹은 혼자 독립적으로 생활하는 개념의 독립주거(independent housing) 유형이 그것이다. 단, 독립주거유형은 정신장애인의 자유뿐 아니라 책임과 자율성이 중요하며, 아울러 전문가의 지지가 절대적으로 중요한 유형이다. 우리나라의 경우 정신장애인 주거는 주택법, 임대주택법, 정신건강복지법 등 여러 법적 근거에 의해 보장받을 수 있다. 그러나 이들 법들은 보장을 중심으로 설계되어 있어 정신장애인의 주거에 대한 법적인 보장은 매우 열악한 상황이다(김희정 · 오희영 · 이현주, 2020).

주거보장은 정신장애인의 탈원화와 정상화, 지역사회 통합과 자립을 위한 가장 기본적이고 필수적인 권리라고 할 수 있다. 정신장애인의 주거문제를 해결하고 바람직한 대책을 마련하기 위해서는 보다 체계적인 지역사회 돌봄체계를 구축하고 잘못된 사회적 편견을 해소해 나가고자 하는 적극적인 노력이 필요하다.

Ⅲ. 실제

1. 직업재활서비스

1) 정신건강복지법에 근거한 직업재활서비스

(1) 정신의료기관

개정된 정신건강복지법은 입 · 퇴원 기준을 강화하여 기존의 병상 수를 적정 수준으로 줄이기 위해 노력하고 있다. 정신의료기관의 주요 목적은 치료이며 작업요법(직업훈련) 등을 실시하며, 다음은 이에 대한 법적근거이다.

제52조(작업요법) ① 법 제76조제1항에서 "보건복지부령으로 정하는 작업"이란 입원 등을 한 사람의 건강과 안전을 해치지 아니하는 범위에서 이루어지는 단순 기능 작업을 말한다.
② 법 제76조제1항에 따른 작업은 다음 각 호의 구분에 따라 실시한다.
1. 작업 시간: 다음 각 목의 구분에 따른 시간
가. 정신의료기관등에서 실시하는 경우: 1일 6시간 이내 및 1주 30시간 이내
나. 정신의료기관등이 아닌 외부에서 실시하는 경우: 1일 8시간 이내 및 1주 40시간 이내
2. 작업 장소: 직업재활훈련실 등 작업에 필요한 시설을 갖춘 장소에서 실시할 것
③ 정신의료기관등의 장은 법 제76조제1항에 따른 작업을 시키는 경우에는 정신건강전문요원 또는 「의료기사 등에 관한 법률」 제2조제1항제4호에 따른 작업치료사를 두어 안전한 환경에서 작업이 이루어지도록 하여야 하고, 가위·칼 등 정신질환자 본인 또는 다른 사람을 해칠 수 있는 도구들은 안전하게 사용·관리되도록 조치하여야 한다.
④ 정신의료기관 등의 장은 법 제76조제1항에 따른 작업으로 얻은 수입이 있는 경우에는 원자재 구입비용 등 작업에 든 실비를 제외한 금액을 해당 입원 등을 한 사람에게 각 개인별 예금계좌를 통하여 지급하여야 한다.

(가) 입원환자에게 정신건강의학과전문의의 지시에 의한 의료 또는 재활의 목적이 아닌 노동을 강요하여서는 아니 된다.(법41조제3항)

(나) 환자의 작업요법은 안정시설을 갖춘 직업재활훈련실에서 시행하여야 하며, 시행 시 관련규정(법 제46조의2와 시행규칙 제23조의2)과 13. 정신질환자 권익보호 부분의 다. 4) 작업요법 규정의 준수 항목 및 [별표1-4-2] 작업치료지침을 준수하여야 한다.

(다) 작업요법의 실시는 치료대상자 본인의 신청 또는 동의에 의하여 정신과 전문의의 지시에 따라서 수행하여야 한다.

(라) 정신의료기관의 장은 작업결과 발생한 수익금 중 필요경비를 제외한 수익금 전액을 작업자 개인별 예금계좌를 통하여 지급하여야 한다.

* 2020년 정신건강사업안내

(2) 정신건강복지센터

전국 시군구 단위로 1개소 이상 정신건강복지센터가 설치되어 있으며 지역사회주민을 위한 정신건강증진을 위한 예방, 치료, 재활 업무를 담당하고 있다. 다음은 이에 대한 법적근거이다.

제3조(정의) 3항: "정신건강복지센터"란 정신건강증진시설, 「사회복지사업법」에 따른 사회복지시설(이하 "사회복지시설"이라 한다), 학교 및 사업장과 연계체계를 구축하여 지역사회에

서의 정신건강증진사업 및 제33조부터 제38조까지의 규정에 따른 정신질환자 복지서비스 지원사업(이하 "정신건강증진사업 등"이라 한다)을 하는 다음 각 목의 기관 또는 단체를 말한다.

* 2020년 정신건강사업안내

개성된 정신건강복지법 법률안에서 정신건강복지센터는 기관명 변경과 함께 지역사회 정신건강증진사업 및 정신장애인을 위한 복지서비스 지원사업을 중점적으로 운영한다. 하지만 복지서비스에 대한 구체적인 사업내용과 예산이 배정되지 않아 향후 주요 방향성에 논의가 필요한 사항이며, 기존의 지역사회 정신재활시설과의 역할 구분에 대한 구체적 논의 또한 필요한 상황이다.

정신건강복지센터는 지역사회 내 직업재활서비스를 제공하는 정신재활시설이 없는 경우 직접 직업재활서비스를 수행할 수 있다. 서울지역을 제외하고 대부분의 지역사회 내 정신건강복지센터에서 직업재활서비스를 제공하고 있다. 다음은 정신건강복지센터에서 제공하는 직업재활서비스 내용이다.

① 내부 직업재활: 센터 내에서 진행된 직업재활로 보호작업장을 의미한다(단, 보호작업장은 필요할 경우 운영할 수 있는 것으로 모든 센터가 보호작업장을 운영해야 하는 것은 아님).

② 외부 직업재활: 외부에서 진행된 직업재활이라 함은 외부 직업훈련 전문기관 등에서 이루어지는 직업훈련, 임시취업(예: 임시직, 시간제 근무 취로사업, 공사장 포함), 지지취업(예: 기관의 도움을 받아 유지하는 취업형태), 경쟁고용(예: 주변의 도움 없이 혼자 직업을 구하고 유지하는 취업형태)을 의미한다.

(3) 정신재활시설

정신건강복지법은 정신재활시설은 '정신질환 또는 정신건강상의 문제를 가진 사람'이 그에 필요한 재활서비스를 받을 수 있는 것으로 정의하였다. 이는 등록된 정신장애인만을 대상으로 서비스하는 '장애인복지법'과 '장애인고용촉진 및 직업재활법'보다 폭넓은 서비스 대상을 규정하고 있다.

제3조(정의): "정신재활시설"이란 제26조에 따라 설치된 시설로서 정신질환자 또는 정신건강상 문제가 있는 사람 중 대통령령으로 정하는 사람(이하 "정신질환자 등"이라 한다)의 사회적응을 위한 각종 훈련과 생활지도를 하는 시설을 말한다.

정신건강사업안내

가. 사업목적: 정신의료기관에 입원하거나 정신요양시설에 입소하지 아니한 정신질환자 등이 지역사회에서 직업 활동과 사회생활을 할 수 있도록 상담·교육·취업·여가·문화·거주·사회참여 등 각종 재활활동 및 복지서비스 제공

* 2021년 정신건강사업안내

정신질환으로 오는 장애를 정신장애라고 표현하지만 장애인복지법에 근거한 등록 장애를 말하는 것은 아니다. 이용대상을 재정리하면 '정신질환 또는 정신건강상의 문제를 가진 사람'이 필요에 따라 재활서비스를 받고자 한다면 본인과 보호자 동의를 통해 주치의 소견과 의뢰만으로 정신재활시설의 서비스를 이용할 수 있다.

시행령 제2조(정신재활시설 이용자의 범위) 「정신건강증진 및 정신질환자 복지서비스 지원에 관한 법률」(이하 "법"이라 한다) 제3조제7호에서 "대통령령으로 정하는 사람"이란 다음 각 호의 어느 하나에 해당하는 장애를 가진 사람을 말한다.

1. 기질성 정신장애
2. 알코올 또는 약물중독에 따른 정신장애
3. 조현병 또는 망상장애
4. 기분장애
5. 정서장애, 불안장애 또는 강박장애
6. 그 밖에 제1호부터 제5호까지의 장애에 준하는 장애로서 보건복지부장관이 정하여 고시하는 장애

정신건강사업안내

1) 입소 이용대상

기타 정신질환자의 주치의가 기능상의 장애로 인해 사회적응훈련을 포함한 정신재활시설의 입소 및 이용을 특별히 의뢰하는 경우 입소·이용가능

* 2021년 정신건강사업안내

2020년 12월 31일 현재 보건복지부 기준으로 등록된 정신재활시설 수는 348개소이고 한국정신재활시설협회로 등록한 유형별 시설 수는 286개소이다.

〈표 25-1〉 정신재활시설 유형

생활시설	주간재활 시설	공동생활 가정	지역사회 전환시설	직업재활 시설	아동청소년 정신건강 지원시설	중독자 재활시설	종합시설	계
14	77	146	7	14	11	4	13	286 (개)
4.90	26.92	51.05	2.45	4.90	3.85	1.40	4.55	100 (%)

*한국정신재활시설협회 등록한 유형별 정신재활시설 현황표(2020.12.기준)

직업재활은 정신재활에 가장 중요한 수단임에도 불구하고 전국적으로 정신장애인 직업재활시설은 14개소(4.9%)밖에 되지 않은 것이 현실이다. 하지만 거의 모든 정신재활시설이 재활방법에 있어 직업재활을 가장 중요한 방법으로 생각하고 있으며, 다양한 직업재활서비스 직·간접적으로 지원을 하고 있다.

2) 장애인복지법에 근거한 정신장애인 직업재활서비스

(1) 정신장애인의 정의

장애인복지법에는 정신장애의 대표적인 몇 가지 유형만 언급하고 있어 모든 정신장애 유형이 포함되어 있지 않다. 정신건강복지법에서 정신장애 대상을 '정신질환 또는 정신건강상의 문제를 가진 사람'으로 정의하고 있지만, 장애인복지법은 '장애로 인해 일상생활 또는 사회생활을 하는 데 있어 상당한 제한을 받아 다른 사람의 도움이 필요한 사람'으로 법 적용대상을 한정하고 있다. 이로 인해 정신장애로 인해 어려움을 겪고 있는 모든 대상이 원한다고 해서 장애등록을 할 수 있는 상황이 아니며, 장애등록을 하지 못한 정신장애인은 장애인복지서비스를 이용할 수 없는 것이 현실이다.

장애인복지법상에 장애등록을 마친 모든 정신장애인은 직업적 장애정도가 심한 장애인(중증장애인)에 해당한다. 이로 인해 정신장애인이 고용 시 사업주에게 고용장려금이나 부담금이 감면 등의 혜택을 더 받을 수 있도록 하여 정신장애인의 취업을 활성화하는 측면이 있다. 하지만 보는 정신장애인을 '근로능력이 현저하게 상실된 자'인 중증장애인으로 규정하여 정신장애인에 대한 사회적 편견을 가중시키는 부정적인 역할도 하고 있다.

장애인복지법 시행규칙(별표1)〈2019.6.4.개정〉

2019년 7월부터 1~6급까지의 장애인등급제가 폐지되고, 장애인의 장애정도를 장애의 정도가 심하지 않은 장애인과 장애의 정도가 심한 장애인으로 구분하여 분류하고 있음.

8. 정신장애인(장애의 정도가 심한 장애인에 해당함)

가. 조현병으로 망상, 환청, 사고장애 및 기괴한 행동 등의 양성증상이 있으나, 인격변화나 퇴행은 심하지 않은 경우로서 기능 및 능력 장애로 일상생활이나 사회생활에 간헐적으로 도움이 필요한 사람.

나. 양극성 정동장애(情動障碍, 여러 현실 상황에서 부적절한 정서 반응을 보이는 장애)에 따른 기분·의욕·행동 및 사고의 장애증상이 현저하지는 않으나, 증상기가 지속되거나 자주 반복되는 경우로서 기능 및 능력 장애로 일상생활이나 사회생활에 간헐적으로 도움이 필요한 사람.

다. 재발성 우울장애로 기분·의욕·행동 등에 대한 우울 증상기가 지속되거나 자주 반복되는 경우로서 기능 및 능력 장애로 일상생활이나 사회생활에 간헐적으로 도움이 필요한 사람

라. 조현정동장애(調絃情動障碍)로 가목부터 다목까지에 준하는 증상이 있는 사람.

(2) 법률관계

제15조(다른 법률과의 관계) 제2조에 따른 장애인 중 「정신건강증진 및 정신질환자 복지서비스 지원에 관한 법률」과 「국가유공자 등 예우 및 지원에 관한 법률」 등 대통령령으로 정하는 다른 법률을 적용받는 장애인에 대하여는 대통령령으로 정하는 바에 따라 이 법의 적용을 제한할 수 있다.

제21조 (직업)

① 국가와 지방자치단체는 장애인이 적성과 능력에 맞는 직업에 종사할 수 있도록 직업 지도, 직업능력 평가, 직업 적응훈련, 직업훈련, 취업 알선, 고용 및 취업 후 지도 등 필요한 정책을 강구하여야 한다.

② 국가와 지방자치단체는 장애인 직업재활훈련이 원활히 이루어질 수 있도록 장애인에게 적합한 직종과 재활사업에 관한 조사·연구를 촉진하여야 한다.

제46조 (고용 촉진) 국가와 지방자치단체는 직접 경영하는 사업에 능력과 적성이 맞는 장애인을 고용하도록 노력하여야 하며, 장애인에게 적합한 사업을 경영하는 자에게 장애인의 능력과 적성에 따라 장애인을 고용하도록 권유할 수 있다.

*장애인복지법

장애인복지법상 언급되어 있는 장애인복지서비스들은 장애인이 사회에서 거주하며,

일을 할 수 있는 복지서비스를 포함하는 직업재활과 높은 관련이 있다. 예를 들어, 소득보장 서비스(장애수당, 본인자녀 학자금 지원, 세금 공제, 의료비 및 보장구 지원 등), 주거마련복지서비스(임대주택 가산점 부여, 그룹홈 지원, 주택마련대출 지원 등), 직업재활관련 서비스(직업훈련, 창업자금지원, 보호작업장, 장애인생산품시설 등) 등이 있다.

장애인들이 이용할 수 있는 다양한 복지서비스들이 장애인복지법상에 언급되어 장애인들의 재활을 위해 제공되고 있다. 하지만 장애인복지법 제15조 조항에 근거하여 정신장애인은 장애인복지 서비스 예외대상으로 분류되어 있어 장애등록한 정신장애인이 장애인복지법에 근거해 실제적으로 직업재활서비스를 이용하는 데 제약이 있는 것이 현실이다.

3) '장애인고용촉진 및 직업재활법'에 근거한 직업재활서비스

(1) 정신장애인의 정의

장애인고용촉진 및 직업재활법에 정의되어 있는 장애인은 장애인복지법에 따라 근로능력이 현저하게 상실된 자로서 대통령령으로 정하는 기준에 해당하는 자를 말한다.

> 장애인고용촉진 및 직업재활법
>
> 제2조(정의)
>
> 2. "중증장애인"이란 장애인 중 근로능력이 현저하게 상실된 자로서 대통령령으로 정하는 기준에 해당하는 자를 말한다.
>
> 시행령 제4조(중증장애인의 기준)
>
> 1. 법 제2조제2호에 따른 중증장애인은 다음 각 호의 어느 하나에 해당하는 자로 한다.
>   1) 「장애인복지법 시행령」 제2조 및 별표1에 따른 고용노동부령으로 정하는 기준에 해당하는 사람
> 2. 고용노동부장관은 제1항 각 호에 해당하는지를 다음 각 호의 어느 하나에 해당하는 자료로 확인할 수 있다.
>   1) 「장애인복지법」 제32조에 따른 장애인등록증
>   2) 제1항제1호에 해당함을 확인할 수 있는 「장애인복지법」 제32조제3항에 따른 장애 진단 자료 및 같은 조 제6항에 따른 장애 정도에 관한 정밀심사 자료
>
> 시행규칙 제2조(중증장애인) 「장애인고용촉진 및 직업재활법 시행령」(이하 "영"이라 한다) 제4조제1항제1호에서 "고용노동부령으로 정하는 기준에 해당하는 사람"이란 「장애인복지법 시행규칙」 별표1에 해당하는 사람을 말한다.

장애인고용촉진 및 직업재활법에 근거한 직업재활서비스 대상을 등록한 장애인으로 한정하고 있다. 하지만 시행령 제4조 2항2를 근거로 볼 때 장애등록을 하지 않았더라도 장애진단 자료만으로도 서비스의 대상이 될 수 있다고 해석할 수 있다. 정신장애인 중 장애등록하지 않은 재활서비스대상자가 여전히 많은 점을 감안한다면 등록하지 않은 정신장애인에 대한 폭넓은 직업재활 접근 방법이 필요하다.

(2) 직업재활서비스 제공기관

직업재활서비스는 어떤 서비스보다 복합적이며 여러 전문가들로부터 장기적인 서비스를 제공받아야 하는 서비스이기 때문에 직업재활 전달체계는 매우 중요하다. 장애인 직업재활 실시기관은 특수교육진흥법에 의한 특수교육기관, 장애인복지법에 규정한 장애인복지관, 장애인직업재활시설, 장애인복지단체, 근로자직업훈련촉진법에 의한 직업능력개발훈련시설, 기타 노동부장관이 인정하는 기관 등으로 구분된다. 이 중 현재 장애인직업재활기금사업을 수행하고 있는 기관은 장애인복지관에 설치되어 있는 직업재활센터, 전문직업평가센터, 직업재활시설(근로사업장, 보호작업장, 직업적응훈련시설, 장애인생산품판매시설), 장애인단체 등이다. 다음은 직업재활센터, 평가센터, 직업재활시설 등 법률상 구분되어 있는 기관들에 대한 설명이다.

① 직업재활센터

직업재활센터는 장애인들에게 종합적이고 전문적인 서비스를 제공하기 위하여 장애인복지관에 설치하여 장애인이 지역사회에서 직업재활과 관련된 다양하고도 전문적인 서비스를 제공받을 수 있도록 원스톱 서비스 체계를 구축하여 종합적인 서비스를 제공한다. 기관에서는 이와 관련된 직업재활시설과 단체와의 연계를 통해 필요한 기술적 지원과 서비스를 제공한다. 직업재활센터의 역할 및 업무는 장애인에 대한 종합적인 직업재활서비스를 제공하고 지역사회 내의 직업재활 자원과의 연계 및 전이 역할을 하는 직업재활의 중추적인 역할을 하는 기관으로 담당 프로그램 분야는 직업상담, 직업평가, 직업적응훈련, 직무개발 및 배치, 지원고용 및 다양한 고용프로그램 개발 및 실험, 사후지도기능, 지역사회 직업재활자원의 개발 및 효율적 활용을 위한 연계기능, 직업재활관련 장애인 욕구 및 실태조사 등이다.

② 전문직업평가센터

전문직업평가센터는 장애인의 의료적, 심리적, 직업적, 사회문화적 영역 등에 대한 종합적인 평가결과를 종합하여 개별계획 개발에 필요한 정보를 파악한다. 직업재활센터는 직업평가활동을 지원하는 곳으로, 지필검사나 경증장애인 위주의 현장평가는 물론 직업적 중중장애인에게 장기간의 작업표본검사와 현장평가가 필요한 경우 이를 수행한다. 센터에서 전문가들이 간편하게 사용할 수 있는 도구의 개발이나 평가도구의 한국화 작업을 수행하는 역할을 한다.

③ 직업재활시설

직업재활시설은 근로사업장, 보호작업장, 직업적응훈련시설, 장애인생산품판매시설로 되어 있으며, 직업재활센터와 같이 종합적인 직업재활서비스를 제공할 수 있도록 중증장애인을 대상으로 하는 서비스를 제공하고 있다.

〈표 25-2〉 장애인 직업재활시설 유형별 운영현황

근로사업장	보호작업장	직업적응 훈련시설	장애인생산품 판매시설	계
66	574	23	0	663

* 한국장애인직업재활시설협회 등록 시설 기준(2020.12월 기준)

2020년 기준으로 전국에 663개소가 있다. 지역별 직업재활시설 분포는 서울 131개소(19.8%), 경기 120개소(18.1%), 경남 49개소(7.4%), 경북 42개소(6.3%), 부산 39개소(5.9%), 대구 39개소(5.9%), 강원 36개소(5.4%) 등의 순으로 설치되어 있으며, 대체로 거의 모든 지역에 고루 분포되어 있음을 알 수 있다. 유형별로는 장애인보호작업장이 574개소(86.6%), 장애인근로사업장 66개소(9.6%)로 나타났다. 보호작업장 중 몇 개의 시설은 정신장애인 특화시설로 운영하거나 등록한 정신장애인을 포함하여 운영 중인 곳이 차츰 늘어나고 있다.

④ 한국장애인고용공단

장애인고용공단은 다음과 같은 역할을 수행한다.

가. 설립목적: 장애인이 직업생활을 통하여 자립할 수 있도록 지원하고, 사업주의 장애인 고용을 전문적으로 지원하기 위함

나. 설립근거: 장애인고용촉진 및 직업재활법 제43조 제1항

다. 주요 역할

- 장애인의 고용촉진 및 직업재활에 관한 정보의 수집·분석·제공 및 조사·연구
- 장애인에 대한 직업상담, 직업적성 검사, 직업능력 평가 등 직업지도
- 장애인에 대한 직업적응훈련, 직업능력개발훈련, 취업알선, 취업 후 적응지도
- 장애인 직업생활 상담원 등 전문요원의 양성·연수
- 사업주의 장애인 고용환경 개선 및 고용 의무 이행 지원
- 사업주와 관계 기관에 대한 직업재활 및 고용관리에 관한 기술적 사항의 지도·지원
- 장애인의 직업적응훈련 시설, 직업능력개발훈련시설 및 장애인 표준사업장 운영
- 장애인의 고용촉진을 위한 취업알선 기관 사이의 취업알선전산망 구축·관리, 홍보·교육 및 장애인 기능경기 대회 등 관련 사업
- 장애인 고용촉진 및 직업재활과 관련된 공공기관 및 민간 기관 사이의 업무 연계 및 지원
- 장애인 고용에 관한 국제 협력
- 그 밖에 장애인의 고용촉진 및 직업재활을 위하여 필요한 사업 및 고용노동부장관 또는 중앙행정기관의 장이 위탁하는 사업

공단에서는 정신장애 특성에 맞는 다양한 직업재활서비스 개발 및 연구가 장애인범주에 포함된 2000년도 초기에는 활발히 이루어졌으나 최근에는 정신장애인 직업재활서비스에 대한 연구(적합 직종개발 연구, 직업재활 현황 연구, 직업재활 모델 연구 등)가 거의 이루어지지 않고 있다.

⑤ 장애인고용개발원

고용개발원은 장애인 고용과 취업유지를 위해 다음과 같은 업무를 수행한다.

- 체계적이고 심층화된 직업재활서비스 제공에 관한 사항
- 장애인 직업재활 및 고용촉진관련조사, 연구에 관한 사항
- 장애인 직업능력평가 기법 개발에 관한 사항
- 직업재활 전문가 및 직업생활상담원 교육에 관한 사항
- 직업훈련프로그램 개발 및 작업보조도구 개발에 관한 사항

- 장애인 창업스쿨 운영 및 사업체 경영기술 지도에 관한 사항
- 중증장애인에 대한 직업훈련실시 및 연구 분석에 관한 사항
- 장애인고용관련 정보수집, 분석, 제공 및 재활기술개발에 관한 사항
- 직업훈련교사, 직업재활 전문 인력양성 및 연수교육에 관한 사항
- 장애인 고용실태조사, 분석에 관한 사항
- 세미나 개최 및 연구과제 발표에 관한 사항
- 교과과정 및 학사관리에 관한 사항
- 소관시설 및 훈련장비 관리에 관한 사항
- 도서 및 자료실 운영에 관한 사항

위의 장애인고용촉진 및 직업재활법에 근거한 다양한 장애인 직업재활서비스들은 중증장애인들에게 제공되고 있지만, 이러한 서비스들은 장애등록을 한 장애인들에게만 제공된다는 것이다. 사회적 편견과 정신장애에 대한 이해부족으로 정신장애로 등록이 가능하지만 실제 등록하지 않은 미등록 정신장애인이 현재에도 많이 있다. 미등록 정신장애인에게 있어서도 직업재활서비스는 필수적으로 필요하지만 주변 시선과 사회적 불이익으로 인해 등록을 꺼려하고 있다. 이러한 미등록 정신장애인들이 이용할 수 있는 직업재활서비스에 대한 탐구노력도 필요하다.

2. 주거서비스

1) 정신건강복지법에 근거한 주거서비스

정신건강복지법의 법률인과 시행령 중 주거관련 법안을 살펴보면 다음과 같다.

> **정신건강복지법**
>
> 제37조(지역사회 거주 · 치료 · 재활 등 통합지원) ① 국가와 지방자치단체는 정신질환자의 지역사회 거주 및 치료를 위하여 필요한 시책을 강구하여야 한다.
>
> ② 국가와 지방자치단체는 정신건강증진시설에서의 퇴원 및 퇴소(이하 "퇴원 등"이라 한다)가 필요한 정신질환자에 대한 지역사회 재활 지원 등 지역사회 통합 지원을 위하여 노력하여야 한다.

③ 제1항 및 제2항에 따른 지역사회 거주·치료·재활 등 통합 지원을 위하여 필요한 사항은 보건복지부령으로 정한다.

정신건강복지법 시행령

제29조(지역사회 거주 및 통합 지원) 보건복지부장관 또는 지방자치단체의 장은 법 제37조 제1항 및 제2항에 따른 정신질환자의 지역사회 거주·치료 및 재활 지원 등 지역사회 통합 지원을 위하여 필요한 경우에는 보건복지장관이 정하는 바에 따라 그 현황에 대한 실태조사를 할 수 있다.

정신건강복지법은 국가와 지방자치단체에 거주에 관련한 책임을 분명하게 명시하고는 있으나 그에 대한 세부적인 실행방안이 없다. 법의 시행령에는 실태조사로만 명시되어 있고 구체화되어 있지 못한 것이 현실이다.

거주권이란 자신의 장애상태와 상관없이 적절한 주거를 향유할 권리를 가지고 있다는 것을 의미한다. UN 장애인 권리협약 19조는 '장애인은 다른 사람들과 등등하게 거주지 및 동거인에 대한 선택의 자유를 가지며 특정한 주거 형태에서 살도록 강요받지 않아야 한다'이지만 현재 우리 사회 정신장애인 주거서비스 상황을 정리해 보고자 한다.

(1) 주거지원을 위한 정신재활시설

① 정신건강사업안내(주거제공서비스 시설유형)

<table>
<tr><td colspan="2" rowspan="2">2. 생활시설</td><td>가정에서 생활하기 어려운 정신질환자 등에게 주거, 생활지도, 교육, 직업재활훈련 등의 서비스를 제공하며, 가정으로 복귀, 재활, 자립 및 사회적응을 지원하는 시설</td></tr>
<tr><td>가. 시설: 다음 시설을 갖출 것. 이 경우 입소자가 24시간 휴식, 취침 등 일상생활을 할 수 있는 공간으로서 응접실과 침실을 말하는 거실(복도·통로, 관리인 침실, 사무실, 상담실, 다락, 식당, 조리실, 화장실, 목욕실, 세탁장, 건조장 등은 제외한다)의 면적(이하 이 표에서 '거실면적'이라 한다)은 입소자 1인당 4.3제곱미터 이상이어야 한다.
1) 응접실(독립된 방이 아닌 개방공간을 포함한다)
2) 침실
3) 목욕실
4) 재활훈련실
5) 자원봉사자 및 보호자 대기실 또는 휴게실
6) 세탁장 및 건조장
나. 정원: 입소정원 50명 이하</td></tr>
<tr><td rowspan="2">3. 재활 훈련 시설</td><td rowspan="2">나. 공동 생활 가정</td><td>완전한 독립생활은 어려우나 어느 정도 자립능력을 갖춘 정신질환자 등이 공동으로 생활하며 독립생활을 위한 자립역량을 함양하는 시설</td></tr>
<tr><td>1) 시설: 다음 시설을 갖출 것. 이 경우 거실면적은 입소자 1명당 4.3제곱미터 이상이어야 한다.
가) 응접실(독립된 방이 아닌 개방공간을 포함한다)
나) 침실(입소정원 4명인 시설은 1실당 2명 이하, 입소정원 5명 이상인 시설은 1실당 3명</td></tr>
</table>

		이하여야 한다.) 다) 목욕실 라) 세탁장 및 건조장 마) 상담실 및 사무실(상담실 및 사무실은 같은 공간을 함께 사용할 수 있다.) 2) 정원: 입소정원 4명 이상 6명 이하
	다. 지역사회전환시설	지역 내 정신질환자등에게 일시 보호 서비스 또는 단기보호 서비스를 제공하고, 퇴원했거나 퇴원계획이 있는 정신질환자 등의 안정적인 사회복귀를 위한 기능을 수행하며, 이를 위한 주거제공, 생활훈련, 사회적응훈련 등의 서비스를 제공하는 시설
		1) 시설: 다음 시설을 갖출 것. 이 경우 거실면적은 입소자 1인당 4.3제곱미터 이상이어야 한다. 가) 응접실(독립된 방이 아닌 개방공간을 포함한다) 나) 침실 다) 목욕실 라) 재활훈련실 마) 자원봉사자 및 보호자 대기실 또는 휴게실 바) 세탁장 및 건조장 2) 정원: 입소정원 25명 이하
4. 중독자 재활시설		알코올 중독, 약물중독 또는 게임중독 등으로 인한 정신질환자 등을 치유하거나 재활을 돕는 시설
		가. 시설: 다음 시설을 갖출 것. 이 경우 거실면적은 입소자 1인당 4.3제곱미터 이상이어야 한다. 1) 응접실(독립된 방이 아닌 개방공간을 포함한다) 2) 침실 3) 목욕실 4) 재활훈련실 5) 자원봉사자 및 보호자 대기실 또는 휴게실 6) 세탁장 및 건조장 나. 정원: 입소정원 50명 이하
6. 종합훈련		제1호부터 제4호까지의 정신재활시설 중 2개 이상의 정신재활시설이 결합되어 정신질환자 등에게 생활지원, 주거지원, 재활훈련 등의 기능을 복합적·종합적으로 제공하는 시설
		가. 시설: 다음 시설을 갖출 것 1) 강당 또는 회의실 2) 2개 이상을 결합한 각각의 정신재활시설이 갖추어야 하는 시설

출처: 2020년 정신건강사업안내.

② 한국정신재활시설협회에 등록된 286개소 현황

〈표 25-3〉 **정신재활시설 유형**

생활시설	주간재활시설	공동생활가정	지역사회전환시설	직업재활시설	아동청소년정신건강지원시설	중독자재활시설	종합시설	계
14	77	146	7	14	11	4	13	286(개)
4.90	26.92	51.05	2.45	4.90	3.85	1.40	4.55	100(%)

출처: 한국정신재활시설협회(2020.12.기준)

24시간 주거와 재활서비스를 함께 제공하는 입소생활시설, 단기입소시설인 지역사회 전환시설(6개월 이내), 종합훈련시설(2개의 시설유형을 운영, 주거+재활), 주거만을 제공하는 공동생활가정이 있다. 전체 등록된 286개 시설 중 주거제공이 가능한 시설수를 감안해 보면 184개소(63.8%) 정도라고 할 수 있다.

2016년 국가정신건강현황 조사에 따르면, 우리나라 정신장애인 거주서비스 정원은 2,466명인데 현재 입원되어 있는 정신장애인을 위한 주거서비스를 필요로 하는 인구는 16,592명으로 주거서비스 희망자 중 14.9%만이 주거서비스의 혜택을 받고 있어 주거서비스에 관한 사회적 수요와 공급의 불균형 문제가 심각한 것으로 나타났다(문용훈, 2019). 이처럼 전체 정신재활시설 중 약 64%가 주거지원을 하고 있음에도 주거지원서비스를 지원할 수 있는 정신재활시설은 더 많이 필요한 상황이며, 주거서비스를 위한 시설이 서울과 경기권으로 집중되어 있는 반면, 기본적인 주거서비스 조차 제공할 수 없는 지역이 있다는 것 역시 심각한 문제라고 할 수 있다. 주거서비스를 이용하고자 희망하는 이용자의 수요가 얼마나 되는가에 의한 주거시설 확보가 정부의 주요 주거지원 정책방향으로 결정되어야 할 것이다.

2) 정부의 주거서비스 정책내용

(1) LH(Korea Land & Housing Corporation)공사

설립목적	국민이 행복한 주거복지문화 실현(서민주거안정 제고, 주거복지전달체계 고도화, 맞춤형 주거복지서비스 강화 등)
임대주택	주거측면에서의 기본적인 욕구를 충족시킬 수 없는 계층을 대상으로 국가나 사회가 제공하는 주택서비스, 주거수준이 열악한 저소득층을 대상으로 이들의 주거안정을 위해서 매입임대사업 등 다양한 주거복지사업을 실시
① 다가구 매입임대	공동생활가정 운영 가능 주택 1순위(생계, 의료급여수급자, 보호대상 한부모가족) 2순위(당해 세대의 월평균 소득이 전년도 도시근로자 가구당 월평균 소득의 50% 이하인 자) 시세의 30% 수준의 영구임대주택 임대조건 수준이며 최초 임대기간은 2년으로 하되 9회까지 재계약이 가능하므로 20년 동안 거주 가능
② 재건축 매입임대	10년 공공임대주택, 임대보증금 및 임대료는 시중 전세시세의 90% 이하
③ 기존주택 전세임대	도심 내 저소득층이 현 생활권에서 현재의 수입으로 거주할 수 있도록 기존주택에 대한 전세계약을 체결한 후 저소득층에게 저렴하게 재임대하는 것. 공동생활가정(그룹홈) 운영가능, 주거취약계층 주거지원 대상자, 최장 20년 거주가능
④ 공공임대	5년(10년) 공공임대주택, 50년 공공임대주택

출처: LH공사 홈페이지 주요사업안내.

(2) SH(Seoul Housing)공사

설립목적	주거복지 서비스 전문기업 실현 택지의 개발과 공급, 주택의 건설·개량 공급 및 관리 등을 통하여 시민의 주거생활 안정과 복지향상에 기여
주거복지 센터	주거복지 정보를 쉽게 접할 수 있고 편리하게 주거 상담이 가능하며, 주거관련 이견을 나누고 주장할 수 있는 유·무형을 공간을 마련하여 시민들이 주기에 대한 편안한 마음을 가질 수 있는 환경
① 목표	주거복지 종합상담, 저층주거지 주택개량 상담 및 집수리, 주거지원 서비스체계화
② 지원 서비스	맞춤형 공공임대주택 상담 및 교육, 주거상향 설계 서비스, 주거관련 정책 및 제도 안내, 공구대여, 주거비 지원, 간편집수리, 주거복시서비스 연계
③ 지원대상	주거문제를 겪고 있는 서울시민

출처: SH공사 홈페이지 주요사업안내.

3) 정신장애인 주거서비스 정책 사례(서울, 경기 중심으로)

(1) 서울시 주거지원정책 사례

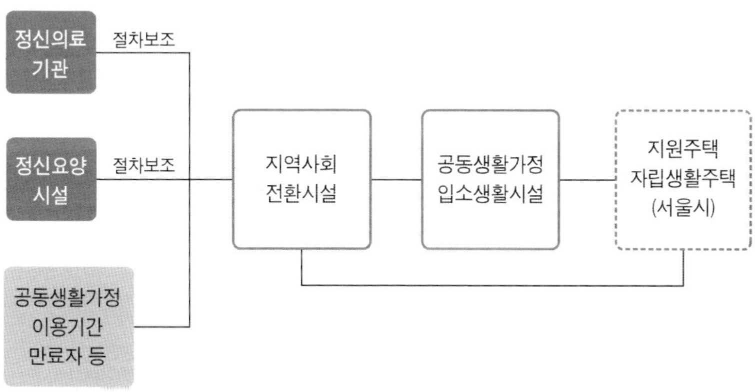

출처: 이용표(2019). 정신건강서비스성상화토론회 발표자료.

① 정신장애인 주거제공시설 제공

2007년 SH공사에서 10개의 다가구주택을 정신장애인 공공주거시설로 운영할 수 있도록 서울시에 위탁운영

② 지역사회전환시설 설치 및 위탁 운영(25인 시설, 최대 6개월 이내)

서울시 협약을 통해 2007년부터 다가구주택 4곳에 지역사회전환시설 설치. 의료지원형 정신재활시설(halfway house)은 서울에 4개소(누리봄, 늘푸른집, 새오름터, 이음)가 운영되

고 있으며, 정신질환자의 탈원화와 지역사회 거주 정신질환의 재발방지를 위한 일시보호 및 쉼터 사업을 주요사업으로 실시하고 있다.

③ 기숙사형 공동생활가정(최대 5년 거주가능)

2014년 서울시가 정신질환자의 탈원화를 위해 독립된 주거공간을 제공하고 정신질환자가 자립생활을 강화할 수 있도록 하기 위해 운영하는 사업으로 2개소(돌봄사랑채, 유쾌한집)가 운영되고 있다. 입소자격은 1개월 이상 취업을 유지하고 있는 15세 이상 만성정신질환자여야 하며, 실적 시 6개월 이내에 재취업을 하여야 한다. 주거공간은 1인1실 제공(증상에 따라 일시적으로 2인 이내 거주 가능)을 원칙으로 하고 있다.

④ 자립생활주택 & 지원주택

- 「서울시 지원주택 공급 및 운영에 관한 조례」
- 2018년부터 정신질환자의 지역사회 자립을 위한 자립생활주택 시범사업을 추진
- 2019년에는 개인별 기능과 욕구에 맞는 다양한 주거형태 지원을 위하여 자립생활주택 24호와 지원주택 16호의 운영을 계획, 2022년까지 110호 마련 계획

○ 서울시 정신질환자 자립생활주택

- 정신질환자 중 독립을 계획하고 있지만 주거를 마련하기 어려운 사람에게 자립을 위한 주거제공과 장기적이며 안정적인 자립생활을 유지할 수 있도록 지원서비스가 제공되는 주거형태

지원내용: 임대보증금 및 임차료, 공과금 + 사례관리 서비스

○ 서울시 정신질환자 지원주택

- 정신질환자 중 독립을 계획하고 있는 대상에게 접근/취득 가능한 적정주택을 공급하고 이와 함께 거주 정신질환자에게 필요한 사례관리 서비스가 제공되는 주거 형태

지원내용: 사례관리 서비스 ※ 임대보증금 및 임차료, 공과금(본인부담)

	자립생활주택	지원주택
입주 대상자	-정신건강복지법 제3조에 따른 정신질환자 -정신의료기관 또는 정신요양시설에서 10년 이상 입원/입소한 무연고자	-「서울시 지원주택 공급 및 운영에 관한 조례」 제3조4항에 따른 정신질환자 - 우선순위 1. 공동생활가정 혹은 주거제공시설에서 만기 퇴소 후 거처할 곳이 없는 자 2. 정신의료기관이나 정신요양시설에서 퇴원/퇴소 후 거처할 곳이 없는 자 3. 정신건강복지법 제3조에 따른 정신질환자로서 한계주거에 거주하고 있는 자

서비스 지원내용	- 독립생활유지를 위한 지원서비스 : 건강관리 : 개인위생관리 : 금전관리 : 그 밖의 일상생활기술훈련 등 - 주거대안 탐색 및 마련 지원 - 위기지원	- 주거유지지원서비스 제공 및 연계 : 입주자의 입주지원 및 상담 : 주택시설관리 지원 : 공과금 및 임차료비용 연체 관리 등 : 입주자의 특성과 욕구를 반영한 사회복지서비스 : 의료 및 건강관리 : 취업상담 및 자립지원 : 지역사회 커뮤니티 연계 - 위기지원
거주형태	1호 2인(1인1실)	1호 1인
거주제한	2년	매2년 계약 갱신하여 최대 20년

출처: 서울정신건강복지센터(2019). 주거지원사업안내.

(2) 경기도 주거지원정책 사례

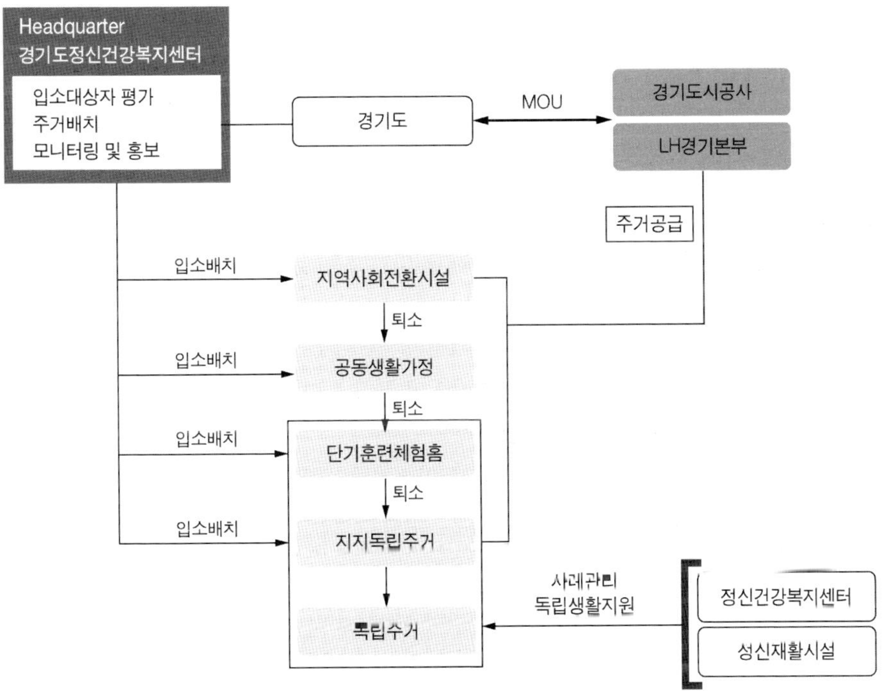

출처: 경기도정신건강복지센터.

① 정신장애인 독립주거공간 제공

2016년 LH공사와 경기도가 협약을 통해 공공임대주택 100세대를 정신장애인 주거공간으로 이용할 수 있도록 제공.

② 지역사회전환시설 설치 및 위탁 운영

경기도는 경기도시공사, LH공사와 협약을 통해 2018년 8월부터 다가구주택 3곳에 지역사회전환시설(24인 시설 2곳- 포천 라온, 수원 우리마을, 18인 시설 1곳-김포 바람숲)을 설치하여 위탁운영하고 있음. 경기도 내 3개의 지역거점을 중심으로 지역사회형 정신재활시설(halfway house)로 운영되고 있으며, 지역 내 정신질환자 등에게 일시보호서비스 또는 단기보호서비스를 제공하고, 퇴원했거나 퇴원계획이 있는 정신질환자 등의 안정적인 사회복귀를 위한 기능을 수행하며, 이를 위한 주거제공, 생활훈련, 사회적응훈련 등의 서비스를 제공하고 있다.

③ 경기도 정신질환자 지원 조례제정

경기도 정신질환자 지원 및 자립촉진 등에 관한 조례안

제1조(목적) 이 조례는 「정신건강증진 및 정신질환자 복지서비스 지원에 관한 법률」에 따라 정신질환자가 지역사회에서 자립하기 위한 지원 등에 필요한 사항을 규정함을 목적으로 한다.

제2조(정의) 이 조례에서 사용하는 용어의 뜻은 다음과 같다.

2. "지역사회자립생활지원비"란 정신질환자가 인간다운 삶을 영위하기 위하여 지역사회에서 약물치료, 재활치료 등을 받을 때 발생하게 되는 일상생활에 필요한 비용의 일부를 말한다.
5. "취업자립촉진비"란 정신질환자가 취업한 경우 노동의욕을 고취하고 생산적 활동을 장려하기 위하여 지원하는 비용을 말한다.
6. "자립정착지원비"란 정신질환자가 장기간 입소 또는 입원 후 퇴소나 퇴원을 한 경우 지역사회에 안전한 정착을 위하여 주거지 확보, 수리, 개선 및 긴급물품을 지원하는 비용을 말한다.

제3조(도지사의 책무) 경기도지사(이하 "도지사"라 한다)는 정신질환자가 지역사회에서 인간다운 생활을 영위할 수 있도록 지원하는 정책을 개발하고 시행하기 위하여 노력하여야 한다.

제8조(지원기준) 도지사는 제6조에 따라 지원대상자로 선발된 사람에게 다음 각 호의 지원을 할 수 있다.

1. 「국민기초생활보장법」에 따른 1인가구 생계급여 최저보장수준의 100분의 50 이내의 지역사회자립생활지원비
4. 「장애인고용촉진 및 직업재활법」에 따른 장애인 고용장려금의 해당 연도 기준금액의 100분의 50 이내의 취업자립촉진비
5. 자립정착지원비(다만, 1년에 한하여 500만 원의 범위에서 실제 주거공간을 확보, 보수하

거나 기본적인 생활유지를 위해 긴급하게 필요한 물품 또는 실비를 지원하는 것으로 필요한 경우 1년을 추가지원 할 수 있다.)

출처: 경기도 정신질환자 지원 및 자립촉진 등에 관한 조례안(2020.4.22.)

이러한 서울시와 경기도의 공공주거임대사업을 기반으로 다양한 지원을 모색하고 있음에도 불구하고 정신장애인 주거지원사업이 활성화되는 데 가장 큰 걸림돌이 되는 것은 정신장애에 대한 사회적 편견이라고 할 수 있다.

주거가 안정적이 못한 상항에서 지역사회 정신장애인의 재활을 이야기하기에는 어려움이 있다. 따라서 정신장애인에게 필요한 주거지원 인프라 확충은 지역사회의 안정적인 재활과 정착을 위한 가장 기본요소이다.

Ⅳ. 현황과 과제

1. 직업재활서비스의 현황과 과제

1) 정신재활시설 개선의 주요 방향

정신장애인 직업재활서비스를 주로 정신재활시설을 중심으로 이루어지고 있는 현실을 볼 때 그 역할과 기능이 무엇보다 중요하다고 할 수 있다. 하지만 현재 정신재활시설에서 당사자의 사회복귀와 회복에 필요한 다양한 서비스(예: 일상생활훈련, 사회적응훈련, 직업훈련, 생활지원, 사례지원, 교육지원, 주거지원, 자원개발 및 관리 등)를 제공하고 있고 이로 인해 시설 유형별 특성으로 가시실 수 있는 정체성이 없어지고 있는 것이 현실이다. 또한, 지역에 따라 제공되는 서비스의 편차가 존재하고 있다. 대도시지역은 안정된 인력 및 재정으로 인해 직업재활실무자들이 당사자의 욕구에 맞는 서비스를 직접 개발 및 제공하는데 힘쓰고 있다. 하지만 대도시를 제외한 지역은 지역적 상황에 따라 시설 내 인력부족 및 재정지원 한계 등으로 인해 아주 기본적인 직업재활서비스만을 제공하고 있거나 기초적인 직업재활서비스조차 제공하지 못하고 있는 상황이다.

정신재활시설 중 정신장애인 직업재활시설에 대한 추가설립이 적극적으로 이루어져야 한다. 현재 정신장애인에게 직업재활서비스를 제공할 수 있는 시설은 전체 시설 중 47.2%밖에 되지 않는다. 직업재활서비스는 지역별, 장애유형별, 상황별로 구분하여 정신장애인에게 필요로 하는 서비스를 파악하고 다양화하여 서비스를 제공하는 것이 필요하며 부족한 인프라 안에서 효율적인 직업재활서비스를 제공하기 위해서는 시설들 간 역할과 기능을 명확히 하는 것이 필요하다.

당장의 정신장애인 직업재활시설 확충이 어렵다면 장애인들에게 서비스를 제공하는 장애인시설(예: 직업재활시설, 직업평가센터, 장애인복지관 등)을 활용하여 정신장애인들에게 필요한 서비스를 제공할 수 있다. 이를 위해서는 우선적으로 장애인복지법 제15조에 대한 개정이 필요하며, 다른 14개 유형의 장애인들과 마찬가지로 정신장애인이 직업재활서비스를 이용할 수 있는 동일한 기회를 가진다면, 지금 당장 부족한 지역사회 인프라를 보완하는 데 도움이 될 것이다. 또한, 장애등록여부에 따라 서비스를 제공하는 제도개선도 시급하다(한국장애인개발원, 2017).

2) 정신장애인 직업재활서비스에 관련한 법과 제도 개선

1997년 정신보건법이 시행된 이후로부터 정신장애인의 직업재활과 고용에 대한 관심이 나타났지만, 정부가 이를 주도한 것이 아닌 민간주도로 발생하였으며, 관련 기관들의 노력으로 인해 직업재활서비스가 개발되고 확대되었다(최희철, 2015). 민간주도로 정신장애인 직업재활 실천이 확대되었기 때문에 서비스 및 전달체계 확대는 한계를 보였다. 즉, 정부와 같이 서비스를 개발하고 전달하는 체계를 만들 수 있는 재정-정책-제도가 뒷받침되어야 한다는 것이다. 이로 인해 다른 장애유형의 고용률은 점차 증가하지만, 정신장애인은 여전히 의료적 관점을 기반으로 고용보다 증상안정이 우선되어 이들의 실업률은 점차 악화되고 있다(김민 외, 2015).

민간을 중심으로 이루어진 노력으로 인해 정신장애인이 이용할 수 있는 서비스 총량이 증가하는 것과 달리 실업률이 높아지는 것은 개발된 서비스보다 법과 제도의 한계라는 것을 알 수 있다. 정신장애인에 대한 정부의 낮은 관심과 법과 제도적 한계가 직업재활서비스 유형과 총량이 확대되는 것을 방해하는 모순이 발생하게 되는 것이다. 민간에서 이루어지는 것들이 점차 확대되고 이러한 노력이 헛되지 않기 위해서 정신장애인과 같은 소수 장애유형에 대한 정부의 관심이 필요하며, 이러한 관심은 법과 제도에 대한 연구 및 개선으로 나타나야 할 것이다. 또한, 법과 제도를 중심으로 정신장애인 고용을 촉진시키기 위한 직종개발 및 관리가 필요하다. 실무자와 고용주 면접에서 직접적으로 언급하지 않았지만, 법과 제도가 변경됨에 따라 정신장애인이 필요로 하는 직업재활서비스를 이용하고 나면 직업개발 및 배치와 사후지도가 제공되어야 한다. 이 단계에서 가장 우선시되는 것은 직업개발인데 말 그대로 자신의 흥미에 따라 근로능력을 갖춘 정신장애인들이 일할 수 있는 직종에 대한 개발이 필요하다는 것이다. 현재 정신장애인은 28개 법률에 따라 자격취득이 제한되어 있는 직종(예: 공중위생관리법-이용사 및 미용사, 장애인활동 지원에 관한 법률-활동보조인)이 있다. 그리고 가벼운 우울증으로 인해 치료를 받게 된다면 법적으로 정신질환자가 되어 생계를 위한 자격증을 취득할 수 없게 되어 직업선택의 자유를 침해받는다(김민 외, 2017).

3) 당사자의 욕구에 충족되는 직업재활서비스 개발 및 제공

정신장애인 당사자들은 매번 동일한 프로그램에 참여함에 따라 지루함을 느끼는 것으로 나타났다. 직업재활서비스와 연관된 서비스들(직업훈련, 취업준비, 정신사회재활훈련 등)이 반복적으로 제공됨에 따라 당사자들이 자신의 욕구에 맞지 않는 서비스로 인식하고 있는 것으로 나타났다. 직업재활 프로그램들이 현실과 괴리감이 있으며, 과거에 개발된 직업훈련 프로그램과 직종에만 지속적으로 참여 및 배치되고 있다. 이러한 문제는 제공되고 있는 직업재활관련 프로그램들이 회원중심이 아닌 서비스제공자 중심으로 프로그램들이 운영되고 있기 때문이라 할 수 있다. 직업재활서비스를 제공하는 것이 주요 업무인 실무자들은 직업재활 업무 관련 이외에도 다양한 행정업무 등으로 인해 취업장 개발이나 취업 후 적응지도와 같이 고용기회 제공 및 유지를 위해 필요한 서비스를 당사자들에게 적극적으로 제공하는 것이 쉽지 않은 것이 현실이다.

보다 현실적인 서비스를 제공하고 직업훈련과 배치를 위하여 당사자의 욕구에 대한 지속적인 조사와 연구가 필요하며, 이후 프로그램 공모사업이나 컨소시엄을 통해 우리나라 실정에 맞는 프로그램이 개발되어야 할 것이다. 물론 외국에서 제공되고 있는 직업재활 프로그램들(예: 개별배치 및 지원, 동료상담, 주거프로그램)을 받아들이는 것도 중요하지만 가장 중요한 것은 문화적 차이를 이해한 뒤 한국형 직업재활서비스로 발전시키는 단계가 반드시 필요하다.

4) 기관 간 연계 및 네트워크

정신장애인은 장애인복지법 내 15개 장애유형 내에 포함되어 있지만, 장애인복지법 제15조 예외조항으로 인해 장애인복지시설(장애인복지관, 장애인 직업재활시설 등)에서 정신장애인에게 필요한 직접 서비스를 제공하는 것을 제한하고 있는 것이 현실이다. 하지만, 장애인복지법 제15조에는 '제한할 수 있다'라고 명시하고 있기 때문에 장애등록한 정신장애인은 자신의 욕구에 맞는 서비스를 장애인복지시설에 요청할 수 있으며, 장애인복지시설은 정신장애인에게 필요한 직접 서비스 제공을 위해 관련 전문가를 채용하여 서비스를 주는 방법을 채택할 수 있다. 결국, 법적 근거와 전문영역의 혼재를 막기 위하여 장애인복지시설에서 정신장애인에게 필요한 직접 서비스 제공을 꺼리고 있는 것이다.

법적 근거와 전문영역이라는 이유를 기반으로 현재 정신장애인은 장애등록여부와 상관없이 직업재활서비스를 이용할 수 있는 시설은 정신건강복지센터, 정신재활시설이 전부라 할 수 있다. 시설 내에 있는 정신장애인 직업재활 전문가들이 취업 전-훈련-후 과정에 적합한 서비스들을 제공하고 있지만 장애인복지시설과 같이 14개 장애영역에서 전문적이고 다양한 직업재활서비스들을 제공하고 있는 전문가들과 연계 및 교류가 부족하여 직업재활서비스의 발전이 더디게 나타나고 있다.

김민 등(2017)의 연구에서 정신장애인 직업재활서비스 발전이 더딘 이유를 다음과 같이 언급하였다. ① 직업평가, 직무분석, 현장평가와 같이 정신장애인의 직무능력을 평가하기 위한 전문적인 훈련의 부재로 인한 능력이 부족함, ② 취업장 개발, 직무지도, 직업적응 및 고용 프로그램 개발과 같이 높은 실무경험을 필요로 하는 직무는 경험이나 노하우 없이 스스로 수행하는데 제한됨. 이러한 제한점들을 극복하기 위해 필요한 것은 정신보건 영역 이외에 직업재활전문 시설들과의 협력체계를 구축하는 것이다. 시설 간 연계를 통해 직업평가와 같은 전문영역에 대한 의뢰를 요청하고 필요한 서비스를 정신장애인에게 제공하여 효과적인 취업기회를 제공하는 노력이 필요하다. 전문가들의 노하우를 공유하는 장을 마련하여 직업재활의 전문성을 서로 높이도록 노력해야 할 것이다.

5) 정신장애인 고용을 위한 다양한 직종개발 및 관리

정신장애인에게 있어서 직업업무 수행을 위해서 스트레스를 최소화하기 위한 탄력적 업무 및 시간 조정이 필요하고 정신장애인에게 필요한 다양한 적합직종을 개발하고 다른 취업취약계층과 같은 배려가 필요하다. 적합직종 개발을 위해서 가장 먼저 기존25개 이상의 법률에 의한 자격취득 제한에 대한 재검토가 필요하다. 자격취득 제한의 큰 문제점은 가벼운 정신질환 관련 치료를 받아도 법적 정신질환자가 되어 관련 자격증을 취득할 수 없게 되어 직업선택의 자유를 침해받는 것이다. 이는 또한 정신장애인이 잠재적 위험인으로 취급받게 되어 자격취득이 제한되는 것 이외에 2차적 차별의 대상이 되고 있다.

정신장애인의 다양한 직무개발을 위해서는 이들이 경험할 수 있는 다양한 취업기회가 제공되어야 하는데 현실에서는 사회적 편견으로 인해 실제 일할 수 있는 곳은 극히 제한적이고 열악하다. 기술적으로 전문성을 갖추고 성장하여 보다 나은 취업조건과 환경에서 일하고자 하는 욕구는 정신장애인이라고 다르지 않을 것이다. 하지만 이들이 배울 수 있는 전문기술과 어렵게 취득한 기술을 활용할 수 있는 취업기회는 동등하다고 할 수 없다. 이러한 사회적 차별을 해결하지 않는다면 결국 정신장애인이 일할 수 있는 직무내용은 단순작업, 단순노무 직종을 벗어나지 못할 것이다.

정신장애인이 가지고 있는 사회적 학습능력(학력수준, 취업경험, 신체기능 등)을 고려한다면 일할 수 있는 직무가능성은 타 장애인영역보다 높다. 하지만 이러한 정신장애인의 능력을 고려한 정신장애인의 적합 직종개발을 위한 노력은 제대로 이루어지지 않고 있다는 것이 큰 문제점이다. 정신장애인의 특성상 스트레스 관리, 탄력적인 업무조정, 지지 취업 환경, 개별 특성에 맞는 다양한 지원체계, 정신질환에 대한 이해 등을 고려한 취업 환경을 개발하는 것이 무엇보다 필요하다.

6) 정신장애인 직업재활실무자의 전문성 획보

직업재활전문가는 다양한 업무를 수행하고 있다. 전문가의 역할을 정의해 보면, 다양한 취업장 개발, 사후관리, 고용주개입, 가족개입, 사례관리자, 상담사, 직무분석, 직업평가, 직업훈련, 직무개발 및 배치, 교육자, 안내자, 협조자, 진행자, 정보제공자, 지원자, 중개자, 연결자, 조정자, 옹호자, 사회적 망 수립자 및 코디네이터, 협상제공자 등이라고 할 수 있다.

직업재활실무자들은 실천 현장에서의 경험을 바탕으로 직업재활 개입을 실시하고 있다. 이러한 문제를 극복하기 위해서는 직업재활 분야의 실무자의 전문성을 위한 이론적, 실천적인 면에서 지원이 필요하고, 체계적인 전문성 향상을 위한 교육이 마련되어야 한다.

〈표 25-4〉 정신장애인 직업재활 실무자 역할과 업무

단계	역할
1. 접수	정신장애인이 직업재활서비스를 신청하는 것을 의미하며, 이 과정에서 기본인적사항, 정신병력, 장애관련사항, 취업경력, 희망직종 등 정보 등이 수집
2. 직업재활상담	초기면접에서부터 종결까지 정신장애인의 직업선택, 직업준비, 직업유지 등을 지원하기 위하여 실시하는 전반적인 상담활동으로 의사결정, 문제해결, 사례관리 서비스 등을 수행하는 과정
3. 직업평가	정신장애인이 원하는 개별재활계획과 고용결과에 관련된 직업적 흥미, 적성, 강점, 약점, 능력 및 기능적 한계를 파악 분석하기 위해 실시하는 신체·심리평가, 작업표본평가, 상황 및 현장평가 등의 활동으로서, 정신장애인 본인의 적합한 직업 방향을 결정하고 효과적으로 적용할 수 있는 방법을 제시하는 과정
4. 취업적격성 결정	직업재활상담 및 직업평가 결과를 바탕으로 사례회의를 통하여 직업재활서비스 방향과 서비스 적격여부를 결정하는 과정
5. 직업재활 계획수립	재활서비스에 대한 적정성 결정을 받은 정신장애인을 대상으로 욕구에 맞는 최종의 직업 목표를 달성하기 위한 장단기 목표, 프로그램 내용 및 방법, 평가기준 등을 수립
6. 적응훈련	정신장애인이 실제적인 작업환경에서 적절한 행동, 가치, 근무 태도를 발전시킬 수 있도록 개인·사회적응, 직업준비·수행, 직무능력 향상·직업유지 훈련을 통해서 도달 가능한 최대한의 직업 발달을 달성하게 하는 것
7. 취업연계	취업준비가 된 구직 정신장애인의 흥미, 직업적 욕구, 능력 등을 고려하여, 직장을 알선·배치·직무조정을 함으로써, 보호고용·직원고용·임시취업·경쟁고용 등이 이루어지도록 원조하는 활동
8. 취업유지	정신장애인과 사업주가 근로계약서를 작성하고 정신장애인이 1일 이상 출근함을 의미
9. 취업 후 적응지도	정신장애인이 취업된 이후 정신장애인, 사용주, 동료, 가족 등을 대상으로 직장 내 다양한 문제들에 대해 적절히 대처할 수 있도록 하는 통합서비스와 상담·조정을 통해 취업 정신장애인의 고용안정 및 만족스러운 직장생활 유지를 도모하는 활동
10. 종결	직업재활서비스 이용 목표 달성, 타 기관 의뢰, 특별한 사유 등으로 인하여 서비스를 더 이상 받을 필요가 없거나 받을 수 없어 직업재활서비스가 종료되는 것

출처: 김민, 임규설, 김솔아(2017).

정신재활시설의 부족한 인력과 지원으로 실제적인 직업재활을 하기 위한 시스템을 마련하지 못하고 있다. 각 시설마다 거의 대부분 1~2명의 실무자가 20명 내외의 정신장애인을 위한 직업재활훈련(취업준비교육, 취업상담 등), 취업, 취업유지, 고용주·동료개입, 가족개입, 관련 행정업무 등의 다양한 업무를 담당하고 있는 것이 현실이며, 이 또한 직업재활 업무만 전담하는 것이 아니어서 효과적인 직업재활 지원서비스가 어려운 상황이다. 1~2명의 실무자가 제도적·정책적 지원이 없이 각 시설마다 개별적인 직업재활서비스 제공 및 개발노력과 업무과정으로 인해 쉽게 소진되고 있으며 직업재활업무를 실무자들이 기피하는 현상도 벌어지고 있다. 이러한 상황은 앞으로 우리나라 정신장애인 직업재활서비스의 질적인 향상, 우리사회에 맞는 재활모델개발, 직업재활서비스 네트워크

구축 마련이 현실적으로 어렵게 만들고 있다. 지역사회 정신재활시설이 정신장애인의 사회복귀를 지원하기 위해서 직업재활 활성화를 위한 다양한 정책개발, 전문인력 확충, 직업재활 전문성 향상을 위한 교육체계마련, 직업재활시설 확충, 기존의 장애인 직업재활시설 이용권한 확대 등의 노력이 필요하다(김민 외, 2017).

이외에 장기적으로 다른 삶의 영역에서의 독립적인 생활이 함께 고려되어야 한다. 즉, 경제적 독립 이외에 부모로부터의 심리 사회적 독립, 주거 독립의 문제가 제기된다. 특히 주거의 독립과 관련하여 지역사회 주거서비스는 장기간 입·퇴원을 반복하거나 시설에 있었던 정신장애인의 지역사회 복귀 및 적응을 위하여 그리고, 가족과의 생활을 더 이상 지속하기 어려운 상황에 있는 정신장애인을 위하여 필요한 재활서비스이다. 이와 같이 앞으로 직업재활서비스와 함께 지역사회 주거서비스에 대한 정신장애인과 가족들의 욕구가 클 것으로 예측된다.

정신장애인의 사회통합이란 의미는 지역사회에 거주하면서 고용 시장에 진출하여 취업하고 유지함으로써 사회에 적응하는 것이라 할 수 있다. 정신장애인의 취업을 활성화시키기 위해서는 직업재활 실천뿐 아니라 정신장애인과 일의 관계성에 대한 연구가 함께 이루어져야 한다. 정신장애인이 일을 계속 유지하기 위해서는 어떤 환경이 제공되어야 하는가? 일에 대한 만족의 정도는 어떤 면에서 향상시킬 수 있는가? 취업 중단의 문제는 무엇인가? 등에 대한 연구가 계속되어야 하고, 직업재활의 효과성에 대한 실증적인 연구 자료를 통하여 우리나라의 상황에 적용가능한 연구 결과가 제시되어야 한다. 정신장애인의 탈시설화와 사회 복귀에 대한 관심이 고조되는 현 시점에서 정신장애인의 지역사회 내 고용 지원 대책의 마련이 시급하지만, 정신장애인의 직업재활이 법과 제도적인 측면에서 보호받기에는 아직까지 미흡하고 초기단계이므로 앞으로 다양한 직업재활 관련 정책이 수립되고 수행되어 정신장애인에게 필요한 다양한 직업재활의 기회가 제공되어야 한다.

2. 주거서비스의 현황과 과제

1) 다양한 유형의 주거시설이 필요하다

정신재활시설 중 주거를 지원하는 생활시설과 공동생활가정 모두가 동일하게 입소기간 최대 5년으로 규정하고 있다. 시설의 장기입소와 시설화에 대한 예방이라는 것을 알겠지만 결국 필요한 훈련과 독립 준비를 제대로 하지 못해 결국 다른 지역의 다른 시설로 재 입소하게 된다면 본래의 취지에 맞지 않게 시설 장기입소와 시설화를 극대화시키는 결과를 가져오는 악순환이 반복되는 것이다. 또한, 정신장애인의 안정적인 주거를 위해서는 주거 관리능력, 일상생활능력, 관계형성, 경제능력 등 다양한 준비가 필요한데 주거환경이 계속 바뀌고 삶의 지역이 계속 변화한다면 안정적인 주거공간에서 지역사회 적응과 삶의 터전 마련이 현실적으로 불가능하다. 정신장애인 개별화 접근에 근거한 다양한 유형의 주거시설이 필요하다.

미국 뉴욕 주의 주거선택 종류처럼 이용자 특성에 맞는 주거시설 설치·운영형태가 필요하다.

〈표 25-5〉 미국 뉴욕주의 주거선택 종류

<table>
<tr><th>구분</th><th colspan="2">종류</th><th>내용</th></tr>
<tr><td>Level 1</td><td colspan="2">Family type home for adults</td><td>독립생활이 어려운 경우 거주기간 제한 없이 보호, 4명 거주, 전문가가 24시간 전문적인 관리제공</td></tr>
<tr><td rowspan="5">Level 1</td><td rowspan="3">Transitional Model (18~24months)</td><td>Apartment treatment</td><td>2~4명, 일주일에 3~7회 방문, 구조화된 주간재활 및 직업재활</td></tr>
<tr><td>Supervised community residence</td><td>10~24명, 식사 제공되며 24시간 관리 구조화된 주간재활</td></tr>
<tr><td>MICA community residence</td><td>이중진단 대상자, 10~24명, 24시간 관리</td></tr>
<tr><td>Extended Model (2~5years)</td><td>community residence</td><td>35~36개의 원룸, 24시간 관리</td></tr>
<tr><td>Permanent Model</td><td>Adult home</td><td>50~300명 거주, 2인 1실, 노인이나 장애인, 24시간 포괄적인 개인보호</td></tr>
<tr><td rowspan="2">Community care</td><td colspan="2">Supported single room</td><td>영구 거주 20의 원룸, 독립적인 생활, 서비스팀이 일상생활 지원</td></tr>
<tr><td colspan="2">Supported housing</td><td>1~3명 함께 거주, 독립된 침실, 개인 욕구에 따라 방문서비스 제공</td></tr>
</table>

출처: 하경희(2017). 한국정신재활시설협회 정책세미나 발표.

최근 몇몇 자치단체에서는 기존의 시설 유형에 더해 자립생활주택, 체험홈, 위기쉼터, 지원주택 등 새로운 거주 유형에 대해 논의하고 시범적으로 운영하면서 확산하고 있다. 복지부에서도 서울시에서 2007년에 시범사업으로 시작한 지역사회전환시설을 2017년

법을 개정하면서 거주시설의 한 유형으로 새로 추가하였다. 하지만 여전히 거주유형이 단편화되어 있고 정신장애인의 욕구에 따른 주거서비스를 선택을 할 수 없는 것이 현실이다. 우리 사회가 고민해야 할 주거유형에 대해 다음과 같이 제시해 보고자 한다.

(1) 정신장애인 위기쉼터, 일상쉼터: 정신증상이 발생하였을 때 바로 입원하는 것보다 심리적 안정을 찾을 수 있는 단기주거를 제공하는 쉼터시설을 마련하는 것은 정신장애인이 지역사회와 단절 없이 안정적인 생활을 유지할 수 있는 방안
(2) 아동·청소년 대상의 쉼터 및 주거제공시설: 아동·청소년의 기본 학업을 지원하고 지역사회복귀를 위한 지원하는 시설, 정신장애인 자립체험홈, 자립정착지원금 운영
(3) 65세 이상 노령정신장애인 대상을 위한 주거시설
(4) 정신장애를 포함한 중복장애인을 위한 주거시설
(5) 장기주거지원시설(5년 이상): 장기임대주택, 자립생활주택, 지원주택 등

정신장애인의 다양한 주거 욕구(연령에 딸, 기능수준에 따라, 지역특성에 딸, 당사자 주도에 따라)에 맞는 주거서비스 개발과 함께 주거제공시설 선택의 폭을 넓혀주는 것이 필요하다.

2) 지역사회 내 많은 주거제공시설이 필요하다

정신장애인의 가장 기본적 권리인 주거 선택권과 이주자유권을 보장할 수 있도록 지역사회 내 주거제공시설 확충과 지원정책이 필요하다.

시설이 다양성을 갖기 위해서는 지역사회 정신장애인을 위한 거주공간이 풍부해야 한다. 하지만 지역사회 안에서 많은 정신장애인이 나왔을 때 이들을 위한 시설은 너무나 제한적이고 그에 대한 대책도 거의 없다고 할 수 있다. 정부성책 차원에서 종합대책이 필요하고 그에 대한 적극적인 지원이 필요하다. 한 연구에 따르면 기존 설치된 주거서비스를 제공하는 정신재활시설의 최소 3배 이상, 많게는 10배 정도의 시설을 갖추어야 정신건강복지법에 근거한 탈원화가 가능하다는 연구보고서도 있다. 이는 법인이나 개인이 실치·운영하는 시설에만 의존할 수 없다는 것이다. 정부정책이 정신장애인의 탈원화를 추구한다면 그에 대한 보완대책 마련에 정신장애인 거주문제를 빼놓고 이야기할 수는 없을 것이다.

정신장애인 개별적 특성과 주거 목적에 따라 개별화된 접근이 가능하도록 다양하고

많은 수의 주거제공시설이 필요하다.

3) 정신장애인 거주시설에 대한 인력지원이 필요하다

공동생활가정의 현재 시설기준은 시설장 1명에 이용정원 4~6인 이하로 규정되어 있다. 하지만 시설기준과 직원기준은 2017년 정신건강복지법 개정 이전에 설치된 시설과 그 이후에 신고된 시설이 달리 적용되어 복잡한 상황이다. 개정 이전 설치신고된 7~10인 정원시설은 기본 설치요건이 충족되면 계속운영을 유지하고 직원도 2명이 근무하고 있다. 개정이후 신규시설은 1명의 시설장이 3개의 소규모 공동생활가정을 운영하는 경우에는 추가적으로 재활활동요원 1명을 더 배치하고 있다. 1인 시설장이 근무하고 있는 공동생활가정의 경우 근로기준법에 가장 취약해질 수 있는 환경이어서 시설역할에 따른 지원과 운영방안이 필요한 상황이다. 1명의 시설장이 3개소를 운영하는 경우 3개 시설 각각에 대한 행정서류와 예산 서류를 별도로 작성해야 하므로 업무가 효율적으로 정리되지 못하는 상황이다(한국보건사회연구원, 2018).

또한, 24시간 정신장애인의 복지서비스와 안전관리를 책임져야 하는 생활시설의 경우도 야간관리로 인한 3교대 근무가 반드시 이행되어야 함에도 정신재활시설 자체적으로 주어진 적은 인력으로 이를 해결해 나가고 있다. 정신재활시설의 거주시설 종사자에 대한 처우는 쉼이 없는 당직과 야근 근무를 반복해야 하는 이루 말할 수 없는 열악한 상태에 놓여 있다. 현재 노동법이 주 52시간 근무제로 변화되었고, 과거 시설 직원의 숫자가 2교대 근무를 기준으로 책정되었으나 3교대 형태로 전환되어야 한다는 점 등을 고려한다면 직원근무 시간의 탄력적 조정이나 인력 수에 대한 조정이 필요하다. 이에 대해 공동생활가정과 생활시설의 근로기준법에 근거한 근무환경개선이 속히 이루어져야 할 것이다.

4) 정신장애인에게 최소한의 환경변화를 가져올 수 있는 지원책이 필요하다

정신장애인의 주거공간은 존재론적 안정감(자기 자신과 주변 세계가 일관적이라는 믿음이자 이를 느끼고 회복할 수 있는 장소)을 가질 수 있도록 해야 한다. 특히 정신장애인은 환경적 변화에 대한 스트레스를 많이 받는 분들인데 이들의 주거지 역시 그들이 성장했던 삶의 공간을 벗어나 새로운 환경에 반복해서 적응해야 하는 어려움을 늘 겪고 있는 것이다. 최소한의 변화와 익숙한 지역사회환경 안에서 지역사회와의 단절을 최소화하고 자신의 역할을 찾아가고 스스로 자립해 나갈 수 있는 터전이 마련되어야 한다.

최근 서울시나 경기도 등에서 한국토지주택공사(LH)와 연계하여 운영 중인 주택 공급 지원 프로그램이나 태화샘솟는집에서 운영하고 있는 체험홈, 그리고 의료기관 퇴원 이후 단기간의 주거를 제공하는 지역사회전환시설 등 다양한 방식으로 정신장애인을 대상으로 한 주거지원서비스를 제공할 수 있다. 보다 안정적인 주거지원을 위해서는 지원주택의 형태의 주거지원을 전국적으로 공급되어야 할 필요가 있다(한국보건사회연구원, 2018).

5) 정신장애인 광역형 주거생활지원센터가 필요하다

정신장애인이 지역사회 다양한 편견 때문에 독립된 주거를 지원받는 데 걸림돌이 많다고 할 수 있다. 정신장애루 지역사회 안에서 거주하면서 문제를 일으키면 결국 원인을 정신장애로 결부시키고 문제대상으로 보는 것이 현실이다. 정신장애인이 지역사회 안에서 적절히 살아갈 수 있도록 하기 위해서는 결국 다양한 지원정책이 필요하다. 그것은 단순히 사례관리로만으로 해결될 수 있는 문제가 아니다.

정신장애인이 지역사회에서 안정적인 주거자립을 위해서는 주거관리능력, 일상생활능력, 관계형성, 경제능력, 응급상황 대응 및 지원, 시설보수 등 다양한 준비와 지원이 필요하다. 광역형 주거생활지원센터가 주거지원시설 입소 직후부터 지역사회정착까지 통합적인 지원을 줄 수 있는 전문 사례지원을 한다면 보다 안정적인 정착이 이루어질 수 있을 것이다.

참고문헌

고용노동부 (2020). 장애인고용촉진 및 직업재활법. 고용노동부.

국가인권위원회 (2014). 장애인 주거지원제도 강화를 위한 연구. 국가인권위원회.

국가인권위원회 (2016). 정신장애인 지역사회 통합을 위한 해외사례 비교연구 실태조사. 국가인권위원회.

국립정신건강센터 (2018). 정신건강현황 제4차 예비조사 결과보고서. 국립정신건강센터, 건강보험심사평가원. 한국보건사회연구원.

김미곤 (2017). 사회정책 패러다임 전환과 보건복지정책 방향. 한국정책분석평가학회 학술대회발표논문집, 1-32.

김민 (2016). 정신장애인 고용률 향상을 위한 개별 배치 및 지원 모델 적용에 대한 제언: 외국 사례를 중심으로. **한국사회복지질적연구**, 10(2), 191-221.
김민, 이근용, 조성재 (2015). 정신장애인을 위한 직업재활서비스 효과에 대한 체계적 고찰. **특수교육재활과학연구**, 54, 253-274.
김민, 임규설, 김솔아 (2017). 정신장애인 직업재활서비스 개선방안 연구. 한국장애인개발원.
김민, 최말옥, 임규설 (2018). 정신장애인의 안정적인 지역사회 거주를 위한 직업재활서비스 연구. 한국사회복지학회, 추계공동학술대회.
김정희, 김은혜, 이진숙 (2010). 장애인 주거지원 방안 연구. 한국장애인개발원.
김희정, 오희영, 이현주 (2020). 독립주거 정신장애인에게 주거서비스를 제공하는 사례관리자의 사례관리 경험. **대한스트레스학회**, 28(4), 221-229.
문용훈 (2019). 정신장애인 지역사회 생존서비스 진단 및 대안. 연속정책간담회 발표자료.
문용훈 (2020). 변화하는 정신건강정책 및 보건환경에 따른 정신건강사회복지사의 역할과 과제 - 포스트 코로나 시대를 위한 준비. 한국정신건강사회복지사협회 정책세미나.
박선주 (2017). 정신건강증진센터 탈원화정책의 경로의존성에 관한 연구. **정신보건과 사회사업**, 45(1), 90-115.
변용찬 (2016). 청장년 장애인의 경제활동 실태와 정책과제. **보건 복지** Issue & Focus, 311, 1-8.
보건복지부 (2017). 2017년 장애인실태조사.
보건복지부 (2020). 2020년도 정신건강사업안내.
보건복지부 (2020). 장애인복지법.
보건복지부 (2021). 2021년도 정신건강사업안내
손성원 (2016). 정신장애인 직업재활서비스에 대한 태도 및 인식에 관한 연구. 대구대학교 대학원 석사학위논문.
송승연 (2020). 정신장애인 주거서비스 이용에 영향을 미치는 요인 연구. **정신건강과 사회복지**, 48(2), 33-62.
심경순 (2002). 정신분열병 환자의 직업유지에 영향을 미치는 요인. **사회복지개발연구**, 8(1), 1-29.
양옥경, 이기연, 이은정, 박향경, 오희영 (2010). 서울시 정신장애인 사회복귀서비스 정책개선방안 연구. 이회여자대학교 산학협력단.
임규설 (2005). 직업재활실무자요인이 정신장애인 취업유지에 미치는 영향에 관한 연구. 가톨릭대학교 대학원 석사학위논문.
조윤화, 이용표, 권오용, 이선화, 이의정 (2014). 정신장애인 지역사회통합 지원방안 연구. 한국장애인개발원.
최희수, 1999). 정신분열병 환자의 직업재활 성과의 예측 요인에 관한 연구. 서울여자대학교 대학원 박사학위논문.
최희철 (2015). 한국 정신장애인 직업재활의 현황과 발전방안. **임상사회사업연구**, 12(1), 39-54.
하경희 (2017). 정신건강복지법 시행, 정신재활시설의 과거, 현재, 미래를 말하다. 한국정신재활시설협회.

한국보건사회연구원 (2014). 2014년 장애인실태조사.

한국보건사회연구원 (2018). 정신건강증진시설 시설 및 인력기준 개선방안 연구.

한국보건사회연구원 (2018). 지역 정신건강증진 서비스 공급체계 확충 방안 – 지역사회 중증 정신 질환 관리를 중심으로.

한국보건사회연구원 (2019). 정신건강복지 기본계획(2021-2025) 수립 연구.

한국장애인개발원 (2008). 중증장애인직업재활지원사업의 현황분석 및 개선방안에 관한 연구.

한국장애인직업재활시설협회 (2021). 장애인직업재활시설유형(www.kavrd.or.kr).

한국정신재활시설협회 (2021). 정신재활시설유형(www.kpr.or.kr).

PART 05

기획 및 행정

26장 정신건강복지사업의 기획과 평가

27장 정신건강사회복지 행정실무

28장 정신건강사회복지 프로그램 개발과 평가

29장 사회사업기록의 이해와 적용

26장

정신건강복지사업의 기획과 평가

김도윤
(정신건강NPO
마음두레)

Ⅰ. 서론

1. 도입배경

정신건강은 이제까지 정신의학(psychiatry), 정신보건(mental health), 지역사회 정신보건(community mental health service) 등의 영역으로 인식되어 개념 정의되고 발전되어 왔다. 우리나라에서 1995년 제정되고 1997년 처음 시행된 정신보건법은 2016년 5월 29일 정신보건법의 전면 개정이 이루어져 '정신건강증진 및 정신질환자 복지서비스 지원에 관한 법률(일명 정신건강복지법)'이라는 새 명칭으로 2017년 5월 30일부터 시행되었다. 2016년 정부에서는 최초로 관계부처 합동으로 정신건강 종합대책(2016~2020년)을 마련하여 일반국민을 위한 정신건강증진, 중증정신질환자 지역사회 통합, 중독으로 인한 건강 저해 및 사회적 폐해 최소화, 자살위험 없는 안전한 사회구현을 정책목표로 제시하였다.

이러한 흐름은 주로 중증정신질환자를 위한 정신보건사업에서 전 국민을 대상으로 하는 정신건강사업으로 확대되었고, 정신보건법의 전면 개정과 함께 정신건강사업은 복지사업도 포함되어 정신건강복지사업으로 그 명칭이 사용되고 있다. 따라서 정신건강복지사업은 기존 정신질환자를 위한 사업과 함께 생애주기별 전 국민의 정신건강을 위한 중앙정부, 광역 및 기초지방자치단체, 정신건강복지센터 및 정신재활시설 등에서 기획되고 실행되는 정책, 계획, 프로그램 등을 총칭한다고 할 수 있다. 본 장에서는 정책, 프로그램과의 차별성을 위해 정신건강복지사업은 중앙정부 단위의 정신건강 정책이나 기관 단위에서 제공하는 개별서비스가 아닌 광역 및 지방자치단체 등의 지역사회 정신건강사업으로 개념 정의하며 국가정책에 따라 지역사회 수준에서 기획되고 실행, 평가되는 정신건강복지사업으로 범위를 한정하였다.

2. 정신건강복지사업 기획과 평가의 필요성

국가의 정신건강 정책목표를 달성하기 위해서는 효율적인 서비스 공급을 위하여 기존 정신보건서비스의 주요 영역이었던 병원이나 생활시설 영역과 새롭게 강조될 지역사회 영역에서 정신건강복지법의 실행이 강화된 공급의 대응전략이 필요하다. 정신의료기관의 경우 기존의 치료와 보호에서 향후 급성기 치료 중심으로 역할과 전략의 변화가 필요하며, 정신요양시설의 경우 요양과 보호에서 생애주기에 맞는 요양기능 강화로 변화가 필요하다. 정신재활시설은 사회재활, 직업재활의 기능에서 기존의 사회재활, 직업활동 지원의 강화와 함께 정신장애인을 위한 지역사회 복지서비스 제공을 위한 역할과 전략의 변화가 필요하다. 정신건강복지센터는 기존 응급관리, 사례관리, 발견 및 연계 중심에서 국가정신건강정책 전달체계의 주요기관으로서 국민정신건강증진, 중증정신질환지원, 중독관리사업, 자살예방 사업 등으로 점차 역할이 확대되고 있다. 국민의 정신건강증진 및 복지서비스 제공을 위해 정신건강 사업 및 프로그램을 합리적으로 기획, 운영, 평가할 수 있는 역량을 갖추는 것이 공공사업의 기초라고 할 수 있다.

Ⅱ. 이론적 배경

1. 정신건강복지사업, 기획, 평가의 정의와 주요개념

1) 정신건강복지사업의 정의와 범위

정신보건정책이란 주민의 정신건강을 증진시키고 정신질환으로 인한 부담을 줄이기 위한 가치와 원칙, 목표의 집합체이다. 이는 미래를 위한 비전을 정의하고, 활동을 위한 모델을 만들어 가는 데 도움이 된다. 또한 다른 보건정책이나 복지정책과 비교하여 정부가 정신보건에 어느 정도의 우선순위를 두고 있는지를 보여주는 것이다. 일반적으로 정책은 5~10년에 걸친 장기적인 기간을 염두에 두고 만들어진다. 종종 정신보건 계획과 프로그램이라는 용어는 혼용되기도 한다.

WHO 정신보건국에서 정의하는 정신보건계획이란 정신건강 증진, 정신질환의 예방, 치료, 재활을 위한 전략적인 활동을 실행하기 위해 미리 수립된 상세한 설계도와 같은 것이다. 계획은 정책을 통해 정의된 비전, 가치, 원칙 및 목표가 실행되도록 한다. 여기에는 전략, 일정, 필요한 자원, 성취 목표, 지표, 활동 등이 포함된다.

정신보건프로그램은 정신건강 증진, 정신질환의 예방, 치료, 재활에 대해 매우 집중적인 목표를 가진 개입 또는 일련의 개입방법들을 말한다. 프로그램은 일반적으로 특정한 문제에 초점을 맞추게 되며 정신건강 계획과 마찬가지로 적절하게 고안되고, 예산이 투입되고, 평가되어야 한다. 정책이나 계획과는 달리 프로그램은 흔히 더 작은 행정부서에서 단기간 동안에 실행된다(WHO 정신보건국, 2008).

〈표 26-1〉 정신보건정책, 계획, 프로그램의 차이점

	정책	계획	프로그램
초점	비전 가치 원칙 광범위한 목표	전략 일정 재정 인력 목표 행동	구체적인 개입 자원(물적, 인적) 예산
우선순위	정신건강과 다른 건강문제 사이 또는 다른 정신건강 문제 사이	활동 분야와 전략의 유형	명시된 단기간의 우선순위에 구체적인 초점
내용의 범주	전반적	전반적 또는 구체적 (전략에 따라)	구체적
기간	장기(5~10년)	중기(3~8년)	단기(1~5년)
대상지역	국가 또는 광역시, 도	국가에서 시, 군까지	국가에서 자치구까지

출처: WHO 정신보건국(2008). 정신보건정책, 계획, 프로그램.

정신보건정책과 계획, 프로그램의 주된 차이점은 <표 26-1>에 요약되어 있으나 이러한 개념은 서로 엄밀하게 선을 그을 수 있는 것은 아니다. 이들 사이의 경계는 확실하게 구분되지 않으며 대부분의 나라에서 정신보건정책, 계획, 프로그램은 어느 정도 서로 중첩된다. 본 장의 정신건강복지사업은 정신보건 계획과 프로그램을 의미하며 대상 지역은 광역 및 기초 지방자치단체 단위이다.

2) 정신건강복지사업 기획과 평가의 정의

(1) 기획의 정의

기획이란 특정 목표를 성취하기 위한 활동들의 집합으로 개인과 사회를 변화시키기 위한 의도적이고 조직적인 활동이다. 현재와 미래에 가용 가능한 자원을 효율적이고 적절하게 사용하여 미래의 명확한 목표를 달성하기 위한 체계적인 방법을 말한다. 따라서 정신건강복지사업의 기획이란 국민들의 정신건강증진, 중증정신질환자 지역사회 통합, 중독으로 인한 건강 저해 및 사회적 폐해 최소화, 자살위험 없는 안전한 사회구현을 목표로 의도적이고 조직적인 활동이자 목표달성을 위한 체계적 방법이라고 할 수 있다.

자원이 무한정 존재한다면 기획이 필요 없겠지만 인력, 재정과 같은 자원의 한정성 때문에 우선순위를 결정하기 위한 기획이 핵심이 된다. 또한 정신건강사업은 포괄적인 복지서비스를 연계하거나 통합적으로 제공할 수 있어야 그 효과가 증대될 수 있다. 다양한 지역사회 내 사회복지 서비스와 연결할 수 있을 때 정신건강복지서비스가 포괄성 및 지속성을 가질 수 있다. 이러한 관점에서 정신건강복지사업의 기획은 정신보건사업뿐만 아니라 사회복지 서비스도 연계되도록 고려되어야 한다.

(2) 기획의 구성요소

기획의 구성요소는 다음과 같다.

- What : 목표가 무엇인가?
- Who : 누가 할 것인가?
- How : 무엇을 어떻게 할 것인가?
- When : 시간계획

(3) 사업계획서 평가에서 중요하게 고려하는 항목

- 우선순위 선정의 적절성
- 지역진단에 따른 사업목표의 구체성과 타당성

- 사업내용 대상자 및 목표량 설정의 타당성
- 우선순위에 따른 예산분배 및 인력배치
- 기존사업평가의 환류
- 사업수행성과의 모니터링과 자체평가계획
- 지역사회협력체계 구축 정도

이들 항목은 성공적인 사업수행의 핵심요소이다. 이러한 기획에서 평가를 잘 받는 것은 성공적 사업수행의 가능성을 높이는 것과 같다. 따라서 기획을 성공적으로 수행하려면 정신보건사업의 평가체계를 반드시 함께 고려해야 한다. 물론 평가만을 잘 받기 위해 기획을 해야 한다는 의미보다는 현재 지역정신보건서비스에서 중요하게 다루어지는 지침을 잘 숙지하고 이와 관련성을 가지고 해당 지역에 맞게 사업계획을 세우는 것이 중요하다는 의미로 이해될 필요가 있다(이진석 외, 2011).

(4) 목적과 목표의 설정

목적은 사업이 궁극적으로 달성하려고 하는 바를 의미하며, 목표는 목적을 달성하기 위해 마련한 구체적인 수단으로서 단기간에 달성가능한 수준으로 명시하게 된다. 따라서 목적의 경우 측정가능한 용어로 기술하거나 세부적인 활동을 언급할 필요 없이 추구하는 방향과 달성하고자 하는 가치 등을 표현하게 된다.

조성우 등(2018)에 따르면 목적의 구성내용은 사회문제로 인해 손상된 사회적 가치의 중요성과 회복의 필요성, 대상자에 대한 개입의 필요성과 핵심적인 개입방법의 제시, 기대되는 단기 및 중장기 성과 등이다. 목표는 구체적인 대상이 변화와 문제해결을 의미하게 때문에 사회문제의 분석과 욕구측정을 기반으로 설정되며 우수한 목표는 명료하고 구체적이며 측정가능하고 한시적이며 현실적인 내용으로 설정되어 있다.

목표의 종류에는 결과, 과정, 산출, 투입목표 등이 있는데, 결과목표는 사업을 통해 도달하고자 하는 최종목표이고, 과정목표는 서비스를 필요로 하는 사람에게 서비스가 제공되거나 제대로 된 서비스가 제공되었는지에 대한 것이며, 산출목표는 결과목표를 달성하기 위해 수행된 활동량을 의미하고 투입목표는 해당 사업 수행을 위하 자원 투입목표량(인력, 예산, 장비 등)이다.

(5) 정신건강복지사업의 평가

정신건강복지사업의 평가는 목적과 목표를 달성하였는지 객관적이고 과학적으로 측정하는 것이다. 목표를 달성한 경우에는 목표가 적절했는지 평가하고 사업의 성공적 추진요인을 확인할 필요가 있고, 목표가 미달한 경우에는 목표설정의 적절성 평가와 더불어 사업 추진의 장애요인을 확인해야 한다.

정신건강복지사업은 기본적으로 자체평가를 하게 되지만 지방자치단체 평가, 보건복지부 평가 등 정부의 평가를 받게 된다. 자체평가를 통해 사업이 계획대로 수행되었는지 확인하며 구조, 과정, 결과로 나누어 평가하여 기획의 현실성을 제고하게 된다.

평가의 기본적 모델은 논리모델(Logic model)이다. 논리모델은 일반체계이론(general system theory)에 근거하며 투입, 과정, 산출이라는 세 가지 체계의 관계로 구성되어 있다. 이에 대한 설명은 <그림 26-1>과 같다.

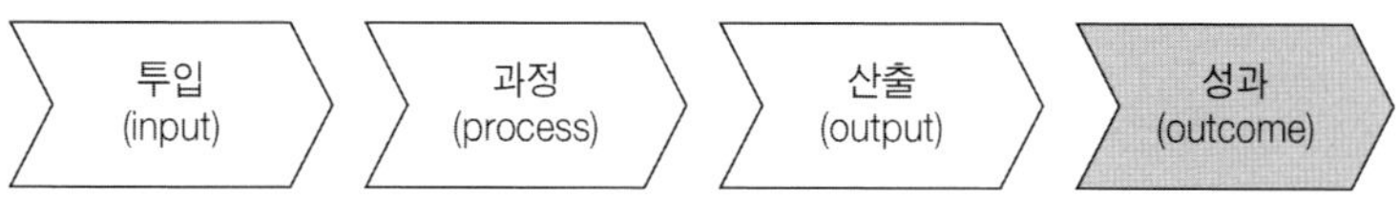

〈그림 26-1〉 논리모델에 대한 이해

투입은 사업을 운영하는데 활용되는 자원들로서 인적, 물적, 예산, 네트워크, 정보, 시간 자원 등으로 구성되고, 과정은 자원들을 사용해서 프로그램 산출과 성과를 생성하기 위해 수행되는 모든 작업을 의미하며 서비스나 활동으로 구성되어 있다. 산출은 사업 종료 후 확인할 수 있는 인원 수, 시간, 활동량, 물품 수, 결산액 등과 같은 객관적인 실적을 의미하며, 성과는 사업을 통해 나타나는 인간 혹은 지역사회의 변화를 의미한다(조성우 외, 2018).

2. 정신건강복지사업의 특징, 국제적 흐름, 발달과정

정신건강복지사업을 기획하고 평가하기 위해서는 정신건강과 관련된 환경분석, 정책변화 및 국제표준이나 협약 등을 이해하는 것이 필요하다. 특히 정신건강과 관련된 정책을 이해하는 것이 필수적이다. 정신건강복지사업은 정신보건정책의 바탕 위에 기획되고 서비스 수혜자들의 필요와 욕구에 기초하여 개발되어야 정신장애인의 삶을 지원하고 국민들의 정신건강증진을 도모할 수 있을 것이다.

정신보건정책은 일반적으로 보건, 복지, 기타 사회정책들의 복잡한 구조 속에서 수립된다. 정신보건 분야는 정신보건과 반드시 직접적으로 관련되어 있지 않은 정책과 법규, 이념에 의해 영향을 받게 된다. 정신보건정책을 수립할 때 그 효과를 극대화하기 위해서는 사회적, 물리적 환경을 반드시 고려해야 한다. 또한 교육 프로그램, 보건, 복지와 고용정책, 법과 질서의 유지, 청년층과 노년층을 대상으로 하는 정책, 주택, 도시계획, 공공서비스 등으로부터 도움을 얻기 위해 상호 긴밀하게 협력해 나가야 한다(WHO, 1987; WHO, 2001a). 명확한 정신보건정책은 어느 나라의 보건관련 부처에서건 정신보건 영역의 필수적이고 강력한 도구이다. 정책은 계획과 프로그램을 통해 적절하게 세워지고 실행될 때 주민들의 정신건강에 큰 영향을 미칠 수 있다(WHO, 2008).

1) 정신건강복지사업의 환경변화와 분석

정신건강복지사업의 기획과 평가를 이해하기 위해서는 먼저 거시정책적 환경을 이해하는 것이 필요하다. 거시환경이란 굉장히 광범위해서 기관의 힘만으로는 쉽게 바꿀 수 없는 것들을 의미한다. 통제할 수 없는 리스크를 예측할 수 있는 리스크로 전환하는 과정이 필요한데, 통제할 수 없는 요소인 인구구조변화, 소득변화, 국제적인 협약의 시행, 제도의 개정 등을 고려해야 한다(국립정신건강센터, 2018).

(1) 정치, 정책적 측면의 주요한 정신건강환경

2017년 5월 30일 기존의 정신보건법 대신 정신건강복지법이 시행되었다. 이 법에서는 정신질환자에 대한 주거, 고용, 평생교육, 복지서비스 등에 대한 지원을 선언하고 있으며 정신질환자의 재활, 복지, 권리보장(자기결정권, 절차참여권, 도움을 받을 권리 등)을 담고 있다. 국제정책의 변화는 UN 장애인권리협약(Convention on the rights of person with disabilities)과 UN 경제·사회·문화적 권리위원회(The committee on Economic, Social and Cultural Rights)의 권고, 지속가능 발전 목표(Sustainable Development Goals, SDGs) 등이다. 이런 국제정책의 변화들은 우리나라 정신건강정책의 목표가 되고 있다. 특히 지난 2013년 OECD '한국정신건강정책 리뷰와 제안사항'은 탈원화에 대한 요구와 지역사회중심의 서비스 강화, 일반 국민들에 대한 정신건강서비스 등을 제안하였다.

(2) 경제적 측면의 정신건강환경

2005년 이후 정신재활시설의 운영지원이 중앙정부 지원이 아닌 지방이양 사업으로 전환되면서 지방자치단체들의 낮은 재정자립도와 복지사업예산의 부족으로 정신재활시설의 설치가 어려워지면서 정신재활서비스의 부족으로 이어졌다. 보다 근본적으로는 전체 보건복지 예산 중에서 정신보건 예산에 대한 낮은 비중과 지방자치에 비해 낮은 재정분배비율로 인해 정신장애인은 국민기초생활 수급자 비율이 높고(54.5% > 16.3%(전체 장애)) 국민연금 가입 비율이 낮으며(10% < 35%) 높은 주관적인 하층민(81.5% > 67.8%)인식을 가지게 되었다(중앙정신보건사업지원단, 2018).

(3) 사회문화적 측면의 정신건강환경

사회문화적 측면의 정신건강환경은 정신장애인에 대한 높은 사회직 편견으로 인해 사회적 배제와 차별이 존재하고 있다. 사회적 관심과 이해가 부족하고 이를 변화시키기 위한 당사자 및 가족단체의 활동이 최근 활발해지고는 있으나 전체 사회구조적인 면에서는 활동이 미비한 편이다. 따라서 공공복지서비스의 강화에 대한 요구가 증가하고 있으며, 보건을 넘어선 부처 간의 합의 필요성이 증가하고 있다.

(4) 교육과 기술 측면에서의 정신건강환경

개인정보 및 보안에 대한 기술이 발달되면서 기존 정신건강복지 영역에서의 정보관리시스템과 사회복지영역의 행복이음시스템이 연동되었다. 이는 분절적인 정보관리가 아닌 보건복지영역의 통합정보관리를 통해 서비스가 계획되고 제공되는 단초가 되었다. 국립정신건강센터가 설치되어 정신건강영역에서의 역할이 확대되었고, 정신보건복지심사위원회, 입원적절성심사위원회의 기능도 확대되었다. 후견인사업, 절차보조인사업과 같은 정신장애인 당사자의 의사결정지원제도가 확대되고 있으며, 거주제공과 직업재활을 중심으로 시범사업 경험이 축적되고 확대되고 있다. 또한 정신장애인과 가족을 중심으로 새로운 환경 변화에 필요한 교육 욕구가 증가하고 있다.

(5) 정신건강환경 변화와 파급효과

정신건강과 관련된 국내외 주요 환경변화는 정신장애인의 자기결정권, 절차참여권의 보장과 복지서비스 요구권리 등이다. 이에 따라 정신건강환경 변화를 수용하게 되면 정신장애인, 정신건강 전문가, 보건복지부 등의 정부 부처에 파급효과가 나타나게 된다. 의사결정방식도 정신장애인의 공식적인 참여보장이 이루어지며 정부부처 간에도 복지부와 법무부의 협력사업으로 후견인제도나 절차보조인사업이 진행된다. 정신장애인과 정신건강전문가의 관계도 환자와 치료자의 관계에서 삶을 나누는 보다 수평적 관계로 변화하게 된다. 이는 정신건강전문요원의 교육에 반영되어 전문가 역할에 대한 새로운 고려를 하게 된다. 공간 또한 환자를 감시하고 관리하는 팬옵티콘 구조가 아닌 열린 공간의 시놉티콘 구조로 변화하게 된다. 정신장애인을 위한 서비스 제공 공간 구조가 유니버설 디자인으로 변할 수밖에 없다. 취업방식도 보호작업장 중심이 아닌 지원고용 중심으로 변화되며 정신장애인에 대해 적용되었던 독소조항인 최저임금 예외조항이 폐지되고 임금보존 정책으로 전환될 수 있다. 주거선택 또한 직선적 연속모델에서 주거선택권의 강화와 탈시설화로 변화되어 지원주택과 같은 주택정책과 정신건강서비스의 연계가 이루어지게 된다.

2) 정신건강복지사업의 발달과정과 국제적 흐름

(1) 세계보건기구의 정책변화

2001년도 WHO의 세계보건보고서(The World Helath Report 2001)는 현재와 미래의 질병부담과 주요 요인에 대해 포괄적으로 검토하고, 예방의 범위와 치료 이용가능성 및 장애물을 조사하였으며 정신건강서비스 제공계획을 통해 모든 국가들의 필요와 자원에 따라 적용할 수 있는 장기적 권고사항을 제시하였다 이 보고서에서는 일차의료에서의 치료제공, 약물에 대한 이용, 지역사회에서의 돌봄제공, 대중교육, 가족과 당사자의 참여, 국가정책, 법률, 사업의 확립, 인적자원개발, 타 영역과의 연계, 지역사회 정신보건에 대한 모니터링, 연구조사 등을 다루고 있다.

2010년대 이후에는 WHO 정신보건정책 및 서비스 지침서 시리즈 등을 통해 정신보건현황(The Mental Health Context), 정신보건정책, 계획 및 프로그램(Mental Health Policy, Plans and Programmes), 정신보건 재정(Mental Health Financing), 정신보건법령과 인권(Mental Health Legislation and Human Rights), 정신보건을 위한 옹호(Advocacy for Mental Health), 정신보건서비스의 조직(Organization of Services for Mental Health), 정신보건의 질 향상(Quality Improvement for Mental Health), 정신보건서비스 전달을 위한 계획 및 예산편성(Planning and Budgeting to Deliver Services for Mental Health) 등이 주제로 포함되었다.

2013년 발표된 WHO 정신건강실행계획 2013~2020(Mental Health Aciton Plan)에서는 회복을 위한 보편적 건강적용, 인권, 근거중심 실천, 생애주기접근, 다학제적 접근, 정신장애와 심리사회적 장애를 가진 사람들의 임파워먼트를 주요 원칙과 접근법으로 강조하고 있다. 이를 실천하기 위한 실행계획의 목표에는 정신보건의 효과적 리더십과 협치 강화, 지역사회 중심의 포괄적, 통합적, 대응적 정신보건 및 사회서비스 제공, 정신보건의 증진 및 예방을 위한 실용전략, 정신보건을 위한 정보시스템과 근거와 연구의 강화가 포함되어 있다.

(2) 영국, 호주, 이탈리아, 유럽의 정책변화

영국은 잉글랜드와 웨일즈 중심으로 1962년 The Hospital Plan을 수립하고 1975년까지 정신병원의 수를 절반으로 줄이자는 계획을 수립하였고, 1971년에는 정신병원을 전부 폐지하는 모델인 Hospital Services for the Mentally Ill을 제안하였다. 1999년에는 지역사회기반 정신보건 의료서비스를 전 지역적으로 활성화시킨다는 The National Service Framework for Mental Health를 발표하였고, 2011년에는 조기개입, 심리치료, 재활 및 사회복귀, 중증정신질환자들의 신체질환 치료에 중점을 두고 있다.

호주는 1993년 정신보건개혁안을 발표하고 제1차(1993~1998) 정신건강정책에서는 정신보건의 고립화, 차별화, 후진화된 정신보건서비스를 일반의료시스템과 동등하게 전환하도록 하였고, 제2차(1999~2002) 개혁안은 중증정신질환에서 국민 전체의 정신건강증진과 정신질환 발생의 예방으로 정책을 확대하였다. 제3차(2003~2008) 개혁안에서는 주거, 교육, 복지, 고용, 사법 등 사회 각 영역을 정신건강증진을 위한 체계로 통합하였다. 2012년 호주에서는 정신보건 로드맵을 발표하고 6가지 정책 우선순위를 정하고 이를 효과적으로 추진하기 위한 세부계획을 수립하였다. 정책 우선순위는 사람 중심의 접근성을 높이고, 국민 정신건강증진과 행복 증대, 정신질환 예방, 조기진단 및 조기개입에 집중, 양질의 의료 및 지원서비스 제공을 높임, 정신질환자의 사회적, 경제적 참여를 높이는 것 등이다.

이탈리아는 1968년 Law 431 법안 통과 이후 정신질환자의 자발적 입원 허용, 정신병원 입원 사실이 범죄기록에 기록되는 조항 폐지, 병원과 병동의 규모 및 환자 대비 인력 기준 명시, 사후관리와 예방을 위한 정신병원 외부 시설 설립, 예방, 재활의 연속성 보장을 추진하였다. 1978년 Law 180(일명 바잘리아법) 통과는 모든 정신병원의 새로운 입원을

1980년 1월부터 금지하고 정신병원의 규모를 단계적으로 축소하였으며, 일반 종합병원 내 급성 정신과 치료 병상을 운영하며 최대 15병상으로 제한하고, 최장 입원 기간 7일, 매주마다 재심사, 강제입원을 엄격하게 제한하였다. 또한 정신과 서비스가 제공되는 지역사회정신보건센터를 지리적 분포에 맞추어 개설하였다.

정신건강복지사업의 선진국 사례들을 보면, 2000년대 이전까지 중증정신질환자에 대한 입원중심의 치료를 개혁하고 지역중심의 서비스, 정신의료를 일반의료체계에 편입시키는 정책변화가 공통점이라면 2000년대 이후에는 정신건강서비스 품질, 접근성, 형평성 제고를 목표로 하고 정신건강과 타 보건의료의 통합 관리, 기본적 권리로서의 보건의료와 사회복지 보장추구, 정신건강 정보관리 혁신을 강조하고 있다. 특히 유럽에서 2007년 발표된 정신보건 정책과 실천(Mental Health Policy and Practice across Europe) 보고서에서는 국가 경제의 생산성 향상을 위한 정신건강 정책의 필요와 일생 동안 전 국민의 4명 중 1명이 정신질환에 이환되는 유병률에 주목하고 있으며, 점차 증가하는 자살에 대한 국가 차원의 전문적 서비스 전개 필요, 정신건강에 대한 평가와 연구의 주기적 시행, 지역사회와 입원 시설 간의 균형적 정신건강 관리체계 마련, 사회통합적 시각에서의 정신건강 정책 마련을 강조하고 있다.

Ⅲ. 정신건강복지사업의 기획과 평가 실제

1. 정신건강복지사업의 기획

1) 온국민 마음건강 종합대책(관계부처 합동)

정신건강복지기본계획은 관계부처 합동 5년 단위로 수립되고 있으며, 2016년 1차 계획('16~'20)에 이어 2021년 1월 제 2차 계획('21~'25)이 발표되었다. 지난 1차 정신건강복지기본계획은 정신건강증진을 위한 분야별 인프라가 지속적으로 확충되는 성과가 있었으나 현장에 정착하여 의식과 행동 변화를 이끌어낼 질적 수준의 고도화에는 한계가 있었다.

제2차 정신건강복지기본계획에서는 정신건강 문제가 국민 4명 중 1명은 평생 한번 이상 경험할 수 있는 보편적인 현상이며, 환자 수 증가, 긴 유병기간 등 사회경제적 비용이 매년 증가 추세이고, 다른 질환에 비해 국가적 차원의 투자 효과성이 높다는 점, 코로나19의 장기화에 따른 우울 현상 확산은 그간 소외받는 정신건강영역에 대한 국가 책임의 강화가 요구되고 있다는 것을 반영하였다. 최근 UN보고서(2020)에서는 코로나19 문제 최소화를 위해 사회 전반에 걸쳐 정신건강 개혁이 요구되며 국가적 재정투자가 필수임을 강조하고 있다. 주요 선진국들은 신체건강과 마찬가지로 정신건강에 우선순위를 두면서 적극적이고 예방적인 국가 차원의 정신건강 정책을 추진 중이며 코로나19 재유행 등 미래사회를 대비한 장기 대응전략이 필요하다는 것이 제2차 정신건강복지기본계획 수립 배경이다.

〈코로나 19 문제를 최소화하기 위한 정신건강 관련 권고사항(UN, '20.5)〉

① 코로나19 국가대응전략에 정신건강 증진 및 보호를 필수적으로 반영

② 다양한 비대면 중재방법 개발과 함께 중증정신질환자의 필수서비스 제공 보장

③ 코로나19 이후에도 지속될 수요를 고려하여 지역사회서비스 질 강화에 투자

제2차 정신건강복지기본계획 수립을 계기로 "정신건강 없이는 개인과 사회의 건강도 없다"는 문제의식하에 전 국민의 전 주기적 건강관리를 위해 국가 책임을 강화하는 방향으로 정책 패러다임이 전환되고 있다.

2) 정신건강사업안내(보건복지부)

정신건강사업안내는 보건복지부에서 매년 초 발간하고 있는데 사업의 방향성과 내용뿐 아니라 서비스 체계와 운영, 인력, 예산, 행정사항 등 사업 전반에 대한 지침을 제시하고 있다. 정신건강사업안내(2020)의 주요 구성은 정신건강사업의 개요, 지역기반정신건강서비스 체계와 운영, 정신건강증진시설 유형별 서비스 체계와 운영, 정신질환자의 권익보호와 편견해소 및 인식개선 등이다.

정신건강사업은 ① 전체 국민을 대상으로 한 정신건강 증진과 예방, 환경조성을 강조하며 ② 지역사회 인프라 강화-정보시스템-협력체계 구축을 통한 서비스 접근성 확보, ③ 국가 정신건강 증진사업의 리더십 강화, ④ 정확한 정보와 근거 기반의 정신건강 정책과 사업 수행을 기본원칙으로 한다.

국가정신건강증진사업은 행복한 삶, 건강한 사회라는 비전하에 국민의 정신건강증진,

〈표 26-2〉 제2차 정신건강복지기본계획 비전과 추진전략

비전	마음이 건강한 사회, 함께 사는 나라
정책 목표	1. 코로나19 심리방역을 통한 대국민 회복탄력성 증진 2. 전 국민이 언제든 필요한 정신건강서비스를 이용할 수 있는 환경조성 3. 정신질환자의 중증도와 경과에 따른 맞춤형 치료환경 제공 4. 정신질환자가 차별 경험 없이 지역사회 내 자립할 수 있도록 지원 5. 약물중독, 이용 장애 등에 대한 선제적 관리체계 마련 6. 자살충동, 자살 수단, 재시도 등 자살로부터 안전한 사회 구현

⇕

추진전략	핵심과제
전 국민 정신건강증진	1. 적극적 정신건강증진 분위기 조성 2. 대상자별 예방 접근성 제고 3. 트라우마 극복을 위한 대응역량 강화
정신의료서비스/인프라 선진화	1. 정신질환 조기인지 및 개입 강화 2. 지역기반 정신 응급 대응체계 구축 3. 치료 친화적 환경 조성 4. 집중 치료 및 지속 지원 등 치료 효과성 제고
지역사회기반 정신질환자의 사회통합 추진	1. 지역사회 기반 재활 프로그램 및 인프라 개선 2. 지역사회 내 자립 지원 3. 정신질환자 권익신장 및 인권강화
중독 및 디지털기기 이용장애 대응 강화	1. 알코올 중독자 치료 및 재활서비스 강화 2. 마약 등 약물중독 관리체계 구축 3. 디지털기기 등 이용장애 대응 강화
자살로부터 안전한 사회 구현	1. 자살고위험군 발굴과 위험요인 관리 2. 고위험군 지원 및 사후관리 3. 서비스 지원체계 개선
정신건강정책 발전을 위한 기반 구축	1. 정책 추진 거버넌스 강화 2. 정신건강관리 전문인력 양성 3. 공공자원 역량 강화 4. 통계 생산체계 정비 및 고도화 5. 정신건강분야 전략적 R&D 투자 강화

중증 정신질환자 지역사회 통합, 중독으로 인한 건강 저해 및 사회폐해 최소화, 자살위험 없는 안전한 사회구현이라는 4가지 정책 목표와 각각의 목표를 이루기 위한 전략으로 구성되어 있다. 이 장에서는 광역·기초정신건강복지센터 주요사업에 대해 간략히 소개하고자 한다.

(1) 광역정신건강복지센터 사업

광역정신건강복지센터의 주요사업은 국가정책사업을 반영한 지역사회정신건강사업 및 자살예방사업 기획 및 수립, 지역사회진단 및 연구조사, 지역사회 정신건강전문인력 및 자살예방인력에 대한 교육 및 관리, 지역사회 네트워크 구축 및 자원관리, 정신건강에 대한 인식개선, 지역특성화사업, 정신건강위기상담전화운영, 응급개입팀 운영 등이다. 특히 2020년 신설된 응급개입팀 운영은 자·타해 위험이 있는 정신질환자, 자살 시도자 등 현장에 출동한 구급대원이나 경찰관으로는 정신질환자에 대한 현장 응급대응이 미흡하여 광역정신건강복지센터 및 거점 기초정신건강복지센터에 응급개입팀을 설치하고 24시간 365일 응급대응체계 구축을 목적으로 각 센터에 1개팀(6명)을 배치하고 2인 1조 기준 3개 조를 편성하여 정신응급상황 발생 시 구급대원, 경찰 등과 함께 현장출동 및 대응을 하도록 하였다.

(2) 기초정신건강복지센터 사업

기초정신건강복지센터의 주요사업은 중증정신질환자 관리, 중증정신질환 조기개입체계 구축, 개별적 서비스 계획 수립과 제공, 위기개입 서비스 제공 및 위기대응체계 구축, 포괄적 서비스 제공과 지역사회 네트워크 구축, 정신건강심사위원회 업무 지원, 긴급지원 대상자 발굴 등이다. 특히 2020년 중증정신질환자 조기개입체계 구축의 세부내용으로 공공 사례관리에서 초발정신질환자에 대한 초기상담 및 평가 요청이 있을 경우 사전 동의된 대상자에 한하여 공동 방문상담을 실시하는 내용의 신설과 개별서비스 계획 수립과 제공의 세부내용 중 의뢰된 대상자 중 6개월 이상 접촉이 불가능하거나 대상자 미동의로 서비스 제공이 현실적으로 불가능한 경우 의뢰기관에 알리는 내용이 신설되는 등 정신건강 문제의 조기발견 및 개입, 관리가 강화되는 추세이다.

3) 정신건강복지사업 기획과 평가 실제사례

■ <u>(광역형) 경기도 24시간 간역정신응급대응체계 구축 모델 사업 / 경기도정신건강복지센터</u>

코로나19로 정신응급상황에서 정신질환자에게 치료적 개입이 적시에 이루어지지 못하고 있어 정신질환자에 대한 치료공백을 예방하고 지역의 정신응급대응 고충 해결을 위해 정신응급입원환자 지정 선별진료소를 운영함.

▶ 프로그램 기간: 2020년 03월 23일~진행 중(코로나19 종료시까지)

▶ 대상: ① 정신건강복지법 응급입원(제50조), 행정입원(제44조) 수반
- 보호의무자에 의한 입원 대상자는 1차 스크리닝 후 판단
② 정신병적 증상으로 정신과적 입원 치료가 시급한 자
③ 자살시도자, 신체적 위해자
④ 정신과적 문제가 있고 공공의 안전을 위협하는 자
※ 정신건강복지(자살예방)센터 및 경찰 의뢰 대상자 우선

▶ 인력

<table>
<tr><th></th><th>3/23~5/31</th><th>6/1~7/30</th><th>8/1~현재</th></tr>
<tr><td>스크리닝</td><td>경기도정신건강복지센터 22명
(스크리닝 담당자 8명, 간호사 5명, 사회복지사 9명)</td><td rowspan="2">경기도정신건강복지센터 26명
(스크리닝 8명, 간호사 3명, 사회복지사 7명, 안전요원 8명)</td><td rowspan="3">경기도정신건강복지센터 21명
(전문의 3명, 간호사 4명, 사회복지사 6명, 안전요원 8명)</td></tr>
<tr><td>음압병동 운영</td><td rowspan="2">새로운경기도립정신병원 20명
(전문의 외 간호사 6명, 조무사 8명, 행정 1명)</td></tr>
<tr><td>정신과 전문의 투입</td><td>새로운경기도립
정신병원</td></tr>
</table>

▶ 협력기관 업무 분장

경기도(정신건강과)
24시간 정신응급환자
코로나19 선별진료소 운영 총괄

경기도정신건강복지센터
선별진료소 운영
지역자원 연계 네트워크 구축
정신의료기관 연계
응급환자(경찰, 소방) 의뢰접수
선별검사 대상자 파악
응급진료 및 치료비(후송비) 지원
3교대 24시간 운영
투입인력 교육 등

경기도의료원/수원의료원
실무지원
음압병동 제공
응급실 진료 및 검사
선별검사 관련 진료재료,
의약품, 방호복 등 지원

새로운경기도립정신병원
선별진료소 퇴실환자
-24시간 응급입원 등-

▶ 세부일정

구분		2020년						
		~3월 1주	3월 2주	3월 3주	3월 4주	4월	5월	6월
기획	협력기관 회의(운영체계, 협력내용 등)	○	○	○	○	○	○	○
사전진행	지역사회 고충사례 현황 파악 및 공유	○						
	선별진료소 이용안내 및 초기평가지 제작			○				
	음압병동 내 정신건강 치료환경구축			○	○	○		
	직원교육(응급환자 위기대응, 의회절차 등)			○	○	○	○	○
홍보	선별진료소 이용 안내(공문 발송 등)				○			
예산	응급대응체계구축 계획 및 예산교부						○	○
진행	정신응급대응(초진평가, 병원 연계, 치료비 지원 등)				○	○	○	○
	협력기관 네트워크	○	○	○	○	○	○	○
평가	평가 및 사후 모니터링				○	○	○	○

▶ 선별진료소 입퇴실 과정

진행 과정		내 용
선별진료소 오픈		• '20년 3월 23일 '경기도 24시간 정신응급환자 코로나 19 선별진료소' 오픈 • 정신응급환자를 대상으로 코로나 19 검사 및 정신응급진료 진행 • 경기도의료원 수원병원 내 음압격리 병동 2개 병상 운영
스크리닝		• 지역사회 내 코로나19 음성 결과가 필요한 응급입원 및 행정입원 대상자 발생 • 정신건강복지(자살예방)센터 및 경찰 의뢰 대상자 우선 • 스크리닝 시간: 평일 및 주말(공휴일 포함) 09:00~22.00 /(내선6124) 유선 접수 필수
적합성 평가		• 스크리닝 담당자가 유선을 통해 초기 평가 진행 • 정신과 전문의가 적합 및 부적합 판정 • 의뢰자에게 판정 결과 통보 및 입실 절차 안내, 조율

입실		• 경찰, 119, 기초정신건강복지(자살예방)센터에서 대상자 후송하여 선별진료소로 도착 • 정신과 전문의 대면 평가 후 대상자 입실 * 선별검사 이후 대상자 후송에 대해 필수 동의해야 입실 절차 진행됨
정신응급진료 및 코로나19 선별검사 (음압격리)	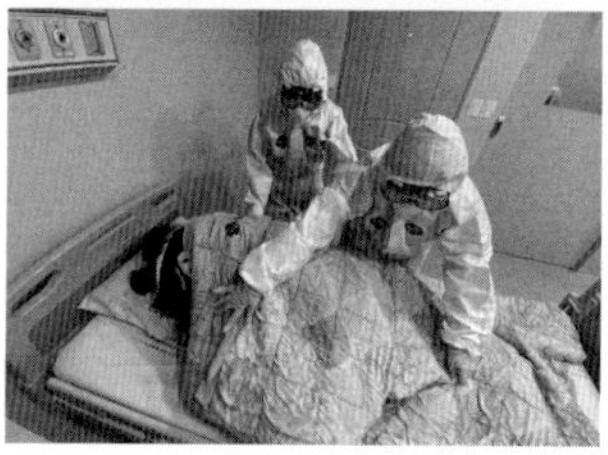	• 코로나19 선별 검사 실시 및 정신응급진료 등 • 내과적 처치 필요할 경우 응급의학과 협진
전원 기관 연계	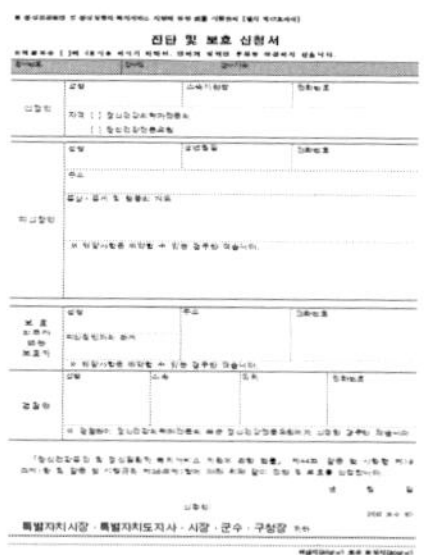	• 스크리닝 담당자는 코로나 19 검사 결과에 따라 입원 가능한 병원 연계 * 음성: 적정병원 연계(응급 및 행정입원 등) • 대상자 후송을 위해 의뢰했던 경찰, 소방, 기초정신건강복지(자살예방)센터 담당자 등과 의사소통하며 후송 일정 조율
퇴실 및 정신과적 입원(전원)	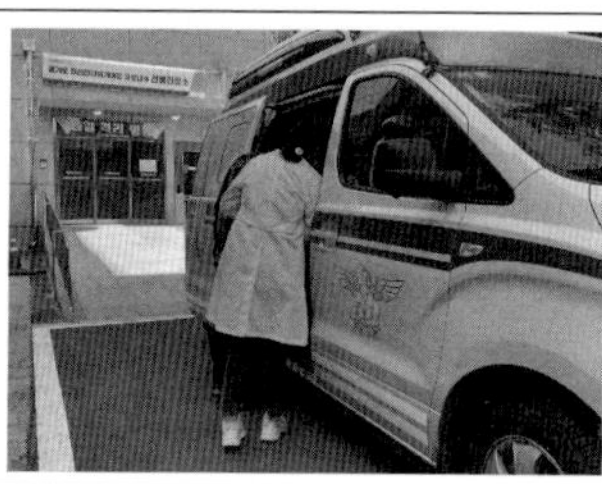	• 입실 의뢰 했던 기초정신건강복지(자살예방)센터, 경찰, 소방은 퇴실 이후 진행되는 입원 병원에 대상자를 후송 • 전원 병원으로 대상자 입원

▶ 주요성과

• 선별진료소 운영현황

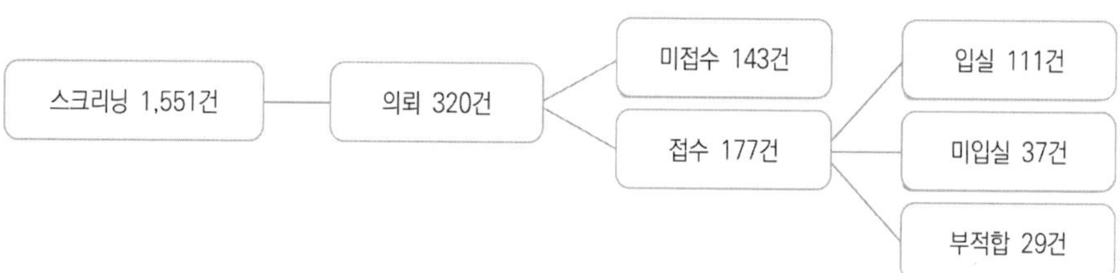

※ 미접수: 동선, 단순주취, 타 시도 대상자, 보호자 및 대상자 비협조, 이송 및 후송 거부 등
※ 부적합 판정 사유: 단순주취, 치매, 신체적 문제로 응급의학과 협진 불가(일산화탄소, 진정·섬망 등), 형사처벌(가정폭력)이 우선인 경우, 민원 해결을 위한 수단으로 자해시도 등

▶ **평가 및 향후 계획**

- 집단감염에 대응하며 정신응급환자가 원활한 입원을 할 수 있도록 하는 경기도형 감염병 정신응급대응체계를 세계 최초로 시행되었다는 점에서 의의
- 경기도-경기도의료원-경기도의료원 수원병원-경기도정신건강복지센터-새로운경기도립정신병원 간의 협력과 이해로 추진이 가능한 모델이었음
- 코로나19 검사 및 정신응급 진료가 가능한 24시간 정신응급 음압병상을 확보하여, 집단감염 우려를 해소하고 안전한 지역 정신응급의료서비스를 구현함. 이에 경기도 지역사회 정신건강 안전망 강화 및 정신위기상황에 효율적으로 대처함
- 코로나19 대응을 위해 공공의료기관과의 협력으로 정신응급대응 해결책 마련
- 정신응급대상자 발생부터 최종 응급입원 그리고 연계 및 모니터링까지 체계적 서비스 제공, 위기대응 제공 주체 간의 신속한 연계·협력 추진
- 공공의료자원 일부를 심리사회적 약자에게 할애하여 적절한 검사와 치료를 받을 수 있도록 제공한다는 점에서 사회통합적인 의미를 지님
- 경기북부 의정부병원 음압병동을 활용, 정신응급환자 선별진료소를 확대 운영 예정
- 코로나19 종료 시까지 운영할 계획이며, 종료 후 공공의료기관과의 연계협력을 지속적으로 유지하며 응급실기반의 정신응급대응체계구축사업 진행

■ (기초형) 가족이 함께하는 코로나19 극복 사례관리 프로그램 「슬기로운 마음방역 생활」 / 춘천시정신건강복지센터

비대면 사례관리 프로그램 개발 및 운영을 통해 코로나19 상황에서도 정신건강 취약계층에 대해 지속적인 건강서비스 지원, 아동청소년과 보호자가 가정 내에서 함께 마음건강을 돌볼 수 있는 self-care 기능 강화를 목적으로 실시함.

▶ **프로그램 기간:** 2020년 3월~2020년 10월

▶ **대상:** ① 춘천시정신건강복지센터 아동 등록회원(아동 32명, 부모 29명 / 총 29가정)

▶ 추진과정

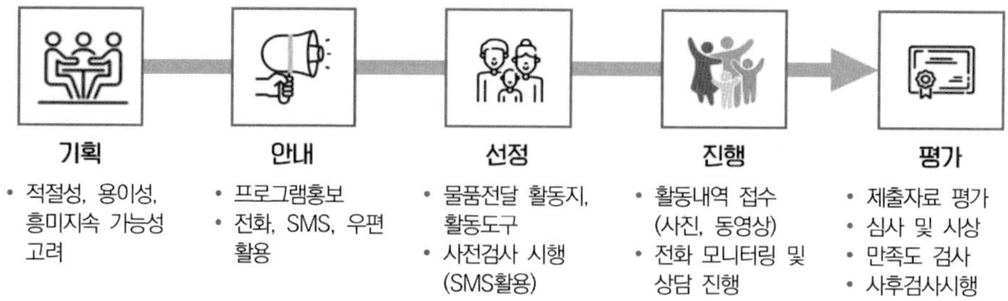

▶ 추진내용

① 기획(주요 고려사항)

- 주제: 목표한 내용이 포함되어 있는가?
- 수행방법: 사례관리자의 도움 없이 가족 차원에서 수행할 수 있는가?
- 내용 구성: 참여를 지속시킬 수 있는 내용과 회기로 구성되어 있는가?
- 모니터링 방법: 평가와 보상은 어떻게 진행할 것인가?

② 홍보 및 안내

- 안내문 발송: SMS, 우편 활용 신청 독려

③ 세부 활동

• 1차 「새싹이와 함께하는 마음방역 활동지」	- 구성: 계획, 4회기 프로그램, 평가 및 시상 - 활동: 학습지 형태의 마음방역 활동지 - 실시방법: 우편발송, 우편함 전달 전화모니터링을 통한 활동 독려, 상담 - 관리영역: 심리적 스트레스, 정서관리, 문제해결능력, 가족관계
• 2차 「달달이와 함께하는 행복한 우리 가족」	- 구성: 계획, 1회기프로그램, 평가 및 시상 - 활동: 가정의 달, 보호자와 아동이 함께 추억 만들기 - 실시방법: 비대면 배포, 우편함 전달 전화모니터링을 통한 활동 독려, 상담 - 관리영역: 심리적 스트레스, 가족관계, 여가활동
• 3차 「자녀와 함께 성장하는 나」	- 구성: 계획, 2회기 프로그램, 평가 및 시상 - 활동: 자녀 돌봄 기능 강화를 위한 독서 프로젝트 - 실시방법: 부모교육, 자녀양육 등에 한해 가족 단위로 지정 서점에 방문하여 원하는 책 구입 후 과제 부여 - 관리영역: 심리적 스트레스, 문제해결능력, 가족관계
• 4차 「연이와 함께 달려보자」	- 구성: 계획, 1회기 프로그램, 평가 및 시상 - 활동: 추석을 즈음하여 가족이 함께 추억 만들기 활동 - 실시방법: 연제작 세트 비대면 배포

	전화모니터링을 통한 활동 독려, 상담 – 관리영역: 심리적 스트레스, 문제해결능력, 신체건강, 가족관계, 여가활동
• 기타활동 「우리 아이, 이대로 괜찮은가요?」	– 구성: 2020.6월 ~ 8월(총 3회) – 내용: 정신건강 문제가 있는 자녀를 둔 부모의 돌봄 기능 강화를 위한 정신건강 교육 및 그룹상담 – 주제: 아동기의 행동문제(ADHD의 이해, TIC 등), 청소년기 정서문제(불안, 우울 등) – 관리영역: 가족지원 부모교육

▶ 주요성과

① 성과목표 평가 방법

성과목표	목표에 대한 평가방법			
	성과지표	자료원	자료수집방법	자료수집시기
비대면 사례관리 프로그램 기획 및 운영	프로그램 수행의 적절성	참여자	프로그램 만족도 평가지 번남	각 차수 프로그램 종결 시
부모의 적극적인 프로그램 참여를 통한 돌봄기능 강화	참여율(수행완료인원/배포인원(가정단위))	참여자	출석부(각각의 활동결과를 핸드폰으로 접수)	사전(3월)/사후(10월)
정신건강 관리능력 증진	정신건강 문제 개선 정도	참여자	SDQ-KR 활용 평가(자기보고형/부모보고형)	사전(3월)/사후(10월)
가족구성원 간 소통 촉진 및 가족관계 기능 개선	가족관계 기능 개선	참여자	가족관계척도 활용 평가	사전(6월)/사후(10월)

② 과정평가

1) 「새싹이와 함께하는 마음방역 활동지」: 수행완료율 70.5%

활동 내용 및 수순 만족도	정서관리 및 가족관계	총평
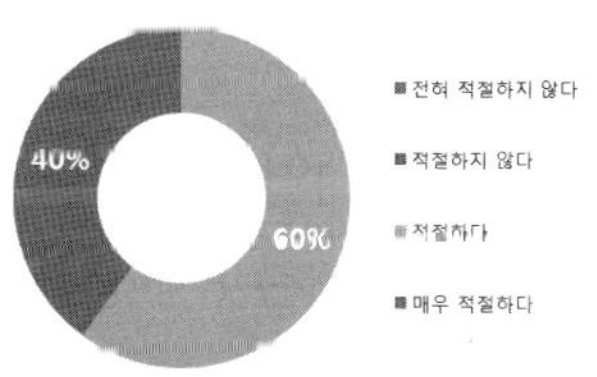	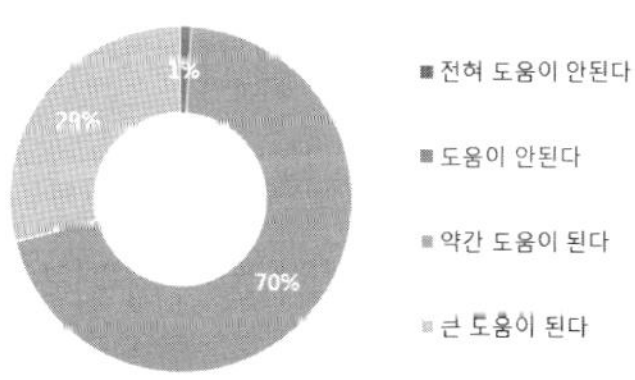	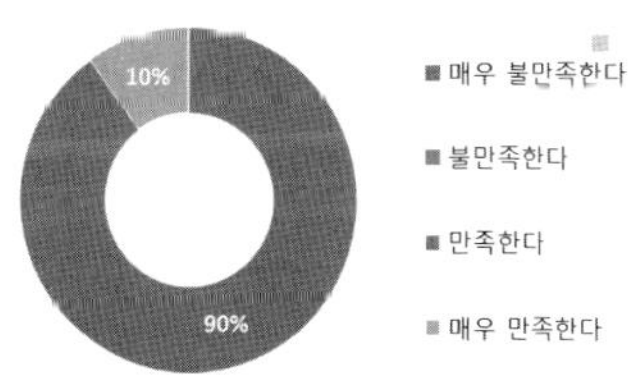

활동지에 대한 건의사항이나 기타의견
"그날그날 아이의 기분을 알 수 있고, 아이를 이해하는데 도움이 되었어요." "아이가 그날 있었던 일에 대하여 이야기할 수 있어서 좋은 시간이었어요." "조금이나마 아이의 마음을 다시 한 번 생각해 볼 수 있는 좋은 활동지였어요." "같이 하는 활동기회가 적었는데 함께 해서 즐거웠어요." "서로 똑같은 활동을 하면서 자연스럽게 대화를 하게 되어 좋았어요." "아이의 감정을 공유할 수 있어서 좋았어요."

2) 「달달이와 함께 하는 행복한 우리 가족」: 수행완료율 62.5%

활동 내용 및 수준 만족도	정서관리 및 가족관계	총평
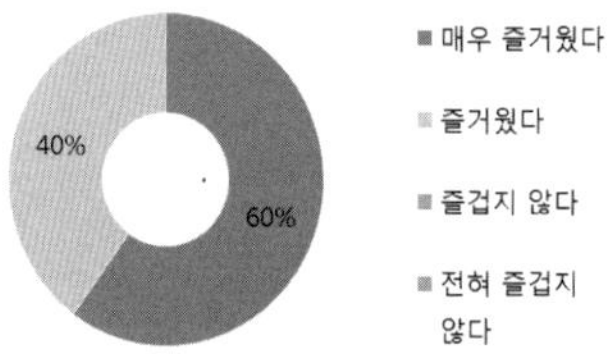	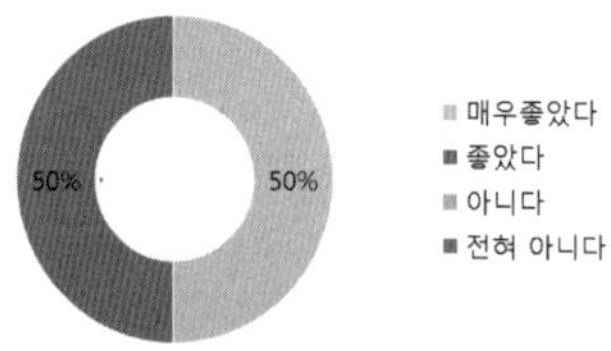	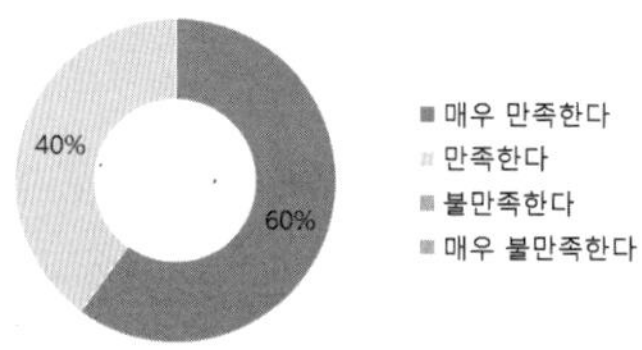

달달이 활동에 대한 건의사항이나 기타의견
"대화가 많아졌어요." "쉬운 활동으로 아이가 주도적으로 만들 수 있고, 재미있게 활동할 수 있었어요." "달달이를 만드는 시간이 정말 좋았어요. 다음에 이런 행사가 있으면 또 참여하고 싶어요." "가족이 모두 함께할 수 있는 활동이라 너무 좋았어요." "가정에서 할 수 있는 활동이라 좋았어요." "추억이 새록새록 생기는 즐거운 활동이었어요."

③ 프로그램 효과성 측정

SDQ-KR(3월), 가족관계척도(6월) 각각 아동자기보고 및 보호자보고 검사 실시함. 사후검사는 모든 프로그램이 완료되는 10월 중 실시하여 효과성 측정할 계획임.

- 사전검사 결과
  - SDQ-KR: 자기보고형 21.27, 부모보고형 20.56
  - 가족관계척도: 자기보고형 27, 부모보고형 23.77

▶ **평가 및 향후계획**

- 방역당국의 사회적 거리두기 지침으로 전화 사례관리만 가능한 상황에서 비대면 사례관리 프로그램을 운영하며 다양한 주체의 수행 과제를 모니터링하면서 정신건강 영역은 물론 정서, 신체건강, 가족관계, 문제해결 등 다양한 영역에 대한 사례 개입을 적극적으로 진행할 수 있었음
- 또한 개학 연기, 외출 자제 등으로 과도한 돌봄 부담으로 스트레스 상황에 있던 아동과 부모들의 욕구와 필요에 적절히 대응하여 참여자들의 만족도가 높은 편이었음
- 2차 프로그램 시작 시점은 온라인 개학이 함께 시작되어 1차보다 참여도가 다소 떨어졌음, 한편 다문화가정, 탈북민, 조손가정 등은 참여 의사가 있어도 스마트폰 활용

의 어려움으로 과제수행을 완료하지 못하는 상황이 있어 기획단계에서 주 대상군인 아동 및 가정에 대한 보다 섬세한 고려가 필요하다고 판단됨

- 비대면으로 정신질환자를 어떻게 사례관리 할 것인가라는 난제를 풀기 위해 많은 시간을 들여 근거 기반의 새로운 사례관리 형태를 고민해야 하지만 증상과 스트레스로 인한 어려움을 호소하는 회원들을 마냥 기다리게 할 수만은 없어 단기간 동안 프로그램을 기획하여 일종의 시범프로그램으로 운영했음. 팬더믹 상황에 신속하게 대처한 점은 의의가 있으나 프로그램 개발을 위한 충분한 자료수집, 내용 구성 등에는 한계가 있다고 볼 수 있음, 하지만 이것은 갑자기 발생한 코로나19 상황에만 해당하는 것은 아니며 다양한 업무와 많은 수의 정신질환자를 관리해야 하는 기초센터 단위에서 실무를 진행하면서 동시에 양질의 프로그램을 개발하는 것은 상당한 어려움이 있음. 향후 감염병의 유행뿐만 아니라 다양한 재난의 발생으로 비대면 사례관리를 진행해야 하는 비슷한 상황이 반복될 가능성이 있으므로 이 같은 상황에 대비하기 위한 사례관리 매뉴얼, 프로그램 개발 및 배포를 상위기관에 제안하는 바임.

Ⅳ. 현황 및 과제

정신건강복지사업은 이전 중증정신질환자에 대한 서비스에서 생애 주기별 전 국민의 정신건강증진 및 자살 및 중독예방 사업 등으로 사업범위가 확장되고 공공의 책임성이 증가되고 있다. 5년 단위의 국가정신건강기본계획은 통해 정책방향과 추진전략 및 목표를 설정하고 매년 정신건강사업안내를 통해 정신건강복지사업에 대한 지침을 제공하고 있다.

정신건강복지사업에 대한 평가는 광역 및 기초정신건강복지센터, 중독관리통합지원센터 평가를 2년마다 실시하고 있고, 자체평가와 현장평가 및 컨설팅으로 이루어져 있다. 광역정신건강복지센터의 경우 공통지표(인력자원관리, 정보문서관리, 회계관리, 계획수립 및 평가, 시설관리), 개별지표(진단 및 연구조사, 교육, 네트워크, 인식개선, 위기대응), 특별기획사업 등 총 16개 지표로 구성되어 있다. 기초정신건강복지센터는 행정영역(인력관리, 운영위원회, 회계관리), 클라이언트영역(서비스 환경 및 시설, 이용자의 권리), 사업영역(중증정신질환, 자살예방, 정신건강증진, 아동청소년), 지역적 특성화 영역(정신건강종합대책 목표와의 연관성, 지역적 특성의 타당성, 성과 및 함의의 적절성) 등 4개 평가영역 20개 평가지표

로 구성되어 있다.

정신건강복지사업의 지표 수립과 성과 관리에서 2020년은 새로운 도약의 시기이다. 정신건강복지법(과거 정신보건법)이 처음 시행된 1997년을 우리나라 정신보건사업의 기점으로 삼는다면, 25년 만에 정신건강증진사업의 주요 지표들이 국가승인통계로 인정받아 국가통계포털에 탑재됨으로써 정책과 사업 추진에서 더 공신력 있는 근거를 확립하게 되었다. 명확히 진단된 현 상황을 바탕으로 정신건강증진사업 고유의 가치를 보존하면서 단위사업들이 조화롭게 균형을 이루는 결과를 도출해 낼 필요가 있다(조근호, 2020).

최근 정신건강복지사업은 정신건강 전문가들의 사회적 책무성과 정책에 대한 폭넓은 이해, 사업의 기획 및 평가에 대한 전문성을 요구하고 있다. 정신건강사회복지사는 정신건강 전문가로서 국민과 사회를 위한 공공서비스 제공자의 역할을 부여받고 있다. 급격하게 변화하는 현대사회에서 국민들의 정신건강 문제를 해결하는 서비스 제공자에서 정신건강 문제에 대한 분석, 기획, 평가자로서의 보다 주체적이고 주도적인 역할을 요구받고 있다.

참고문헌

관계부처합동 (2021). 온국민 마음건강 종합대책.

국립정신건강센터 (2018). 정신건강전문요원 수련공통교육과정. '정신건강복지사업의 기획과 평가' 강의 자료집.

국립정신건강센터 (2020). 2018 국가 정신건강현황 보고서.

국립정신건강센터 (2020). 지역사회 정신건강 우수사례집.

대한신경정신의학회 (2011). 정신건강의학과 의사를 위한 지역사회 정신보건 실행 지침서.

보건복지부 (2019). 국가정신건강현황보고서.

보건복지부 (2020). 2020년 정신건강사업안내.

전진아, 전민경, 홍선미, 전준희, 이용주, 오미애, 이난희, 김진호 (2017). 지역사회 정신건강서비스 연계 현황 및 개선 과제. 보건복지부, 한국보건사회연구원.

조근호 (2020). 정신건강 현황 및 성과 관리 체계. 한국보건사회연구원.

조성우, 안정선, 최승희, 김상곤 (2018). **사회복지 프로그램 개발과 평가**. 학지사.

한국정신보건사회복지사협회 (2016). **정신보건사회복지의 이해와 적용**. 예일출판사.

WHO정신보건국 엮(2008). **정신보건정책, 계획, 프로그램**. 황태연, 서용진 옮김. 한울.

27장

정신건강사회복지 행정실무

김수영
(서대문해벗누리)

Ⅰ. 정신건강사회복지 행정실무의 의미

정부와 의료기관, 사회복지기관의 법·제도적·전문적 접근은 새로운 지식과 관리기법을 요구한다. 무엇보다도 정부 및 민간 재원의 출현과 투입은 경영과 운영 강화를 필요로 하고, 공정성과 투명성, 책무성을 요구하기 때문에 이를 위한 실무적 다양한 노력이 중요하다. 전통적으로 행정실무란 문서와 재원의 관리를 의미했었다. 그러나 정보의 고도화, 전산시스템화, 디지털화 등 매체의 다변화에 따라 현대사회의 행정과 업무의 개념은 문서를 넘어선, 가치를 실현하는 모든 행위와 인적자원을 포함한 이를 경영하고 운영하는 전 과정을 의미한다. 따라서 정신건강사회복지 행정실무란 임상적 실천과 전문적 서비스 제공을 최우선으로 하는 정신건강사회복지사들의 전문적 활동을 경영하고 관리하는 것을 말한다.

전문적 개입의 필요 욕구를 파악하여 목표형성, 기획, 실행, 평가, 변화 등을 포함하는 전반적 활동 속에서 상호 의사소통, 공식적 의사결정의 기록, 보존 등 기관과 정신건강사회복지사, 서비스 이용자의 다양한 자취를 남기며, 사회적 책임과 신뢰 문화 형성을 포함한 행정실무가 이루어져야 한다. 게다가 행정협업과 통합화, 인권 친화적이고 민주적 참여가 증대되는 때에 정신건강 행정실무는 그 관리를 합리화, 체계화함으로써 효과성, 효율성을 향상시킬 수 있다. 따라서 보건복지부, 행정안전부, 사회보장원, 서울사회복지협의회, 한국정신재활시설협회 등 정부와 민간단체에서 이를 표준화하고 가이드하는 매뉴얼과 업무 표준안을 제시하여 적용하도록 하고 있다.

이 장에서는 정신건강사회복지사들이 실무현장에 적용할 수 있도록 첫째, 문서·업무 관리 둘째, 재무·회계 관리 셋째, 인적자원의 경영에 대해서 다루었다.

Ⅱ. 문서 및 업무관리

1. 문서 및 업무관리의 개념

1) 문서관리

문서란 의사의 기록과 구체화, 의사전달과 보존, 자료제공, 업무의 연결·조정의 기능을 하며, 신속, 책임, 적법, 전자처리의 원칙을 가지고 작성하여야 한다. 문서는 기관장의 결재를 받아야 하며, 업무 내용에 따라 위임전결하게 할 수 있고 위임전결 사항은 기관장이 규정 등으로 정할 수 있다.

2) 업무관리

업무란 과거에는 종이를 사용한 기록, 활용 및 보존 등의 사무범위와 사무실에서 이루어지는 서류의 생산, 유통, 보존 등의 작업으로 한정하던 고전적 개념으로 사용되어 왔으나, 현대에는 정보고도화로 인해 정보의 가치가 중요해지면서, 업무의 개념에 정보처리 과정을 포함하여 사무실에서 이루어지는 일뿐만 아니라 모든 서비스 이용자와의 접점에서 이루어지는 일련의 행정과정까지 포괄하는 것으로 확대되었다. 업무는 간소화, 표준화, 정보화를 도모하는데 의의가 있으며, 업무처리와 관리는 용이성, 정확성, 신속성, 경제성의 원칙으로 운영되어야 한다.

2. 주요원칙

기관의 주어진 목표와 목적을 달성하기 위한 담당·책임자 간 사무를 포함한 업무 인수인계를 통해 문서 공유의 폭을 확대하고, 아래의 원칙을 통해 용이성, 정확성, 신속성, 경제성이 확부될 수 있도록 관리히여, 능률적 처리와 책임 있는 문서담당을 정하여야 한다.

1) 즉일처리의 원칙

문서 처리기간이나 방법은 내용과 성질에 따라 다를 수 있으나 효율적으로 업무를 수행하기 위하여 즉시, 그날 처리하는 것을 원칙으로 한다. 문서의 내용에 따라 처리기간이 달라질 수 있지만 효율적 업무수행을 위해서는 당일 발생한 업무에 대해서는 그날 즉시 처리하는 것이 바람직하다.

2) 책임처리의 원칙

문서는 각자의 직무 범위 내에서 책임을 가지고 관계 규정에 따라 정확, 신속하게 처리해야 한다. 문서는 책임을 갖고 기관의 결재절차에 맞춰 정확하게 이뤄져야 한다. 이때 타부서와의 협력, 관계성을 비롯하여 필요한 조치를 취해야 한다.

3) 적법처리의 원칙

문서는 법령, 지침에 근거하여 일정한 형식 및 요건을 갖추고, 권한 있는 자에 의하여 작성, 처리되어야 한다. 따라서 기관의 문서관리 규정에 의거하여 적법하게 처리하는 것을 원칙으로 한다.

4) 표준화의 원칙

문서를 기안·품의, 시행, 접수, 회람·공람, 편철, 보관함에 있어 표준화된 절차와 방법에 따라 관리되어야 한다. 점차 행정안전부, 보건복지부, 의료기관의 질적 평가 인증, 사회복지시설정보시스템 의무화를 통해서 표준화에 기여하고 있다.

5) 간소화의 원칙

가능한 사무 처리의 절차나 방법 등을 간결하고 요약된 합리적인 것을 만들고자 하는 원칙이다. 전자시스템화, 스마트워크 사용 등으로 간소화를 돕기도 한다.

6) 행정계통 처리의 원칙

상하의 지휘·조직체계에 따라 문서를 처리한다. 이는 단계 혹은 절차가 있다는 뜻으로 그 일련의 과정을 지키는 것이 중요하다. 정신건강사회복지는 임상적 실천에 따라 행정계통 처리와 임상적 처리를 구분하여 체계를 재구성하기도 한다.

3. 문서의 종류

문서의 종류는 작성의 주체에 의해 구분, 유통대상여부에 의한 분류, 문서의 성질에 의한 구분을 할 수 있다. 여기서는 주요 사용 주제에 따라 분류하였다.

1) 내부결재문서

기안문서라고 한다. 내부결재 문서는 사업을 기획·진행, 조직관리 등의 계획을 수립하는 것 등을 검토하고 결재 받기 위하여 작성하는 문서를 말한다. 기관 내부적으로 의사소통, 조정·결정을 위해 결재하는 것이다. 기관의 내부에서 상하·팀 간 협조, 보고 또는 통지를 위하여 수발하는 모든 문서를 말한다. 내부결재 문서는 대내문서와 유사한 개념을 갖고 있다.

2) 대외발신문서

발신문서라고 한다. 내부문서가 기관에서 이뤄지고 내부 구성원들과의 정보교류와 의사결정에 대한 결재를 받기 위한 문서라고 한다면, 대외문서는 다른 기관과의 업무교류, 사업 등을 안내하고 협조를 요청하는 문서를 말한다. 정부단체의 사업지침, 사업안내도 이에 해당된다.

3) 접수문서

외부에서 접수되는 모든 문서를 말한다. 접수 후 회람·공람의 절차가 바람직하다.

4) 시행문

'송문서'라고도 하며 결재문서의 내용을 해당자 또는 해당기관에 발송하는 문서를 말한다. 사회복지기관, 의료기관 등에서는 업무연락이 이에 해당된다.

5) 일반문서

대장, 근태관리 서류 등의 비치문서를 포함한 1~4까지의 문서에 속하지 아니하는 모든 문서를 말한다.

4. 문서 작성의 실제

1) 문서의 작성

(1) 작성법

① 어문규범을 준수하여 한글로 작성하되 특별한 사유가 없으면 이해하기 쉬운 용어를 사용하여야 한다.

② 문서의 내용은 간결하고 명확하게 표현하고 일반화되지 않은 약어와 전문용어 등의 사용을 피하여 이해하기 쉽게 작성하여야 한다. 특히 국립국어원 등에서 선정한 행정용어 순화어를 활용하여 쉬운 우리말을 사용할 수 있노록 노력하여야 한다.

③ 글자: 「국어기본법」에 맞게, 한글로 사용하고 쉽고 간명하게 작성한다. 뜻을 정확히 게 전달하기 위하여 필요한 경우에는 괄호 안에 한자나 그 밖의 외국어를 함께 적을 수 있으며, 가로로 쓴다.

④ 숫자: 아라비아 숫자로 표기하되 연, 월, 일의 글자는 생략하고 그 사리에 마침표를 찍어 표기한다. 예를 들어, 2021. 2. 2.

⑤ 시간: 시·분은 24시각제에 따라 숫자로 표기하되, 시·분의 글자는 생략하고 그 사이에 쌍점(:)을 찍어 구분한다. 예를 들어, 09:30, 15:52

⑥ 금액: 아라비아 숫자로 쓰되, 숫자 다음에 괄호를 하고 한글로 기재한다. 예를 들어,

금 1,530,000원(금일백오십삼만원)

⑦ 바코드 등 표시: 시각장애인 편의 도모, 시대의 변화에 맞추어 영상정보, 음성정보 등이 수록되거나 연계한 바코드 등을 표기할 수 있다. 이때 바코드는 문서 상단의 '기관명' 표시줄의 오른쪽 끝에 2cm×2cm 범위 내에서 표기한다.

⑧ 항목의 표기

가. 첫째 항목은 1., 2., 3., 4., …

나. 둘째 항목은 가., 나., 다., 라., …

다. 셋째 항목은 1), 2), 3), 4), …

마. 넷째 항목은 가), 나), 다), 라), …

바. 다섯째 항목은 (1), (2), (3), (4), …

사. 여섯째 항목은 (가), (나), (다), (라), …

아. 일곱째 항목은 ①, ②, ③, ④, …

자. 여덟째 항목은 ㉮, ㉯, ㉰, ㉱, …

구 분	작 성 법
글 자	「국어기본법」, 한글
숫 자	아라비아 숫자로 표기, 연,월,일 글자 생략 예) 21.2.2
시 간	24시각제, 숫자, 시·분 글자 생략 예) 09:30, 15:52
금 액	아라비아 숫자, 괄호에 한글 예) 금 1,530,000(금일백오십삼만원)
바코드	문서 상단 '기관명' 표시줄의 오른쪽 끝 2cm×2cm 범위 내
항목표기	첫째 항목은 1., 2., 3., 4., … 둘째 항목은 가., 나., 다., 라., … 셋째 항목은 1), 2), 3), 4), … 넷째 항목은 가), 나), 다), 라), … 다섯째 항목은 (1), (2), (3), (4), … 여섯째 항목은 (가), (나), (다), (라), … 일곱째 항목은 ①, ②, ③, ④, … 여덟째 항목은 ㉮, ㉯, ㉰, ㉱, …

〈그림 27-1〉 문서작성의 실례

2) 문서의 구성

일반적으로 사용하는 문서(기안문)은 두문, 본문, 결문으로 구성한다.

(1) 발신기안 예시

두문	**기 관 명** "기관비전" 수 신 자 '수신자' 또는 수신자 다수일 때 '수신처 참조'로 표기 경 유 담당자 제 목
본문	1.✓○○○○○○○○ 2.✓○○○○○○○○ *붙임 1)✓○○○○○○○○.✓✓끝.
결문	**발 신 명 의** 수신처: @@@기관장, @@@ 외 180개소 기안사 직위(직급) 서명 검토자 직위(직급) 서명 결재권자 직위(직급) 날짜, 서명 협조 직급 서명 시행 처리부서명-연도별 일련번호(시행일) 접수 처리부서-연도별 일련번호(접수일) 우편번호 주 소 홈페이지 전화 / 팩스 E-mail:

(2) 내부기안문 예시

기 관 명

"기 관 비 전"

수 신 자 내 부 결 재

(경 유)

제 목

1.✓OOOOOO

✓✓가.✓OOOOOO

✓✓✓✓1)✓OOOOOO

✓✓✓✓✓✓가)✓OOOOOO

✓✓✓✓✓✓✓✓(1)✓OOOOOO

2.✓OOOOOOOOOOOOOOOOOOOOOOOOOOOOOOOOOOOO

OOOO

✓✓✓OOOOOO.✓✓끝

기안자 서명 검토자 서명 결재권자 날짜, 서명

시행 년도월-일련번호(시행일자) 접수 ( ) 보존기간

공개여부 전자시스템 및 파일경로 NAS- *=> 생략가능*

우편번호 주 소

홈페이지 메일 전화 팩스

3) 작성 시 고려사항

(1) 기안책임자는 안건에 관련된 문제를 파악하고 관계 규정 및 선례를 숙지한다.

(2) 목적과 필요성을 파악하고 자료를 수집·분석하며 필요한 경우에는 설문조사, 실태조사, 회의, 이용자의 의견수렴 등을 통하여 의견을 적극 청취한다.

(3) 복잡한 기안의 경우에는 초안을 작성하여 논리의 일관성을 해치는 내용이나 빠지는 사항이 없도록 검토한 다음 작성한다.

(4) 기안책임자는 담당 업무에 대한 책임의식을 가져야 하며 해당 기관과 수신자와의 관계 및 입장 등을 고려하여 작성하여야 한다.

(5) 정확한 의사소통과 문서 자체의 품격을 높이고, 기관의 대외적인 권위와 신뢰도를 높여주기 위하여 정확성(바른 글), 용이성(쉬운 글), 성실성(호감 가는 글), 경제성(효율적으로 작성하는 글)을 바탕으로 작성한다.

(6) 또한 작성자와 그 기관뿐 아니라 상대방을 배려하여 성의 있고 진실하게 작성한다. 이때 문서를 받는 상대방에게 불쾌감을 주거나 무시하는 듯한 표현은 피하고 적절한 경어를 사용하며 감정적이고 위압적 표현은 쓰지 않는다.

5. 결재

1) 결재 의미와 기능

(1) 의미

해당안건에 대하여 의사 결정 권한을 가진 자(대부분 기관의 장)이 그 의사를 결정하는 행위이다. 최종 결정권자가 최종적으로 문서를 승인, 허가함으로써 결정되는 것을 말한다. 결재는 결재권자의 서명으로 성립되며, 따라서 결재는 문서가 성립하기 위한 최종적이며 절대적인 요건이다.

(2) 기능

① 결재의 순기능

가. 의사결정과정에서 현실적이고 실무적인 사정을 반영할 수 있다.

나. 결재권자의 의사결정에 필요한 지식과 정보를 제공, 보완하여 준다.

다. 하위직원의 창의, 연구 및 훈련의 기회로 활용될 수 있다.

라. 결재과정을 통해 직원의 직무수행에 대한 통제가 가능하다.

② 결재의 역기능

가. 여러 단계의 검토 과정을 거쳐 결재에 이르기 때문에 의사결정이 지연되기 쉽다.

나. 상위자의 결정에 의존하기 때문에 하위자가 자기 책임하에 창의성을 발휘하기 어렵고, 소극적인 자세로 업무를 처리하는 경향이 있다.

다. 결재 과정이 형식적인 확인 절차에 그치는 경우도 많다.

라. 상위자에게 결재안건이 몰리는 경우, 상세한 내용 검토 없이 문구 수정 정도에 그치기도 하고, 결재하느라 보내는 시간 때문에 상위자 역할인 정책구상, 계획 수립 등에 시간을 할애하기 어렵게 된다.

③ 역기능 해소 방안

가. 결재권을 하위자에게 대폭적으로 위임한다.

나. 검토 과정이나 업무처리 절차를 간소화한다.

다. 안건에 따라서 상위자가 직접 기안하거나 처리지침을 지시한다.

2) 종류

(1) 결재: 최종결재권자의 승인 및 허가이다. 의사결정 과정에서 중간검토 단계를 거치지만 이 과정은 엄밀히 말하면 결재라 할 수 없으나, 의견수렴, 검토, 수정을 거칠 수 있다.

(2) 전결: 결재권의 위임을 받은 자가 행하는 결재를 뜻한다. 업무의 능률을 위하여 사무 및 업무의 내용에 따라 위임하기도 한다.

(3) 대결: 결재권자가 휴가, 출장 기타의 사유로 결재할 수 없는 때에 그 직무를 대리하는 자가 행하는 결재를 말하며, 반드시 사후 보고해야 한다. 중요한 안건은 반드시 나중에 최종 결재권자의 후결을 받는다.

(4) 후결(사후보고): 최종결재권자가 자리를 비웠을 때, 긴급성을 요하는 경우 우선 결재하고 나중에 결재받는 방법을 의미한다. 그러나 선 행정행위(대결)과 후 행정행위(후결) 사이의 법적 안정성의 문제가 제기되어 '후열'로 바뀌었다가, 1999.8.7. 「사무

관리규정」을 개정하여 '사후보고'로 변경하였다.

후 결	결재란에 '후결' 표시. 결재권자 서명 필요하고, 문서 수정 가능
후 열	결재란 '후열' 표시. 결재권자 서명 필요하고, 문서 열람만 가능, 수정 불가
사후보고	정해진 보고방법 없고, 구두보고, 메모보고 등 가능. 서명 불필요

6. 문서 등록, 보존

생성된 문서는 등록, 시행, 보존되어야 하고, 각 지침과 법령이 정하는 규칙에 의하여 다루어진다. 이때 기획하는 내용을 처리절차에 의해서 진행하고, 타 부서 간 협력과정을 거치며 문서(기안)화해야 한다. 발신문서를 통한 유관기관과의 협조도 동일하며, 생성된 모든 문서의 관리와 보존도 중요하다.

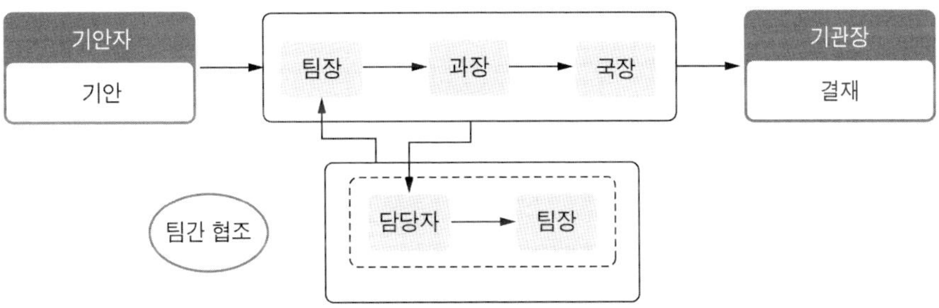

〈그림 27-2〉 문서작성의 실례 기안문의 검토 및 협조 절차1)

〈그림 27-3〉 문서발송의 일반적인 절차2)

1) 이세형(2017). 사회복지행정실무. 양성원. p.87.

2) 이세형(2017). 사회복지행정실무. 양성원. p.87.

〈표 27-1〉 보관 문서 및 보존기간[3]

보존기간	문 서 종 류
영구	• 전관, 규정, 이사회 회의록 • 소송, 등기 등에 관련된 문서 • 채용, 복무, 퇴직, 상벌 등 인사 기록 • 감사보고서, 결과보고서 • 자본, 출자, 기채, 투자 등에 관련된 문서(예: 재산대장) • 문서 보존대장 • 기타 법인의 존속, 권익, 연혁에 관련된 문서 • 시설현황 • 참여자 관련서류 • 중장기 사업계획
10년	• 급여, 상여금, 퇴직금 지급에 관한 문서 • 공사, 구매 관련 계약서
5년	• 사업계획서, 사업평가서 • 예산 및 회계에 관한 장부 및 문서 • 세무관계 문서(세법상 보존연한 5년) • 임대차, 공사, 용역 계약서 • 각종 증명서 발급 • 재해보상, 복리후생, 보험 등에 관한 문서 • 각종 실적 보고서 • 운영에 관한 각종 대외 보고서
3년	• 교육, 출장 등에 관한 문서 • 통상적인 회의록 • 일상감사에 관한 문서 • 문서처리에 관한 각종 대장 • 행사, 근태, 휴가, 직무평가 등에 관한 문서
1년	• 당직 및 근무명령에 관한 문서 • 참고 정도로 받은 각종 보고서, 회람문서 등 • 기타 일시적 처리문서
기타	• 주요 시설물, 설비 등의 설치 및 보수의 이력에 관한 문서는 설비 대체 시까지 또는 내구연수까지 보존한다. • 차량, 비품, 집기 등의 물품 보수이력에 관한 문서는 그 내구연수까지 보존한다.

7. 다양한 매체 관리

1) 필요성

(1) 친인권적이고 민주적 운영을 위한 각종 법령과 지침 강화

(2) 기관별 표준화된 전자시스템, 국가 표준 전자시스템[4], 영상 등 디지털 매체로의 다변화

---

3) 서울특별시사회복지협의회(2019). 사회복귀시설 운영규정 표준안. p.210.

2) 참고자료

(1) 개인정보보호법 제30조 근거, 개인정보보호 종합포털에서 최신자료 확인[5]
(2) 행정안전부 공공기관 영상정보처리기기 설치 및 운영 가이드라인 등

Ⅲ. 재무관리

1. 예산

1) 예산의 주요원칙

(1) 예산총계주의 원칙

회계연도 모든 수입과 지출을 세입, 세출로 하되, 모든 세입과 세출은 예산에 계상하여야 한다. 즉, 자부담, 국가보조금, 후원금, 수익사업비 등 모든 수입과 지출은 빠짐없이 예산서에 표기되어야 한다.

단, 단식부기와 복식부기 사용에 따라서 예금이자수입에 대해서는 법령에 따라 금융기관에서 세금을 원천징수하고 남은 금액만 수입되는데 단식부기에서는 실제 수입액만 해당 과목으로 정리하지만, 복식부기에서는 '선납세금'으로 정리한다.

(2) 회계연도 독립의 원칙

세입과 세출을 관리하는 기간을 말하며, 이를 독립하여 운영하는데 각 회계연도의 경비는 당해 연도의 수입으로 소달하고 당해 연도에 지출한다는 것이다. 즉 예산은 당해 연도 시작 전이나 회계연도가 지난 후에는 집행할 수 없다.

(3) 예산 공개의 원칙

법인의 대표이사 및 기관장은 절차에 따라 예산을 편성하고 확정하여 다음 회계연도

4) 보건복지부 사회복지시설 정보시스템 http://www.w4c.go.kr 등
5) 개인정보보호 종합포털 https://www.privacy.go.kr/에서 최신자료를 수시 확인한다. 저작권 보호 관련하여 유의하고, 고려한다.

개시 5일 전까지 관할 시, 군, 구의 게시판과 인터넷 홈페이지에 20일 이상 공고하여야 한다. 과거에는 예산의 개요만 공개하였으나, 세입 및 세출 명세서를 공개하여야 한다.

(4) 목적 외 사용금지의 원칙

예산은 세출예산이 정한 목적성에 맞게 수립된 예산에 근거하여 집행되어야 한다. 또한 각 항목별 예산의 범위에서 집행하여야 하고 예산에 없는 지출이 필요한 경우 예산을 전용하거나 추가경정예산을 편성하는 절차를 거쳐야 한다. 이때 수입은 세입예산의 금액을 초과한 수입이 가능하지만 지출은 항목별 세출예산을 초과하여 지출할 수 없다.

2) 예산종류

(1) 본예산

다음 회계연도 시작 전에 최초 편성한 예산으로 회계연도 개시 5일 전까지 시장·군수·구청장에 제출하는 예산을 의미한다.

(2) 추가경정예산

예산 성립 후에 변경하고자 할 때는 본예산 편성의 규정에 의한 절차에 준하여 추가경정예산을 편성, 확정할 수 있다. 법인의 대표이사 및 기관장은 추가경정예산이 확정된 날로부터 7일 이내 이를 시장·군수·구청장에게 제출하여야 한다.

(3) 준예산

회개연도 개시 전까지 예산이 성립되지 아니한 때 자치단체장에게 그 사유를 보고하고 예산이 성립될 때까지 전년도 예산에 준하여 집행할 수 있는 예산이다. 준예산으로 집행할 수 있는 예산은 임·직원의 보수, 법인 및 시설 운영에 직접 사용되는 필수경비, 법령상 지급의무가 있는 경비이다.

	본예산	추가경정예산	준예산
편성 시기	다음 회계연도 시작 5일 전까지	예산 성립 후 필요 시	다음 회계연도 개시 전까지 예산이 성립되지 아니한 때
예산 성격	당초 예산	본예산 후 변경예산	본예산 전 임시예산
예산 절차	시설 운영위원회 보고, 법인이 설치 운영하는 시설인 경우 시설운영위원회에 보고 후 법인 이사회의 승인 ↓ 시 · 군 · 구 제출 ↓ 시 · 군 · 구 / 법인 · 시설 20일 이내 20일 이상 공고	시설 운영위원회 보고, 법인이 설치 운영하는 시설인 경우 시설운영위원회에 보고 후 법인 이사회의 승인 ↓ 7일 이내 시 · 군 · 구 제출 ↓ 시 · 군 · 구 / 법인 · 시설 20일 이내 20일 이상 공고	법인 대표이사 및 기관장 사유 보고 ↓ * 집행가능 예산 - 임 직원 보수 - 운영필수경비 (직접사용) - 법령상 지급 의무 경비

〈그림 27-4〉 성립시기에 따른 예산 편성 종류[6)]

3) 절차[7)]

단계	내용
예산편성지침 통보	시 · 군 · 구에서 보조금 예산편성지침 통보 / 회계연도 개시 2개월 전까지
↓ 예산편성 결정	법인 대표이사 또는 기관장 / 회계연도 개시 1개월 전까지
↓ 회계별 예산편성	회계연도 개시 전까지
↓ 이사회 및 운영위원회 보고	시설회계 예산안 보고 / 예산안 편성 완료시
↓ 이사회 심의 · 의결	시설회계별 예산안 의결, 확정 / 예산안 편성 완료시
↓ 시 · 군 · 구청장에 제출	확정된 예산서 제출 / 회계연도 개시 5일 전까지
↓ 게시판, 기관 홈페이지 게시	시설의 회계별 세입 · 세출 명세서 법인 · 시설 게시판, 홈페이지에 20일 이상 공고 예산안 제출 20일 이내

〈그림 27-5〉 절차

6) 서울특별시사회복지협의회(2018). 사회복지 및 사회복지시설 재무, 회계 매뉴얼. p.9.

7) 한국사회복귀시설협회(2015). 사회복귀시설 공통 매뉴얼.

4) 예산서 첨부서류[8)]

〈표 27-2〉 예산서 첨부서류

복식회계	단식회계	소규모시설
• 예산총칙 • 세입 · 세출명세서 • 추정대차대조표 • 추정수지계산서 • 임 · 직원 보수일람표 • 해당 예산을 보고받은 시설 운영위원회 회의록 사본 (법인의 경우 예산을 의결한 이사회 회의록 사본)	• 예산총칙 • 세입 · 세출명세서 • 임 · 직원 보수일람표 • 해당예산을 보고받은 시설 운영위원회 회의록 사본 (법인의 경우 예산을 의결한 이사회 회의록 사본)	• 세입 · 세출명세서 • 예산을 보고받은 시설 운영위원회 회의록 사본 (법인의 경우 예산을 의결한 이사회 회의록 사본)

2. 회계처리의 실제

1) 수입

(1) 수입금의 종류

보조금, 후원금, 사업 수입, 이월금, 법인전입금, 잡수입 등으로 구분

(2) 수입금 관리

① 수입원을 지정하여 모든 수입금을 수납하고, 재정보증 보험에 가입한다.

② 수납한 수입금은 즉시 또는 그 다음날까지 금융기관에 예입처리 하고, 회계별로 구분하여 보관, 관리한다.

예) 후원금은 후원금 통장, 보조금은 보조금 통장으로 관리

③ 과오납된 수입금은 수입한 세입에서 직접 반환한다.

④ 세입에 해당되는 수입은 수입결의서를 작성한다.

⑤ 결의서의 종류는 수입결의서, 반납(여입)결의서이다.

tip) 반납금(여입): 당해 과목에 여입하여 재사용할 수 있음
반환: 과오납된 수입금으로 그 수입에서 반환하여야 하고, 내부기안 통해 반환

8) 보건복지부(2019). 사회복지시설 관리안내.

(3) 수입결의서 예시[9]

수입결의서

결제	담당	사무국장	시설장

결의서 번호 :	20210208-3	2021 년도 (일 반) 회계			
세 입 (출) 과 목				발의	21.02.08
관	후원금수입	수 입 원	강하늘	결재	21.02.08
항	후원금수입	사 업	일반사업	출납	21.02.08
목	비지정후원금	작 성 자	강하늘	등기	21.02.08

No.	계정과목(세목)	적 요	금액	거래처	자금원천
1	비지정후원금	후원금 수입 (CMS집금)	800,000		후원금
2	비지정후원금	개인후원 (강하늘)	200,000		후원금

금액	금 1,000,000원(금백만원)
비고	2021.2.8 후원금 수입 CMS집금 800,000 강하늘 200,000 =1,000,000 *입금내역서 첨부

9) 사회복지시설정보시스템 www.w4c.go.kr 양식 인용

2) 지출

(1) 지출의 관리

① 지출사무를 관리하는 자, 그 위임을 받아 지출명령이 있는 것에 한하여 지출을 행하는 지출원을 지정하고, 지출에 관련된 모든 사람은 재정보증 보험에 가입한다.

② 인건비, 운영비, 사업비 등 세출예산의 범위 안에서 지출하여야 한다.

③ 지출은 권한이 있는 사람이 세출예산의 범위에서 지출원인 행위 즉 통상적으로 내부기안을 통한 지출원인행위를 시행한다.

④ 지출원인행위(내부기안)에 의한 지출결의서를 작성하여 지출하게 된다.

⑤ 지출은 상용의 경비 또는 소액의 경비지출을 제외하고 계좌이체, 카드 등의 전자거래로 행한다. 특히 국가보조금 지출은 보조금 전용카드를 사용한다.

⑥ 소액의 경비 지출이라도 1만 원 이상 지출 시 카드를 사용하거나 현금영수증을 발급받아 지출한다.

(2) 지출결의서 예시[10)]

지출결의서

결제	담당	사무국장	시설장

결의서 번호 :	20210208-4	2021 년도 (일반) 회계	

세 입 (출) 과 목				발의	21.02.08
관	사업비	지 출 원	김바다	결재	21.02.08
항	사업비	사 업	일반사업	출납	21.02.08
목	홍보비사업비	작 성 자	김바다	등기	21.02.08

No.	계정과목(세목)	적요(거래처)	금액	자금원천	상대계정
1	홍보비	계간지 인쇄비 지출의 건	1,000,000	후원금	비지정후원금

금액	금1,000,000원(금일백만원)
비고	내부기안 2101-104(21.2.8) 계간지 인쇄비 지출의 건 (법인@@카드지출) 증빙: 카드지출영수증, 산출기초조사서, 견적서, 본견적서, 검수조서(사진포함), 계간지 첨부

10) 사회복지시설정보시스템 www.w4c.go.kr 인용

3. 결산

1) 결산의 절차[11)]

주요 내용	주체	일정
법인회계와 시설회계의 세입 · 세출 결산보고서 작성	법인 대표이사 및 시설의 장	출납 완료 시
결산 보고서의 시설 운영위원회 보고 *법인 설치 · 운영하는 시설의 경우에도 시설회계는 법인이사회 의결 전 시설 운영위원회에 보고 필요 *법인회계 및 수익사업회계에 대해서는 불필요	시설의 장	결산보고서 작성 후
결산보고서의 법인 이사회 의결 *법인이 설치 · 운영하는 시설의 시설회계 포함 *법인이 아닌 경우, 시설 운영위원회 보고로 결산보고서 확정	법인 대표이사	결산보고서 작성 후
확정된 결산 보고서를 시장 · 군수 · 구청장에 제출 *법인은 법인회계, 시설회계, 수익사업회계 결산을 법인 소재지 시 · 군 · 구에 제출하고, 시설의 장은 해당 시설의 시설회계 결산을 시설 소재지 시 · 군 · 구에 제출	법인 대표이사 및 시설의 장	다음 연도 3월 31일까지
법인과 시설의 세입 · 세출 결산서 시 · 군 · 구, 법인, 시설 게시판과 인터넷 홈페이지에 20일 이상 공고 * 「사회복지사업법」 제6조의2에 따른 정보시스템 게재로 갈음 가능	시 · 군 · 구청장 법인 대표이사, 시설의 장	결산보고서 제출 20일 이내

〈그림 27-6〉 결산의 절차

11) 서울특별시사회복지협의회(2018). 사회복지 및 사회복지시설 재무·회계 매뉴얼. p.37.

2) 결산보고 시 첨부서류

〈표 27-3〉 결산보고 시 첨부서류

단식부기 회계처리	복식시부기 회계처리	소규모 시설
세입·세출 결산서, 과목 전용조서, 예비비 사용조서, 기본재산수입명세서(법인만), 사업수입명세서, 정부보조금 명세서, 후원금 수입 및 사용결과보고서(전산파일 포함), 후원금 전용계좌의 입출금내역, 인건비명세서, 사업비명세서, 기타비용명세서(인건비 및 사업비 제외), 감사보고서, 법인세 신고서(수익사업이 있는 경우에 한함)	단식부기 회계처리 서류 일체, 대차대조표, 수지계산서, 현금 및 예금명세서, 미수금명세서, 기타 유동자산명세서(제6회 내지 제9호의 유동자산은 제외), 고정자산(토지·건물·차량 운반구·비품·전화 가입권)명세서, 부채명세서(차입금·미지급금 포함), 제충당금명세서	세입·세출 결산서 (총계정원장, 수입지출명세서, 세입계정 대 세출내역) 후원금 수입 및 사용결과보고서(전산파일 포함)

3) 그 밖의 결산보고 및 공개

(1) 감사결과 공개

사회복지법인 재무회계규칙 제2조(기본원칙) 준용하여, 정기 감사 후 1개월 이내

(2) 후원금 수입·사용결과보고 및 공개

사회복지법인 재무회계규칙 제41조제6항에 의거하여, 반기 종료 후 30일 이내 시 보고, 인터넷 공고(3개월 이상), 매월 후원금 수입 및 사용결과 보고, 게시판 공고

Ⅳ. 인적자원경영

1. 인사관리

1) 인사관리 과정[12)]

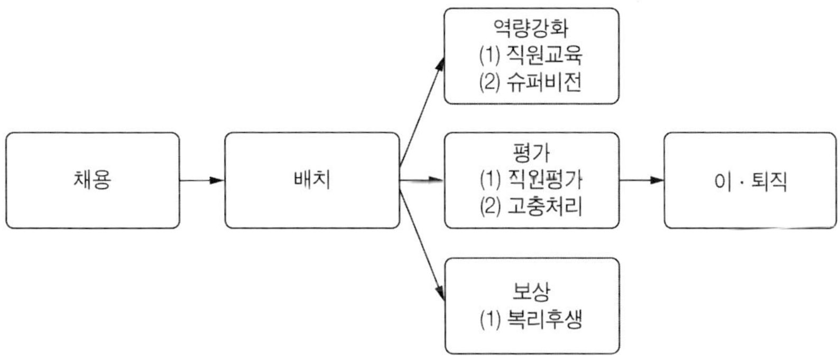

〈그림 27-7〉 인사관리 과정

2) 직원역량강화

(1) 직원교육

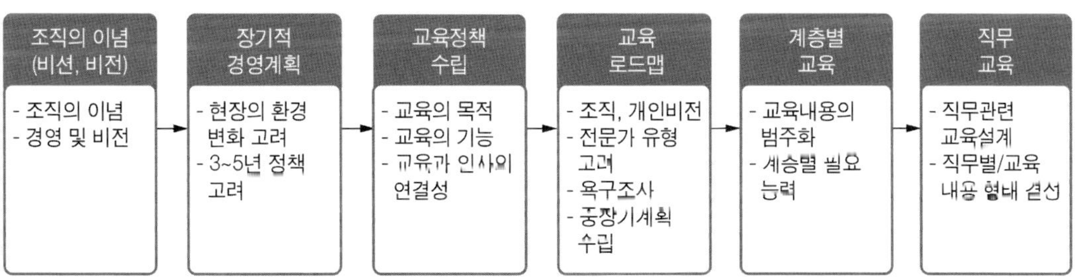

〈그림 27-8〉 교육계획 수립의 기본 프로세스[13)]

(2) 슈퍼비전

① 제공 형태에 따라

• 집단: 한 명의 슈퍼바이저와 여러 명의 슈퍼바이지의 형태로 이루어지는 슈퍼비전

---

12) 한국사회복귀시설협회(2015). 사회복귀시설 공통 매뉴얼. p.26 인용.

13) 이세형(2017). 사회복지행정실무. 양성원. p.30.

과정
- 개별: 1:1로 이루어지는 슈퍼비전 과정으로 상급자가 없을 경우에는 상호 지원하는 과정으로 운영

② 제공 시기에 따라
- 정기: 주 1회, 월 1회, 분기별 등 슈퍼비전 시기를 정하고 정기적으로 슈퍼비전 실시
- 비정기 정기적 슈퍼비전 외 사례, 사업운영, 직무고충 등 수시로 실시

③ 제공 내용에 따라
- 행정적: 조직과 정책, 설비 등으로 통하여 그 기관의 목표를 효율적으로 달성하기 위한 체계적인 통제, 조정과정
- 교육적: 전문성, 직무 관련 지식과 기술, 기관의 정책 및 사업을 습득하도록 하는 과정
- 지지적: 슈퍼바이지와 슈퍼바이저가 슈퍼비전을 통해 열린 마음, 협동적 태도로 함께 참여하여 서로 존경하는 양방향형 지지과정, 격려, 인정, 경청 등 직무뿐 아니라, 정서적 지원하고 도움을 주는 슈퍼비전 과정
- 평가적: 직무를 심층적으로 파악, 평가, 이 과정을 통해 과제발견, 문제해결, 요인파악, 기관방향 설정, 직무평가, 인사고과평정, 업무 조정 및 인력배치 등 가능

2. 직무관리

1) 직무결정 절차[14)]

업무 매뉴얼과 업무분장표에 의거하여 부서별 업무파악, 업무분류, 대표업무 선정, 직무확정의 절차를 거친다.

14) 이세형(2017). 사회복지행정실무. 양성원. p.39.

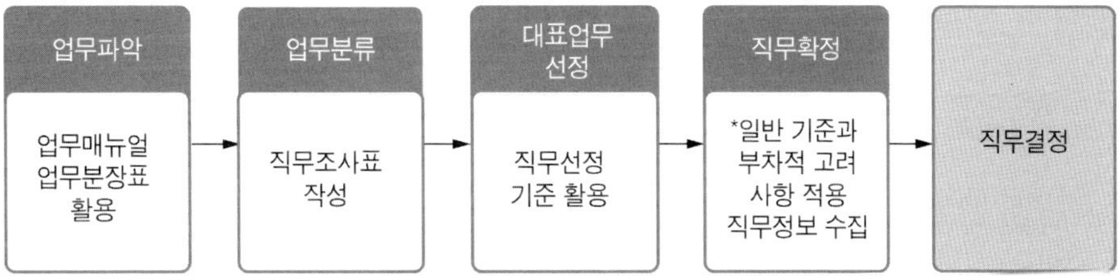

〈그림 27-9〉 직무결정 절차

2) 직무분석

(1) 직무분류

직무를 결정하였다면, 여러 직무의 권한과 책임, 업무 수행 등의 특성에 따라 직무를 분류해야 한다. 직무분류를 체계화한 것을 직무분류표라고 한다. 직무분류표는 각 직무의 주제를 정하고 특성에 따라 분류하여 작성한다. 직무분류의 결과물은 업무분장표, 조직도, 직제 등을 말한다.

(2) 직무분석

직무의 기본 요소 6하 원칙을 토대로 왜(why), 무엇을(what), 언제(when), 어떻게(how), 어디서(where), 누가(who), 그 직무를 수행할 것인가를 명확히 하고, 직무의 성질을 결정함으로써 합리적인 직무담당 기준을 정하여 직원을 적재적소에 배치한다. 또한 직무 배치·조정·전환을 위한 정확한 자료 및 교육훈련의 기초자료를 제공하며, 직무의 상대적 가치를 결정하는 것이다.

반기 또는 연간, 정기적으로 직무분석 및 직무기술서 작성을 권한다.

- 직무분석 절차: 정보수집 → 분석대상 직위의 설정 → 직무정보수집 → 직무정보의 분석 → 직무기술서 작성 → 직무명세서 작성

3) 효율적 직무수행과 좋은 팀 만들기 전략

좋은 팀 만들기 전략 네 가지

〈좋은 행정사항〉

- 결재는 사업시작 7일 전
- 결과보고(결산포함)은 사업종료 후 3일 이내
- 전체공지는 팀 내 합의된 내용만
- 타팀 연계사업 시 팀 내 논의 후 약속
- 모든 업무의 기록 습관화

〈좋은 경영방침〉

- 3분 아침 미팅 정례화
- 좋은 관계를 위한 3S(smile, see, stand up)
- 보고의 SOS(simple, on time, slim)
- 세 번 더 생각하고 세 가지 더 생각하기 (기관, 이용인, 자신)

〈좋은 관계맺음〉

- 문제에 직언하기
- 문제의 핵심보기
- 문제보다 문제를 대하는 방법에 대해 고민하기
- 공감하되 객관성 유지하기
- 배려하며 대화하기
- 정직하게 소통하기
- 힘들 땐 자신을 포맷할 수 있는 용기 갖기

〈좋은 전문가 되기〉

- 의사결정의 구조화: 논의 → 합의 → 실천합의에 대한 번복은 팀 내 사전동의 구하기
- 미래지향적 업무접근, 보이지 않는 +@보기
- 학습하고 나누기(아는 것 나누기)
- 객관적인 데이터로 예측하기(주관적 예측 지양하기)
- 디테일로 얘기하고 시스템으로 사고하기
- 사고의 도식화

〈그림 27-10〉 좋은 팀 만들기 위한 전략 예시

출처: 이세형(2017). 사회복지행정실무. p.247.

참고문헌

보건복지부 (2019). 사회복지시설 관리안내.

사회보장정보원 (2018). 사회복지시설 서비스품질관리 매뉴얼.

서울특별시사회복지협의회 (2018). 사회복지법인 및 사회복지시설 재무·회계 매뉴얼.

서울특별시사회복지협의회 (2019). 사회복지시설 운영규정 표준안.

이세형 (2017). 사회복지행정실무. 양성원.

한국사회복귀시설협회 (2015). 사회복귀시설 공통 매뉴얼.

행정안전부 (2018). 행정업무운영편람.

28장

박현숙
(경성대학교)

정신건강사회복지 프로그램 개발과 평가

사회복지사는 사회복지현장에서 근무하면서 특정한 집단의 욕구를 반영한 프로그램을 개발해야 하는 상황에 자주 놓이게 된다. 특정한 집단의 특별한 욕구를 파악하는 혁신적이고 효과적인 개입을 발달시키기 위해서 이론에 근거한 지식과 실천에 의한 조사 및 연구를 통합해야 한다. 사회복지실천현장에서 프로그램의 개발과 평가의 중요성이 강조되면서 사회복지프로그램 개발 능력은 사회복지사의 전문역량으로 반드시 갖추어야 할 역량 중 하나이다. 정신건강사회복지사 또한 정신건강영역에서 다양한 형태의 프로그램 개발에 대한 요구도가 증가하고 있다. 이에 사회복지 프로그램에 대한 이해를 기본으로 사회복지 프로그램 개발 및 과정, 사회복지 프로그램 개발에 필요한 모델들, 정신건강영역에서의 프로그램 개발을 적용하기 위한 제안을 하고자 한다.

Ⅰ. 사회복지 프로그램의 이해

1. 사회복지 프로그램의 개념

프로그램이란 용어의 사전적 의미는 목록, 순서 및 예정계획이란 뜻을 지니고 있는데,

이는 하나의 목적을 성취하기 위한 활동의 집합체로 볼 수 있으며, 또한 목적을 달성하기 위한 일련의 상호의존적인 활동이라고도 할 수 있다(양정하 외, 2018; 표갑수 외, 2016). 사회복지 프로그램에 대한 다양한 정의들이 있으며, 김영종(2014)은 사회복지정책이 서비스로 구체화되어 전달되는 과정을 나타낸다는 의미에서 '과정적 도구'로서의 성격을 지니며, 문제를 포함하여 어떠한 상황이나 조건을 개선시키는 목적을 가진 의도적 개입이 된다는 의미에서 '변화모형'이라 하였다. 표갑수 등(2016)은 사회복지 프로그램은 사회문제를 해결하기 위한 목적으로 국가나 사회단체, 사회복지조직의 구체적인 활동 등을 의미한다고 하였다. 양정하 등(2018)은 특정 사회복지조직에서 설정한 목적과 목표를 달성하는데 필요한 활동내용의 선정·조직, 자원관리 및 실행, 평가 등에 관한 전체적 계획이면서 사회복지조직에서 시행되는 특정의 목적을 달성하기 위한 활동들의 집합체이며, 개인·가족·집단·지역사회의 변화(개발)를 유도하기 위한 구체적인 활동들의 집합체라고 하였다. 정무성(2017)은 사회복지조직에서 특정 목표를 달성하기 위하여 모든 과정을 마칠 때까지 요구되는 내용의 선정과 조직, 활동목표 체계, 시설, 인력, 예산, 지원체계, 기간 등과 관련된 전반적인 과정이라고 하였다.

사회복지프로그램은 사람들이 도움을 받는 방법과 관련된 것이다. 즉, 사회복지 프로그램은 개인, 가족, 지역사회의 개발을 통해 개인적 혹은 사회적 변화를 이루려는 노력이다. 교육, 훈련, 상담, 치료 등의 직접적 서비스 제공을 통해 개발을 촉진시킬 수도 있지만 정보제공, 지역 개발, 사회행동, 위탁, 옹호 등의 간접적인 서비스를 통해 변화를 이룰 수도 있다. 또한 사회복지 전문가들은 프로그램을 통해 만족감과 성취감을 얻을 수 있으며, 사회는 프로그램을 통해 구성원들을 돕고자 하는 희망을 명확히 구체화하여 표현할 수 있다(Rapp & Poertner, 1992: 정무성, 2017에서 재인용). 즉 사회복지 프로그램은 특정 목표를 달성하기 위해 사회복지현장에서 사회복지 조직과 전문가들에 의해 실행되는 일련의 조직화된 활동들로 정의내릴 수 있다.

2. 사회복지 프로그램의 책무성(Accountability)

사회복지 전문직은 사회복지와 관련된 활동을 할 수 있는 배타적 권한과 책임을 가진다는 사회적 재가를 받은 집단이다. 이때의 사회적 책무성은 결과에 대한 책임성을 가진다는 의미보다는 합리적이고 경험적 근거에 기반하여 최선의 실천을 한다는 것에 초점을 둔 '과정적 책임성'이 더욱 강조되어야 한다(이기연, 2016).

책무성은 사회복지조직이나 프로그램이 사회적으로 주어진 자원을 가지고 달성하고자 하는 구체적인 목적과 목표를 얼마나 효과적이고 효율적으로 달성했는가를 객관적으로 증명할 것으로 요구하는 것이다. 사회복지현장에서의 책무성 추구는 클라이언트 클라이언트의 가족, 이웃, 그리고 지역사회 주민, 국민 전체에게 신뢰를 얻게 해준다(이빈홍·정병오, 2020). 사회복지조직의 책무성에 대한 불확실성은 사회복지 개입의 비효과성과 질적 저하로 이어지며, 사회복지사의 비도덕성과 자질부족을 의심하게 되어 사회복지사의 전문성 위기로 제기되었다(김제선, 2010).

실천 활동으로써 프로그램과 사회적 책무성의 관계는 사회적자원을 합리적이고 경험적인 근거를 가진 방식으로 활용하여 어떠한 성취를 이루었는지에 대한 근거를 확보하기 위한 노력과 더욱 관련된다(이기연, 2016). 사회복지 전문직 종사자의 책무성에 대한 논의는 "무엇에 대한 책무성인가? 그리고 누구를 위한 책무성인가?"가 전제된다. 즉 종사자의 업무결과에 대한 책임만을 의미하는 것이 아니라 종사자가 도덕적·법률적 규범에 따라 행동함으로써 이용자에 대한 의무를 다하는 것을 의미한다. 결과에 대한 책임(업무의 질과 양)뿐만 아니라 과정에 대한 책임(업무의 절차)까지 포함하며, 종사자가 논리적·기술적·법규적 기준에 따라 복지업무를 수행할 의무를 가진다는 의미이다(정무성, 2017).

〈표 28-1〉 사회복지조직의 책무성 유형

책무성 기준	주요 내용
적용대상 (Coverage)	사회복지서비스의 제공대상자들은 누구이며 어떠한 특성의 대상자를 선택할 것인가? 그들에게 제공되는 서비스의 내용은 무엇인가?
서비스전달 (Service Delivery)	사회복지서비스가 계획에 따라서 잘 진행되도록 하며 또한 자격이 있는 종사자에 의해서 서비스가 제대로 전달되도록 책임을 지는 것
영향(Impact)	서비스를 받은 대상들이 처음 의도한 대로 바람직한 변화의 발생 여부에 대한 책임
효율(Efficiency)	제공된 서비스에 대한 비용의 효율성은 제대로 이루어졌는지에 대한 책임
재정(Fiscal)	재무회계와 관련한 집행 및 보고에서 투명성에 대한 책무성(미국 Public Law, 1984년 제정)에서 모든 공공자금 사용에 관한 구체적인 규칙과 가이드라인을 제시하여 공공자금 사용에 대한 '공적 책무성'이 수반됨을 강조)
법률(Legal)	모든 서비스는 법에서 요구하는 책무성이나 계약에 의한 조건들을 지켜야 함(개인의 비밀보장과 서비스 제공에서의 동등한 기회부여 등)
윤리(Ethics)	법적 책무성이나 계약에 의한 조건들이 없는 경우에는 윤리적인 책무성이 요구됨
이미지(Image)	이용자에 대한 사회적 이미지가 매우 중요
니드(Need)	이용자의 니드에 부응한다는 것은 가장 중요한 목표가 됨

출처: Rossi & Freeman(2003); Hadley & Mitchell(1995); 정무성(2017). p.38 참조.

<표 28-1>은 사회복지조직의 책무성의 유형을 설명하고 있다. 이는 Rossi와 Freeman(2003)이 적용대상, 서비스전달, 영향, 효율, 재정, 법률로 구분하여 유형을 분류하였으며, Hadley와 Mitchell(1995)이 윤리를 포함하였으며, 일부 학자들이 이미지와 니드의 책무성을 포함하였다.

3. 프로그램의 구성요소

1) 목적(Mission)

프로그램은 특정 목적을 달성하기 위해 의도적으로 계획된 활동들을 의미한다. 프로그램 자체가 성취하고자 하는 목적을 위해 만들어지기 때문에 목적이 없다면 프로그램 자체가 성립될 수 없다. 사회복지 프로그램의 목적은 일반적으로 개인, 가족, 집단, 조직, 지역사회, 국가 전체 등에서 발생하는 문제를 예방하거나, 완화시키거나, 해결하기 위해 설정된다. 이는 사회복지 프로그램의 목적이 생성되게 하는 것이 사회문제가 예측된다거나 아니면 심각해진 상태에 있다는 인식에서 출발된다고 할 수 있다. 프로그램의 목적은 사회복지조직이나 기관의 설립이념이나 사명의 달성을 위한 방법으로서 제시된다. 일반적으로 사회복지기관들이 개인, 가족, 집단, 지역사회 등이 경험하는 문제를 해결하거나 특정 문제가 욕구를 가지고 있는 클라이언트 집단의 삶의 질 향상에 관련하여 설립목적을 설정한다는 점에서 프로그램의 목적도 결국 이러한 목적달성을 위한 방향성으로 제시된다(이민홍·정병오, 2020).

2) 자원과 기술(Resources and Technology)

사회복지조직에서 프로그램을 수행하기 위해서는 반드시 자원과 기술을 보유하고 있어야 한다. 먼저 프로그램 수행에 필요한 자원은 인적자원과 물적자원으로 나눌 수 있다(황성철, 2016). 사회복지 조직에서 인적자원은 관리자, 사회복지사, 자원봉사자, 외부자문가, 전문가 등이 해당되며, 주로 프로그램을 수행하는 인적자원은 담당 사회복지사와 담당 사회복지사를 지도 및 감독할 수 있는 슈퍼바이저로 구분된다. 물적자원은 재원과 실행 장소 및 시설·설비를 포함한다. 재원은 인적자원과 물리적 환경을 조성할 수 있는 실제적 예산을 말하며, 예산의 확보가 선행되어야 프로그램을 수행할 수 있다. 프로그램이 수행되기 위해서는 사회복지 기술이 필요하다. 사회복지 프로그램의 표적집단에 해당되는 클라이언트, 가족, 조직, 지역사회 등의 문제해결이나 욕구충족을 위해서 실천이론이나 기법들이 활용될 수 있다(이민홍·정병오, 2020).

3) 계획된 활동(Planned Activities)

프로그램들이 체계적인 이유는 제공되는 활동들이 계획대로 제공되기 때문이다. 프로그램에서 어떠한 활동들을 할 것이며, 어떠한 순서에 의해 제공될 것인지를 프로그램 기획단계에서 철저하게 고려하고 프로그램에서 제공된 활동들이 의도된 목표를 달성했는지를 프로그램 제공 후 평가를 통해 재확인하는 절차를 가진다. 클라이언트의 문제해결이나 욕구충족을 위해 제공되는 서비스 활동, 조직 내부에서 효과적으로 진행시키기 위한 행정활동, 조직 외부에서 자원을 확보하거나 정당성을 얻는 지역사회활동 등으로 구분한다(이민홍·정병오, 2020).

Ⅱ. 사회복지 프로그램 개발

1. 사회복지 프로그램 개발의 개관

사회복지 프로그램 개발의 의미는 협의와 광의로 구분할 수 있다. 협의의 의미로는 새로운 프로그램을 기획(planning)하거나 설계(design)한다는 의미로 사용되며 광의의 의미로는 사회복지실천 활동으로서 프로그램의 기본방향을 설정하고 클라이언트 집단의 욕구나 문제를 사정하고 프로그램의 내용을 구성하는 일련의 기획 및 설계과정을 거친다. 실제로 프로그램이 시행되어 목표 달성을 위한 제반 활동이 이루어지는 실행과정을 포함하고 일정한 프로그램 성과를 측정하는 기준을 설정하여 평가하는 평가과정과 개선 및 환류(feedback) 작용이 일어나는 전체 프로그램의 순환적 과정을 포괄한다(황성철, 2016). 사회복지 프로그램은 학자들마다 다양한 절차를 제시하고 있지만 종합적으로 보면 일련의 절차를 거치게 된다. 프로그램 기획, 프로그램 설계, 프로그램 실행 및 모니터링, 프로그램 평가 및 개선의 단계를 거친다.

사회복지현장 및 분야에서의 풍부한 경험이 있는 사회복지사는 기관과 대상자의 특성에 맞는 효과적인 프로그램을 잘 만들 가능성이 높다. 이는 사회복지현장에서 대상자와 기관의 특성에 대한 충분한 이해, 전문화된 기술 등을 어떻게 활용할지에 대해서 조직화하는 능력과도 관련이 높다. 그럼에도 불구하고 프로그램 내에서 사용하고 있는 기법이나 기술들에 대한 이론적 논리성과 기반을 체계화하는 데 다소 미흡하며, 이로 인해 프로그램의 단기성과가 장기성과까지의 연결성을 확보하는 데 한계로 이어진다. 그래서 객관적이고 과학적인 사회복지 프로그램 개발은 사회복지 현장에서의 한계를 보완하는 데 매우 중요하다.

2. 사회복지 프로그램 기획과 설계

프로그램 기획단계는 프로그램 개발의 기본적 방향을 설정하게 되며, 각 기관의 현황을 분석하고 클라이언트의 문제와 욕구를 분석하여 우선순위를 설정한다. 기획 및 설계단계에서 수행해야 하는 구체적 활동은 다음과 같다. 첫째, 프로그램과 관련된 기본적 상황조사와 아이디어를 창출하는 것이다. 둘째, 사회복지 프로그램 개발이 왜 필요한가에 대해 구체적으로 답하는 것이다. 새로운 사회복지 프로그램의 개발은 표적체계가 되는 개인, 가족, 집단, 조직, 지역사회, 국가 등에서 발생하는 문제를 해결하거나 욕구를 충족하기 위함에서 시작하므로 이에 대한 근거를 제시할 수 있도록 사회문제분석이나 욕구조사가 수행되어야 한다. 셋째, 사회복지 프로그램 개발은 누구를 대상으로 할 것이며, 달성할 수 있는 결과물(목적)은 무엇인가이다. 프로그램 개발을 통해서 가져올 수 있는 성과에 대해서 제시해야 한다. 넷째, 사회복지 프로그램에서 무엇을 할 것인가이다. 달성하고자 하는 목표나 기대효과를 도출하기 위해 어떠한 개입활동을 할 것인지 구체화하여야 한다(이민홍 · 정병오, 2020).

1) 문제분석과 욕구조사

문제분석을 위해서는 문제 및 클라이언트에 대한 정의, 문제 상황을 겪고 있는 사람들의 특징, 문제의 크기와 심각성 정도, 문제의 시너지적인 사회가치, 문제 상황의 수요상태, 누가 문제로 정의하는가, 누가 문제로 정의하지 않는가, 문제의 원인, 문제를 다루고 있는 현재의 프로그램, 사회변화의 목표, 목표달성의 자원과 장애요인 등의 내용으로 프로그램 기획을 위한 자료들을 수집할 수 있다. 욕구조사는 사회복지 분야에서 많이 활용되고 있는 조사방법으로 조사대상이 어떠한 욕구를 갖고 있는가를 파악하고, 그 욕구의 수준과 서로 다른 욕구 간의 우선순위를 파악하는 것이다. 욕구는 사회적 상황이나 조건과 상관없이 필요한 절대적 욕구와, 사회적 조건에 따라 달라지는 상대적 욕구를 포함한다. 욕구는 상대적인 부분이 많이 작용하기 때문에 절대적 기준이나 평가를 해서는 안 된다. 욕구사정을 위해서는 인터뷰나 면담, 지역포럼기법, 초점집단인터뷰, 델파이기법, 관찰기법, 민속학적 조사, 사례조사 등 질적 조사 방법과 구조화된 설문조사, 선행연구분석 및 검토, 2차 자료분석, 사회지표분석, 시계열분석 등 양적 조사 방법을 활용할 수 있다.

2) 서비스대상자 선정

사회복지실천현장에서 사회복지 프로그램에 참여 및 제공받는 클라이언트를 대상자라고 하며 프로그램에서의 선정 기준에 따라 대상자가 선정된다. 개인(가족) 및 집단중심 대상자 선정은 일반집단, 위험집단, 표적집단, 클라이언트집단으로 구분한다. 일단집단은 프로그램 관련 영역의 모든 집단을 의미하며 사회복지조직이 해당하는 행정관할 구역 내 일반사람을 포함한다. 위험집단은 일단집단 중에서 프로그램을 통해 개입하고자 하는 문제 상황에 노출 위험성이 높아 욕구가 높은 인구집단이다. 표적집단은 프로그램에 직접적으로 서비스를 제공하려고 의도하는 인구집단이며 위험집단 중에서도 특히 욕구나 문제에 대한 개입의 요구도가 높은 인구대상이다. 클라이언트집단은 실제로 프로그램에 참여하는 직접적 참여자집단이며 표적집단에 해당하지만 실제로 클라이언트집단에 참여하지 못할 수도 있다. 클라이언트 집단을 선정할 때에는 프로그램의 실현가능성, 자발성과 자기결정권, 클라이언트의 능력 등의 요인을 고려하여 선정할 수 있다. 이에 프로그램 개발자는 프로그램 대상자 선정을 위한 객관적이고 구체적인 선정 기준을 가지고 있어야 하며 선정 기준은 프로그램의 목표뿐 아니라 대상자 선정의 객관성을 확보할 수 있을 만큼 명확한 것이 좋다.

3) 프로그램의 목적과 목표설정

프로그램의 목적(goal)은 프로그램이 성취하려는 것을 보여주는 하나의 총괄적인 진술로 대부분 관념적이고 철학적이며 이상적인 요소로 작성된다(표갑수 외, 2016). 목적은 기관의 사명과 일치되어야 하고, 거시적이며 포괄적이고, 목표보다 먼저 설정된다. 목적은 사회문제분석과 반드시 연관되어야 하며, 결과 지향적이어야 하며, 실현가능성이 있어야 하고, 분명하게 기술해야 하며, 정확하고 긍정적이어야 한다(Rapp & Poertner, 1992; 표갑수 외, 2016에서 재인용).

목표(objective)는 목적을 보다 구체화한 것으로 사회복지 프로그램은 목표를 달성하기 위한 활동을 구성되기 때문에 대상자의 변화나 문제해결을 말한다. 목표 설정은 구체적(specific)이고 정확해야 하며, 클라이언트 집단을 언급해야 하며, 측정가능(measurable)해야 하고, 성취가능(achievable)해야 하고, 결과지향적(result-oriented)이어야 하고, 현실적이어야 하며, 시간제한적(time-bounded)이어야 한다(정무성, 2017).

목표는 상위목표와 하위목표, 성과목표와 과정목표, 산출목표, 최종목표와 중간목표, 초기목표, 행정적 목표와 프로그램 목표, 영향목표, 성취목표, 활동목표 및 이용자 목표로 구분할 수 있다. 상위목표는 포괄적이고 핵심목표이며 하위목표는 상위목표를 구체적으로 세분화한 것이다. 성과목표는 일련의 프로그램이 수행된 결과 클라이언트 체계의 변화를 나타내는 최종목표이며, 과정목표는 프로그램이 수행되는 과정이나 단계별로 설정되는 목표이며 무엇으로 또는 어떻게 그 결과에 도달할 것인가에 대한 목표를 진술하는 것이다. 산출목표는 성과(outcome)가 아닌 산출(output)에 초점을 둔 것으로, 사업 시행을 통해 발생하는 산출물을 말한다. 최종목표는 프로그램을 통해 궁극적으로 달성하고자 하는 상태이고, 중간목표는 최종목표를 향해 성취해 가는 프로그램의 중간에 부수적으로 달성하고자 하는 상태를 말한다. 초기목표는 중간목표와 최종목표를 달성하기 위해 반드시 먼저 달성해야 하는 작은 목표들을 말한다. 시간의 순서에 따라 초기목표, 중간목표, 최종목표가 단계적으로 달성되어 가는 과정이다. 행정적 목표는 기관이나 어느 서비스 체계가 그 기능을 증진시키기 위해 기관이 조직원들에게 업무를 분배할 때 세우는 목표이며 프로그램 목표는 대상자의 어떤 상태와 관련이 있는 목표이다.

목표는 위계적 구조에 따라 영향목표, 성취목표, 활동목표, 이용자목표로 구분하며 영향목표는 가장 높은 수준의 목표로서, 프로그램이 문제지표에 얼마나 충격효과를 줄 것인가 혹은 영향을 미칠 수 있는가를 구체화하는 것이다. 성취목표는 두 번째 수준의 목표로서, 표적집단을 대상으로 무엇을 얼마만큼 달성할 것인가를 구체화하는 것이다. 활동목표는 세 번째 수준의 목표로서, 얼마나 많은 서비스가 제공될 것인지를 구체화한 것이다. 이용자목표는 가장 낮은 수준의 목표로서, 얼마나 많은 이용자들이 서비스를 받게 될 것인지를 구체화한 것이다(양정하 외, 2018).

4) 프로그램의 세부 계획 수립

프로그램의 세부 계획을 수립하는 것은 프로그램의 목적과 목표를 달성하기 위한 업무나 활동을 구체화하는 단계이다. 수립된 프로그램의 내용은 의도한 목적 및 목표와 논리적으로 연계성을 가지고 있어야 하며, 프로그램 대상의 동기를 유발할 수 있도록 구성해야 하며, 프로그램에서 수행하고자 하는 활동들은 실제로 실현가능해야 한다. 프로그램의 목적 및 목표를 달성하기 위한 프로그램 내용은 포괄적이며 다양하게 제공되어야 한다. 또한 사회적 요구에 적합하여 사회에서 적용될 수 있도록 현실성 있게 선정되어야 하며 지역의 특수성을 충분히 반영해야 한다. 프로그램 내용이 얼마나 능력적이고 시간적 및 경제적으로 효과가 있는 검토해야 하며 개입하고자 하는 문제 및 욕구를 해결하는 데 적합하고 효율적인 방법을 선택해야 한다(이빈홍 · 정병오, 2020).

5) 예산계획 수립

프로그램의 내용을 수행하기 위해서는 자원이 필요하며, 어느 정도의 자원이 필요한지를 금전적으로 제시한 예산을 수립해야 한다. 프로그램의 예산을 수립할 때에는 현실적 상황들을 충분히 고려해야 하며 프로그램 전 과정에서의 예산 흐름과 삭감 등도 감안해야 한다. 예산계획을 위해서는 프로그램의 목표체계와 구성내용 등을 면밀하게 검토하여 프로그램 수행에 요구될 것으로 판단되는 모든 인적·물적자원을 목록화한다. 공동모금회의 경우 인건비, 사업비, 관리운영비 등으로 구분하는 것이다. 산출항목이 명확하게 분류된 후 구체적인 액수와 내용이 명확하게 계정되어 최종비용의 가치가 분명하게 산정되어야 하며 아울러 그 비용의 성격이 분명히 확정되어야 한다. 산출근거는 구체적으로 어떠한 내역으로 예산이 지출되었는지 실제 단가, 수량, 인원수, 건수, 횟수 등을 구체적으로 기록한다. 이러한 과정을 거치고 마지막 단계로 프로그램 수행에 소요되는 자금을 어떻게 동원할 것인가를 분명히 해야 한다. 대부분의 프로그램 수행은 작성된 기획서를 제출하여 특정 단체나 기관에 프로그램 예산을 신청하는 방식으로 이루어지는 것이 보통이다(표갑수 외, 2016).

3. 사회복지 프로그램의 평가

1) 프로그램 평가의 필요성

사회복지 프로그램의 효과성을 입증할 뿐 아니라 책무성을 구현하기 위해서는 프로그램 평가는 매우 중요하고 필수적이다. 사회복지 프로그램에 있어 '평가'란 사회복지 프로그램이나 기관이 실시한 제반 활동의 '과정'과 '성과'를 체계적으로 가치를 판단하는 것을 의미한다. 프로그램의 목적이 달성되었는지, 프로그램 참여자인 서비스 이용자는 변화되었는지, 서비스 이용자는 현재의 서비스에 만족하는지, 이번에 적용한 개입방법은 과거보다 효과적이었는지 등의 제반 활동들을 과학적 절차와 방법을 사용하여 가치 판단하는 것을 의미한다(표갑수 외, 2016). 프로그램 평가는 한 기관의 전체 또는 선별된 프로그램의 효율, 효과 및 적절성을 철저하게 그리고 비판적으로 검토하는 과정이라고 할 수 있다. 프로그램 계획이나 운영과정에 필요한 정보를 확보하여 이 과정이 바람직하게 추진되도록 노력하는 것으로 프로그램 과정상의 환류기능이라고 볼 수 있다. 프로그램 담당자가 프로그램 계획과정에서 행하는 활동에 대하여 사회적 책임을 지도록 하는 것으로, 책임성 이행기능이라고 할 수 있다. 보조적 목적으로 프로그램 속에 내제된 변수들 간의 인과관계를 검증하여 이론 형성에 기여한다. 평가는 사회복지기관, 전문가의 의무이고 윤리이다(정무성, 2017).

2) 평가 원칙

사회복지 분야 평가의 기본 철학은 이용자 중심(client-direction)의 서비스의 질을 보장해주고 있는지를 확인하는 것이 중요하며, 그 기본 원칙은 다음과 같다(정무성, 2017).

① 이용자의 욕구와 제공된 서비스의 관계는 기관의 직원 혹은 관리당국에 의해서 적어도 매년 재조사되고 평가되어야 한다.

② 기관은 다음과 같은 프로그램 평가시스템을 가지고 있어야 한다.

- 프로그램과 서비스의 성과 측정
- 모든 이용자(전수조사) 또는 대표적인 표본을 포함(표본조사)
- 6개월 혹은 그 이상 동안 유지된 프로그램에 대한 프로그램 목표와 관련하여 수혜자의 경과를 규칙적으로 측정

- 평가정보에 대한 사후 관리

③ 프로그램 평가시스템은 적어도 다음의 것들을 포함해야 한다.

- 이용자 선정 기준
- 제공된 서비스 목록
- 측정할 수 있는 목표들
- 각 측정이 제고된 시간의 내역
- 목표의 우선순위
- 효과성과 효율성의 측정
- 프로그램에 대한 수혜자의 만족도 측정

④ 프로그램 평가체계에서 얻어진 정보는 알맞은 조건으로 적절한 운영 수준에서 활용할 수 있어야 한다. 그러한 정보는 프로그램을 중지하거나 유지하고 향상시키기 위한 의사결정의 중요한 정보로써 활용되어야 한다.

⑤ 프로그램 평가정보가 행정상의 기능(예: 자원할당, 정책결정, 장기계획, 마케팅 등)과 프로그램상의 기능(예: 이용자 선정, 서비스 전달기술을 발전시키는 것 등)에 포함되는 기관의 모든 차원에서 활용된다는 것을 입증해야 한다.

⑥ 이용자 특성의 재조사가 해마다 전문적이고 행정적으로 이루어져야 한다. 구체적인 조사내용으로는 제공된 서비스의 강도 및 형태의 특수성을 고려하는 것과 서비스의 한정 또는 확장을 결정하기 위해 서비스 인구상 변화에 관한 조사하는 것을 포함한다.

⑦ 프로그램 평가정보는 이해할 수 있는 방식으로 활용되어야 하며, 이용자, 서비스 제공자와 지지자를 포함하는 관리당국과 직원, 일반시민에게 알맞은 방법으로 전달되어야 한다.

⑧ 운영위원회는 프로그램 평가시스템의 적절성에 대한 계속적인 재검토가 있어야 한다. 이러한 위원회는 다음과 같은 활동들을 제공한다.

- 매년 기준에 대한 공식적인 재조사
- 프로그램 평가시스템에 의해서 영향받는 직원에 대하여 변경을 권고하거나 그렇게 할 수 있는 기회
- 성과의 증가, 프로그램 비용 조절 혹은 축소 그리고 지역사회 지지의 유지나 향상과 관련된 시스템 성취에 대한 재조정

• 프로그램 평가시스템의 효율성 결정

⑨ 프로그램 평가시스템으로부터 얻은 결과는 이용자에 바탕을 둔 계획과정과 통합되어야 한다.

3) 프로그램 평가 유형

평가 유형은 평가를 통해 도출되는 정보를 어디에 사용할 것인가에 따라 달라진다. 평가는 프로그램의 효과성과 효율성을 포함하며 모니터링의 측면까지도 포함하며, 목적과 평가주체에 따른 유형으로 구분할 수 있다(표갑수 외, 2017).

(1) 목적에 따른 유형

① 형성평가/과정평가

프로그램 진행 중에 프로그램의 원활하고 성공적인 수행을 위하여 문제점을 찾아내고 수정·보완할 목적으로 실시되는 형성평가(과정평가)는 서비스나 그 전달방법의 개선, 프로그램 결과의 향상, 서비스의 효율성을 증진시킬 목적으로 실시한다. 프로그램을 형성하는 자체에 초점을 두는 형성평가는 운영 도중에 이루어지는 평가로서, 운영의 관리 및 전략의 수정·보완을 위한 것이다.

② 총괄평가/목표지향적 평가

사회복지기관의 직원들이 기관의 사명 및 세부목표를 충분히 숙지하고 있다는 것을 전제로 하며, 얼마나 효과 있게 또는 효율적으로 목표달성을 했는가를 알고 싶어 한다는 것을 전제로 하는 평가이다. 총괄평가는 프로그램의 효과를 파악하는 것이 핵심이나 비용까지도 감안하는 효율성 평가도 포함될 수 있다. 총괄평가는 프로그램이 종료된 이후 행해지는 평가로서 프로그램의 시작, 지속, 종결 여부 또는 대안적 프로그램들 가운데 어느 것을 택해야 하는지 등의 총괄적인 의사결정을 할 경우 실시하는 평가이며 효과성 평가와 효율성 평가가 포함된다. 효과성 평가는 총괄 평가의 가장 중요한 작업으로 프로그램의 목표달성 정도를 의미하는데, 효과성을 판단하는 것이 총괄 평가의 가장 중요한 작업이다. 프로그램이 의도한 목적들이 성취되었는가에 대한 정보와 프로그램이 애초에 설정했던 목적이나 추후에 설정한 바람직한 성과기준에 의해서 프로그램의 결과들이 비교된다. 일정한 성과에 대해서 프로그램 때문인지 평가한다. 효율성 평가는 비용최소와 산출극대화를 평가하게 되는데, 제공된 서비스 양과 프로그램을 완료한 클라이언트를 사정(산출)하고 이러한 성과를 비용(투입)과 대비한다. 비용-급부분석 혹은 비용-효과분석을 통해 얻어진다.

(2) 평가주체에 따른 분류

자체평가는 프로그램 담당자 스스로 행하는 평가로 많은 정보를 얻을 수 있고 평가비용을 절약하며 장기적으로 계속할 수 있으나 공정성을 확보하는 데 문제가 있다. 내부평가는 프로그램을 직접 담당한 사람이 아닌 기관 내부의 책임자나 동료에 의해 이루어진다. 외부평가는 프로그램을 담당하는 기관의 외부에 속한 전문가 등 제3자가 행하는 평가이다.

Ⅲ. 프로그램 개발을 위한 주요 모델

1. 근거기반실천(Evidence-based practice)

근거기반(Evidence-based)이라는 용어는 1980년대 캐나다 McMaster 의과대학에서 문제중심적 교육방법에 대한 논의에서부터 출발한 것으로 알려져 있으며, 근거기반진료(Evidencebased medicine)라는 용어를 통해 체계적이지 않은 단편적 임상 경험에 근거한 판단, 질병 메커니즘이나 병태생리학적 추론에 근거한 임상 판단에 비중을 두는 기존의 방식에 대한 비판과 함께 최신의 임상 연구 결과에 근거한 임상적 결정을 가장 신뢰해야 한다고 강조하였다. 이 개념은 의학교육과 임상현장에서부터 출발하여 임상연구방법으로 보건분야로부터 복지, 사회분야로 더욱 폭넓게 확산되었다(Cournoyer, 2004). 이는 클라이언트에 대한 개입활동의 선택과 적용과정 전반에 거친 통합적이고 집합적인 과정으로 설명하고 있으며 일차적으로 실천의 효과성에 관한 근거를 체계적으로 확인, 분석, 평가, 통합하는 과정임을 강조한다. 조사연구의 활용과 더불어 전문적 윤리와 경험을 포함한다고 정의한다(이기연, 2016).

사회복지현장 및 학계에서 사회복지 개입이나 치료를 위한 의사결정의 근거로 과학적으로 입증된 조사결과를 활용하도록 하는 증거기반실천모델을 적극적으로 받아들이고 있으며, 이러한 변화를 가능하게 하는 매개체로 사회복지 프로그램 개발과 평가가 대안으로 제시되고 있다. 근거중심 사회복지실천의 네 가지 핵심 구성요소는 클라이언트 특성(고유한 특성, 특수한 상황, 선호하는 바), 실천상황(기관 상황, 클라이언트에 대한 적합성, 실행 가능성), 최선의 연구근거(문제영역 및 문제해결과 관련하여 개입의 효과성·적절성·유익성 등을 판단할 수 있는 근거), 임상적 판단(판별능력·분석능력, 적절한 적용능력) 등이다(김유진, 2007).

2) 근거기반 프로그램의 개발 절차

근거기반 프로그램 개발의 절차는 5단계로 구성할 수 있으며, 그 내용은 다음과 같다(공계순·서인혜, 2006; 이기연, 2016).

(1) 1단계: 질문을 개발하라

현재 수행하는 방법의 적절성에 대한 회의적 혹은 비판적인 질문에서부터 출발하여 더 나은 전략개발에 필요한 다양한 질문을 할 수 있다. 이 질문은 자살에 영향을 미치는 핵심적인 요인은 무엇인지? 중증정신질환자의 탈원화가 원활히 이루어지지 않는 것은 무엇인가? 같은 크고 복잡한 질문일 수도 있고 구체적인 개입방법과 관련된 내용일 수도 있다. 다양한 차원의 질문을 통해서 좀 더 전략적인 사고를 하게 되고, 더 나은 대안을 찾기 위한 구체적인 노력을 가능케 한다는 의미에서 질문은 유효하다.

(2) 2단계: 근거를 찾아라

근거기반실천의 핵심은 최선의 해답을 찾아가는 과정 그 자체에 있다고 해도 과언이 아니다. 근거를 찾는 방법은 해결하고자 하는 질문과 관련한 문헌을 검토하는 방법과 DIY 검토(do-it-yourself review)로 구분된다. 문헌검토는 프로그램의 목적과 관련한 기존의 연구결과물이나 관련된 문헌에 대한 검토를 통해 선택할 수 있는 분명한 기법과 이를 평가할 수 있는 표준화된 척도들이 있다면 그중에 개발하고자 하는 프로그램에 더욱 적절한 것을 찾아가기 위한 과정으로 관련된다. 그러나 정신건강을 포함하여 보건복지 영역의 과학적인 실험설계에 기반한 근거자료는 사실상 충분하지 않아서 사회복지 관련 정신건강을 포함하여 휴먼서비스 영역에서 실증적인 양적 연구물을 근거로 채택하는 데 한계가 있다. 따라서 양적인 문헌에 대한 검토만이 아니라 관련한 문헌에 대한 체계적 검토를 통해 더 나은 실천의 실마리를 찾아가는 방법도 근거로 활용될 수 있다.

(3) 3단계: 근거를 분석하라

다른 연구물이나 문헌검토를 토대로 추출된 근거자료를 그대로 현대의 프로그램 개발에 적용하는 데에는 한계가 있다. 확보한 다양한 근거에 대해 좀 더 과학적인 연구방법론에 기반하여 근거를 분석하는 작업이 필요하다. 이를 통해 기존 연구의 결과물에 대해 해석하고, 그 결과물에 대한 적절성에 대한 평가, 그 결과물에 대해 신뢰하는 데에도 서열 혹은 위계를 적용하는 것도 중요하다.

(4) 4단계: 실천에 적용하라

근기확보를 통해 확신할 수 있거나 더욱 전략적으로 수정·보완한 프로그램은 실행단계로 넘어간다. 그러나 근거를 확보했다 하더라도 이를 적용하는 과정은 다양한 배경이 작용한다. 특히 적정한 투입계획이 수립되었지만 이를 확보하지 못한 경우 등 근거에 기반한 프로그램이 설계되었다 하더라도 이를 실행하는 데 영향을 미치는 요인들이 다시 한 번 검토되어야 한다.

(5) 5단계: 모니터하고 결과를 평가하라

가장 적절한 근거를 확보하고 실행하는 프로그램이라 할지라도 프로그램 실행에 관여하는 요인은 매우 다양하며 전부 통제할 수는 없으므로 평가는 필수적이다. 따라서 평가를 고지하고 이루어지는 실천이어야 한다는 것이 근거기반 프로그램에 있어서 매우 중요하다.

2. 논리모델

논리모델은 체계론에 근거한 프로그램 개발의 대표적인 방법으로 공공영역과 사회복지공동모금회 등 예산을 지원하는 기관들이 채택하고 있는 모델이다. 논리모델은 프로그램의 기획과 평가를 위한 도구로서, 문제 상황을 해결하기 위해 자원, 활동 산출, 성과에 대한 논리적 연계를 구축하는 모델이다(박현숙, 2012). 논리모델은 상황, 투입, 활동, 산출,

성과의 단계로 이루어지며, 상황(situation)은 프로그램이 필요한 문제와 상황을 말하며, 투입(input)은 문제 상황의 해결을 위한 프로그램에 소요되는 자원의 내용과 양을 말하며, 활동(activity)은 투입이 산출로 전환되는 서비스 절차와 개입 과정으로 서비스 제공자가 무엇을 하는지를 나타낸다. 산출(output)은 투입과 활동에 의해 나타나는 일차적인 결과로서 활동의 산물로서 발생하는 재화나 용역의 양을 나타내며, 성과(outcome)는 프로그램 개입을 통해 성취하려는 대상자의 변화정도를 말한다(강종수, 2011). 논리모델의 장점은 구성 요소들을 세분해서 가각의 논리적 연결을 제시함으로써 다양한 관점의 참여자들이라도 프로그램에 대한 이해와 합의의 도출이 용이하다. 또한 가정에 대한 모니터링을 가능하게 하며, 프로그램 평가를 위한 준거틀로 활용할 수 있다. 하지만 논리모델은 현실을 대변하는 것이지 현실 자체가 아니라는 현실적 한계를 가지며 프로그램의 의도된 기대성과들에만 초점을 두며 논리모델이 프로그램 기획 전 과정을 책임지는 것이 아니라는 한계를 가진다(김영종, 2014).

논리모델은 프로그램이 가진 이론과 실천을 그림이나 도표로 표현해주는 방법을 말하며, '우리가 갖고 있는 문제가 어떤 상황인가', '우리가 하는 일은 무엇인가', '그 결과 또는 성과는 무엇인가?'라는 질문들 간의 관계를 연결시켜 놓은 것이다. '만약 ~이면, ~이다'의 소위 'if-then'의 구조의 논리적 인과관계를 말한다.

문제상황 (situation)	투입 (inputs)	활동 (activities)	산출 (outputs)	성과 (outcomes)
프로그램을 기획해야 할 이유로 지역사회의 문제나 욕구	프로그램에 투여되거나 프로그램에 의해 소비된 자원	임무를 수행하기 위해 프로그램에서 투입으로 활동하는 것	프로그램 활동의 직접적인 산물 (총량)	프로그램 활동 중과 활동 이후의 참여자들이 얻은 이익이나 긍정적 변화
이슈화된 지역사회문제 해결되지 않은 개인의 욕구 서비스, 프로그램, 자원의 부족	인적자원: 직원, 봉사자 물적자원: 자금/예산, 시설, 장비, 소모품 법,규정,규칙	상담 직업훈련 치료 및 교육 보호 대인관계지도 사회적응 훈련 캠프 자조모임	상담횟수 상담총시간 참여자수 서비스 시간 분배된 교육적 자료의 수 집단의 수	(초기) 새로운 지식, 향상된 기술, 태도 및 가치의 변화 (중기) 행동의 변화 (장기) 조건과 지위의 변화

〈그림 28-1〉 논리모델의 구성요소 및 과정

출처: 이민홍 · 정병오(2020). p.275 참조.

3. Andersen & Newman 건강행동모델

Andersen & Newman(1973)은 의료 서비스 이용 행위에 영향을 미치는 요인들을 분석하는 유용한 모델로서 행동주의 모델을 제시하였다. 이는 본래 보건의료서비스 이용에 대한 결정요인을 분석하는 틀로 도입되었으나 보건의료서비스는 물론 정신건강서비스 및 노인복지서비스 이용행위에 관한 연구에 매우 광범위하게 적용되어 왔다(박현숙, 민소영, 2005). 사람들이 건강과 관련한 서비스를 어떠한 동기에서 어떠한 방식으로 이용하며, 이러한 행동과 개인적 특성, 가족 특성, 사회구조적 환경이 어떠한 영향을 미치는지, 또한 이러한 행동이 최종적으로 건강에 어떠한 영향을 미치는지를 설명하는 모델이다(이기연, 2016). 사회복지서비스의 이용행위에 영향을 미치는 결정적인 요인을 찾는 데 유용하게 쓰이는 모델이나(이기영 외, 2010; 박현숙 · 김은아, 2018)

Andersen & Newman(1973)에 의하면, 서비스 이용은 크게 기술수준, 보험 환경과 같은 사회구조적 차원 그리고 서비스를 직접 이용하는 사람들의 상황과 연관된 개인적 차원으로 이해된다고 하였다. 그런데 서비스 이용여부, 지속성, 그리고 빈도 등과 같은 이용행위(help-seeking behavior)는 개인적 차원의 설명력을 강조하였다. 이러한 개인적 차원이 서비스 이용행위에 가장 중요한 영향을 미친다고 보고되고 있다(송다영, 2003). 개인적 차원에서의 서비스 이용은 개인적 특성과 관련된 조건에 관한 것으로 선행요인(Predisposing factor), 촉진/저해요인(enabling factor), 그리고 욕구요인(needs factor)으로 나누어진다. 즉 의료서비스 이용은 이러한 세 가지 요인들에 의해 영향을 받는다는 것이다(윤현숙, 2001).

각각의 세 요인을 보다 구체적으로 살펴보면 다음과 같다. 첫째, 선행요인은 서비스를 필요로 하는 이전 단계부터 존재하는 개인이나 가족의 특성으로 구성된 요인이다. 여기에는 나이와 성과 같은 인구학적 특성, 교육, 직업, 그리고 인종과 같은 사회구조적 특성, 건강에 대한 신념이나 지식과 같이 개인이 서비스를 이용하도록 하는 경향적 특성이 포함된다(이가옥 · 이미진, 2001). 즉 특정 케이스의 질병에 상관없이 개인별로 의료서비스를 이용하는데 있어서 전제된 경향을 의미하는데 인구학적 특성이나 신념 체계, 가치관, 그리고 행위 및 태도 등이 포함된다

둘째, 서비스 이용의 촉진 혹은 저해요인은 서비스 이용을 용이하게 하거나 가로막는 환경적 요소로, 본인을 포함한 가족 혹은 지역사회가 가지는 인적/물적자원이 이에 속한다(김혜경, 2004). 경제적 상태, 사회적 지원, 서비스에 대한 인지도, 그리고 서비스 이용의

편이성 등이 서비스 이용 능력에 영향을 미치는 요인들을 포함한다. 이가옥과 이미진(2001)의 연구에서는 이러한 서비스 이용 촉진 요인이 많을수록 서비스를 이용할 가능성이 높아진다고 보고하였다.

셋째, 욕구요인은 서비스를 필요로 하는 직접적인 요인으로써 건강상태나 부담 및 고통정도를 포함한다(김혜경, 2004). 욕구 요인은 개인의 신체적, 정신적 건강 상태의 지각된 욕구(perceived need)와 평가된 욕구(evaluated need)로 보다 세분화된다. 먼저 지각된 욕구(perceived need)란 그들의 일반적 건강과 경제적 상태에 대해 어떻게 생각하는지, 특정한 건강 문제에 대한 고통이나 질병의 증상을 어떻게 경험하였는지, 그리고 충분한 전문적인 도움을 찾기 위해 문제를 어떻게 평가했는지를 나타낸다. 평가된 욕구(evaluated need)란 건강 상태와 건강 보호의 심각성에 대한 전문적 판단을 나타낸다. 전문적 판단은 DSM-Ⅳ, ICM-9와 같이 표준화된 과학적 평가에 근거한다(송다영, 2000). 특히 평가된 욕구는 서비스 이용을 결정하는 데 가장 중요한 지표 중 하나이며, 서비스 이용에 관련된 3가지 요인 중에서 가장 중요한 영향을 미친다고 제시되었다(윤현숙, 2001; 송다영, 2000).

4. 개입연구방법(Intervention Research)

개입연구방법(Intervention Research)은 Rothman과 Thomas(1994)에 의해 개발되었으며, 초기단계에서 실천적인 조사로 적당하며 전통적인 실험 디자인보다 융통성 있으며, 작은 표본으로도 가능하며, 실천적 조건, 다른 표적 집단, 실천가의 통찰에서의 역동성과 변화에 순응적이다(Comer et al., 2004). 휴먼서비스가 주를 이루는 사회복지영역에서는 문제분석부터 평가에 이르기까지 함께 이루어지는 세팅이기 때문에 개입연구방법을 활용하는데 적당하다고 할 수 있다. 최근 사회복지영역에서 주목받고 있는 개입연구(Intervention Research)는 휴먼 서비스 분야에서 프로그램 개발에서부터 실행, 평가, 그리고 보급에 이르는 전 과정을 총괄할 수 있는 체계적인 방법론으로, 실천 영역에서 혁신을 가져올 수 있는 새로운 패러다임으로 평가받고 있다(최경애, 2010). 개입연구는 광의의 개념으로 지식개발연구(Knowledge Development), 지식활용(Knowledge Utilization), 그리고 디자인 및 개발(Design and Development)의 세 영역을 포괄하고 있으며, 협의의 의미로는 디자인 및 개발(Design and Development: D&D)의 의미로 사용된다. 디자인 및 개발은 개발하기 위해 조사를 기반으로 한 문제해결과정으로서 지식개발이나 지식활용보다 더 직접적으로 개입개발과 직결된 영역으로, 실천에 대한 조사가 아니라 실천을 위한 조사이다(최경애, 2010). 개입연구는 보다 구체적으로 프로그램을 디자인하는 데 필요한 정보를 수집하고 분석하는 데 도움을 주는 모델이다. 개입연구는 혁신적 프로그램 개발활동에 관심을 가지는 일단의 학자들에 의해서 시작된 프로그램 개발 접근 방법으로 프로그램 개발의 전체적인 과정을 구체적으로 설명하고 있다는 장점을 가지고 있다(서인해, 2003; Rothman & Thomas, 1994). 개발된 프로그램의 객관성과 타당성 확보를 위한 다양한 방법들을 활용할 수 있으며 현장적용가능성을 증진할 수 있는 강점을 가지고 있다(박현숙 외, 2018).

분석 및 기획, 정보수집 및 통합, 디자인, 현장실험 및 초기개발, 평가 및 후기개발, 그리고 보급의 총 6단계로 분류하여 제시하고 있다.

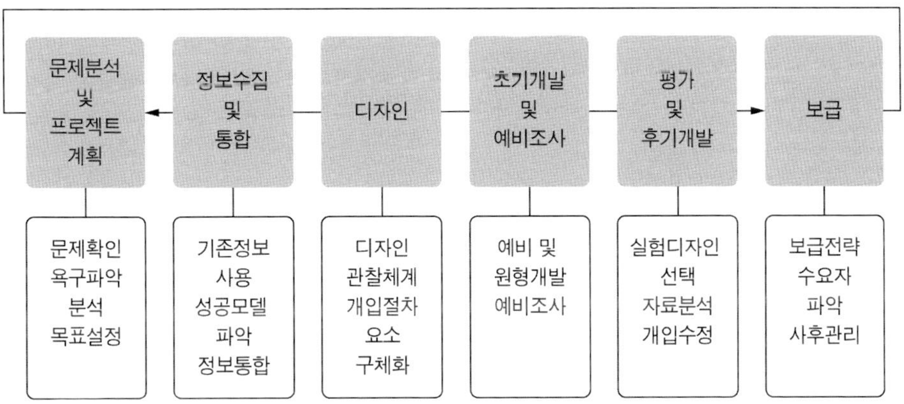

〈그림 28-2〉 개입연구의 과정: 단계와 관련활동

출처: Rothman & Thomas(1994). p.28 참조.

1) 1단계: 문제분석 및 프로젝트 계획(problem analysis and project planing)

1단계인 문제분석 및 프로젝트 계획단계는 주요 문제를 확인하고 분석하는 단계이다. 주요한 현장의 문제가 확인되어 분석되고 그러한 문제를 해결하는 기존의 노력들을 확인하고 노력들의 한계를 파악한다(서인해, 2004). 그리고 기술적, 경제적, 조직적, 그리고 정치적인 면 등에서 현실적 가능성을 결정하게 된다. 이를 위해 문제에 관련된 광범위한 정보를 토대로 기존의 해결노력에 대한 분석을 통해서 다양한 혁신 프로그램의 개발 가능성, 즉 새로운 해결노력이 필요할 것인지 아니면 기존의 해결노력을 빌려오는 것이 적합할 것인지, 또는 기존의 해결노력을 일부 수정할 것인지를 판단한다.

이 단계에서 결정되어야 할 중요한 과업은 먼저 대상자를 파악하는 것이다. 대상자에 대한 연구 동향이나 최근 사회적 이슈나 문제가 되는 대상자를 선택해야 한다. 또한 개입의 목표나 구체적인 표적대상(target)을 확인해야만 한다. 다음으로 결정해야 할 중요한 과업은 대상자의 관심을 파악하는 것이다. 비공식적 접촉, 질적 조사 방법, 서베이, 그리고 지역사회 포럼 등과 같은 경로를 통해 표적대상에 대한 관심을 파악할 수 있다.

이렇게 결정된 대상자 및 대상자에 대한 관심을 파악한 결과를 토대로 문제해결을 위한 분석을 하게 된다. 그 분석 결과에 따라 목표와 목적을 설정하게 된다. 이러한 단계 과업을 수행하기 위해 사용할 수 있는 조사방법은 욕구조사(Needs assessment), 메타분석(Meta-analysis), 그리고 체계적 조사결과통합(Systematic Research Synthesis) 등이 사용될 수 있다(Rothman & Thomas, 1994).

2) 2단계: 정보수집 및 통합(information gathering and synthesis)

2단계엔 정보수집 및 통합단계는 연구 목적에 맞는 다양한 정보를 수집하고 통합하는 단계이다. 논문, 초록, 색인, 그리고 컴퓨터 자료 등에서 대상자 및 대상자의 관심과 관련된 정보 자원을 파악한다. 이러한 자료들을 수집하고 축적하여 분석작업을 하게 된다. 자료를 수집할 때에는 기존의 자료를 사용하거나, 대상자, 혹은 그 대상자에 대해 잘 알고 있는 사람, 그리고 전문가 등을 통해 실재적인 사례 연구를 할 수 있다. 또한 기존에 성공한 관련 프로그램에 대한 요소들을 파악하는 방법을 사용할 수 있다. 이러한 분석작업을 통해 도출된 결과를 통합하고 체계화시킨다. 이러한 과정은 다음 단계인 디자인 단계의 기초 작업이 된다.

3) 3단계: 디자인(design)

3단계인 디자인 단계는 수집된 자료 정보를 통합하여 초기 프로그램을 구성하는 단계이다. 프로그램 개발의 목표를 설정하고 이러한 프로그램 개발 목표를 달성하는 데 필요한 정보원을 선택, 수집, 그리고 정보전화과정의 일련의 디자인 관련 과업을 조사와 분석적 기법을 통해 수행하는 것과 관련되어 있다(권종희·서인해, 2008). 이 단계에서는 개입 원형(prototype)이 개발되며 개입이나 기타 실용적 기제의 원형이라고 할 수 있는 개입 프로토콜이 만들어진다. 이때 개입 프로토콜은 현장실험을 거치지 않았기 때문에 매우 원초적인 수준이다(최경애, 2010).

4) 4단계: 초기개발 및 예비조사(early development and pilot testing)

4단계는 디자인 단계에서 생성된 초기 프로그램을 실천현장에 적용하여 가능성을 탐색하는 과정이다. 적용가능성을 검증하기 위해 현장실험을 위한 실험 디자인을 계획하게 된다. 조사에서 사용하게 되는 실험 디자인을 위한 제한된 조작적 모델을 창조하고 개발연구 매개 혹은 절차를 결정하고 모니터링 도구를 결정하게 된다. 현장 검증을 위한 계획과 장소 및 지역 등 현장실험과 관련된 요소들을 선택해야 한다.

이 단계는 디자인된 프로그램 원형에 대한 실제 현장에서의 반응을 보는 과정으로서 이러한 과정에서는 프로그램의 잠재적인 사용자인 현상의 사회복지사, 프로그램의 잠재적인 소비자인 클라이언트, 그리고 프로그램 개발자들의 참여가 필요하다. 또한 이들의 밀접한 상호작용을 통해서 디자인과정에서 있을 수 있는 프로그램의 오류 및 디자인된 대로의 프로그램 실행가능성을 탐색하는데, 이러한 초기 실험에서 나온 정보와 결과들은 프로그램원형을 수정하는 데 유용한 정보를 제공한다(서인해, 2004).

5) 5단계: 평가 및 후기개발(evaluation and advanced development)

5단계는 평가 및 후기개발단계로 현장 실험에서 효과성을 평가한 내용을 토대로 보다 발전된 수정 프로그램을 제시하는 단계이다. 이 단계에서는 개입 개발의 관점에서 평가계획을 세워야 하고 평가 방법을 선택해야 한다. 이때 예비 평가를 실행해도 도움이 되며, 초기개발된 개입 프로토콜을 실행하고 이에 대한 체계적 평가를 수행하는 단계이다. 그 결과를 토대로 개입 프로토콜의 수정을 하게 되고 과학적인 평가과정을 거쳐 조기개발보다 더 발전된 후기개발을 하게 된다.

전통적 조사·평가 방법들은 어떤 현상에 대한 이해를 높이기 위해 단순한 지식을 생산하거나 프로그램의 가치를 판단하기 위한 정보를 수집하는 반면, 개입조사모델에서의 평가활동은 프로그램 개발에 필요한 정보를 수집하는 데 주목적이 있다. 즉, 프로그램 결과에 대한 평가정보뿐 아니라 프로그램 과정과 결과의 관련성에 대한 평가정보도 적극적으로 수집한다. 이러한 프로그램 진행과정과 결과의 관련성에 대한 연구는 계속 진행되고 있는데, Doureck et al.(1992)이 제안한 질적 및 양적 조사방법에 의한 결과 평가설계, 즉 다차원적 평가설계(Multimethod evaluation design) 방법이 그러한 성과의 한 부분으로 여겨지고 있다(서인해, 2004). 이러한 단계 과업을 수행하기 위해 사용할 수 있는 조사방법은 프로그램 평가(Multimethod evaluation design)와 평가 타당도(Type Ⅲ error)를 사용할 수 있다.

6) 6단계: 보급(dissemination)

6단계는 보급단계로 개발된 프로그램을 관련 분야에 확대 시행할 수 있도록 보급 및 전파하는 단계이다. 이때 욕구와 잠재적 소비자의 접근 관점을 사정하고 보급 계획을 명확히 해야 한다. 잠재적 소비자에게 도달하기 위한 도구와 미디어를 개발해야 한다. 보급을 할 수단, 즉 보급미디어의 준비를 필요로 하는데 보급미디어로서 프로그램을 소개하는 문헌이나 책, 또는 프로그램을 훈련시키는 훈련관련 자료들이 많이 사용된다. 보급미디어가 준비되고 나면 그 다음을 프로그램에 대한 전파를 실시하는데, 그러한 보급방법으로는 출판, 현장시연(field demonstration), 프로그램 실시과정에서의 훈련(in-service training), 그리고 전문가 교육(professional education) 등이 있을 수 있다(서인해, 2004).

또한 보급의 단계에서는 보급뿐 아니라 보급 후 프로그램 사용에 대한 모니터링과 평가까지 포함하고 있으며 더 큰 차원의 보급 개발과 실행도 포함하고 있으며 성과의 한 부분으로 여겨지고 있다(서인해, 2004). 이러한 단계 과업을 수행하기 위해 사용할 수 있는 조사방법은 보급 전략(Diffusion Strategies)과 마케팅조사(Marketing research) 등을 사용할 수 있다.

Ⅳ. 정신건강사회복지 프로그램 개발의 실제

정신건강 프로그램이란 지역사회 정신질환의 예방, 자살예방, 정신질환자 조기발견·상담·치료·재활 및 사회복귀를 위한 다양한 차원의 노력을 의미하며, 지자체 단위의 지역보건의료계획이나 지역사회복지계획에 기반하여 프로그램이 개발되고 수행된다. 정신건강 프로그램의 주요 목표는 정신건강의 증진, 정신질환의 예방, 사회복귀의 강화라는 것에 초점을 둠으로써 복지적 관심만이 아니라 보건의료적 성과에 대한 관심을 가질 필요가 있다. 한편 정신건강을 포함하여 일반적으로 건강한 삶이 되기 위해서는 단순히 질병이 없는 삶 이상의 것이어야 하며, 이를 위해서는 개인의 건강에 영향을 미치는 다차원적, 다층적 요소들의 영향을 검토해야 한다(이기연, 2016).

정신건강사회복지의 다양한 영역에서 프로그램 개발의 필요성이 있으며 여러 가지 측면에서 프로그램 개발에 대한 요구가 증가하고 있다. 이에 앞서 살펴본 사회복지 프로그램 개발과정을 기반으로 하여 정신건강사회복지 영역에서의 프로그램의 개발 과정을 적용해보고자 한다.

1. 사회문제 및 욕구 파악

정신건강사회복지사는 대상자 및 정신건강 환경의 변화에 매우 민감해야 한다. 그리고 늘 수행하는 업무와 관련한 다양한 아이디어가 생겨야 하며, 늘 지적 호기심과 대상자와 정신건강 환경 변화에 대한 믿음과 열정이 있어야 한다. 아이디어는 개인적 차원뿐 아니라 조직이나 지역사회에서도 충분히 얻을 수 있다. 또한 언론매체와 연구나 관련 문헌 등에서도 아이디어를 구할 수 있다. 대상자별, 사업별, 기관특성별 등 다양한 형태로 프로그램 개발에 대한 아이디어가 될 수 있다. 프로그램 기획을 위한 기초 질문을 통해 그 아이디어를 구체화할 수도 있다. 프로그램 기획의 기초 질문은 다음과 같으며, 청소년의 우울증과 자살에 관한 내용이다(표갑수 외, 2016).

(1) 누가: 대상자에 대한 언급과 도움을 줄 수 있는 인적자원을 포함

- 청소년 중 누가 우울증과 자살을 동반하는가?
- 이러한 청소년을 도와줄 수 있는 사람은 누구인가?
- 누가 청소년 우울과 자살문제의 해결에 관심이 있으며 해결방안에 참여할 수 있을까?

(2) 왜: 문제의 원인과 아직 해결하지 못한 이유 등 포함

- 왜 청소년은 우울증으로 인한 자살을 생각하는가?
- 우울증과 자살청소년의 수가 왜 해마다 증가하는가?
- 왜 그러한 상황이나 문제들이 해결되지 않고 있는가?

(3) 무엇: 클라이언트가 문제에 빠지는 이유와 해결방법 등 포함

- 청소년이 자살을 쉽게 생각하는 이유는 무엇인가?
- 자살을 방지하기 위한 방법이나 전략은 무엇인가?
- 청소년의 우울증과 자살이 증가하는 이유에 대해 부모, 교사, 청소년들은 무엇이라고 생각할까?

(4) 어디서: 기존의 문제해결방안은 어디에 있는 것인지, 프로그램 제공 장소나 예산 지원해 줄 곳 등의 질문 포함

- 어디에서 청소년 우울증과 자살예방 프로그램을 찾아볼 수 있는가?
- 청소년의 우울증과 자살예방을 위한 프로그램은 어디에서 실행하면 좋을 것인가?
- 청소년의 우울증과 자살예방 프로그램 지원 공모를 할 수 있는 기관들은 어디인가?

(5) 언제: 문제해결을 위한 개입 시기나 프로그램 제공시간 등 포함

- 언제 프로그램을 적용하는 것이 효과적인가? 초등학교? 중학교? 고등학교?
- 현실적으로 프로그램을 언제 제공하면 좋을 것인가? 학기 초? 학기 말?
- 프로그램 활동시간은 언제가 좋을까? 방과후? 오전? 아니면 주말?

(6) 어떻게: 문제해결방안이나 이해당사자의 설득, 평가 등 포함

- 어떻게 우울증 및 자살을 기도하는 청소년들을 프로그램에 참여시킬 수 있는가?
- 어떻게 우리의 프로그램이 청소년의 우울증 및 자살 예방에 획기적이라고 학교나 교육청을 설득할 수 있을까?
- 우리 프로그램이 효과가 있는지를 어떻게 평가할 수 있을까?

2. 프로그램 개발의 구체화를 위한 탐색 과정

단순한 아이디어가 바로 프로그램이 되는 것은 불가능하다. 기존의 프로그램을 미처 발견하지 못했을 수도 있으며, 기존의 프로그램이 없다면 그 이유도 분명히 있을 것이다. 이는 단순한 아이디어로만은 프로그램 개발을 현실화시키는 것에 한계가 있다는 것이다. 아이디어를 현실화시키기 위해서 다양한 경로로 프로그램 개발의 필요성에 대해 논리적

인 명분이 분명 필요하다. 전문학술자료, 연구보고서, 사업보고서, 우수 사례집, 프로그램 공모 당선 프로그램, 정신건강관련 기관 통계 정보처, 정신보건 관련 기관들의 자료, 학회 및 학술지 등을 활용하여 프로그램의 이론적 근거를 마련하는 과정이 필요하다.

3. 프로그램 개발을 위한 방법 선택

프로그램 개발에 앞서 먼저 어떤 방법으로 프로그램을 개발할지에 대해 결정해야 한다. 기관 내 프로그램을 개발할 것인지, 타 영역이나 타 기관의 프로그램을 벤치마킹해서 자신의 기관에 활용할 것인지, 외부 지원기관에 공모할 것인지, 외부 기관에서 제안한 프로그램 공모에 지원을 할 것인지 등에 따라서 개발 과정은 차이가 있을 것이다.

먼저 기관 내 프로그램을 개발할 계획이라면, 기존에 근무하고 있는 기관에서 운영하고 있는 프로그램들을 면밀한 검토를 통해 기관의 대상자를 위한 프로그램이 개발되거나 기존 프로그램의 수정·보완이 가능할 것이다. 예를 들면 정신건강의학과에서 근무하고 있다면, 현재 운영되고 있는 개별 및 집단 프로그램이 무엇이 있는지 목록화하여 전반적인 프로그램 운영에 대한 평가를 통해 새로운 프로그램이 필요한지 검토한다. 병원에 새로운 클라이언트집단이 증가하고 있어 기존의 프로그램으로는 부족하거나 병원이나 사회분위기를 반영하는 새로운 프로그램을 요구할 수도 있다. 또는 정신건강전문의의 세부 전공에 따라서 정신건강전문요원에게 새로운 프로그램을 요청할 수도 있다.

그리고 타 기관이나 타 영역에서 진행하고 있는 프로그램을 정신건강영역에 벤치마킹하여 프로그램을 개발할 수 있다. 사회복귀시설이라고 해서 동일한 프로그램을 해야 한다는 것을 의미하는 것은 아닐 것이다. 물론 공통적인 프로그램은 분명 있을 것이나, 기관의 특성에 따라 개별화된 프로그램을 개발하는 것이 필요하다. 타 기관에서 잘 운영되고 있는 프로그램을 잘 분석하여 자신의 기관에 어떻게 적용할지에 대한 심도 깊은 고민이 필요하다.

사회복지공동모금회, 삼성복지재단, 아산사회복지재단 등 공모대상기관이 많이 존재하며 지원기관에 공모하기 위한 프로그램을 개발할 수 있다. 이는 기관 차원에서 프로그램을 개발하여 실행하는 것보다는 사회복지사의 입장에서는 훨씬 더 힘든 과정이 될 수 있다. 대표적인 공모기관인 사회복지공동모금회의 경우 공모제안서 작성을 위해서는 프로그램 개발과 평가에 대한 지식이 필요하며, 제시된 조건들을 현실화시키기 위한 경험도 매우 중요하다. 근무하는 기관이 사회복지법인이나 비영리단체라면 공모가 가능하지만 의료기관에 근무를 한다면 자격조차 되지 않아 공모를 할 수 없다. 공모에 필요한 기관의 자격에 대한 검토도 필요하며 재정적 지원과 동시에 행정적 업무와 성과에 대한 책무성이 부과되는 부분을 충분히 고려해야 한다.

〈표 28-2〉 공모관련 기관 정보

기관명	공모 성격	특성
사회복지공동모금회	자유주제 기획주제	지역 및 전국단위 사업 모두 가능 기금 규모 가장 크고 다양
삼성복지재단	자유주제	오랜 전통을 가졌으며, 사후관리시스템 우수
아산사회복지재단	기획주제	시설기능보강사업 가능
현대자동차	기획주제	기업이 직접 주관하고 차량지원 중심
아름다운재단	기획주제	기금사업 위주의 공모
바보의나눔	자유주제 기획주제	복지사각지대, 소규모시설 등을 우선 지원
초록우산어린이재단	기획주제	아동권리보호 특화
아이들과미래	기획주제	아동청소년복지 특화
삼성꿈장학재단	자유주제	교육복지 특화
한국여성재단	기획주제	여성복지 특화
한국장애인재단	기획주제	장애인복지 특화
남북하나재단	자유주제 기회주제	북한이탈주민 특화
CJ도너스캠프	자유주제	아동청소년 특화, 온라인 수시참여 가능
파라다이스복지재단	자유주제 기획주제	장애아동 특화
강원랜드복지재단	기획주제	강원도 지역 및 폐광지역 사업 지원
한국타이어나눔재단	기획주제	차량 지원사업
KT&G복지재단	기획주제	노인보호, 차량(경차) 지원사업
이랜드복지재단	기획주제	위기가정지원사업 및 물품지원사업
KBS강태원복지재단	기획주제	위기가정지원사업 및 방송프로그램 지원사업
사회공헌정보센터	기획주제 자유주제	기업 지정사업 및 불특정 기업제안가능
생명보험공익재단	자유주제	생명존중과 관련 사업(자살예방, 저출산 해소 등)
생명보험사회공헌위원회	자유주제	지정법인 선정 공모사업
중부재단	자유주제 기획주제	충남지역(자유주제), 종사자 역량강화지원
한국문화예술교육진흥원	기획주제	문화예술교육사업 지원

출처: 이민홍 · 정병오(2020). pp.297-298 참조.

최근 공모기관뿐 아니라 학회 및 협회, 연구 기관 및 사회복지법인 등에서 특정 대상자나 문제 등 일차적인 프로그램을 제안하여 공모하는 경우도 증가하고 있다. 이는 개인적 관심 혹은 기관의 목적과 가치에 따라서 선별적으로 지원할 수 있을 것이다. 이는 공모사업으로 제안하는 경우에 비해서는 구체화된 목표와 주제를 제시하기 때문에 프로그램을 개발하는 과정은 더 용이할 수 있다.

4. 프로그램 개발 모형의 선택

앞서 제시한 프로그램 개발을 위한 이론적 모형들은 절대적인 것도 아니며 최근 프로그램 개발과 관련한 다양한 연구들이 진행되고 있다. 이에 대상자 특성, 기관의 특성, 프로그램 개발을 위해 현실적으로 가능성이 높은 모형을 선택해서 진행한다면 프로그램 개발 과정에서의 누락 및 오류를 최소화할 수 있으며, 객관성을 확보할 수 있을 것이다. 개발 모형과 관련된 최근 연구 동향을 살펴보는 것도 도움이 될 것이다. 예를 들면 개입연구방법을 키워드로 하여 연구 결과들을 검색하여 최신에 진행된 연구 대상자, 방법, 특성 등을 파악하는 데 도움이 될 것이다. 원하는 프로그램 개발을 위한 완벽한 모형은 존재하지 않겠지만 가장 유용하게 활용할 수 있는 모형을 선택하는 것이 효과적이다.

5. 정신건강 분야에서의 성과 측정

정신건강 분야에서는 당사자뿐 아니라 그 가족까지 서비스를 제공하는 대상자에 포함될 수 있으며 나아가 당사자 집단이나 지역사회도 그 대상이 될 수 있을 것이다. 정신건강영역에서의 성과 영역은 정신장애인을 대상으로 하는 재활 프로그램, 정신장애인 가족을 위한 지지체계 지원, 일반인을 대상으로 하는 정신건강 사업 등이 포함된다. 정신건강 서비스는 일차적으로 지역사회 내 정신장애인에 대한 재활서비스가 중요한 대상이 될 수 있다. 정신장애인의 재활성과는 사회기술 및 사회적응 향상, 직업재활, 독립생활 유지, 사회통합, 임파워먼트 향상 등이 있다. 또한 정신장애인뿐 아니라 그 가족의 부담을 완화시키고 가족기능을 향상시켜 정신장애인에 대한 일차적 지지를 제공할 수 있도록 해야 한다. 자조집단 형성과 참여, 가족탄력성 발견과 획득, 임파워먼트 강화 등으로 개념화할 수 있다. 그리고 지역사회정신건강 증진과 지역사회 네트워크를 활용하여 정신건강 예방에서부터 재활 영역까지를 모두 포함할 수 있다(한국사회복지행정학회, 2008).

〈표 28-3〉 정신건강서비스 성과별 지표

프로그램명	성과	지표
지역사회 정신장애인의 사회적응 프로그램	단기: 정신장애인의 사회적응을 위해 필요한 기능과 기술습득	• 참여자의 사회적응 기능 척도 점수변화량, 기술습득 변화량(%)
	중기: 프로그램 참여자의 자아존중감 향상	• 참여자의 자아존중감 척도 점수의 증가 %
	장기: 프로그램 참여자의 사회적응력 강화	• 참여자의 사회적응력 척도 점수의 증가 %
정신장애인의 대인관계 기술훈련 프로그램	단기: 프로그램 참여자의 대인관계기술 향상	• 참여자의 대인관계기술척도수의 증가 %
	장기: 프로그램 참여자의 원만한 사회복귀	• 가정, 학교, 직장에서의 대인관계 변화량 • 대인관계 향상을 통한 사회통합척도 점수 증가 %
정신장애인의 인지기능향상	인지기능 향상	• 인지기능척도 점수의 증가 %
지역사회 주민의 우울감 예방 프로그램	참여자의 우울감 완화	• 우울감척도 점수의 감소량
정신장애인 부모교육 프로그램	정신장애인 케어에 대한 제반 지식과 기술, 이용가능한 사회적 지지체계에 대한 지식 습득	• 정신장애인 케어에 대한 기술, 지식 습득 증가 % • 사회적 지지체계에 대한 지식 습득 증가 %
정신장애인 부모교육 프로그램	장기: 부모의 부담감 완화	• 케어부담감 척도 점수감소량 • 가족기능 척도 점수의 증가 % • 스트레스 척도 점수 감소량 • 가족 간 갈등 횟수의 감소량
정신건강조직의 연계 및 협력체계 구축	단기: 정신건강조직 간의 정기적인 모임 형성	• 정기적 모임의 참여기관 수 • 출석률 • 협력체계에 대한 인식도 증가 %
	장기: 정기모임을 통해 각 기관 간 자료 개방 및 교환, 적극적인 상호지원	• 정기모임을 통해 교화하는 자료의 양 또는 질의 증가량 • 지역사회 내 자원 확보를 위한 공동노력 여부 빈도 증가량 • 의뢰 및 협력건수 증가량

출처: 한국사회복지행정학회(2008). p.188 참조.

사회복지 프로그램과 개발에 관한 다양한 서적과 연구들이 이루어져 있으나 그에 비해 정신건강사회복지 프로그램 개발과 관련해서는 미미한 수준이다. 이는 사회복지 프로그램 개발과 정신건강사회복지 프로그램 개발이 별개의 것이 아니라 대상과 기관의 특성의 차이에 따라 고려되어야 하는 사항들이 조금 다를 수 있다고 생각된다. 정신건강사회복지 영역에서도 공모사업의 요구가 증가하고, 기관 내 프로그램 개발에 대한 필요성도 증가되고 있다. 이에 정신건강사회복지 영역의 특성을 잘 반영한 연구나 조사들이 많이 이루어질 필요가 있으며 현장에서도 다양한 성과물을 통해 확대 및 보급될 필요가 있다. 이에 정신건강사회복지사로서 프로그램 개발에 대한 관심을 기울여야 할 것이다.

참고문헌

강종수 (2011). **사회복지행정의 이해: 복지경영적 접근**. 학지사.

공계순, 서인해 (2006). 증거기반 사회복지실천에 대한 이해와 한국에서의 적용가능성에 관한 연구. **사회복지연구**, 31, 77-102.

권종희, 서인해 (2008). 프로그램 디자인 구성요소 개발에 대한 연구: 여성 한부모 임파워먼트 프로그램을 중심으로. **한국가족사회복지학**, 24, 121-160.

김영종 (2014). **사회복지프로그램 개발과 평가**. 학지사.

김유진 (2007). 근거기반실천 소개: 근거중심 사회복지실천의 필요성과 유익성에 관한 고찰. **한국사회복지조사연구**, 16, 27-47.

김제선 (2010). 사회복지의 책임성 변화에 대한 비판적 고찰. **한국사회복지행정학**, 12(2), 29-54.

김혜경 (2004,). 요보호 노인 부양가족의 재가복지 및 재가보건서비스 유형별 이용 의향에 관한 연구. **한국사회복지학**, 56(4), 123-147.

박현숙 (2012). ADHD 성향 아동을 위한 강점 지향적 프로그램 개발연구, 부산대학교 박사학위논문.

박현숙, 김은아 (2018). 사회복무요원의 우울감과 정신건강상담 이용의향에 관한 연구. **한국군사회복지학**, 11(1), 37-60.

박현숙, 김은아, 하연주, 이미령 (2018). 정신건강 고위험 청소년들의 공감능력 향상을 위한 프로그램 개발 연구-마음읽기(Mind-Read) 프로그램. **정신건강과 사회복지**, 46(2), 90-119.

박현숙, 민소영 (2005). 정신건강문제의 잠재성으로 의뢰된 아동 양육자의 사회기술훈련, 행동치료, 부모교육 서비스 이용의향에 관한 연구-부산지역을 중심으로. **정신건강과 사회복지**, 21, 5-34.

서인해 (2004). 사회복지 프로그램 개발을 위한 새로운 패러다임: 개입조사(Intervention Research)모델의 적용가능성과 과제. **한국사회복지행정학**, 6(2), 1-26.

송다영 (2000). Ethnic mental health service utilization among low-income pregnant and postpartum women, University of pennsylvania 박사학위논문.

송다영 (2003). 가족부양자의 재가복지서비스 이용의사에 영향을 미치는 요인에 관한 연구. **한국사회복지학**, 53, 105-128.

양정하, 황인옥, 배의식, 박남철, 오봉욱 (2018). **사회복지 프로그램 개발과 평가**. 정민사.

윤현숙 (2001). 노인 가족부양자의 재가복지서비스 이용의향 및 필요도에 영향을 미치는 요인. **한국노년학회**, 21, 141-161.

이가옥, 이미진 (2001). 노인의 재가복지서비스 이용의향 결정요인에 대한 연구. **한국노년학회**, 2, 113-124.

이기연 (2016). 정신보건프로그램 개발과 평가. **정신보건사회복지의 이해와 적용**. 예일기획.

이기영, 최송식, 박현숙, 임현정 (2010). Andersen과 Newman 모델에 근거한 농어촌 지역 노인의 정신건강서비스 이용의향에 관한 연구. **한국사회복지학**, 62(2), 257-278.

이민홍, 정병오 (2020). **사회복지 프로그램 개발과 평가**. 양서원.

정무성 (2017). **사회복지 프로그램 개발과 평가**. 정민사.

최경애 (2010). 개인연구방법을 활용한 노인 당뇨병 환자의 자기관리 프로그램 개발: 임파워먼트 관점 중심. 이화여자대학교 박사학위논문.

표갑수, 이재환, 유옥현, 이화정, 김현진 (2016). **사회복지프로그램 개발과 평가**. 양서원.

한국사회복지행정학회 (2008). **사회복지 성과측정 기법**. 학지사.

황성철 (2016). **사회복지 프로그램 개발과 평가**. 공동체.

Rothman, J., & Thomas, E. J. (1994). *Intervention Research: Design and Development for Human Service.* The Haworth Press.

29장

사회사업기록의 이해와 적용

이니레
(인천참사랑병원)

Ⅰ. 서론

정신건강사회복지사 업무에 있어 기록은 훈련의 기초이자 중요한 훈련과정 중 하나이며, 이 과정을 통해 전문적 기술을 습득해 나간다고 볼 수 있다. 기록은 서비스의 책임성을 높여주는 동시에 사회복지사의 기술을 증가시켜 서비스의 질을 향상시켜 주는 데 매우 유용하기 때문에 사회복지사에게 성장의 수단을 제공한다(전재일, 2016).

정신건강사회복지사가 되는 훈련과정에서는 클라이언트 개입실천기술을 습득하고 이를 적용하는 것뿐만 아니라, 실천의 근거가 되는 기록을 남기는 훈련에 초점을 맞추는 것이 어느 정도 허용될 수 있다. 그러나 이 과정에 기록 훈련에 소홀하거나 온전한 노력과 시간을 투자하지 않는다면, 자격을 취득하고 기관에서 업무를 부여받아 수행을 하게 되었을 때, 어려워하는 업무 중의 하나가 기록업무가 될 수 있다.

그만큼 기록은 사회복지실천의 중요한 요소이며 임상적, 행정적 기능을 갖는다. 정신건강사회복지사가 되는 훈련과정에 있어 상당한 비중을 차지하는 것 중 하나 역시 개입한 사례에 대한 기록을 정리하는 부분이다. 그래서 사소한 부분까지도 슈퍼바이저에게 수정요청을 받기 쉬우며, 기초적인 부분들을 다듬어야 하는 고단한 과정일 수도 있다. 그러한 기록 훈련이 원활히 이루어져야 앞으로 정신건강사회복지사 실천현장에서 어디든 활용할 수 있다.

따라서 기록 실무에 대한 교육·훈련 역시 정신건강사회복지사가 되는 훈련과정에서 이루어져야 할 중요한 과업이라 하겠다(정신건강사회복지사협회, 2016).

정신건강사회복지사를 비롯한 사회복지실천 현장에서 기록의 개념과 목적, 기능, 기록의 종류 및 활용, 사회복지실천단계별 기록의 내용에 대해 살펴보고, 사적권리의 중요성과 관련 법령을 알아봄으로써 정신건강실천현장에서 적용할 수 있도록 하고자 한다. 정신건강사회복지사가 되는 훈련과정에 있는 사람이 훈련과정을 기록함에 있어서 유의할 점과 좋은 기록을 작성할 수 있도록 실제적인 내용들을 담고자 노력하였다. 정신건강사회복지사가 되는 훈련과정 동안 기록에 대한 노력과 훈련 시간을 많이 투입한 만큼 그 기술이 월등히 성장할 거라 기대한다.

Ⅱ. 사회사업기록의 이해 및 적용

1. 사회사업기록의 이해와 목적

사회사업기록이란 사회복지실천기관에서 사회복지사에 의해 실행되는 사회사업 실무를 기록한 문서이다. 즉, 클라이언트의 문제에 관계되는 모든 사항과 기관이 클라이언트에게 수행한 모든 개입행위를 기록한 문서를 의미한다(Kagle & Kopels, 2010).

이 기록은 '공적 기록'의 성격을 띠며 실무자와 기관이 정확성의 기준을 지키면서 클라이언트의 사적권리를 보장할 수 있도록 하는데 의의가 있다(한국정신건강사회복지사협회, 2012). 기록은 기본적으로 클라이언트의 상황을 확인하고 이를 위한 서비스를 계획·실행·평가하는 데 사용되며, 개입의 효과여부를 평가하는 것을 포함한 행정적인 절차를 알 수 있도록 하는 중요한 자료로 활용된다(최해경, 2017).

- 클라이언트와 관련된 행정서류
- 상담기록
- 기관 및 병원 내 보관, 보존
- 외부로 전달되거나 감사 자료로써 외부인이 들여다볼 수 있음
- 교육자료

- 외부후원 신청서
- 의무기록에 포함될 수도 있음
- 기관 내 실무 전문가들과의 자료 공유 목적(예: 병원-의사, 간호사 등)

따라서 사회복지 실천과정에 있어서 기록은 클라이언트의 상황을 확인하고 사정하며, 서비스 제공목적과 활동을 수립하고 서비스 전달과정 및 클라이언트에 대한 개입효과 여부를 평가하는 단계마다 이루어져야 한다.

오늘날의 사회복지 환경이 책임성, 효과성, 효율성을 강조하고 있고, 이를 근거로 재정 지원을 하는 경향이 높아지고 있어 사회복지실천 기록은 책무성(accountability), 효율성(efficiency)을 달성하는 데 초점을 두어야 한다. 최근에는 개인정보수집 및 활용과 관련한 사적권리(privacy)에 대한 중요성이 대두되고 있어 이를 고려한 기록이 이루어져야 한다.(양옥경 외, 2018).

특히 정신건강사회복지 실천에서는 정신건강사회복지사의 활동기록이 공식적인 기록으로 취급되기 때문에 책무성이 더욱 강조된다. 따라서 정신건강사회복지사의 개입을 단순히 기계적으로 기술하기보다는 개입에 있어 클라이언트와의 인과관계가 정확하게 나타나야 하며, 사회복지사의 기록이 다양한 평가와 질 관리의 도구로 활용될 수 있어야 한다. 또한, 개입내용을 기록하기에 적절한 방식을 적용하여 체계적인 기법에 따라 구성되어야 하며, 사용되는 용어도 전문적이어야 한다(강흥구, 2007).

2. 사회사업기록의 기능

사회사업기록의 본질적 기능은 사회복지사가 클라이언트에게 서비스를 제공하는 과정에서 취해진 전문적 의사결정과 그 근거, 내용, 결과를 기록하는 데 있다. 이는 주로 공적자원에 의해 이루어지는 사회복지실천의 특성인 공공성과 형평성에 기인한다. 그러므로 사회복지사는 자신의 실천에 대한 기관, 클라이언트, 지역사회에 대한 윤리적·법적 책무성을 인식하고 자신이 전달하는 서비스에 대해 충실히 기록하고 평가해야 하며, 행정적 요구가 있을 시 자신의 실천에 대해 설명해야 한다(양옥경 외, 2018).

이러한 중요성을 가진 기록이 사회복지실천에서 어떠한 목적으로 어떻게 활용되는지 다음과 같이 살펴본다(김정진, 2014).

1) 사회복지실천 활동 문서화

사회복지 실천 개시부터 종결단계까지 클라이언트에게 제공한 서비스내용과 과정, 목표달성 여부와 성과 등을 기록으로 남겨 문서화한다. 실천내용을 문서화하는 것은 기관 측면에서는 프로그램과 지침에 따른 수행을 하고 있음을 보여주는 것이며, 사회복지사도 자신의 전문적 활동을 입증할 수 있는 자료로 활용할 수 있다. 이는 재원을 확보하거나 법적 증언 자료로도 활용될 수 있다.

2) 효과적 서비스를 위한 모니터링

사회복지사는 사회복지실천 과정에서 체계적인 기록을 통해 자신의 활동을 모니터링할 수 있다. 즉, 사회복지사에 의해 작성된 사례에 대한 기록은 클라이언트에게 제공한 서비스 과정 및 내용을 검토하고 평가하는 중요한 자료로 활용될 수 있다. 이러한 사례에 대한 기록을 통해 개별 사례뿐만 아니라 전체 사례들에 대한 검토를 통해 그 기관의 서비스 제공방법, 전달체계 등을 모니터링할 수 있다.

3) 사례의 지속성 유지

사회복지사가 부득이한 사정으로 사례를 다른 전문가에게 인수인계해야 할 때, 사례의 지속성을 유지할 수 있는 중요한 자료로 활용된다. 또한 사례를 다른 기관으로 연계·의뢰 시에도 클라이언트에 대한 상담 및 서비스 진행과정에 대한 기록의 제공은 클라이언트에 대한 상담 및 서비스의 중복을 막아 효율적인 개입을 할 수 있도록 한다.

4) 전문가 간 의사소통의 활성화

사회복지사에 의해 제공된 서비스의 내용에 대한 기록은 다양한 전문직이 함께 일하는 실무현장에서 전문직간의 효율적인 의사소통을 할 수 있도록 한다. 이때의 기록은 단순히 활동을 문서화하는 차원을 넘어 클라이언트에 대한 각 전문직의 관점을 공유하여 실천에 활용하는 팀 활동에 기여한다.

5) 슈퍼비전의 활성화

사회복지실천 기록의 또 다른 중요한 기능은 슈퍼비전 자료로의 활용이다. 사회복지실습생이나 신입사회복지사, 정신건강사회복지사가 되는 훈련과정에 있는 사람은 자신의 활동을 기록하고 그 내용을 토대로 슈퍼비전을 받게 된다. 임상실천에 있어서 클라이언트와의 상담과정 전부 또는 일부에 대한 기록은 훌륭한 교육적 자료로 제공될 수 있다. 일선 사회복지사도 기관의 관리자나 슈퍼바이저에게 자신의 활동에 대해 피드백을 받으면서 전문가로 한 단계 더 성장할 수 있다.

6) 클라이언트의 정보공유

사회복지사는 기록을 통해 클라이언트와 정보를 공유하고 의사소통할 수 있다. 서비스 실천 과정에 대한 기록은 클라이언트나 가족이 일정한 절차를 거쳐 열람을 요구할 경우 사례 기록을 제공하여야 한다. 따라서 각 사례에 대한 기록은 언제든지 해당 클라이언트에게 공개될 수 있음을 염두에 두고 작성되어야 한다.

7) 행정자료

사회복지사에 의해 작성된 기록은 기관의 중요한 행정적 자료로 활용된다. 클라이언트의 의뢰유형, 서비스 종류, 제공된 서비스 횟수 등은 사회복지사의 직무수행 자료로 활용되며, 성과관리, 자원배분 등 중요한 결정을 하는 데 기초자료로 활용될 수 있다.

8) 조사 및 연구자료

서비스 및 프로그램 제공과정에 대한 기록은 사회복지실천에 대한 조사 및 연구자료로 활용될 수 있다. 기록은 클라이언트 집단의 유형, 사회복지활동 또는 정서적 적응문제에 관한 자료를 수집하고 비교하려는 전문연구자들에게 풍부한 정보를 제공한다. 이러한 연구자료 활용에 있어서는 개인정보보호 및 연구윤리의 준수를 위한 일정한 절차를 거쳐 합법적인 범위 내에서 이루어진다.

3. 사회사업기록의 종류

사회사업기록은 사례의 종류, 기관의 기능, 사회사업실천의 실제적 조건, 기록을 활용하는 사람의 종류 등에 따라 기술의 방법이 달라질 수 있다. 정신건강사회복지 실천에서 활용될 수 있는 기록방법은 다양하며, 정신건강사회복지사는 기록하는 목적에 맞는 기록방법을 적절히 선택하여 사용하는 것이 필요하다.

정신건강사회복지사가 되는 훈련과정에서 기록의 종류를 하나에 국한하여 사용하기보다는, 클라이언트에게 어떠한 서비스를 제공하였는지를 구체적인 기록을 통해 근거를 표현해야 할 때, 주어진 양식과 상황에 맞게 다양한 기록의 종류를 활용하여 기록해 보길 권한다.

정신건강사회복지 실천 과정에서 흔히 사용되는 기록의 종류와 특성을 살펴보면 다음과 같다.

1) 과정기록

과정기록(process recording)은 클라이언트와 그 사회상황에 대해 클라이언트가 면담하면서 이야기한 내용, 클라이언트의 행동, 그리고 사회복지사가 관찰한 것과 판단한 것 등 클라이언트와 사회복지사의 상호작용을 그대로 세밀하게 기록하는 방법이다(김정진, 2014).

과정기록은 구체적이고 아주 상세한 기록 방법으로 상담과정에서 일어나는 '사회복지사와 클라이언트가 말하는 형태', 언어적·비언어적 활동을 꼼꼼히 모두 기록하는 것을 말한다. 면담 중 사회복지사와 클라이언트의 상호작용 내용을 대본처럼 직접 인용할 수도 있고, 간접적으로 풀어서 기록할 수도 있다(엄명용 외, 2016).

오늘날 과정기록은 '비효율적'이라는 단점으로 인해 일상적인 사회복지실천 현장에서는 거의 사용되지 않는다. 대신 실천에 대한 기록이 서비스과정에 대한 정보를 포함하지만, 과정 양식보다는 요약형태를 취하는 경우가 많다(Kagle & Kopels, 2010).

정신건강사회복지사가 되는 훈련과정에서 과정기록은 심리사회적사정, 정신사회재활치료 등 클라리언트와의 개별면담 시 구체적인 대화과정을 기록하여 어떠한 면담기술을 활용하였는지를 모니터링해 보고 슈퍼비전을 받기 권한다. 이외에도 집단 프로그램을 진행하기 전 집단원들에게 전달해야 할 메시지를 대본형식으로 기록하는 것도 과정기록의 활용법이라 할 수 있겠다. 결국 클라이언트에게 서비스를 제공한 개입상황을 구체적으로 기술하고, 이에 대한 효과적인 슈퍼비전을 받을 수 있는 기록방식으로 개별 및 집단상담에 대한 역량을 높이고 정신건강사회복지사로서의 질적 성장을 도모하기 위해 수련과정 초기는 과정기록을 해보기를 권한다.

〈표 29-1〉 과정기록 방법과 장·단점

구분	특성
내용	• 면담에 참석한 사람 이름 • 날짜, 장소, 회기 진행 시간 • 목적 • 계획 • 상호작용 내용 • 사회복지사의 역할과 활동 • 클라이언트의 관심사, 상황 또는 문제, 클라이언트의 반응
방법	• 면담 중에 사회복지사와 클라이언트의 상호작용 내용을 대본처럼 직접 인용으로 기록할 수도 있고, 간접적으로 풀어서 기록할 수도 있다. • 상호작용과정을 세밀하게 표현하기 위해, 면접 내용, 사회복지사의 의견, 슈퍼바이저 코멘트 부분으로 나누어 기록할 수 있다.
장점	• 사회복지사와 클라이언트 체계 사이에 일어나는 활동을 개념화하고 조직화할 수 있다. 초보 사회복지사나 기록자 자신은 자신이 진행한 과정을 세밀하게 기록하면서 자신에 대해 새롭게 인식할 수 있고, 서비스과정에서 자아를 활용하는 정도가 향상된다. • 사회복지 실습이나 교육 방법으로 유용하다. 슈퍼바이저가 슈퍼바이지의 상담에 대해 효과적으로 지도할 수 있다. 슈퍼바이저는 기록 내용을 보면서 슈퍼바이지의 기능 수행능력을 전반적으로 파악할 수 있고, 더 효과적으로 기법들을 활용할 수 있도록 구체적으로 지도할 수 있다. • 기관은 기록한 내용을 보면서 사례 진행에 대해 점검하고, 잘못된 경우가 있으면 사전에 문제를 예방할 수 있다. • 상담 개입의 목적으로 명료화 하고 개입 기술능력을 향상시킨다.
단점	• 기록하는 데 시간이 너무 많이 소요된다. (비효율성) • 면접에서 실제로 일어난 일을 완벽하게 재현하기는 어렵다. 따라서 불완전하고 왜곡된 정보를 제공할 수도 있다. • 비밀보장이 철저히 이루어지지 않으면 클라이언트의 사적권리를 침해할 수 있다.
유의사항	• 정직하게 기록해야 한다. • 기록하는 것에 너무 집중해서 오히려 면담에 방해가 될 수 있다. • 내용을 생생하고 사실 그대로 기록하기 위해서는 면접 직후에 가능한 한 빨리 기록한다. • 과정기록 내용을 공식적으로 활용할 경우, 클라이언트의 이름 등 개별적인 사항은 비밀로 해야 하며, 슈퍼바이저가 검토하고 승인한 후 별도로 보관한다.

출처: 김정진(2014).

〈표 29-2〉 과정기록의 예

• 알코올중독 입원 클라이언트 집단치료프로그램
• 일시: 20××년 × 월 ×일 ×요일 10:00~11:00
• 주 진행자: 김○○ 사회복지사
• 참가자: 박○○, 고○○, 민○○, 장○○, 이○○ 총 5명

내용	사회복지사의 코멘트
사회복지사: 안녕하세요. 오늘 **집단치료 진행을 맡은 김○○ 사회복지사입니다. 박○○ 클라이언트: (고개를 숙이며) 안녕하세요. 고○○ 클라이언트: (고개를 숙이며) 안녕하세요. 민○○ 클라이언트: (팔짱을 끼고) 안녕하세요. 오늘은 할 말도 없어요. 사회복지사: 이 시간은 여러분들이 입원기간 동안 느낀 점을 말해도 좋고, 입원	나는 긴장되었다. 나를 치료자로 인정하지 않는 느낌이 들었다. 너무 지침대로만 설명한 느낌이다. 민○○ 클라

전 생활에 대해 말할 것이 있으면 말씀하셔도 됩니다. 어떤 주제가 정해져 있는 것은 아니니 자유롭게 이야기하시면 됩니다. 한 가지 규칙이 있다면 한 사람이 말하고 있을 때는 끝까지 듣고 자신의 이야기를 하시면 됩니다. 이○○ 클라이언트: 저도 할 말이 없어요. 입원해 있으니 답답하기만 하고 술 생각도 더 나요. 퇴원하고 싶은 생각밖에 없어요. 사회복지사: 다른 분들은 어떠신가요? 민○○ 클라이언트: 자꾸 물어볼 필요도 없어요. 여기 있는 사람들은 다 똑같은 생각이에요. 사회복지사: 입원생활이 답답하게 느껴지시는가 봐요. 민○○ 클라이언트: 정신도 멀쩡하고 몸도 이제 다 나았는데 병원에 있으니 답답하지…. 고○○ 클라이언트: 나는 여기 세 번째 입원인데 이번에 나가면 다시는 술 안 먹겠다고 다짐했어요. 어제 딸이 면회 와서 울더라고요. 사회복지사: 고○○ 님은 술에 대한 생각이 달라지신 것 같아요. 어제 딸이 우는 모습을 보고 어떤 생각이 들었나요? 고○○ 클라이언트: 그냥 부모 잘못 만나 고생이 많다는 생각이 들었어요. 제대로 해준 것도 없는데 아빠라고 먹을 거 싸서 들고 찾아온 걸 보니. 사회복지사: 다른 분들은 고○○ 님의 이야기를 들어보니 어떤 생각이 드시나요? 장○○ 클라이언트: 나는 면회 오는 자식도 없어요.	클라이언트의 말에 공감을 표현해 주고 설명하는 것이 좋았을 것 같다. 오늘 집단치료가 제대로 이루어질지 걱정이 되기 시작했다. 고○○ 클라이언트가 술과 관련된 자신의 생각과 경험을 이야기해 주어서 다행이라고 생각했다.

출처: 정신건강사회복지사협회(2016).

2) 이야기체 기록

이야기체 기록(narrative recording) 또는 요약기록이라고도 불리며 사회복지 실제에 많이 이용하는 기록양식이다. 시간의 흐름에 따라 변화된 상황, 개입 활동, 중요한 정보 등을 사회복지사가 클라이언트 및 그 상황이나 서비스에 대하여 이야기를 풀어가듯이 서술체로 기록하는 방법이다(김정진, 2014).

이야기체 기록에서는 사회복지사의 말이나 느낌보다는 클라이언트 및 그 상황, 그리고 서비스 교류에 초점을 맞추어 기록하며, 과정기록과 달리 면담의 대화내용을 있는 그대로 기술하는 것이 아니라 면담의 내용이 요약되어 서술된다. 비교적 간결하며 초점이 분명하기 때문에 특히 사회력이나 사정과 같은 특정 내용 요소를 문서화하는 데 효과적이다(윤현숙 외, 2001).

이야기체 기록은 면담에서 수집된 모든 자료를 제시하기보다 중요성에 근거하여 취사선택, 클라이언트의 상황을 정확하고 요점적으로 기록하는 것이다. 이야기체 기록을 통해 타 기관에서 의뢰된 클라이언트를 면담하게 될 사회복지사는 빠른 시간 내에 정확한 정보를 파악하여 관계형성을 진행할 수 있고, 종결시점의 이야기체 기록 역시 사례가 재발 했을 경우에 중요한 정보를 신속히 전달해 준다는 점에서 의미가 있다(엄명용 외, 2016).

이야기체 기록은 클라이언트의 모든 사항을 다 기록하는 것이 아니라 관련되지 않은 세부적인 사항은 제외될 수 있으며, 클라이언트의 문제와 관련되는 사항 중에서도 중요한 정보만을 기록한다. 따라서 이야기체 기록방식을 선택하여 기록 시 효과적인 기록이 되기 위해서는 클라이언트의 사항과 관련하여 얼마나 정보를 적절히 선택하고 명확하게 조직하는가에 달려 있다. 특히 주제별 혹은 시간의 흐름별로 기록해야 할 중요한 내용을 선택하여 기록해야 하기 때문에(윤현숙 외, 2001) 사회복지사의 역량이 중요하다고 할 수 있다.

정신건강사회복지사가 되는 훈련과정에서는 심리사회적사정 또는 정신사회재활치료, 퇴원계획 및 사후관리를 비롯한 사회사업 서비스제공과 관련한 기록에서 클라이언트에 대한 의뢰경위, 치료력, 개인력, 전반적으로 수집한 정보와 상황의 흐름, 문제목록에 대한 근거를 사회복지사의 시각에서 상세히 설명해야 할 때, 이야기체 기록 방식을 권장한다.

〈표 29-3〉 이야기체 기록 방법과 장·단점

구분	특성
내용	시간의 흐름에 따른 기록은 일정한 기간을 정하여 기록 내용을 조직하고 요약하는 것이 일반적이다. 따라서 세부적인 면담 내용을 제외하고 사회복지사가 한 일 내용보다는 클라이언트에게 일어난 변화에 초점을 두어 기록한다. 그러므로 요약 기록의 질은 정보들을 효과적으로 조직하는 데 달려 있다. 요약 기록은 특히 사례가 장기간 진행되는 경우 매우 유용하다(Johnson, 1989: 391).
방법	요약 기록은 날짜와 클라이언트의 기본 사항을 적은 뒤 기록해야 할 중요한 내용을 선택하여 시간의 흐름별로 조직화하여 기록하거나(예 1), 주제별 제목하에 조직화하여 기록된다(예 2). 이는 과정기록에 비하여 시간이 적게 들지만, 더 많은 생각과 조직을 요한다. 왜냐하면 무엇을 기록하고 무엇을 뺄지 결정해야 하기 때문이다.
장점	• 기록에 융통성이 있다. 그래서 사회복지사가 중요하다고 판단한 것을 포괄할 수 있다. • 클라이언트와 그 상황, 그리고 서비스가 갖는 나름의 특수한 본질을 개별적으로 반영할 수 있다.
단점	• 기록 내용을 조직화하는 사회복지사의 재량에 상당 부분 의존한다. 따라서 면담 내용을 지나치게 단순화해서 초점이 불명확할 수도 있다. • 실제로 제공한 서비스 질보다 사회복지사의 문장 능력이나 기록하는 데 투자한 시간에 따라 기록의 질이 좌우될 수 있다. • 기록 내용을 개별적으로 구성하기 때문에 추후에 원하는 정보를 쉽게 찾기 어렵다. • 기록하는 데 시간이 많이 걸려 비효율적이다.
유의사항	• 복합적이고 개별화된 서비스에 대해서만 요약 기록을 활용한다. (단기 서비스나 전형적인 일상 서비스는 구조화된 양식이나 체크리스트를 활용) • 기록에 포함해야 할 내용과 포함하지 않아야 할 내용에 대해 지침을 만든다. • 면담 후 가능한 즉시 기록해서 정확도와 신뢰도를 확보한다. • 장기 개입의 경우 요약 기록 방법이 유용하므로, 매일 면담 내용을 기록할 수 있는 사례 노트를 활용해 시간에 따라 기록하는 것도 좋은 방법이다.

출처: 김정진(2014).

〈표 29-4〉 이야기체 기록의 예

〈의뢰 경위〉
김○○는 본원 정신건강의학과에서 우울증 진단하에 20**년 *월 *일부터 입원치료 받아오던 환아로 환아 및 어머니 상담 과정에서 입원 전 환아의 아버지로부터 수차례 신체적 폭력 및 언어적 폭력을 받았다고 보고하여 환아 담당의로 부터 의뢰되었음.
환아는 입원 전 20**년 *월 **일 경 자신의 방안에만 머물면서 식사도 하러 나오지 않는다는 이유로 환아의 아버지에게 머리를 여러 차례 주먹으로 맞았다고 함. 환아는 이후에도 아버지로부터 '저런 애는 필요 없다. 내 집에서 나가'라며 수차례 폭언과 욕설을 들었다고 하며, 환아는 이후 아버지를 무서워하며 만나기 싫어한다고 함.

〈배경〉
환아의 아버지는 전기관련 회사에서 일을 하고 있으며, 환아가 초등학교 때까지는 주중에는 타 지역에서 일을 하고 주말에만 집으로 돌아와 생활하였다고 함. 그러나 환아가 중학교에 입학하던 해부터 근무지가 바뀌어 가족들과 함께 생활하였다고 함. 환아의 아버지는 집에서 함께 생활하면서부터 환아의 일상생활에 관여를 많이 했다고 하며, 환아의 행동이나 습관에 대해 잔소리를 많이 했다고 함.
환아의 아버지는 환아의 행동을 못마땅하게 생각해 바로 바로 수정하거나 말을 듣지 않으면 '집 나가라', '그렇게 살려면 죽어라' 등의 말을 서슴지 않고 한다고 하며, 매를 들어야 말을 듣는다고 하며, 훈육의 일환으로 때리거나 언어적 비난을 했다고 함. 또한, 일관성이 없어 자신이 기분이 좋으면 자식들의 행동을 다 받아주고, 자신이 기분이 나쁘면 화를 내며 막말을 쏟아내고 자식들을 무시하는 발언을 한다고 함.

〈가족상황〉
환아는 2녀 중 첫째 딸로 환아의 부모가 혼전 임신으로 낳았음. 환아의 어머니는 미술학원을 하고 있으며, 환아에게 수용적이라고 함. 환아 아버지와 양육태도에 대한 갈등이 많으며 고부갈등, 환아 남매의 양육에 대한 스트레스 등으로 불면증상이 심해져 OOO정신건강의학과의원에서 약물치료를 받아오고 있다고 함.
환아의 아버지는 대학을 졸업하고 난 후 전기관련 회사에서 일을 하였으며 회사에서는 능력을 인정받지만, 집에만 오면 가부장적인 태도로 다른 가족들 일에 일일이 관여를 하고 자신의 마음에 들지 않으면 화를 낸다고 함.
환아 여동생은 초등학교 4학년이며, 성격이 활달하고 온순하다고 함. 환아와 마찬가지로 평소 아버지로부터 언어적 비난을 많이 받는다고 하며, 그로 인한 스트레스로 배가 아프다는 말을 자주 한다고 함.

〈사정〉
환아의 아버지는 환아 및 환아의 여동생에 대해 습관적으로 언어 및 신체적 폭력을 행사하고 있어 아동학대가 의심되는 상황임.
환아는 아버지의 행동으로 인해 심리적 불안감과 우울감을 경험하고 있으며, 아버지에 대한 적개심으로 인해 집을 나가겠다고 하는 등 아버지에 대한 거부감을 드러내고 있음.

〈계획〉
환아 및 어머니와 상담을 통해 학대 정황을 살펴보고 아동보호전문기관에 연계 의뢰 예정임.
환아의 심리적 어려움에 대한 지지적 상담을 통해 환아가 우울 및 불안감에서 회복할 수 있도록 도울 예정임.

출처: 정신건강사회복지사협회(2016).

3) 문제중심기록

문제중심기록(Problem Oriented Medical Record)은 1950년대 말 미국의 의사인 Weed가 고안한 방식으로 의료나 정신건강영역과 같은 다학문적 접근을 하는 세팅에서 광범위하게 사용되는 기록 방식으로, 현재 문제를 중심으로, 문제 영역을 규정하고 사정하고 목록화

〈표 29-5〉 문제중심기록 방법과 장·단점

구분	특성	
내용	• 데이터베이스 구축 클라이언트의 문제를 목록으로 작성하기 위한 기본 자료다. 클라이언트가 제시하는 문제, 클라이언트의 일상생활, 심리사회적 정보, 현재 질병, 과거력, 주변 환경, 신체적인 건강에 대한 내용 등을 포함한다. • 문제 목록 작성 팀을 구성해 클라이언트 문제목록을 작성하고 새로운 문제 내용을 발견하면 추가한다. • 각 문제에 대한 계획 –개별적으로 그리고 독립적으로 각 문제에 대해 계획한다. • 계획 실행 서비스 진행과 변화 내용에 대해 문제목록에 기재된 번호에 따라 SOAP 방식으로 기록한다.	
방법	주관적 정보 (subjective information)	• 주관적 정보 클라이언트의 자기보고에 근거, 클라이언트가 자신의 상황을 어떻게 인식하고 느끼고 있는지를 나타낸다. • 클라이언트 및 보호자가 표현한 언어적인 부분 • 표현한 내용을 그대로 기록하거나 표현한 내용을 인용함 ex) "혈당 조절을 위해서는 운동을 해야 하는데 실천하기가 참 어렵네요." ex) 혈당 조절을 위해서는 운동을 해야 하나 실천하기가 어렵다고 함. • 주관적 정보로서 클라이언트와 보호자가 바라보고 있는 문제에 대한 기술
	객관적 정보 (objective information)	• 객관적 정보–전문가의 직접적인 관찰, 임상적 실험, 체계적인 자료 수집 등에서 얻어진다. • 클라이언트의 경제적 상황 등 실제적인 자료 및 비언어적인 부분(행동, 인상, 외모, 억양 등)의 관찰자료 ex) 사회복지사와 시선접촉이 잘 되고 차분한 태도임 • 의사 간호사, 외부기관의 직원 등의 관찰소견 및 검사소견 ex) 입원당일 검사한 당화혈색소 수치가 9.1mg/dl임
	문제사정 (assessment)	• 사정–주관적 정보 및 객관적 정보의 검토를 통해 추론된 전문가의 개념화와 결론을 말한다. • 주관적 객관적 자료의 중요성을 분석, 정리 • 클라이언트의 문제에 대한 사회복지사의 생각을 설명, 평가 • 개입을 진행하거나 변경하는 경우 그 이유를 설명 ex) ~로 사료됨, ~로 판단됨, ~로 생각됨, ~로 평가됨
	개입계획 (plan)	• 계획–전문가가 특정한 문제를 제기하거나 해결하는 방법을 나타낸다. • SOA를 통해 사정된 사항들을 기초로 한 계획을 수립 • 내용을 구체적으로 명시
장점	• 여러 전문직 간의 의사소통을 촉진하며, 여러 분야 간의 공조를 원활하게 해준다. • 목록화된 문제에 초점을 맞추어 다루게 되면서, 치료 계획 및 실행 후 점검을 통해 책무성을 향상시킨다. • 기록이 간결하고 통일되므로 기관 감독자, 조사 연구자, 외부의 자문가 등이 더욱 쉽고 질 높은 기록 검토를 할 수 있다.	
단점	• 클라이언트의 강점, 욕구, 자원보다는 문제를 강조함으로써 사회복지실천의 관심 폭을 한정시킬 수 있다. • 문제중심기록은 문제의 사정부분이 지나치게 단순하며, 클라이언트의 강점과 자원보다는 문제를 강조하며, 상황에 대한 이해보다는 개인을 강조하고 통합적인 시각이 부족하다는 한계가 있다.	

출처: 김정진(2014); 대한의료사회복지사협회(2019).

해서 각각 문제에 대해 무엇을 할 것인지 계획하고 그 진행사항을 기록한다. 기록의 주요 목표가 문서화뿐만 아니라 정보 교환에 있기 때문에 다른 전문직과 함께 일하는 현장에서 효과적이다(양옥경, 2018).

문제중심기록(problem-oriented record: POR) 유형은 단순히 기록 차원을 넘어 문제해결 접근방법을 반영한다. 첫째, 문제를 파악하기 위한 자료수집, 둘째, 문제의 규정과 구체적 문제목록 작성, 셋째, 개입계획, 넷째, 개인의 수행 및 점검으로 영역이 나누어져 개입의 초점을 집중시킨다는 평가를 받고 있다(엄명용 외, 2016).

정신건강사회복지사가 되는 훈련과정에서 문제중심기록은 심리사회적사정, 정신사회재활치료 등 기록과정에서 개입 전 클라이언트가 처한 문제목록과 개입목표를 규정하는 과정에서 논리적 흐름을 기술할 때 주로 사용된다. 또한 정신건강복지센터, 중독관리통합지원센터 등 정신건강사회복지 실천현장에서 다학제 간의 전문가들이 팀을 이뤄 업무를 수행하고 있고, 이러한 전문가들이 효율적인 의사소통을 위해 실무적으로 간략하고 흔하게 사용된다. 따라서 정신건강사회복지사가 되는 훈련과정에서 사회복지사는 이러한 실천현장의 특성을 고려하여 문제중심기록 방식을 훈련하고, 적절히 사용할 수 있어야 할 것이다.

〈표 29-6〉 문제중심기록의 예

〈기본 정보〉
이름: 김○○
나이/성별: 34세/여자
의뢰 일자: 20**년 *월 *일

1. 클라이언트의 주 호소
- 집에 혼자 있으면 죽고 싶은 마음이 들어 수면제를 찾게 된다.
- 어린 딸을 잘 키울 수 있을까 걱정이다.
- 남편과 사이가 좋지 않다.
- 내가 무능력한 것이 친정 부모의 탓인 것 같이 느껴진다.

2. 클라이언트의 일상에 관한 서술
김○○ 씨는 남편이 아침에 출근하고 나면 네 살 난 딸을 깨워 어린이집에 보내고 난 후 설거지, 세탁, 청소 등 집안일을 한다. 오전 중 집안일을 하고 나면 딸이 어린이집에서 올 때까지 집안에서 혼자 TV를 보며 시간을 보낸다. 친구들은 멀리 살고 있어 만나는 일이 거의 없고, 주로 인터넷으로 물건을 구매한다. 딸이 오면 간식을 챙겨주고 놀이를 하는 것을 지켜보고 남편이 퇴근할 때까지 주로 딸과 시간을 보낸다.

3. 사회적 정보
- 직업: 현재는 주부이고 과거 결혼 전에는 화장품 판매원으로 일한 경험이 있다.
- 경제적 상황: 남편의 수입으로 생활하고 있으며, 매달 200만 원의 월급으로 생활하고 있다.

4. 현재 질병 및 과거력
30세에 지속되는 무망감과 우울감, 첫 자살시도로 **정신병원에 첫 입원하였으며, 한 달 만에 퇴원한 이후 외래치료를 받아왔으나 32세경 치료 중단함.
33세경 두 번째 자살시도로 **정신병원 두 번째 입원하였으며, 이후 두 달 간격으로 세 차례 입·퇴원 반복, 이번이 다섯 번째 입원.

5. 진단명: 주요 우울장애

〈문제 목록〉

목록	진행	중단/ 해결
1. 우울감과 반복되는 자살시도	*월 *일	
2. 자녀양육에 대한 부담감	*월 *일	
3. 남편과의 갈등	*월 *일	
4. 인지적 왜곡	*월 *일	

〈초기계획〉
목록 1 - 우울감과 반복되는 자살시도
- 문제의 원인을 파악하기 위해 현재의 심리사회적 상황을 파악하고 사정
- 자살사고와 같은 고위험 상황에서 대처전략 수립(자살예방상담 전화 이용 등)
- 지역사회 지지망을 탐색

목록 2 - 자녀양육에 대한 부담감
- 클라이언트가 느끼는 자녀양육의 어려움에 대해 탐색
- 자녀양육에 도움을 줄 수 있는 양육정보 제공
- 남편과의 협력을 끌어내기

〈계획 실행〉
목록 2 - 자녀양육에 대한 부담감
S(주관적 정보): 딸이 어린이집에서 오면 남편이 오기 전까지 하루 종일 딸과 함께 있어요. 딸은 다섯 살인데 아직 말도 잘 못하고 모든 걸 내가 해주어야 해요. 남편은 딸이 아직 말을 잘 못하는 것을 내 탓이라고 하고…. 집에서 애도 하나 못 본다고 하고… 나는 한다고 하는데… 남편이 와도 딸은 내 옆에만 있지 남편한테 가지 않아요. 애가 '아빠가 무서우니까 그렇겠지.' 하면서도 나한테만 매달리는 게 짜증이 나고… 그러니까 애한테 또 소리 지르게 되고, 그러면 딸도 울고….
O(객관적 정보): 클라이언트는 면담에 협조적이며, 자녀에게 한 행동을 말할 때는 눈물을 흘리며 고개를 숙이는 모습 보였음. 클라이언트의 딸은 세 살 때부터 어린이집에 다녔으며, 최근 소아재활의학과에서 언어발달지연 소견을 받았음.
A(사정): 클라이언트는 자녀양육과 관련하여 전적으로 혼자 책임지고 있으며 이에 대한 양육의 부담감이 큰 것으로 보임. 딸의 언어발달 지연으로 인해 스트레스를 받고 있으나 이를 해결할 수 있는 방법을 찾지 못하고 있음. 남편의 자녀양육에 대한 무관심이 클라이언트의 심리적 어려움을 가중시키고 있는 것으로 보임.
P(계획): 클라이언트의 자녀양육에 대한 부담감에 대해 정서적 지지를 제공하고 공감적 표현을 제공하여 심리적 어려움을 완화시키고, 자녀의 언어발달을 돕기 위한 치료기관 및 양육에 대한 정보를 제공하여 양육효능감을 증진시킨다. 남편과의 상담을 통해 자녀양육에 대한 책임이 부부에게 있음을 인식시키고 자녀양육과 관련한 남편의 이해와 협조를 이끌어낸다.

출처: 정신건강사회복지사협회(2016).

Ⅲ. 사회사업기록의 실제

1. 기록의 질

1) 기관에서 기록의 질을 어떻게 개선시킬 수 있는가

궁극적으로 기록이 실무보다 더 훌륭할 수는 없다. 그러나 사회복지기록의 질은 정보가 어떻게 선택되고, 보관되며, 읽는 사람에게 어떻게 제시되는가에 따라 달라진다. 대체로 기관의 기록의 질이 그 기관의 서비스의 질을 제대로 대변하지 못하고 있는 경우가 많다.

훌륭한 실천은 훌륭한 기록의 선행 조건이지만 훌륭한 실천가가 항상 훌륭한 기록을 남기는 것은 아니다. 실천가는 시간이 부족하다는 등의 이유로 기록을 적절하게 보관하지 못하는 경우가 있고 때로는 경험이나 교육의 부족으로 충분히 준비되지 못하는 경우도 있다. 때로는 기록에 대한 기대가 불명확할 때도 있다. 즉 사회복지사가 어떤 것이 훌륭한 기록인가에 대한 의견이 일치하는 것은 아니다.

사회복지사들이 서로 합의하지 못하는 문제 중 하나는 기록의 초점이다. 빠짐없이 기록해야 하는가, 선택적으로 기록해야 하는가? 객관적이어야 하는가, 주관적이어야 하는가? 묘사적이어야 하는가, 분석적이어야 하는가? 클라이언트 욕구에 초점을 맞추어 기록해야 하는가? 서비스 전달에 중점을 두어야 하는가? 사회복지사의 진단적 사고가 중심이 되어야 하는가? 이미 일어난 일에 대한 회고적 방법으로 작성해야 하는가, 미래의 계획을 세우기 위한 것인가? 이러한 논쟁의 많은 부분은 실천의 성격과 기록의 기능에 대한 의견의 차이를 반영한다(Kagle & Kopels, 2010).

사회복지사는 기록의 근본 목적뿐 아니라, 기록이 어떤 정보를 포함해야 하는지에 대해서도 개인에 따라 다른 입장을 가지고 있다. 그러나 기록이 그 목적과 과정, 서비스가 주는 영향에 초점을 둘 때 기록의 중요한 목표(책무성, 지지적이며 개선된 실천, 효과성, 클라이언트 사적 권리보장)가 잘 조화될 수 있다는 가정에 기초했을 때, 잘된 기록은 다음과 같은 특징을 갖는다(Kagle & Kopels, 2010).

- 서비스 전달에 초점을 둔다.
- 사정, 개입, 평가의 기초가 되는 클라이언트 욕구·상황과 이용가능한 자원에 관한

정보가 들어 있다.

- 각 단계에서 서비스의 목적, 목표, 계획, 과정, 진행, 결과를 포함한 의사결정과 행동에 대한 정보가 들어 있다.
- 기술, 관찰, 출처, 근거가 되는 기준뿐만 아니라 사회복지사의 평가가 잘 기록되어 있고 제목이 붙여져 있다.
- 구조화되어 있어서 정보를 효과적으로 문서화할 수 있고, 쉽게 검색해 낼 수 있다.
- 책무성뿐 아니라 실천을 지원하는 데에도 활용된다.

또 좋은 기록은 간결하고, 구체적이며, 타당하고, 명확하며, 논리적이고, 시기적절하며, 의미 있고, 유용하며, 사실에 근거하고, 전문가적 윤리와 수립된 이론 및 연구를 기반으로 한다. 좋은 기록은 잘 조직화되고 잘 쓰인 것이다. 좋은 기록은 클라이언트의 관점을 무시하지 않으면서, 다른 관계자와 전문가의 관점을 문서하한다.

반대로 좋지 않은 기록은 초점이 없고, 모호하며, 편견적이고, 추리에 의존하고, 정확하지 않으며, 필요한 사람에게 정보를 제대로 제공하지 않는다. 잘못된 기록은 정보가 너무 많거나 너무 적고, 조직화되어 있지 않거나 문장이 유연하지 못하다. 또한 좋지 않은 기록은 부정확한 사정, 잘못된 판단, 비윤리적 행동, 부적절한 개입, 클라이언트에 대한 무례, 최상의 실천과 관리의 기준을 잘 알지 못하는 경우에서 비롯된 결과일 수도 있다. 기록을 향상시키기 위해서 기초적으론 실천가의 기술 향상이 필요하다(Kagle & Kopels, 2010).

2) 사회복지 기록을 위한 지침(양옥경, 2018)

(1) 내용

모든 관련자에게 도움이 되는 한편 그들이 보호될 수 있도록 정보의 내용이 부족하거나 지나침이 없는지 확인한다. 특히 서비스 전달을 촉진하고 윤리와 관련된 문제 제기나 소송으로부터 자신을 보호하기 위해 충분한 내용을 포함시켜야 한다.

(2) 언어 및 용어

명료하고 구체적인 용어를 사용하되, 평가적인 표현을 피하고 클라이언트가 진술한 것을 중심으로 정확하게 표현해야 한다. 전문가가 사용하는 특수용어, 속어, 축약어를 사용하지 말아야 한다. 기록이 끝난 후에는 맞춤법과 띄어쓰기 등 문법을 고려하여 점검한다.

(3) 진실성

사회복지사의 실천행위에 대한 적절성 논란에서 필요한 증거자료가 될 수 있으므로 문서내용의 신뢰성을 입증할 수 있도록 빠짐없이 정확하게 기록했는지 꼼꼼히 점검한다. 개입 후 24시간 내에 기록하여 지연되지 않도록 해야 하며 예측성 문서 작성은 하지 않는다.

(4) 접근성

문서의 공개 및 보안에 있어서 비밀보장 원칙과 관련된 윤리문제가 일어나지 않도록 각별히 주의한다. 컴퓨터 사용과 관련된 보안의 위험성을 인식하고, 소환에 대응하는 법과 규정을 이해하며, 제한된 안전한 장소에 보관한다. 기관은 기록물 관리에 관한 명확한 규정과 장치를 마련한다.

2. 기록의 실제 및 유의점

기록할 때 유의해야 할 사항들을 정리하면 다음과 같다(엄명용 외, 2015; Compton & Galaway, 1999).

- 기록 내용을 최신의 내용으로 유지한다.
- 모든 만남을 기록하도록 한다. 최소한 만난 날짜, 장소, 사람들을 기록하도록 한다.
- 기록은 사실적이면서 사회복지사의 관찰에 기초하도록 한다.
- 애매모호한 단어나 문구의 사용을 피하도록 한다.
- 기록은 가능한 한 짧게, 하지만 중요한 정보를 빼놓지 않도록 한다.
- 사회복지사 또는 클라이언트가 동의한 것을 기록한다.
- 기록은 목적과 관련되도록 한다.

실무영역 및 실천기술 전 영역에서 나타나는 글쓰기 문제들은 첨삭하는 훈련을 통해 개선될 수 있다. 사회복지사가 기록에 있어 자주 접하는 글쓰기 문제는 다음과 같다.

1) 기술적 오류(technical erros)

기술적 오류는 가장 해결하기 쉬운 문제이다. 대체로, 맞춤법이나 문법, 마침표의 오류는 사회복지사가 작성한 기록과 보고서를 교정하는 과정에서 최소화시킬 수 있다. 일부 사회복지사는 문장 서술에 필요한 기술적인 능력이 부족한 경우가 있다. 이러한 사회복지사들은 문법 해설에 관한 책을 읽거나 글쓰기 수업에 참여하는 것이 도움이 될 것이다. 기술적 오류는 기록의 의미를 훼손시키지는 않기 때문에 심각한 문제는 아니다. 왜냐하면 읽는 사람이 쉽게 글 쓴 사람이 의미를 헤아릴 수가 있기 때문이다. 그러나 어느 정도 신경을 쓸 필요가 있다. 반복적인 기술적 오류는 읽는 사람으로 하여금 사회복지사의 능력과 전문성에 대한 의심을 하기 때문이다(Kagle & Kopels, 2010).

- **좋지 못한 예:** B 부인의 신체적 욕구(영양 상태는 말할 것도 없이)는 불충분하다. 그 부분에 관심을 가지지 않고 있다.
- **좋은 예:** *(사회복지사의 견해)* B 부인은 신체적 욕구, 특히 영양 상태에 관해 적절한 관심을 가지지 못했다.

- **좋지 못한 예:** T씨와 T씨 부인, 존과 린다, 그리고 할머니조차도 지난번 조셉이 집에 왔을 때(4월 4일이었는데), 그들이 부딪혔던 문제들에도 불구하고 조셉이 집으로 돌아오기를 얼마나 기대하는지를 여러 번 반복하여 이야기하였다.
- **좋은 예:** 사회복지사의 지난번 방문(4월 4일)에서 조셉이 가족들에게 몇 가지 문제를 일으켰지만, 부모, 형제, 존, 누나인 린다와 할머니는 모두 그들이 조셉의 다음 방문을 고대하고 있다고 언급하였다.

- **좋지 못한 예:** 상기 57세 남성 클라이언트는 알코올 사용장애 진단으로 31세 때부터 지속해 온 문제성 도박(경마)과 알코올 사용으로 금단증상(손떨림, 식은땀, 블랙아웃 등), 알코올 진전섬망, 환각 등의 신체적, 정신적 건강악화, 도박으로 인한 경제적, 심리적 어려움으로 0000년 52세 삶에 대한 회의감이 들어 자살을 생각하여 가족들이 설득하여 0000년 00월 한국도박문제관리센터에서 상담을 받고 0000년 00월 본원에 의뢰되어 입원치료를 시작함
- **좋은 예:** 상기 57세 남성 클라이언트는 알코올 사용장애 진단으로 0000년 00월 00일, 보호자 2인 동의 하에 인천소재 OO NP과 병원 1st adm 함. 31세부터 문제성 도박(경마)과 알코올 사용 지속해 왔음. 입원 전인 0000년 00월 00일부터 금단증상(손떨림, 식은땀, 블랙아웃 등), 알코올 진전섬망, 환각 등의 신체적, 정신적 건강악화가 있었음. 0000년 00월 00일부터 0000년 00월 00일까지 도박으로 4천여만 원 카드론 대출 부채 생겨 경제적, 심리적 어려움 호소함. 0000년 00월 00일 '살기 싫다.', '아파트에서 뛰어내리겠다.'라고 하는 등 자살사고 보여 보호자(부인, 아들) 설득하여 0000년 00월 00일 한국도박문제관리센터에서 상담을 받고 치료 권유로 본원에 의뢰되어 입원치료를 시작함.

출처: Kagle & Kopels(2010).

2) 과도한 수동태 사용(overuse the passive voice)

수동태는 어색한 문장 구조를 가져올 뿐만 아니라 읽는 사람이 주어나 행위자를 식별하지 못하기 때문에 모호해지기 쉽다. 비록 수동태를 일부 사용하는 것이 적절하고 필요할지라도 남용할 경우 전체적으로 활발성을 잃게 되고 동기를 숨기게 된다. 특히 사회복지사는 본인이 적극적인 참여자로서 결정하고 행동하는 것이 아니고 수동적인 수혜자로 보이게 되는 인상을 피하도록 유의할 필요가 있다. 수동태를 사용한 문장은 다음과 같다(Kagle & Kopels, 2010).

- 행위가 식별되지 않는 문장
- 동사 대신 피동사 사용 문장("제기되었다", "느껴졌다")

- **좋지 못한 예**: ~에 대한 염려가 제기되었다.
- **좋은 예**: 사회복지사는 ~에 대해 걱정하였다.
- **좋지 못한 예**: ~라고 느껴졌다.
- **좋은 예**: 의료팀은 ~을 결정했다.

3) 부정확하고 불분명한 정보, 반복되는 표현

'언제, 어디서, 누구와, 무엇을, 어떻게, 왜'와 같이 육하원칙이 분명하게 드러난 문장을 쓰도록 훈련해야 할 것이다.

- **좋지 못한 예: 부정확하고 불분명한 정보**
  - 클라이언트분 퇴원 앞두고 재활병원 정보 문의 차 내방하심
  - 클라이언트의 주 보호자인 조카가 내일 오전 사회사업팀에 방문하여 상담 진행하기로 하였음
  - 클라이언트 인테리어사업을 하고 있었으나 사업 실패하여 거액의 부채가 있는 상태라고 보고함
  - 클라이언트 예전부터 당뇨병, 고혈압이 있었고, 얼마 전부터 시작된 어깨 통증으로 내원함
- **좋은 예**
  - 00월 00일 퇴원 예정인 클라이언트는 전원하여 재활을 유지할만한 병원정보에 대한 문의를 위하여 00월 00일 사회사업팀에 방문하여 상담 원함

- ooo님은 클라이언트의 조카이며 주 보호자 역할을 하고 있음. 00월 00일 오전 사회사업팀에 방문하여 상담 진행하기로 하였음
- 클라이언트는 0000년도부터 00년간 인테리어 사업을 하고 있었으나, 0000년도에 외환위기 상황에서 실적이 저조하자 회사가 부도나 사업 실패하였음. 0000년 00월 현재 약 00원의 제 2금융권 부채가 있는 상태라고 보고함
- 클라이언트는 0000년 00월 서울소재 00대학병원 내과에서 당뇨병, 고혈압 진단받았음. 1개월에 한 번씩 주기적으로 약물처방 받아 치료 및 관리 유지하였음. 그러다 0000년 00월 00일부터 시작된 어깨 통증으로 진료위해 인천소재 00종합병원 내과에 내원함

• 좋지 못한 예: 반복되는 표현
- 클라이언트 아들(35세)은 과거 음식점 운영하였으나, 사업 실패 하여 폐업한 후 현재 아내 및 딸(15세)과 함께 처갓집에 거주하고 있음. 딸 (28세)은 미혼으로 보습학원 강사로 일하고 있으나 현재 연락이 잘 되지 않음. 아들 사업실패로 인한 부채 상환 중에 있으며, 딸과는 연락이 잘 되지 않아 부양의무자로부터 경제적 지원을 기대하기 힘든 상황입니다.
- pt 계속되는 환청 상황에서 pt 심적인 고통을 호소하며 사회복지사에게 상담요청 하다가 pt 돌연 면담거부하는 등 pt 감정기복이 심하고 행동조절이 어려운 모습을 보임

• 좋은 예
- 클라이언트의 첫째 아들(35세)은 0000년 00월부터 중화음식점 운영하였으나, 0000년 00월 사업 실패하여 폐업하고 부채 상환 중에 있음. 클라이언트는 0000년 00월부터 아내와 셋째 딸(15세)과 함께 인천 처갓집에 거주하고 있음. 둘째 딸(28세)은 미혼으로 보습학원 강사로 일하고 있으나 현재 연락이 잘 되지 않아 경제적 지원을 기대하기 힘든 상황임
- 클라이언트는 계속되는 환청 상황으로 심적인 고통을 호소하며 사회복지사에게 상담 요청하나, 사회복지사가 클라이언트의 병실을 방문할 시, 면담거부하는 등 감정기복이 심하고 행동조절이 안 되는 모습을 보임

출처: 대한의료사회복지사협회(2019).

4) 단정, 추리, 주관적인 표현, 가치판단

클라이언트 진술 중심의 기록을 진행하는 과정에서 범할 수 있는 오류이다. 클라이언트의 언급을 있는 그대로 기록하는 것은 클라이언트가 이미 단정하고 가치판단하고 있는 내용이 곧 기록자의 관점으로 받아들여질 수 있고 오해를 불러일으키기 쉽다. 기록이 객관성과 책무성을 유지해야 하는 사회복지사의 입장에서 호칭표현 등에 있어 유의하며 기록자의 관점으로 기록하는 것이 중요하다.

• **좋지 못한 예: 단정추리**
- 클라이언트는 자신의 정보를 노출하는 것을 부담스러워 하는 것으로 보아 자존심이 매우 강함. 사회복지사의 개입을 원치 않는 것 같아 보임
- 클라이언트는 '앞으로 술을 안 마시고 밥을 잘 챙겨 먹겠다'고 하는 것으로 보아 병식이 있고, 단주 동기가 강함

• **좋은 예**
- 클라이언트는 '제 정보를 자꾸 물어보시는 데 얘기 안 할게요'라며 자신의 정보를 노출하지 않음. 이후에 클라이언트에게 여러 차례 말을 걸었으나 '얘기 안 할래요'라고 거부함
- 클라이언트는 '앞으로 술 안 마시고 밥을 잘 챙겨 먹겠다'고 함

• **좋지 못한 예: 주관적인 표현 및 가치판단**
- 어머니의 표정이 안정되어 보이고 상담에 상당히 협조적이셨으나 눈물을 보이신 것으로 보아, 요즘 집안 역할을 수행하는 데 있어서 정신이나 경황이 없다고 말씀하시는 것으로 보아 내심으로는 걱정과 불안, 속상함이 있으심을 보았다.
- 클라이언트는 젊은 시절부터 부도덕한 태도로 생활해 왔고, 결혼 후 직장생활 전혀 하지 않고 지내옴. 신경질적이고 꼬장꼬장한 성격
- 클라이언트의 친부는 성격이 괴팍하고 고집이 세며 근검절약이 몸에 베어 있음
- 클라이언트는 아버지의 지속적인 학대 밑에서 고통받았습니다.
- '첩의 자식으로 태어나~'

• **좋은 예**
- 어머니의 표정이 안정되어 보이고 상담에 상당히 협조적이었음. 면담 중 '요즘 집안일 하다보면 정신이나 경황이 없다'고 말하며 눈물을 흘리는 등 어두운 표정이 관찰됨.
- 클라이언트는 젊은 시절부터 부도덕한 태도로 생활해 왔고, 결혼 후 직장생활 전혀 하지 않고 지내옴. 면담 도중사회복지사의 질문을 끊고 언성을 높이거나 고함을 지르는 등, 화를 내며 과격한 표현을 사용함
- 클라이언트의 아버지는 클라이언트가 아동기부터 청소년기까지 화가 날 때, 주기적으로 클라이언트에게 주먹으로 얼굴, 몸을 가격하거나, 목을 조르고, 욕설을 하는 등 신체적, 언어적 폭력을 행사하였고 클라이언트는 이로 인해 고통 받았습니다.
- 상기 클라이언트는 친부와 사실혼 관계에 있는 친모의 자식으로 태어나~

출처: 대한의료사회복지사협회(2019).

5) 구어체, 존칭의 부적절한 사용

- 좋지 못한 예: 구어체
  - 수술비에 대한 경제적 부담감 호소. 아들에게 피해주고 싶지 않기에 수술을 거부하고 있었음
- 좋은 예
  - 수술비에 대한 경제적 부담감 호소하며 '아들에게 피해주고 싶지 않다'며 수술 거부함
- 좋지 못한 예: 존칭의 부적절한 사용
  - 클라이언트분이 원하는 지역 병원을 부인께 안내해드렸으나 안 가시겠다고 하셔서 퇴원 못 하시고 계심
- 좋은 예
  - 클라이언트가 원하는 지역 병원을 부인에게 안내하였으나 가길 거부하여 퇴원 못함

출처: 대한의료사회복지사협회(2019).

6) 잘못된 단어 사용

용어사용 문제는 사회복지기록의 질을 결정할 수 있다. 서비스 계약과 클라이언트 욕구 상황을 주의 깊게 평가하고 단어를 선택하는 것은 정확성, 전문성, 명료성과 함께 기록의 의미를 향상시킬 수 있다. 실천가는 의미 없는 단어나 비판적 용어, 중복적 용어는 삭제해야 한다(Kagle & Kopels, 2010).

- 좋지 못한 예
  - K씨의 환경적 지지망을 동원하고 활용하려는 온갖 시도는 모두 저항에 부딪쳤다. K씨 부인은 모든 노력에 근본적으로 적대적이었다. 그녀는 지지해 주려는 나의 노력에 반응하지 않았다.
- 좋은 예
  - K씨 부인은 몇 번의 전화와 약속시간을 알려 주는 편지에도 응답하지 않았다. 간호사가 그녀에게 남편 퇴원문제로 사회복지사에게 연락하라고 말하자 그녀는 화를 냈다.
  - *(사회복지사의 견해)* K씨 부인이 지지를 제공하려는 나의 노력에 대해 알고 있으면서도 반응하고 싶어 하지 않는 것이 분명하다. 그러나 그녀가 남편의 퇴원을 반대하는 것인지 사회복지서비스를 부정하고 있는 것인지는 명확하지 않다.
- 좋지 못한 예: 비전문적 용어, 사회복지사만 아는 용어사용에 주의

- 오빠: 10년 전 돈을 빌려가서 잠적하고 연락 두절됨. 클라이언트 신용불량자 되고 빚을 갚아가다가 지금 55만 원 남음. → '부채'
- 전 남편: 클라이언트와 경제적 문제로 6년 전 형식적인 이혼, 클라이언트 몰래 당구장에서 새로운 여자를 만나 살림 차림. 2년 전 클라이언트가 남편 외도사실을 알게 되어 충격에 빠져 우울증에 걸림. 클라이언트는 전 남편에 대해 분노함. → '동거 중임'
- "정서적 지지 제공함"
- "수입에서 일부 신복위에 납부" → '신용회복위원회'
- "서공모에 의료비 지원 신청" → '서울공동모금회'

출처: Kagle & Kopels(2010); 대한의료사회복지사협회(2019).

7) 과잉단순화

문장서술에서 가장 문제가 되는 과잉단순화는 실무에서도 나타나는 문제이다. 클라이언트의 복잡한 상황, 서비스 전달과 관련된 문제, 관련 당사자의 상반된 관점을 서술하지 않고 지나치는 사회복지사는 사정, 개입, 평가를 하는 과정에서 이러한 문제를 보지 못할 수 있다. 기록에서 클라이언트를 어떤 틀에 맞춰 버리는 사회복지사는 실무에서도 클라이언트를 개별화하지 못하고 서비스 전달에서 부적절한 결정을 하기 쉽다.

예를 들면, "클라이언트는 우울해 보인다"는 묘사인 것 같지만 실제로는 클라이언트를 사정하는 것이다. 반대로 "클라이언트는 종종 인터뷰 중에 울었다. 그녀는 엄마가 돌아가신 이후 다른 사람에 대한 관심과 식욕을 잃어버린 것에 대해 말했다."는 관찰이다.

사회복지 결정과 행동은 이렇게 관찰된 것과 그 결론 모두에 근거하여 이루어지기 때문에 각각의 욕구를 주의 깊게 기술하고, 제목을 붙이고, 기록해야 한다.

기록에서 이러한 정보가 기록될 때마다 그것이 사정인지, 진단인지, 가설인지, 판단인지 정확하게 구별해야 하며 근거가 되는 관찰이 무엇인지도 함께 작성해야 한다. 기록에서 과잉단순화는 다음과 같은 형태로 나타난다(Kagle & Kopels, 2010).

- 개인적 낙인의 남용("클라이언트는 산만하다.")
- 결론을 뒷받침해 줄 수 있는 관찰 내용이나 기준 없이 결론을 내리는 것
- 클라이언트·욕구·상황에 대한 독단적인 견해의 표현, 특히 클라이언트에 대한 비난 또는 부정적인 낙인을 붙이는 것

- **좋지 못한 예:** S부인은 수동 공격적이고 고립되어 있으며, 타인을 조종하고 자기애적이다.
- **좋은 예**
  - S부인은 팔짱을 끼고 앉아서 5분 이상 말하기를 거부하였다. 다른 가족원이 그녀를 데리고 나가려고 했다. 마침내 남편은 그녀가 이런 방식으로 늘 본인이 원하는 바를 달성한다고 말하였다. 남편은 S부인이 말을 중단하는 이유는 본인을 기분 나쁘게 한 것이 무엇인지 가족들이 추측해 내기를 바라기 때문이라고 설명하였다.
  - *(사회복지사의 견해)* S부인은 전형적인 패턴을 이용하여 질병과 입원에서 받은 스트레스에 대처하고 있다. S씨가 의식하고 있는 이 패턴은 가족에 의하여 받아들여지는 것으로 보이지만 병원에서는 이미 그녀를 타인에 대해 조작적이고 자기애적이라고 보고 있으므로 효과가 없다.

출처: Kagle & Kopels(2010).

위의 예처럼 결론이 어떤 과정을 통해 나왔는지를 보여주지 않은 채, 클라이언트에 대한 견해를 제시하는 경우가 있다. S부인의 행동에 대한 추가적인 설명을 기술함으로써 부정적인 견해를 가지는 이유를 설득력 있게 표현해 나가는 것이 중요하다.

사회복지사의 실천과 기록 기술의 향상만으로 기관을 위한 좋은 기록이 만들어지는 것은 아니다. 실천기술과 기록의 기술은 명확하고 합리적인 적절한 지침, 많은 자원과 협조적 환경이 함께 해 줄 때 질 높은 기록으로 반영될 수 있다. 이를 유념하여 많은 기관들은 기록 정책, 절차, 실천을 재평가하고 개선할 필요가 있다.

3. 정신건강사회복지 실천단계별 기록 내용

정신건강사회복지를 포함한 사회복지실천 과정마다 사회복지사가 수행해야 하는 과업은 다르다. 따라서 클라이언트 상황의 확인, 기술, 사정, 목표 설정 및 계약, 개입활동 및 서비스 전달과정, 종결 및 클라이언트에 대한 개입효과와 평가 등 서비스과정 단계마다 수행되는 업무에 대한 기록이 적절한 양식에 의해 효과적으로 다루어져야 한다. 따라서 실천단계에 따라 기록에 포함되어야 할 내용을 살펴보면 다음과 같다(양옥경 외, 2018).

1) 접수단계

접수단계에서 사회복지사는 클라이언트의 문제와 욕구를 파악하여 서비스 제공여부를 결정하고, 클라이언트도 이 기관을 신뢰하고 계속 서비스를 이용할 것인지를 판단한다. 그러므로 이 단계에서는 클라이언트의 특성, 인구사회학적 정보, 클라이언트의 문제와 욕구, 클라이언트가 서비스를 원하는 이유, 생활태도를 통한 클라이언트의 공식·비공식적 자원을 파악하여 기록하는 것이 필요하다.

2) 자료수집 및 사정단계

자료수집은 클라이언트의 문제를 이해하고 분석·해결하는 데 필요한 자료를 모으는 것이다. 사정을 위한 자료수집 기록에 접수 시 알게 된 클라이언트 개인정보 외에 좀 더 깊이 있는 정보, 생활주기에 따른 인간관계와 생활사건, 이에 대한 클라이언트의 반응과 감정 등이 포함된 개인력, 원가족의 가족상황과 가족관계·현재 가족구성과 가족관계 등이 포함된 가족력, 클라이언트의 현재 및 과거의 문제나 욕구를 알기 위한 사회력, 클라이언트의 기능·자원·한계·장점·동기에 대한 정보 등이 포함되어야 한다.

3) 목표설정 및 계약단계

사정과정에서 정의된 문제와 욕구를 근거로 개입을 통해 일어나기를 바라는 변화를 클라이언트와의 합의하에 구체적으로 진술하는 것이 목표설정이다. 목표를 성취하기 위한 전략, 역할, 개입, 평가방법 등을 구체적인 활동용어로 기술한 개입계획에 대해 사회복지사와 클라이언트가 합의하여 서로 동의한 것이 계약이다. 그러므로 목표설정 및 계약단계의 기록에는 세부목표, 클라이언트의 과업과 사회복지사의 역할과 과업이 포함되어야 한다.

4) 개입단계

개입과정은 계약 시에 합의한 바를 실천하는 것으로, 실제 변화가 일어나는 단계이다. 이때 사회복지사는 변화의 매개자로서 의도적인 개입역할을 활발하게 하게 되며, 자신의 개입방향이나 개입노력이 적절한지 스스로 평가하거나 슈퍼비전을 받기 위하여 기록을 잘 활용하여야 한다. 공식적인 기록양식 외에 클라이언트와의 접촉일지와 메모를 활용하여 효과적으로 개입을 평가할 수 있도록 과정마다 개입기록을 하는 습관이 요구된다. 경과기록에는 이전 기록 이후의 클라이언트의 상황 및 변화에 관한 서술과 사정, 이전 기록

이후의 서비스 활동과 과정, 클라이언트에게 일어난 중요한 사건, 서비스 목적이나 계획에 대한 사정 및 변화 등을 포함한다. 개입단계에서는 주로 서비스 제공시간에 따른 이야기체 기록을 주로 사용하지만, 기록의 목적과 기관의 특성에 따라 과정기록과 문제중심기록을 활용하기도 한다.

5) 종결단계

사회복지실천의 마지막 단계는 평가 및 종결단계이다. 평가단계는 실제 개입의 결과가 얼마나 안정되게 유지될 것인가 결정하는 단계이고, 종결단계는 클라이언트가 성취한 것을 확인하고 격려하며 지속적으로 성취된 변화를 유지하고 남아 있는 문제에 대한 사후관리를 계획하는 단계이다. 이를 위해 종결단계에서는 처음에 호소했던 주요문제와 개입과정을 요약하고 해결된 문제와 남아 있는 문제 및 사후계획, 사회복지사의 견해를 기록한 종결보고서를 작성한다.

6) 기타 실천 대상에 따라 요구되는 기록양식

사회복지실천은 대상 클라이언트 체계의 크기에 따라 개인, 집단, 가족, 지역사회실천으로 구분된다. 위에서 제시한 개입대상 실천에 들어가는 기록의 내용에 추가하여 집단대상 실천에서는 집단프로그램의 목표, 진행과정, 평가, 다음 목표 및 진행계획을 기록한다. 가족 대상 실천에서는 문제에 관련된 가족의 정의, 가계도, 가족생태도, 가족생활주기를 토대로 가족을 사정하고 개입목표 및 개입계획을 기록한다. 지역사회 대상 실천에서 지역사회분석 기록지는 분석대상 지역의 주요 지표, 인구사회학적 특성, 사회경제적 특성, 사회복지자원 탐색, 사회복지서비스 제안 및 사회복지사의 견해 등을 포함하여 기록한다.

〈표 29-7〉 기록의 내용 요소

모든 기록에 포함되는 정보	서비스 목적 및 책무성에 따라 추가되는 정보
개시 요약	
• 클라이언트의 인구통계학적 정보 • 서비스 개시방법과 사유: 제시된 문제 및 욕구 • 주요관계자: 클라이언트, 가족, 서비스제공자, 기타 사람들 • 서비스 자격 • 서비스 개시를 위한 고지된 동의	• 인테이크 양식이나 스크리닝 • 긴급상황 • 의뢰 • 기관에서 받은 과거 서비스 • 타 기관에서 받았거나 받고 있는 서비스

자료수집과 사회력	
• 클라이언트-욕구-상황에 관한 기술 • 정보 출처 • 사회력 • 의료, 정신건강, 법, 사회적 서비스, 교육, 직업, 기타 조직 및 전문가들과의 과거 및 현재 진행 중인 관계 • 자원, 장애, 충족되지 못한 욕구	• 타 기관 및 서비스 제공자가 보유하는 정보요청에 대한 대응 • 개인정보 • 대인관계 • 사회적 정보 • 제도적 연계 • 물리적 환경
사정	
• 체계적 사정: 관찰, 정보 출처, 사용된 기준, 사회복지사의 평가 • 강점 • 서비스에 영향을 주는 문화적 요인 • 위험사정 • 특별사정 • 판단하는 데 사용된 사회복지사의 평가와 기준	• 개인적 및 환경적 자산, 능력, 수용력, 기술 • 아동학대 / 방임 • 노인학대 / 방임 • 자살, 자기학대 • 가정폭력 • 지역사회폭력 • 물질사용 / 남용 • 빈곤, 노숙 • DSM 진단(정신건강) • 행동 • 가족의 역동성 • 기능적 행동(학교)
초기사정에서 나온 결정과 행동	
• 초기사정에 의해 취해진 행동 • 관련 정책, 법, 실천 기준의 준수 • 의뢰	• 아동 및 노인학대 보고 • 클라이언트와 타인을 보호하기 위한 개입
서비스 계획	
• 서비스 선택 • 고려된 선택, 클라이언트 역할 • 스크리닝, 프로그램과 서비스 자격 여부 • 제외된 선택: 이용가능하지 않거나 접근 가능하지 않은 대안들 • 다양한 선택 중에서 선택하는 데 사용된 기준	• 비용, 한계점, 대안들, 잠재적 위험과 이득, 가능한 성과 • 사정된 문제나 욕구를 줄일 수 있는 가능성 • 이용가능하고 접근 가능한 서비스들, 자격요건이 되는 클라이언트 • 질, 효과의 증거 • 비용상환 가능성 • 클라이언트의 선호
• 목적 • 목표 • 계획 • 서비스 종결에 대한 동의 • 계획을 완성하고 목표를 실현시키는 방향으로의 움직임에 대한 목표 • 클라이언트-사회복지사 계약	• 의뢰 • 보호기준 • 다른 기관, 제공자, 가족, 지역사회 구성원의 관여 • 잠재적 위험, 이득
경과 기록	
• 클라이언트-욕구-상황에 대한 정보 업데이트 • 활동지표 • 클라이언트-욕구-상황의 상태에 대한 사정 • 서비스 활동에 대한 기술 • 서비스 과정과 진전 상황에 대한 사정 • 목적, 목표, 계획, 지표의 변화	• 도표·지표 • 모든 서비스 접촉에 대한 도표 • 선택된 지표에 대한 평가 • 서비스 전달과 목표 달성에 대한 장애
특별 자료	
• 문서, 양식 • 동의서 • 중요한 사건과 위급 상황, 이에 대해 취해진 결정과 행동 • 정기적인 서비스 검토	• 타 기관, 타 실천가들의 기록, 보고서 • 정보 공개에 대한 책무성

종결요약	
• 서비스 종결 이유 • 종결 시 사례의 상태	• 시작부터 종결까지의 클라이언트-욕구-상황에 대한 대략적 검토 • 서비스 목적, 과정, 목표, 활동에 대한 검토 • 서비스 성과와 영향에 대한 평가 • 의뢰 또는 다른 계획된 활동 • 추후지도

출처: Kagle & Kopels(2010).

7) 사례별 사정 및 기록을 위한 팁

정신건강사회복지사가 되는 훈련과정동안 정신건강 현장에서 볼 수 있는 다양한 클라이언트를 접해보는 것이 중요하다. 조현병, 조울증, 우울증, 알코올사용장애, 인격장애, 신경인지장애(치매), ADHD 등의 사례는 반드시 경험해 보는 것이 유익하다.

다음은 정신과적 질환에 따라 중심이 되는 문제를 제시하고, 기록에 도움이 될 만한 사정기술과 파악해야 할 정보를 나열한 것이다(정신건강사회복지사협회, 2012).

<table>
<tr><td rowspan="2">ADHD</td><td>• 부모의 양육방법(특히 환아의 문제행동 시 보이는 반응, 훈육 부모가 일관적 태도를 유지하는가? 칭찬과 체벌은 적절한가? 다른 가족구성원이 환아 부모의 양육방법에 대해 어떤 말을 했는가? 등)
• 가족력(직계 가족 중 환아와 비슷한 문제 행동을 보이는 가족원은?)
• 환아의 또래관계(형제와의 관계, 친척 또래들과의 관계, 학교 친구들과의 관계)
• 부모의 대처방법(환아가 학교에서 또래관계 문제가 생겼을 때 어떻게 개입하는가? 등)
• 가족들의 기대치(병원 or 센터의 개입을 통해 얻고자 하는 정도 등)</td></tr>
<tr><td>코너스 부모용 평점 척도를 사용하거나 그 척도를 바탕으로 문제를 살펴볼 것</td></tr>
<tr><td>조현병</td><td>• 클라이언트의 이상행동 징후 시작 시점 및 구체적인 행동 변화(가족이 본 시점과 행동변화, 친구 · 학교 등 주변 자원들이 본 시점과 행동변화 등)
- 당시의 가족들의 대처(바로 정신과 치료를 시작했나? 정신과가 아닌 다른 과의 병원 치료를 받았나? 아니면 그냥 괜찮아지겠지! 하며 넘어갔나?)
• 클라이언트의 첫 발병 시기 및 당시 보인 증상
• 첫 발병 시 진단명과 치료 유지기간
• 첫 입원 후 퇴원 시 사회복지적 서비스 연계 정도(정신건강복지센터, 정신사회재활시설 등)
• 가족들의 병인식 정도 및 관심 유지 정도
• 재발할 때마다 클라이언트의 중요 event, 대처 양상
• 재발할 때마다 가족들의 태도 및 관심 정도
• 재발 이유(약물 중단이라면 그 이유)
• 재발할 때마다 클라이언트의 기능 손상 정도 및 회복 기간 등</td></tr>
<tr><td>조울증</td><td>• 기분의 두드러진 변화(mood swing) 정도와 그에 따른 문제행동(공격 · 난폭한 행동, 과소비, 사치, talkative 정도, 과대적 사고, 법적 문제 연루 정도 등)
• 기분 변화 주기와 그 양상
• 클라이언트의 자기 병인식(병인식 유무 · 정도, 증상에 대한 불편감 or 기분이 떴을 때 오히려</td></tr>
</table>

	능률이 오른다며 좋아하는가?, 약물 순응도 등) • 인격장애와의 구별(경계성 인격장애, 자기애적 인격장애, 히스테리성 인격장애 등) • 첫 발병 시 진단명/대처 방법/가족들의 대처 등(조울병인 경우 depressive한 기간에 병원 방문 시 depression 진단받을 수도 있다.) • 가족들의 병인식, 클라이언트에 대한 태도 등
우울증	• 산후우울증 과거력 유무 • 발병 원인 유무(특정 event가 있는 경우와 뚜렷한 event 없는 경우 예후가 달라짐) • 인격장애 병력 유무, 정도 • 클라이언트의 상황에 따른 주관적인 인지적 패턴(부정적인가? 의심이 많은가? 사소한 일에도 상처를 잘 받는가? 잘 대처하는데 금번 event가 매우 심했나?) • 음주 유무 • 가족과의 관계, 부부관계(성관계 정도 등) • 입원, 치료를 통한 이차 획득(ex. 입원을 통해 남편의 관심을 받는다, 입원을 통해 학교를 가지 않아도 된다 등) • 주된 스트레스 및 대처방법 ※우울증 자가진단테스트(Beck Depression Inventory: BDI) 척도 사용하거나 이를 바탕으로 문제를 살펴볼 것
알코올 중독	• 금단 유무, 내성 정도, 강박적 사용 정도 • 입원 시 마지막 음주 정도, 평균 음주량·빈도, 최장 단주 기간 • 클라이언트의 병인식(스스로 심각성 인식? 부인(denial)? 별것 아니라고 생각하나(minimize)? 등 • 기억력, 지남력 기능 변화 정도 • 직업유지 정도(자주 이직하나? 직장생활 유지 어렵나? 등) • black out 정도 • 법적·직업적·사회적·가족적 문제 유무 • 이전 정신과 치료 경력 • 술 문제로 인한 신체적 어려움으로 정신과가 아닌 다른 과 입원 경력 • 재발하게 되는 고 위험 시기 등 • 인격장애 병력 유무, 정도
	※ 문제성 음주 자가진단 검사(alcohol use disorder identification test: AUDIT) 척도 사용하거나 이를 바탕으로 문제를 살펴볼 것.
치매, 노년기 우울증	• 병전 기능 인지적, 일상생활능력(ADL 등) • 주 발병 원인 (지속되는 스트레스) • 가족들의 병인식 • 가족관계(고립되어 있나? 클라이언트와의 상호작용 정도 등) • 클라이언트의 자녀와의 정서적 분리 정도 • 사회적 관계망(network) • 신체적 질환 유무 • 경제적 상태 • 퇴원(퇴소) 후 계획 • 노인장기요양보험에 대한 정보

출처: 정신건강사회복지사협회(2012).

4. 좋은 기록의 15가지 원칙

좋은 기록은 다음의 15가지 원칙을 따른다(Kagle & Kopels, 2010).

원칙 1	가치 있는 목적에 대해 균형 유지하기	좋은 기록은 서로 경쟁이면서 가치 있는 네 가지 목적(책무성, 실천을 지원하고 향상시키기, 효율성, 클라이언트 사적 권리) 사이에서 균형을 유지한다.
원칙 2	사명에 초점 두기	좋은 기록은 기관의 사명과 서비스 프로그램의 목표와 관련된 내용에 초점을 둔다.
원칙 3	위험관리	좋은 기록은 기관정책, 법적기준, 실천지침, 전문가 윤리와 부합되는지를 문서화하거나 그렇지 못한 경우를 정당화한다.
원칙 4	책무성	좋은 기록은 서비스의 목적, 목표, 계획, 활동, 진전, 영향, 성과에 대한 지표를 문서화 하면서 서비스 전달에 초점을 둔다. 좋은 기록은 모든 서비스 결정과 행동에 대한 근거와 서비스가 기관정책, 법적 기준, 실천지침, 전문가 윤리에 부합하는가(아니면 부합하지 않는 이유)에 대한 근거를 문서화한다.
원칙 5	단축	좋은 기록은 서비스 목적, 목표, 성과와 무관한 클라이언트-욕구-상황에 관한 정보를 포함하지 않는다.
원칙 6	객관성	좋은 사정은 공평하고 공정하며, 관찰, 정보 출처, 판단에 사용된 기준, 평가라는 네 요소를 포함한다.
원칙 7	클라이언트 관여	사정, 목표, 계획, 활동은 개별 클라이언트-욕구-상황에 맞게 이루어져야 한다. 좋은 기록은 의사 결정과 행동 수행을 포함하는 서비스 과정의 전 측면에서 클라이언트가 어떤 역할을 담당했는지 문서화한다.
원칙 8	출처	좋은 기록의 정보는 출처에 의거해야 한다. 사회복지사는 매 기록마다 날짜를 적고 날인한다.
원칙 9	문화적 맥락	좋은 기록은 클라이언트-욕구-상황과 서비스 결정, 행동, 성과에 영향을 주는 문화적 요소들을 문서화한다.
원칙 10	접근성	좋은 기록은 클라이언트와 클라이언트를 위하여 행동하는 사람들, 또는 클라이언트의 소망이나 이익에 반하여 행동하는 사람들이 모두 기록을 읽을 수 있다는 것을 가정하고 쓰인다.
원칙 11	활용성	좋은 기록은 꼭 들어가야 할 모든 정보를 포함하며, 문장이 잘 쓰이고, 하나의 일관된 전체를 형성한다. 독자들은 시간이 경과함에 따라 클라이언트·욕구·상황과 서비스 과정에 관한 주요 정보를 알 수 있어야 한다. 좋은 기록은 중복을 최소화하기 위하여 연대순과 주제에 따라 상호참조(cross-references)할 수 있도록 구성된다.
원칙 12	현시성	좋은 기록은 최신의 내용을 담은 생생한 기록이어야 한다. 장기 사례에 대한 기록은 정기적인 검토와 요약을 포함한다.
원칙 13	근거	좋은 기록은 모든 서비스의 결정과 행동에 대한 근거와 정당성을 제공한다.
원칙 14	긴급상황	위급상황과 위험한 사건은 즉각적이며 충분하게 기록되어야 하며, 사회복지사가 날인하고 슈퍼바이저나 다른 행정가가 승인한 보고 내용과 행동계획을 포함한다.
원칙 15	제외	좋은 기록은 면담이나 집단회기('과정')에서 근거 없는 추측이나 견해, 판단적 용어, 직감적 반응, 서비스 목적과 무관한 클라이언트의 정보는 제외시킨다.

출처: Kagle & Kopels(2010).

Ⅳ. 현황 및 과제

1. 기록과 사적권리

일반적으로 사회복지서비스를 제공받기 위해 클라이언트는 자신의 개인적인 민감 정보뿐만 아니라 환경과 대인관계, 생각, 감정, 경험을 이야기한다. 정신건강사회복지서비스를 제공받기 위해 찾아온 클라이언트는 더욱 민감한 개인적인 생활사건이나 경험들을 이야기하게 된다. 이러한 정보는 사회복지서비스 전달의 핵심을 이루기 때문에 사회복지 기록의 핵심이 되기도 한다.

따라서 사적 정보를 말해야 하는 클라이언트의 의무에 대해 사회복지사와 사회복지기관에서는 사적 정보의 비밀보장에 대한 상호적인 의무를 지닌다. 예외적으로 허용되는 특수한 상황을 제외하고는 개인정보를 누설하지 않아야 하는 책임이 있는 것이다(Kagle & Kopels, 2010).

사회복지사 기록업무와 관련한 주요쟁점은 다음과 같다.

1) 사적권리의 보호

사회복지 기록에는 사적 권리(privacy) 보호의 책임이 따른다. 클라이언트는 서비스를 제공받는 동안 자신과 환경에 대한 정보를 제공해야 하며 사회복지사와 기관은 특수한 상황을 제외하고는 정보를 누설하지 말아야 할 책임이 있다. 따라서 정보에 대한 의무는 상호책임이라고 할 수 있으나 클라이언트 관련 정보는 개인의 자산이므로 사회복지사는 정보 관련 클라이언트의 권리를 우선적으로 보장해야 한다. 사적권리를 보호하기 위해서는 비밀보장, 축약, 접근성, 익명성의 원칙 준수가 요구된다(Kagle &Kopels, 2010).

(1) 비밀보장

비밀보장은 클라이언트의 기본적 권리이자 사회복지사와 기관의 윤리적·법적 의무이다. 비밀보장의 책무는 서비스 초기단계부터 지켜져야 한다. 예컨대, 사정을 실행하기 전에 정보제공과 비밀보장의 상호의무를 이행하기 위한 사회복지사와 클라이언트 간 동의 절차가 선행되어야 한다.

사회복지사는 규정된 상황이나 사회적으로 공인된 목적에서만 개인정보를 공개할 수 있다. 정보를 공개할 수 있는 상황이란 예를 들어 클라이언트가 정보의 공개를 공식적으로 허락한 경우(자문, 연구, 타 기관 서비스 의뢰 등), 아동학대나 약물남용 등 사회복지사에게 법적인 보고의무가 있는 경우, 자살위험 사례를 보호하기 위한 경우 등이다.

- 기록을 책상 위에 방치하거나 화면에 띄운 채로 자리를 비우지 않도록 하고, 클라이언트의 정보를 적은 메모를 분실하지 않도록 함
- 외부기관, 클라이언트의 지인이 정보를 요구하는 경우 클라이언트의 동의 반드시 필요(가족이 없는 클라이언트가 의식이 없는 상태일 경우에도 특별히 허가된 매우 예외적인 상황을 제외하고는 비밀유지)

(2) 축약

개인적 정보의 수집, 문서화, 보관을 제한함으로써 클라이언트의 사적 권리를 보호한다. 치료와 관계없는 매우 사적인 정보, 민감한 정보는 자세히 기록하지 않고, 일반적 용어로 서술한다. 사회복지사는 서비스 전달에 필요한 정보에 초점을 맞추며 해당 사례의 종결 이후 일정 기간이 지나면 정보를 삭제하거나 축소한다.

(3) 접근성

클라이언트와 가족이 사회복지 기록에 접근할 수 있는 접근성은 클라이언트에게 서비스 실행과정에서의 결정권을 부여하고, 사회복지사와 클라이언트 사이의 의사소통을 개방하며 상호신뢰를 강화한다.

(4) 익명성

익명성은 정보를 공개하는 방법 중 하나로 조사, 교육 등 개인의 신분확인이 불필요한 경우에 요구된다. 이름과 고유한 정보는 반드시 삭제되어야 한다.

다음은 클라이언트의 사생활을 보호하는 데 도움이 되는 지침이다(김혜란 외, 2001; 강흥구, 2007).

① 서비스 제공에 필요하거나 서비스 전달 및 평가와 관련된 것만 기록한다.

② 클라이언트의 매우 사적인 생활이나 비밀스러운 행동 및 민감한 정보는 자세하게

기록하지 않으며 일반적 용어로 기술한다.

③ 정확한 것으로 입증된 정보만 기록하고 부정확한 것으로 확인되면 삭제하거나 이전에 기록된 정보가 정확하지 않음을 추가로 기입한다.

④ 사례기록은 반드시 잠금장치가 되어 있는 곳에 보관하고, 기록 파일에 빈번히 접근해야 하는 사람만이 잠금장치를 열 수 있도록 한다.

⑤ 특별히 허가된 매우 예외적인 경우를 제외하고는 기록 파일 자체를 기관 외부로 내보내지 않는다.

⑥ 면담 중이나 회의 중에 사례기록을 방치해 두거나 일과 중에 책상 위에 펼쳐 두어 아무나 볼 수 있게 해서는 안 되며, 하루일과를 마치면 기록을 제대로 보관하고 퇴근해야 한다.

⑦ 전산화된 기록은 암호장치를 두어 합법적 권한을 가진 사람만이 접근하도록 한다.

⑧ 사회복지기관은 외부기관이나 개인에게 정보를 제공하는 절차에 대해 규칙을 갖고 있어야 하며, 기관의 절차를 사회복지사가 잘 지킬 수 있도록 훈련하고 감독하여야 한다.

2. 기록에 대한 국내 법규

계속해서 언급하는 바와 같이 정신건강사회복지사의 기록에는 클라이언트의 문제, 개인력, 사회력, 가족관계 등 많은 민감한 정보가 포함되어 있다. 따라서 정신건강사회복지사는 사적 정보처리와 관련한 법규의 내용을 잘 알고, 실천과정에서 이러한 법적 기준을 준수할 수 있도록 해야 한다. 여기에서는 정신건강사회복지사의 실천현장 및 업무와 밀접한 관련이 있는 의료법과 정신건강법, 그리고 개인정보보호법(법제처, 2020)을 중심으로 기록과 관련한 금지조항이나 처리 원칙을 살펴보고자 한다.

1) 의료법

(1) 제19조 정보누설의 금지

이 법 또는 다른 법령에서 특별히 규정된 경우를 제외하고는 그 의료·조산 또는 간호에 있어서 기록한 타인의 비밀을 누설하거나 발설하지 못한다.

① 의료인이나 의료기관 종사자는 이 법이나 다른 법령에 특별히 규정된 경우 외에는 의료·조산 또는 간호업무나 제17조에 따른 진단서·검안서·증명서 작성·교부 업무, 제18조에 따른 처방전 작성·교부 업무, 제21조에 따른 진료기록 열람·사본 교부 업무, 제22조제2항에 따른 진료기록부 등 보존 업무 및 제23조에 따른 전자의무기록 작성·보관·관리 업무를 하면서 알게 된 다른 사람의 정보를 누설하거나 발표하지 못한다. 〈개정 2016. 5. 29.〉

② 제58조제2항에 따라 의료기관 인증에 관한 업무에 종사하는 자 또는 종사하였던 자는 그 업무를 하면서 알게 된 정보를 다른 사람에게 누설하거나 부당한 목적으로 사용하여서는 아니 된다. 〈신설 2016. 5. 29.〉

[제목개정 2016. 5. 29.]

(2) 제21조 기록 열람 등

의료인이나 의료기관 종사자는 클라이언트가 아닌 다른 사람에게 클라이언트에 관한 기록을 열람하게 하거나 그 사본을 내주는 등 내용을 확인할 수 있게 하여서는 아니 된다. [개정 2009.1.30.] [시행일 2010.1.31.]

① 클라이언트는 의료인, 의료기관의 장 및 의료기관 종사자에게 본인에 관한 기록(추가기재·수정된 경우 추가기재·수정된 기록 및 추가기재·수정 전의 원본을 모두 포함한다. 이하 같다)의 전부 또는 일부에 대하여 열람 또는 그 사본의 발급 등 내용의 확인을 요청할 수 있다. 이 경우 의료인, 의료기관의 장 및 의료기관 종사자는 정당한 사유가 없으면 이를 거부하여서는 아니 된다. 〈신설 2016. 12. 20., 2018. 3. 27.〉

② 의료인, 의료기관의 장 및 의료기관 종사자는 클라이언트가 아닌 다른 사람에게 클라이언트에 관한 기록을 열람하게 하거나 그 사본을 내주는 등 내용을 확인할 수 있게 하여서는 아니 된다. 〈개정 2009. 1. 30., 2016. 12. 20.〉

③ 제2항에도 불구하고 의료인, 의료기관의 장 및 의료기관 종사자는 다음 각 호의 어느 하나에 해당하면 그 기록을 열람하게 하거나 그 사본을 교부하는 등 그 내용을 확인할 수 있게 하여야 한다. 다만, 의사·치과의사 또는 한의사가 클라이언트의 진료를 위하여 불가피하다고 인정한 경우에는 그러하지 아니하다. 〈개정 2020. 12. 29.〉

1. 클라이언트의 배우자, 직계 존속·비속, 형제·자매(클라이언트의 배우자 및 직계 존속·비속, 배우자의 직계존속이 모두 없는 경우에 한정한다) 또는 배우자의 직계 존속이 클라이언트 본인의 동의서와 친족관계임을 나타내는 증명서 등을 첨부하는 등 보건복지부령으로 정하는 요건을 갖추어 요청한 경우
2. 클라이언트가 지정하는 대리인이 클라이언트 본인의 동의서와 대리권이 있음을 증명하는 서류를 첨부하는 등 보건복지부령으로 정하는 요건을 갖추어 요청한 경우

3. 클라이언트가 사망하거나 의식이 없는 등 클라이언트의 동의를 받을 수 없어 클라이언트의 배우자, 직계 존속·비속, 형제·자매(클라이언트의 배우자 및 직계 존속·비속, 배우자의 직계존속이 모두 없는 경우에 한정한다) 또는 배우자의 직계 존속이 친족관계임을 나타내는 증명서 등을 첨부하는 등 보건복지부령으로 정하는 요건을 갖추어 요청한 경우
4. 「국민건강보험법」 제14조, 제47조, 제48조 및 제63조에 따라 급여비용 심사·지급·대상여부 확인·사후관리 및 요양급여의 적정성 평가·가감지급 등을 위하여 국민건강보험공단 또는 건강보험심사평가원에 제공하는 경우
5. 「의료급여법」 제5조, 제11조, 제11조의3 및 제33조에 따라 의료급여 수급권자 확인, 급여비용의 심사·지급, 사후관리 등 의료급여 업무를 위하여 보장기관(시·군·구), 국민건강보험공단, 건강보험심사평가원에 제공하는 경우
6. 「형사소송법」 제106조, 제215조 또는 제218조에 따른 경우

6의2. 「군사법원법」 제146조, 제254조 또는 제257조에 따른 경우

7. 「민사소송법」 제347조에 따라 문서제출을 명한 경우
8. 「산업재해보상보험법」 제118조에 따라 근로복지공단이 보험급여를 받는 근로자를 진료한 산재보험 의료기관(의사를 포함한다)에 대하여 그 근로자의 진료에 관한 보고 또는 서류 등 제출을 요구하거나 조사하는 경우
9. 「자동차손해배상 보장법」 제12조제2항 및 제14조에 따라 의료기관으로부터 자동차보험진료수가를 청구받은 보험회사 등이 그 의료기관에 대하여 관계 진료기록의 열람을 청구한 경우
10. 「병역법」 제11조의2에 따라 지방병무청장이 병역판정검사와 관련하여 질병 또는 심신장애의 확인을 위하여 필요하다고 인정하여 의료기관의 장에게 병역판정검사대상자의 진료기록·치료 관련 기록의 제출을 요구한 경우
11. 「학교안전사고 예방 및 보상에 관한 법률」 제42조에 따라 공제회가 공제급여의 지급 여부를 결정하기 위하여 필요하다고 인정하여 「국민건강보험법」 제42조에 따른 요양기관에 대하여 관계 진료기록의 열람 또는 필요한 자료의 제출을 요청하는 경우
12. 「고엽제후유의증 등 클라이언트지원 및 단체설립에 관한 법률」 제7조제3항에 따라 의료기관의 장이 진료기록 및 임상소견서를 보훈병원장에게 보내는 경우
13. 「의료사고 피해구제 및 의료분쟁 조정 등에 관한 법률」 제28조제1항 또는 제3항에 따른 경우
14. 「국민연금법」 제123조에 따라 국민연금공단이 부양가족연금, 장애연금 및 유족연금 급여의 지급심사와 관련하여 가입자 또는 가입자였던 사람을 진료한 의료기관에 해당 진료에 관한 사항의 열람 또는 사본 교부를 요청하는 경우

14의2. 다음 각 목의 어느 하나에 따라 공무원 또는 공무원이었던 사람을 진료한 의료기관에 해당 진료에 관한 사항의 열람 또는 사본 교부를 요청하는 경우

가. 「공무원연금법」 제92조에 따라 인사혁신처장이 퇴직유족급여 및 비공무상장해급여와 관련하여 요청하는 경우

나. 「공무원연금법」 제93조에 따라 공무원연금공단이 퇴직유족급여 및 비공무상장해급여와 관련하여 요청하는 경우

다. 「공무원 재해보상법」 제57조 및 제58조에 따라 인사혁신처장(같은 법 제61조에 따라 업무를 위탁받은 자를 포함한다)이 요양급여, 재활급여, 장해급여, 간병급여 및 재해유족급여와 관련하여 요청하는 경우

14의3. 「사립학교교직원 연금법」 제19조제4항제4호의2에 따라 사립학교교직원연금공단이 요양급여, 장해급여 및 재해유족급여의 지급심사와 관련하여 교직원 또는 교직원이었던 자를 진료한 의료기관에 해당 진료에 관한 사항의 열람 또는 사본 교부를 요청하는 경우
15. 「장애인복지법」 제32조제7항에 따라 대통령령으로 정하는 공공기관의 장이 장애 정도에 관한 심사와 관련하여 장애인 등록을 신청한 사람 및 장애인으로 등록한 사람을 진료한 의료기관에 해당 진료에 관한 사항의 열람 또는 사본 교부를 요청하는 경우
16. 「감염병의 예방 및 관리에 관한 법률」 제18조의4 및 제29조에 따라 질병관리청장, 시·도지사 또는 시장·군수·구청장이 감염병의 역학조사 및 예방접종에 관한 역학조사를 위하여 필요하다고 인정하여 의료기관의 장에게 감염병 클라이언트 등의 진료기록 및 예방접종을 받은 사람의 예방접종 후 이상반응에 관한 진료기록의 제출을 요청하는 경우
17. 「국가유공자 등 예우 및 지원에 관한 법률」 제74조의8 제1항제7호에 따라 보훈심사위원회가 보훈심사와 관련하여 보훈심사대상자를 진료한 의료기관에 해당 진료에 관한 사항의 열람 또는 사본 교부를 요청하는 경우
18. 「한국보훈복지의료공단법」 제24조의2에 따라 한국보훈복지의료공단이 같은 법 제6조제1호에 따른 국가유공자등에 대한 진료기록 등의 제공을 요청하는 경우

④ 진료기록을 보관하고 있는 의료기관이나 진료기록이 이관된 보건소에 근무하는 의사·치과의사 또는 한의사는 자신이 직접 진료하지 아니한 클라이언트의 과거 진료 내용의 확인 요청을 받은 경우에는 진료기록을 근거로 하여 사실을 확인하여 줄 수 있다. 〈신설 2009. 1. 30.〉

⑤ 제1항, 제3항 또는 제4항의 경우 의료인, 의료기관의 장 및 의료기관 종사자는 「전자서명법」에 따른 전자서명이 기재된 전자문서를 제공하는 방법으로 클라이언트 또는 클라이언트가 아닌 다른 사람에게 기록의 내용을 확인하게 할 수 있다. 〈신설 2020. 3. 4.〉

[시행일: 2021. 6. 30.] 제21조

2) 정신건강복지법(제71조 비밀누설의 금지)

정신질환자 또는 정신건강증진시설과 관련된 직무를 수행하고 있거나 수행하였던 사람은 그 직무의 수행과 관련하여 알게 된 다른 사람의 비밀을 누설하거나 공표하여서는 아니 된다.

3) 개인정보보호법

개인정보보호법은 개인정보의 처리 및 보호에 관한 사항을 법률로 정한 것으로 개인정보의 수집·유출·오용·남용으로부터 사생활의 비밀 등을 보호하기 위하여 2011년부터 제정·시행되고 있다.

(1) 제3조 개인정보보호원칙

① 개인정보처리자는 개인정보의 처리 목적을 명확하게 하여야 하고 그 목적에 필요한 범위에서 최소한의 개인정보만을 적법하고 정당하게 수집하여야 한다.
② 개인정보처리자는 개인정보의 처리 목적에 필요한 범위에서 적합하게 개인정보를 처리하여야 하며, 그 목적 외의 용도로 활용하여서는 아니 된다.
③ 개인정보처리자는 개인정보의 처리 목적에 필요한 범위에서 개인정보의 정확성, 완전성 및 최신성이 보장되도록 하여야 한다.
④ 개인정보처리자는 개인정보의 처리 방법 및 종류 등에 따라 정보주체의 권리가 침해받을 가능성과 그 위험 정도를 고려하여 개인정보를 안전하게 관리하여야 한다.
⑤ 개인정보처리자는 개인정보 처리방침 등 개인정보의 처리에 관한 사항을 공개하여야 하며, 열람청구권 등 정보주체의 권리를 보장하여야 한다.
⑥ 개인정보처리자는 정보주체의 사생활 침해를 최소화하는 방법으로 개인정보를 처리하여야 한다.
⑦ 개인정보처리자는 개인정보를 익명 또는 가명으로 처리하여도 개인정보수집목적을 달성할 수 있는 경우 익명처리가 가능한 경우에는 익명에 의하여, 익명처리로 목적을 달성할 수 없는 경우에는 가명에 의하여 처리될 수 있도록 하여야 한다. 〈개정 2020. 2. 4.〉
⑧ 개인정보처리자는 이 법 및 관계 법령에서 규정하고 있는 책임과 의무를 준수하고 실천함으로써 정보주체의 신뢰를 얻기 위하여 노력하여야 한다.

(2) 제 15조 개인정보의 수집 · 이용

① 개인정보처리자는 다음 각 호의 어느 하나에 해당하는 경우에는 개인정보를 수집할 수 있으며 그 수집 목적의 범위에서 이용할 수 있다.
1. 정보주체의 동의를 받은 경우
2. 법률에 특별한 규정이 있거나 법령상 의무를 준수하기 위하여 불가피한 경우
3. 공공기관이 법령 등에서 정하는 소관 업무의 수행을 위하여 불가피한 경우
4. 정보주체와의 계약의 체결 및 이행을 위하여 불가피하게 필요한 경우
5. 정보주체 또는 그 법정대리인이 의사표시를 할 수 없는 상태에 있거나 주소불명 등으로 사전 동의를 받을 수 없는 경우로서 명백히 정보주체 또는 제3자의 급박한 생명, 신체, 재산의 이익을 위하여 필요하다고 인정되는 경우
6. 개인정보처리자의 정당한 이익을 달성하기 위하여 필요한 경우로서 명백하게 정보주체의 권리보다 우선하는 경우. 이 경우 개인정보처리자의 정당한 이익과 상당한 관련이 있고 합리적인 범위를 초과하지 아니하는 경우에 한한다.

② 개인정보처리자는 제1항제1호에 따른 동의를 받을 때에는 다음 각 호의 사항을 정보주체에

게 알려야 한다. 다음 각 호의 어느 하나의 사항을 변경하는 경우에도 이를 알리고 동의를 받아야 한다.

1. 개인정보의 수집·이용 목적
2. 수집하려는 개인정보의 항목
3. 개인정보의 보유 및 이용 기간
4. 동의를 거부할 권리가 있다는 사실 및 동의 거부에 따른 불이익이 있는 경우에는 그 불이익의 내용

③ 개인정보처리자는 당초 수집 목적과 합리적으로 관련된 범위에서 정보주체에게 불이익이 발생하는지 여부, 암호화 등 안전성 확보에 필요한 조치를 하였는지 여부 등을 고려하여 대통령령으로 정하는 바에 따라 정보주체의 동의 없이 개인정보를 이용할 수 있다. 〈신설 2020. 2. 4.〉

(3) 제 16조 개인정보의 수집 제한

① 개인정보처리자는 제15조제1항 각 호의 어느 하나에 해당하여 개인정보를 수집하는 경우에는 그 목적에 필요한 최소한의 개인정보를 수집하여야 한다. 이 경우 최소한의 개인정보 수집이라는 입증책임은 개인정보처리자가 부담한다.

② 개인정보처리자는 정보주체의 동의를 받아 개인정보를 수집하는 경우 필요한 최소한의 정보 외의 개인정보수집에는 동의하지 아니할 수 있다는 사실을 구체적으로 알리고 개인정보를 수집하여야 한다. 〈신설 2013. 8. 6.〉

③ 개인정보처리자는 정보주체가 필요한 최소한의 정보 외의 개인정보수집에 동의하지 아니한다는 이유로 정보주체에게 재화 또는 서비스의 제공을 거부하여서는 아니 된다. 〈개정 2013. 8. 6.〉

참고문헌

강흥구 (2007). **의료사회복지실전론**. 학현사.

김정진 (2014). **사회복지실천기술론**. 학지사.

김혜란, 홍선미, 공계순 (2001). **사회복지실천기술론**. 나남.

대한의료사회복지사협회 (2019). 한시적 의료사회복지사 자격취득제도 교육

양옥경, 김정진, 서미경, 김미옥, 김소희 (2018). **사회복지실천론**. 나남.

엄명용, 김성천, 오혜경, 윤혜미 (2016). **사회복지실천의 이해(4판)**. 학지사.

엄명용, 노충래, 김용석 (2015). **사회복지실천기술의 이해(3판)**. 학지사.

윤현숙, 김기환, 김성천, 이영분, 이은주, 최현미, 홍금자 (2001). **사회복지실천기술론**. 동인.

전재일, 이준상, 이성희, 이선자 (2016). 사회복지실천론. 공동체.
최해경 (2017). 사회복지실천론(2판). 학지사.
한국정신건강사회복지사협회 (2012). 정신건강사회복지의 이론과 실제. 양서원.
한국정신건강사회복지사협회 (2016). 정신건강사회복지의 이해와 적용. 예일.
Compton, B. R., & Galaway, B. (1999). *Social Work Processes* (6th ed.). Pacific Grove:Brooks/Cole
Kagle, J. D., & Kopels, S. (2010). 사회복지기록. 홍순혜, 한인영 역. 시그마프레스.
법제처 인터넷홈페이지 http://www.law.go.kr/ 의료법, 정신건강복지법, 개인정보보호법.

PART 06

조사연구

30장

통계의 이해와 지역사회 진단 및 조사

이구상
(한국생명존중희망재단)

Ⅰ. 통계의 이해

1. 통계의 의미와 역할

통계학은 의사결정에 도움을 제공하기 위해 자료를 적절히 정리하고 분석하는 기법을 연구하는 학문으로 크게 구분하면 기술통계와 추측통계로 나눌 수 있다(문상원 외, 2017). 기술통계는 통계자료를 모집하거나 정리, 요약하는 과정으로 기본적으로는 분포나 빈도 등으로 표시하거나 평균, 표준편차, 분산, 왜도, 첨도 등으로 집단의 특성을 좀 더 자세히 보여주게 된다. 추측통계는 모집단에 대한 추정과 예측이 가능한 통계 방법인데, 우리가 흔히 사용하는 평균과 분산의 추정에 활용되는 t-검정이나 분산분석, 변수 간의 인과관계 및 영향 수준 여부를 예측하는 회귀분석 등이 있다.

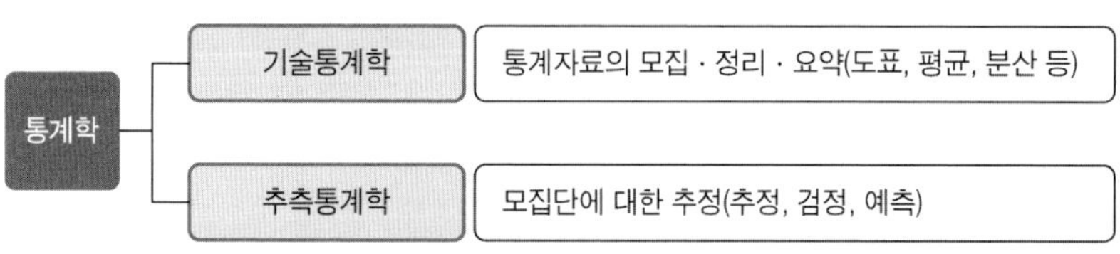

〈그림 30-1〉 통계학 구분

출처: 문상원 외(2017).

통계학의 역할은 크게 4가지로 구분할 수 있는데, 개념의 계량화, 예측, 가설검정, 분류이다. 그 내용을 구체적으로 살펴보면, '개념의 계량화'는 복잡한 현상과 상황을 계량화 과정을 통해 수치로 보여주는 것을 의미한다. '예측'은 소수의 표본을 통해 얻어진 데이터의 결과를 통해 모집단(전체집단)의 특징을 추측해볼 수 있도록 한다는 것 의미한다. '가설검정'은 전체 집단에 대해, 특정 가설의 검정을 일정확률로 검정하는 것으로 모집단에 대해 '인과관계가 있다'와 '인과관계가 없다'의 두 가설이 있을 때 데이터를 근거로 한쪽 가설을 선택할 수 있게 해준다는 것이다. '분류'는 데이터를 속성별로 분류하는데 활용할 수 있다는 것을 의미한다(구라타 히로시, 2018; 혼마루 료, 2019).

2. 변수와 변수의 측정

1) 변수

변수는 연구를 통해 파악하고자 하는 대상을 의미하며, 변수의 위치에 따라 독립변수, 종속변수, 선행변수, 매개변수, 외생변수 등으로 구분될 수 있다.

(1) 독립변수

사건이나 상황에 영향을 미치는 변수를 말한다. 자체적으로 독립성을 가지고 있으며, 종속변수보다 시간적으로 앞서 있다.

(2) 종속변수

독립변수 등 다른 변수에 영향을 받는 변수를 말한다. 조사에 있어서 검증하고자 하는 핵심 내용이 된다.

(3) 선행변수

종속변수에 영향을 미치는 독립변수에 영향을 주는 변수를 말한다. 독립변수보다 시간적으로 앞서 있다. 선행변수의 전제조건으로는 독립변수 및 종속변수와 관련이 있으며, 선행변수가 통제되어도 독립변수와 종속변수의 관계는 유지되어야 하고, 독립변수가 통제되면 선행변수와 종속변수는 아무런 관계가 아니어야 한다(우수명, 2013).

(4) 매개변수

독립변수와 종속변수의 인과관계에 영향을 좀 더 잘 설명해 줄 수 있는 변수이다.

(5) 외생변수

독립변수가 종속변수에 영향을 미치는 것으로 볼 수 있으나 제3의 변수를 통제했을 때 그 영향력이 없어지기도 하는데, 독립변수와 종속변수의 인과관계를 명확히 확인하기 위해 사용된다.

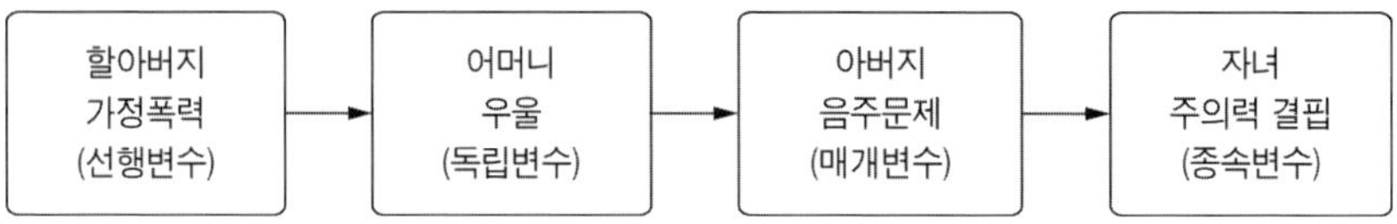

통제변수: 성별.

〈그림 30-2〉 변수의 관계

2) 변수 측정

변수 측정을 통해 기술통계와 추측통계 결과값을 얻을 수 있는데, 그 유형은 명목척도, 서열척도, 등간척도, 비율척도로 구분된다.

(1) 명목척도

사람이나 사물 등의 속성을 분류하기 위한 척도로 숫자가 의미하는 특성은 없다. 대표적인 예로는 성별을 '남성=1', '여성=2'로 구분하거나, 계절을 '봄=1', '여름=2', '가을=3', '겨울=4'로 구분하는 것인데, 각각의 숫자는 속성 구분에 목적이 있을 뿐이지 상·하위의 개념을 포함하고 있지 않다.

(2) 서열척도

사람이나 사물 등의 속성을 분류하기 위한 척도로 숫자가 의미하는 특성이 존재한다. 숫자가 의미하는 것은 '많음, 적음', '큼, 작음', '높음, 낮음'과 같이 상·하위 또는 서열의 개념을 포함하고 있으나, 그 간격이 일정하다고 보기 어렵다. 대표적인 예로는 직장 내 직급 구분에서 '사원', '대리', '과장', '부장'이 있는데, 직장 내 서열이 존재하나 각 직급별 간격이 일정하다고 하기에는 한계가 있다.

(3) 등간척도

서열이 존재하는 척도이면서 각 서열 간 간격이 동일하기 때문에 더하기와 빼기를 활용한 척도의 계산이 가능하다. 대표적인 예로는 온도, 날짜, 시간 등이 이에 해당한다. 현재 사회과학에 타당도와 신뢰도가 확보된 상당수의 척도(PHQ-9, CES-D 등)가 등간척도에 해당한다.

(4) 비율척도

서열이 존재하는 척도이면서 각 서열 간 간격이 동일하다. 또한 절대값 0이 존재하고, 사칙연산(+, −, ×, ÷)이 가능하다. 대표적인 예로는 키, 몸무게, 수입, 지출, 나이, 경력 등이 있다.

각 척도의 특성에 따라 적용할 수 있는 통계분석 방법을 구분할 수 있는데, 세부 내용은 <표 30-1>과 같다.

〈표 30-1〉 척도에 따른 통계분석 방법

종속변수 \ 독립변수	명목척도	서열척도	등간/비율척도
명목척도	교차분석(χ^2), 독립성검증	교차분석(χ^2), 독립성검증	로짓, 프로빗 분석
서열척도	교차분석(χ^2), 범주형 분산분석 등 비모수통계분석	교차분석(χ^2), 범주형 분산분석 등 비모수통계분석, 서열상관관계	더미정준상관분석, 로짓, 프로빗 분석 서열상관관계
등간/비율척도	티검증, 변량분석, 다변량분석, 평균의 비교	티검증, 변량분석, 다변량분석, 평균의 비교	피어슨상관관계, 회귀분석, 다변량분석
종속변수 없음			요인분석, 군집분석

출처: 우수명(2013).

3. 기술통계

1) 빈도분석

조사대상자의 각 변수별 특성을 알기 쉽게 정리하여 표현하는 방법이다. 이를 위해 사례 수는 명으로 표시하고, 전체 대상자 중 사례의 분포를 위해 백분율(%)로 표시한다. 다만, 자료수집에 있어서 연속성 변수인 연령 등의 경우는 조사대상자가 많아 하나의 표로 보여주는데 쉽지 않기 때문에 범주형 변수로 변환하여 작성하는 것이 효과적이다.

〈표 30-2〉 빈도분석표 예시

변수		빈도(명)	백분율(%)
성별	남성	50	50%
	여성	50	50%
연령대	29세 이하	20	20%
	30세~49세	40	40%
	50세 이상	40	40%

2) 기술통계

기술통계는 연령, 키, 몸무게, 월수입 등과 같이 연속형 변수를 평균, 중앙값, 표준편차, 최빈값, 분산도, 첨도, 왜도 등으로 분석하여 변수의 특징을 확인할 수 있다.

〈표 30-3〉 각 기술통계 용어 정의

구분	내용
평균	변수의 모든 값을 더한 후 사례(n) 수로 나눈 값임
표준편차	분포의 평균치와 얼마나 편차를 보이는지를 나타내기 위한 값임
중앙값	자료를 크기순으로 배열했을 때 중앙에 위치하는 값임
최빈값	자료값 중 가장 많은 값임
최대값	자료값 중 가장 큰 값임
최소값	자료값 중 가장 작은 값임
첨도	정규분포를 기준으로 중앙에 어느 정도 집중되어 있는지 확인하는 것으로 첨도값이 '-'는 정규분포보다 덜 집중되어 있고, 첨도값이 '+'는 정규분포보다 더 집중되어 있음을 나타냄
왜도	분포의 대칭 수준 측정하는 것으로 첨도값이 '+'는 오른쪽으로 꼬리가 긴 분포이고, 첨도값이 '-'는 왼쪽 꼬리가 긴 분포를 나타냄

〈표 30-4〉 기술통계표 예시

변수	최대값	최소값	평균	표준편차	첨도	왜도
연령	55	25	40	5.00	0.019	0.151
월수입	500	200	298.5	81.79	0.277	0.090

3) 상관관계분석

상관관계분석은 등간변수 또는 비율변수와 같이 간격이 일정하며, 사칙연산 적용이 가능한 연속형 변수들 간의 관계를 분석하는 것으로 하나의 연속형 변수가 변함에 따라 다른 변수들이 어떻게 변하는지 확인하는 것이다. 상관관계를 보여주는 값을 상관계수 값이라고 하며, 상관계수는 −1에서 1까지의 값을 갖는다. 상관계수 값이 절대값 1에 가까울수록 상관관계가 높고, 0에 가까울수록 낮은 상관관계를 나타낸다. 상관계수 값이 '+'일 경우 두 변수 간은 양의 상관관계라 할 수 있는데, 어떤 한 변수가 상승하면 다른 변수도 상승하게 된다. 이와는 반대로 상관계수 값이 '−'일 경우 두 변수 간에 음의 상관관계를 나타내는데, 어떤 한 변수가 상승하면 다른 변수는 감소하거나 한 변수가 감소하면 다른 변수는 증가하는 것을 의미한다.

〈표 30-5〉 상관관계 통계표 예시

변수	우울	회복탄력성	자존감
우울	1		
자존감	−0.128**	1	
직무만족	−0.235**	0.457***	1

*=p〈0.05, **=p〈0.01, ***=p〈0.001

4. 추측통계

추측통계는 추론통계라고도 하는데, 추측통계에서의 핵심 개념은 가설의 검증이라고 할 수 있다. 자료분석을 통해 조사연구의 가설이 일치하는지 검증하는 것이다. 모집단이 매우 큰 경우 전체를 대상으로 자료수집이 어렵기 때문에 모집단을 대표할 수 있는 표본을 추출하여 오차를 최소화하는 과정이 필요하다. 그럼에도 불구하고 오차가 발생하게 되므로 표본오류의 가능성을 확률적으로 계산하여 가설을 검증해야 한다(김영종, 2017).

1) 교차분석

교차분석은 범주형의 변수 2개 이상을 동시에 교차하여 분석할 수 있는 통계분석 방법이다. 두 개 이상의 범주형 변수의 집단 간 분포 차이를 검증하고자 한다면, 카이제곱을 통해 유의미 여부를 검증할 수 있다. 다만, 카이제곱을 통해 검증을 하기 위해서는 전제 조건이 필요한데, 첫째로는 전체 사례 수가 30개 이상이어야 한다. 둘째로는 각 셀의 사례 수가 적어도 5개 이상이어야 한다.

〈표 30-6〉 빈도분석표 예시

구분	남성	여성	합계
29세 이하	10 10%	10 10%	20 20.0%
30~49세	10 10%	30 30%	40 40.0%
50세 이상	30 30%	10 10%	40 40.0%
합계	50 50.0%	50 50.0%	100 100.0%

χ^2=20.00, df=2, p〈0.001

2) 평균분석

(1) 독립표본 t-검정

표본 수가 적은 두 집단에 대한 평균값의 차이를 통계적으로 검정할 때 사용하는 분석 방법이 독립표본 t-검정이다. 이때 두 집단 간의 차이를 비교하는 것이므로 '두 집단'의 경우는 범주형 변수이어야 하고, '차이'를 비교하는 변수는 등간변수 또는 비율변수이어야 한다. 예를 들어 성별에 따른 남녀 간의 월수입의 차이를 검정한다고 할 때, 남성의 월수입 평균값과 여성의 월수입 평균값이 통계적으로 유의한 차이가 있는지 검정하게 된다.

〈표 30-7〉 성별에 따른 월수입 차이 비교 통계표 예시

변수	사례 수	평균	표준편차	t	p
남성	14	349.40	66.50	3.34	0.001
여성	14	310.00	50.22		

(2) 대응표본 t-검정

한 집단의 사전과 사후의 차이를 비교하기 위한 분석 방법으로 평균값의 t-검정을 통해 통계적 차이가 있는지 확인할 때 사용한다. 이때 사전과 사후 평균값을 비교하는 것이므로 등간변수 또는 비율변수이어야 한다. 예를 들어 차상위계층을 대상으로 월수입 증대를 위한 직업훈련 프로그램의 효과성을 검증하고자 할 때, 프로그램 실시 전의 평균 월수입과 프로그램 실시 후 평균 월수입이 통계적으로 유의한 차이가 있는지 검정하게 된다.

〈표 30-8〉 직업훈련 프로그램 사전-사후 월수입 차이 비교 통계표 예시

변수	평균	표준편차	t	p
프로그램 이전	329.70	61.88	-5.18	0.000
프로그램 이후	340.40	63.99		

(3) 분산분석

집단이 둘 이상인 경우에 활용할 수 있는 분석 방법으로 평균값의 F 검정을 통해 통계적 차이가 있는지 확인할 때 사용한다. 이때 둘 이상의 집단 간 차이를 비교하는 것이므로 '두 집단 이상'의 경우는 범주형 변수이어야 하고, '차이'를 비교하는 변수는 등간변수 또는 비율변수이어야 한다. 예를 들어 성별에 따른 남녀 간의 월수입의 차이를 검정한다고 할 때, 남성의 월수입 평균값과 여성의 월수입 평균값이 통계적으로 유의한 차이가 있는지 검정하게 된다. 다만, 학자마다 의견이 일부 다르나 사례 수가 30 이하인 경우에는 독립표본 T-검정을 활용하고, 사례 수가 30 이상인 경우에는 분산분석을 활용한다(우수명, 2013).

〈표 30-9〉 성별에 따른 월수입 차이 비교 통계표 예시

변수		사례수	평균	표준편차	F	p	Scheffe
연령대	29세 이하(a)	20	339.40	65.40	3.34	0.01	a>c
	30~49세(b)	40	317.00	55.41			
	50세 이상(c)	40	300.50	51.29			

분산분석에서 집단이 셋 이상일 경우에는 셋 이상의 집단 간의 평균에 차이가 적어도 한 집단 이상 차이가 있는지 검정하는 과정이므로 구체적으로 어떠한 집단 간의 평균 차이가 있는지 확인이 불가능하다. 이를 해결하기 위해 사후검정을 실시하여 각 집단 간

유의한 차이를 검정하는데, 일반적으로 동일 한 사례 수의 집단 간 비교일 때의 사후검정은 Tukey와 Duncan을 많이 사용하고, 동일한 사례 수 또는 동일하지 않은 사례 수의 집단 간 사후검정은 민감도가 높은 Scheffe가 많이 활용된다(Shingala et al., 2015).

3) 회귀분석

한 변수가 다른 변수에 어떠한 관계가 있는지 확인하는 분석 방법으로 시간적으로 선행되는 독립변수가 종속변수에 영향을 미치는지, 또는 인과관계가 있는지 등의 여부를 검정하게 된다. 예를 들어 우울, 자존감이 직무만족에 얼마나 영향을 미치는지를 확인할 수 있다.

회귀분석은 지금까지의 분석과는 달리 다음과 같은 가정이 만족되어야 검정 및 분석의 조건이 성립되는데, 첫째로는 독립변수와 종속변수는 인과관계의 3가지 조건, 즉 선형성, 상관성(공변성), 불변적결합(제 3변수의 통제, 비허위적 관계)을 충족시켜야 한다. 둘째로는 주어진 자료에서 독립변수와 종속변수의 값의 분포가 직선적인 관계(선형성, linear)이어야 한다. 이를 위해서는 등간 및 비율 척도가 적합하다. 셋째로는 오차들이 서로 독립적이어야 한다. 넷째로는 이 오차들의 분산(변량)이 모두 일정해야 한다. 마지막으로는 이 오차들의 분포가 정규분포여야 한다(우수명, 2013).

〈표 30-10〉 다중회귀분석 통계표 예시

변수	기울기(B)	표준오차	표준화된 B값(β)	t	p
(상수)	0.41	0.12		3.12	0.001
우울	0.17	0.06	0.16	3.45	0.001
자존감	0.39	0.60	0.27	6.32	0.000
설명력	0.364				
수정된 설명력	0.286				
F비	17.45***				

p〈0.05=*, p〈0.01=**, p〈0.001=***

Ⅱ. 지역사회 진단 · 조사

1. 지역사회 진단 · 조사의 필요성

지역사회진단·조사는 단순하게 지역사회의 특성을 파악하는 수준에서 벗어나 지역사회 문제를 해결하기 위한 전략 수립하고, 방안을 결정하는 데 활용된다. 사회복지 영역에서는 이를 '욕구조사'라는 용어로 사용되기도 한다. 지역사회진단·조사의 목적은 기존의 지역사회 특성을 분석과 자원 등을 점검하고, 지역사회 소속 구성원이 무엇을 원하는지와 함께 구성원의 욕구 해소를 위해 무엇이 필요한지, 또한 어떻게 자원을 배정할지, 목적을 달성하기 위한 실현가능성은 있는지, 목표 달성을 위한 전략 및 계획의 우선순위 어떻게 둘 것이지 등을 종합적으로 결정하게 된다.

2. 지역사회 진단 · 조사 과정 및 내용

1) 지역사회 진단 · 조사 과정(황성동, 2015)

(1) 1단계

지역사회 진단·조사의 목적과 예산, 이용가능 자원을 점검하고, 누구를 대상으로 어떻게 진단·조사할 것인지 충분히 숙지한다.

(2) 2단계

지역사회 진단·조사와 관련하여 참고할 수 있는 문헌 및 데이터 등을 충분히 확보하고 분석한다. 특히 과거 유사한 결과물이 있다면, 이에 대한 검토를 통해 지역사회 진단·조사의 방향성 설정 및 진단·조사과정에서의 오류를 최소화할 수 있다.

(3) 3단계

지역사회 진단·조사 실행에 앞서 조사대상의 범위, 조사 방법 및 기간, 진단·조사 도구, 조사 투입인력에 대한 교육 및 훈련 등을 포함하며, 특히 진단·조사과정에서 발생할 수 있는 문제를 사전에 예방할 수 있도록 세밀한 계획이 수립되어야 한다.

(4) 4단계

계획에 따라 데이터를 모두 수집한 후 지역사회 진단·조사의 목적에 따른 진단·분석을 실시한다.

(5) 5단계

진단·조사 결과에 따라 지역사회의 문제와 욕구를 반영한 구체적인 전략 및 개선 방안을 포함한 보고서를 발간한다.

2) 지역사회 진단·조사 내용

지역사회 진단·조사에 포함되어야 하는 내용은 첫째로 성별, 연령대, 직업, 소득수준, 혼인상태 등 진단·조사 대상자의 일반적 또는 인구·사회학적 특성이다. 둘째로는 지역사회 내에서 발생하고 있는 사회문제에 대한 인식 수준과 함께 지역사회 문제해결을 위해 시행했던 지금까지의 전략에 대한 평가, 새로운 전략 및 방안에 대한 욕구 수준을 포함한다. 마지막으로는 지역사회의 문제를 해결하기 위한 구체적인 방안을 검토하는 것으로 인적·물적자원 파악 및 해당 자원의 활용가능성 수준을 파악한다. 또한 새로운 전략 추진을 위한 정치·사회적 기반조성 여부도 포함되어야 한다(황성동, 2015).

3. 지역사회 진단·조사 방법

1) 기존자료분석

기존자료분석은 정부(정신건강실태 역학조사 등) 및 지자체 자료, 인구주택총조사 데이터, 보건·복지 영역을 포함한 지역사회자원, 물리적 환경 및 문화 특성 등을 활용할 수 있다. 또한 기존에 제공했던 정신건강 전략 및 서비스 등도 분석이 필요한데, 정신건강 문제를 해결하기 위해 부족한 서비스는 무엇이고, 과도한 서비스는 무엇인지 등을 종합적으로 파악해야 한다. 다만, 기존자료분석은 쉽게 자료를 구할 수 있는 장점이 있으나 오래된 자료는 문제가 발생할 수 있으므로 과도하게 의존하는 것은 과소 또는 과대평가의 가능성이 있다(황성동, 2015). 기존자료분석 활용 시 주의해야 할 점을 살펴보면, 기존자료는 실태 등을 보여줄 뿐 지역사회의 욕구를 충분히 담아내고 있지 못하며, 자료에서 벗어나는 결과에 대해서는 유추할 수밖에 없는 상황이 발생하게 된다. 또한 사회현상을 수량화된 데이터화하는 데 한계가 있으므로 자료에 대한 정확성에 충분한 의심과 검토가 필요하다(김영종, 2016).

2) 서비스 공급자 조사

지역사회에서 발생한 사회문제를 해결하기 위해 현장에서 서비스를 제공하는 조직이나 행정가, 서비스 제공 전문가들에게 직접 자료를 수집하는 방법이다. 서비스 공급자 조사의 장점은 지역사회 서비스 제공 계획수립에서부터 제공 과정의 장·단점 등을 현장감 있게 자료를 수립할 수 있는 반면, 소수의 특정 대상을 중심으로 수집하는 자료이기 때문에 객관성을 확보하기 어렵고, 공급자의 가치나 지식에 따라 상황이나 특성을 해석하는 등의 문제가 발생할 수 있으므로 해석 시 주의가 필요하다.

3) 지역주민 조사

지역사회 서비스 제공을 받게 되는 지역주민을 대상으로 진행되는 조사라고 할 수 있다. 지역주민 조사의 대표적인 유형으로는 지역주민을 대상으로 실시하는 설문조사, 지역주민이 함께 모여 함께 의견을 나눌 수 있는 공청회, 지역주민 중 지역사회를 대표할 수 있는 소수 인원을 선발하여 지역사회 문제에 대한 인식과 해결 방안에 대해 함께 제시하는 초점집단면접, 지역사회 전문가나 핵심인사들을 대상으로 설문을 통해 의견을 일치시키는 방법인 델파이기법, 지역사회의 문화 및 환경적 특성과 함께 현장 상황을 파악하기 위한 현장방문 등이 있다.

(1) 서베이 조사

지역사회 주민 또는 전략 및 정책 실행의 주 대상을 표본추출한 후 설문조사나 면접조사 등을 통해 지역사회를 진단하고 욕구를 파악하는 방법이다(이민홍·정병오, 2020). 서베이 조사는 객관적이고 과학적인 정보를 제공하는 장점이 있지만, 많은 비용과 시간이 소요되고 조사 및 분석에 대한 전문성이 요구된다는 단점이 있다(황성동, 2015).

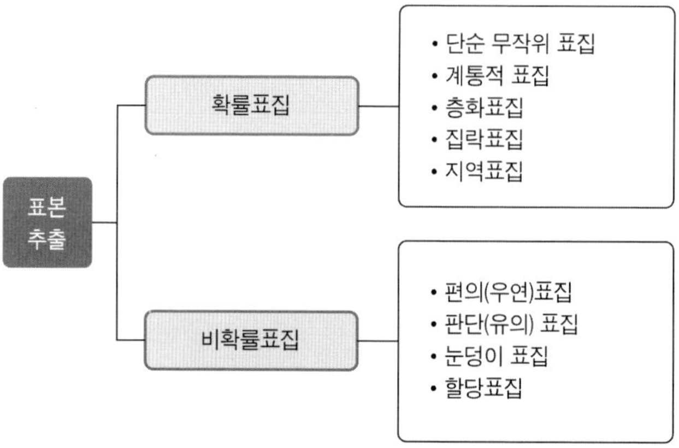

〈그림 30-3〉 표본 추출 유형

출처: 우수명(2013).

〈표 30-11〉 표본 추출 크기 결정 기준

모집단 크기	95% 신뢰수준에서의 허용표집오차			
	±3%	±5%	±7%	±10%
100	–	81	67	51
125	–	96	78	56
150	–	110	86	61
175	–	122	94	64
200	–	134	101	67
225	–	144	107	70
250	–	154	112	72
275	–	163	117	74
300	–	172	121	76
325	–	180	125	77
350	–	187	129	78
375	–	194	132	80
400	–	201	135	81
425	–	207	138	82
450	–	212	140	82
500	–	222	145	83
600	–	240	152	86
700	–	255	158	88
800	–	267	163	89
900	–	277	166	90
1,000	–	286	169	91
2,000	714	333	185	95
3,000	811	353	191	97

4,000	870	364	194	98
5,000	909	370	196	98
6,000	938	375	197	98
7,000	959	378	198	99
8,000	976	381	199	99
9,000	989	383	200	99
10,000	1,000	385	201	99
15,000	1,034	390	204	99
20,000	1,053	392	204	100
25,000	1,064	394	204	100
50,000	1,087	397	204	100
100,000	1,099	398	204	100
〉100,000	1,111	400	204	100

출처: Israel(1992).

(2) 공청회

지역사회 주민들이 지역의 욕구나 문제 등을 충분히 잘 알고 있다는 전제하에 공청회에 참석하여 자신의 의견을 발표할 수 있도록 하는 기법이다(정무성, 2014). 공청회의 장점으로는 광범위한 지역주민의 욕구를 파악하는 예비연구(pilot study)로 활용될 수 있으며, 관심 있는 주민의 참여를 통해 선호와 욕구를 직접 확인하고 평가할 수 있다. 단점으로는 관심 있는 주민만 참석하기 때문에 대표성의 문제가 발생할 수 있다(이민홍 외, 2020).

(3) 초점집단면접

초점집단면접은 6~8명 정도의 참여자가 구조화된 질문 안에서 함께 토론하는 방식이다. 지역사회 진단조사를 위한 대표성이 있는 대상자를 모집하여 함께 토론을 실시한다. 토론의 목적은 의견을 하나로 모으는 것이 아니라 참여자 내면의 욕구를 파악하는 것이므로 심층적 정보와 욕구를 다양하게 수집하는 것이 중요하다(황성동, 2015).

(4) 델파이

델파이는 전문가 집단을 대상으로 표적 대상의 욕구나 문제들 가운데 합의점을 도출하는 방법으로 문제에 대한 정확한 정보가 부족하고, 우선순위를 경정할 때 주로 사용한다(황성철, 2005에서 재인용; 이민홍 외, 2020). 통상적으로 3차까지 설문조사를 실시하는데,

① 개방형 설문조사, ② 1차 설문 결과 분석 및 2차 설문조사, ③ 후속 설문조사 및 결과 분석, ④ 조사결과 정리의 순서로 진행된다(이민홍 외, 2020). 델파이의 장점은 대면 없이 민주적 절차에 의해 결과를 도출할 수 있으나, 단점은 3차 이상의 설문조사 과정으로 인해 많은 시간이 소요될 수 있다.

(5) 현장방문

현장에 직접 방문하여 지역사회의 환경 및 문화 특성을 이해함과 동시에 관찰, 주민과의 만남을 통해 욕구를 다각적으로 진단하는 방법이다. 현장방문 시에는 방문에 대한 사전 동의와 함께 지역주민에게 이질감을 줄 수 있는 복장이나 행동에 유의할 필요가 있다. 또한 현장방문을 통한 자료 및 정보수집 및 관리, 기록에 주의를 기울여야 한다.

(6) 수렴적 분석 및 다중접근방법

지역사회 진단·조사는 서베이 조사나 공청회, 초점집단면접, 델파이, 현장방문을 실시할 수도 있고, 기존 자료 및 데이터를 활용할 수도 있다. 그러나 이러한 단편적 방법이 지역사회를 완벽히 진단했다고 주장하는 데 한계가 발생할 수 있으므로 수렴적 분석 및 다중접근방식을 고려해 볼 수 있다(황성동, 2015). 예를 들어 수렴적 분석 및 다중접근방법을 적용하여 지역사회 진단·조사를 실시하기 위해 지역사회 분석을 위한 데이터를 검토·분석함과 동시에 지역주민 대상 폭넓게 서베이 조사를 실시하고, 지역사회 실무자 및 관계자를 대상으로 초점집단면접을 실시하기도 하며, 현장방문을 통해 생생한 상황을 듣고 관찰하는 등 다중접근방식을 추진해 볼 수 있다. 이처럼 단편적인 진단·조사가 아닌 다양한 방법을 종합적으로 활용한 진단·조사가 실시된다면, 더 높은 신뢰도와 정당성을 확보할 수 있게 될 것이다.

4. 지역사회 진단·조사의 활용

지역사회 진단·조사 실시 후에는 그 결과를 토대로 전략 및 계획을 수립하게 된다. 수립된 전략 및 계획이 지역사회에 적용하는 데 있어서 현실가능성과 함께 수용가능성을 충분히 고려해야 할 필요가 있다. 지역사회 진단·조사 결과 문제의 심각성과 원인, 그리고 욕구 등은 확인되었으나 그 문제를 해결하기 위해서는 다양한 이론과 근거가 존재하고, 지역사회의 문화와 환경, 자원, 예산 등의 여건이 모두 다르기 때문에 지역사회 특성을 고려한 최적화 방안을 마련하는 것이 무엇보다 중요하다.

이를 위해 지역사회 진단·조사 방법을 응용해볼 수 있는데, 예를 들어 지역사회 진단·조사를 통해 해당 지자체의 정신건강 문제, 특히 중증 정신질환자의 관리 문제가 심각하고, 이에 대한 구체적인 대책이 필요하다는 지역사회 진단·조사 결과가 도출되었다면, 지역사회 내 정신질환자 관리를 위해 전담 사례관리팀 설치, 정신사회재활시설 추가 설치·운영, 정신의료기관과의 입·퇴원 관리체계 정비 등 다양한 방법을 선정한 후 지역사회의 여건에 부합하는 대책을 선정하기 위해 지역사회 내 정신건강서비스 실무자 및 관계자를 소집하여 초점집단면접을 실시하거나, 서비스 우선순위를 결정하기 위해 전문가 집단을 대상으로 델파이 조사를 실시해 볼 수 있다. 또는 정책의 방향성에 대해 관심 있는 사람들이 함께 모여 제시된 대책뿐만 아니라 기타 의견을 자유롭게 나눌 수 있는 공청회 또는 포럼을 통해 우선순위 사업을 결정하여 추진한다면, 정신건강문제 해결 대책에 대한 신뢰성뿐만 아니라 정당성을 충분히 확보할 수 있게 된다.

참고문헌

구라타 히로시 (2017). **30분 통계학: 도쿄대학교 기초 통계학 강의를 한 권에 담았다!** 김소영 역. 길벗.

김영종 (2016). **사회복지조사 방법론(2판)**. 학지사.

문상원, 이성철, 최강화 (2017). **경영분석을 위한 기초통계**. 한국방송통신대학교출판문화원.

우수명 (2013). **SPSS 20(마우스로 잡는)**. 인간과복지.

이민홍, 정병오 (2020). **사회복지 프로그램 개발과 평가(3판)**. 양서원.

정무성 (2014). **사회복지 프로그램 개발과 평가**. 정민사.

황성동 (2015). **알기 쉬운 사회복지조사방법론(2판)**. 학지사.

혼마루 료 (2018). **이렇게 쉬운 통계학: 누구나 쉽게 업무에 활용하는 기초통계**. 안동현 역. 한빛미디어(주).

Israel, G. D. (1992). Determining sample size.

Shingala, M. C., & Rajyaguru, A. (2015). Comparison of post hoc tests for unequal variance. *International Journal of New Technologies in Science and Engineering, 2*(5), 22-33.

31장

이성규
(숭실대학교)

정신질환 예방 및 정신건강복지 조사연구

Ⅰ. 정신건강복지 조사연구의 정의 및 필요성

1. 연구의 정의

연구란 지식에 대한 탐구를 기반으로 한 일련활동으로 지식을 축적해 나가는 방법이라 할 수 있다. 지식축적방법은 크게 권위(authority), 전통(tradition), 일반상식(common sense), 개인적 경험(personal experience), 그리고 과학(science)적 방법이 있다. 첫째, 권위를 통한 지식축적 방법은 전적으로 전문가의 권위에 의존하는 것이다. 예를 들어, 지역사회정신건강복지센터에서 30년 이상 실무경력을 가지고 있는 센터장의 조언은 대학을 갓 졸업한 새내기 사회복지사에게 절대적인 영향력을 미칠 수밖에 없다. 센터장의 경력과 노하우를 무시할 수는 없지만, 때로는 관련 전문분야에서 수년간 종사했다는 이유만으로는 모든 클라이언트의 서비스 개입방법에 최상의 답을 제공하기에는 한계가 있을 수 있다. 둘째, 전통에 의한 지식축적방법은 그 사회가 처한 문화적 맥락에서 이해할 수 있다. 예를 들어, 설날이 되면 세배를 하고, 추석이 되면 송편을 먹듯이 오랜 시간을 거쳐 전통으로 자리 잡은 문화적인 것들이 있다. 정신건강복지 실천영역에서도 실천전문가들이 수년간 축적해 놓은 실천현장의 전통이 존재한다. 하지만 급변하는 사회에서 다양한 클라이언트의 욕구에 반응하기 위해 전통적인 방법에만 의존하는 것은 새로운 지식축적을 방해하기도 한다. 셋째, 일반상식을 통한 지식축적 방법은 일반적으로 많은 사람들이 공감하는 믿음이다. 때로는 일반적인 상식이 명백해 보이고 합리적인 것으로 비추어지는 경향이 있기는 하나, 정신건강사회복지영역에서 클라이언트의 다양성을 고려할 때 일반적인 상식에 지나치게 의존하는 태도는 옳지 않다. 넷째, 개인적 경험을 통한 지식축적방법이다. 모든 사람들은 각자 삶의 위치에서 다양한 경험을 하게 된다. 이러한 경험을 통해 노하우를 축적하고 성장을 하기도 하는데, 정신건강복지 실천현장에서의 개인적 경험도 시행착오를 줄여가며 클라이언트에게 많은 도움이 된다. 하지만 때로는 정신건강사회복지사의 경험이 해(害)가 되는 경우도 있다. 실천현장에서의 오랜 경험으로 인한 선입견이 클라이언트의 다양성을 수용하지 못하는 경우가 발생하기 때문이다. 사회복지사의 경험은 득(得)이 되어야지 독(毒)이 되어서는 안 된다. 정신건강사회복지 영역에서 개인의 경험을 적극적으로 활용하되 클라이언트의 다양성을 인정하며 항상 변화가능성에 초점을 두어야 한다. 마지막으로, 지식축적방법에는 과학적 방법이 있다. 과학적 방법(scientific methods)은 앞서 살펴본 네 가지의 비과학적인 방법들과 달리 다음과 같은 네 가지 기본원리를 바탕으로 한다. 첫 번째, 열린 마음(keep on open mind)은 과학적 방법의 가장 기본적인 원리로써, 모든 것은 변화가능하며 의문을 제기할 수 있다는 것이다. 예를 들어, 아무리 효과적인 프로그램으로 검증되었다 하더라도, 어떤 클라이언트에게는 적합한 실천개입방법이 아닐 수 있음을 명심해야 한다. 두 번째, 관찰(observation)에 기반한 증거를 제시할 수 있어야 한다. 실증적(empirical)이라고 표현하기도 하는 과학적 방법은 직접적 또는 간접적인 관찰을 통해 확인할 수 있어야 한다. 세 번째는 객관성(objectivity)인데, 즉 개인의 주관적인, 편협한 의견보다는 객관성을 추구할 수 있어야 한다. 네 번째, 연구결과는 재현(replication)될 수 있어야 한다. 논문에서 연구방법론의 제시가 중요한 이유는 또 다른 연구자에 의해서 이러한 연구결과가 도출되는지 다시 확인할 수 있어야 하기 때문이다. 결론적으로, 실증적 증거(empirical evidence)는 권위, 전통, 일반상식, 개인적 경험이 아닌, 과학적인 방법에 근거한 체계적인 관찰(systematic observation)을 통해 입증됨을 명심해야 한다.

2. 정신건강복지 연구의 개념 및 종류

정신건강복지 조사연구는 다양한 사회적 문제 중에서 정신건강 문제를 가지고 있는 정신질환자 및 가족을 대상으로 하기도 하며, 지역사회 및 전 국민의 정신건강 이슈를 포괄적으로 다루는 영역이라고 할 수 있다. 앞서 살펴보았듯이 연구를 과학적 방법을 활용한 지식축적과정이라고 정의한다면, 정신건강복지 조사연구는 정신건강복지 실천을 위한 지식축적과정이라고 할 수 있다. 정신건강복지 조사연구의 종류는 크게 평가연구, 욕구조사, 정책분석, 개입연구, 예방연구, 역학연구 등을 포함한다. 첫째, 평가연구(evaluation research)는 협의적 개념에서 정신건강복지 프로그램의 효과성 검증 연구를 포함하기도 하고, 광의적 개념에서는 정책분석 및 제도분석을 포함하기도 한다. 둘째, 욕구조사(needs assessment)는 정신질환 당사자 및 가족 또는 더 나아가 지역사회가 당면한 현재의 문제 확인 및 욕구를 파악하는 것으로 정신건강복지 실천을 위한 전제조건으로 활용되기도 한다. 셋째, 정책분석(policy analysis)은 거시적인 측면에서 정책 결정의 한 과정으로써 정신건강과 관련된 정책적인 문제들을 해결하기 위해 대안을 개발하고 분석기준에 따라 비교평가한 후 최선의 정책대안을 선택해 나가는 과정을 말한다. 넷째, 개입연구(intervention research)는 개입의 효과를 측정하기 위한 것으로 실험집단설계, 유사실험집단설계 등의 방법을 활용하여 개입의 사전사후값 비교 또는 외생변인을 통제한 후 개입의 효과가 얼마나 나타났는지 측정하는 것을 말한다. 다섯째, 예방연구(prevention research)는 클라이언트의 생물학적인 또는 행동적인 측면에서의 일탈을 방지하기 위한 목적으로 예를 들어, 우울증 예방 또는 도박문제 예방을 위한 연구를 말한다. 마지막으로 역학연구(epidemiology research)는 지역사회에서 발생할 수 있는 질병이나 분포의 결정요인을 연구하는 것으로 집단의 질병유행을 방지하는 목적을 갖는데, 예를 들어 코로나 바이러스에 관한 연구 등이 이에 속한다.

3. 증거기반실천

증거기반실천(evidence-based practice)이란 과학적인 방법을 적용하여 과학적인 증거에 기반한 실천모형이라 할 수 있다. 1980년대 의학분야에서 먼저 발달한 증거기반의학(evidence-based medicine)에서 처음 용어가 사용되었으나, 이후 사회복지를 포함한 많은 학문분야에서 개입, 사정, 정책수립, 지역사회 실천, 결과평가 등 다양한 분야에 광범위하게 적용되고 있다. 증거기반실천의 세 가지 주요 요소는 과학적인 증거, 전문가의 실천경험, 그리고 클라이언트의 가치와 상황 이해를 포함한다. 첫째, 증거기반실천은 과학적인 방법을 활용한 수많은 연구결과물들을 통해서 효과성이 입증된 증거가 있어야 한다. 둘째, 전문가의 실천경험을 기반으로 한 판단이 중요하다. 셋째, 클라이언트의 개별성에 기반한 각 클라이언트의 가치와 상황이해를 함께 고려해야 한다. 이와 같은 세 가지 주요 요소들을 모두 충족시킬 때 비로소 증거기반실천을 위한 중요한 결정을 내릴 수 있다. <그림 31-1>은 증거기반실천의 세 가지 주요요소를 나타낸 것이다. 증거기반실천은 클라이언트 중심의 접근으로 비판적인 사고(critical thinking)가 필수적이며, 가장 적합한 과학적인 증거를 바탕으로 클라이언트와의 협조적인 관계를 통해 의사결정 시 클라이언트의 가치와 상황을 종합적으로 고려해야 하는 것이다.

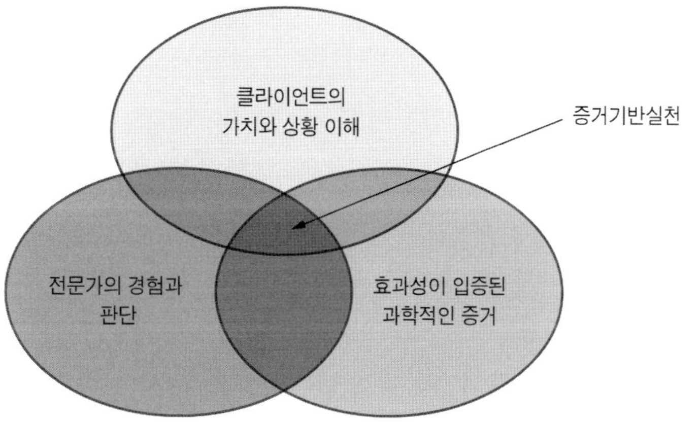

〈그림 31-1〉 증거기반실천의 세 가지 주요 요소

증거기반실천 과정은 총 6단계로 구성된다. 첫 번째 단계는 실천현장의 욕구에 반응할 수 있는 연구질문을 설정하는 것이다. 두 번째 단계는 문헌고찰 등을 통해 과학적 증거를 찾는 것이다. 세 번째 단계는 관련 연구결과를 비판적인 시각에서 분석하는 것이다. 네 번째 단계는 어떤 증거기반실천이 클라이언트에게 가장 적합할지 결정하는 것이다. 다섯 번째 단계는 결정한 증거기반실천 방법을 실제 적용하는 것이며, 마지막 여섯 번째 단계는 결과를 평가하고 피드백을 공유하는 것이다. 이러한 증거기반실천 과정에서 정신건강사회복지사가 중요하게 고려해야 하는 것은 클라이언트의 다양성을 인정하고 앞서 살펴본 과학적인 방법의 원리 중 첫 번째인 열린 마음(keep on open mind), 즉 모든 것에 대한 변화가능성과 의문을 제기해야 하는 것이다. 증거기반실천의 6단계는 <표 31-1>과 같다.

〈표 31-1〉 증거기반실천의 과정

단계	핵심 내용
1단계	실천현장의 욕구에 반응할 수 있는 연구질문 설정
2단계	과학적 증거 찾기(문헌고찰)
3단계	관련 연구결과를 비판적인 시각에서 분석
4단계	어떤 증거기반실천이 클라이언트에게 가장 적합할지 결정하기
5단계	결정한 증거기반실천 방법 적용하기
6단계	평가 및 피드백 공유

4. 정신건강복지 조사연구의 필요성

정신질환 예방 및 정신건강사회복지 실천에서 조사연구는 필수불가결한 요소이다. 사회복지실천이 도움을 필요로 하는 사람들에게 도움이 되고자 하는 따뜻한 마음과 순수한 동기만으로는 좋은 실천을 실행할 수 없듯이, 정신건강사회복지 실천에서 중요한 가치 중의 하나는 클라이언트의 욕구를 기반으로 한 최상의 서비스 개입을 위해 정신건강사회복지사는 끊임없이 노력해야 한다는 것이다. 다시 말해, 클라이언트의 욕구를 정확히 파악하고, 과학적인 근거를 바탕으로 한 효과적인 서비스를 제공해야 한다. 특히, 최근 정신건강복지 영역에서 클라이언트가 당면하고 있는 문제는 점차 복잡해지고 다양한 측면을 내포하고 있다. 때로는 클라이언트 개인의 문제가 복잡하게 얽혀 있을 수도 있고, 가족의 문제일 수도 있고, 지역사회 더 나아가 국가 전체의 문제로써 거시적인 측면에서의 정책 및 제도의 변화를 요구하기도 한다. 정신건강복지 실천에서 정신건강사회복지사는 정신건강복지 실천이 반드시 효과적이거나 클라이언트에게 도움이 되는 것이 아니라는 것을 명심해야 한다. What works! 즉, 과학적인 방법을 활용한 증거기반실천을 바탕으로 클라이언트의 가치와 상황을 고려하여, 어떠한 개입이 가장 효과적일지 탐색함으로써 클라이언트에게 적합한 최상의 서비스 개입을 하는 것이 정신건강사회복지사의 윤리적인 책임이라 할 수 있다. 따라서 정신건강사회복지실천을 위해서는 클라이언트의 다양성을 인정하고, 관련분야에 대한 문헌고찰을 업데이트하여 최신 연구동향을 인지하고 이를 실천현장에 반영할 수 있어야 하기에 정신건강복지 조사연구가 반드시 필요한 것이다.

Ⅱ. 연구방법

정신건강복지 조사연구방법은 크게 세 가지 영역으로 구분해 볼 수 있는데, 첫째 연역적 추론방법과 귀납적 추론방법, 둘째, 양적연구방법과 질적연구방법, 그리고 셋째, 횡단연구방법과 종단연구방법으로 나누어 살펴볼 수 있다.

1. 연역적 추론방법과 귀납적 추론방법

1) 연역적 추론방법

연역적 추론방법은 이론을 기반으로 연구가설을 설정한 후 관찰을 통해 가설을 검증하는 방법을 말한다. 이를 도식화하면 <그림 31-2>와 같다. 구체적인 연역적 추론방법의 예를 들어보면, 개인은 지역사회의 환경적 요인에 영향을 많이 받는다는 생태체계적 이론에 근거하여, 정선 카지노지역에 거주하고 있는 청소년들은 문제성 도박에 빠질 위험이 높다는 가설을 세운 후, 가설을 검증하기 위해 정선지역에 거주하고 있는 청소년들을 대상으로 설문을 실시하여 문제성 도박수준을 확인하는 것이다.

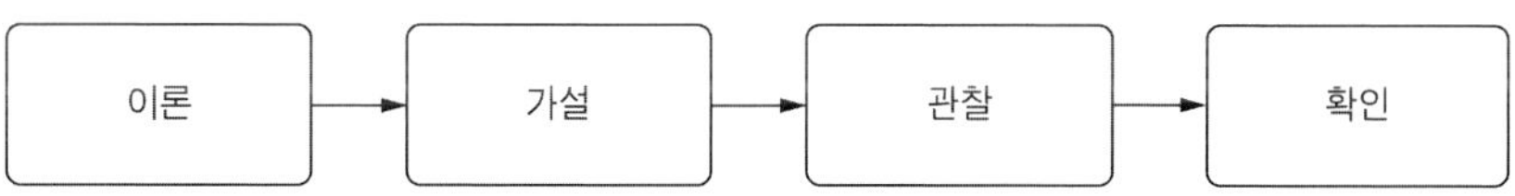

〈그림 31-2〉 연역적 추론방법의 도식화

2) 귀납적 추론방법

귀납적 추론방법은 연역적 추론방법과 추론의 방법에 있어 역방향을 갖게 되는데, 즉 관찰로 시작해서 관찰결과를 설명할 수 있는 가설을 설정하고, 이를 기반으로 한 이론을 발전시키는 추론방법을 말한다. 귀납적 추론방법을 도식화하면 <그림 31-3>과 같다. 귀납적 추론방법에 대한 구체적인 예를 들어보면, 만성질환을 갖고 있는 사람들이 정신건강의 문제를 경험하는 관찰을 시작으로 탐구가 시작되며 많은 사람들을 대상으로 반복적인 관찰을 통해 만성질환의 개수가 개인의 우울성향에 영향을 미친다는 가설을 세울 수 있고, 이러한 가설검증을 통해 신체질환과 정신질환의 역동을 설명해 줄 수 있는 이론으로 발전시키는 것이다.

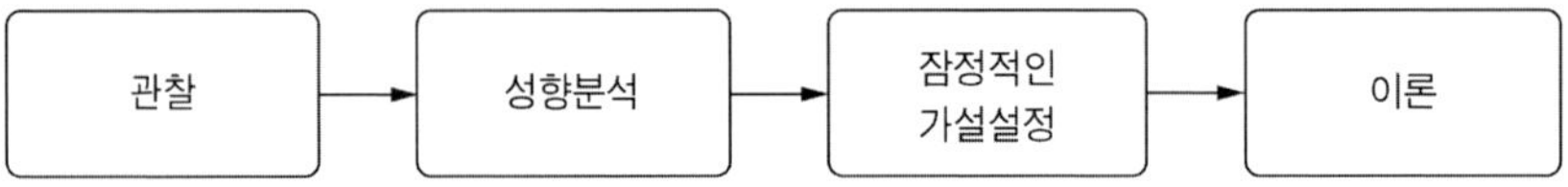

〈그림 31-3〉 귀납적 방법의 도식화

3) 과학의 수레바퀴(The Wheel of Science)

추론 방법에 있어 연역적 추론방법과 귀납적 추론방법은 명확한 차이를 보여주기는 하나, 연구는 이러한 연역적 추론방법과 귀납적 추론방법이 끊임없이 반복적으로 상호작용하는데, 이를 과학의 수레바퀴(The Wheel of Science)라고 한다. 즉, <그림 31-4>에서 보는 것과 같이 이론은 가설을 제시해 주고, 가설검증을 위한 관찰을 통해 실증적인 일반화를 도출하게 된다. 이러한 연구결과는 이론수정에 도움이 되며, 수정된 이론은 다시 새로운 가설을 제시하고, 새로운 가설검증을 위한 관찰을 통해 또 다시 실증적인 일반화를 도출하여 이론의 수정에 도움을 준다는 것이다. 이러한 반복적인 과정을 통해 과학은 계속해서 수정되며 발전하는 것이다.

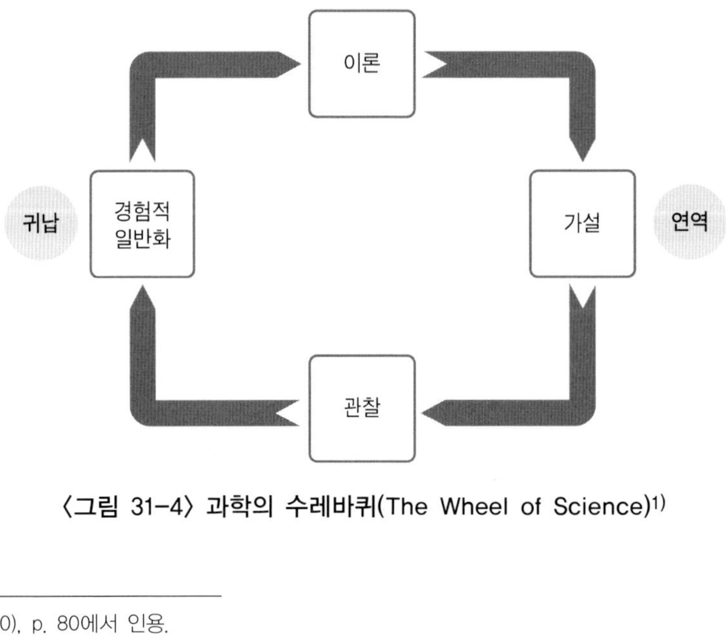

〈그림 31-4〉 과학의 수레바퀴(The Wheel of Science)[1)]

1) 유태균 역(2020), p. 80에서 인용.

하지만 이러한 추론과정에서 명심해야 할 것은 연구의 결과는 확실성(certainty)이 아니라 확률성(probability)으로 표현되어야 한다는 것이다. 다시 말해, 어떠한 사건 A가 발생했을 때 B라는 결과가 반드시 나타나는 것이 아니라, 사건 A가 발생했을 때 B라는 결과가 나타날 확률이 높아진다는 결과로 이해해야 한다. 과학의 수레바퀴에서 나타난 반복적인 연역적, 귀납적 추론과정을 통해 이론은 언제든지 수정될 수 있음을 인지해야 한다.

2. 양적연구방법과 질적연구방법

1) 양적연구방법

양적연구방법은 일반적으로 원인과 결과의 인과관계를 설명하기 위해 주로 사용되는데, 특히 일반화시킬 수 있는 결과를 도출해 내는데 유용한 방법이다. 양적연구방법의 추론방법은 연역적인 방법을 사용하며, 객관성에 중점을 둔다. 양적연구방법의 연구질문은 이론 및 선행연구결과를 바탕으로 미리 지정하며, 연구결과를 강조한다. 양적연구방법의 결과는 주로 수치(number)로 표현하며, 통계적인 추론을 통해 일반화를 도출해 내는데 그 목적이 있다. 예를 들어, 부모의 양육태도가 청소년의 스마트폰 중독에 미치는 영향을 살펴보기 위한 목적의 연구나 정신장애인의 지역사회통합에 미치는 영향요인을 파악하기 위한 목적의 연구 등은 양적연구방법을 유용하게 활용할 수 있다.

2) 질적연구방법

질적연구방법은 양적연구방법과 달리 연구결과의 수량화에 의존하지 않고, 포괄적인 관찰에 비중을 두는데, 특히 경험의 심층적인 의미 파악을 강조한다. 질적연구방법의 추론방법은 귀납적인 방법을 사용하며, 주관성에 중점을 둔다. 질적연구방법의 연구질문은 개방형 질문을 사용하며, 양적연구방법과 달리 가설을 미리 설정하지 않는다. 연구의 결과보다는 연구과정에 중점을 두며, 결과는 주로 내러티브(narrative)로 표현하고, 지속적인 비교방법을 통해 결과를 도출해 내는 데 그 목적이 있다. 예를 들어, 지역사회거주 정신장애인들의 당사자운동 경험에 관한 연구, 도박중독자들의 치료공동체 프로그램 참여경험에 관한 연구 등은 질적연구방법을 활용하여 그들의 경험을 깊이 있게 고찰해 볼 수 있다.

3. 횡단연구방법과 종단연구방법

1) 횡단연구

횡단연구(cross-sectional study)란 어느 특정한 한 시점을 기준으로 어떤 현상을 측정하기 위하여 일회성으로 모든 자료를 수집하는 연구를 말한다. 횡단연구는 주로 탐색적 연구와 기술적 연구의 목적으로 시행되는데, 한 시점을 기준으로 한 연구이기 때문에 시간의 흐름에 따른 변화를 설명하기에는 한계가 있다. 다시 말해, 횡단연구는 원인과 결과의 인과관계를 설명하는 데 한계가 있다. 가령, 정신장애인들이 인지하고 있는 사회적 지지가 삶의 만족도에 미치는 영향을 살펴보는 연구를 횡단연구방법으로 시행하였다고 가정해 볼 때, 동일시점에서 측정한 사회적 지지와 삶의 만족도 수준으로는 어떤 변수가 선행되어 다른 변수에 영향을 미쳤는지에 대한 충분한 설명을 할 수 없기에 인과관계 추정에는 한계가 있으므로 두 변수의 인과관계가 아닌 상관관계 추정으로 만족해야 한다.

2) 종단연구

종단연구(longitudinal study)란 어떤 현상을 측정하기 위하여 동일한 질문을 최소 두 시점 이상의 시간에서 측정하여 데이터를 수집하는 연구를 말한다. 종단연구에서는 시간차를 두고 자료를 수집하기 때문에 변수들의 인과관계를 추정하기에 적합한 연구방법이다. 종단연구는 크게 세 가지 종류의 연구로 구분해 볼 수 있는데, 즉 추이연구, 동류집단연구, 패널연구를 포함한다. 첫째, 추이연구(trend study)는 특정집단의 경향을 분석하기 위하여 동일한 내용의 질문을 새로운, 독립적인 집단을 대상으로 시간차를 두고 측정하는 것을 말한다. 예를 들어, 1990년 사회복지전공자들의 진로탐색에 대한 연구를 수행함에 있어 2000년, 2010년에 동일한 질문지를 가지고 새로운 집단을 대상으로 수집하여 그 추이를 분석하는 것이다. 둘째, 동류집단연구(cohort study)는 동일한 집단을 대상으로 시간이 지남에 따라 어떤 변화를 보이는지 측정하는 것이다. 예를 들어, 2000년 사회복지학과에 입학한 20세 신입생들이 가지고 있는 정신장애인에 대한 편견을 조사한 후 10년이 지나 이들이 30세가 되었을 때 30세 사회복지학과 졸업생들을 대상으로 정신장애인에 대한 편견을 조사하여 시간이 지남에 따라 이들의 정신장애인에 대한 편견이 어떻게 변화되었는지 측정하는 것이다. 20세 집단과 30세 집단은 동일한 개인은 아니지만, 모두 1980년에 출생하였다는 점에서 동류집단으로 가정한 연구이다. 셋째, 패널연구(panel study)는 동일한 개인을 대상으로 동일한 질문지를 두 시점 이상의 시간차를 두고 측정하는 것을 말한다. 예를 들어, 2010년 정신건강사회복지사를 대상으로 직무만족도를 측정한 후 2020년 동일한 개인을 대상으로 동일한 설문을 실시하여 비교분석하는 것이다. 추이연구, 동류집단연구, 패널연구 모두 종단연구방법으로 두 시점 이상의 시간차를 두고 같은 질문을 한다는 점에서 공통점을 가지나, 패널연구는 추이연구나 동류집단연구와 달리 동일한 개인을 대상으로 한다는 점에서 차별성을 갖는다.

Ⅲ. 연구과정

정신건강복지 조사연구의 과정은 크게 6가지 단계를 거쳐 완성된다고 볼 수 있다. <그림 31-5>에서 보는 바와 같이, 첫째 문제형성, 둘째 연구설계, 셋째 자료수집, 넷째 자료분석, 다섯째 결과해석, 그리고 마지막 여섯째 연구보고서 작성의 순으로 진행된다.

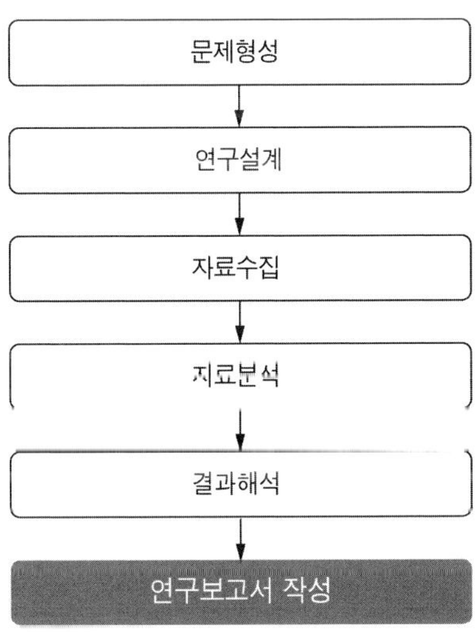

〈그림 31-5〉 조사연구의 과정

1. 문제형성

정신건강복지 조사연구의 첫 번째 단계인 문제형성 단계는 문제를 고르는 과정이다. 즉, 무엇이 문제인가? 라는 원초적인 질문에서 시작하여 광범위한 연구주제로부터 구체적인 연구문제를 설정하기까지의 과정을 의미한다.

1) 연구주제 선정 시 고려해야 할 사항들

먼저 연구주제를 선정할 때 고려해야 할 사항들을 살펴보면, 정신건강복지 실천영역의 문제점에서 시작하여 복지정책, 계획수립, 실천과의 연관성 등을 종합적으로 고려해야 한다. 이러한 과정에서 관련 내용에 대한 선행연구 고찰은 필수적인 요소이며, 실천전문가들의 의견을 반영하면 보다 현실적인 연구주제를 선정하는 데 도움이 된다. 또한, 연구자의 개인적인 관심도 중요하다. 간혹 연구자의 개인적인 연구주제에 대한 관심보다는 사회적인 유행 또는 정부의 연구예산 지원에 편승하여 연구주제를 선정하는 경우가 종종 있는데, 이는 장기적인 관점에서 바람직하지 못하다. 연구주제를 선정함에 있어 개인의 경험과 관심을 적극 반영한다면 연구를 훨씬 더 흥미롭게 진행할 수 있으며, 결과적으로 연구결과의 효용가능성도 높아진다. 종합해 보면, 연구주제 선정을 위해서는 개인의 관심과 선행연구 고찰을 바탕으로 정신건강복지 영역에서의 문제점을 발견하고 문제해결을 위한 방법들을 고민해야 한다.

또한, 연구주제 선정 시 중요하게 고려해야 하는 것은 실행가능성(feasibility)이다. 아무리 좋은 연구주제라도 현실적으로 실행가능성이 없다면, 효용성이 없어진다. 따라서 계획된 연구주제를 가지고 연구를 실행함에 있어 주어진 자원을 활용하여 성공적으로 실행될 수 있는지 현실적인 여부를 미리 검토하는 것은 반드시 필요한 과정이다. 즉, 연구의 범위를 현실가능한 범주 내에서 한정하고, 시간과 비용의 문제, 윤리적 문제, 그리고 연구대상자의 특성 등을 종합적으로 고려해야 한다. 양적연구방법에서 외적타당도를 높이기 위해 표본수를 늘리는 것은 도움이 될 수 있지만, 현실적으로 연구대상의 표본수를 늘리는 것이 쉽지 않은 경우도 많이 있다. 또한, 연구참여자 선정 및 자료수집 방법과 관련하여 접근성은 얼마나 용이한지, 주어진 예산범위 내에서 가능한 자료수집 방법인지 등의 내용을 아주 구체적이고 현실적으로 고려해야 한다. 예를 들어, 정신장애인을 대상으로 한 설문을 실시한다고 가정해 볼 때, 예산의 한계로 인해 1:1 면접이 아닌 자기보고식 설문을 실시하게 된다면, 일부 복잡한 질문에 대해서는 수많은 결측을 가져오게 될 수도 있다.

2) 연구문제 및 가설 설정하기

연구주제를 선정했다면 다음 단계는 연구문제를 구체적으로 설정하는 것이다. 일반적으로 연구주제는 폭넓은 광범위한 주제로부터 시작한다. 구체적인 연구문제 설정을 위해서는 문헌고찰이 필수적인 단계이다. 문헌고찰은 연구주제와 관련된 내용을 알아가는 과정으로써, 이미 출판된 연구결과물들을 분석하는 과정이다. 초기단계에서의 문헌고찰은 연구주제 및 연구문제 설정에 도움을 준다. 단, 문헌고찰은 지속적, 연속적인 과정이므로 연구가 진행되는 동안 계속해서 진행되어야 한다. 선행연구 고찰을 통해 현시점에서 필요한 연구문제가 무엇인지 고민하고, 연구주제 선정 시 고려했던 개인적 경험과 관심사도 보다 적극적으로 반영해야 한다. 또한, 정신건강복지 실천현장의 욕구도 반영하여 정신건강복지 실천적, 정책적 함의 등의 연관성을 연구문제 설정 시에 함께 고려해야 한다.

광범위한 연구주제로부터 구체적인 연구문제를 설정했다면, 다음 단계는 가설을 설정하는 것이다. 좋은 가설은 명확하고, 구체적이고, 현실적이며, 측정가능해야 한다. 가설은 독립변수와 종속변수로 구성되는데, 독립변수는 무엇인가를 설명하거나 원인이 되는 변수를 말하며, 종속변수는 무엇인가에 의해 설명되거나 결과가 되는 변수를 말한다. 가급적이면 가설설정 시 방향성(정적관계 또는 부적관계)을 포함하는 것이 좋다. 예를 들어, '청소년의 도박행동에 영향을 미치는 요인은 무엇인가?'라는 연구문제와 관련하여, '사회적 지지는 청소년의 도박행동과 관련이 있을 것이다'라는 가설보다는 '사회적 지지는 청소년의 도박행동을 감소시킬 것이다'라는 가설이 더 좋다. 이 가설에서 사회적 지지는 독립변수로, 청소년의 도박행동은 종속변수로 설정되며, 도박행동의 증가/감소 여부에 대한 방향성은 문헌고찰을 통해서 결정된다.

2. 측정하기

연구가설을 설정했다면, 다음 단계에서는 변수를 어떻게 측정할 것인지에 대한 결정이 필요하다. 변수측정을 위해서는 개념화와 조작화에 대한 개념을 이해해야 한다.

1) 개념화(conceptualization)

개념(concept)이란 생각, 대상, 행동, 사람 등을 상징하는 마음의 상(mental image)을 말한다. 개념은 이론을 구성하는 가장 기본적인 요소로써, 연구에서 조사하고자 하는 변수(variable)를 의미한다. 개념 내에서의 서로 다른 특성은 속성(attribute)이라고 한다. 예를 들어, '성별'의 개념에서 남성, 여성은 속성을 말하며, '종교'는 기독교, 천주교, 불교 등의 속성을 갖는다. 개념은 사랑, 성, 문화적응 등의 추상적 개념도 포함하기에 신중하게 정의되어야 한다. 개념화(conceptualization)란 추상적 개념을 명목적 정의로 변화시키는 과정을 말한다. 즉, 개념화란 어떻게 정의하는지(how to define)에 대한 것이다. 개념화 과정을 도식화하면 <그림 31-6>과 같다.

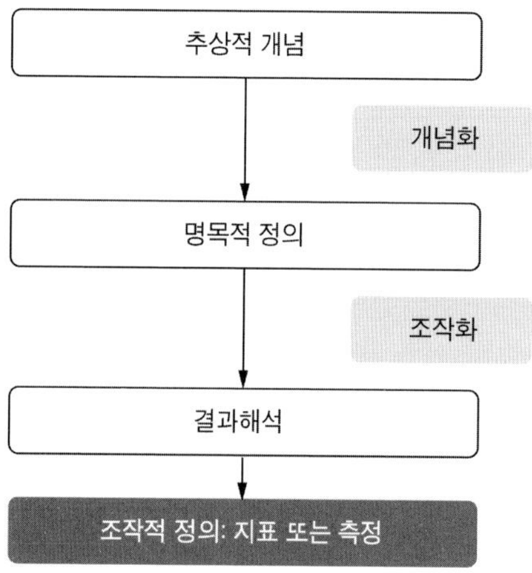

〈그림 31-6〉 개념화 과정

2) 조작화(operationalization)

명목적 정의를 조작적 정의로 변화시키는 과정을 조작화(operationalization)라고 한다. 즉, 조작화는 변수를 어떻게 측정할 것인지에 대한 물음이다. 예를 들어, 사랑 또는 우정의 정도를 측정하기 위하여 연인 또는 친구와 연락횟수, 감정표현 정도 등을 사용하는 것이다.

<표 31-2>에서 보는 바와 같이, 측정의 수준은 크게 명목척도, 서열척도, 등간척도, 비율척도로 나누어 살펴볼 수 있다. 첫째, 명목척도는 범주의 질적 속성으로만 정의한다. 명목척도는 서열/순위, 등간, 절대 영점이 없으며, 상호배타적(mutually exclusive)이며 포괄

적인(exhaustive) 특성을 지닌다. 예를 들어, 성별, 인종, 종교 등을 포함한다. 둘째, 서열척도는 각 범주가 갖고 있는 속성을 바탕으로 상대적인 서열/순위 나열이 가능하지만, 등간과 절대 영점은 없다. 예를 들어, 최종학력, 학점, 만족도 등을 포함한다. 셋째, 등간척도는 범주의 속성을 바탕으로 서열/순위가 있고 범주 간 거리가 동일하게 나타난다. 또한, 등간척도가 가지고 있는 수치는 수량값을 의미하기 때문에 수량적인 계산이 가능하다. 예를 들어, IQ, 화씨온도 등을 포함한다. 넷째, 비율척도는 각 범주가 갖고 있는 속성을 바탕으로 서열/순위, 등간이 존재하며, 절대 영점 또한 존재한다는 측면에서 등간척도와 구별된다. 예를 들어, 연령, 몸무게, 소득수준 등이 포함된다. 이러한 네 가지 척도의 측정 수준은 다시 범주형 변수와 연속형 변수로 구분지어 볼 수 있는데, 일반적으로 명목척도와 서열척도는 범주형 변수, 등간척도와 비율척도는 연속형 변수로 구분된다. 단, 서열척도의 경우 범주가 5개 이상으로 구성되었을 경우에 한해, 자료분석 시 연속형 변수로 간주하는 경우도 있다.

〈표 31-2〉 측정수준의 위계

	명목 (Norminal)	서열 (Ordinal)	등간 (Interval)	비율 (Ratio)
서열/순위 (Order/Rank)	X	O	O	O
등간 (Same Distance)	X	X	O	O
절대 영점 (Meaningful Zero)	X	X	X	O

범주형(Categorical): 명목, 서열

연속형(Continuous): 등간, 비율

측정과 관련하여 또 하나의 중요한 특성은 하나의 변수는 다양한 수준에서 측정이 가능하다는 것이다. 예를 들어, 연령의 경우 출생년도를 기점으로 연속변수로 측정을 할 수도 있지만, 65세 미만과 65세 이상으로 나누어 비노인과 노인으로 구분할 수 있다. 어떻게 변수를 측정하는지는 추후 분석방법을 결정하기 때문에 변수 측정방법은 신중하게 고려해야 한다. 설문지 구성을 할 때 만약 연속형 변수로 측정이 가능한 변수라면(예를 들어, 연령), 가능한 연속형 변수로 측정하는 것이 유리하다. 연속형 변수로 측정한 것은 추후 연구자의 관심에 따라 범주형 변수로 변형이 가능하지만, 범주형 변수로 측정한 변수는 추후 연속형 변수로 전환할 수 없기 때문이다.

3) 신뢰도와 타당도

(1) 신뢰도(reliability)

신뢰도란 동일한 대상에 대해서 특정기법을 반복적으로 적용할 때 매번 동일한 결과를 얻게 되는지의 정도에 관한 것이다. 다시 말해, 신뢰도는 측정의 일관성(consistency)에 관한 것이다. 신뢰도의 종류는 관찰자 간 신뢰도, 검사-재검사 신뢰도, 내적 일관성 신뢰도를 포함한다. 첫째, 관찰자 간 신뢰도(interobserver reliability)는 서로 다른 관찰자가 동일 현상에 대해 독립적으로 각각 측정한 결과가 얼마나 일관성 있게 나타나는지에 대한 것이다. 일반적으로 두 명의 독립적인 관찰자의 측정결과가 80% 정도 일치할 때 신뢰도가 높다고 평가한다. 둘째, 검사-재검사 신뢰도(test-retest reliability)는 시간의 변화에 따른 척도의 안정성을 측정하기 위한 것이다. 일반적으로 동일한 척도를 동일한 대상자들에게 약 2주의 시간 차이를 두고 측정하는데, 신뢰도가 .70일 때 양호하고 .80 이상일 때 신뢰도가 높다고 평가한다. 셋째, 내적 일관성 신뢰도(internal consistency reliability)는 한 척도를 구성하고 있는 다수의 문항들이 내적으로 일관성 있게 측정을 하고 있는지에 대한 정도를 측정하는 것이다. 내적 일관성 신뢰도는 신뢰도 계수인 Cronbach's alpha 값으로 표현하는데, 일반적으로 신뢰도 계수가 .80 이상일 때 높은 신뢰도를 가진다고 평가한다.

(2) 타당도(validity)

타당도란 측정하고자 하는 특정 개념을 얼마나 정확하게 측정하는지에 대한 정도를 의미한다. 다시 말해, 타당도는 측정의 정확도(accuracy)에 관한 것이다. 타당도는 크게 내적타당도와 외적타당도로 구분할 수 있는데, 내적타당도는 인과관계의 추론(causal inference) 정도를 의미하며, 외적타당도는 도출된 연구결과를 전체 모집단에게 얼마나 일반화시킬 수 있는가(generalizability)에 대한 정도를 의미한다. 내적타당도의 종류는 액면타당도, 내용타당도, 기준관련 타당도, 구성타당도를 포함한다. 첫째, 액면타당도(face validity)는 측정하고자 하는 변수의 속성을 얼마나 잘 측정하고 있는지에 대해 평가자의 주관적인 판단에 전적으로 의존하기 때문에 가장 약한 형태의 타당도에 해당한다. 둘째, 내용타당도(content validity)는 어떤 척도가 특정 개념 안에 포함되어 있는 모든 개념을 잘 포함하고 있는지에 대한 정도를 측정하는 것으로 액면 타당도보다는 높은 수준의 타당도이지만, 여전히 평가자의 주관적인 판단에 근거한다는 한계를 가진다. 셋째, 기준관련 타당도(criterion-related validity)는 내용타당도보다 높은 수준의 타당도로써 또 다른 독립적인 척도와의 상관관계를 살펴보는 등 외적 기준에 근거하여 측정하는 타당도이다. 넷째, 구성타당도(construct validity)는 가장 높은 수준의 타당도로써 척도이 이론적인 가정에 충족하는지를 측정하는 가장 복잡한 형태의 타당도를 말한다.

(3) 신뢰도와 타당도의 관계

비록 신뢰도가 높은 척도가 할지라도 높은 신뢰도가 높은 타당도를 항상 보증하는 것이 아니라는 점을 반드시 유의해야 한다. <그림 31-7>은 신뢰도와 타당도의 관계를 보여준다.

〈그림 31-7〉 신뢰도와 타당도의 관계

Ⅳ. 연구설계

연구설계는 크게 원시실험설계, 유사실험설계, 실험설계로 나누어 살펴볼 수 있다. <표 31-3>에서 보듯이, 원시실험설계(pre-experimental design)는 한 집단을 대상으로 사전검사 없이 사후검사만 실시하거나 한 집단만을 대상으로 사전사후검사를 하는 것이 일반적이다. 유사실험설계(quasi-experimental design)는 표본을 두 집단으로 나누어 한 집단(실험집단)에게만 서비스 개입을 하고 다른 집단(비교집단)에는 서비스 개입을 하지 않은 후에 사전사후검사를 비교하는 것을 말한다. 실험설계(experimental design)는 두 집단의 사전사후검사를 활용한다는 측면에서 유사실험설계와 비슷한 특성을 가지나, 집단을 선정함에 있어 무작위화(randomization)를 사용한다는 측면에서 차이점을 가진다.

〈표 31-3〉 연구설계의 종류

설계	종류
X O O_1 X O_2	• 원시실험설계(Pre-experimental design)
O_1 X O_2 O_1 O_2	• 유사실험설계(Quasi-experimental design)
R O_1 X O_2 R O_1 O_2	• 실험설계(Experimental design)

* X: 개입, O_1: 사전검사, O_2: 사후검사, R: 무작위화

1. 원시실험설계(pre-experimental design)

원시실험설계는 주로 탐색연구에 많이 활용되는 연구설계로 내적타당도가 낮은 단점을 가지고 있다. 일반적으로 개입에 대한 지속적인 검증이 필요하다는 근거를 제시하기 위한 목적으로 사용된다. 원시실험설계의 종류에는 일회검사 사례연구, 단일검사 사전사후검사설계, 비동일집단 사후검사설계가 있다.

1) 일회검사 사례연구(one-shot case study)

일회검사 사례연구는 <그림 31-8>에서 보듯이, 단일집단을 대상으로 사전검사 없이 서비스 개입(X) 이후 사후검사(O)만 측정하는 것을 말한다. 예를 들어, 우울증을 겪고 있는 클라이언트를 대상으로 인지행동치료 프로그램을 제공한 후 프로그램 참여자들의 우울수준을 측정하는 경우이다. 일회검사 사례연구는 내적타당도를 저해하는 어떠한 위협도 통제할 수 없기 때문에 낮은 내적타당도를 가진다.

X	O

〈그림 31-8〉 일회검사 사례연구

2) 단일집단 사전사후검사설계(one-group pretest-posttest design)

단일집단 사전사후검사설계는 <그림 31-9>에서 보듯이, 단일집단을 대상으로 서비스 개입(X) 전과 후에 동일한 척도를 가지고 사전검사(O_1)와 사후검사(O_2)를 모두 실시하는 것을 말한다. 예를 들어, 청소년들을 대상으로 자살예방교육을 실시함에 있어 교육 실시 전 사전검사를 통해 자살위험성의 수준을 측정하고, 교육 실시 후 다시 동일한 척도를 가지고 사후검사를 실시하는 경우이다. 단일집단 사전사후검사설계는 인과적 시간 순서를 통제하였지만, 사전검사와 사후검사의 차이가 프로그램 개입으로 인한 결과인지, 우연에 의한 결과인지에 대한 의문은 여전히 남아 있기에 낮은 내적타당도를 가진다.

O_1	X	O_2

〈그림 31-9〉 단일집단 사전사후검사설계

3) 비동일집단 사후검사설계(posttest-only design with nonequivalent groups)

비동일집단 사후검사설계는 <그림 31-10>에서 보듯이, 두 집단을 대상으로 하는데 한 집단에는 서비스 개입(X)을 실시한 후 사후검사(O)를 실시하고, 다른 집단은 서비스 개입 없이 사후검사(O)만 실시하여 두 집단의 사후검사 값을 비교하는 것이다. 예를 들어, 중학생을 대상으로 자기효능감 증진 프로그램을 실시하고 그 효과성을 검증함에 있어, A반 학생들에게는 프로그램을 제공하고 프로그램 실시 후 자기효능감 척도를 활용하여 사후검사를 실시하고, B반 학생들에게는 프로그램 제공 없이 자기효능감 척도를 활용하여 사후검사만 실시한 후 A반과 B반 학생들의 자기효능감 수준을 비교하는 경우이다. 비동일집단 사후검사설계는 프로그램 개입 전 사전검사를 실시하지 않았기 때문에 처음부터 두 집단의 차이가 있을 수 있는 선정편향(selection bias) 문제가 있을 수 있어 낮은 내적타당도를 가진다.

X	O
	O

〈그림 31-10〉 비동일집단 사후검사설계

2. 실험설계(experimental design)

실험설계는 내적타당도가 가장 높은 설계로써 연구대상을 실험집단(experimental group)과 통제집단(control group)에 무작위 배정(randomization)한 후 실험집단에만 프로그램을 제공하고 통제집단에는 프로그램을 제공하지 않은 채 두 집단 간의 사후검사 값을 비교하는 것이다. 무작위 배정이란 내적타당도를 증가시키기 위한 방법으로 확률표본 추출과정을 사용하는 것인데, 특히 선정편향(selection bias)을 통제할 수 있는 유용한 방법이다. 즉, 서비스 개입 전에 연구대상을 실험집단과 통제집단에 무작위 배정하여 서비스 개입 전 두 집단의 차이가 존재하지 않는다는 것을 보여준다. 실험설계의 종류에는 통제집단 사전사후검사설계, 통제집단 사후검사설계, 솔로몬 4집단설계, 사전조사 대안개입 설계, 분해연구가 있다.

1) 통제집단 사전사후검사설계(pretest-posttest control group design)

통제집단 사전사후검사설계는 가장 대표적인 실험설계의 방법으로써 <그림 31-11>에서 보듯이, 연구대상을 실험집단과 통제집단에 무작위 배정한 후(R), 실험집단에만 서비스 개입을 하고 통제집단에는 서비스 개입을 하지 않는다. 서비스 개입 전과 후에 두 집단 모두에게 사전검사(O_1)와 사후검사(O_2)를 측정하여 비교분석한다. 예를 들어, 도박중독자들의 자기효능감 증진 프로그램의 효과성 검증을 위해서, 한국도박문제관리센터를 이용하는 도박중독자 60명을 대상으로 무작위 할당하여 30명은 실험집단으로, 30명은 통제집단으로 배정한 후 실험집단구성원들에게만 자기효능감 프로그램을 제공하고 통제집단구성원들에게는 프로그램을 제공하지 않는다. 프로그램 제공 전 사전검사를 통해 실험집단과 통제집단의 자기효능감 수준에서 통계적으로 유의미한 차이가 있는지를 먼저 분석한 후, 프로그램 개입 후 두 집단의 사후검사값 비교를 통해 실험집단의 자기효능감 증진의 이유가 프로그램 개입으로 인한 결과라는 것을 밝혀내는 것이다. 통제집단 사전

사후검사설계는 내적타당도를 저해하는 위협요인 중 우연한 사건(history)과 시간의 흐름에 따른 성숙(maturation)의 위협을 통제할 수 있기에 높은 내적타당도를 가지나, 동일한 척도를 사용하여 두 번의 검사를 시행한다는 점에서 검사(testing) 위협까지 통제하기에는 한계가 있다.

R	O_1	X	O_2
R	O_1		O_2

〈그림 31-11〉 통제집단 사전사후검사설계

2) 통제집단 사후검사설계(posttest-only control group)

통제집단 사후검사설계는 앞서 살펴본 통제집단 사전사후검사설계의 한계로 나타난 검사(testing)의 위협, 즉 사전검사를 실시하는 것이 프로그램 개입 이후 사후검사 반응의 순수한 결과를 왜곡시킬 수 있다고 판단되는 경우에 대안으로 사용할 수 있다. <그림 31-12>에서 보듯이, 통제집단 사후검사설계는 연구대상을 실험집단과 통제집단으로 무작위 할당하고 실험집단에만 서비스 개입을 하고, 통제집단에는 서비스 개입을 하지 않는 것은 통제집단 사전사후검사설계와 동일하나, 두 집단 모두에게 사전검사를 실시하지 않는다는 점에서 차이점을 갖는다.

R	X	O
R		O

〈그림 31-12〉 통제집단 사후검사설계

3) 솔로몬 4집단설계(Solomon four-group design)

솔로몬 4집단설계는 통제집단 사전사후검사설계와 통제집단 사후검사설계를 혼합한 것이다. 따라서 솔로몬 4집단설계는 통제집단 사전사후검사설계의 장점으로 나타난 우연한 사건(history)과 성숙(maturation)의 위협을 통제할 수 있으며, 통제집단 사후검사설계의 장점으로 나타난 검사(testing)의 위협을 모두 통제할 수 있다는 점에서 유용하게 사용된다. 솔로몬 4집단설계는 <그림 31-13>에서 보듯이, 연구대상을 4개의 그룹으로 무작위 배정하여, 두 개의 실험집단과 두 개의 통제집단을 가진다. 첫 번째 집단(실험집단)은 서비스 개입 전과 후에 사전검사와 사후검사를 실시하고, 두 번째 집단(통제집단)은 서비스 개입 없이 사전검사와 사후검사를 실시한다. 또한, 세 번째 집단(실험집단)은 사전검사 없이 서비스 개입 이후 사후검사만 실시하고, 네 번째 집단(통제집단)은 사전검사 없이 사후검사만 실시하는 경우이다.

R	O_1	X	O_2
R	O_1		O_2
R		X	O_2
R			O_2

〈그림 31-13〉 솔로몬 4집단설계

4) 대안개입 사전검사설계(alternative treatment design with pretest)

대안개입 사전검사설계는 <그림 31-14>에서 보듯이, 연구대상을 두 개의 실험집단과 한 개의 통제집단에 무작위 배정한 후, 세 집단 모두에게 사전검사를 실시하고, 첫 번째 집단(실험집단)에는 A 프로그램을 제공하고, 두 번째 집단(실험집단)에는 B 프로그램을 제공하고, 그리고 세 번째 집단(통제집단)에는 어떠한 프로그램도 제공하지 않은 채, 두 실험집단의 프로그램 개입 이후 세 집단 모두 사후검사를 실시하는 방법이다. 대안개입 사전검사설계는 두 가지의 독립적인 프로그램 효과성을 비교함에 있어 어떤 프로그램의 효과성이 더 큰지 비교할 때 유용하게 활용된다. 예를 들어, 불안장애를 겪고 있는 클라이언트들을 대상으로 개별상담(A)이 더 효과적인지, 집단상담(B)이 더 효과적인지 비교하기 위하여 클라이언트들을 세 집단으로 무작위 배정하고 첫 번째 실험집단에는 개별상담을 제공하고, 두 번째 실험집단에는 집단상담을 제공하고, 세 번째 통제집단에는 개별상담과 집단상담을 모두 제공하지 않은 채, 사후검사를 통해 개별상담과 집단상담의 프로그램 효과성의 크기를 비교하는 것이다.

R	O_1	X_a	O_2
R	O_1	X_b	O_2
R	O_1		O_2

〈그림 31-14〉 대안개입 사전검사설계

5) 분해연구(dismantling study)

분해연구는 두 가지의 독립적인 프로그램(A 또는 B)의 효과성과 두 프로그램의 혼합프로그램(A+B)의 효과성을 비교하여 어떤 경우가 더 효과적인지를 비교하기 위한 방법이다. <그림 31-15>에서 보듯이, 연구대상을 네 집단으로 부작위 할당하여 세 개의 실험집단과 한 개의 통제집단으로 구성하는데, 네 집단 모두 동일한 사전검사를 실시한 후, 첫 번째 집단(실험집단)에는 두 가지 혼합프로그램(A+B)을 제공하고, 두 번째 집단(실험집단)에는 A 프로그램을 제공하고, 세 번째 집단(실험집단)에는 B 프로그램을 제공하고, 네 번째 집단(통제집단)에는 어떠한 프로그램도 제공하지 않은 것이다. 실험집단의 프로그램 제공을 모두 마친 후 네 집단 모두 사후검사를 실시하여 결과를 비교분석하는 것이다.

R	O_1	X_{ab}	O_2
R	O_1	X_a	O_2
R	O_1	X_b	O_2
R	O_1		O_2

〈그림 31-15〉 분해연구

3. 유사실험설계(quasi experimental design)

유사실험설계는 무작위 할당이 어려운 경우에 사용하는 대체설계 방법이다. 유사실험설계도 실험설계처럼 두 집단을 사용하는 점에서 공통점을 가지나, 연구대상을 무작위 할당하지 않는다는 점에서 차이를 가지며 실험설계에서 사용했던 통제집단(control group)이라는 용어대신 비교집단(comparison group)이라는 용어를 사용한다. 유사실험설계의 종류에는 비동일비교집단설계, 단순시계열설계, 다중시계열설계가 있다.

1) 비동일비교집단설계(nonequivalent comparison groups design)

비동일비교집단설계는 무작위 할당은 없으나 두 개의 유사한 특성을 가진 집단을 활용한다. <그림 31-16>에서 보듯이, 유사한 특성을 가진 두 개의 집단을 대상으로 실험집단에만 서비스 개입을 하고, 서비스 개입 전과 후에 사전검사와 사후검사를 실시하여 실험집단과 비교집단의 사후검사값을 비교분석하는 것이다.

O_1	X	O_2
O_1		O_2

〈그림 31-16〉 비동일비교집단설계

비동일비교집단설계는 무작위할당을 실시하지 않았기 때문에 선정편향(selection bias)의 위협으로 인해 낮은 내적타당도를 가지는데, 비동일비교집단설계에서 내적타당도를 강화하는 방법으로는 <그림 31-17>에서 보듯이 사전검사를 여러 번 실시하는 방법과 <그림 31-18>에서 보듯이 반복(replication)을 바꾸어 실시하는 방법이 있다.

O_1	O_2	X	O_3
O_1	O_2		O_3

〈그림 31-17〉 비동일비교집단설계에서 내적타당도 강화방법 I

O_1	X	O_2		O_3
O_1		O_2	X	O_3

〈그림 31-18〉 비동일비교집단설계에서 내적타당도 강화방법 II

2) 단순시계열설계(simple time-series design)

단순시계열설계는 <그림 31-19>에서 보듯이, 단일집단을 대상으로 프로그램 개입 전에 복수의 사전검사를 실시하고, 프로그램 개입 후에 복수의 사후검사를 실시하는 것을 말한다. 사전검사와 사후검사의 최소 검사횟수는 정해져 있지 않으나, 검사를 많이 하면 할수록 도움이 된다. 사전검사와 사후검사를 복수로 실시하는 이유는 사후검사의 변화가 프로그램 개입으로 인한 것인지, 우연한 사건(history)으로부터 기인한 것인지 구분하기 위한 목적을 가진다. 하지만 동일한 검사를 여러 번 실시하기 때문에 내적타당도를 저해하는 위협요인 중 검사(testing)의 문제는 여전히 존재한다.

O_1	O_2	O_3	O_4	O_5	X	O_6	O_7	O_8	O_9	O_{10}

〈그림 31-19〉 단순시계열설계

3) 다중시계열설계(multiple time-series design)

다중시계열설계는 비동일집단설계와 시계열설계를 혼합한 것이다. <그림 31-20>에서 보듯이, 유사한 특성을 가진 두 개의 집단을 대상으로 실험집단에만 서비스 개입을 하고, 서비스 개입 전과 후에 복수의 사전검사와 사후검사를 실시하는 것이다. 다중시계열설계는 비교집단을 사용하여 단순시계열설계보다 내적타당도를 증가시킬 수 있다는 장점이 있다.

O_1	O_2	O_3	O_4	O_5	X	O_6	O_7	O_8	O_9	O_{10}
O_1	O_2	O_3	O_4	O_5		O_6	O_7	O_8	O_9	O_{10}

〈그림 31-20〉 다중시계열설계

4. 단일사례평가설계(single-case evaluation design)

단일사례평가설계는 단일사례를 대상으로 한 서비스 개입의 효과성 측정에 유용하게 사용된다. 여기에서 단일사례란 한 개인일수도 있고, 한 집단일수도 있고, 한 지역사회일수도 있다. 단일사례평가설계는 프로그램의 효과성을 평가함에 있어서 통제집단이나 비교집단을 설정할 수 없을 때 유용하게 사용되는 단순시계열설계와 유사성을 갖는다. 이러한 편의성 때문에 단일사례평가설계는 실제 사회복지 실천현장에서 가장 유용하게 사용되는 설계 중 하나이다. 단일사례평가설계는 표본수가 하나이기 때문에 낮은 외적타당도를 갖지만, 한 사례에 대한 면밀한 분석과 관찰을 통해 높은 내적타당도를 갖는다.

단일사례평가설계에는 통제단계(control phase)와 실험단계(experimental phase)가 있다. 통제단계에서는 기초선(baseline)을 설정하게 되는데, 이는 프로그램 개입 전 반복적인 측정이 이루어지는 것을 말한다. 일반적으로 프로그램 개입 전에 5~10회 정도 측정을 통하여 기초선을 설정하기는 하지만, 윤리적으로 문제가 되지 않는 한 측정을 많이 하면 많이 할수록 내적타당도를 증가시키기에 도움이 된다. 또한, 이러한 반복적인 측정은 측정값의 안정적인 성향을 보일 때까지 반복해야 한다. 한편, 기초선 설정 이후 서비스 개입 이후에도 반복적으로 측정을 하게 되는데 이 단계를 실험단계라 한다. 단일사례평가설계에서 주의해야 할 점은 통제단계에서의 기초선 설정 이후 실험단계에서 나타난 측정값의 변화가 프로그램의 개입으로 인한 것인지, 외부 요인으로 인한 것인지 명확히 구분할 수 있어야 한다. 단일사례평가연구의 기초선과 개입에 대한 그래프는 <그림 31-21>과 같다.

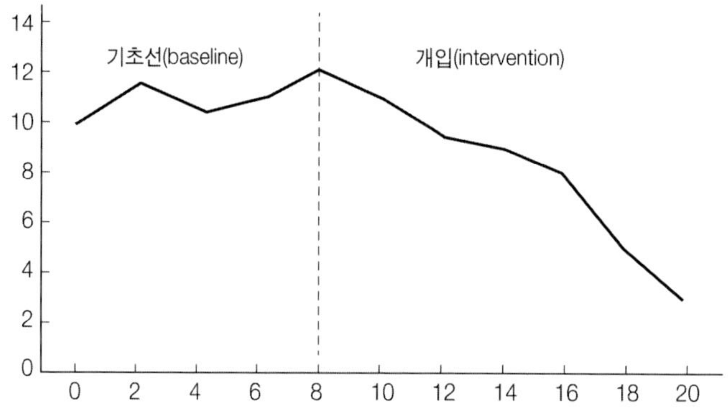

〈그림 31-21〉 단일사례평가연구의 그래프

단일사례평가설계의 종류에는 가장 기본적인 AB설계, 중지와 반전을 반복하는 ABAB설계, 다중기초선설계, 다중요소설계가 있다. 첫째, AB설계는 한 번의 기초선에서 수집된 자료의 경향성을 개입단계에서 수집된 자료의 경향성과 비교하는 것이다(기초선 → 개입). 둘째, ABAB설계는 기초선 설정 이후, 프로그램을 제공하여 개입단계를 거친 후 프로그램을 일시중지하고 또 다시 기초선 설정을 반복한다. 이후 다시 프로그램 개입을 통한 두 번째 개입단계를 거쳐 수집된 자료의 경향성을 분석하는 것이다(기초선 → 개입 → 기초선 → 개입). 셋째, 다중기초선설계(multiple-baseline design)는 외생적 사건들을 통제하기 위해서 두 개 이상의 기초선 설정과 개입단계를 갖는 것을 말한다. 예를 들어, 우울증을 겪고 있는 노인 3명을 대상으로 기초선을 설정함에 있어 시간차를 두고 개입시기를 다르게 하는 경우이다. 만약, 노인 1이 서비스 개입 이후 우울 감소경향을 보였으나, 서비스 개입을 하지 않은 노인 2도 동시에 우울 감소경향을 보인다면 이는 서비스 개입으로 인한 우울 감소가 아니라 다른 외적 요인으로 인한 우울 감소로 해석될 수 있다. 넷째, 다중요소설계(multiple-component design)는 단일사례를 대상으로 두 가지 이상의 개입을 실시하고 어떤 개입이 더 효과적인지 측정하기 위한 방법으로, 기초선 이후 순차적으로 서비스 개입을 하고 자료를 수집하여 비교분석하는 것이다.

Ⅴ. 표본추출

표본추출의 개념을 이해하기에 앞서 모집단, 표본, 모수, 통계의 주요개념을 먼저 살펴보아야 한다. 먼저 모집단(population)이란 이론적으로 정의된 연구요소들의 총합을 말한다. 즉, 모집단은 연구결과를 일반화시키고자 하는 집단으로 연구대상의 전체 집합이라고 할 수 있다. 예를 들어, 지역사회에 거주하고 있는 정신장애인을 대상으로 연구를 진행한다면, 모집단은 지역사회에 거주하는 전체 정신장애인이 되는 것이다. 그러나 현실적으로 이론적 정의를 충족시켜 주는 모든 요소들이 실제 표본으로 뽑힐 기회를 갖게 하는 것은 불가능한 경우가 많다. 따라서 현실적으로는 표본이 실제로 추출된 요소들의 집합체를 사용하게 되는데 이를 연구모집단(study population)이라 한다. 그리고 실제 연구에 참여하게 되는 연구대상을 연구모집단에서 추출하게 되는데 이를 표본(sample)이라고 하며, 표본추출을 위해 사용하는 요소의 목록을 표집틀(sampling frame)이라고 한다. 또한, 모집단의 특성을 모수(parameter), 표본의 특성을 통계(statistics)라고 정의한다. 따라서, 표본추출(sampling)이란 표본의 특성인 통계를 바탕으로 모집단의 특성인 모수를 알아내기 위해 연구모집단으로부터 일부 표본을 추출해 내는 과정을 말한다. 양적연구에서 표본추출의 질(quality)은 표본의 크기(sample size)와 표본의 편향(bias)에 따라 결정된다. 표본추출방법은 크게 확률표본추출방법과 비확률표본추출방법으로 나누어 살펴볼 수 있는데, 구체적인 내용은 다음과 같다.

1. 확률표본추출방법(probability sampling method)

확률표본추출방법은 모집단의 모든 구성원들이 동등하게 선택될 가능성을 동일하게 갖는 것을 전제로 하는데, 이는 표본의 대표성(representativeness)을 높일 수 있는 방법이다. 확률표본추출방법의 종류에는 단순무작위 표본추출, 체계적 표본추출, 층화 표본추출, 다단계 군집 표본추출이 있다.

1) 단순무작위 표본추출(simple random sampling)

단순무작위 표본추출은 모든 구성원이 독립적으로 선택받을 동등한 기회를 갖는다. 예를 들어, 정신건강복지센터의 서비스 만족도 조사를 위해 지난 2년간 서비스 수혜자 명단을 확보하여 단순무작위 추출을 실시하게 되는데, 모든 클라이언트는 1/n의 연구대상으로 선택받을 확률을 갖게 되는 것이다. 단순무작위 표본추출을 위해서는 표본틀을 확보할 수 있어야 한다.

2) 체계적 표본추출(systematic sampling)

체계적 표본추출방법은 전체 목록에서 매 k번째 요소를 표본으로 선정하는 것이다. 예를 들어, 모집단 100명 중에 표본 10명을 추출한다고 가정할 때, 추출률은 1/10 또는 매 10번째 사례가 선정되는 것이다. 체계적 표본추출방법도 단순무작위 표본추출방법처럼 표본틀을 확보할 수 있어야 한다.

3) 층화 표본추출(stratified sampling)

층화 표본추출방법은 표본의 대표성을 높이기 위한 방법으로, 특히 여러 가지 다른 특성을 가진 집단을 연구할 때 활용하는 방법이다. 예를 들어, 대학생 도박문제행동을 파악하기 위해 대학생을 연구대상으로 선정할 때, 표본 추출 전에 전공별, 학년별로 먼저 분류하고 그 이후에 무작위 표본추출방법을 사용한다면 전공별, 학년별 특성을 반영하여 골고루 연구대상을 확보할 수 있다.

4) 다단계 군집 표본추출(multistage clustering sampling)

다단계 군집 분석은 전체 모집단의 표본틀이 존재하지 않을 때 활용한다. 구체적인 표본추출절차를 살펴보면, 첫째 모집단을 군집(clustering) 단위로 분류하고, 둘째 무작위 군집을 선정하고, 셋째 선정된 군집 내에서 무작위로 개인을 연구대상으로 선정하는 것이다. 예를 들어, 서울의 25개 구 중에서 무작위로 5개의 구를 선정하고, 이후 선정된 5개의 구 내에서 무작위로 200명을 선정하는 경우이다.

2. 비확률표집방법(non-probability sampling method)

표본의 대표성을 가지기 위해서는 확률표집을 실시해야 한다. 그러나 많은 경우 표본틀을 구하기 어렵기 때문에 확률표집이 불가능한 경우가 많다. 이렇게 확률표집이 불가능한 경우에 사용하는 방법이 비확률표집방법이다. 비확률표집방법에는 이용가능한 대상에 의존, 의도적 표본추출, 할당표본추출, 눈덩이표본추출이 있다.

1) 이용가능한 대상에 의존(reliance on available subjects)

이용가능한 대상에 의존하는 비확률표집방법은 우연 표본추출(accidental sampling), 편의 표본추출(convenience sampling)이라고 표현하기도 하는데, 가능한 사람을 대상으로 표본을 추출하는 방법으로 가장 많이 쓰이는 표집방법이다. 하지만 표본을 대표할 수 없기에 낮은 외적타당도를 가진다는 한계가 있다. 예를 들어, 정신건강복지센터의 서비스 만족도를 조사하기 위해 기관의 문 앞에서 서비스를 받고 나오는 이용자들을 대상으로 설문을 실시하는 경우가 이에 속한다.

2) 의도적 표본추출(purposive sampling)

의도적 표본추출은 판단 표본추출(judgemental sampling)이라고도 하는데, 이는 연구자의 판단과 사전지식을 활용하여 연구의 목적에 기초해 표본을 선정하는 것을 말한다. 의도적 표본추출에서는 주요 정보제공자(key informants)를 활용하기도 하는데, 예를 들어 노숙인을 대상으로 연구를 진행하고자 하는 연구자가 지역사회 노숙인의 정보를 많이 알고 있는 전문가들을 찾아 그들에게 관련정보를 얻어 연구대상을 표집하는 경우이다.

3) 할당 표본추출(quota sampling)

할당 표본추출은 확률표집방법의 층화표본추출과 대칭되는 비확률표집방법이다. 즉, 모집단의 특성에 따라 우선적으로 집단을 분류한 후 각 집단으로부터 편의표집을 실시하는 것이다. 예를 들어, 대학생의 자살생각에 영향을 미치는 요인을 탐색하기 위한 연구를 진행하고자 400명의 표본을 목표로 할 때, 성별과 학년의 특성을 고려하기 위해 <표 31-4>와 같이 우선적으로 행렬표를 작성하고 남자 대학생 200명과 여자 대학생 200명을 학년별로 고르게 할당하는 경우를 말한다. 할당 표본추출에서는 각 하위집단에 할당된 목표 표본 수에 달하게 되면, 그 하위집단의 표본추출은 멈추어야 한다.

〈표 31-4〉 할당 표본추출의 예시

학년	1학년		2학년		3학년		4학년	
성별	남학생	여학생	남학생	여학생	남학생	여학생	남학생	여학생
표본 수	50명	50명	50명	50명	50명	50명	50명	50명

4) 눈덩이 표본추출(snowball sampling)

눈덩이 표본추출방법은 모집단의 구성원을 찾기가 어려울 때 활용하는 방법으로 <그림 31-22>와 같이 추천방식을 활용하는 방법이다. 예를 들어, 성소수자를 대상으로 한 연구를 진행하고자 할 때, 지인을 통해 A라는 대상자를 추천받았다면, A를 대상으로 인터뷰를 진행한 후 A가 추천해준 B와 C를 인터뷰하고, 또 다시 B와 C가 추천해준 D, E, F, G 등을 인터뷰하며 표본을 늘려가는 경우이다.

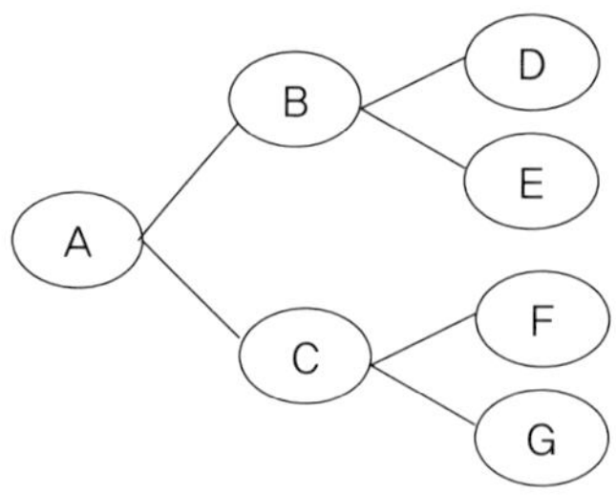

〈그림 31-22〉 눈덩이 표본추출방법

3. 질적연구에서의 표본추출

질적연구에서의 표본추출방법은 비확률표집방법이 일반적으로 사용된다. 많은 표본수가 연구의 외적타당도를 높이는 양적연구와 달리 질적연구에서는 표본 수가 작고, 대표성을 가질 수 없기 때문이다. 하지만 질적연구에서 확률표집방법이 불가능한 것은 아니다. 예를 들어, 자살예방센터를 이용한 클라이언트를 대상으로 자살시도경험에 대한 연구를 진행하고자 한다면, 자살예방센터의 서비스를 지난 1년간 사용한 클라이언트의 표본틀을 구할 수 있을 것이며, 그 표본틀을 활용하여 무작위 표본추출을 할 수도 있다. 또한, 남녀의 성차와 연령의 차이를 고려하고 싶을 때는 확률표집방법의 층화표본추출방법이나 비확률표집방법의 할당표집방법을 활용할 수 있다. 최근에는 질적연구에서도 표본의 대표성 또는 자료의 객관성을 보완하기 위한 수단으로 표본 수를 늘려야 한다는 논의도 있다.

Ⅵ. 정신건강복지 조사연구에서 윤리적인 고려

사회복지실천에서 윤리적인 가치가 중요하듯이, 정신건강복지 조사연구에서의 윤리적인 고려도 매우 중요한 부분이다. 정신건강복지 조사연구에서 고려되어야 하는 기본적인 윤리적인 원칙은 다음과 같다. 첫째, 연구참여자의 자발적인 참여이다. 어떠한 연구도 연구대상자에게 참여를 강요해서는 안 되며, 연구에 참여하게 되는 모든 대상자는 자신의 선택을 이해할 수 있는 충분한 능력을 가지고 있어야 한다. 18세 미만의 미성년자의 경우에는 본인의 연구참여 동의와 함께 법적 보호자의 허락도 함께 받아야 한다. 일반적으로 연구 참여의 자발성에 대한 내용은 동의서(consent form)에 연구참여자의 서명을 받아 이루어진다. 둘째, 연구에 대한 충분한 정보를 제공해야 한다. 연구자는 연구참여자에게 연구의 목적과 연구절차, 연구의 참여로 인해 발생할 수 있는 잠재적인 위험, 그리고 비밀보장의 원칙 등을 충분히 설명해야 한다. 일반적으로 연구참여 동의서에 이와 같은 연구와 관련된 내용을 기술하며, 연구참여자가 질문을 할 경우를 대비하여 연구자의 전화번호나 이메일 등의 연락처를 기입해야 한다. 셋째, 비밀보장의 원칙이다. 조사연구를 통해 수집된 자료는 연구의 목적 이외에는 사용되어서는 안 되며, 일정기간이 지난 후 수집된 자료를 파기해야 하는데, 특히 연구참여자로부터 얻게 되는 민감한 정보들은 익명성을 기반으로 철저하게 비밀보장이 유지되어야 한다.

또한, 정신건강복지 조사연구에서 중요하게 고려해야 할 윤리적인 가치는 연구의 엄격성을 이유로 클라이언트에게 피해를 주어서는 안 된다는 것이다. 연구자는 연구참여자의 서비스를 받을 권리와 과학적인 방법을 통해 서비스의 효과성을 엄격하게 검증해야 할 연구자의 책무성을 동시에 고려해야 한다. 예를 들어, 실험집단설계를 통해서 우울증 클라이언트들을 대상으로 우울증상 완화 프로그램의 효과성을 검증한다고 가정해 볼 때, 실험집단에는 프로그램을 개입하고, 통제집단에는 프로그램을 개입하지 않는 것을 기본적인 원칙으로 한다. 하지만, 정신건강복지의 실천적인 측면에서 볼 때, 우울증상 완화의 욕구를 가지고 있지만 통제집단에 속해 서비스 개입을 당장 받지 못하는 클라이언트들에게 언제까지 서비스 개입을 지연시킬지에 대한 윤리적인 딜레마에 빠질 수 있다. 이러한 윤리적 딜레마를 해결하기 위한 대안으로, 통제집단에 속한 연구참여자들을 서비스 개입의 대기자명단에 우선순위를 주어 연구종료와 함께 즉각적으로 프로그램을 제공받을 수 있는 조치를 하기도 한다.

앞서 언급했듯이, 정신건강복지실천에서 클라이언트의 욕구를 기반으로 한 가장 효과적인 서비스를 제공하는 것은 정신건강사회복지사의 가장 중요한 윤리적인 책임이다. 이를 위해 정신건강사회복지사는 끊임없이 관련문헌을 업데이트해야 하며, 최근 연구동향을 파악함으로 클라이언트에게 실질적인 도움이 될 수 있는 서비스 개입에 대해 계속해서 고민해야 한다. 정신건강복지 연구자와 정신건강복지 실천전문가의 역할을 살펴보면, 정신건강복지 연구자는 정신건강복지 실천전문가가 실제 활용할 수 있는 지식을 생산해내는 역할을 하고, 정신건강복지 실천전문가는 정신건강복지 연구자가 제안하는 증거기반실천을 실제 클라이언트에게 적용하여, 그 효과성을 검증한 후 환류과정을 통해 지식축적 과정에 보탬이 될 수 있어야 한다. 이러한 측면에서 정신건강복지 연구자와 정신건강복지 실천전문가는 불가분의 관계 또는 공생관계에 있다고 할 수 있다. 따라서 정신건강복지 조사연구에서 증거기반실천을 실현하기 위해 정신건강사회복지사는 실천전문가로서의 역할과 더불어 연구자로서의 책임과 역할을 충실하게 수행해야 할 것이다.

참고문헌

조학래 (2020). 사회복지조사사의 이해. 공동체.

황성동 (2015). 알기 쉬운 사회복지조사방법론(2판). 학지사.

Creswell, J. W. (2014). *Research design*(4th ed.). Thousand Oaks, CA: Sage.

Hulley, S. B., Cummings, S. R., Browner, W. S., Grady, D., Hearst, N., & Newman, T. B. (2011). *Designing clinical research* (2nd ed.). Philadelphia, PA: Lippincott Williams & Wilkins.

Rubin, A., & Babbie, E. (2014). *Research methods for social work*(8th ed.). Belmont, CA: Brooks/Cole.

Rubin, A., & Babbie, E. (2020). 에센스 사회복지조사방법론. 유태균 역. 학지사.

PART 07

정신건강 이슈 대응

32장

동료지원가 및 당사자활동

이정하
(정신장애와
인권 파도손)

Ⅰ. 서론: 동료지원가의 배경 및 필요성

1. 현황 및 실태

1) 우리나라 정신장애인 고용률은 모든 장애유형 중 최하위 수준

한국 정신장애인의 고용률은 전체 인구는 물론, 전체 장애인구와 비교 시에도 최하위 수준으로, 경제활동 참가율과 고용률은 더 낮고, 실업률은 더 높은 경향을 보이고 있음. 2017년 장애인실태조사 결과 전국 취업률은 61.3%인데 반해 장애인의 취업률은 36.9%이며, 정신장애인의 취업률은 15.7%에 불과하여 매우 낮은 수준임. 취업한 전체 장애인의 임금은 171만 원인 것에 비해 정신장애인의 임금 수준은 87만 원으로 50.9% 수준에 그치고 있음(김성희 외, 2018).

2) 사회적 편견 때문에 사업주의 고용 태도가 소극적

정신장애에 대한 사회적 편견 때문에 사업주들이 정신장애인 고용에 소극적이어서 정신장애인 구인 자체가 드물고 취업 직종도 매우 제한적임.

3) 노동시장 진입이 어렵고 근로조건이 열악하여 근속 유지가 제한됨

정신장애인은 노동 시장 진입도 어렵지만 취업한다 하더라도 근로조건이 매우 열악함. 장애인 실태조사에 따르면(2017년 기준) 정신장애인이 단순노무직에 종사하는 비율이 73.1%로 월등하게 높음. 정신장애인의 취업 직종은 저임금의 단순노무직, 보호작업이 가장 많았고, 정신장애인의 특성에 맞춘 근로형태 부족으로 근속기간도 짧게 나타남.

4) 제도가 정하는 근로수입 상한선이 탈수급 의욕을 무력화시킴

정신장애인의 근로 욕구는 매우 강하지만 취업유지에 제한이 존재함. 일정 소득 이상을 얻으면 탈락하는 기초생활수급권 등은 정신장애인으로 하여금 취업활동을 포기하게 함(권오용 외, 2018). 평균 87만 원의 급여는 일을 하지 않았을 경우 얻게 되는 수급비와 큰 차이가 없으며, 병원 진료로 인해 의료 급여가 중요한 정신장애인은 수급권을 지키기 위해 일을 포기하는 경우가 많음.

5) 지역사회 거주 정신장애인 실질적인 사회적 퇴출 상태

이와 같은 광범위한 편견과 정신적장애인에 대한 차별은 정신장애인들이 지역사회에서 퇴출되어 병원이나 시설에 머무를 수밖에 없게 된 일차적인 원인이자 필연적 결과임. 정신의료기관 및 정신요양시설이 아닌 지역사회에서 살아가는 정신장애인들은 사회서비스기관을 이용하거나 집안에서 보내는 시간이 대부분인 것으로 나타남(권오용 외, 2018).

6) 지역사회 정신장애인 케어의 사각지대: 정신장애인 미충족 욕구의 포화상태

지역사회에 거주하는 정신장애인은 삶 전반에 걸쳐 다양한 욕구를 가지고 있으나 제도상의 미비로 그에 대한 적절한 지원이 부재, 지역사회 케어 사각지대가 발생하고 있음. 지역정신건강복지센터는 만성적인 인력 부족에 전문요원 1인당 배정된 사례가 수백 건에 달하는 등 구조적으로 열악한 상태임. 더욱이 센터의 사례관리나 연계 업무는 성과지표에 포함되지 않아 재가 정신장애인의 일상생활에 대한 밀착 지원이 요원한 실정임. 동료상담 활동을 통해 사회적 고립과 소외를 감소시켜 극단적 위기로 치닫는 상황을 예방할 필요가 있음.

7) 정신장애인에 특화된 일자리로서 동료지원가 양성이 시급

정신장애인에 대한 사회적 편견, 취업에의 어려움을 해결하고자 정신장애인에게 맞는, 정신장애인만이 할 수 있는 일자리를 만드는 것이 필요함과 동시에 고립되어 있는 정신장애인과 사회를 이어줄 수 있는 연결망을 구축하고자 정신장애인 동료지원가를 양성하는 것이 필요함.

2019년 고용노동부 공공일자리로 중증장애인 동료지원가 직무를 구성하고 수당을 지급(1개월 이상, 참여횟수 5회 이상)하는 사업을 수행하였음. 일부 정신의료기관 및 지역정신건강 관련기관에서 동료지원가 양성교육을 실시하고 수당을 지급함. 일자리사업의 실적 부담이 크다는 점에 대해 장애계 전반에 공감대를 형성함. 특히 스트레스에 취약한 정신장애인 동료지원가의 사기가 저하되어, 정신장애 특성에 적합한 동료지원 활동의 유형과 방식을 고려한 교육과정이 필요함.

8) 수요자 맞춤형 동료지원가 직군 개발이 필요

정신장애인의 지역사회생활에는 일상생활부터 건강관리, 여가, 문화, 취업, 위기지원 등 다양한 영역에 걸친 상담지원이 필요함. 정신장애인 동료지원가는 경험에 기반한 전문가(expert by experience)로서, 자신의 투병 및 생존경험을 토대로 동료 정신장애인의 욕구를 세심하게 파악, 수요자의 다양한 욕구충족을 지원을 제공하는 인력으로서 잠재력이 큼. 정신장애 동료지원가라는 특화된 직군을 개발하여 수요자 맞춤형 동료지원가를 양성할 필요성이 요구됨.

9) 국내 동료지원가 양성사업의 실태 및 한계

정신장애인 고용 활성화를 위해 2013년 한국장애인고용공단에서 서울시와 함께 정신장애인 “동료지원가”라는 새로운 직무를 개발함(유은경, 2014). 서울시정신건강센터를 통해 2018년 동료지원가 10명을 양성을 시작으로 매년 동료지원가를 양성하여 의료기관 및 지역사회기관에서 동료지원가로 활동하도록 하고 있음. 그러나 수행지침에서 요구하는 직무 범위가 방대하고 전문요원 업무와의 차별성을 찾아보기 어려움.

최근 일부 정신의료기관 및 지역 정신건강 관련기관에서 간헐적으로 동료지원가 양성교육을 실시한 바 있음. 교육 관점, 주제, 기간, 훈련강도 면에서 교육 주관기간 간 편차가 큼. 단기교육(20시간~80시간 이론 강의, 실습 선택적)에 따른 성과 미비, 의료적 관점에 기초한 질병정보 위주 교육, 당사자 경험을 자원화하는 훈련과정 부재, 현장실습 결여 등의 다양한 제한 요인들이 존재하여 실효성을 거두지 못하고 있음.

10) 서구의 동료지원가 훈련 및 활동 현황

서구사회에서 2000년대 이후 동료지원가 활동이 본격화됨. 미국의 경우, 동료지원전문가(peer support specialist)로 활동하는 당사자는 전국적으로 25,000명에 이르며, 인구 10만 명 당 동료지원전문가 수는 아리조나 36.4명, 펜실베니아 34.3명, 워싱턴 34.3명, 사우스캐롤라이나 20.2명 등임(Wolf, 2018). 미전역 중위값에 해당하는 메인 / 위스콘신 / 인디애나주의 15명을 기준으로 할 때, 서울시 동료지원가 필요 인원은 최소 1,500명으로 추산됨. 해외의 동료지원가 양성교육의 경우 동료지원전문가는 400시간 이상(이론 400시간+인턴) 교육과정을 거쳐 자격(Certified Peer Support Specialist)을 취득하게 됨.

11) 동료지원가 활동의 소요비용 대비 혜택이 약 5배에 이름

동료지원사업은 재입원율 감소, 입원일수 감소, 서비스비용의 전반적 감소, 외래이용 증가, 삶의 질 향상 등의 효과가 있는 것으로 나타남. 구체적 예로, 긍정적 자기노출, 경험기반 자가케어의 역할모델 수행, 공감 및 한계 내에서의 배려 등에 따른 희망감 상승이 보고됨(Davison et al., 2012).

동료지원가 활동은 개인, 가족, 지역사회를 넘어 사회적 비용절감과 연대향상으로 이어짐. 동료지원 활동의 성과에 관한 종합 분석결과에 따르면, 활동비용 대비 이용자혜택이 1 : 4.8로 조사됨(Trachtenberg et al., 2013). 이는 동료지원활동 비용 100만 원 투입 대비 480만 원의 정신건강서비스 비용절감 효과에 해당하는 것임. 여기에 심리적, 가족 및 대인관계상의 혜택 등 금전으로 환산될 수 없는 이용자의 삶의 질 향상까지 고려하면 공공일자리사업으로서 동료지원가 활동의 가치는 매우 높음.

2. 문제점 및 원인분석

1) 정신장애인 대다수가 10대나 20대에 집중 발병하여 선택과 결정 기회 박탈

정신장애는 청소년기와 초기 청년기인 10대나 20대에 집중적으로 발병하며, 발병과 동시에 스스로 결정할 수 있는 선택의 기회를 박탈당하게 됨. 당사자의 삶은 정신장애로 인한 입·퇴원 속에서 조형되며, 그 과정에서 당사자는 재원 기간, 입·퇴원, 사회생활의 선택 등 어떤 것도 당사자가 결정할 수 없게 됨.

2) 반복되는 입·퇴원 과정에서 '학습된 무기력' 초래

삶에 대한 결정권 모두를 박탈당한 정신장애인들은 자신의 삶에 대해 무기력함을 내면화하게 됨. 이러한 학습된 무기력은 병원이나 시설에서 나와 지역사회에 거주하게 된 정신장애인들에게도 고스란히 남아 지역사회에서 풍부하고 활기찬 일상을 살아가는데 어려움을 초래함.

3) '위험하다'는 고정관념이 정신장애인의 병원 및 시설 감금 관행 초래

지역사회에 거주하는 정신장애인에 대한 사회적 시선 또한 정신장애인들의 삶을 더욱 위축되게 하고 있음. 정신장애인을 눈으로 보거나 직접 접촉할 수 없는 대중들은 언론이나 미디어 등에서 회자되고 그려지는 '위험한 정신병자'의 이미지에 반복적으로 노출되면서, 정신장애인은 '이해할 수 없고' '위험한' 사람들이라는 고정된 관념이 대중 의식 속에 여과 없이 흡수되고 있음. 실제로 강남역 살인사건을 각종 매체에서 정신질환자의 범죄나 조현병 환자의 범죄라며 무분별하게 기사화하면서 그 이전보다 정신장애인에 대한 대중의 인식은 더욱 차가워지는 결과로 나타남(한국일보, 2018.2.21).

4) 정신장애인 특성에 부합하는 직무개발 및 직업훈련 미비

이러한 문제점을 극복하기 위해서 정신장애인 특성에 부합되는 직업훈련과 직무개발이 필요하다고 제안되었으나, 실제 정신장애인의 특성에 맞는 직무가 개발되거나 사회생활을 영위할 수 있는 기회의 제공은 매우 부족한 실정임.

5) 사회 참여와 근로 기회가 원천적으로 차단되는 결과

직업을 가질 수 없는 정신장애인들은 기초생활수급자로 평생을 살거나 사회생활의 기회 자체가 제공되지 않아 현저히 질 낮은 삶을 살 수밖에 없게 됨. 만성화된 무기력과 투병생활의 피로함은 다양한 사회문제의 원인이 되는 악순환으로 이어짐.

6) 정신장애인 일자리 및 사회복귀를 위한 동료지원가 육성 필요

세계보건기구(WHO)에서는 개인의 건강을 신체적, 심리적, 사회적 차원의 안녕이 조화를 이루는 만족스러운 상태로 정의하고 있음. 장애인 동료지원가는 사회구성원으로서 안정적 삶에 기여할 뿐 아니라 그 서비스를 받는 동료 정신장애인의 회복을 촉진하고 삶의 질을 향상시키는 일거양득의 효과가 있음.

Ⅱ. 동료지원가의 정의와 개념

1. 동료지원가의 역사와 정의

1) 정신장애 동료지원가의 역사

정신건강의 어려움을 가진 당사자를 고용하여 이들의 경험을 공유하는 접근은 정신건강 분야에서 오랜 역사를 가진다(Chinman et al., 2006). 정신질환을 회복한 사람들이 다른 사람들의 정신건강 문제를 도와줄 수 있다는 전략은 일찍이 1920년대 미국이나 프랑스 등에서 이용되었다고 보고된다(Davidson et al., 2012). 이후 1991년 정신건강서비스 전달체계의 한 형태로 동료지원(peersupport)이 처음 나타났으며(Sherman & Porter, 1991) 1970년대에 정신건강서비스의 당사자 운동의 흐름과 함께 널리 확산되었다(Davidson et al., 2012). 이미 미국에서는 정신장애인 당사자나 그 가족들이 서비스를 운영하는 모델이 정신건강 전문가나 기관이 운영하는 전통적 모델을 수적으로 앞서고 있는 것을 확인할 수 있을 정도로(Goldstrom et al., 2006) 동료지지 모델은 매우 활발하게 이루어지고 있다.

이러한 역사를 기반으로 동료지지(peer support)는 공통적인 문제나 관심사를 가진 2명 이상의 사람들이 서로 정서적 지지를 제공하고 효과적으로 문제를 관리하며 성장해 나가는 것으로 정의된다(Davidson et al., 1999). 선행연구들에서는 비슷한 경험을 바탕으로 다른 사람을 돕기 위해 고용된 사람들을 지칭하는 용어로, 동료지원가(Peer Support Worker)를 비롯하여 동료지원전문가(Peer Support Specialist), 소비자-제공자(Consumer-Provider), 소비자-생존자(consumer-survivors), 동료교육가(peer educators), 동료전문가(peer specialists), 그리고 전문가와 소비자의 합성어인 'prosumers' 등 매우 다양하게 사용되어 왔으나, 일반적으로 동료지원가(Peer Support Worker: PSW)라는 명칭이 널리 사용되고 있다(Repper & Carter, 2011). 이처럼 동료지지 접근을 통해 회복을 도모하는 접근의 중요성이 널리 알려진 이래(Bradstreet, 2006), 최근에는 동료지지 제공자들의 역할이 군퇴역자 관련 정신건강 및 웰빙서비스(Weir et al., 2019)나 급성기 정신건강돌봄팀 서비스(Ehrlich et al., 2017)에까지 확대되어 실시되는 등 그 영역이 확대되고 있다.

지난 40년 동안 정신질환의 경험을 가진 사람들과 그 연대단체들은 회복의 가장 중요한 원칙들을 명확히 해왔다. 이 회복운동은 특히 미국, 캐나다, 뉴질랜드, 호주 및 유럽의 중심도시에서 두드려졌다. 회복이 정신건강시스템을 변화시키는 비전이 되도록 중요한 역할을 해왔다. 그러나 최근까지 전 세계의 당사자들은 회복을 실현할 수단이 부족했다. 대부분의 임상 프로그램은 회복을 실현하기에 충분치 않다. 왜냐하면 회복은 개별 맞춤형이며 사람 중심적이기 때문이다. 같은 시기에 핀란드와 노르웨이의 시골 지역에서는 소규모의 혁신적인 정신건강전문가 그룹이 조용히 치료에 대한 새로운 접근법을 개발하고 있었다. 이 접근법은 정신질환 경험을 가진 사람들이 고안한 회복 원칙을 구현할 수 있는 잠재력이 있다. 그 접근법은 '오픈다이얼로그'[1])라고 부른다(Daniel Fisher, 2017).[2])

1) 핀란드 라플란드지역에서는 정신장애가 발생한 사람들이 위기상황에서 정신건강체계에 진입하여 치료방법을 결정하는 방식인, 우리의 의료관행과는 전혀 다른 접근방법이 시행되고 있다. 오픈다이얼로그가 세계적으로 알려지게 된 계기는 그 접근방법이 통상적인 치료방법에 비하여 매우 긍정적인 결과를 가져왔기 때문이다. 라플란드지역에서 발생한 정신증 환자에 대한 2년간 추적 조사 결과(Seikkula & Olson, 2003)에 따르면, 오픈다이얼로그집단은 통상적 치료 집단에 비해 입원기간, 항정신병약물복용, 재발률, 취업 등과 관련해서 전반적으로 긍정적 결과를 보여주었다.

2) Daniel Fisher는 미국 전국역량강화센터의 CEO이다. 화학 박사이자 정신과의사협회의 공인 정신과 의사이며, 신경화학자이고, 매사추세츠 의과대학 교수이다. 피셔 박사 자신이 조현병으로 수차례 비자의 입원되면서 정신건강 시스템을 개혁하기 위해 정신과 의사가 된 당사자이기도 하다. 그는 정신건강 소비자가 운영하는 비영리기관인 전국역량강화센터를 1992년 설립하여 정신건강 문제를 갖고 있는 당사자와 그 가족을 위한 연구, 훈련, 정보 제공을 하고 있다. 『Heartbeats of hope』의 저자이다.

2) 동료지원가의 정의와 철학

(1) 정신장애인 동료지원가의 정의[3)]

- 동료지원 서비스는 전문가에 의해 제공되는 서비스가 아니다. 장애에 관련된 경험, 지식, 대처 기술을 공유한 정신장애인이 자신의 경험을 바탕으로 다른 동료들이 겪고 있는 어려움을 해결하는 데 조력하고 생활 제반 영역에서 도움을 제공하는 활동을 뜻한다.
- 동료지원은 같은 경험을 한 동료가 그의 선 경험(lived experience)이라는 특성(specialty)을 살려 유사한 경험을 하고 있는 동료와의 공감(empathy, 감정의 이입), 무비판적이며 긍정적 관심(non-judgemental and positive regards), 적극적이며 반영적 경청(active and reflective listening) 등의 기술을 통해 그 동료로 하여금 자기결정권에 근거하여 자신만의 회복의 여정을 헤쳐 나갈 수 있게 지원하는 것을 의미한다.
- 동료지원은 다른 영역에서도 활용될 수 있으나, 특히 정신건강정책의 맥락에서 주로 활용된다. 조현병, 조울증, 기타 정신증과 신경증의 경험, 중독 등의 경험은 사회적 스티그마가 심하기 때문에 대부분 조기진단, 조기치료를 회피하기 쉽고, 중증 상태에서 폐쇄병동 등에서 비자의적인 치료를 받는 비율도 높기 때문에 치료과정에서의 무력감, 두려움 등도 상대적으로 높다. 그런 경험을 겪은 당사자로서 회복과정에 있는 사람들이 가진 경험은 어느 누구도 갖지 못한 특수성이 있고, 그 특수성이 당사자들만의 전문성으로 발전할 수 있다.
- 동료지원은 유사한 경험을 하는 사람에게 스티그마를 느끼지 않도록 할 수 있으며, 자기 주도성을 갖고 회복의 여정에 나설 수 있는 동력을 제공할 수 있다. 동료지원 서비스로 치료환경은 보다 인권 친화적으로 발전할 수 있기에 정신질환, 중독의 조기개입과 조기치료의 길을 넓힐 수 있기 때문에 사회정책적으로도 매우 귀중한 자원이 될 수 있다.
- 정신건강증진정책에서의 동료지원은 정신질환, 중독 당사자에 의한 동료지원만이 아니라 이런 당사자를 둔 가족으로서 당사자가 자신의 힘으로 회복의 여정에 나설 수 있게 지원한 경험이 있는 가족이 유사한 경험을 하고 있는 다른 가족에게 동료지

3) Washington Institute for Mental Health Research & Training, Washington State Certified Peer Counselor Training Manual, 2009; PSAAC, Peer Support Accreditation and Certification, National Certification Handbook, 2016; Ron Coleman William Ellis & Karen Taylor, Developing Peer Workers, 2017 등을 참고하였다. 정신병원 비자의입원 절차에서의 절차 정신질환자 의사결정지원제도 실시 방안에 관한 연구(2018)에서 재인용.

원 서비스를 제공할 수도 있다. 정신질환 또는 중독 당사자에게 가족은 증상 심화의 먼 원인이기도 하지만, 동시에 회복의 원군이기도 한 이중적 지위가 있기 때문에, 회복의 원군으로서의 경험을 가진 가족들이 다른 가족들에게 유사한 경험을 공유함으로써 그 가족들도 정신질환 및 중독의 당사자의 회복의 여정에 원군의 역할을 할 수 있게 격려할 수 있다.

- 그러나 당사자의 동료지원과 가족의 동료지원은 동일한 원칙에 따른 것이라 하더라도 경험의 차원이 다른 것이어서 양자는 엄격하게 구분되어야 할 것이다.

(2) 동료지원의 철학: 당사자중심주의

동료지원은 공통된 경험을 기반으로 하는 동등하고 지지적인 관계를 말한다. 정신질환의 경험은 당사자에게 고립, 낙인 수치와 같은 치명적인 감정들을 만들어 낸다. 이러한 정서적 어려움을 해소하는 방법은 고통을 겪고 있는 당사자가 혼자가 아니라는 사실과 회복의 경험을 가진 동료가 있다는 사실을 알게 하는 것이다. 이러한 사실은 정신장애 당사자의 개인적인 경험들을 가치 있고 의미 있는 인생의 고생이 되도록 깨닫게 하는 기회를 제공함으로써 무기력한 삶에 생기를 불어넣고, 치유의 에너지가 생성되도록 한다. 바로 그러한 지점이 동료지원의 본질이다. 동료지원은 정신건강 문제를 경험하였고 현재는 회복된 사람들의 참여를 필요로 한다. 그리고 정신질환의 문제를 가진 다른 사람들을 도와 그들의 삶을 다시 찾을 수 있도록 돕는 데에 그들의 회복경험을 활용한다.

정신질환의 경험은 활자나 교과서에서 배울 수 있는 것이 아니다. 그렇기에 경험의 의미는 삶의 문제에 대한 직접적인 반응현상으로 이해되어진다. 동료지원의 기본적인 관점은 당사자중심주의로써 전문가 중심의 서비스 제공관점과 정면으로 대치되기도 한다. 동료지원의 기본적인 자세에서 무엇보다 중요한 것은 동료당사자의 목소리에 귀 기울이고 스스로의 목소리를 낼 수 있도록 옹호하는 것에 있다. 전통적인 정신의학의 자세는 전문가적 권위가 환자인 당사자 위에서 지시하거나 권력의 구조를 가지고 있다. 당사자주의에서는 서비스를 제공하는 당사자와 동료지원서비스를 이용하는 당사자의 '동료관계'의 대등성이 당사자주의의 핵심이면서 조금 더 정서적인 친밀감 등의 밀착된 서비스를 할 수 있다.

동료지원가는 또한 회복의 롤모델이 되기도 하는데 당사자의 자기결정을 존중하고 지원함으로써 정신질환 당사자가 스스로 선택하고 책임을 지게 되며 인간으로서 주체성을 찾는 것이 동료지원의 기본적인 철학이라고 할 수 있다. 미국의 정신장애인 운동의 지도자 Daniel Fisher 박사는 "회복이란 인간성을 회복하는 것"이라고 그의 저서 『희망의 심장박동』에서 강조하였다.

회복의 여정을 동행하는 의미에서 동료지원가는 그 존재 자체로 희망이라 불릴 수 있으며, 정신건강분야의 실천가들 또한 동료지원가와 협력하며 배우고 성장할 수 있다.

• 6가지 동료지지(Solomon, 2004)

① 자조모임: 비슷한 어려움을 갖는 사람들이 상호원조를 목적으로 자발적으로 모여 자연스럽게 비공식적 지지를 제공함
② 온라인 지지그룹: 인터넷에서 자신의 정신과적 증상과 의료 정보를 공유하며 소통
③ 동료 제공 서비스: 정신장애인이 심리적 상담이나 지원서비스를 다른 동료 정신장애인에게 제공하는 형태
④ 동료운영서비스: 정신장애인이 사업의 전반적인 모든 것을 운영함
⑤ 동료파트너: 비정신장애인과 정신장애인이 함께 서비스를 제공하며 운영함
⑥ 동료직원: 전통적인 정신보건서비스 기관에 고용되어 일함

• 동료지지의 핵심 요소(Ashcraft & Johnson, 2005)

① 상호성(mutuality): 공유하는 경험과 관련한 지지를 서로 주고받음
② 공감(empathy): 개인적 경험을 바탕으로 하여 상대방에 대해 이해함
③ 관여(engagement): 개인의 회복 경험을 공유함
④ 웰니스(wellness): 각 개인의 강점과 웰빙을 중시함
⑤ 친밀감(friendship): 친밀한 관계를 통한 회복을 추구함

2. 동료지원의 목표와 원칙

1) 동료지원의 목표

동료지원은 유사한 경험을 하고 있는 당사자에게 동료로써 심리정서적 지지를 비롯한 다양한 영역의 지원을 한다. 자신의 삶에서 겪은 정신장애의 증상, 생활의 어려움, 차별과 편견 등 사회적 시스템에서 겪었던 경험을 바탕으로 동료당사자에게 공감과 경청을

통해 당사자 스스로가 자신만의 회복의 여정을 나설 수 있게 하는 것을 목표로 삼는다. 그 과정을 통해 동료지원가 역시 보다 성숙한 자세로 자신의 회복의 여정을 헤쳐 나갈 동력을 얻을 수 있는 것도 부수적인 목표로 삼는다.

2) 동료지원가가 지켜야할 주요 윤리 원칙[4)]

(1) 전문성과 품위

- 동료지원가는 유능한 상담활동을 위해 동료지원에 필요한 지식과 실천을 향상시킬 책임이 있다.
  - 지속적인 재보수교육, 다른 지원가와 상호작용, 동료지원 슈퍼비전
- 동료지원가의 자기인식이 매우 중요하다.
  - 동료지원가의 지각과 반응은 자기 자신이나 가족 문제의 영향을 받을 가능성이 높다.
  - 자기 자신과 가족에 대한 '돌아보기' 작업을 꾸준히 수행한다.
  - 자신, 동료, 당사자를 분리해서 바라볼 수 있어야 한다.
- 동료지원가는 자기역량을 벗어나는 문제나 상황에 대해 각별히 주의한다.
  - 슈퍼비전을 받거나 멘토 상담자에게 자문을 구한다.

(2) 당사자에 대한 책임

- 다양성 존중
  - 동료지원가는 당사자의 인종, 성별, 종교, 출신 국가, 성적지향 등에 관계없이 서비스를 제공하고, 당사자를 공정하게 대우해야 함
- 이중관계금지
  - 동료지원가는 당사자와의 사적 관계를 맺지 않도록 모든 노력을 기울여야 함
- 자기결정권 존중
  - 동료지원가는 당사자의 결정할 권리를 존중하되, 당사자가 책임 있는 결정을 내릴 수 있도록 도와주어야 함(의사결정 지원서비스에 연결)

---

4) 중앙대학교산학협력단(2020). 2020 서울시 정신장애인 동료상담가 양성사업 교육 가이드.

(3) 비밀보장

• 비밀보장 원칙

– 동료지원가는 당사자와의 신뢰 관계에 근거하여 얻은 정보를 당사자 사전 동의 없이 타인에게 발설하지 않아야 함.

• 비밀보장의 예외 상황

① 당사자가 신체적 자해나 타해의 위험에 처해 있을 때

② 아동, 장애인, 노인 등 보호 대상자에 대한 학대나 유기 주장이 있을 때

③ 학대, 폭력, 위험성 등을 이유로 법원이 명령했을 때

• 당사자의 생명이나 사회의 안전을 위협하는 경우

① 당사자가 감염성이 있는 치명적인 질병이 있을 경우

② 미성년인 당사자가 학대를 당하고 있을 경우

③ 당사자가 아동학대를 하는 경우

④ 법적으로 정보의 공개가 요구되는 경우

3) 당사자활동가, 동료지원가에게 특히 요구되는 소양

① 공감능력(empathy)

② 의사소통기술(communication skill)

③ 창의성(creativity)

④ 신뢰성(reliability and trustworthiness)

4) 동료지원의 핵심역할[5)]

① 생생한 체험을 기반으로 당사자를 지지해 주기(support via lived experience)

② 당사자 목소리가 정신건강 실무자에게 소통되도록 중재하기(communicating the consumer voice/lived-experience to MH staff)

③ 동료지원가로서의 정체성과 동기를 유지하기(identifying with and being motivated by the PP role)

5) 중앙대학교산학협력단(2020). 2020 서울시 정신장애인 동료상담가 양성사업 교육 가이드.

Ⅲ. 동료지원의 실제

• Barry 등(2017)이 제시한 정신장애인 동료상담 영역

증상관리	일상생활 기술향상	신뢰감 형성	자존감 향상	사회적 네트워크 확대	관계맺기	책임감 향상	공격행동 감소	일
-전조 증상 대처 -증상 관리	쇼핑, 요리, 청소, 자산관리 기술	자신과 타인에 대한 신뢰형성	자신에 대한 만족감 향상	지역사회 활동에 참여하도록 독려	가족, 친구, 다른 사람들과 친밀감 형성	일상 속에서의 자기관리를 통한 책임감 향상	잠재적 자타해 행위에 대한 관리전략	풀-파트 타임, 공부, 자원봉사

동료지원을 통해, 자신이 원하는 삶을 조형해 나갈 수 있도록 지원

1. 동료지원가 양성교육 단계의 필수 요소

'동료지원가'란 정신장애인 당사자가 중심이 되어야 하며, 주체성을 가지고 업무를 수행하는 것이 무엇보다 중요하다. 그렇기 때문에 장기간 타인에 의해 삶의 다양한 선택지들이 결정되는 삶을 살아온 정신장애인들에게는 주체성을 회복하는 것이 무엇보다 중요한 과제이다. 하지만 전문가들이 중심이 된 조직에서는 기존에 체화된 의존성으로 인해 이러한 주체성을 회복하는 것이 어려운 과제가 되며 현실적인 문제들에 직면하게 된다. 그렇기에 당사자중심주의에 입각한 학습과 교육 프로그램을 포함한다.

• 당사자주의에 대한 학습과 정신장애인 운동의 역사를 포함한 커리큘럼을 구성한다.
• 자신에 대한 이해와 대인관계 성숙도를 높여 동료지원가로서의 기본을 다진다.
• 동료지원가에게 요구되는 지식과 기술을 습득하고 지역사회 현장에서 실습한다.
• 동료지원가로서 지역사회 이용자를 상담·지원하고 전문 슈퍼비전과 동료공동체의 피드백을 토대로 역량을 향상시킨다.
• 당사자 중심 교육과정 개발: 당사자가 당사자를 지원/교육할 수 있는 토대를 마련한다.

- 당사자만이 겪는 독특한 경험을 기반으로 한 상담교육 프로그램 개발을 통해 당사자의 자기 정체성을 확립한다.

  예) 영국에서는 어떻게 동료지원가를 양성할까?[6)]

1) 당신을 알아가기

동료지원가가 자신을 개방하는 것은 타인의 마음의 문을 여는 조건이고, '잘 들어주는 것'은 매우 중요한 요소이다. 또한 단순히 듣는 것이 아닌 진정으로 경청하는 것이 필요하다. 머릿속으로는 '이야기가 언제 끝날까?', '집에 가서 뭐하지?' 등 다른 생각을 한다면 타인도 그러한 마음을 알게 될 것이기 때문이다.

이러한 마음가짐으로 동료지원가 양성 교육을 시작하며, 소그룹을 형성하여 '당신을 알아가기'를 진행한다. 이 소그룹에서 2명씩 짝을 이루어 이 교육과정에 왜 참여했는지부터 나와 관련된 이야기를 설명하고, 관계의 깊이에 따라 이야기도 달라진다.

2) 양성과정에 대한 합의

양성과정 소그룹 내에서 모두가 동의할 수 있는 합의를 도출한다. 예를 들어, 비밀보장이 될 수 있다. 이러한 합의점들은 모두가 볼 수 있도록 개시해 매 모임마다 책임성을 가질 수 있도록 하고, 만약 합의를 어길 경우, 그룹이 책임을 지도록 한다.

3) 나에게 보내는 편지

자신에게 의미 있었던 순간들은 3개의 순간을 골라 그 때의 나에게 하고 싶은 이야기를 써본다. 예를 들어, "어려운 길을 선택했지만 괜찮아, 너가 옳았어.", "잘 해냈어.", "조금만 참으면 너의 소울메이트를 만날 거야.", "너의 직관을 믿어줘." 등이 있다.

4) 동료지원이란 무엇인가

동료지원은 개개인마다 다르게 정의 내릴 수 있고, 그 과정에서 동료지원가 스스로가 성숙해지고 변화한다. 그렇기 때문에 그룹에서 동료지원을 어떻게 생각하는지 그룹 내에

---

6) 2019년 Peer Support Workers Programs 워크숍(영종도 인재개발원): Ron Coleman 교육.

서 논의하고 공통점과 차이점, 그리고 요소들 간 보완되는지 또는 충돌하는지 등을 고민할 필요가 있다.

5) 동료지원가에게 정당한 대우를

누군가 '동료지원가로 온전한 대우(급여, 지위 등)를 받아야 하는 것'도 중요하다고 이야기하자, 그들은 생각해볼 거리를 제안한다. 사회복지시설/의료기관 등에서 동료지원가에게 급여를 제공한다면, 동료지원가는 약물을 복용하라고 권유하는 역할이 될 수 있다. 즉, 독립성을 잃어버리는 것에 대해 고민할 필요가 있다는 것이다. 또한 다른 직종에서 체계를 어떻게 잡았는지 참고하면 좋을 것 같다.

6) 진단명에 자신을 가두지 말라

Ron은 동료활동가로서 진단명에 자신을 가두지 말라고 이야기한다. 진단명에 자신을 가두는 순간 작은 행동까지도 '증상의 일부'가 될 수 있고, 개인이 지닌 삶에 대한 이야기에 관심을 가지지 않게 된다. 즉, 증상으로 치부하며 질문 자체를 하지 않게 되는 것이다. '정신과적 고생은 고생을 가진 사람에게 주도권'이 있다고 표현하며, 이전까지 전문가들이 가지고 있었던 주도권을 가져야 한다는 것이다. 이를 위해서는 보다 나 자신을 탐구할 줄 알아야 하며, 나의 취약점을 드러낼 줄도 알아야 한다. 이러한 맥락에서 회복은 '증상이 없음(무증상)'이 아니라 '일상을 할 수 있음'을 인식해 나가는 과정일 수도 있다고 말한다.

7) 회복을 위한 정확한 정보제공

회복은 감정과 관련된 어려움과 상황들을 직면했을 때 느꼈던 분노, 소외감, 수치심 등을 표현할 때 시작된다. 그러면서 급성기 또는 단기간 약물을 복용하는 것은 도움이 될 수 있지만 약물을 장기복용한다면 독이 될 수 있다는 연구결과를 설명한다. 지금까지는 의료적 관점에 의해 약물 치료에 긍정적인 결과만 설명했지만 동료지원가는 '무엇을 하지 마라, 무엇을 해라' 지시하는 역할이 아닌 '다양한 정보'를 제공하여 '선택지'를 넓혀주는 역할도 하기 때문에 약물 장기복용의 위험성에 대해서도 설명할 수도 있다고 말한다.

영국 동료지원가 지도자
Ron Coleman(2019)[7]

2019 Peer Support Workers Programs
(영종도인재개발원)

8) 전문가가 되지 않는 것에 대한 전문가[8]

동료지원활동 전문가들은 정신건강 분야의 다른 이들이 반드시 활용하지 않는 기술을 연습하고 개발한다. 우리의 목표와 방향은 "전문가가 되지 않는 것에 대한 전문가"가 되는 것에 기초한다.

이는 어떤 측면에서 모순처럼, 더 나쁘게는 우리가 우리의 역할을 가치 없는 것으로 주장하고 있는 것처럼 보일 수 있다. 이는 사실과 매우 다르다. 당신은 어떤 학문적 자격을 가진 사람도 보여주거나 근접할 수 없는 무언가를, 즉 공감과 이해를 불러일으키는 실제의 경험을 제공할 수 있다. 우리가 다른 어떤 서비스를 필요로 할 때 우리는 그들이 전문직에 종사하는 전문가이기를 기대한다. 그 누구도 조종사 자격증이 없는 조종사나 자격을 취득하지 않은 의사의 손에 자신의 목숨을 맡기지 않을 것이라는 사실을 직시하지. 모든 회복은 타인의 믿음과 문화에 대한 인정과 존중을 기반으로 한다. 따라서 우리

---

7) Ron Coleman은 'Working to Recovery' 단체의 이사로 창의적인 방법으로 정신건강 교육, 상담, 출판을 하고 있다. 그는 환청을 듣는 사람을 대상으로 환청 경험의 부정적 측면을 극복할 수 있는 방법을 교육하고 있다. 13년 동안 정신병원에 입원과 퇴원을 거듭한 경험을 한 후 영국 환청 질환자운동 창립자의 한 사람이 되었다. 그의 회복의 길은 정신건강서비스가 직면하고 있는 여러 이슈들에 대해 새로운 통찰력을 가질 수 있게 도와주었다. 그는 Politics of the Madhouse를 집필하였고, Working withVoices' & Working to Recovery를 공동 집필하였으며, Recovery an Alien Concept의 저자이기도 하다. 미국, 호주, 캐나다, 뉴질랜드, 홍콩, 스칸디나비아 제국, 이탈리아, 프랑스, 독일, 스위스, 기타 여러 나라에서 교육과 훈련을 지도하고, 저술 활동을 하며, 학술대회에서 발표하는 등의 활동을 통해 세계적으로 잘 알려진 인물이다.

8) Ellis & Taylor(2019). 정신질환 당사자의 회복 지원을 위한 동료지원가 양성 학습매뉴얼. 제철웅 역. 이 책은 우리나라의 동료지원가들이 Peer Support Workers Programs을 통해 직접 저자로부터 교육받은 내용으로 많은 도움을 주었던 철학을 담고 있다. 향후에도 한국사회의 동료지원가들의 양성교육 있어서 반드시 포함되어야 할 당사자중심의 이념과 동료지원의 실제적인 기술과 방법을 익힐 수 있도록 구성되어 있다.

는 그 주제에 대해 반드시 학문적으로 박식할 필요는 없지만, 우리가 관심을 갖고 있고 그들의 선택을 존중한다는 것을 알려주려는 마음으로 상호작용을 한다. 만약 어떤 사람이 정신적 질병으로 고통받는 것으로만 보인다면 그들 삶에서의 중요한 맥락을 전문 직업인들은 묵살할 수 있다. 그들이 치료하고자 하는 것, 즉 정신질환 증세 또는 조현병과 관련해서 관심과 존중에 관한 이런 인식은 중요하지 않을 것이기 때문이다. 우리는 한 사람의 삶에서 문화적 다양성, 종교적 믿음, 성적 지향과 많은 측면들에서의 다름을 인정하고 존중한다.

"사람들이 회복의 벽돌을 쌓는 중이라면 그 주춧돌은 자기 자신이 되어야 한다."
–론 콜만 [회복이라는 낯선 개념]

2. 현장의 동료지원 활동의 실제

1) 동료지원가 양성교육 현장[9)]

- 직장생활의 예절 익히기
- 학습과 토론의 일상화
- 전문가 강의와 선배 동료지원가들의 교육 포함
- 자신의 질환의 경험을 자원화하는 과정
- 충조평판(충고, 조언, 평가, 판단)하지 않기 훈련
- 팀별 트레이닝 집중교육
- 동료지원가 업무를 위한 업무일지, 상담일지, 품위서 등 작성을 위한 컴퓨터 교육
- 교육 사이 리프레쉬할 수 있는 시간을 반드시 포함
- 당사자의 감수성을 배려한 당사자의 공동체 문화 형성이 되도록 교육 프로그램의 섬세한 진행

9) 2020 서울시 정신장애인 동료상담가 양성사업을 수행한 파도손의 커리큘럼에 포함된 내용이다. 600시간의 집중교육과 300시간의 실습, 현장활동 슈퍼비전을 포함하여 총 900시간의 양성교육을 진행하였다. 지역의 고립된 당사자들을 지원하기 위하여 현장에서는 전문요원들이 수련하는 것처럼 동료지원가들 역시 전문성 고양을 위해서 수련시간을 가지며 훈련할 필요성이 있다. 이는 당사자 자신의 성장과 동료지원활동을 위해 중요한 핵심사항이다. 교육을 통하여 당사자는 질환을 나와 분리하여 "경험을 자원화"하는 훈련을 한다.

- 당사자모임은 동료지원가들이 동등하게 진행하도록 함
- 자기객관성 훈련
- 동료지원가의 전문성을 위한 보수교육 및 자기개발 프로그램 연구개발

〈동료지원가 양성교육〉

- 이론부터 실습까지

〈동료지원가 자치활동과 트레이닝〉

- 동료지원가들 당사자모임 진행 및 운영(팀트레이닝)
- 기능회복 프로그램 진행, 동료지원 등
- 정보제공, 사회복귀 연계

2) 지역사회 동료지원 현장활동

〈고립에서 연대로〉 (2인 1조 방문지원하는 동료지원가들)

- 동료당사자가 편한 공간으로 방문하여 동료지원: 가정, 카페, 식당 등(주 1회 또는 주 2회)
- 상담 및 이야기 당사자의 스토리에 귀 기울이기
- 경청하기 훈련을 통하여 현장 활동과 연결
- 지원하는 당사자의 성별, 나이, 환경과 경험 등을 고려하여 매칭(예: 강제입원의 트라우마가 있는 당사자의 경우 같은 경험을 가진 당사자가 지원하도록 함)

〈일상생활 지원형태〉 (2인 1조 방문지원하는 동료지원가들)

산책하기

함께 식사하기

차 마시며 대화

- 산책하기, 식사하기, 차 마시기 등
- 친밀감을 형성하면서 동료지원
- "혼자가 아니야"
- 식사가 어려운 당사자들에게 식사지원은 큰 도움이 됨

▶ 동료지원가들의 다양한 지원활동

〈관심사에 맞춤형 지원〉 (2인 1조 방문지원하는 동료지원가들)

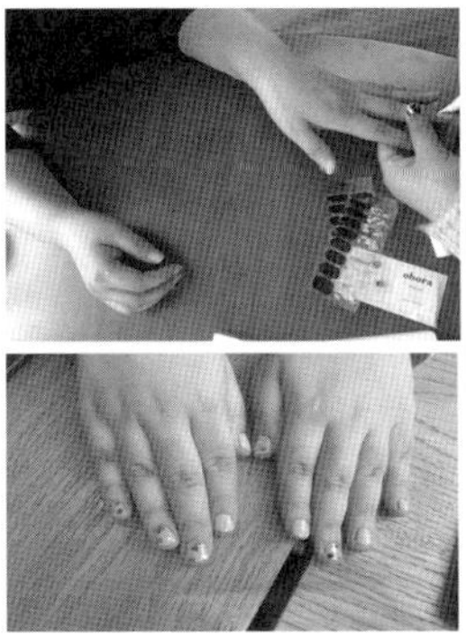

네일아트를 해주는 장면

함께 그림 그리기

니들펀치를 하는 장면

- 동료지원가가 재료를 준비하여 방문 지원 시 당사자의 취미나 흥미 있는 것을 함께 하는 활동
- 동료지원가들 각자가 지원활동에 필요한 취미나 재능 발굴(예, 스토리텔링을 위한 타로카드 배우기 등)
- 무기력함과 우울함을 호소하는 당사자들에게 도움이 됨

▶ 개인에게 맞춤

〈일상생활 지원형태〉 (2인 1조 방문지원하는 동료지원가들)

반찬지원

생활지원

병원 동행하기

- 지역에 고립되거나 혼자서 일상생활이 어려운 당사자의 식생활을 위하여 반찬 제공
- 청소나 설거지 등 거들어주기, 이사 도와주기 등
- 병원 동행하기, 관공서 동행하기
- 대중교통이 어려운 당사자의 이동을 돕거나, 입·퇴원 시 도와주기
- 당사자 밀착형 지원

Ⅳ. 현황 및 과제

1. 이론과 실제의 먼 거리

현장의 동료지원의 형태는 다양하지만 개별적 상황이 매우 다르고, 동료지원가들의 역량 역시 다르기에 충분한 교육과 학습이 필요하다. 또한 동료지원가들 역시도 투병하는 당사자들이기에 소진되지 않도록 힐링할 수 있는 장치가 필요하다. 긴 시간 사회생활 경험이 전무한 당사자들에게 너무 빠르거나 너무 느린 진행이 되지 않도록 유의하여야 한다. 실제로 이론교육을 긴 시간 하였다고 하여도 실제 현장에 나가서 더 아픈 당사자를 지원할 때는 교육이 무색해지는 경우도 많다. 현재 파도손에서 진행하고 있는 병원과 지역사회의 당사자들 지원의 경우 대다수가 고립되어 있거나 기존의 정신건강시스템을 이용하지 않는 당사자들인 경우가 많다. 이들은 기존의 정신건강 시스템, 가령 정신건강복지센터나 정신재활시설의 이용당사자들과 다른 부분이 많다. 약을 거부하거나 은둔형 외톨이로 지내는 당사자들이나 가족과 단절된 당사자들이 의외로 많으며, 사회복지사들과 만나지 않는 당사자들도 많다는 것을 현장 활동을 하다 보면 알게 된다는 것이다.

다양한 층위의 당사자들과 네트워크를 만드는 것은 동료지원 활동의 커다란 그림이면서 당사자활동의 핵심이다. 이를 위하여 당사자들의 스펙트럼을 이해하는 다양한 지원활동 역시 필요하다. 동료지원가 양성교육의 현장에서 특히 긴 시간 정신재활시설을 이용했던 당사자들의 경우 의존성이 높아서 사회생활 적응이 어렵거나 동료들과의 불화가 발생할 때도 있다. 정신재활시설이나 병원 등 거의 모든 기존의 시스템은 당사자의 회복에 기여할 수 있도록 프로그램에서부터 진행의 형식까지 양적·질적 발전을 해야 할 것이다.

수준 높은 교육 프로그램을 도입하고 당사자들 스스로가 할 수 있도록 전문가 개입은 최소화해야 하며 무엇보다 당사자와 파트너십, 동료의식이 현장의 전문가 집단에게 요구되고 있다. 전문가 혹은 서비스제공자 중심이었던 정신보건의 생태적 환경은 전 영역에 걸쳐서 당사자의 주도성, 주체성, 책임성이 길러지도록 혁신과 개혁이 절실히 요구되고 있다. 당사자의 욕구와 열망은 앞서 있지만 현장의 전문가 인력들은 인식이 뒤쳐져 있는 것이 당사자 활동가들이 느끼는 현실이다.

증상을 이해하는 태도에서부터 당사자를 존중하는 방법, 각기 당사자의 자기결정능력을 향상시킴에 있어서 가장 효과적인 형태는 동료지원활동을 포함한 당사자의 직업 활동이라고 할 수 있다. 당사자들 역시도 자신의 노동과 스스로의 힘으로 경제적 자립을 할 수 있을 때 발현되지 못했던 잠재력이 성장하고, 성숙할 수 있다. 실제 동료지원 현장에서 만난 수많은 당사자들이 "나도 동료지원가가 되고 싶다"라는 말을 한다.

국립정신건강센터를 비롯하여 다양한 센터에서 동료지원가 양성교육을 하지만 현장의 직업이나 실제 활동으로 이어지지 않는 것은 보다 심각한 문제다. 이론에서부터 실제적으로 당사자가 성장할 수 있도록 당사자의 감수성에 맞도록 구성되어야 할 것이다. 기존의 단발적이고 짧은 양성교육으로는 지역의 수준 높은 당사자전문가로 성장하는 데 한계가 있다.

이를 위하여 현장활동에서 내공이 쌓이고 경험치를 가진 선배 동료지원가들의 멘토 역할을 하며 발전할 수 있도록 당사자 고용의 지속성, 당사자 직원들의 일터 등이 확대되고 전국화되도록 제도와 법으로 정비되어야 할 것이다.

2. 동료지원가와 당사자활동의 상관관계

당사자활동은 포괄적인 의미를 지닌다. 외국을 비롯한 한국의 정신장애인운동 역시도 당사자활동을 토대로 성장한다. 당사자활동을 통해서 동료지원가의 직군이 개발이 되고 당사자중심주의의 올바른 이념이나 가치가 학습되고 '의식화'된다. 풀뿌리 민중운동인 당사자운동이나 당사자활동의 토대는 사회철학적 기반 없이 성장하기 어렵다. 인간은 사유의 동물이기에 무엇보다 당사자들이 되찾아야 하는 것은 사회적 존재로써의 의미다. 당사자활동에서는 전통적인 정신보건의 현장에서 당사자에게 부과한 라벨링을 떼는 작업부터 한다. 동료지원활동에서 스토리텔링과 맥락의 접근이 중요한 이유이다. 당사자활동의 궁극적 이상향은 당사자의 사회적 지위 획보와 정신장애인의 해방이라는 정치적 목적을 띠고 있다. 그렇기에 동료지원활동이 정신장애인의 해방운동이라는 것을 잊어서는 안 된다. 당사자활동은 운동이다(movement). 당사자의 운동성과 철학이 없는 활동은 그저 직업이나 생계의 방편이 될 수도 있다. 현재 한국의 당사자운동은 그 역사가 짧은 만큼 철학이 빈곤한 실정이다. 당사자운동이 순수성을 잃지 않고 올바른 흐름을 타기 위해선 정신건강분야의 각성이 필요하다. 당사자들이 주도해야 하고 책임을 져야 하는 당사자사업이나 현장의 활동에 지나치게 개입하는 것은 당사자집단의 성장에 저해가 되는 요인이 되는 경우가 많기 때문이다. 또한, 진정으로 당사자를 위하고 존중하는 전문가 집단이라면 당사자들 스스로가 운명을 개척할 수 있도록 맡길 수 있는 용기가 필요하다. 남이 대신해서는 그 어떤 사람도 성장하기 어려운 법이다. 당사자운동을 함께 한다는 동료의식으로 사회 전반에 깔린 정신장애인에 대한 혐오와 편견을 해소하고 사회적 모순을 개혁해 가는 회복 운동의 동반자가 되도록 추동하는 것이 당사자활동과 동료지원운동의 생명력이라 할 수 있다.

3. 법제도의 제정과 공동체의 회복을 위하여

2020년 정신건강기본계획에는 향후 5년간 당사자와 가족을 지원하는 구체적인 조항들이 만들어졌다. 500명의 일자리를 확보하고 동료지원가들이 일할 수 있도록 하는 것이다.

2020년에는 당사자 중심의 정신건강복지법 개정안을 당사자운동집단에서 입법하였고 국회통과를 앞두고 있다. 주요내용은 절차보조사업의 법제화와 동료지원가의 등록제도 등이다. 10여 년간 계속된 동료지원가 양성사업이나 교육이 양성에서 멈추지 않고 실제의 직업인으로 자격을 가지고 전국으로 확대되기 위해서는 법률의 제정이 필요하고 국가의 재정과 예산의 편성 없이는 불가능하기에 법제정은 필수적으로 반드시 이루어야 할 목표다. 당사자네트워크의 인프라는 정신건강분야가 직면한 병원과 의료중심의 한계와 모순을 회복하는 새로운 대안이 될 것이다. 전국의 모든 정신건강복지센터, 병원과 정신재활시설을 비롯한 정신건강관련 기관에서 동료지원가들이 근무하고 일할 수 있도록 제도와 현장이 뒷받침되어야 하며 정신건강분야는 그러한 영향으로 성장하고 발전할 것이다.

참고문헌

권오용, 오현성, 김민, 최희승, 박인환, 김혜성, 박동진 (2018). 정신장애인의 지역사회 거주·치료 실태조사. 국가인권위원회.

김성희, 이연희, 오욱찬, 황주희, 오미애, 이민경, 이난희, 오다은, 강동욱, 권선진, 오혜경, 윤상용, 이선우 (2018). 2017년 장애인실태조사. 보건복지부.

서울시정신건강복지센터 (2011). 2011 서울시 정신장애인실태조사.

유은경 (2014). 정신장애인 동료지원가 직업영역 개발. 한국장애인 고용공단 고용개발원.

제철웅, 노성원, 이성규, 최기홍 (2018). 정신병원 비자의입원 절차에서의 정신질환자 의사결정지원(절차보조)제도 실시 방안에 관한 연구. 보건복지부.

중앙대학교 산학협력단 정신장애동료상담가교육사업팀 (2020). 정신장애 동료상담가를 위한 대면상담 심화역량 교육가이드.

Bradstreet, S. (2006). Harnessing the 'lived experience': For malising peer support approaches to promote recovery. *The Mental Health Review, 11*(2), 33.

Chinman, M., Young A.S., Hassell, J., et al. (2006). Toward the implementation of mental health consumerprovider services. *Journal of Behavioral Health Services and Research, 33,* 176-195.

Coleman, R., Ellis, W., & Taylor, K. (2011). **정신질환 당사자의 회복 지원을 위한 동료지원가 양성 학습 매뉴얼**. 제철웅 역. 율곡출판사.

Davidson, L., Bellamy, C., Guy, K., & Miller, R. (2012). Peer support among persons with severe mentalillnesses: a review of evidence and experience. *World Psychiatry, 11*(2), 123-128.

Davidson, L., Chinman, M., Kloos, B., Weingarten, R., Stayner, D., & Tebes, J. K. (1999). Peer support among individuals with severe mental illness: A review of the evidence. *Clinical Psychology: Science and Practice, 6*(2), 165-187.

Fisher, D. (2017). **희망의 심장박동**. 제철웅, 김낭희, 김성용, 김효정 등 공역. 한울아카데미.

Goldstrom, I. D., Campbell, J., Rogers, J. A., Lambert, D. B., Blacklow, B., Henderson, M. J., & Manderscheid, R. W. (2006). National Estimates for Mental Health Mutual Support Groups, Self-Help Organizations, and Consumer-Operated Services. *Administration and Policy in Mental Health and Mental Health Services Research, 33*(1), 92-103.

Repper, J., & Carter, T. (2011). A review of the literature on peer support in mental health services. *Journal of Mental Health, 20*(4), 392-411.

Sherman, P. S., & Porter, R. (1991). Mental health consumers as case management aides. *Hosp Commun Psychiatry, 42,* 494-498.

33장

자살과 자해의 이해와 개입

이은진
(수원과학대학교)

Ⅰ. 서론

1983년 10만 명당 8.7명이었던 자살률이 1997년 IMF와 2002년 금융위기와 2007년 세계 금융위기, 2008년 유명 여배우의 자살사건을 거치면서 급속도로 증가하여 2019년 기준 인구 10만 명당 자살률이 26.9명에 이르렀다. 이는 한 해에 13,799명이 스스로 목숨을 끊는다는 것이고, 하루 평균 37.8명이 자살로 생을 마감한다는 뜻이다. 2011년 31.7명까지 치달았던 자살률이 최근 몇 년 동안 꾸준히 줄어들다가 2018년에 큰 폭의 증가세로 전환하여 2019년 현재 우리나라는 OECD 37개국 중에 자살률 1위를 17번이나 기록하고 있다. 자살은 사망원인 5위에 해당하는 심각한 사회문제이다.

자해는 "개인이 자신에게 직접적이고 고의적으로 해를 입히는 행동의 넓은 범주"로, 죽음을 목적으로 하진 않지만 고의적으로 자신의 신체를 손상시키는 행동을 말하는데, 자해행동은 자살을 예측할 수 있는 중요한 지표이다.

이 장에서는 정신건강사회복지사로서 알아야 할 자살과 자해에 대한 이해와 개입을 위한 내용으로 구성하였다.

Ⅱ. 자살의 이해와 개입

1. 자살 현황

자살이란 세계보건기구(World Health Organization: WHO, 2001)에 따르면 죽음의 의도와 동기를 인식하면서 스스로 손상을 입히는 행위로 정의된다.

2019년 우리나라 자살사망자 수는 1만 3,799명으로 전년 대비 129명 증가하였고, 자살률은 26.9명으로 0.3명 증가하였다. 남성의 자살률은 38.0명, 여성은 15.8명으로 남성이 2.4배 높으며, 연령대별로 보면 자살률은 80대 이상, 70대, 60대, 50대 순이다. 연령이 증가할수록 자살률도 높아져 노인자살률이 가장 높게 나타나고 있으며, 여성에 비해 남성 자살률이 더 심각한 수준이다.

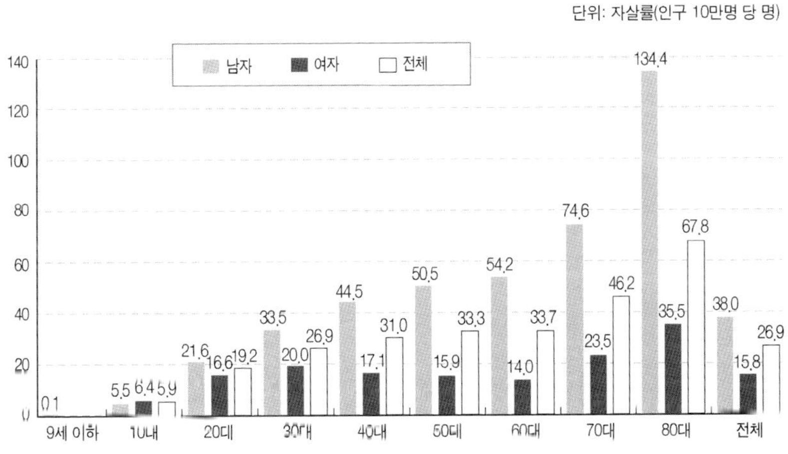

〈그림 33-1〉 2019년 성별과 연령대별 자살현황

최근 10년간 자살현황을 살펴보면, 2011년에 31.7명으로 최고의 자살률을 보이나가 서서히 감소하였고, 2018년부터 다시 증가하는 추이를 보이고 있다. 2010년 대비 2019년에 자살률 4.3명, 자살사망자 수는 1,767명 감소하였다.

〈표 33-1〉 10년간 자살현황

연도	2010	2011	2012	2013	2014	2015	2016	2017	2018	2019
자살 사망자 수	15,566	15,906	14,160	14,427	13,836	13,513	13,092	12,463	13,670	13,799
자살률 (인구 10만 명당 명)	31.2	31.7	28.1	28.5	27.3	26.5	25.6	24.3	26.6	26.9

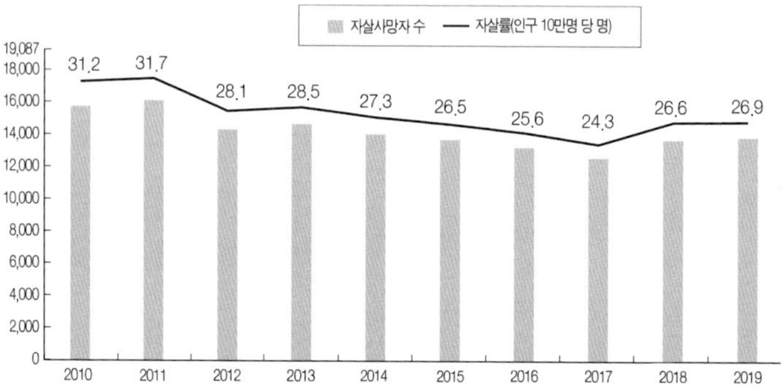

〈그림 33-2〉 10년간 자살통계

2. 자살의 원인

자살은 사회구조적, 개인적 요인이 복합적으로 작용한 결과이므로 주된 요인을 어느 하나로 설명하긴 어렵다. 자살위험요인은 자살위험성을 증가시키는 요인을 말하는데, 이러한 위험요인들이 동시에 나타나거나 서로 상호작용을 할 때 자살시도나 자살행동으로 이어지게 된다. 세계보건기구(WHO)도 자살은 복잡하고 다양한 요인이 영향을 미치는 현상으로 설명하면서, 자살을 유발할 수 있는 위험요인을 다음과 같이 분류하고 있다.

〈표 33-2〉 자살의 핵심적 위험요인

보건의료체계 요인	보건의료 서비스에의 접근성
사회적 요인	자살수단에 대한 접근성, 자살사건에 대한 미디어의 부적절한 보도, 도움을 요청하는 행위에 대한 사회적 편견
공동체 요인	재난·전쟁, 문화적 부적응, 사회적 차별, 트라우마, 학대 등
관계 요인	사회적 고립감, 사회적 지지의 결여, 이혼·사별 등
개인적 요인	과거의 자살시도, 정신질환, 알코올의 유해한 사용, 실업 및 경제적 어려움, 무망감, 만성적 질병 및 통증, 가족 등의 자살

출처: WHO(2014). Preventing suicide-A global imperative; 보건복지부 홈페이지 재인용.

1) 위험요인

(1) 정신질환

우울증, 불안장애, 조현병, 알코올 사용장애, 인격장애와 같이 정신적인 문제로 인해 일상생활에 어려움을 겪는 질환을 말한다. 자살로 목숨을 잃는 사람들을 대상으로 한 연구에 의하면 자살한 사람의 90%가 정신장애를 경험하고 있었다.

(2) 자살시도의 과거력

현재의 자살위험성을 평가할 때 가장 중요한 요인 중 하나가 바로 과거에 자살을 시도한 경험이다. 과거에 자살을 시도했던 경험이 있는 사람들은 그렇지 않은 사람들보다 38배 정도 높은 자살위험성을 갖는다.

(3) 자살의 가족력

가족이나 친지 중에 자살로 목숨을 잃은 사람이 있는 경우, 그 가족구성원들 중에서 어떤 사람들은 자살에 대해 고통을 벗어나기 위한 해결책으로 받아들일 수 있어 일반인들보다 자살위험성이 높다.

(4) 발달적 외상

어린 시절 신체적 혹은 성적 학대를 받았던 경험은 자살위험성을 증가시킨다. 현재까지의 연구에 의하면 유년시절 학대를 경험한 사람들의 자살위험성은 그렇지 않은 사람의 경우보다 10배 정도 높다.

(5) 사회 환경적 요인

대체로 낮은 지위의 저소득 계층은 가정의 불안정, 우울증과 같은 정신질환, 경제적 스트레스, 육체적 질병 등으로 인해 상대적으로 높은 자살률을 보인다.

(6) 신체적 질병

신체적 질병으로 인한 고통은 스트레스의 원인으로 작용할 수 있기 때문에 자살위험성을 증가시킨다.

(7) 완벽주의적 성격, 충동적이고 공격적인 성격

자신에 대해 비현실적으로 높은 기대를 갖고 있어서 그 기대를 달성하지 못하는 자신을 비난하고 처벌하는 완벽주의적 성격은 자살과 관련이 있다. 또한, 고통을 참거나 충동을 억제하기 어려운 성격과 공격성이 높은 사람은 그렇지 않은 사람들보다 높은 자살위험성을 가진다.

(8) 생애 경험

삶에서 중대한 경험을 할 때 자살의 위험성이 증가하기도 한다. 가까운 사람의 죽음, 이혼, 별거로 인해 상실, 직장이나 가정, 학교에서의 대인관계의 갈등과 단절, 폭력과 학대, 법적인 일과 관련된 문제, 가까운 사람의 상실 등은 자살위험의 요인이 될 수 있다.

사회적 고립도 자살의 위험요인이 되는데 사회적으로 연결이 불충한 상태를 의미한다. 특히 노인에게 사회적 고립은 자살생각과 관련된 요인으로 알려져 있다.

(9) 자살수단

자살수단과의 접근성은 자살과 관련이 있다. 우리나라의 경우, 농촌에서 농약을 이용한 자살이 많다는 것이 자살수단의 접근성이 자살위험을 높이는 근거라고 볼 수 있다.

(10) 미디어의 영향

사회학습이론의 관점에서 대중이 자살한 유명인을 자신과 동일시할 경우 모방행동이 높다고 한다. 자살을 보도하는 미디어에 반복적인 노출 시 자살을 억제하는 능력을 약화시키고, 자살행위를 영웅화하거나 미화하는 미디어 보도는 자살행동을 증가시킬 수 있는데, 이를 베르테르 효과라고 한다.

(11) 실업 등 경제적인 어려움

경기 불황과 높은 실업이 나타나는 시기에 자살이 증가한다. 또한 직업을 가진 사람보다 실업자들에게서 자살이 더 많다.

(12) 보건의료서비스 접근성

노인 자살자들은 자살하기 1주일 전에서 6개월 전에 주치의, 정신건강서비스를 이용한다. 따라서 적절한 보건의료서비스를 제공하는 것은 노인자살률과 중요한 관계가 있다.

2) 보호요인

자살의 보호요인은 자살위험성을 줄일 수 있고, 어려운 상황을 해결하는 개인의 능력을 향상시킬 수 있는 요인을 의미한다.

(1) 가족과 친구들을 포함한 심리사회적 지지

더 많은 친구들이 있고, 의지할 가족이 있는 사람은 그렇지 않은 사람보다 자살위험성이 낮다.

(2) 종교적인 믿음

신실한 종교적 믿음을 가지고 있고, 자살이 도덕적으로 잘못되었다거나 죄악이라고 믿는 경우 자살행동을 할 가능성이 적어진다.

(3) 삶의 의미

다양한 삶을 살아가야 하는 이유를 가지고 있는 사람은 그만큼 삶에 대해 낙관적인 태도를 취할 가능성이 높다.

(4) 개인의 심리적 강점

심리적 고통을 해결할 수 있는 대처능력을 가지고 있거나, 스트레스 상황에 직면했을 경우 자살이 아닌 다른 해결방법에 대해 고려할 수 있는 사고의 유연성을 가지고 있는 사람, 삶의 고통은 한 순간뿐이라고 생각할 수 있는 낙관성을 갖고 있는 사람들은 상대적으로 자살위험성이 낮다.

3. 자살의 경고신호

심리부검이란 자살 유가족의 진술과 기록 검토를 통해 자살사망자의 심리 행동양상 및 변화 상태를 확인하고 자살의 구체적인 원인을 검증하는 체계적인 조사 방법을 말한다.

중앙심리부검센터의 연구결과에 따르면, 자살사망자 중 92.2%가 자살을 암시하는 경고신호를 보냈지만, 주변에서 경고신호를 알아차린 비율은 21.0%에 불과하다고 한다. 즉, 자살위기에 처한 사람은 죽기 전에 미묘하지만 분명한 단서와 도움을 요청하기 때문에 정신건강 사회복지사는 자살위험을 예고하는 다양한 신호들에 대해서 잘 이해하고 있어야 한다.

〈표 33-3〉 자살의 경고신호

언어적 신호	- 자살이나 살인, 죽음에 대한 말을 자주함 - 신체적 불편감을 호소 - 자기비하적인 말을 함 - 자살하는 방법에 대해 질문함 - 사후세계를 동경하는 말을 함 - 자살한 사람들에 관한 이야기를 꺼냄 - 편지, 수양록, 노트 등에 죽음 관련 내용을 적음
행동적 신호	- 수면상태 변화 - 식사상태 변화 - 주변을 정리함 - 자신의 자살에 대한 계획을 세움 - 평소와 다른 비일상적인 행동, 공격적·충동적 행동 - 집중력 저하 및 사소한 일에 대한 결정의 어려움 - 외모관리에 대해 무관심 - 자해행동이나 물질남용을 보임 - 죽음에 관련된 음악, 시, 영화에 과도하게 몰입 - 인간관계를 개선하려고 노력하거나 신변 정리 - 평소 소중히 여기던 물건을 다른 사람에게 줌
상황적 신호	* 자살사망자가 사망 전 경험한 스트레스는 다층적이며 복합적임 - 정신건강 문제 - 직업 관련 스트레스 사건 - 경제 관련 문제 - 가족 관계 관련 스트레스 사건 - 부부 관계 관련 스트레스 사건 - 연애 관계 관련 스트레스 사건 - 가족 외 대인관계 관련 스트레스 사건 - 학업 관련 스트레스 사건 - 신체 건강 관련 스트레스 사건

4. 자살위험성의 평가와 개입

잠재적으로 자살 가능성이 있는 클라이언트에 대한 평가는 면담을 통한 직접적인 평가와 심리검사를 이용한 간접적인 평가로 나누어질 수 있다. 자살위험성을 적절히 평가하는 것은 클라이언트의 생명을 보호하고 시기적절한 개입을 하는 데 필수적인 과정이며, 민감하게 대응하는 것이 필요하다고 할 수 있다.

1) 면담을 통한 직접적인 평가

자살위험성을 평가하기 위해 잠재적인 자살위험성이 있는 클라이언트와의 면담에서 자살생각, 자살계획 및 치명성, 자살시도력, 자살가족력, 정신질환 과거력 등을 확인하는 것이 바람직하다. 면담과정에서 클라이언트가 자살을 암시하는 자살 경고신호를 보인다면, 반드시 자살에 대한 구체적인 질문을 하도록 하고 있다.

〈표 33-4〉 자살위험성 평가 질문(예시)

구분	관련 질문
자살생각	- 살아갈 가치가 없다고 느낀 적이 있으세요? - '살아서 모하나'라고 느낀 적이 있으세요? - 죽어야겠다고 생각한 적이 있으세요? - 자살생각을 해 본 적이 있으세요? - 자살생각을 일주일에 몇 번이나 하셨어요? - 자살생각이 떠오르면 얼마나 오래 그 생각을 하시나요?
자살계획 및 치명성	- 구체적인 자살방법을 생각해 본 적이 있으세요? - 자살할 장소나 시간에 대해 생각해 본 적이 있으세요? - 실제로 자신을 해치려는 생각을 행동으로 옮길 수 있다고 생각하세요? - 죽고 싶어서 준비한 도구가 있으세요?
자살시도력	- 이전에 자살시도를 한 적이 있으신가요? - 언제, 어떤 상황에서 자살시도를 하셨나요? 어떤 방법이었습니까? - 자살시도를 한 이후에는 어떻게 되었나요?(상황, 주위 사람들의 반응, 심경 등) - 혹시 가족이나 가까운 사람 중에 자살한 사람이 있으세요?
정신질환의 과거력	- 정신질환(우울증 등)으로 치료를 받은 적이 있으세요? - 이전의 치료는 언제, 어디서 받으셨나요? - 혹시 지금도 치료를 받고 있으신가요? - 진단명은 무엇이었나요? - 가장 최근에 치료를 받은 적은 언제인가요? - 복용한 약이 있다면 어떤 종류의 약을 처방받았나요? - 약을 꾸준히 복용하고 있으신가요? - 치료를 중단한 특별한 이유가 있으신가요?
사회적 지지	- 가깝게 지내는 가족 및 친구가 있으신가요? 몇 명이나 되나요? - 얼마나 자주 연락하시나 만나시나요? - 지속적으로 참가하는 모임(동창회, 계모임, 종교활동 등)이 있으세요? - 친구나 가족들과 자주 못 만나는 이유가 있으신가요? - 최근에 가족이나 친구들과의 관계에 변한 점(이사, 사망, 이별 등)이 있으세요? - 위기가 닥쳤을 때 도움을 청할 수 있는 기관(실무자)을 알고 있나요? - 힘들 때 주변에 도움을 받을 수 있는 곳이 있으세요? - 힘들 때 나에게 도움을 줄 수 있는 사람은 누가 있나요?

경제적 여건	- 경제적으로 어려움이 있으신가요? - 생활비는 어떻게 충당하시나요? - 가족의 지원이나 연금으로 보조를 받는 부분이 있으세요?(노인)
신체적 건강상태	- 최근에 건강상태는 어떠신가요? 신체 상태에 변화가 있으세요? - 치료받고 있는 질병이 있으신가요? - 지난 몇 년간 건강검진이나 검사를 받은 적이 있나요? 있다면 검사결과는 어땠나요? - 신체적 통증이나 손상이 있으신가요? - 어지러움, 피곤, 두통, 수면문제, 식욕문제, 만성통증 같은 문제가 있으신가요?
약물 및 알코올문제	- 술을 드시나요? 얼마나 드시나요? - 현재 술이나 습관성 약물을 복용한 상태이신가요? - 현재 술이나 습관성 약물을 얼마나 복용하셨나요? - 최근 술이나 습관성 약물복용에 대한 양상의 변화가 있으신가요? - 술이나 습관성 약물복용을 하지 않을 때의 금단증상이 있으신가요? - 과거 술이나 습관성 약물복용으로 문제가 되었던 적이 있으신가요? - 술이나 습관성 약물복용으로 어떠한 문제가 있으셨나요?(가족갈등, 수면장애 등)

출처: 보건복지부·중앙자살예방센터(2021). 2021년 자살 위기지원 서비스 매뉴얼.

2) 자살위험성 간접 평가도구

다양한 평가도구를 사용하여 자살위험성 평가에 활용할 수 있다. 이러한 평가도구는 점수에 따라 위험성의 정도를 가늠할 수 있게 해주며, 평가시기에 따라 현재 상태가 어떻게 변화해 가는지를 점검할 수 있게 해준다. 또한 내담자의 상태에 대한 객관적인 근거자료로 활용할 수 있다. 그러나 자살위험성을 척도에 의존해서 평가하는데 오류도 많고 정확하지 않을 수 있으므로 임상적인 면담의 보조 평가도구로 사용하는 것이 적절하다. 다음은 자살예방분야에서 주로 활용되는 평가도구이다.

〈표 33-5〉 자살위험성 관련 간접 평가도구

우울	- 역학연구를 위한 우울척도(CES-D): 20문항 - 역학연구를 위한 우울척도-단축형(CES-10-D): 10문항 - 우울증 건강설문-9(PHQ-9): 9문항 - 노인 우울척도(GDS): 30문항 - 노인 우울척도-단축형(GDS-SF): 15문항
위기 및 응급	- 정신과적 위기 분류 평정척도(CRI): 24문항
자살	- 한국판 자살생각척도(Beck Scale For Suicide Ideation): 21문항 - 자살생각척도(Scale for Suicide Ideation): 19문항 - Beck의 절망감 척도(Beck Hopelessness Scale): 20문항 - 자살하지 않는 이유: 생존과 대처신념척도(The Reasons For Living Inventory Scale: RFLS-survival and coping beliefs): 17문항

출처: 국립정신건강센터(2020). 정신건강검진도구 및 사용에 대한 표준지침.

3) 자살위험성의 분류(Triage)

자살위험성 평가는 일차적으로는 내담자와 면담과정에서 파악한 정보를 바탕으로 한다. 자살위험성 심층조사표의 결과를 면밀히 검토하고, 참조할 간접 평가도구가 있다면 이를 참조하며, 보호자와의 면담이나 내담자의 행동관찰을 고려하여 최종적으로 정신건강 사회복지사가 위험수준을 판단한다.

위기분류척도(Crisis Triage Rating Scale)는 위기상황이 발생한 클라이언트에 대한 신속한 치료 우선순위를 평가하는 도구로 1984년 영국에서 Herbert bengelsdort, Lawrence E. Vevy, Frank A. Barile에 의해 개발되었으며, 우리나라는 2005년 서울시정신건강복지센터에서 정신질환 위기관리를 위해 처음 도입하여, 현재 전국 기초·광역 자살예방센터 및 정신건강복지센터에서 활용되고 있다. 최근에는 정신과적 위기분류 평정척도(CRI)를 활용하고 있는데, 자살위험성의 수준을 평가하고 분류하는 이유는 위험수준에 따라 취해야 할 조치와 상담자가 해야 할 역할이 다를 수 있기 때문이다. 단, 정신과적 위기분류 평정척도의 응급성이 개입의 절대적인 조건은 아니며, 개입근거 중 하나로 참고해야 한다.

4) 자살의 치료적 접근법

자살예방을 위한 대표적인 근거 기반의 심리치료 이론인 인지행동치료(Cognitive Behavioral Therapy), 변증법적 행동치료(Dialectical Behavior Therapy) 등이 다양한 개입방법이 대두되고 있다.

(1) 인지행동치료

Wenzel과 Beck(2008)의 자살에 대한 인지행동치료 모델에 따르면, 기질적 취약성, 정신과적 문제와 관련된 인지 과정, 자살 행동과 관련된 인지 과정의 세 가지 인지적 요인이 환경적인 스트레스와 상호작용하여 상태적 무망감과 자살 관련 단서에 대한 선택적 주의 및 주의 고착 혹은 터널 비선(tunnel vision)을 활성화시켜 자살생각을 증폭시키고, 이러한 자살생각이 개인이 감내할 수 있는 수준을 넘어설 때 자살시도로 이어지게 된다.

이러한 이론적 배경을 토대로, 인지행동치료는 자살 인지 도식의 수정과 자살 위기와 관련된 인지적 왜곡의 예방, 최근의 자살위기에서 결정적인 촉발 요인으로 작용한 기질적 취약성 요인의 수정이라는 세 가지 목표에 초점을 두는데, 자살에 대한 인지행동치료의 효과성으로는 문제해결능력의 향상 및 절망감 등 자살위험요인 개선(Brown, 2005)과 자살예방에 대한 효과성이 입증된 바 있다(Tarrier et al., 2008).

(2) 변증법적 행동치료

변증법적 행동치료는 Linehan(1991)이 만성적 자살행동을 보이는 경계선 성격장애를 치료하기 위해 개발한 프로그램이다. 이후에 약물의존 및 섭식장애, 기분장애, 외상 후 스트레스장애까지 널리 적용되고 있는 변증법적 행동치료는 자살행동과 관련된 핵심은 감정조절 문제에 있다고 설명하였다. 즉 정서적 자극에 대한 과민성(빈도), 정서적 자극에 대한 반응성(강도), 정서적 자극에 대한 지속성(정서 회복까지 소요시간) 등의 측면에서 생물학적 / 심리적 취약성을 가진 개인이 자신의 정서를 타당화해 주지 않는 환경에 노출될 때, 감정조절 능력을 적절히 발달시킬 수 없게 되고 이는 감정조절 문제로 이어져 행동 및 대인관계, 인지적 문제들을 유발하고 궁극적으로는 자살행동의 위험요소로 작용한다고 설명한다.

이러한 변증법적 행동치료는 수용을 위한 핵심치료 전략, 즉 타당화 전략과 변화를 위한 핵심치료 전략, 즉 문제해결 전략의 변증법적 균형 및 통합을 중심으로 클라이언트의 삶을 개선시키는 데 목적을 둔다. 마음챙김 모듈, 고통감내 모듈, 정서조절 모듈, 대인관계 효율성 모듈로 구성된 변증법적 행동치료의 효과는 비교적 일관적으로 지지되고 있다(Cristea et al., 2019).

(3) 약물치료

주요 우울장애, 기분부전장애를 가진 환자의 항우울제 치료가 자살예방에 효과적이다. 양극성장애, 정동장애 환자의 자살시도에는 리튬(Lithium)이 효과적이라고 한다.

5. 자살과 네트워크

자살예방과 위기개입, 사후관리를 위해 지역사회와의 긴밀한 네트워킹은 매우 중요하다. 다음의 지역사회 유관기관들과 함께 자살위험성이 높은 클라이언트를 구조하는 것이 필요하다.

〈표 33-6〉 자살 관련 유관기관

정신의료기관 (정신건강의학과/종합병원)	자살예방센터 정신건강복지센터	경찰(112) 소방(119)	자살예방상담전화(1393) 정신건강 위기상담전화 (1577-0199)
외래치료 입원치료	응급출동 사례관리	응급입원 협조 후송	24시간 전화상담

Ⅲ. 자해의 이해와 개입

1. 자해의 개념

비자살성 자해(Non-Suicidal Self-injury)란 자살을 목적으로 하지 않고, 자신의 신체에 의도적으로 상처를 내는 행동을 말한다. 일반적으로 베기, 심각한 긁기, 태우기 외에도 다양한 방식으로 나타난다(김수진, 2016). 아동·청소년기의 경우 아직 조절능력이 미성숙한 시기이기 때문에 자해행동이 신체에 심각한 손상을 입힐 가능성도 있다. 반복적인 자해행동이 점차 발전하여 자살시도로까지 이어질 수 때문에 아동·청소년기의 자해행동은 항상 주의를 기울여 보살펴야 한다.

자해행동을 시작하는 연령은 대개 12~14세로 알려져 있고 20세가 되기 전 가장 많이 보고되며 평생에 걸친 유병률은 13.9~21.4% 정도이다(Nock & Favazza, 2009). 국내에서는 2018년부터 청소년 자해행동이 급격하게 증가하여 2018년 전국 중·고등학생을 대상으로 진행한 학생정서·행동특성검사 결과에서 중학생 51만 4710명 중 4만 505명(7.9%)이 자해경험이 있다고 응답해 현재 청소년들의 자해문제가 심각한 상황이다(교육부, 2018).

자해행동에서 자살생각이 동반되는 경우는 연구에 따라 수치가 다양하지만 대략 10~20% 정도로 보고되고 있다. 자살시도와 자해행동에 대한 대응방법은 서로 다르기 때문에 이를 초기에 구별하는 것이 필요하다. 특히, 자해행동을 자살시도와 구별하는 가장 기본적이고 확실한 방법은 청소년에게 자살의도가 있었는지 질문하는 것으로 <표 33-7>를 참조하여 종합적으로 평가한다.

〈표 33-7〉 자해행동과 자살시도 간의 차이점

<table>
<tr><th colspan="2">특성</th><th>자해행동</th><th>자살시도</th></tr>
<tr><td colspan="2">의도/행동의 목적</td><td>- 심리적 고통으로부터의 일시적 도피
- 자기 자신/상황의 변화 추구</td><td>- 영구적인 의식 단절/삶을 끝내는 것
- 참을 수 없는 심리적 고통에서 완전히 벗어남</td></tr>
<tr><td colspan="2">방법의 치명성/심각성</td><td>- 낮음</td><td>- 높음</td></tr>
<tr><td colspan="2">행동 빈도</td><td>- 높음(때로 100회 이상)
- 반복적, 만성적</td><td>- 낮음(일반적으로 1-3회)</td></tr>
<tr><td colspan="2">시도된 방법</td><td>- 다양한 방법</td><td>- 단일한 방법</td></tr>
<tr><td colspan="2">인지적 상태</td><td>- 고통스러우나 희망은 있음
- 문제해결이 어려움</td><td>- 희망이 없음, 무기력함
- 문제해결이 불가능</td></tr>
<tr><td rowspan="2">결과/영향</td><td>개인</td><td>- 안도감, 진정
- 일시적 고통의 감소</td><td>- 좌절, 실망감
- 고통의 증가</td></tr>
<tr><td>대인관계</td><td>- 타인의 비난, 거절</td><td>- 타인의 돌봄과 관심</td></tr>
</table>

출처: Muehlenkamp & Kerr(2009)에서 재인용; 김수진(2016).

이전에 경계성 성격장애, 우울증 등으로 평가되던 자해행동은 2013년 발표된 DSM-5(정신장애 진단 및 통계편람)에서 '비자살성 자해'라는 항목으로 따로 분리되었다. 그 이유는 자해행동한 상당수가 다른 질환의 진단기준을 충족시키지 않는 경우가 많았고, 유병률이 높아 독자적인 진단체계가 필요했기 때문이다. DSM-5에 제시된 진단기준은 <표 33-8>과 같다.

〈표 33-8〉 DSM-5 비자살성 자해 진단기준

A. 지난 1년간, 5일 또는 그 이상, 신체 표면에 고의적으로 출혈, 상처, 고통을 유발하는 행동(예: 칼로 긋기, 불로 지지기, 찌르기, 과도하게 문지르기)을 자신에게 스스로 가하며, 이는 단지 경도 또는 중등도의 신체적 손상을 유발할 수 있는 자해행동을 하려는 의도에 의한 것이다(즉, 자살 의도가 없음). ※ 주의점: 자살 의도가 없다는 것이 개인에 의해 보고된 적이 있거나, 반복적인 자해행동이 죽음에 이르게 하지는 않을 것이라는 점을 개인이 이미 알고 있었거나 도중에 알게 된다고 추정된다.
B. 개인은 다음 중 하나 또는 그 이상의 기대 하에 자해행동을 시도한다. 1. 부정적 느낌 또는 인지 상태로부터 안도감을 얻기 위하여 2. 대인관계 어려움을 해결하기 위하여 3. 긍정적인 기분 상태를 유도하기 위하여 ※ 주의점: 개인은 원했던 반응이나 안도감을 자해행동 도중 또는 직후에 경험하게 되고, 반복적인 자해행동에 대한 의존성을 시사하는 행동 양상을 보일 수 있다.
C. 다음 중 최소한 한 가지와 연관된 고의적인 자해행동을 시도한다. 1. 우울, 불안, 긴장, 분노, 일반화된 고통, 자기비하와 같은 대인관계 어려움이나 부정적 느낌 또는 생각이 자해 행위 바로 직전에 일어남 2. 자해 행위에 앞서, 의도한 행동에 몰두하는 기간이 있고 이를 통제하기 어려움 3. 자해 행위를 하지 않을 때에도 자해에 대한 생각이 빈번하게 일어남

D. 행동은 사회적으로 용인되는 것(예: 바디 피어싱, 문신, 종교적 또는 문화적 의례의 일부)이 아니며, 딱지를 뜯거나 손톱을 물어뜯는 것에 제한되지 않는다.
※ 발간된 책자에는 제재되는 것이라고 번역되어 있지만 본 책자에서는 의미 전달에 오류가 있을 가능성을 고려하여 수정하였다.

E. 행동 또는 그 결과는 대인관계, 학업 또는 다른 중요한 기능 영역에서 임상적으로 현저한 고통이나 방해를 초래한다.

F. 행동은 정신병적 삽화, 섬망, 물질 중독 또는 물질 금단 기간에만 일어나는 것이 아니다. 신경발달장애가 있는 개인에게서는 반복적인 상동증의 일부로 나타나는 것이 아니다. 또한 자해행동이 다른 정신질환이나 의학적 상태로 더 잘 설명되지 않는다(예: 정신병적 장애, 자폐스펙트럼장애, 지적장애, 레쉬-니한 증후군, 자해를 동반하는 상동증적 운동장애, 발모광[털뽑기장애], 피부뜯기장애).

청소년 자해행동은 다양한 정신질환의 증상의 결과로 나타날 수 있다. 흔한 공존 질환으로는 우울증, 불안증, 약물사용장애, 외상 후 스트레스장애, 행동장애 등과 조현병 등 만성정신질환의 초기 증상으로 나타나기도 한다. 또한 경계성 인격장애와 같이 정서조절에 어려움이 있는 인격장애도 흔한 공존질환이며, 높은 자살률과의 관련성이 있다(Nock et al., 2006).

청소년기 자해행동은 보통 한두 번의 적은 횟수로 하는 경우가 많고, 성인기에 이르러 감소하는 경향이 있다. 일부는 성인이 되어도 지속되며, 여성에게서 더 많이 나타난다(Mogran et al., 2012). 이러한 자해행동은 죄책감과 수치심, 또래의 놀림, 부모의 걱정과 과보호 및 신체적 손상으로 인한 염증과 흉터 등 많은 문제가 동반되기도 한다. 청소년들은 마음이 진정된 후에 자해를 반복하지 않으려 하지만, 격렬한 감정에 휩싸일 때 이를 피하기 위하여 자해를 하려는 충동을 이겨내기 어려워 습관적으로 자해를 하는 경향이 나타난다(Wilkinson, 2013). 또한 자해행동은 중독성을 띠고 있다. 자해행동을 하려는 충동을 조절하기 어렵고 자해행동 즉시 고통이 경감되는 효과를 보게 되는데 이것은 중독의 원리와 같아 같은 만족을 얻기 위해서는 자해행동도 그 빈도가 늘어나거나 정도가 심해지는 경우가 흔하다.

2. 자해의 원인과 위험요인

많은 사람들이 자해행동에 대해 주위의 관심을 받고 싶어 하는 행동이라는 오해를 하지만, 실제로 자해행동을 한 이유를 관심을 받기 위해서라고 보고한 경우는 4% 미만으로 알려져 있다. 자해의 심리적 원인에는 (1) 고통스럽고 괴로울 정도의 감정을 해소해 줌,

(2) 멍한 느낌에 대응하여 살아있음을 느낌, (3) 스트레스나 고통에 대해 다른 사람들과 의사소통함 등이 있다. 자해행동을 하는 대표적인 이유는 그것을 통해서 자신을 괴롭히는 강렬한 부정적인 감각이나 공허함으로부터 벗어날 수 있기 때문이라고 한다. 문제해결방법으로서 부정적인 기분을 완화하고 대인관계에서의 갈등을 해결하기 위한 방안으로 자해를 선택하는 경우가 많다. 언뜻 보기에는 문제해결에 아무런 도움이 되지 않고 오히려 문제만 악화시키는 것처럼 보이지만 심한 공허감이나 자기혐오 등 고통스러운 감정 상태에서 잠시 벗어나는 효과가 있고, 자해행동을 통해 다른 사람에게 어떻게든 해를 끼치지 않으려고 나름의 대응을 하는 것이다.

이러한 자해의 긍정적인 효과는 잠시 지속될 뿐이다. 오히려 자해행동으로 인하여 친구들과의 관계에 지장이 생기거나 자해행동을 했다는 죄책감으로 더욱 부정적인 감정을 느끼기도 한다. 따라서 자해행동은 대부분 고통스러운 감정에서 벗어나려는 건강하지 못한 대응방법이며, 실제로 죽으려는 마음으로 하는 것이 아니라 살기 위한 몸부림이라 할 수 있다.

다음은 비자살성 자해의 통합적 모델을 구성한 그림이다. 원거리 위험요인과 개인 내적 취약요인, 스트레스의 반응과 자해관련 취약요인이 자해행동으로 연결되는 과정을 설명하고 있다. 이처럼 자해는 다양한 원인과 상호작용에 의한 결과이며 과정상에서 해결되는 문제 요인으로 예방, 차단할 수 있을 것이다.

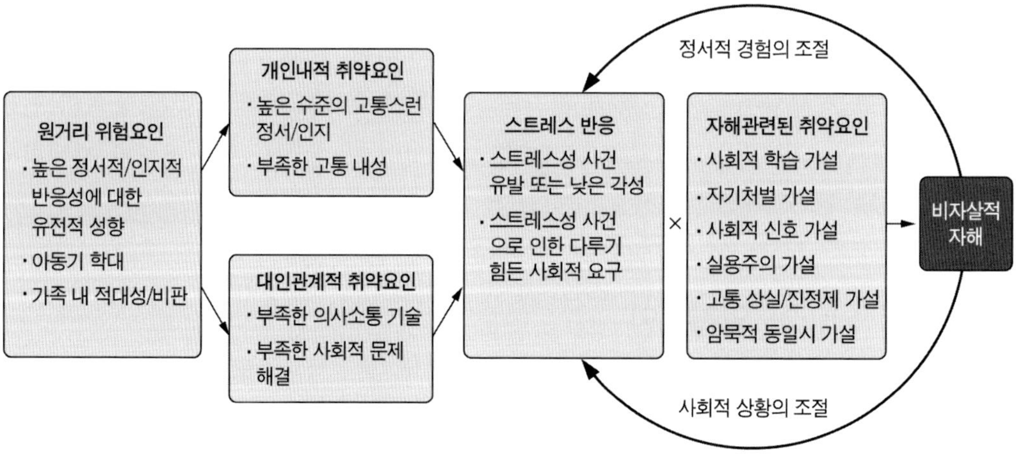

〈그림 33-3〉 비자살적 자해의 통합적 모델

출처: Nock(2009)에서 재인용; 김수진(2016).

자해행동의 위험요인에는 ① 인구사회학적 및 교육 요인(여성, 낮은 사회경제적 상태, 성적 소수자, 제한적인 교육성취 등), ② 부정적 생활사건 및 가족 불운(family adversity) 요인(부모 별거 및 이혼, 부모 사망, 아동기 불운경험, 신체 및 성적학대, 부모 정신질환, 자살행동 가족력, 부부 및 가족갈등, 따돌림, 대인관계 문제), ③ 정신의학적 및 심리 요인(우울, 불안, 집중력 장애 등 정신질환, 약물 및 알코올 오남용, 충동성, 낮은 자존감, 사회문제 해결 능력이 낮음, 완벽주의, 절망감) 등이 있다(Hawton et al., 2012).

다음은 자해의 위험신호이다. 대다수의 청소년들은 자해행동을 했다는 것을 잘못된 행동이라 생각하고 두려워하거나 부끄러워하기 때문에 주변 사람들에게 드러내지 않고 숨기려고 한다. 이로 인해 자해행동을 하더라도 적절한 도움을 받지 못하기 때문에 부모, 교사, 친구 등 주변 사람들이 자해 위험신호를 보이는 청소년들을 발견하고 도움을 제공하여야 한다.

〈표 33-9〉 자해의 위험신호

- 낮은 자기존중감, 감정을 스스로 통제하기 어려움, 대인관계에서의 문제가 나타남
- 급작스럽게 낮아지는 학업성취도
- 우울증의 일반적인 증상, 사회적 혹은 정서적 소외, 단절
- 물질 혹은 알코올 남용, 위험한 행동
- 화장실이나 혼자만의 공간에서 시간을 많이 보내는 등의 비밀스러운 행동
- 면도칼과 같은 날카로운 물건들을 가지고 있음
- 그림이나 글을 통해 자해에 대하여 표현함
- 더운 날씨에도 긴팔 옷을 입으며 짧은 옷을 입는 것을 거부함

자해행동은 점염성이 있으므로 이에 대한 주의 깊은 대처가 요구된다. 지역사회의 젊은이들로부터 빠르게 퍼져 나가고 있나는 사실이 관찰되면서, 병원이나 소년원 등의 시설이나 학교에서 자해행동이 전염성 있게 빠르게 퍼져 나간다는 것이 밝혀졌다(Taiminen et al., 1998; Rosen & Walsh, 1989). 특히, 자해행동 전염성의 원인으로 인터넷이나 여러 대중매체에의 노출이 중요한 요소가 될 것으로 주목 받고 있으므로 자해 관련 유해정보 차단이 필요한 상황이다(Whitlock et al., 2006).

3. 자해행동의 개입

1) 자해행동 초기대응 전략

자해 상처의 심각한 정도와 당사자가 느끼는 고통이나 문제의 심각도는 비례하지 않는다. 그렇기 때문에 자해 상처가 대수롭지 않더라도 이를 무시하거나 단순히 말로써 위로만 해서는 안 되며, 모든 자해는 심각하게 생각하고 접근하여야 한다. 다음은 자해행동을 보이는 청소년을 발견했을 때 초기대응 방법이다.

(1) 차분하게 대처하기

청소년의 자해행동을 알게 된 순간 크게 당황하고 혼란스럽기 마련이다. 이때 청소년이 가장 두려워하는 것은 어른의 과도한 감정적인 반응이므로 정신건강사회복지사는 마음을 가라앉히고 차분한 태도를 보여야 한다.

자해행동을 한 청소년을 만나게 되는 시점은 자해를 통해 고통스러운 감정이 이미 사라진 상황일 수 있기 때문에 겉으로 보기에는 청소년의 상황이 전혀 심각해 보이지 않을 수 있다. 자해행동을 한 청소년은 그에 따르는 수치심, 자책감, 죄책감으로 인해 대화를 피하며 자해행동 사실을 주변 사람들에게 알린 것을 후회하기도 한다. 자해 청소년을 만날 때 상담자는 스스로 마음을 가다듬어 안정된 마음을 가지는 것이 필요하다. 그래야 청소년도 안정된 마음으로 정신건강사회복지사에게 다가갈 용기를 낼 수 있다.

(2) 비난하거나 단정 짓지 않기

자해 청소년을 처음 만날 때, 자해행동에 대한 선입견을 가지고 대하거나 특정한 이유 때문이라고 미리 단정하며 접근하기 쉽다. 하지만 이러한 선입견으로 인하여 자해행동을 한 청소년은 더욱 상처를 받고 자해행동을 숨기려고 하거나 본인의 행동에 죄책감을 더 가지게 된다. 따라서 자해행동을 한 청소년에게 접근할 때에는 진심으로 도와주겠다는 마음과 열린 태도로 접근을 하는 것이 필요하다.

(3) 공감하고 지지하기

청소년들이 제일 바라는 것은 정신건강사회복지사가 자신의 고통을 알아주고 인정해 주는 것이다. 그렇기 때문에 청소년이 어떤 어려움을 경험하고 있는지 충분히 이야기할 수 있도록 들어주고 심리적으로 지지해 주는 것이 필요하며, 청소년의 어려움을 상담자도 함께 이해하고 싶다는 태도로 접근해야 한다.

(4) 비밀유지하지 않기

상담 시 청소년이 비밀유지를 요청할 경우, 상황에 따라 잠시 비밀유지를 할 수 있겠지만 청소년에게 진정으로 도움을 주기 위해서는 가족에게 이를 공개하고 도움을 받아야 한다. 그렇기 때문에 비밀 유지를 요청하더라도 자해나 자살과 같은 사안은 생명과 신체의 안전에 직결되기 때문에 절대적인 비밀 유지를 약속해서는 안 되고, 필요시 외부에 이를 알리고 도움을 받아야 한다는 사실을 미리 안내·설득할 필요가 있다.

상태가 심각하지 않거나 상황이 여의치 못할 경우 잠시 비밀로 할 수 있겠지만, 이때도 반드시 주의 깊게 관찰을 해야 하고 조금이라도 위험한 상황이 발생하면 청소년의 안전을 위해 비밀로 할 수 없음을 미리 분명히 알려두어야 한다. 또한 청소년에게 필요하다고 판단되는 경우에는 외부에 이를 알리고 도움을 요청할 수 있다고 미리 언급해 두어야 한다.

(5) 보호자에게 알리기

청소년의 자해행동을 보호자에게 알릴 때, 보호자의 다양한 감정들을 우선 공감해 주어야 하고, 자해에 대한 정확한 정보와 자녀의 자해행동에 대한 대처방법을 알려야 한다. 보호자는 일반적으로 아래와 같은 여러 반응들을 보일 수 있다.

- 자해에 대해 심각하게 생각하지 않는다.
- 자녀를 비난한다.
- 충격을 받고 현실을 부정하고 싶어 한다.
- 공감, 연민, 슬픔 등 다양한 감정이 교차한다.
- 자녀를 충분히 사랑하고 돌보지 못했다는 죄책감을 느낀다.
- 자녀가 부모에게 힘든 점을 숨겼다는 생각에 분노, 좌절, 무기력감을 느끼게 된다.
- 자해 사실을 상담자가 먼저 알게 되었다는 점에 대해 화가 나거나 수치심을 느끼고 상담자를 공격하기도 한다.
- 자해행동을 당장 멈추도록 강한 반응을 보인다.

정신건강사회복지사는 우선 부모의 태도에 공감을 해주어서 걱정하는 것을 줄이고 정신건강사회복지사도 청소년을 돕기 위한 조력자로서 노력하겠다고 말하며 가정에서도 청소년의 상황에 적절한 관심을 기울여 주기를 바란다는 점을 조심스럽게 전하는 것이 좋다. 또한 보호자가 청소년에게 너무 감정적인 태도나, 단정 짓는 태도 혹은 비난하는 태도를 보이는 경우 자녀가 죄책감을 느끼거나 자해행동을 더욱 숨기려 할 수 있기 때문에, 이러한 태도를 피해야 한다고 말해야 한다.

2) 자해 위험성 평가

자해행동을 파악하는데 치료적 관계가 선행되어야 하며, 자해의 특성 파악에 포함되어야 할 내용은 <표 33-10>과 같다.

〈표 33-10〉 자해행동 평가의 핵심 내용

구분	내용
자해 과거력	시작연령, 자해유형, 기능, 자해 삽화에서의 상처, 빈도, 자해행동 사이의 기간, 신체부위, 신체 손상 정도, 기타 자해유형
현재 자해 특성	자해유형, 기능, 상처 개수, 시간 특성, 신체 손상 영역, 신체 부위, 상처 특성, 사용한 도구, 신체 부위, 사회적 맥락
선행 요인	과거력, 환경적, 생물학적, 인지적, 정서적, 행동적
후속 결과	환경적, 생물학적, 인지적, 정서적, 행동적
기타	신체상

출처: Walsh, B. W. (2007). Clinical assessment of self-injury: A practical guide. Journal of Clinical Psychology: in Session, 63(11), 1057-1068.

자해행동의 유형과 심각한 정도는 매우 다양하고, 모든 자해행동의 중증도가 같지 않으므로, 중증도에 따라 개입방법을 달리 해야 한다.

자해행동의 횟수, 신체 손상의 정도 및 자해유형의 복합성을 기준으로 <표 33-11>과 같이 자해행동의 중등도를 분류하여야 한다(Whitelock et al., 2008). 자해의 중증도 평가에서 1~2개월 이내의 자해행동 특성은 치료방향을 결정하는 데 중요하다. 또한 각 삽화별 상처의 개수와 신체적 손상의 정도가 많을수록, 자해행동을 하는 시간이 길수록 정신적 고통의 정도가 높다고 볼 수 있고, 신체손상이 심한 경우는 정신건강에 대한 응급평가를 해야 하며 입원과 같은 개입이 필요할 수도 있다.

〈표 33-11〉 자해행동의 중증도 분류

<table>
<tr><td>경도</td><td>빈도가 잦지 않을 때
(평생 11회 미만)</td><td>+</td><td>피부 표피층에만 상처를
낼 수 있는 가벼운 방법
사용 (예: 긁기)</td><td>+</td><td>자해 방법이
다양하지 않을 때</td></tr>
<tr><td rowspan="2">중등도</td><td>빈도가 잦지 않을 때
(평생 11회 미만)</td><td>+</td><td>가벼운 피부 조직 상처를
낼 수 있는 방법 사용
(예: 작은 구멍 내기 등)</td><td>+</td><td>자해 방법이 몇 가지
이상이나 가장 심각한
방법이 가벼운 피부 조직
상처를 낼 정도이어야 함</td></tr>
<tr><td colspan="5">평가 방법으로 사용하지는 않으나 경도인 그룹에 비해 자살 사고가 높고,
트라우마의 과거력, 식이장애의 이력이 있는 경우가 많다)</td></tr>
<tr><td rowspan="2">중증도</td><td>11회 이상 자해 경력</td><td>or</td><td colspan="3">손목을 긋거나, 유해 물질을 흡입하거나 뼈가
부러지는 등의 큰 위험을 초래할 수 있는 방법 사용</td></tr>
<tr><td colspan="5">다양한 경도, 중증도의 다른 방법을 사용하더라도 위와 같은 높은 위험을 초래할 수 있는
방법을 사용한 적이 있다면 중등도로 분류</td></tr>
</table>

출처: Whitlock, J. L., Muehlenkamp, J., & Eckenrode, J. (2008). Variation in non-suicidal self-injury: Identification of latent classes in a community population of young adults. Journal of Clinical Child and Adolescent Psychology, 37, 725-735.

자해행동에 자살생각을 동반되는 경우는 많지 않으나 자해행동이 너무 오래 지속된다면 심각한 부상이나 자살시도로도 이어질 수 있기 때문에 관심을 가지고 주의를 기울여야 한다. 따라서 자해 청소년들의 자살위험성 평가는 반드시 포함시켜야 한다.

3) 자해의 치료적 접근법

자해행동을 진단적 관점에서 파악하여 전문적인 치료를 시작하는 시기는 놓치지 않는 것이 중요하지만, 청소년기의 생물학적-심리적-사회적 특성과 발달에 따른 위험인자, 유발요인들을 포괄적으로 이해하는 것이 효과적인 개입에 더 중요한 부분이다.

자해행동이 습관화가 되면, 치료과정은 한 번에 이루어지는 것이 아니고, 변화는 천천히 단계적으로 이루어진다. 면담에서 자신의 치료 상태가 어느 단계에 와 있는지 파악하고 단계별 전략을 논의하는 것이 필요하다. 〈그림 33-4〉는 자해행동의 단계별 경과와 특징을 순차적으로 설명한 것이다.

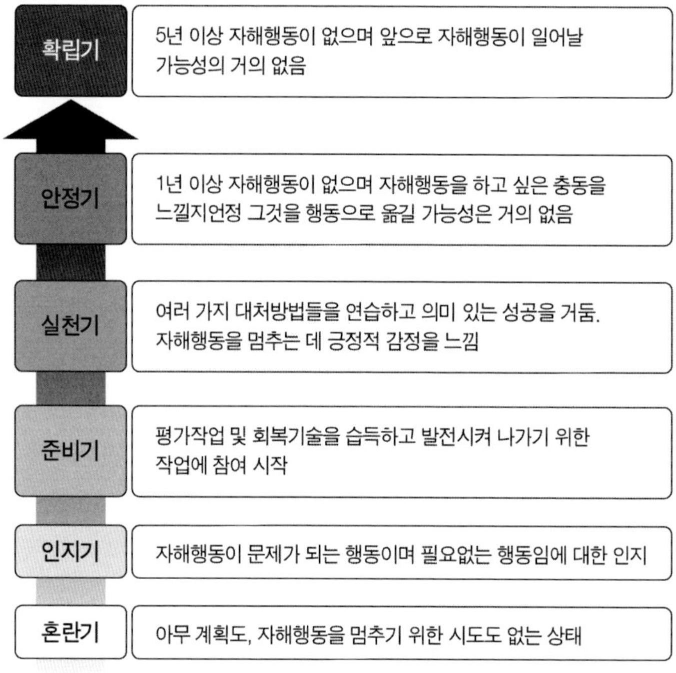

〈그림 33-4〉 자해행동의 단계별 경과

출처: http://www.selfinjury.bctr.cornell.edu에서 인용.

자해행동 치료는 공존하는 정신질환을 치료하는 것만으로 해결되기 어려우므로 자해행동 자체의 개입이 병행되어야 한다. 자해행동과 자살행동 치료 효과 연구들을 통하여 변증법적 행동치료(Dialectical Behavior Therapy), 인지행동치료(Cognitive Behavior Therapy)와 정신화기반 치료(Mentalization Based Therapy)들이 효과적인 기법으로 발표되었다. 또한 가족 기술훈련, 부모교육과 훈련, 개인기술훈련 등이 있다(Glenn et al., 2014).

(1) 인지행동치료

인지가 정서와 행동에 영향을 미치며 결과적으로 불완전한 청소년의 인지상태와 부적절한 행동이 나타난다는 것을 기본 전제로 두고 있다. 인지행동치료는 적절한 훈련과 모델링, 그리고 부정적인 감정을 건강한 방법으로 표현하는 연습이 복합적으로 진행될 때 가장 효과적인 것으로 알려져 있다.

(2) 변증법적 행동치료

기존의 행동치료와 인지치료 등 여러 치료 기법과 전략들을 종합한 변증법적 행동치료는 리네한(Marsha M. Linehan) 박사가 자살행동과 자해행동을 보이는 자살 고위험군 내담자를 위하여 개발한 프로그램이다. 자기파괴적 행동을 감소시키는 것을 목표로 하며, 적절한 대처방법과 문제해결기술을 습득하고, 변화과정 속에서 스스로를 수용할 수 있도록 돕는다. 청소년기 자해행동은 매뉴얼 기반 치료가 효과적인데(Miller et al., 2007), 청소년을 위한 변증법적 행동치료는 마음챙김 모듈, 고통감내 모듈, 감정조절 모듈, 대인관계 효율성 모듈과 청소년 및 가족을 위해 특별히 개발된 중도의 길 걷기 모듈로 구성된다. 이 치료의 일차적 초점은 정서 관리 증진에 있는데, 정서 인식을 통해 사고, 행동 및 대인관계 양식의 문제점을 파악하고 스트레스 대처 및 자기 위안 기술들을 통해 긍정적인 대처를 할 수 있도록 돕는다.

〈표 33-12〉 변증법적 행동치료의 주요 모듈

마음챙김	핵심 모듈로, 지신의 감정, 생각, 행동 충동에 대한 자각을 높이고, 지혜로운 마음 상태로 다가가게 하고, 주의집중을 통한 자기조절 능력을 증진시켜 마음의 중심을 잡도록 한다.
고통감내	충동성을 줄이고, 견디기 어려운 상황과 감정적 고통을 감내하는 것을 돕는다.
감정조절	감정적 유약성, 분노, 우울 같은 지속적인 부정적 감정 상태 및 감정조절의 어려움에서 벗어나 긍정적 감정 상태를 증가시키도록 돕는다.
대인관계 효율성	자존감, 관계 갈등, 자기주장기술을 다루어 대인관계를 잘 유지할 수 있도록 돕는다.
중도의 길 걷기	중도적 사고를 돕고, 문제를 해결하는 방식이 하나만 있는 것이 아니라는 변증법적 관점을 안내한다. 이를 통해 상대방의 관점을 수용하는 태도를 증가시키고, 가족 간의 갈등을 줄일 수 있도록 돕는다.

(3) 문제해결치료

자신의 문제가 무엇인지를 알고 해결방법을 찾는 것에 목표를 두며, 해결책과 문제해결기술을 가르친다.

(4) 집단치료

집단치료는 문제해결 기술을 습득하도록 돕고, 또래관계를 형성하고 의사소통기술을 향상시킨다.

(5) 가족치료

가족치료는 가족들로부터의 지지체계를 형성할 수 있도록 하고, 자해에 대해 가족구성원들이 이해할 수 있도록 도우며 가족 안에서의 해결방법을 탐색할 수 있게 한다.

(6) 약물치료

자해행동만을 초점으로 한 약물치료는 아직 충분한 근거가 부족하다. 다만, 세로토닌, 도파민, 오피오이드 계열 작용을 통하여 기분 개선, 충동-공격성 감소, 자해에 의한 잠재적 즐거움을 줄임으로써 자해행동을 억제하는 약물치료 효과를 기대할 수 있다.

(7) 입원치료

입원은 청소년에게 좌절을 주는 경험일 수도 있으므로 위급상황일 때에만 활용한다.

4. 자해행동과 네트워크

청소년의 경우, 대부분의 시간을 학교에서 보내게 된다. 학교를 다니고 있는 청소년의 경우, 학교 내 담임교사와 Wee클래스 상담교사와의 협력을 통해 자해행동을 보이는 청소년을 지원한다. 시·도교육청 산하 Wee스쿨과 교육지원청 산하 Wee센터에서도 자살, 자해행동을 보이는 위기학생들에게 심층검사 및 상담과 치유 프로그램을 제공하고 있으므로 필요시 연계한다. 24시간 위기상담이 필요한 경우에는 교육부 지원 24시간 365일 청소년 모바일상담 '다들어줄개'를 이용하도록 권고하고 있다. 전문적인 의학적 치료가 필요한 경우에는 지역 내 소아청소년 정신건강의학과, 전문상담이 필요한 경우에는 (소아청소년)정신건강복지센터, 자살예방센터, 청소년상담복지센터 등과 네트워킹한다.

Ⅳ. 자살유가족에 대한 개입

1. 자살유가족의 개념과 특성

자살유가족은 '스스로 자신의 목숨을 끊은 사람의 남겨진 가족뿐만 아니라 한 문화권에서 생물학적인 관계나 결혼, 입양, 기타 관습 등으로 친척의 지위를 얻은 친족 집단의 일부를 말한다. 세계보건기구에 의하면, 한 사람이 자살로 사망했을 때 이로 인해 영향을 받는 사람은 최소 5명에서 10명으로 추정되며, 이들은 모두 심각한 심리적 충격에 빠지게 된다. 2019년 우리나라 자살 사망자 수 13,799명을 기준으로 매년 약 8만 명 이상, 과거 10년간 최소 70만 명 이상의 자살유가족이 발생한 것으로 추정된다.

자살은 한 개인의 죽음으로 끝나는 것이 아니라 남겨진 가족, 친구, 동료들에게 큰 충격과 고통을 남길 뿐만 아니라 많은 사회적 관계에도 영향을 미치게 된다. 자살유가족이 경험하는 특징 중 하나인 자살자의 죽음원인에 대한 끊임없이 떠오르는 질문과 함께 수치심, 분노, 죄책감, 후회와 같은 복합비애는 오랫동안 지속되어 자살유가족에게 큰 고통을 가져준다. 일반적으로 자살유가족의 자살위험은 일반인 대비 8.3배 수준이며, 일반인 대비 7배 이상 우울증을 경험하는 것으로 보고될 정도로 가족의 자살은 자살유가족의 정신건강에도 부정적인 영향을 미친다. 자살유가족은 가족이 자살했다는 주변의 편견과 낙인 때문에 수치심을 경험하고, 고립된 생활로 외부의 도움이 필요함에도 불구하고 도움을 요청하지 못하게 된다.

그렇다면 자살로 가족을 잃은 유가족은 평생 심리적 고통 속에서만 살아가는 것일까? 자살이라는 외상사건은 남겨진 유가족에게 심각한 어려움을 남기지만, 일부는 회복하기도 하고 일부는 역경을 경험한 이후에 보다 성숙하고 건강한 모습으로 변화되는 외상 후 성장을 경험하기도 한다. 즉, 자살로 인한 상실의 고난과 역경을 극복하는 과정에서 자신의 강점과 잠재력을 발견하기도 하고, 아픔과 고통을 경험함으로써 다른 사람을 더욱 깊이 이해하고 공감하는 능력이 향상되기도 한다. 따라서 정신건강사회복지사는 자살유가족이 겪게 되는 어려움에 대한 실제적인 지원과 함께 회복과 성장을 촉진시키기 위한 사회복지적 개입을 실시할 필요가 있겠다.

2. 자살유가족의 애도

슬픔은 상실에 대한 감정적인 반응이며, 애도는 슬픔과 관련된 사회적인 행위와 슬픔의 심리적인 과정까지 포함하는 것으로 상실 대상에게서 사별한 사람의 기억과 희망을 분리시키는 역할을 한다. 사별한 사람이 자신의 방식대로 상실의 상황에 적응해 가는 과정인 애도 과정은 개인마다 차이가 있고, 상실 대상과의 분리와 사별을 수용하는 데 도움이 될 수 있다.

Bowlby와 Parkes(1970)는 사별자가 경험하는 애도의 4단계를 제시하였다.

1) 1단계: 충격과 무감각(shock and numbness) 단계

갑작스런 사별로 인한 충격으로 모든 감정을 억누르고 현실을 부정하는 감정적 정지 상태를 의미한다.

2) 2단계: 그리움과 갈구(yearning and searching) 단계

상실 대상에 대한 그리운 감정을 주로 느끼게 된다는 것으로 상실한 대상에 대한 추구를 애도반응의 중심에 놓고 설명하였다.

3) 3단계: 절망과 혼란(despair and disorganization) 단계

사별자는 사랑하는 사람을 잃은 것뿐 아니라 안전기지(security base)의 상실로 인한 내적 동요와 혼란을 경험한다.

4) 4단계: 재조직과 회복(re-organization and recovery) 단계

상실한 대상은 마음이 아닌 상황의 재정의(redefinition of situation)를 통해 현실의 일부가 되고, 사별자는 삶에 대한 믿음이 회복되어 자기의 재정립(redefinition of self)을 이루는 과정을 의미한다.

정신건강사회복지사는 자살유가족이 당면한 현실적인 문제에 대한 지원과 함께 가족 안에서 애도를 촉진하고 회복에 도움이 될 수 있도록 개입하여야 한다.

3. 자살유가족을 위한 개입

전국 9개의 광역자살예방센터와 16개의 광역정신건강복지센터, 26개 기초 자살예방센터와 237개 기초정신건강복지센터에서 자살유가족을 위한 지원사업을 실시하고 있다. 특히 맹성규 의원 등 국회자살예방포럼 의원의 제안으로 자살유가족에 대한 지역사회 시범사업 예산이 마련되어 2019년부터 광주, 인천, 강원도 등 3개 지역에서 자살 유족 원스톱 서비스를 제공하고 있다. 원스톱 지원사업은 갑작스러운 가족의 죽음으로 준비

없이 자살유가족이 된 초기부터 신속하게 다양한 심리·경제·행정·법률적 지원을 제공한다. 위 사업이 전국적으로 확대 시행되어 경찰서나 119, 정신건강복지센터, 행정기관, 복지시설 및 종교기관 등이 자살유가족의 욕구에 기반한 다각적이며 구체적인 지원을 제공하여 그들의 실질적인 어려움을 즉각적으로 도와야 할 것이다.

Ⅴ. 우리나라 자살예방대책 현황 및 과제

2004년부터 보건복지부 자살예방대책이 추진되기 시작하였고 2011년 자살률이 인구 10만 명당 31.7명까지 높아지면서 국회에서 자살예방 및 생명존중문화 조성을 위한 법률이 통과되었다. 이후 맹독성 농약의 생산과 판매, 유통의 중단을 비롯한 다양한 자살예방대책 시행과 2012년 중앙자살예방센터가 설립되었고 2014년 중앙심리부검센터가 설립되었다. 한국형 표준 자살예방교육 프로그램 '보고듣고말하기'가 개발되어 중앙자살예방센터의 보급으로 2020년까지 129만 명의 국민이 수료하였다.

2017년 정부의 100대 국정과제에 자살예방대책이 포함되면서 보다 적극적인 자살예방정책 마련의 계기가 되었다. 2018년 1월, 한국의 자살예방정책을 근거 기반으로 부처 간 민관 협력으로 지자체를 중심으로 실질적으로 추진하는 데 기반이 된 '자살예방 국가행동계획'이 마련되어 총 6개 분야 54개 과제의 포괄적 대책이 발표되었다. 이는 자살이 개인의 문제가 아니라 국가적으로 해결 가능한 사회 문제라는 인식을 바탕으로 청와대, 범부처 합동, 보건복지부가 발표하여 자살예방이 국가정책의 우선순위로서의 중요성과 가치를 확인하였다. 주요 내용은 지방자치단체의 자살예방계획과 성과를 보건복지부에 제출하고 중앙자살예방센터를 통해 취합하여 평가와 컨설팅, 시범사업을 진행하고 있다. 경찰청 자살사건 수사기록을 중앙심리부검센터가 분석하여 5년간 자살사망자 7만 명 전수조사를 통해 지자체별 자살예방대책을 수립하여 실행하고 있다. 생명지킴이 양성계획에 따라 공무원, 이·통장, 사회복지사, 의료인을 생명지킴이로 우선 교육하여 200만 명의 국민 참여를 목표로 하고 있다. 20세부터 10년 주기로 국가건강검진에 우울증 검진을 포함하였다.

2018년 2월 보건복지부에 자살예방정책과가 신설되었고 효과적인 기획추진을 위해 2018년 5월 국무총리실에 국민생명지키기 추진단이 설치되었다. 전국의 정신건강복지센터 241개소의 인력을 5년간 1,455명 확충하여 2019년까지 253개의 지역 정신건강복지센터(35개 자살예방센터)가 설치되었고, 2019년부터 정신건강사례관리시스템을 전산화하여 자살시도자를 비롯한 등록환자를 체계적으로 관리하고 있다. 193개의 지자체가 자살예방조례를 제정하였다.

응급실 기반 자살시도자 사후관리를 2020년 85개 병원으로 확대하고 사례관리자를 배치하여 응급의학과와 정신건강의학과의 협력하에 시행하고 있다. 생애주기별 자살예방 정책을 추진하여 독거노인대책, 청소년자살대책과 SNS 상담, 군·경찰, 직장인, 실업자 등에 대한 대책이 추진되고 있다. 2018년부터는 보건복지부가 자살예방상담전화(1393)를 운영하고 있으며, 자살보도 권고기준을 한국기자협회와 중앙자살예방센터가 함께 개발하여 언론의 자살보도가 향상되고 있다. 동반자살 모집 등 자살유해정보 유통금지와 처벌에 관한 자살예방법 개정안이 2019년 7월부터 시행되고 있다. 이러한 다양한 자살예방을 위한 노력의 실질적 추진체계로서 2019년 9월 국무총리실에 자살예방정책위원회가 설립되어 국무총리를 위원장으로 19개 부처와 청이 참여하여 민관 협력으로 시행하고 있다. 2018년 생명존중민관협의회의 설립과 함께 생명의 전화, 생명존중시민회의, 한국자살예방협회, 한국종교인평화회의 등 다양한 민간의 활약도 양적·질적으로 성장하고 있어 민관 협력을 통한 자살예방을 추진하고 있다. 2020년에는 <표 33-13>과 같이 국민생명 지키기 3대 프로젝트의 일환으로 자살예방 분야 관련 73개 과제를 추진하였다. 2021년 4월에는 중앙자살예방센터와 중앙심리부검센터를 통합하여 보건복지부 산하 공공기관인 생명존중희망재단이 출범해 우리나라 자살문제를 해결하는 데 중추적인 역할을 담당할 예정이다.

〈표 33-13〉 2020년 국민생명 지키기 3대 프로젝트 자살예방 분야 종합점검 과제목록(73개 과제)

분 야	과 제	세 부 과 제
1 과학적 근거에 기반한 전략적 접근추진	자살사망자 전수조사	경찰 수사기록을 활용한 자살원인 심층분석
		심리부검 활성화 및 고도화
	국가 자살동향 감시체계 구축	'국가자살동향감시체계' 구축
		자살동향 확인에 필요한 자살자 통계자료 확보 및 활용 지원
	근거기반 자살예방 정책 추진을 위한 지자체 지원	지자체의 근거기반 자살예방정책 추진 지원
		지역특성을 반영한 지자체 주도적 사업추진 지원
		지자체 자살예방사업 정부지원 확대(중장기)
		자살예방 지자체 점검회의 운영

	효과성 높은 자살 예방프로그램 확산	과학적 근거에 기반한 자살예방 프로그램 인증제 확립
		자살예방 관련 연구 및 R&D 확대
	빅데이터를 활용한 고위험군 발견	빅데이터를 활용한 고위험군 선제적 발굴·지원
2 자살 고위험군 발굴을 위한 전사회적 네트워크 구축	자살예방 생명지킴이 양성으로 국민 민감도 제고	자살예방 생명지킴이 교육
		생명지킴이 교육 대상자별 차별화된 교육 및 활용 추진
		공공부문 자살예방 교육 의무화(확대)
	사회보장서비스제공기관 간 연계강화를 통한 고위험군 발굴	학대예방 및 권익옹호기관, 상담·사례관리 기관의 상담인력 교육
		직접 서비스·급여제공기관 담당 인력 교육
		시군구 희망복지지원단 통합사례회의 강화
	우울증 검진 및 스크리닝 강화	국가건강검진을 통한 우울증 검진
		우울증 스크리닝 확대
	자살사고 빈발지역 대상 고위험군 발굴	자살 빈발지역 발굴 및 집중 홍보
		자살 발생시설에 대한 지자체 개선 권고
3 적극적 개입·관리를 통한 자살위험 제거	자살 고위험군에 대한 빈틈없는 지원체계 구축	정신건강사례관리시스템 구축·운영
		보건-복지서비스 간 연계 활성화로 사회보장서비스 연결실패 해소
		부채부담 및 파산 등 경제적 위기 직면자에 대한 특별관리
		지역사회 풀뿌리 조직 등을 활용한 사회적 관계 회복 및 지원 연계
		지자체 협력단체를 자살예방 협의체로 활성화
		복지위기 가구 발굴 정교화 및 자살 사례관리 강화
	지역사회서비스에 대한 접근성 강화	지역사회 단위 자살예방 서비스 제공기반 마련
		자살예방 상담서비스 이용 활성화
	자살촉발 위험요인 제거	자살도구·수단 관리 및 접근성 제한
		자살보도 권고기준 확산 및 문화콘텐츠 자율규제
		온라인 상 자살유발정보 모니터링 및 차단
		영상물 자살장면에 대한 자율규제 가이드라인 마련
4 사후관리 강화를 통한 자살확산 예방	자살시도자 사후관리 강화	응급실을 방문한 자살시도자 사후관리 강화
		자살시도 등에 대응하는 정신응급 의료체계 구축
		자살위기현장 소방 대응능력 향상
		자살시도자에 대한 관계기관 간 정보연계 강화
		고위험군 발굴 후 관리 강화방안
	자살유가족 지원 강화	자살유가족 자조모임 확대
		자살유가족 지원 서비스 개발
	유명인 자살사건 대응체계 구축	유명인 자살사건 대응체계 구축
		유명인 자살사건에 대한 부처합동 대응체계 구축
	야간·휴일 긴급대응체계 강화	권역별 응급개입팀 설치
		저소득 자해위험 정신질환자에 대한 치료비 지원 강화

5 대상별 자살예방 추진	근로자 및 실직자 자살예방	사업장 중심 자살예방 환경 조성
		감정노동자 보호
		실업자·구직자 대상 자살예방 사업 추진
		직업적 트라우마 대응을 위한 전문상담 지원
		사업장 자살사고 발생 후 사후관리
	자살위험이 특히 높은 집단에 대한 고려 강화	퇴원 정신질환자에 대한 병원기반 사후관리 모델 개발 및 지원
		트라우마 위험 등으로 자살률이 높은 특수직공무원 특별관리
		상담 및 돌봄 종사 공무원·종사자 지원
	연령별 자살예방 대책 추진	독거노인 친구 만들기 사업 확대 등
		대학생 자살예방 강화
		자살우려자 「식별-관리-치유」 강화
		학생자살예방 대책
		학교폭력 신고전화(117) 활용 조기 발견
		청소년 통합지원체계를 통한 맞춤형 통합연계서비스 제공
		가정폭력·성폭력 피해자 대상 자살예방 지원 강화
6 추진기반 마련	중앙차원의 자살예방정책 체계 정비	총리실 주도의 범정부 추진체계 구축
		보건복지부 자살예방정책 추진체계 강화
		생명존중 민관협의회 구성
	자살예방 홍보 및 캠페인	자살예방정책위원회 운영
		자살문제에 대한 인문학적 연구 확대
		국민참여형 자살예방 "괜찮니캠페인" 확대 추진
		자살 보도 시 상담전화 게재 의무화
		정부기관 간 협업을 통한 홍보
		정신건강 심리상담 등에 대한 접근성 강화
		정신과 진료에 대한 부정적 인식 개선

본 장에서는 자살과 자해의 이해와 개입, 자살유가족에 대한 개입과 지금까지 추진해 온 자살예방대책에 대해 살펴보았다.

자살예방 및 생명존중문화 조성을 위한 법률이 통과된 이후 자살예방 분야가 확대되고 그 중요성이 강조되어 왔으며, 앞으로도 지속될 전망이다. 이러한 상황에서 세계 최고의 자살문제를 해결하기 위해서는 다양한 분야에서 활동하고 있는 정신건강사회복지사의 역할이 중요하다. 근거기반 자살예방정책의 발굴, 연구, 자살 고위험군에 대한 임상활동, 교육, 네트워크 등 다양한 역할을 성공적으로 수행하기 위해서는 자살문제에 대한 꾸준한 관심과 함께 자살문제를 해결하는 데 필요한 전문적인 역량을 갖추어야 하겠다.

Ⅵ. 관련척도 및 서식

1. 자살위험성 심층 조사표

상담일시:　　　년　　월　　일　　　　　　　　　　　　　　　　담당자 :

<table>
<tr><td>의뢰·접수 경로</td><td>□ 직접접수</td><td colspan="2">□ 가족/지인 등</td><td colspan="2">□ 112/119</td><td>□ 유관기관(　　　)</td></tr>
<tr><td rowspan="2">일반적
사항</td><td>성명</td><td colspan="2">주민등록번호(생년월일)
(남, 여)</td><td colspan="3">나이</td></tr>
<tr><td colspan="3">주소</td><td colspan="3">전화번호</td></tr>
<tr><td rowspan="5">가족
관계</td><td>성명</td><td colspan="2">생년월일</td><td>관계</td><td colspan="2">위기상황 시 연락처</td></tr>
<tr><td></td><td colspan="2"></td><td></td><td colspan="2">이름 :</td></tr>
<tr><td></td><td colspan="2"></td><td></td><td colspan="2">관계 :</td></tr>
<tr><td></td><td colspan="2"></td><td></td><td colspan="2">연락처 :</td></tr>
<tr><td colspan="6">※ 가계도, 생태도 활용</td></tr>
<tr><td rowspan="2">정서상태
(최근
2주동안)</td><td colspan="6">□ 우울　　□ 무기력　　□ 그 외(　　　)</td></tr>
<tr><td colspan="6">특이사항 :</td></tr>
<tr><td rowspan="3">건강상태
(최근
2주동안)</td><td colspan="2">정신건강의학과 치료 경험</td><td colspan="4">□ 없다 □ 있다 ※치료시기, 진단여부, 치료유지여부 등 탐색</td></tr>
<tr><td colspan="2">신체질환</td><td colspan="4">□ 없다 □ 있다(질환명:)</td></tr>
<tr><td colspan="6">특이사항</td></tr>
<tr><td rowspan="2">생활변화
(최근
한달 간)</td><td>□ 수면문제
□ 학업저하</td><td>□ 음주증가
□ 사회활동 저하</td><td colspan="2">□ 식사문제(거식,폭식)
□ 대인관계문제(소외/결여)</td><td colspan="2">□ 경제문제(실직 등)
□ 가족관계 문제</td></tr>
<tr><td colspan="6">특이사항 :</td></tr>
<tr><td rowspan="4">자살
위험성
사정</td><td>1) 자살생각여부</td><td colspan="5">□ 아니오　□ 예(횟수 : □ 거의매일, □ 주 3-4일, □ 주 1-2회)</td></tr>
<tr><td>2) 자살계획여부</td><td colspan="5">□ 아니오　□ 예(□ 구체적 □ 피상적) ※ 시기/장소/방법 등 구체성 탐색</td></tr>
<tr><td>3) 자살시도여부</td><td colspan="5">□ 아니오　□ 예(① □치명적 □비치명적 /② □반복성 유 □반복성 무)
※ 시기/장소/방법/도구치명성/반복성/이유 등 탐색</td></tr>
<tr><td colspan="6">상담내용 :</td></tr>
<tr><td rowspan="4">지지체계</td><td colspan="2">1) 가까운 지지체계 여부(가족/친구 등)</td><td colspan="4">□ 없다　□ 있다(누구 :　　　　)</td></tr>
<tr><td colspan="2">2) 도움요청 가능(사람)</td><td colspan="4">□ 없다　□ 있다(누구 :　　　　)</td></tr>
<tr><td colspan="2">3) 도움요청 가능(기관)</td><td colspan="4">□ 없다　□ 있다(기관 :　　　　)</td></tr>
<tr><td colspan="6">특이사항 :</td></tr>
<tr><td>협력도</td><td colspan="2">□ 매우 협조적</td><td colspan="2">□ 협조적</td><td>□ 거부적</td><td>□ 매우 거부적</td></tr>
<tr><td colspan="2">정신과적 위기분류
평정척도-(CRI)평가 결과</td><td colspan="5">□ A　　□ B　　□ C　　□ D</td></tr>
<tr><td colspan="2">사전척도 결과</td><td colspan="3">무망감 우울증 척도 :　　　점</td><td colspan="2">자살하지 않는 이유/생존과 대처신념 척도 : 점</td></tr>
<tr><td colspan="2">종합 의견</td><td colspan="5">※ 총 평가 및 개입계획 등</td></tr>
</table>

2. 자해 의도

다음의 질문은 자해를 시작한 이유와 지속하는 이유에 대해 묻는 질문입니다. 아래의 진술문 중 자신의 상태를 가장 잘 설명하는 것에 ○표해 주십시오.

어떤 이유로 자해를 하였는지 가장 잘 나타내는 것에 체크해 주십시오. 자해를 했던 이유가 전혀 아니라면 0에, 항상 자해를 하는 이유라면 4에 체크해 주십시오.	자해를 시작한 이유는 무엇입니까?			자해를 지속하고 있는 이유는 무엇입니까?		
	전혀 아니다	보통이다	항상 그렇다	전혀 아니다	보통이다	항상 그렇다
1. 극심한 긴장감에서 벗어나기 위해	0 1 2 3 4			0 1 2 3 4		
2. 술이나 본드, 수면제와 같은 약에 취한 것과 같은 느낌을 경험하기 위해	0 1 2 3 4			0 1 2 3 4		
3. 부모님이 나에게 화를 내지 않도록 하기 위해	0 1 2 3 4			0 1 2 3 4		
4. 혼자라는 느낌이나 공허함을 느끼는 것을 멈추기 위해	0 1 2 3 4			0 1 2 3 4		
5. 다른 사람들의 관심이나 돌봄을 받기 위해서	0 1 2 3 4			0 1 2 3 4		
6. 나를 처벌하기 위해	0 1 2 3 4			0 1 2 3 4		
7. 아주 신나는 감정과 같은 흥분감을 느끼기 위해	0 1 2 3 4			0 1 2 3 4		
8. 문제로부터 벗어나기 위해	0 1 2 3 4			0 1 2 3 4		
9. 불쾌한 기억에 대한 주의를 돌리기 위해	0 1 2 3 4			0 1 2 3 4		
10. 내 몸에 대한 이미지나 외형을 변화시키기 위해	0 1 2 3 4			0 1 2 3 4		
11. 어떤 집단에 속하기 위해	0 1 2 3 4			0 1 2 3 4		
12. 분노를 풀기 위해	0 1 2 3 4			0 1 2 3 4		
13. 다른 사람들에게 나의 상처를 보여주기 위해	0 1 2 3 4			0 1 2 3 4		
14. 참을 수 없는 통증을 느낄 때 다른 신체 부분의 통증으로 대처하기 위해	0 1 2 3 4			0 1 2 3 4		
15. 사람들이 갖는 나에 대한 기대를 멈추기 위해	0 1 2 3 4			0 1 2 3 4		
16. 우울한 느낌이나 가라앉는 느낌을 없애기 위해	0 1 2 3 4			0 1 2 3 4		
17. 자살하겠다는 생각을 멈추기 위해	0 1 2 3 4			0 1 2 3 4		
18. 자살하겠다는 생각이 행동이 되어가는 것을 막기 위해	0 1 2 3 4			0 1 2 3 4		
19. 내가 존재하지 않는다는 생각이 들 때 실제로 존재함을 느끼기 위해	0 1 2 3 4			0 1 2 3 4		
20. 좌절감을 감소시키기 위해	0 1 2 3 4			0 1 2 3 4		
21. 원하는 대로 되지 않을 때, 무언가 되고 있다는 느낌을 갖기 위해	0 1 2 3 4			0 1 2 3 4		
22. 무엇이든 할 수 있다고 스스로 입증하기 위해	0 1 2 3 4			0 1 2 3 4		
23. 성적인 흥분을 위해	0 1 2 3 4			0 1 2 3 4		
24. 성적 흥분을 감소시키기 위해	0 1 2 3 4			0 1 2 3 4		
25. 기타 다른 내용 ( )						

* Ottawa Self-Injury Inventory(OSI v3.1) 발췌.

참고문헌

경기도교육청 (2017). 자해행동을 보이는 학생을 돕기 위한 교사용 가이드.

경기도교육청, 수원과학대학교 (2019). 학생생명살림을 위한 청소년 자해행동 개입프로그램: 마음쓰담 프로그램 교사용 매뉴얼.

교육부 (2018). 학생정서행동특성검사 결과발표.

교육부, 학생정신건강지원센터 (2019). 학생 자해대응 교사용 안내서.

국립정신건강센터 (2020). 2020년 정신건강 검진도구 및 사용에 대한 표준지침.

국립정신건강센터, 정신건강R&D 사업단 (2020). 자살 고위험군의 자살예방을 위한 인지행동치료 프로그램 개발 연구.

국민생명지키기추진단 (2020). 국민생명 지키기 3대 프로젝트 2020년도 종합점검 계획.

김수진 (2016). 비자살적 자해의 시작과 중단에 대한 내러티브 탐구. 숙명여자대학교 박사학위논문.

보건복지부, 중앙자살예방센터 (2020). 2020 자살예방백서.

보건복지부, 중앙자살예방센터 (2021). 2021년 자살 위기지원 서비스 매뉴얼.

서청희 (2018). 부모를 자살로 상실한 청소년기성장경험에 관한 내러티브 탐구. 숭실대학교 박사학위논문.

이은진 (2019). 자살유가족의 복합비애, 성장적 반추, 회복탄력성, 사회적 지지가 외상 후 성장에 미치는 영향. 성균관대학교 박사학위논문.

자살과 학생 정신건강 연구소 (2014). 학생 자해행동의 평가 및 지도방안 연구.

조용범 (2019). 청소년을 위한 DBT 다이어렉티컬 행동치료. 더 트리 그룹.

중앙심리부검센터 (2019). 2018년 심리부검면담 결과보고서.

통계청 (2020). 2019년 사망원인통계.

Brown, G. K., Ten Have, T., Henriques, G. R., Xie, S. X., Hollander, J. E., & Beck, A. T. (2005). Cognitive therapy for the prevention of suicide attempts: a randomized controlled trial. *Jama, 294* (5), 563-570.

DeCou, C. R., Comtois, K. A., & Landes, S. J. (2019). Dialectical behavior therapy is effective for the treatment of suicidal behavior: A meta-analysis. *Behavior Therapy, 50,* 60-72.

Glenn, C. R., Franklin, J. C., & Nock, M. K. (2014). Evidence-based psychosocial treatments for self-injurious thoughts and behaviors in youth. *Journal of Clinical Child & Adolescent Psychology, 25,* 1-29.

Hawton, K., Saunders, K. E., & O'Conner, R. C. (2012). Self-harm and suicide in adolescents. *Lancets, 379*(9834), 2373-2382.

Miller, A. L., Rathusus, J. J. H., & Linehan, M. M. (2007). *Dialectical behavior therapy with suicidal adolescents.* New York: Guilford Press.

Morgan, P., Coffey C., Romaniuk, H., Olsson, C., Borschmann, R., Carlin, J. B., & Patton, G. C. (2012). The natural history of self-harm from adolescents to young adulthood: a population-based cohort study. *Lancet, 279,* 236-243.

Nixon, M. K., Levesque, C., Preyde, M., Vanderkooy, J., & Cloutier, P. F. (2015). The Ottawa Self-Injury Inventory: Evaluation of An Assessment Measure of Nonsuicidal Self-Injury In An Inpatient Sample of Adolescent. *Chid and Adolescent Psychiatry And Mental Health, 9,* 26.

Nock M. K., Joiner T. E., Gordon K. H., Lloyd-Richardson E., & Prinstein, M. J. (2006). Non-suicidal self injury among adolescents: Diagnostic correlates and relation to suicide attempts. *Psychiatry Research, 144,* 65-72.

Nock, M. K., & Favazza, A. R. (2009). Nonsuicidal self-injury: definition and classification. *Understanding Nonsuicidal Self-Injury.* Washington, DC: American Psychological Association.

Taiminen, T. J., Kallio-Soukainen, K., Nokso-Koisisto, H., Kajonen, A., & Heleniun, H. L. (1998). Contagion of deliberate self-harm among adolescents inpatients. *Journal of American Academy of Child and Adolescent Psychiatry, 37*(2), 211-217.

Tarrier, N., Taylor, K., & Gooding, P. (2008). Cognitive-behavioral interventions to reduce suicide behavior: A systematic review and meta-analysis. *Behavior Modification, 32,* 77-108.

Walsh, B. W. (2007). Clinical assessment of slef-injury: A practical guide. *Journal of Clinical Psychology: in Session, 63*(11), 1057-1068.

Wenzel, A., & Beck, A. T. (2008). A cognitive model of suicidal behavior: Theory and treatment. *Applied and preventive psychology, 12*(4), 189-201.

Whitlock, J., Eckenrode, J., & Silverman, D. (2006). Self-injurious behaviors in college population. *Pediatrics, 117*(6), 1939-1948.

Whitlock, J., Muehlenkamp, J., & Eckenrode, J. (2008). Variation in nonsuicidal self- injury: identification and features of latent classes in a college population of emerging adults. *Journal of Clinical Child and Adolescent Psychology, 37,* 725-735.

Wilkinson, P. (2013). Non-suicidal self-injury. E*uropean Child Adolescent Psychiatry, 22*(suppl. 1), 75-79.

http://www.selfinjury.bctr.cornell.edu

https://tistory-blog.tistory.com/151

34장

지역사회통합돌봄(커뮤니티케어)

전준희
(화성시정신
건강복지센터)

Ⅰ. 서론

1. 지역사회통합돌봄이란

정부는 2019년 1월 지역사회통합돌봄 선도사업이라는 명명 아래 우리 사회에 부족한 돌봄과 케어의 패러다임을 개선하고자 다음과 같은 개념을 가진 정책을 시작하였다.

- 케어가 필요한 주민(노인, 장애인 등)들이 살던 곳(자기 집, 그룹 홈 등)에서 개개인의 욕구에 맞는 서비스를 누리고 지역사회와 함께 어울려 살아갈 수 있도록 주거, 보건의료, 요양, 돌봄, 독립생활의 지원이 통합적으로 확보되는 지역주도형 사회서비스 정책

- '케어'의 복합적 개념
  ① 주거 + ② 보건의료 + ③ 요양 + ④ 돌봄 + ⑤ 독립생활 지원*
  * 병원 이동, 공동배식, 식사배달, 공공후견, 권익보장, 도시 재생 등

선도사업이라고 명명한 이유는 기존의 시범사업들과는 달리 차별성 있게 추진하여 보건복지전달체계의 패러다임의 전환을 시도하고자 하는 정부의 강력한 의지를 보여주고 있다.

2. 지역사회통합돌봄사업의 배경

첫째, 정부는 돌봄문제가 보편화되면서 국민들의 불안요인이 높아지고 있다고 인식하였다. 고령화 등 돌봄(케어)에 대한 수요가 급증하고 있고 국민 대다수의 보편적 문제로 대두되고 있다는 것이다. 2026년이 되면 노인인구가 1,111만 명이 될 것이고 2024년에는 치매환자만 100만 명 수준으로 돌봄문제가 국민들의 보편적 고민이 될 것이라고 예상하고 있다. 과연 돌봄이 필요한 사람은 누가 어디서 돌볼 것인가에 대한 해법 마련이 필요하다는 것이다

둘째, 우리 사회에는 정신의료기관에 입원을 하지 않아도 되는데 입원을 하고 있는 '사회적 입원'이 다수이다. 특히 의료급여자의 48%는 의료적 필요가 아닌 간병인 부재, 주거열악 등의 이유로 입원하고 있다고 보건사회연구원(2017)에서는 보고하고 있다. 그러나 병원과 시설을 중심으로 의료와 복지체계가 이어져 퇴원(탈시설)을 하고 집으로 돌아가고 싶으나 결국은 다시 병원이나 시설을 이용해야 하는 '회전문 현상'도 심각하다. 2016년 기준으로 시설이나 병원에서 생활하는 사람이 약 84만 명으로 추정되고 이중 22만 명은 거주시설, 54만 명은 요양병원, 7만 명은 정신의료기관에서 생활하는 것으로 알려져 있다. 그중 정신의료기관 전체 입원자 중 1년 이상 장기입원자가 38.8%로 WHO(2017) 평균 18%, EU 15%보다 높은 실정이라고 밝히고 있다. 국가인권위(2012)에 따르면 시설거주 장애인 중 57%가 시설 밖에서 살고 싶다고 말했다고 한다. 노인들의 60%도 여생을 내가 살던 곳에서 살다가 죽고 싶다고 말한다(노인실태조사, 2017). 이처럼 인간은 자신이 살던 집, 지역사회에서 살아가고자 하는 욕구를 갖고 있기에 이에 대한 정책적 관심을 높여야 한다는 것이다

셋째, 이처럼 집과 지역사회에서 살고자 하여도 부족한 재가서비스로 케어 욕구가 미충족되고 가족의 돌봄부담도 가중되고 있는 실정이다. 고령사회가 진전되고 개인들의 욕구의 다양화에도 불구하고 취약계층 중심의 재가서비스 제공으로 보편적 케어 욕구 충족에 한계가 나타나고 있다. 성인에게 돌봄 서비스가 필요한 정도가 18.8%이나 이용률은 1.8%로 미충족률이 90.4%나 된다. 특히 우리나라의 GDP대비 사회서비스 지출(2013)은 5.4%로 OECD 평균인 8.3%에 못 미치며 이웃나라인 일본 9.4%, 미국 8.3%에 못 미치는 수준으로 사회서비스의 총량을 가늠할 수 있다.

이러한 사회서비스와 돌봄의 미충족은 집에서 돌보게 되면서 가족 특히 여성에게 엄

청난 돌봄부담으로 작용하여 간병살인, 간병자살과 같은 극단적인 사회현상도 나타나게 된다. 성인 발달장애인 중 약 26%는 가정에서 시간을 주로 보내고 있다고 하며, 장기 요양서비스를 이용하는 노인들의 경우 수발 가족 중 73%가 여성인 것(장기요양보험 통계, 2016)을 보면 돌봄부담의 성적 불균형도 심각한 실정이다.

넷째, 또한 우리나라의 돌봄서비스의 분절적 형태에 대한 문제의식이다. 공급기관 중심으로 짜인 제공체계, 특히 보건과 복지 간 연계 미흡 등으로 재가서비스가 단편적, 분절적으로 제공되고 있다.

마지막으로 정책적으로 사회보장제도의 지속가능성에 대한 우려도 중요한 대목이다. 급속한 노령화 등으로 인한 케어 지출 급증에 대비하여 사회보장제도의 지속가능성에 대한 문제가 존재한다는 것이다. 건강보험 노인 진료비가 2016년에 25조 원으로 전체 진료비 중 37.8%였던 것이 2025년이 되면 58조 원으로 50.8%에 이를 것으로 전망하고 있으며 노인의 의료급여 지출 역시 2016년 3.1조 원(46.3%)이었던 것이 2025년에는 5.7조 원(51.5%)으로 전망하고 있어서 사회보장제도의 지출 과대화에 대한 문제의식을 갖고 있다.

3. 사회적 돌봄에 대한 이해

돌봄윤리는 돌봄이 왜 우리사회의 중심가치가 되어야 하는지, 그리고 돌봄의 의무와 권리가 어떻게 성립하는지, 이에 기반한 사회제도는 무엇이어야 하는지를 설명한다는 점에서 중요한 의미를 가지고 있다. 돌봄윤리 학자들은 돌봄의무는 개인과 사회의 필수적인 의무로서 돌봄이 필요한 사람에게 돌봄을 제공하는 것은 도덕적 정치적 의무라고 주장한다. Kittay(1999)는 돌봄 제공이 개인과 사회의 필수적인 의무라는 점을 두 가지 점에서 지적하고 있다. 의존의 보편성과 순환적 상호의존관계에서 돌봄 의무를 설명하고 있다. Kittay(1999)는 개인에 대한 독립과 자율은 허구의 신화이며 인간의 의존은 보편적인 현상이라고 지적한다. 인간은 어느 누구도 자신의 삶에서 돌봄을 필요로 하는 불가피한 의존을 피해갈 수 없다. 인간은 태어난 후, 죽기 전, 병이 들어 아플 때, 장애가 있을 때 누군가의 돌봄에 절대적으로 의존해야 하며, 이러한 의존은 예외적이거나 특수한 것이 아니라 모든 인간의 삶에 보편적으로 나타난다고 강조한다. 그래서 개인과 사회의 생존과 유지를 위해선 돌봄이 필수적이고 돌봄은 우리의 의무가 된다는 것이다.

Kittay(1999)는 돌봄의 의무가 돌봄수혜자에게만으로 국한되는 것이 아니라 돌봄제공자에 대해서도 성립한다고 주장한다. 돌봄제공자를 돌보아야 하는 이유는 인간의 순환적 상호의존관계에 있다. 인간은 의존적이기 때문에 생존과 성장을 위해서는 돌봄을 받아야하며 이런 돌봄은 교환적 관계를 통해 이루어지는 것이 아니라 순환적 상호의존관계를 통해 받는다는 것이다. 한 개인이 돌봄을 받게 되면 그 개인이 돌봄제공자에게 돌봄을 제공하는 것이 아니라 돌봄이 필요한 다른 누군가에게 돌봄을 제공하는 방식으로 사회가 구성되어 있다는 것이다. 이런 순환적 돌봄 관계에서 누군가가 돌봄을 거부하기 시작한다면 개인과 사회의 생존과 성장은 어려움에 처하게 될 것이다. Kittay(1999)는 이런 맥락에서 둘리아 원칙을 주장한다. 둘리아는 고대 그리스어로 산모를 돌보는 사람을 지칭하는 단어이다. 산모가 아이를 돌보면 둘리아는 산모가 아이를 잘 돌볼 수 있도록 산모를 돌본다. 둘리아 원칙이 적용되는 사회란 돌봄제공자는 돌봄수혜자를 잘 돌봐야 하고 사회는 그 돌봄제공자가 돌봄을 잘 행할 수 있도록 돌봄제공자를 돌봐야 한다는 것이다. 둘리아 원칙에서 보면 돌봄을 주고받는 1차적 의존관계는 사적 영역을 넘어 공적 가치로 인정받아야 하며 결과적으로 돌봄 노동을 함으로써 겪게 되는 부담과 비용이 돌봄제공자에게만 부과되는 것이 아니라 사회도 함께 책임져야 하는 것이다(Kittay, 1999).

돌봄윤리이론에 근거할 때 정부가 해야 하는 일은 돌봄제공자, 가족, 지역사회가 그들과 가까운 사람들을 구체적으로 돌볼 수 있는 능력을 증진시키려는 둘리아처럼 역할하는 것이다. 정부는 직접 나서서 돌봄을 제공하기보다는 개인적이고 지역적인 돌봄을 지원하며 사람들이 자신과 타인을 돌보는 방법을 결정하는 선택을 할 수 있도록 프로그램을 기획하는 것을 목표로 삼아야 한다. 그러나 이 원칙은 가족, 친구 등이 돌봄제공에 있어서 비용과 부담을 모두 책임져야 하는 것으로 오해되어서는 안 된다. 돌봄정부는 이들의 돌봄에 대한 재정적 지원과 보상을 해야 하고 돌봄에 대한 책임을 이들에게 전가해서는 안 된다. 돌봄정부는 개인적이고 지역적인 돌봄을 선호하지만 여전히 돌봄에 대한 지원은 공적인 책임으로 간주한다. 이에 따라 돌봄제공자에게 제공되어야 할 대표적인 것들에는 돌봄 유급휴가, 충분한 돌봄이 가능하도록 하는 탄력적 근로시간 제도운영, 빈곤돌봄제공자에 대한 추가적인 소득지원이 있다(홍선미, 2019).

이러한 맥락에서, 돌봄윤리는 커뮤니티케어 사업에 있어서 지역사회 참여의 정당성을 해명하고 관련 서비스들이 가족의 보호부담을 경감시켜 주어야 하는 이유를 밝혀준다. 지역사회의 참여가 필수적인 이유는 돌봄수혜자와 돌봄제공자를 지역사회에서도 돌보아야 하기 때문이다. 지역사회를 구성하는 다수의 주민들 역시 한때 엄마와 아이로서 돌봄을 받았었고 또 앞으로 돌봄을 받게 될 것이다. 즉, 돌봄은 지역사회를 통합하고 유지하는 핵심적인 가치로서 지역사회는 돌봄의 제공의무가 있다는 것이다. 커뮤니티케어는 가족의 보호부담을 경감시켜야 한다. 돌봄은 우리 사회의 유지를 위한 핵심가치이며 돌봄노동을 통해 다수의 사회구성원이 혜택을 누리는데 돌봄노동을 특정계층에만 맡겨 놓는 것은 부당한 일이다. 특히 정신장애인 커뮤니티케어에 있어서 가족의 돌봄부담을 낮추는 것은 매우 중요한 일이다. 왜냐하면 장애인 분야와 노인 분야의 경우 가족의 보호부담을 낮출 수 있는 활동보조 서비스, 장기요양보장보험제도와 같은 제도와 서비스가 존재하지만 정신장애인의 경우엔 전무한 상황이기 때문이다. 정부의 커뮤니티케어 계획안에는 돌봄의 확충과 효율적 통합은 강조되고 있지만 가족의 보호부담을 직접적으로 낮추려는 노력은 상대적으로 적은 상황이다.

Ⅱ. 정신장애인 지역사회통합돌봄(커뮤니티케어) 해외사례

1. 영국

영국의 지역사회보호서비스는 1970년에 지방정부사회서비스법(Local Authority Social Services Act)이 제정되면서 적극 추진되었다. 이 법에 근거하여 모든 지방정부는 사회서비스국을 설치하고 재가서비스(Home Help Service)를 포함하는 대인사회서비스를 단일화된 서비스전달체계 내에서 제공할 책임을 갖게 되었다. 본격적인 커뮤니티케어 정책은 1990년에 제정된 국가보건체계 및 지역사회보호법(NHS and community Care Act)이 제정되면서부터이다. 보건의료에 필요한 사회서비스의 공급과 관련하여, 지역사회중심의 시설보호와 주거, 고용 및 돌봄서비스를 활성화하고 장기요양 및 재가서비스를 포함하는 대인사회서비스의 적절한 구매와 지원을 위한 제도개혁을 꾀하고자 하였다. 영국은 기본적으로 보건의료와 사회돌봄의 지원 주체를 구분하여, 보건의료서비스는 NHS에서 담당하고 사회돌봄서비스는 지방정부에서 담당해왔다. 보건의료와 복지 간 연계체계를 마련하기 위한 별도의 재원인 Better Care Fund를 중앙정부 NHS의 재원과 지방정부의 재원을 3 : 1 정도의 비율로 구성하여 지방정부의 재량기금으로 조성하여 지역중심의 모델들을 개발하도록 지원하고 있다.

영국이 긴축재정을 통해 의료비용의 낭비를 막으면서 동시에 체계적이고 통합적인 서비스 체계를 구축하기 위해 강조하는 내용의 첫째는 비용효율성이다. 영국은 부족한 국가예산에 비해 이용자의 욕구를 반영한 서비스의 양과 종류가 다양해지면서 의료비용이 지속적으로 늘어나고 있어, 비용감축을 위해 필요한 대상과 적절한 서비스 여부를 스크리닝하고 계획을 세우면서 이에 따라 자원을 배분하고 있다. 둘째는 증거기반의 실천(evidence-based practice)이다. 서비스의 투입과 산출, 과정에 대한 사전 사후 평가를 통해 효과성 검증을 하고 지속여부를 결정하게 된다. 성과 중심의 서비스(Outcome-focused service)로 인정받기 위해서는 신뢰할 수 있는 임상적 근거들을 확보하고 근거 중심의 효과측정이 이루어지도록 한다. 셋째는 국가의료 및 임상기준원(National Institute Clinical Excellence)에서 제시하는 임상기준(clinical guidelines)을 강조하는 것이다. 국가의료 및 임상기준원(National Institute for Health and Clinical Excellence: NICE)에서 제시하는 표준화된 질 평가 기준에 따라 서비스의 질을 유지 또는 향상하도록 하면서 서비스의 격차를 해소하고자 하며 이러한 기준은 서비스 이용 시 중요한 정보로 활용된다(홍선미 외, 2016).

한편, 커뮤니티케어가 발달한 주요 국가들은 지방정부 중심의 지역생활보장이 보편적 정책으로 자리 잡고 있다. 영국에서도 1990년 국가보건서비스와 지역사회돌봄법(National Health Service and Community Care Act)에 따라 지방정부가 요양 및 의료에 대한 욕구사정과 수급적정성 평가 등의 권한을 갖고 사회적 돌봄에 대한 일차적인 책임을 갖는다. 1995년 돌봄법(Carers (Recognition and Services) Act)에서는 지방정부가 장애인을 포함하여 아동과 성인의 돌봄에 대한 법적 책임을 명시하고 있다. 지방정부는 사회서비스의 정책 방향에 보편적이고 예방적인 서비스, 위험집단에 대한 집중된 개입, 개별화된 돌봄과 지원 등을 포함하며, 정신건강의 욕구를 가진 성인에 대해서도 돌봄서비스를 제공하며 이들을 수발하는 돌봄제공자(carer)에 대해서도 서비스를 제공할 의무를 갖는다. 이에 따라 지방정부는 퇴원 후 장기적인 돌봄을 필요로 하거나 장애로 인해 일상생활의 어려움을 겪으며 지역사회 서비스를 필요로 하는 잠재적 대상자의 욕구를 사정할 책임이 있으며, 중앙정부는 지역격차나 혼란을 방지하기 위해 욕구 판단의 준거틀이 되는 공통기준을 제시하고 있다. '공평한 돌봄서비스 접근(Fair Access to Care Services: FACS)' 기준에 따른 사정체계를 통해 시설 생활과 지역사회 내 서비스를 일원화하고 개인의 상황과 욕구에 따라 개별화된 서비스를 제공하는 것을 원칙으로 각 단계에서 필요한 서비스를 결정하고 지역사회에서의 삶을 보장하도록 규정하고 있다. 사회서비스를 제공받을 수 있는 기본적인 욕구 수준을 긴급한 욕구(critical needs), 필수적 욕구(substantial needs), 중간수준의 욕구(moderate needs), 낮은 수준의 욕구(low needs)로 구분하고 욕구의 미충족 시 개인의 자립과 복지에 미치는 위험의 심각성 정도를 판단한다. 보건 및 케어에 대한 사정(health and social care assessment) 결과에 따라 서비스 제공여부가 결정되면, 개인수발이나 일상생활지원 등 파악된 욕구영역별로 비용수준을 산출하여 임시 예산을 편성하고 구체적으로 지원 계획(support plan)을 세우게 된다. 이 단계에서는 서비스전달방식을 결정하게 되는데 지방정부가 외부 기관과 구매계약을 통해 제공하는 서비스를 제공받거나 이용자가 직접구매하기도 한다. 확정된 지원계획에 따라 실예산이 편성되고 서비스가 제공되면 이를 점검하고 평가하게 된다(홍선미 외, 2016).

정신장애인의 커뮤니티케어와 관련한 역사적 변화를 살펴보면, 영국에서는 1959년에 지역사회보호성책을 공식화한 정신보건법(Mental Health Act)이 제정되었으며 1962년에는 탈시설화와 지역사회보호를 추진하기 위한 '병원계획(Hospital Plan)'을 제시하면서 탈원화의 동력이 마련되고 정신병상 감축이 시행되었다. 2011년에는 국가정신건강서비스의 향상을 위해 정부합동으로 발간된 정신건강전략보고서(No health without mental health: A cross-government mental health outcomes strategy for people of all ages)에는 정부합동전략(cross-government action)의 목표들이 제시되어 있는데, 정신질환자 커뮤니티케어에서 지향하는 목표들을 담고 있다. 세부 내용들을 살펴보면 다음과 같다.

목표 1. 보다 많은 사람들의 정신건강 향상(More people will have good mental health)

목표 2. 보다 많은 사람들의 정신질환으로부터의 회복(More people with mental health problems will recover)

목표 3. 정신건강의 문제를 가진 보다 많은 사람들의 신체건강 향상(More people with mental health problems will have good physical health)

목표 4. 보다 많은 사람들의 케어와 지지에 대한 긍정적 경험(More people will have a positive experience of care and support)

목표 5. 보다 적은 사람들의 피할 수 없는 해로 인한 고통을 겪게 하기(Fewer people will suffer avoidable harm)

목표 6. 보다 적은 사람들의 낙인과 차별의 경험(Fewer people will experience stigma and discrimination)

이와 같은 국가정신건강의 목표에도 불구하고, 실제 정신건강 관련 현황자료를 살펴보면 정신건강의 문제를 가진 사람의 3/4이 여전히 이와 관련하여 어떤 도움도 받지 못하고 있으며 서비스를 받고 있는 사람들도 국가의료 및 임상기준원(National Institute for Health and Care Excellence: NICE)에서 권고한 수준의 종합적인 지원을 받지 못한 것으로 파악되고 있다. 지역사회 내 위기지원과 관련해서도 단지 14%만 위기 시에 적절한 도움을 받았으며 50%의 지역은 상시 위기지원체계를 갖추지 않은 것으로 보고되고 있다(홍선미 외, 2016). 지속되는 정신보건 영역의 문제해결을 위해 영국 정부는 "정신건강 5개년계획(Five Year Forward View for Mental Health)"을 통해 보다 적극적이고 예방적인 국가 정신건강 정책을 추진하려는 강력한 의지를 표명한 바 있다. 5년간의 로드맵에서 제시하고 있는 주요 방향은 정신건강증진 및 예방, 정신건강서비스의 확대, 의료 및 정신의료의 통합 등이며, 치료와 회복을 돕는 프로그램 및 서비스의 확충을 제시하고 있다. 지역중심 정신건강체계로의 전환과 확충을 위해 정신건강 5개년계획(Five Year Forward View for Mental Health)의 일환으로 구성된 정신건강TF의 보고서(A report from the independent Mental Health Taskforce to the NHS in England)에서는 영국의 모든 지역에서 공공의료와 사회서비스와 주거 등을 통합적으로 지원하기 위한 지역중심의 계획을 세우고, 예방적이며 통합적인 정신건강서비스 개선을 지방정부에 촉구하고 있다. 특히 정신질환자 커뮤니티케어 정책과 관련해서는 지역사회 기반의 정신건강위기 개입을 24시간/주7일 제공하도록 하며, 급성 입원치료의 대안 또는 조기퇴원을 촉진하기 위해 집중재가치료(intensive home treatment)를 모든 지역에서 받도록 하며, 중증정신질환자를 위한 개별주택과 주거지원을 대폭 확충하는 내용이 강조되고 있다.

커뮤니티케어에서 강조하는 포괄적이며 체계적인 보건의료 및 사회서비스 제공이 가능하도록 하기 위해, 영국에서는 돌봄프로그램접근(Care Programme Approach: CPA)을 강조하고 있다. 돌봄프로그램접근(CPA)은 의뢰된 사례에 대한 종합적인 사정을 통해 다양한 욕구를 파악하고 필요한 서비스에 적절히 연계되도록 하는 프로그램으로서, 사례관리와 유사한 방식으로 운영된다. 지방정부는 돌봄대상자의 욕구를 직접 사정하고 보호계획을 수립하는 권한을 일선 담당자에게 유연하게 부여하고 있다. 돌봄프로그램접근(CPA)은 NHS 보건의료 체계 내의 적절한 치료과정과 지방정부의 사회서비스 간의 긴밀한 협력체계를 연결하면서, 중증정신장애인에 대한 집중적인 지원과 케어의 연속성을 가능하게 하는 유용한 장치로 작동하고 있다. 정신장애인의 욕구수준에 따라 케어제공의 수준이

다르게 설정되고 있으나, 일반적인 돌봄프로그램접근(CPA)의 목표들을 살펴보면 다음과 같다(Department of Health, 2008). 첫째, 정신장애인의 보건복지 욕구를 보다 정확하게 사정한다. 둘째, 서비스제공자들의 논의와 조정을 거친 뒤 정신장애인의 욕구 충족을 위한 보호계획을 수립한다. 셋째, 정신장애인의 욕구 충족을 위해서 수립된 보호계획을 보다 효과적이고 효율적으로 시행하기 위해 케어조정자를 지정한다. 넷째, 실행되고 있는 보호 계획의 점검과 정신장애인의 욕구 재사정을 위해 주기적인 평가를 실시한다. 우리나라는 정신건강복지센터와 같이 서비스제공과 사례관리를 전문기관에서 전담하고 있으나, 영국에서는 권역별로 할당된 공공 지역사회정신건강팀에서 돌봄프로그램접근(CPA)의 기능으로 사례관리를 제공하며 서비스는 NHS나 지방정부와의 연계를 통해 제공하고 있다. 우리나라의 지역사회통합돌봄 모델에서는 읍면동 주민센터의 케어안내 창구를 통한 일원화된 의뢰 경로를 마련하고 욕구 및 기능 사정과 일차적인 보호계획을 수립하며 서비스제공자들 간의 논의와 계획을 위한 지역케어회의가 수행하도록 제시되고 있으나, 정신질환자에 대한 전문적인 역량과 전담인력이 배치되지 않는 경우 포괄적인 치료 및 서비스계획을 세우고 적정 서비스의 수급여부와 비용을 관리하며 서비스 패키지를 구성하는 돌봄프로그램접근(CPA)이나 지역사회정신건강팀의 기능을 지역사회의 공공전달체계에서 수행하는 데 한계가 있다.

2. 일본

우리나라의 커뮤니티케어정책과 유사하게 일본에서는 지역포괄 케어시스템을 통해 고령사회에 대응하고자 하였나. 일본의 지역포괄케어시스템은 개호가 필요하게 되어도 익숙한 지역에서 사람다운 자립적인 생활을 할 수 있도록 의료, 개호, 예방, 생활 지원, 주거를 포괄적이고 지속적으로 제공하는 시스템으로 개념화되어 있다(이건세, 2018). 2000년 지방분권통합법에 따라 시정촌 중심의 서비스제공체계를 구축하고, 2005년 개호보험법을 개정하면서 지역포괄케어 재량사금을 획보하고 지역포괄케어센터를 중심으로 주거, 의료, 개호, 생활지원 등이 포함된 통합적인 돌봄지원의 기반을 마련하였다. 2014년에 통과된 지역 의료 및 개호의 종합적인 확보를 추진하기 위한 관계 법률의 정비 등에 관한 법률안은 의료법과 개호보험법을 포함한 관련법의 개정안을 일괄 통과하도록 한 패키지법으로 일본의 지역포괄 케어시스템이 제도적으로 자리 잡는 데 기여하였다.

2016년에 들어서는 지역포괄 케어시스템을 강화하는 차원에서 지역공생사회의 실현을 향한 지역포괄 지원 체제라는 개념으로, 노인뿐만 아니라 장애인이나 아동, 저소득취약계층 등 지역을 모두 포괄하는 종합지원체계를 구축하며 주민들의 참여와 협력을 이끌어내는 방향에서 변화하고 있다(이건세, 2019).

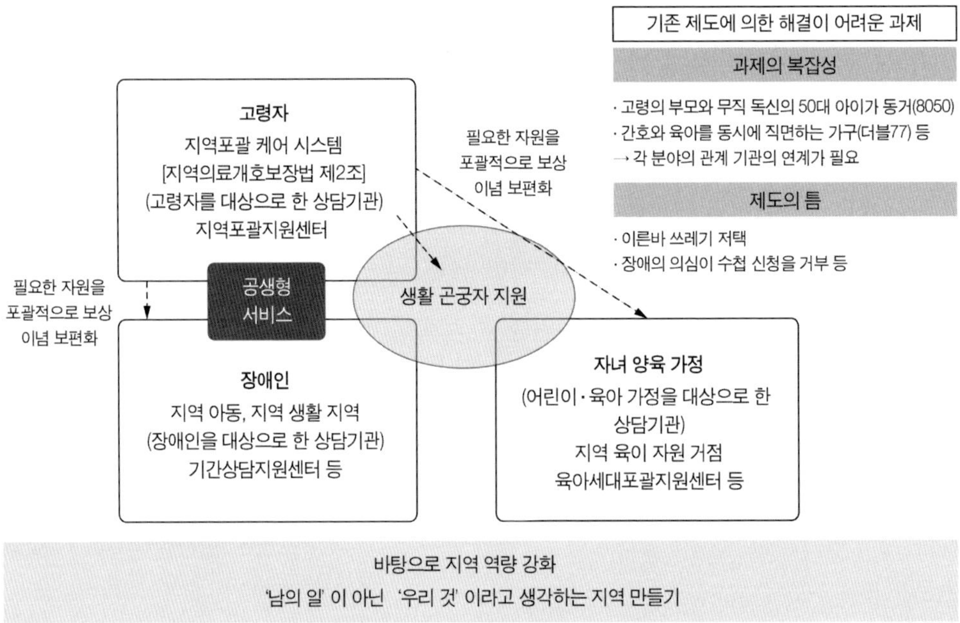

〈그림 34-1〉 지역공생사회의 실현을 위한 종합 지원 체제

출처: 이건세(2019). 일본의 지역포괄케어와 커뮤니티케어의 과제.

일본은 현재 개호보험 내에서 방문개호와 통소개호 등의 보건의료서비스를 지역지원사업으로 전환하여 제공하고 있으며, 시정촌 단위에서 다직종 간 협력이 이루어지는 단계적 지역케어회의(개별사례회의, 권역별회의, 시정촌 전체 지역회의 등)와 인구 1만 명의 주거지역 단위로 설치된 지역포괄지원센터의 케어매니지먼트를 통해 재택생활지원으로부터 입원까지 포괄하는 의료 및 돌봄서비스를 제공하는 케어 체계를 갖추고 있다. 특이한 점은 시정촌이 개호보험의 보험자가 되어 시정촌에서 인정조사를 통해 판정을 하며 등급을 부여하는 권한을 갖고 있으며, 다양한 급여를 포함한 개인별 종합서비스 이용계획의 작성과 모니터링의 책임을 갖고 있다. 지역을 기반으로 보건의료복지 통합시스템을 제공하고자 하는 일본의 지역포괄케어의 충족 요건은 다음과 같다. 첫째, 의료와의 연계

강화로 24시간 대응가능한 재택의료와 방문간호 및 재활서비스의 제공, 둘째, 노인요양시설과 24시간 대응 순회서비스 등을 통한 요양서비스 제공, 셋째, 자립지원과 예방, 넷째, 간병, 배식, 쇼핑 등 다양한 생활지원서비스의 확보와 권리옹호, 다섯째, 노인이 되어도 평소생활이 유지되는 고령자주택의 정비 등이다.

〈표 34-1〉 일본 정신보건의료복지의 개혁비전의 주요 정책과 내용

정 책	주 요 내 용
국민의식의 변혁	• 정신질환은 누구나 걸릴 수 있는 질병이라는 인식을 90% 수준까지 제고함
정신보건 의료체계 개편	• 입원병상 감축(2014년까지 입원병상 7만개 감축, 35만 → 28만 5천) • 도도부현 정신의료기관 정신질환자 잔존율 24% 이하, 퇴원율 29% 이상 • 입원환자의 조기퇴원을 촉진하기 위해 정신의료병상을 급성기, 사회복귀, 중증요양, 노인병상 등으로 분화시키고, 환자의 병상유형에 따라 적정한 치료인력 배치, 표준 치료계획에 근거한 서비스 제공
지역생활 지원체계 개편	• 일상생활에 부합하는 주거, 생활, 활동 등에 대한 지원체계 개편, 상담체계 확충 • 시설단위의 재정지원방식 대신 사회복귀시설마다 성과가 반영되는 개별단위 재정지원방식 검토 • 시정촌이 개별 정신장애인에 대해 케어매니지먼트를 활용하여 종합적 자립 지원계획을 수립한 다음 급여를 결정함 • 장애정도에 대한 평가척도를 명확히 하고, 장애인복지수첩의 신뢰성 제고
보건의료 복지시책 기반 강화	• 도도부현 수준의 계획 수립, 병상의 기능분화 추진, 장애평가 척도의 명확화, 서비스메뉴의 정리, 표준 케어모델 개발 • 장애정도별 필요비용 검토, 통원공비부담 이용자실태분석을 통한 대응책 수립 • 지역 간 조치입원의 격차와 병원 의료체계를 재검토하여 격차해소방안을 추진 • 사회복귀시설, 주택지원사업 이용실태를 분석하여 입소시설 거주자와 지역 거주자 간의 서비스 균형을 추진

출처: 김문근 외(2015). 정신보건서비스 전달체계 개편을 위한 정신보건기관 기능 재조정 방안 연구.

장애인에 대해서는 시설중심 정책에 대한 비판이 커지면서 1974년 이후 정부의 지역사회정책 전환과 사회복귀촉진사업이 제도화되었다. 정신보건법이 1987년에 제정된 이후 1995년에 정신보건 및 정신장해자복지에 관한 법률로 개정되면서 정신장애인에 대한 보건과 복지의 연계를 강조하고 지역생활 중심의 자립과 사회참여 촉진을 위한 복지시책을 법률상으로도 명시하였다. 특히 2004년에 발표한 정신보건의료복지의 개혁비전에서는 '입원 의료 중심으로부터 지역생활 중심으로'를 기본방책으로 정하고, 그 목표로 첫째, 국민의식 변혁, 둘째, 정신의료체계의 재편, 셋째, 지역생활 지원체계의 재편, 넷째, 정신보건의료복지시책의 기반 강화를 제시하였다. 특히 만성정신질환자 장기입원문제를 줄이고 재원적정성을 높이기 위해, 정신의료기관 병상을 급성기, 사회복귀, 중증요양, 노

인병상 등으로 유형화하고 입원치료가 필요한 정신질환자, 퇴원을 통해 지역사회복귀가 필요한 정신장애인, 장기요양 또는 노인을 위한 치료 및 돌봄이 필요한 정신장애인 등을 적합한 병상유형에 따라 구분하여 서비스를 제공하게 하는 정신의료기관의 치료기능 특성화를 제안하였다.

한편 2005년의 장애인자립지원법에서는 신체장애, 지적장애, 정신장애 관련 서비스가 통합적으로 제공되는 근거가 마련되었다. 일본에서 정신장애인에 대한 복지서비스 지원이 타 장애인 수준으로 가능하게 된 결정적 계기는 신체 및 정신장애에 대한 서비스지원 체계를 일원화하여 장애 유형에 상관없이 복지서비스를 제공하도록 법제도를 개편한 것이다. 2012년에는 지역사회에서의 공생실현을 위한 보다 충실한 종합적인 장애인의 일상 및 사회생활지원을 위해 장애인종합지원법으로 법률의 제명이 변경되었다. 이에 따라 시정촌에서 개별 정신장애인에 대해 케어매니지먼트를 통해 종합 자립지원계획을 수립하고 급여를 결정하여 지역사회서비스를 통합적으로 제공하고 있다. 일본의 장애인 커뮤니티케어를 위한 장애인종합지원의 원칙을 살펴보면 다음과 같다(홍선미 외, 2016). 첫째, 전 국민이 장애 유무와 관계없이 동등하게 기본적 인권을 향유하는 데 불편함이 없이 개인으로서 존중되는 것, 둘째, 전 국민이 장애 유무의 구분 없이 상호 인격과 개성을 존중하며 공생하는 사회를 실현하는 것, 셋째, 모든 장애인 및 장애아가 가능한 가까운 장소에서 필요한 일상생활 또는 사회생활을 영위하기 위한 지원을 받는 것, 넷째, 사회참가의 기회가 확보되는 것, 다섯째, 어디서 누구와 생활할 것인가에 대해 선택할 기회가 보장되고 지역사회에서 타인과 공생하는 것을 방해받지 않는 것, 여섯째, 장애자 및 장애아가 일상생활 및 사회생활을 영위하는데 있어 장벽이 되는 사회의 사물, 제도, 관행, 관념 및 그 밖의 모든 것을 제거하는 데 이바지할 것 등이다. 2017년부터는 지역공생사회 추진을 위해 노인서비스와 장애인서비스 영역 간 분절성을 줄이고 상호이용을 위한 변화를 모색하고 있다. 장애인과 정신장애인의 장애인과 정신장애인의 커뮤니티케어 모델이 별도로 제시되고 시행되는 우리나라와 달리, 장애인종합지원법에 따라 동일한 보건복지시책 하에 장애인 및 정신장애인의 일상생활 및 사회생활을 차별 없이 지원하는 지역생활지원사업이 다양하게 추진되고 있다는 점은 시사하는 바가 크다.

장애인종합지원법에 따라 시정촌의 공공 행정조직에서 개호급여 및 자립지원의료비 지급결정, 서비스이용계획 작성, 지역생활지원서비스 전달 등 중요한 역할을 담당하고 있다. 정신정신장애인이 지역사회로 전환하기 위해 사회서비스를 신청하는 경우도 시정촌의 장애인복지창구로 일원화되어 있다. 기초지자체인 시정촌에서는 등록하지 않은 정신질환자의 경우에도 개호보험급여를 제외하고는 일차적인 인정조사를 거쳐 훈련 등의 급여(자립훈련, 취로이행지원, 취로계속지원, 그룹홈)나 지역상담지원급여(지역이행지원, 지역정착지원) 등을 받을 수 있다. 일본도 도도부현에 설치한 기초 정신보건복지센터에서 정신장애인의 정신보건 및 복지 향상을 위한 상담과 서비스를 제공하고 있다. 그러나 우리나라와 달리 외래진료와 같은 의료서비스 제공기능을 포함하며 정신장애인을 위한 거주시설이나 재활시설을 부설로 운영하기도 한다. 우리나라의 정신건강복지센터에서 수행중인 재가 정신장애인 대상 등록사례관리보다 포괄적인 지역사회이행지원 계획을 수립하고 지역사회 관계기관과의 연계와 조정을 통해 서비스를 제공하며 지역사회 거주지 확보나 정착지원서비스를 제공하기도 한다. 병원에서의 퇴원지원계획 및 사후관리와 정신건강증진센터의 등록사례관리 사이의 간극을 메우고 탈원화 과정에 필요한 다양한 상담과 보건복지서비스의 지원이 제공될 수 있는 지원체계를 갖추는 동시에, 공공의 게어 안내창구 및 정신건강복지센터의 사례지원 기능 간 협업체계도 커뮤니티케어 모델링 과정에서 구체화할 필요가 있다.

Ⅲ. 우리나라 커뮤니티케어 추진 현황

1. 문재인정부의 커뮤니티케어

커뮤니티케어는 문재인정부의 '모두가 누리는 포용적 복지국가'라는 국정전략을 반영하면서, 지역사회 통합돌봄을 통해 포용적 복지국가를 실현하기 위한 구체적 모델로서 상징성을 갖는다(관계부처합동, 2018). '커뮤니티케어'의 도입과 관련한 논의를 통해, 국민의 삶의 질 향상을 위한 국가 및 지방정부의 책임성을 강화하고 서비스의 보편적 권리에 기반을 둔 지역중심의 서비스 제공체계가 만들어질 것이라는 기대감을 갖게 한다.

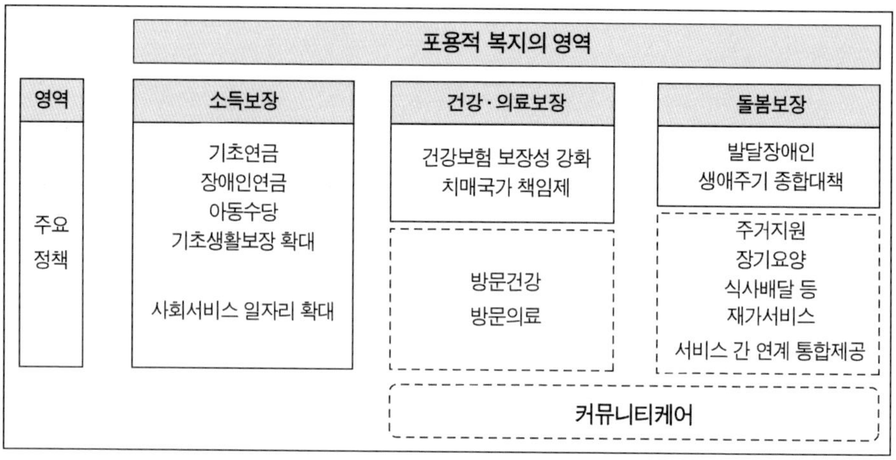

〈그림 34-2〉 포용적 복지정책 내 커뮤니티케어

출처: 관계부처합동(2018. 11). 지역사회 통합 돌봄 기본계획 자료.

우리나라 커뮤니티케어의 추진상황을 살펴보면, 2018년 1월 정부 연두 업무보고에서 사람 중심·지역사회 중심의 보건복지서비스 제공을 위한 로드맵을 마련하여 추진하고자'모두가 어울려 살기 위한 지역사회 포용확대'계획을 발표하였다. 2018년 3월 이를 추진하기 위한 커뮤니티케어 추진본부가 보건복지부 내에 구성되었으며, 5월에 사회보장위원회 산하에 '커뮤니티케어전문위원회'를 구성하여 민간위원 및 복지부, 행안부, 국토부가 참여하여 계획안을 마련하였다. 기본계획이 담겨 있는 관계부처 합동(2018)자료에 따르면, ① 주거(주거지원 인프라 확충), ② 건강의료(찾아가는 방문 건강 및 의료실시), ③ 요양 돌봄(재가 장기요양 및 돌봄서비스의 획기적 확충), ④ 서비스 연계(사람 중심의 민·관 서비스 연계 및 통합제공)라는 4대 핵심요소를 중심으로, 시기별 추진 로드맵을 제시하고 있다. 초기 중앙정부에서 추진하고 있는 커뮤니티케어 로드맵에는 노인, 장애인, 정신장애인, 아동, 노숙인 등 다양한 대상의 돌봄 및 보호, 재활, 요양, 의료, 주거, 고용 등 다분야를 포괄하는 것으로 계획되었다. 커뮤니티케어사업의 핵심과제들로는 돌봄 서비스 확충, 돌봄 인구층에 대한 지역사회 정착지원과 사회서비스 확충, 병원시설의 합리적 이용유도, 지역사회중심의 건강관리 체계 강화 등을 제시하고 있다.

2018년 11월 20일 관계부처 합동으로 지역사회통합돌봄 기본계획(안)이 발표되었으나, 전체적인 로드맵보다는 노인 돌봄을 중심으로 1단계 계획안이 제시되었다. 그러나 중장기로드맵에는 노인뿐 아니라 장애인 및 정신장애인을 위한 통합돌봄 모형, 지역별 모형을 구축하여 2022년까지 핵심인프라를 확충하고 2025년까지 보편화를 위한 기반구축을 완료하는 것으로 되어 있다. 이에 따르면 읍면동의 맞춤형 복지팀에 케어안내창구(지역사회통합돌봄 창구)를 신설하여 규모에 따라 전담인력 1~3명을 배치하고, 케어 욕구를 가진 사례에 대한 조사와 통합안내, 서비스 신청 접수 및 대행을 수행하는 것으로 되어 있다. 이때 지역사회에서 돌봄수요층이 필요한 서비스를 통합적으로 받을 수 있도록 하는 것이 핵심적 서비스 전달방식이 된다. 이런 차원에서 사례관리는 커뮤니티케어 사업에서 필수적 요소라고 할 수 있다. 사례관리를 통해 돌봄수요층에게 어떤 자원을 어떤 식으로 연결·조정해 나가는지에 따라 상이한 지역사회 네트워크가 형성될 수 있고 이 네트워크는 커뮤니티케어 사업의 성과에 중요한 영향을 미칠 수 있기 때문이다.

보건복지부는 2019년 추진계획을 통해 '지역사회통합돌봄(커뮤니티케어)'의 대상별 모델인 '노인통합돌봄', '장애인자립생활 지원', '정신질환자 지역사회 정착지원' 모델 등을 제시하고, 2019년에는 1차 8개, 2차 8개로 총 16개의 지방자치단체를 선정하여 커뮤니티케어(지역사회통합돌봄) 선노사업을 시행하기 시작하였다(보건복지부, 2019). 주요 대상별 3가지 모델의 세부 내용을 살펴보면 다음과 같다.

첫 번째 '노인통합돌봄' 모델의 핵심적인 내용을 살펴보면, 주거지원, 방문진료, 재가장기요양서비스 등의 통합적 연계를 통해 요양병원에 입원 중인 환자의 지역사회 복귀를 지원하고, 예방·건강관리, 재가서비스 지원을 통해 '살던 곳'에서 가능한 오래 건강하게 살 수 있도록 지원(Healthy aging in place)하는 모델이라고 볼 수 있다. 병원의 지역연계실을 통해 퇴원계획을 수립해 지역사회 자원 및 서비스를 연계하고, 케어안심주택을 운영하며, 개인별 욕구에 따라 의료 및 돌봄 서비스를 집에서 받을 수 있게 하고, 빅데이터를 활용해 집중건강관리 모델을 개발하는 등의 다양한 내용으로 구성되어 있다.

두 번째 '장애인자립생활지원' 모델은 개인별 지원계획에 근거한 탈시설 및 자립생활 지원을 통해 장애인 당사자들의 자기결정권을 보장하고, 삶의 질 및 인권을 제고하고자 하는 목표를 가진 모델로써 거주시설에서 생활하는 장애인과 지역사회 재가장애인을 구분하여, 시설 장애인에게는 시설기능 전환(그룹홈 등 소규모화 기능전환)과 탈시설(자립체험주택, 케어안심주택)을 지원하고, 지역사회 재가장애인에게는 케어안심주택을 지원하는 것을 골자로 한다. 더불어 다양한 통합적 서비스(활동지원서비스, 발달장애인 공공후견제도, 장애인건강주치의 등)를 제공하고자 하는 계획을 지니고 있다.

세 번째 '정신질환자 지역사회 정착지원' 모델의 주요 대상은 정신의료기관 입원치료 종료 후 증상이 호전되어 지역사회 복귀가 가능하다고 판단되는 자(초발 정신질환자, 2030

4050 세대 등 지역 복귀가 가능한 자)로서, 퇴원 후 광역 또는 지역 정신건강복지센터에 연계하고 자립체험주택, 자립지원주택을 지원한다. 그 외 정신질환자 특화 프로그램, 정신건강 종합케어서비스 등 통합적 서비스를 제공한다.

2. 정신질환자 대상 커뮤니티케어 모델 : 화성시 모형

정신장애인 커뮤니티케어 사업은 사실상 1997년 정신보건법이 만들어진 이후 이어져왔다고 볼 수 있다. 2016년의 정신보건법 전면개정을 통해서는 정신장애인의 탈원화 및 지역사회통합 정책으로 나가는 계기를 마련하고자 하였으나, 장기간 비자의적으로 격리되거나 가족이 더 이상 보호를 제공할 수 없는 정신장애인의 삶에 대한 사회적 관심이나 탈시설 및 지역사회 복귀를 위한 실질적인 변화는 두드러지지 않는다. 지역사회에서의 정상화된 삶을 보장하기 위한 정신건강 패러다임의 변화나 권리 보장 차원의 정책변화 및 국가정신건강시스템의 변화 등은 더욱 미흡한 상황이다. 탈시설화와 정신장애인의 지역사회정착의 성과가 미흡한 이유로 다음과 같은 몇 가지 문제점을 꼽을 수 있다. 첫 번째, 정신재활시설 및 주거시설의 양적 부족과 다양성 부족이다. 전체적으론 정신재활시설과 주거지원서비스의 공급량이 절대적으로 부족하다. 정신건강복지센터의 등록회원 중 12.35%는 비주거용 건물에 살고 있고 주거시설의 정원은 2,466명으로 주거시설 필요인원인 16,592명에 비해 현저히 적은 실정이다(국립정신건강센터, 2018). 두 번째, 치료중심의 의료수가체제하에서 민간정신병원의 병상수를 감소시키거나 입·퇴원을 통제할만한 특별한 정책적 수단이 없었다는 점이다(이용표, 2017). 그 결과 정신병상수와 재원기간은 지속적으로 증가해왔다. 90년대 중반 정신병상수는 대략 3만 여개였으나 2017년에는 8만 3천 개로 대폭 증가하였으며 OECD국가 내에서 동일기간 동안 지속적으로 증가한 나라는 우리나라뿐이었다. 평균재원기간의 경우에도 2010년 111.8일에서 2016년 145.7일 지속적으로 증가하였으며 현재 OECD국가 내에서 가장 높은 수치를 보이고 있다. 세 번째, 정신질환의 증상 및 기능변동 주기에 맞게끔 보건의료-복지-재활서비스간의 연계성이 적었다는 점을 지적할 수 있다.

현재 중앙정부에서 추진하고 있는 커뮤니티케어 선도사업 추진계획에는 정신질환자를 포함한 대상별 케어모델이 포함되어 있다. 커뮤니티케어 선도사업 계획안을 살펴보면 정신장애인 분야의 경우 케어안내 창구와 지역케어회의 운영, 병원과 지역사회 간 연계

강화, 퇴원자 및 지역사회 수요자 정기적 방문관리, 자립체험주택사업, 케어안심주택, 재가의료급여사업 등이 포함되어 있다(보건복지부, 2019). 이와 같은 핵심과제들이 달성될 경우 그동안 지역정신보건사업을 통한 탈시설화의 장애들이 어느 정도 극복되고 이전보다 정신장애인의 지역사회 정착성과가 좋아질 것으로 예측된다.

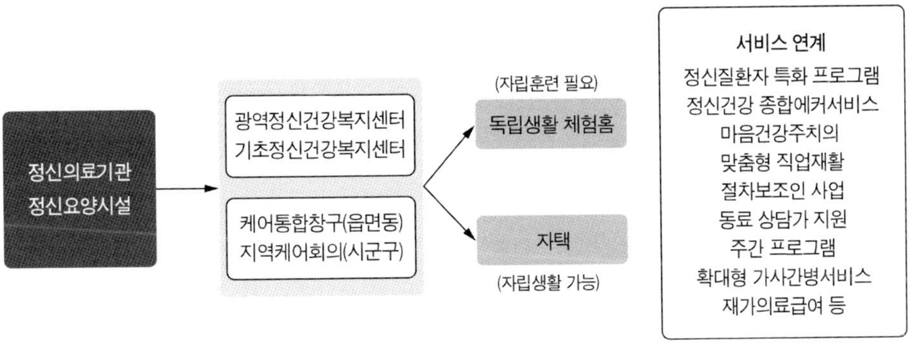

〈그림 34-3〉 커뮤니티케어(안)에 제시된 정신장애인 사례

출처: 보건복지부(2018. 10). 지역사회돌봄 선도사업 추진계획 자료.

정신질환자 대상의 커뮤니티케어 모델에 포함되었던 주요내용은 다음과 같다.

① 사업목표: 정신질환에 대한 부정적 인식을 개선하고 지역사회에서 함께 어울려 살아갈 수 있도록 지원

② 사업대상: 정신의료기관 입원치료를 마치고 증상이 호전되어 지역사회 복귀를 희망하는 자, 정신의료기관 6개월 이상 장기입원자 중 지역사회 복귀가 가능할 것으로 판단되는 자

③ 주요 사업내용

- 퇴원 후 단기간 거주하면서 지역사회 정착 및 자립을 지원받는 독립생활 체험홈(중간집) 2개소 설치 및 운영
- 병원-지역사회 연계 기능강화(기초정신건강복지센터 사례관리 인력확충), 지역사회자립을 위한 맞춤형 서비스 개발 및 연계지원
- 정신질환자 권익지원서비스 도입(절차보조인제도를 시범적으로 실시, 동료지원가 양성 및 활동 지원)

1) 정신질환자 중간집 서비스 도입

지금까지는...	→	앞으로는...
열악한 주거환경에 따른 시설·병원 선호		돌봄 등 서비스가 연계된 주거서비스 제공

대상별 맞춤형 주거지원은 커뮤니티케어의 최우선순위에 놓여 있다. 정신질환자가 정신의료기관 등 퇴원 후 단기간(3개월) 거주하면서 자립지원 프로그램을 통해 지역사회 정착 및 자립을 지원받는 중간집(Halfway-house)이 주요내용으로 포함되어 있다. 커뮤니티케어 선도사업('19~'20) 내에도 장애인, 정신질환자, 노숙인 등에 대한 맞춤형 주거지원 및 서비스 연계를 통해 탈원과 탈시설을 희망하는 장애인 및 정신장애인에게 자립주택과 집중 사례관리를 지원하여 지역사회 복귀를 돕고 자립역량을 강화하도록 지원할 예정이다.

2) 퇴원지역연계 기능강화 및 정신건강복지센터 인력 확충

지금까지는...	→	앞으로는...
퇴원 후 돌봄 등 서비스 연계 미흡으로 입원 장기화		퇴원에서 재가생활로 끊김이 없는 서비스 연계 시설·병원 – 재가의 중간서비스 확충

의료적 수요는 낮으나 돌봄은 필요한 사회적 입원환자 등을 대상으로 체계적 퇴원관리를 실시하고자 하며, 퇴원계획 수립 및 지역사회 연계를 위해 병원에 '지역연계실'(퇴원계획실, 의사, 간호사, 사회복지사 등)을 설치하여 의료기관 퇴원지원 시범사업을 할 예정이다. 퇴원 전 종합적인 환자평가, 퇴원계획 수립 및 지역사회 연계 등의 기능을 통해 지역사회로의 이행을 촉진하고자 하는 것으로, 정신의료기관은 본인 또는 보호자의 동의를 받아 퇴원(소)예정자 정보를 정신건강복지센터 및 읍면동 케어통합창구로 통보하도록 하고 입퇴원관리시스템–정신건강사례관리시스템–사회보장정보시스템 간 연계로 서비스 연계체계를 구축·지원하도록 한다. 기존의 의료급여 사례관리를 활용해서는 의료 이외의 사유로 장기입원 중인 자의 퇴원지원을 활성화하도록 한다. 한편 정신건강복지센터의 정신건강전문요원은 읍면동 담당자와 2인 1조로 팀을 구성하여 방문상담 및 욕구조사를 실시한다. 케어안내창구 등과 연계하여 정신건강관리 및 정서적 지지, 돌봄, 취업 지원 등을 비롯한 집중 사례관리를 실시하기 위해, 지역사회 내 기초정신건강복지센터의 전문인력(정신건강전문요원 등)을 1,455명('17~'22) 확충할 계획이 있다.

3) 동네의원 중심의 정신건강 제공체계

지금까지는...		앞으로는...	
지속적·개별적 인 관리가 필요한 건강취약 계층 전담 의료서비스 부재	→	중증소아청소년	(재택 전담의료) 시범사업('18.9), 제도화('22)
		장애인	(건강주치의제) 도입('20)
		정신건강문제	(동네의원 중심 전담사례관리) 시범사업('20~), 본사업(~'22)
		노인 등 만성질환자	(동네의원 중심 포괄적 지원) 본 사업('19년 하반기)

광주광역시에서 실시한 지자체 통합정신건강증진사업 사례를 확대하여, 동네의원 마음이음사업을 추진할 계획이다. 영국의 일반의(GP)가 일차의료에서 정신과적인 문제를 조기발견하고 의뢰하는 체계와 유사하게, 비정신과 동네의원이 방문환자의 정신과적 문제를 스크리닝하고 위험군의 경우는 정신건강의학과에 연계하는 사업으로 보급할 계획이다. 장애인 대상의 장애인 건강주치의와 함께, 징신건강서비스에 대한 서비스의 접근성을 높이고 지역사회의 일차의료체계를 강화하는 방안으로 추진하고자 하는 것이다. 한편 기초정신건강복지센터 등에 정신과 전문의를 배치하여 지역사회 정신건강 문제 발견 및 개입을 강화하고자 하는 마음건강주치의제도가 포함되어 있다. 기존에 정신건강복지센터를 의료기관이 위탁받아 센터장으로 정신과의사를 배치하였음에도 불구하고, 실제적인 임상 및 치료적 기능을 정신건강복지센터가 담당하고 있지 않아 지역사회 내의 공공정신의료기능이 미흡했던 점을 보완하고자 하는 방향이다.

4) 절차보조인 제도

지금까지는...		앞으로는...	
장애인, 정신질환자 아동 등의 욕구에 부합하는 서비스 부족	→	발달장애인	(주간활동서비스) ('19) 도입 ⇨ ('22) 최중증 모두(1만 7천명)에게 제공
			(방과 후 돌봄서비스) ('19) 도입 ⇨ ('22) 2만 2천명에게 제공
			(부모·가족 휴식지원서비스)('18)수요층 50%(1만 명)⇨ ('22) 수요층 100%(2만 명)
		징애인	(활동지원서비스) ('18) 7.2만 명 ⇨ ('22) 11만 명 ⇨ ('26) 15만 명
		정신질환자	(권익지원서비스) 절차보조인 도입 ('18.10~), 동료지원가 양성
			(지역사회 중증질환자 사례관리) ('18) 19% ⇨ ('26) 50%
		장기입원 후 퇴원자	(가사간병서비스) 필요대상 전부 (1만 2천명) 지원 ('22)
		보호필요 아동	(드림스타트) ('18) 6.8만 명 ⇨ ('22) 7.8만 명

Ⅳ. 화성시 지역사회통합돌봄(커뮤니티케어) 선도사업 개요

1. 화성시 정신질환자 지역사회통합돌봄 선도사업의 주요 내용

화성시의 정신장애인 지역사회통합돌봄사업은 지역사회 내 가장 소외받는 계층이며 지역사회 재활과 회복을 위한 전달체계의 부족으로 인해 장기간 병원생활을 해야만 하는 정신장애인에게 더불어 살기 위한 지역사회 통합돌봄의 가치를 실현하고자 하는 의지와 기대를 갖고 시작하였다. 이를 실현하기 위해, 정신장애인 장기입원과 지역사회 전달체계 구축을 위한 사업의 주요내용은 다음과 같이 구성하였다.

① 퇴원 이후 갈 곳이 부족하고 회복지원서비스를 받기 어려운 정신장애인을 위한 정신재활 프로그램 거점을 확대하는 토대를 마련하고자 한다. 특히 농촌지역과 대규모 택지개발 지역을 중심으로 거점을 확대하여 서비스 접근성을 높이도록 한다. 기존에는 화성시 관내 동탄권에 위치한 정신재활종합훈련시설 '사랑밭'과 향남권에 위치한 정신건강복지센터 주간재활(주 2일 운영) 두 곳에서 정신재활 프로그램을 운영하였다. 이제는 점차 봉담권 1개소, 향남권 1개소, 서부권 1개소를 확장하여 총 4개 권역에서 주간재활 프로그램을 운영할 수 있도록 한다.

② 자립체험홈, 자립지원주택, 위기쉼터와 같은 대안적 보호 및 주거지원체계를 마련하고 정신건강복지센터 내에 주거지원팀을 신설하여 1인 세대, 고령 한부모거주 세대 등 주거가 취약한 정신장애인 지원체계 마련하도록 한다.

③ 24시간 위기대응체계를 통하여 지역 내 정신의료기관, 정신재활시설, 경찰, 행정복지센터와의 긴밀한 협력을 통해 방임되어 있거나 위기상황에 처한 정신장애인을 발굴하고 회복을 도울 수 있는 응급지원체계를 마련한다.

④ 정신장애인의 당사자성을 회복하고 전문가들에 의해 수동적으로 서비스를 받는 대상이 아닌 주체적인 참여를 위해 동료지원가를 양성하여 당사자주도의 서비스를 제공할 수 있는 체계를 마련한다.

⑤ 지역 내 협동조합과 연계하여 정신장애인에게 필요한 가사지원서비스를 제공함으로써 생활지원과 삶의 만족도를 높이도록 한다. 이는 동시에 가사지원에 참여하는 일반시민들의 정신장애인에 대한 인식을 개선하는 계기가 마련될 수 있다.

2. 화성시 지역사회통합돌봄 선도사업 모형

1) 공통기반 구축

(1) 읍면동(보건소) 케어안내창구

읍면동별 전담창구를 설치하며, 이를 위해 조직 개편을 하여 총 26개 읍면동 케어안내창구에 전담인력(맞춤형복지팀 겸임)을 배치하였다.

(2) 지역케어회의 구성 및 운영방안

◈ 화성시는 기존의 통합사례회의와 권역별 간담회를 확대 · 개편을 통해 '지역케어회의'를 운영할 계획으로 장기입원환자와 도움이 필요한 정신 장애인을 안정적으로 지역사회 복귀와 정착을 위한 서비스 체계를 마련하고자 함

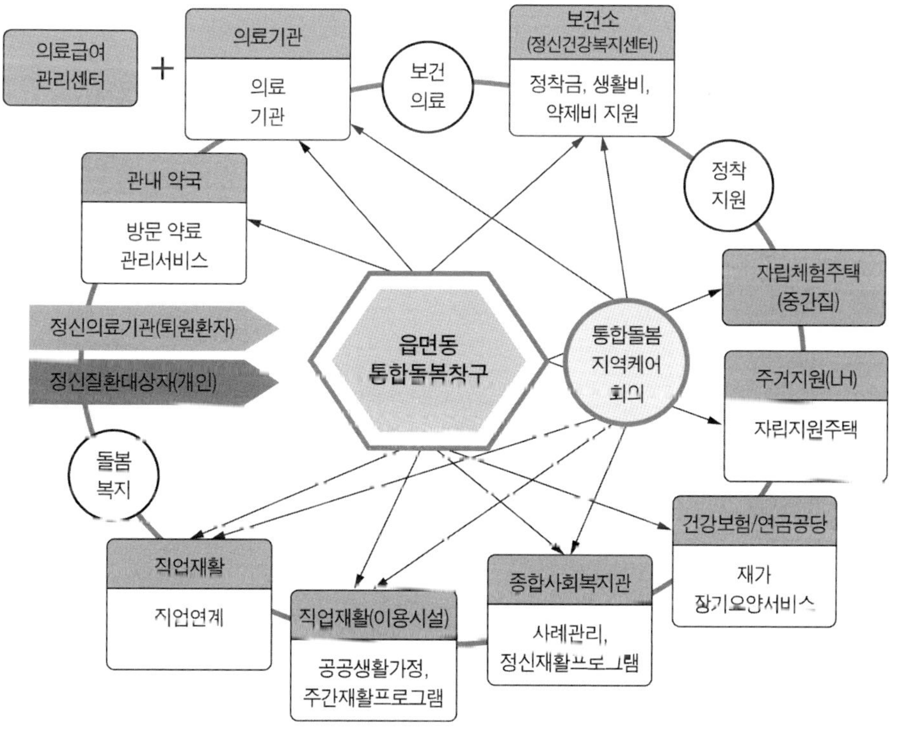

〈그림 34-4〉 화성시 지역케어회의 흐름도

커뮤니티케어 추진을 위한 지역케어회의는 '정신건강복지센터'와 '융합서비스(두드림)팀'이 주도적으로 운영하며 읍면동 케어안내창구 및 정신재활시설과 협력하여 운영하도록 한다. 운영은 월 1회 이상 정기회의를 통해 지역사회 복귀 지원 대상자들의 현 문제 분석, 필요 서비스 선택, 서비스 공급기관과 서비스 제공 절차, 사후 관리, 평가 및 종결 등에 대해 논의한다.

기존에 정신건강복지센터를 중심으로 운영 중이던 '권역별 간담회'와 '통합사례회의'를 확대·개편하여 운영하되, 세부 구성은 보건과 복지를 아우르는 서비스 제공을 위해 지역사회 내 다양한 민·관 협력기관 담당자 및 분야별 전문가로 다음과 같이 구성한다.

- 공공: 커뮤니티케어추진단(화성시보건소 재활보건팀), 화성시청 복지정책(고난도 사례관리팀), 읍면동 케어창구, 읍면동 맞춤형 복지팀
- 민간: 화성시정신건강복지센터(중증정신질환관리사업팀), 화성시 중독관리통합지원센터, 복지관(종합복지관 4곳, 노인복지관 2곳, 장애인복지관 2곳), 관내 정신의료기관(새샘병원, 화성초록병원, 메타매디병원), 관내정신재활시설 및 정신요양시설(사랑밭, 은혜원), LH화성권주거복지센터, 한국장애인고용공단(경기지사)

지역케어회의의 기능으로는 다음을 들 수 있다.

① 개별과제 해결 기능: 퇴원 가능한 장기입원자 및 방임된 정신장애인 발굴시, 지역케어회의를 통해 지역사회가 대상자의 퇴원을 함께 준비, 지역사회 내에서 삶을 유지할 수 있도록 방안 마련

② 네트워크 구축 기능: 지역 내 방임되거나 도움을 필요로 하는 정신질환자가 있을 경우, 지역케어회의를 통해 대상자에게 복지자원과 정신건강서비스를 연계하여 제공

③ 지역 과제 발견 기능: 지역 내 정신질환자와 관련된 과제를 다기관이 공유하고 지역사회가 함께 해결해 나가고자 함

④ 정책 형성 기능: 화성시 정신질환 대상자 통합 돌봄에 관한 조례 제정, 정책제안 등 정책 형성

(3) 중증정신질환자 지역사회복귀협의체(위기대응협의체) 설치 및 운영

화성시에 주소를 두고 있는 정신질환자 중 정신장애인으로 등록되어 있지만 방치되어 있거나, 장기입원으로 인해 지역사회 정신건강서비스로부터 단절되어 있는 정신질환자의 지역사회 내 돌봄을 지원하기 위한 부단체장 직속의 민·관 협의기구를 신설하였다.

지역사회복귀협의체의 운영 목표는 화성시 중증정신질환자의 지역사회 내 돌봄을 위해 보건·복지 및 주거제공 등 지역사회복귀를 위한 환경을 구축하는 것이다. 세부 기능은 다음과 같다.

① 장기입원정신질환자 및 정신장애 등록자의 발견과 평가를 위한 공공 및 민간의 협조체계 마련(업무협약 등)
② 정신질환자의 퇴원, 지역사회 재배치에 필요한 보건·복지서비스 체계 구축
③ 정신질환자를 위한 주거복지서비스
④ 정신재활시설의 확충, 체험 홈 신규설치 등의 협의

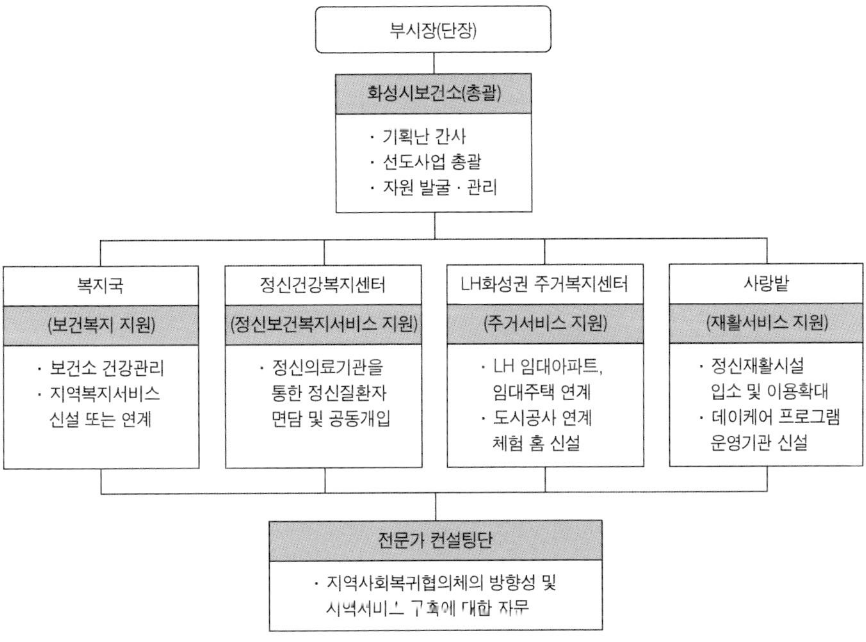

〈그림 34-5〉 중증정신질환자 지역사회복귀협의체(위기대응협의체) 조직도

2) 화성시 모형의 세부 구성

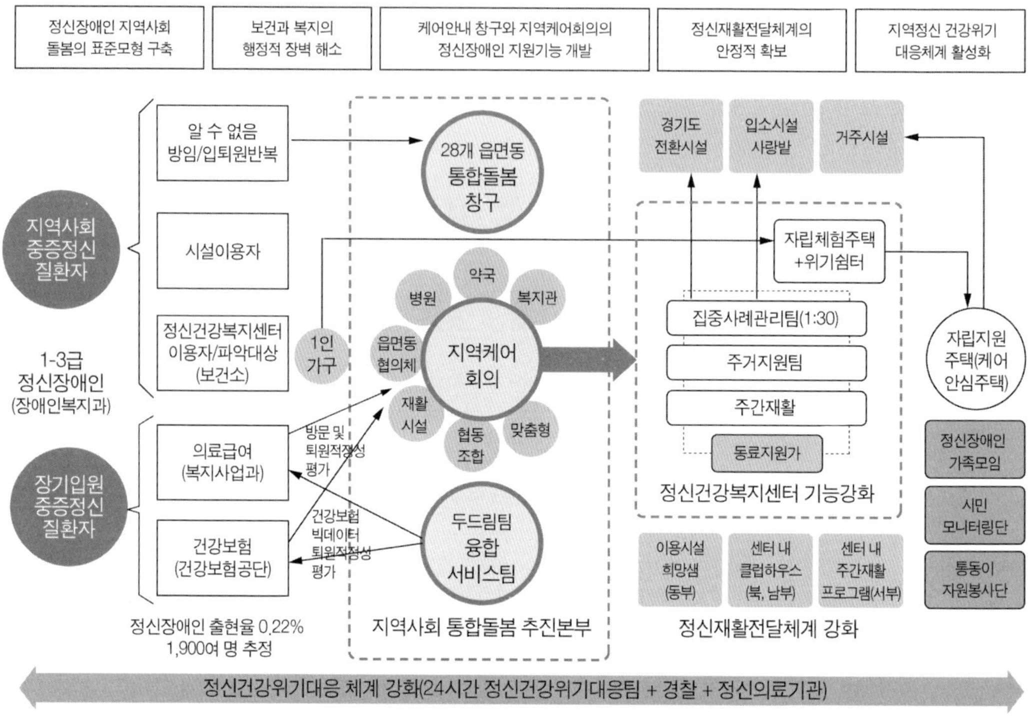

〈그림 34-6〉 화성시 커뮤니티케어 선도사업 정신질환자 통합돌봄 모형

(1) 모델 1: 장기입원 정신질환자 지역사회 재배치 모델

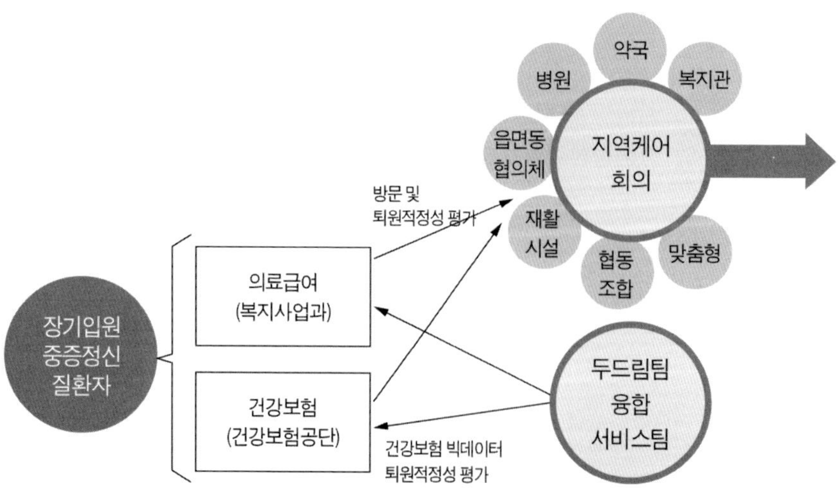

〈그림 34-7〉 장기입원 정신질환자 발굴경로

① 선도사업 정책대상

- 2019년 국가인권위원회 발표에 따르면 정신병원에 입원한 정신장애인 중 6개월 이상 장기입원하고 있는 사람이 전체의 68.3%에 이르는 것으로 나타남. 10년 이상 입원한 사람의 비율도 6.7%로 정신장애인의 장기입원 문제는 사회적 문제가 되고 있음
- 2010년 화성시 중증정신질환자 욕구 및 실태조사에 따르면 화성시민 중 의료급여 장기입원자 중 73.7%인 112명이 정신질환자로 추정되었음
- 2018년 기준 전국의 중증정신질환으로 입원한 사람이 81,000여 명[1])으로 우리나라 인구의 0.15% 정도이다. 이를 화성시에 대비해 볼 때 화성시 75만 명 중 0.15%는 1,125명이다. 이를 고려해볼 때 1,125명 중 68.3%인 768명 정도가 6개월 이상 장기입원 중일 것으로 추정됨
- 2011년 화성시정신건강복지시센터 조사에 따르면 의료급여로 6개월 이상 정신의료기관에 장기입원한 정신질환자 123명 또한 건강보험으로 6개월 이상 장기입원 정신질환자는 대략 500여 명이 될 것으로 추정됨
- 연구한 자료에 따르면[2]) 전체 입원 환자 중 56~77%는 적절한 지역사회 정신보건서비스가 있으면 퇴원할 수 있다고 보고한 자료를 인용한다면 430~591명은 커뮤니티케어 선도사업을 통해 지역사회 정신보건서비스를 강화한다면 퇴원이 가능할 것으로 판단됨

② 정책 목적과 목표

- (목적) 본 사업을 통해 6개월 이상 장기간 입원한 중증정신질환자 중 퇴원이 가능할 정도로 회복이 된 이들을 자신이 태어나고 자라고 살고 싶은 화성시로 돌아올 수 있도록 하고자 함
- (목표) 지역사회 정신건강복지센터를 중심으로 관내 정신의료기관, 정신재활시설, 복지관, 공동생활가정, 정신요양시설 등 다양한 자원들의 네트워킹을 통하여 정신질환 대상자가 지역사회로 돌아올 수 있도록 통합 돌봄사업을 시행하고자 함

---

1) 국립정신건강센터 제4차 예비조사 결과보고서 참조. 정신의료기관에 입원한 중증정신질환자와 알코올 사용 장애자를 살펴보면, 중증정신질환 진단코드(F20.x–F29.x, F30.x, F31.x, F32.1–3, F33.1–3)로 입원한 환자는 81,096명이며, 평균 입원 횟수는 1.5회, 평균 재원기간은 124.5일이다.

2) Lee HY, Lee YM, Cheng YG, Kim BH. A study for reclassification ofmentally ill patients and development standard of mental health institutions. Sejong: Korea Ministry of Health and Welfare; 1994.

- 6개월 이상 장기입원 중인 768명에 대한 장기입원 원인 파악
- 퇴원적정성 조사를 통해 퇴원이 가능한 정신질환자의 지역사회 복귀 시도
- 지역케어회의를 통한 맞춤형의 보건과 복지서비스를 제공하여 지역사회 거주 유도
- 주소지에서 연고 없이 먼 곳에 입원해 있는 정신질환자를 지역 내 정신병원에서 입원할 수 있도록 노력하여 정신건강복지센터의 재원관리프로그램을 제공함
- 장기입원 정신질환자 가족에게 정신질환자 가족모임과 가족교육프로그램을 제공하며 정착을 위한 다양한 보건과 복지서비스를 제공

• 장기입원 정신질환자의 파악-발견-퇴원적정성 평가–퇴원까지의 과정을 시행하기 위해서는 현재 다원화되어 있는 정신질환자에 대한 실태파악을 통합하여 적극적인 발견을 시도가 중요

• 각 기초지자체 의료급여관리센터의 장기입원정신질환 파악명단과 건강보험공단에서 파악하고 있는 장기입원정신질환자, 그리고 장애인복지관에서 관리하고 있는 등록정신장애인과 정신건강복지센터 이용자를 종합적으로 접근해야 함

• 이를 위하여 융합서비스팀 '두드림팀' 보건과 복지의 정책적 목표를 공유하고 실행하고자 융합서비스팀을 설치운영할 계획임

〈표 34-2〉 정신질환자 커뮤니티케어 관련 기관

기관	역할
보건소	행정지원
의료급여관리센터	의료급여 장기입원 정신질환자 파악/현장 동행
정신건강복지센터	센터 이용자 중 장기입원자 파악/퇴원적정성 평가 및 의료진 소견 취합, 가족상담
장애인복지관	등록장애인 중 정신장애인 파악
건강보험공단	건강보험으로 장기입원 정신질환자 파악

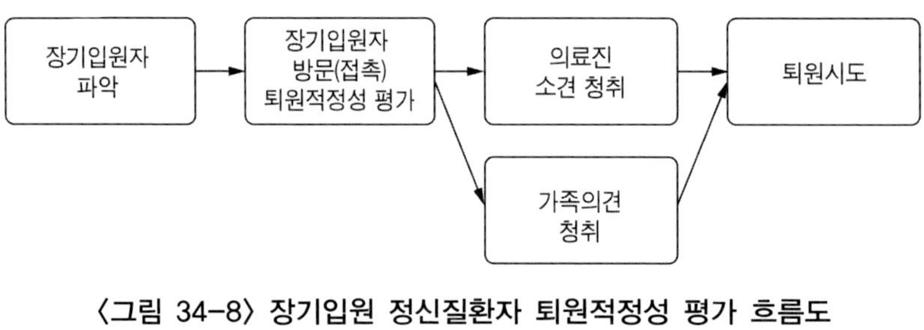

〈그림 34-8〉 장기입원 정신질환자 퇴원적정성 평가 흐름도

(2) 모델 2: 지역사회 정신보건복지 전달체계 강화모델

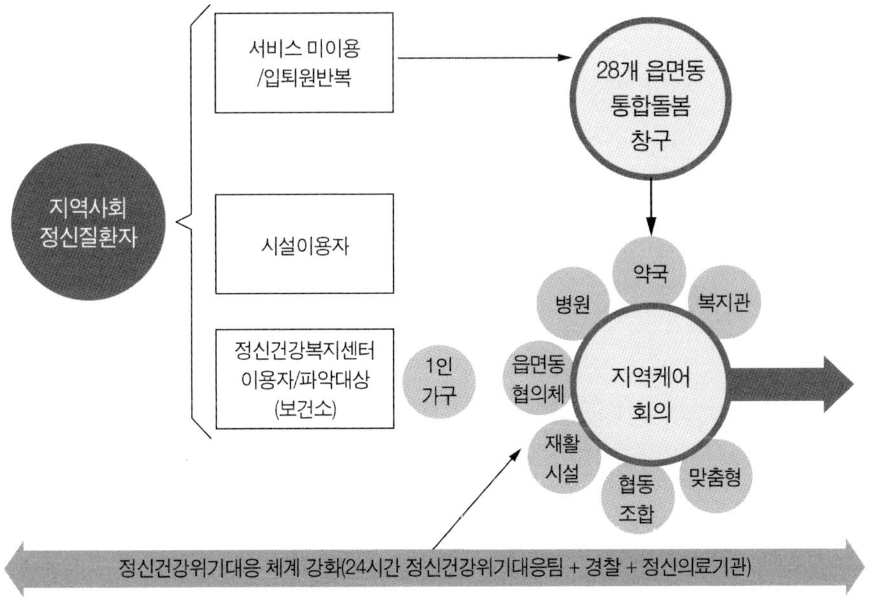

〈그림 34-9〉 지역사회 정신건강복지 전달체계 강화모델

① 선도사업 정책대상

- 지역 내 거주 정신보건복지서비스 미이용자, 방임된 자
- 발병 5년 이내 20~30대 초발 정신질환자
- 경찰, 행정기관, 지역사회 등으로부터 의뢰 된 정신질환 고위험군
- 시역 내 정신의료기관, 사회사업실 등에서 의뢰된 정신질환자
- 화성시 정신장애인 출현율 0.22%를 고려할 때 약 1,700여 명의 노움이 필요한 정신장애인이 거주하고 있음. 이중 700여 명(0.15%)은 정신병원에 입원해 있음. 1,000여 명 외 지역사회 거주자 중 600여 명은 정신건강복지센터 프로그램 이용자이고 정신재활시설, 공동생활가정, 정신요양시설, 노숙인시설 이용자가 약 300명. 이들 중 공통이용자(교집합)을 제외하면 대략 200여 명의 서비스 미이용자가 있을 것으로 추정됨

② 선도사업 정책 목적과 목표

- (목적) 도움이 필요한 정신장애인을 조기에 발견하고 적절한 보건복지서비스를 제공

하여 지역사회에서의 삶의 질을 높이고 입원 및 증상악화로 인한 삶의 위기가 발생하지 않도록 함

- (목표)
- 케어안내창구를 통한 정신보건복지서비스 미이용군 발견
- 지역케어회의를 통해 다양한 지역사회보건복지서비스 제공
- 정신질환자 가족을 위한 가족지지상담 및 자조모임 제공

(3) 모델 3: 정신장애인 주거복지강화 모형

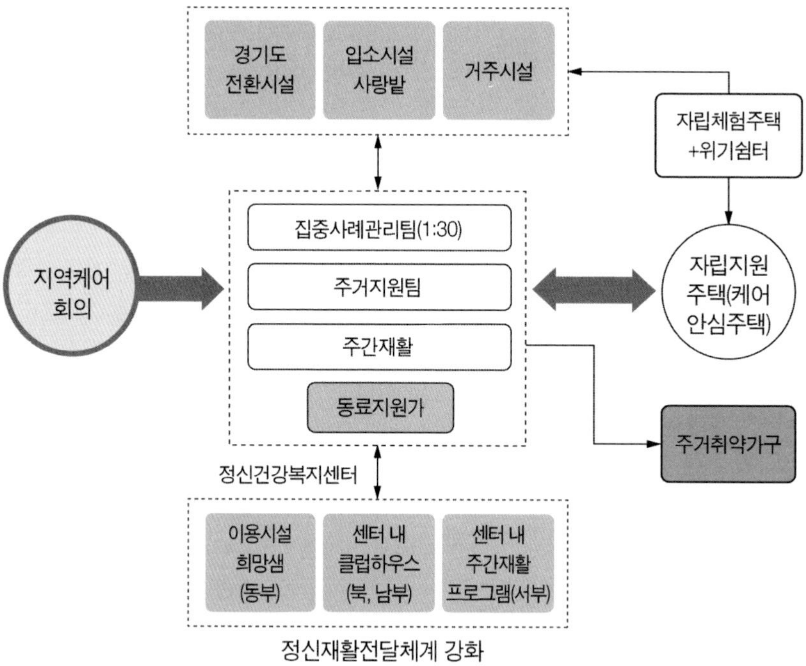

〈그림 34-10〉 정신장애인 주거복지 강화모형

① 선도사업 정책대상

- 정신장애인의 지역 거주를 돕는 주거지원프로그램을 통하여 정신장애인의 지역사회 정착과 재활을 도울 예정임. 이를 위한 대상군은 약 250명 정도로 추정됨
- 정신건강복지센터 이용자 중 1인 거주 가정 100명
- 퇴원 이후 거주지 불분명자 150명(추정)
- 정신장애인의 평생계획에서 가장 중요한 측면이 주거계획임. 정신장애인과 가족이

가장 염려하고 정서적 갈등을 겪는 상황이 '어디서 살 것인가?'에 대한 것[3]으로 주거 문제는 정신장애인의 지역사회거주 가능성을 결정하는 요인임

- 2019년 국가인권위 발표에서도 정신장애인의 입원이 장기화 되는 이유로는 가장 높은 응답이 '퇴원 후 살 곳이 없기 때문'이란 응답이 24.1%로 가장 많았고 뒤이어 '혼자서 일상생활 유지가 힘들기 때문에'(22%), '가족 갈등이 심해 가족이 퇴원을 원치 않아서'(16.2%), '병원 밖에서 정신질환 증상관리가 어렵기 때문에'(13.3%) 순으로 답함. 거주와 지원이 정신장애인의 퇴원 이후의 삶을 결정한다는 것임
- 주거시설에서의 적응적인 생활을 위해 필요한 지원으로 '취업 및 직업생활 유지'에 대한 욕구가 가장 높았고, 낮 동안 '직장'에 대한 욕구가 가장 높았다. 낮 동안에 일을 하는 경우 주거시설에 대한 만족도가 높은 것으로 나타난 Park(2002)의 연구와 낮 시간에 할 수 있는 일거리 유무가 주거서비스의 만족도에 영향을 미친다는 Ahn(1997)의 연구에서 알 수 있듯이, 주거시설과 직장 유시가 병행될 경우 주거서비스에 대한 만족이 높아질 수 있음을 알 수 있었다.

② 선도사업 정책 목적과 목표

- (목적) 다양한 정신장애인 거주형태를 제공함으로써 정신장애인이 최소한의 도움을 받고 자율적으로 살아갈 수 있는 기반을 마련할 수 있도록 함
- (목표)
  - 정신장애인 자립형 체험주택의 시범운영을 통한 모형 제시
  - 위기쉼터 기능을 통하여 정신장애인이 입원이 아닌 형태의 위기지원시설의 모형을 제시함
  - 정신장애인이 최소한의 지원을 받고 독립적으로 살아갈 수 있는 자립지원주택(케어안심주택)을 10주택 이상 운영함
  - 정신건강복지센터 내 주거지원팀을 신설하여 혼자 사는 정신장애인, 주거불안정군에 대한 지원프로그램을 제공함

3) Seo, M. K. (2006). Permancy plan for adults with mental illness: Focused on mental health system of New Zealand.Korean J Soc Welfare, 58(2), 33–56.

(4) 모델 4: 정신장애인 집중사례관리 및 위기개입 모형

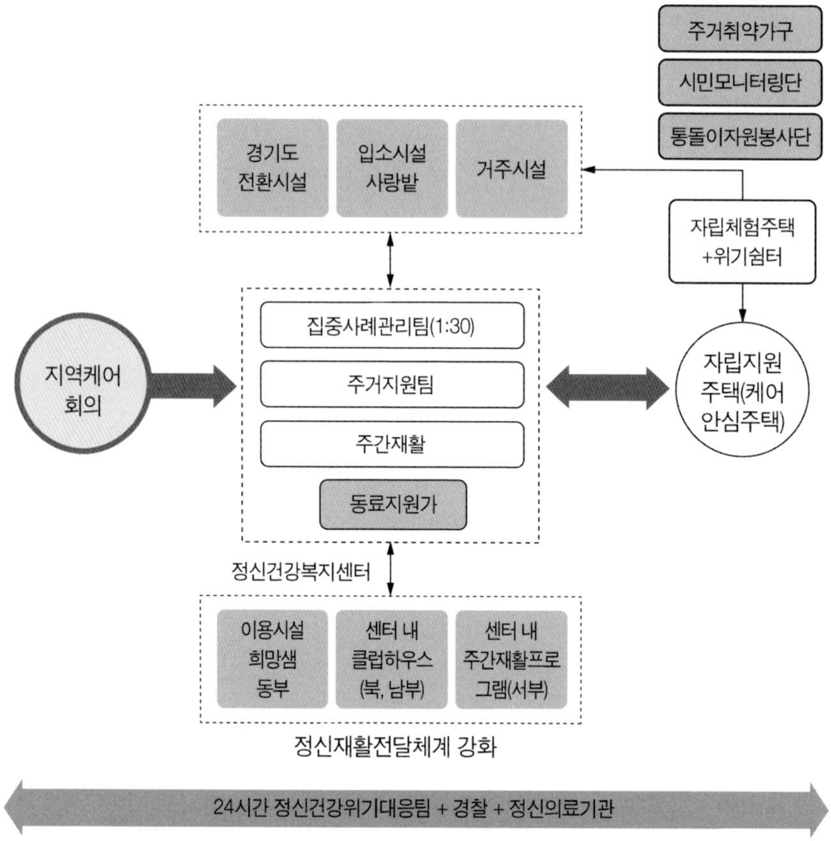

〈그림 34-11〉 정신장애인 집중사례관리 및 위기개입 모형

① 선도사업 정책대상

- 화성시민
- 지역케어회의를 통해 의뢰, 연계된 정신질환자로 정신건강복지센터 사례관리프로그램에 동의하는 시민 600명
- 입퇴원을 반복하고 집중적인 도움이 필요한 대상군 100명

② 선도사업 정책 목적과 목표

- (목적) 지역사회 정신보건복지서비스를 제공하는 핵심 전달체계인 정신건강복지센터의 사례관리기능을 강화함으로써 정신장애인과 가족에게 적절하고도 집중적인 서비스를 제공하여 지역사회 정착과 재활을 돕고자 함

• (목표)
- 집중사례관리 모형을 지향하여, 대상군 100명에 대한 1:10 사례관리 제공
- 주간재활 프로그램의 권역별 운영: 동탄동부권/북남부권/서부권 3개권역에 각각 주간 재활 프로그램을 운영하여 지역사회 자원으로 활용할 수 있는 정신재활서비스 제공
- 당사자의 동료지원가, 절차보조인프로그램을 통하여 당사자-당사자 간의 지원활동을 할 수 있는 장을 마련
- 24시간 정신건강응급대응체계를 통하여 집중사례관리 서비스 지원

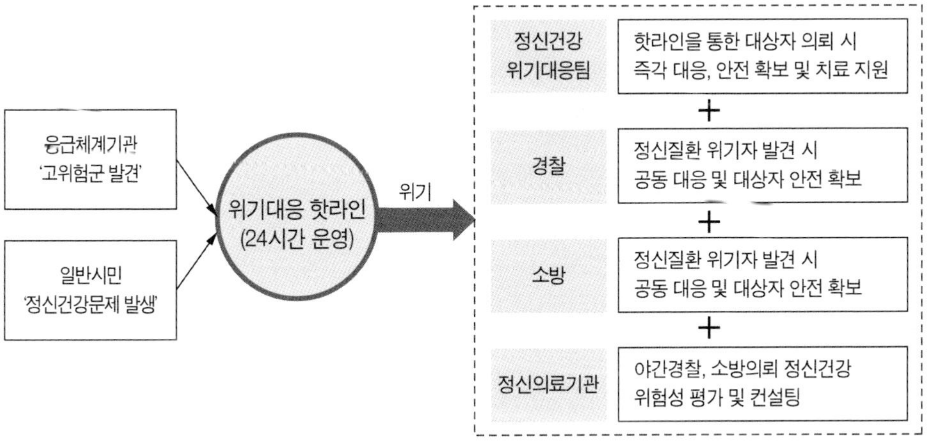

〈그림 34-12〉 정신건강위기대응 핫라인 흐름도

V. 과제

정부의 지역사회통합돌봄 추진계획안(지역사회 통합돌봄 기본계획)(관계부처합동, 2018)은 초고령사회의 돌봄 문제해결에 우선순위를 두고 노인을 중심으로 내용을 담고 있으나, 커뮤니티케어 정책은 점차 사업대상을 보편화하고 다분야의 사업을 포괄해 나가면서 정신장애인 영역에도 영향을 끼칠 것이라 예상한다. 정부의 정신건강 5개년계획(2021 발표)에도 지역사회통합돌봄지역을 기존의 화성시 외에도 8개 지역으로 확대를 모색하고 있다. 이러한 시점에서 우리 정신건강사회복지사들이 준비하고 고민해야 할 부분도 많아지고 있다. 커뮤니티케어의 도입으로 정신장애인의 사회복귀 및 정착지원을 위한 지역사

회 통합지원의 기반을 체계적으로 마련하는 것이 좀 더 가능해질 것인가? 전국적으로 커뮤니티케어를 활성화하기 위해서는 지방자치단체의 예산 및 인프라 확보가 필요하며 지역단위의 지원체계가 체계적으로 갖추어지지 않으면 실효성이 떨어질 것이라는 우려가 크다. 특히 정신장애 영역에서는 현재 탈시설 전환을 지원할 인프라 및 지역사회서비스 확충에 관한 시범사업의 내용이 미흡하게 제시되고 있어, 정신장애인의 삶을 지원하기에 적정한 수준으로 정신건강서비스체계의 변화를 가져올 것인가에 관한 의문이 제기되는 상황이다. 커뮤니티케어가 정신장애인의 사회적 입원을 줄이고 지역사회정착을 지원하기 위해서, 주거를 비롯하여 사회서비스를 보편적으로 확충하며 지역사회기반의 통합적 서비스체계를 갖추는 방향으로 전환이 필요하다. 그러기 위해서는 첫째, 기존의 파편화된 지역복지서비스 체계의 전환이 필요하며, 둘째, 정부의 일관되고 지속적인 정신장애인 서비스 체계구축과 확충에 대한 책임, 셋째, 정신건강체계의 당사자 중심으로의 패러다임 전환이 필요하다. 이를 위한 정신건강사회복지사의 노력이 절실한 시점이다.

참고문헌

국가인권위원회 (2012). 장애인차별금지법 영역을 기준으로 한 외국사례연구.

국민건강보험공단 (2016). 노인장기요양보험 통계연보.

김문근 외 (2015). 정신보건서비스 전달체계 개편을 위한 정신보건기관 기능 재조정 방안 연구.

배병준 (2019). 정부의 지역사회 통합 돌봄 추진 방향.

배수현, 김기연 (2019). 한국 노인의 주관적 감각장애와 인지기능 간 관계: 2017 노인실태조사 자료를 중심으로. **한국노년학**, 39(2), 389-404.

이건세 (2018). 일본의 지역포괄 케어와 커뮤니티 케어의 과제. **월간 복지동향**, 238, 19-27.

임성택 (2012). 장애인 생활시설에서의 인권 침해, 그 현황과 대책. **저스티스**, 128, 7-59.

전진아 외 (2017) 지역사회정신건강서비스 연계현황과 개선과제. 보건사회연구원.

허만세 (2020). 정신병원 장기입원환자에 대한 정신건강증진센터의 퇴원연계서비스 모형 개발을 위한 참여실행연구. **한국사회과학연구**, 39(1), 203-231.

홍선미 외 (2019). 화성시 정신질환 지역사회통합돌봄 선도사업 보고서. 화성시.

Kittay, E. F. (1999). *Welfare, dependency, and a public ethic of care. Social Justice, 25*(1), 123-145.

35장

폭력과 학대의 이해와 개입

박미은
(한남대학교)

Ⅰ. 서론

우리 사회에서 폭력과 학대의 문제는 매우 광범위한 이슈이다. 평소 알고 지내는 사람이나 알지 못하는 사람 간에 발생하는 폭력, 그리고 관계성의 정도에 따라 친밀한 관계 혹은 적대적 관계에서 발생하는 폭력, 가정 안에서 혹은 사회적으로 발생하는 폭력 등으로 다양하다. 폭력과 학대는 어느 시대에도 존재했지만, 특히 사회구성원의 인권과 행복을 중시하는 요즘 시대에 우리 삶의 중요한 문제로 다가오고 있다.

본 글에서는 주로 가정 안에서 발생하는 폭력에 초점을 맞추려고 한다. 우리나라의 가정폭력범죄의 처벌 등에 관한 특례법(약칭: 가정폭력처벌법)에 의하면, 가정폭력(family violence)이란 가정구성원 사이의 신체적, 정신적 또는 재산상 피해를 수반하는 행위를 말한다(제2조 정의). 다시 말해서, 가정폭력은 가정 내에서 발생하는 모든 형태의 폭력으로서, 가족원 간에 의도적이고 반복적으로 물리적 힘의 사용과 정신적인 고통을 주는 행위를 말한다(Straus & Gelles, 1990). 폭력에는 신체적 폭력뿐 아니라 언어적 폭력, 정신적 폭력, 그리고 성적인 폭력 등이 포함된다. 그 동안 우리 사회에서 아내학대나 부부폭력, 아동학대(자녀학대), 노인학대가 많이 논의되어 왔다.

가정폭력은 그 발생원인과 형태가 어떠하든 간에 가해자와 피해자 모두에게 건전한 사회적 기능을 방해한다. 폭력이 오랫동안 방치되는 경우에는 피해자에게는 돌이킬 수 없는 신체손상과 정신적 고통을 초래하며, 존속살인과 같은 치명적인 결과를 낳기도 한다. 따라서 어떠한 형태의 가정폭력도 그 발생장소가 가정이라는 특수성을 제외하면 사회적 폭력과 크게 다를 바 없는 비인도적인 범죄행위라고 하겠다.

이러한 맥락에서 가정폭력에 대한 사회적 개입은 단순히 피해여성을 보호하고 옹호하는데 그쳐서는 안 되며 폭력행위자로서 가해 남성에 대한 법적인 제재와 치료 및 상담프로그램이 충분히 제공되어야 한다. 또한 가정폭력의 숨겨진 피해자인 자녀들을 돕는 서비스가 더욱 내실화될 필요가 있다. 이러한 일련의 대책은 가족원을 분리하기보다는 가능한 가족을 유지하고 통합하려는 가족복지적인 시각에서 이루어져야 한다.

본 글에서는 우리 사회에서 심각한 가정폭력으로 간주되고 있는 아내학대 혹은 부부폭력을 중심으로 정신건강 수련사회복지사가 필수적으로 알아야 하는 사항을 개괄적으로 다루고자 한다.[1] 이를 위해서 먼저 가정폭력의 개념과 실태, 피해여성과 가해남성의 특징 및 부부폭력의 역동성, 그리고 가정폭력을 근절하기 위한 실천적이고 제도적인 대안을 살펴보고자 한다. 본 글을 전개함에 있어 가정폭력과 관련한 자료를 단순히 나열하기보다는 가능한 정신건강 현장과의 관련성과 정신건강사회복지사의 역할을 고려하여 서술하고자 한다.

이를 통해 정신건강 수련사회복지사가 가정폭력을 경험한 정신장애인이나 그 가족을 대할 때 이를 간과하거나 피상적으로 파악하지 않고 폭력과 학대의 관점에서 좀 더 깊이 있게 이해할 수 있기를 바란다. 아울러 우리 사회에서 가정폭력 피해여성이 겪고 있는 정신건강의 이슈나 가해남성의 성격적 결함이나 정신장애와의 연관성 등에 대해서도 정신건강전문가의 관심이 확대되었으면 좋겠다. 또한 본 글을 통해 가정폭력을 다루는 실제적인 지식과 기술이 습득되어 앞으로 정신건강전문가로서 가정폭력과 정신장애의 다양한 문제에 효과적으로 대응할 수 있기를 바란다(박미은, 2012).[2]

---

1) 본 글에서는 부부폭력의 피해자에 대해서 학대피해자, 피해여성, 학대받는 여성, 매 맞는 여성 등의 용어를 혼용하며, 폭력을 행사한 사람에 대해서는 학대행위자, 아내학대자, 폭력행위자, 가해자, 가해남성 등의 용어를 혼용해 쓰고자 한다.

2) 본 글은 박미은(2012)의 "폭력 및 학대"를 기반으로 하였고, 2019년 여성가족부에서 수행한 가정폭력 실태조사 및 최근 연구결과들을 추가적으로 인용하였음을 밝혀둔다.

Ⅱ. 이론적 배경

1. 아내학대

1) 관점과 개념

가정폭력의 한 유형으로서 아내학대(wife abuse)를 분명히 정의하는 것은 쉽지 않다. 아내학대의 개념에는 연구자의 관점과 접근 그리고 사회 문화적 특성이 반영되어 있기 때문이다. 그동안 진행된 아내학대의 개념논의는 대체로 두 가지 관점으로 정리된다.

첫째, 아내학대를 가정폭력의 한 형태로 접근하는 관점이다. 이 관점에서 아내학대란 아동학대나 노인학대처럼 가정 안에서 발생하는 폭력의 한 형태로서 가족 내부의 갈등, 스트레스 또는 관계상의 부적응이나 역기능이 학대의 원인으로 간주된다. 따라서 학대자와 피학대자를 뚜렷하게 구분하기보다는 부부공동의 책임이 강조된다. 이 관점에서 말하는 아내학대란 달리 말하면 부부 사이의 갈등상승 과정에서 나타나는 이른바 표현적 폭력(expressive violence)에 해당하며, 이를 지칭하는 용어도 배우자학대(spouse abuse), 파트너학대(partner abuse) 또는 부부폭력(conjugal violence)과 같은 성(sex)이 전제되지 않은 중립적인 개념이 사용된다.

둘째는 여권주의적인 관점이다. 이 관점에서 아내학대란 전통적인 성차별적 가부장제 문화에서 발생하는 제도적인 폭력의 한 형태로서, 남편이 아내를 통제하는 수단으로 사용하는 신체적이고 비신체적인 공격행위를 말한다. 따라서 학대자와 피학대자가 뚜렷하게 구분될 뿐 아니라 학대발생과 유지에 대한 우선적인 책임이 학대자에게 있다. 이 관점에서 말하는 아내학대란 이른바 도구적 폭력(instrumental violence)에 해당되며, 이를 지칭하는 용어에 있어서도 아내구타(wife battering), 매 맞는 여성 또는 아내(battered women or wives)와 같이 성(sex)을 전제로 한 개념이 사용된다(Johnson, 1995: 283-294).

이러한 개념 규정의 노력에도 불구하고 아직까지 대부분의 문헌에서는 아내에 대한 남편의 폭력을 중심으로 아내학대, 아내구타, 배우자 학대, 그리고 가정폭력과 같은 유사 용어들이 혼용되고 있다. 앞으로는 아내에 의한 남편 학대와 폭력에 대해서도 더 많은 관심과 연구가 필요하다. 아내학대의 개념을 정의할 때 다음과 같은 점을 고려해야 한다.

첫째, 학대의 대상이다. 대부분의 문헌에서 아내학대는 법적으로 결혼한 사이에서 발생하는 폭력에 초점을 둔다. 그러나 현실적으로 법적인 관계가 없는 전배우자, 동거 중에 있는 사실혼 배우자와의 관계에서도 폭력이 발생되고 있기 때문에 그 대상은 넓다고 하겠다.

둘째, 학대의 의미이다. 아내학대는 일반적으로 신체적인 학대만을 일차적으로 강조하지만, 깊게 살펴보면 신체적인 학대에 수반되는 심리적, 언어적 학대와 이로 인한 상처가 더욱 심각함을 알 수 있다. 따라서 학대의 의미를 담고 있는 유사용어들의 차이도 고려해야 한다. 즉 폭력(violence), 구타(battering), 학대(abuse)는 그 의미하는 바가 조금씩 다르다. 폭력은 상대에게 신체적인 상해와 고통을 주려는 의도적인 행위를 말하며, 이는 폭행(assault)과 신체적인 공격(physical aggression)과 유사어로 사용된다. 한편 구타는 반복적으로 행해지는 신체적, 정서적, 심리적인 학대 모두를 지칭하지만 실제적으로는 상대에게 행사하는 신체적 폭력의 한 형태를 말한다. 전형적으로 생명을 위협하는 상해 및 심리사회적인 문제를 포함한다. 학대는 일반적으로 폭력과 구타를 포함하는 가장 포괄적인 개념으로서 의도적인 신체적, 비신체적 공격행위를 말한다. 이러한 맥락에서 볼 때, 학대는 외상사건(traumatic event)의 하나로서 규정될 수 있으며 신체적 고통과 함께 심리사회적인 손상을 포함하는 개념이라고 하겠다(오세연 · 박원배, 2018).

셋째, 학대의 범위이다. 학대는 어의적으로 볼 때, 밀거나 뺨을 때리는 것에서부터 도구나 흉기를 사용하는 것, 비난과 욕설, 성적인 압력 등과 같이 신체적, 비신체적(심리적, 성적)인 위해행위를 포함한다. 그러나 현실적으로 신체적인 학대와 비신체적인 학대를 객관적으로 측정하는 것은 매우 어렵다. 따라서 대부분의 연구에서는 다년간 신뢰도와 타당도 검증과정을 거쳐 제작한 갈등관리 척도(Conflict Tactics Scale)와 이를 발전시킨 유사 척도들이 사용되고 있다(Straus & Gelles, 1990). 이 갈등관리 척도에는 이성적인 논의행동, 언어적인 공격, 경미한 신체공격, 심각한 신체공격으로 구성되어 있다.

이상의 고찰을 토대로 아내학대란 “남편에 의한 의도적이고 반복적인 신체적 및 비신체적 손상해위”로 정의할 수 있다. 우리나라의 가정폭력범죄의 처벌 등에 관한 특례법(약칭: 가정폭력처벌법)에 의하면, 가정폭력이란 “가정구성원 사이의 신체적, 정신적, 또는 재산상의 피해를 수반하는 행위”로 규정하고 있다. 이 정의에서 가정구성원이란 다음 각 목의 어느 하나에 해당하는 사람을 말한다(제2조 정의).

가. 배우자(사실상 혼인관계에 있는 사람을 포함한다) 또는 배우자였던 사람

나. 자기 또는 배우자와 직계존비속관계(사실상의 양친자관계를 포함한다)에 있거나 있

었던 사람

다. 계부모와 자녀의 관계 또는 적모(嫡母)와 서자(庶子)의 관계에 있거나 있었던 사람

라. 동거하는 친족

2. 부부폭력

1) 학대행위자의 특성과 폭력의 세대전달

(1) 학대행위자의 심리사회적 특성

일반적으로 폭력적인 남편은 나이, 종교, 교육수준, 직업, 사회경제적인 배경 등에서 매우 다양하다. 폭력남편과 폭력을 행사하지 않는 남편을 뚜렷하게 구분하는 것도 쉽지 않다. 그럼에도 불구하고 많은 연구자들이 가해자의 유형과 그들의 심리사회적 특성을 밝히기 위해 노력해 왔는데, 그 결과를 보면 다음의 몇 가지 공통적인 특성이 나타난다(장희숙, 2006; Edleson & Tolman, 1992; Dutton, 1995).

첫째, 가족배경에서는 많은 가해자들이 어릴 때 부모로부터 직접 폭력을 당했거나 부부폭력을 목격한 경험이 있다. 이때, 폭력목격과 직접적으로 폭력을 당한 경험 중에서 어느 것이 성장 후 가해자가 되는 가능성과 관련되는가의 문제는 아직도 뚜렷한 결론을 내리지 못하고 있다. 대체로 부부폭력을 목격한 아동이 직접 폭력을 당한 아동보다 성장 후 가해자가 될 가능성이 다소 높은 것으로 나타나고 있다. 그러나 만약 폭력목격과 폭력경험 모두를 갖고 있는 경우에는 성장 후 가해자가 될 가능성이 더욱 높다고 하겠다.

둘째, 성격에서는 가해자들이 자아존중감이 낮아 자신감이 부족하고 주위 사람들도 자신을 그런 맥락에서 바라본다고 인식한다. 남편과 아버지로서, 남성으로서 자신의 위치를 불안하게 생각한다. 가부장적인 태도와 남성의 역할과 여성의 역할에 대한 전통적인 의식을 가지며, 아내를 포함한 가족원을 자신의 의지대로 통제하려는 과도한 욕구를 갖고 있다. 자신의 욕구를 채워주는 부인과 가족원에게 과잉의존하려는 성향도 있다. 이외에도 좌절을 느끼는 상황에 처했을 때 폭발적으로 분노를 표출하거나 충동을 조절하지 못하는 특성이 있다.

셋째, 사회관계에서는 주위 사람들과 피상적인 관계만을 맺을 뿐 친밀한 관계형성이 어렵다. 타인에게 자신의 의사나 감정을 자유롭게 표현하는 데 어려움이 있으며, 주위 사람들로부터 고립되어 있고 자신을 이해해 주는 사람들을 중심으로 한정적인 관계만을

유지한다. 아내에 대한 병적 질투심이 있어 아내의 모든 행동을 의심하고 비난하며, 경우에 따라서는 음주 및 약물에 의존하기도 한다.

넷째, 대부분의 가해자들에게서 나타내는 공통적인 특징은 자신의 폭력행위를 인정하지 않는다는 점이다. 오히려 아내와 가족환경, 사회적 환경을 탓하고 비난한다. 이러한 저항과 책임회피의 태도는 폭력이 만성화되고 심각해질수록 더욱 심해진다. 때문에 가해자들이 자신의 문제를 인정하고 자발적으로 상담을 요청하는 경우는 적으며, 피해자나 주위사람들의 신고로 치료명령에 의해서 상담이 이루어진다.

다섯째, 아내폭력의 경험이 있는 가해자들은 폭력을 전혀 사용하지 않는 남편들과 비교하여 자녀들에게 심각한 신체적 폭력을 더 자주 사용한다. 또한 가정의 중요한 일들을 독단적으로 처리하는 권위적인 모습을 보이고 있고, 소득수준이 상대적으로 낮은 경향이 있다. 특히 남성우월의식을 기반으로 한 힘의 불균형과 폭력을 정당화하려는 태도를 보이는 특징이 있다(장희숙, 2006).

여섯째, 부부폭력으로 인한 피해는 일차적으로 아내들에게 돌아가지만 자녀들도 예외가 될 수 없다. 성장기 아동에게 있어 그들의 발달적, 정서적인 욕구는 주로 부모나 양육자의 따뜻한 보호와 훈육을 통해서 채워진다. 그러나 위에서 살펴본 바와 같이 가해자와 피해자가 나타내는 특징들은 건전한 부모-자녀관계를 방해하고 폭력이 정당화되는 가정환경을 만들게 된다. 폭력가정에서는 사랑하는 것은 상대를 소유하는 것이며, 자신의 뜻에 반하는 어떠한 행동과 결정도 적대적이고 불손한 것으로 간주된다. 가장의 권위와 훈육은 가족원을 통제하기 위한 당연한 권리이며, 가족원과 타협하는 것은 이러한 가장의 권위를 상실하거나 포기하는 의미로 받아들여진다. 따라서 가족원이 자유롭게 말하고 욕구를 표출하는 것은 상대에게 자신의 감정을 쉽게 드러내는 것은 약점을 노출하는 행위인 동시에 통제력을 상실하는 것으로 받아들여지기 때문에 결국 폭력을 동원함으로써 자신을 방어하고 정당성을 확보하려고 한다. 외부적으로도 폭력적인 가정은 주변 사람들 및 지역사회로부터 고립되어 있으며, 원활한 활동과 교류가 차단되어 있는 특징이 있다.

이상의 특징을 종합적으로 고려해볼 때, 학대행위자의 특징을 요약하면 다음과 같다(서울특별시, 2020: 107).

- 학대행위자는 아내, 자녀, 부모 등도 집이나 가구같이 자신의 소유물이라 여김
- 가정에서 자신이 모든 권력과 힘을 가졌다고 생각하여 자신이 결정한 규칙과 기준에 맞지 않으면 언제든지 폭력을 행사함

- 아내에 대한 성역할이 고정화되어 있어 여성의 역할에 충실하지 않거나 남편에게 대응하는 것조차 맞을 짓을 했다고 생각함
- 밖에서는 분노 등 자신의 감정을 참고 숨기지만 집안에서는 가족을 자신의 소유물로 생각해 마음대로 분노를 표출하며 폭력을 행사함
- 학대행위자가 하는 다양한 폭력은 아내와 자녀를 길들이고 통제하기 위한 행동임
- 폭력행위를 자신의 힘을 과시하는 중요한 수단이라 여김

(2) 자녀들의 반응과 폭력의 세대전달

자녀가 가정폭력에 노출되는 형태는 다양하다. 직접적으로 신체 및 비신체적 손상을 입는 아동학대가 있고, 자녀의 기본 욕구와 필요를 충족하지 못하는 방임이 있으며, 부모 사이의 폭력을 목격하는 경우가 있다. 직접적인 학대의 경험 여부와 상관없이 가정폭력은 모든 자녀에게 심각한 피해를 입힌다(장희숙, 2010). 몇 가지 차원으로 살펴본다.

폭력적인 가정에서 자녀들은 부모가 나타내는 분노나 좌절감의 직접적인 대상이 될 수 있으며, 때로는 한쪽의 부모와 동맹이나 연합을 형성하기도 한다. 이때, 자녀가 부모의 폭력에 대해서 자신의 탓으로 잘못 받아들이는 경우에는 심한 죄책감과 좌절감을 느끼게 된다. 이러한 과정에서 부모-자녀 간의 일정한 거리나 경계가 없어지고, 역할구분이 모호해지며 경우에 따라서는 가정 내에서 어른의 역할을 하는 자녀(parental child)로서 역할전도현상이 나타난다. 또한 가정의 안전과 평화를 지켜야 한다는 과도한 책임감이 형성되기도 한다. 그러나 이러한 잘못 형성된 책임감은 자녀들의 건강한 자아형성을 방해한다.

부부폭력에 대해 자녀들이 나타내는 반응은 다음과 같다(장희숙, 2010; Gelles, 1997). 자녀가 어릴 때는 어머니의 무력함을 동정하고 폭력을 사용하는 아버지는 미워한다. 아버지는 폭력을 사용하는 나쁜 사람이고 어머니는 누군가의 강한 보호를 받아야 하는 약한 사람이라고 인식한다. 이런 생각은 소년기를 거치면서 달라지는데, 즉 아버지는 분노를 조절하는 데는 무력하지만 신체적인 힘을 사용하는 데는 용감한 사람으로, 어머니는 폭력을 피하는 데는 강하지만 직접 대항하여 싸우는 데는 무력한 사람으로 인식하게 된다.

때로는 자녀들이 폭력적인 아버지로부터 어머니를 보호하기 위해 싸움에 직접 관여하기도 하고, 충동적이고 분노하는 아버지를 진정시키기 위해 애써보지만 자녀들의 힘으로 부부폭력을 해결하는 것은 현실적으로 불가능하다. 따라서 남자아이는 점차 아버지의 공

격적인 행동을 동일시하여 어머니의 희생과 무기력을 비난하고 아버지가 사용했던 말과 공격적인 행동을 모방하며, 어머니에게 직접 폭력을 행사하기도 한다. 이러한 행동화(acting-out)는 청소년기에 접어들면서 또래나 이성관계로 확대되어 나타난다. 한편 여자아이의 경우는 무기력한 어머니를 동일시하여 낮은 자존감, 무기력감, 의심, 정서적인 의존, 만성적인 우울을 내면화하게 된다.

결국 부부폭력으로 인해 자녀들은 성별에 관계없이 부모로부터 발달적인 욕구를 충족받지 못하고 오히려 폭력의 희생자 또는 생존자의 위치에서 폭력상황에 적응하는 것이다. 따라서 성장기 동안 역기능적으로 형성된 폭력의 피해들이 적절히 해결되지 못한다면 성장한 이후에 학대자, 피학대자라는 새로운 위치에서 또 다른 폭력의 순환과정에 참여하게 될 가능성이 높다고 하겠다. 이것이 바로 폭력의 세대전달(intergenerational transmission of violence)이다. 이는 폭력의 악순환(cycle of violence) 현상으로 잘 알려져 있다. 폭력의 세대전달은 사회학습이론에 의해 가장 잘 설명된다.

사회학습이론(social learning theory)에서는 아동들의 공격성은 공격적인 모델을 관찰하고 그 모델이 언제 강화를 받는지를 주시함으로써 학습된다. 즉 공격적인 모델을 관찰하는 경험만으로도 폭력이 학습된다는 본다. 직접적인 신체 공격뿐 아니라 어떤 대상(사물)에 대한 폭력과 욕설, 그리고 심리적인 위협도 아동들의 학습대상이 된다. 가정폭력의 경우도 마찬가지이다. 폭력적인 부모 아래서 자녀들은 폭력행동을 학습할 뿐만 아니라 아버지가 폭력적인 방법으로 어머니를 통제하며 자신이 원하는 것을 성취하는 아버지(가해자)의 대리적인 강화를 통해서 자녀들은 그들이 학습한 폭력행동을 쉽게 표현한다. 아동기 폭력경험은 성별에 관계없이 남녀 모두에게 영향을 미쳐 어머니에 대한 아버지의 폭력을 목격하는 것만으로도 그들이 폭력의 가해자와 피해자가 될 수 있다. 폭력적인 부모 밑에서 성장한 아동과 청소년은 좌절과 분노를 표현하는 수단과 타인을 통제하는 수단으로 신체적인 폭력을 사용할 가능성이 높다.

2) 부부간 폭력의 순환성

폭력은 일회의 우발적인 사건이 아니다. 의도적이고 반복적이며, 통제적이다. 부부간 폭력은 대게 일정한 주기를 갖고 있으며, 시간이 흐를수록 이 주기가 점차 습관화되고 심각해진다. 정신보건전문가들이 피해자의 학대 경험을 이해하기 위해서는 이러한 부부간 폭력의 순환성(cycle of violence)에 대해 알아야 한다(Walker, 1984, 1989).

(1) 긴장이 쌓이는 단계

이 긴장형성 단계(tension-building phase)에서는 부부가 서로 신경질적이 되거나 말하지 않는 등 평상시와는 다른 행동과 태도를 보인다. 문제를 함께 이야기해 보려 하지만 의논이 되지 않는다. 남편은 무시, 멸시 혹은 비난의 말로 학대하기 시작한다. 예를 들어 어디에 갔다 왔는지, 무엇을 했는가를 따지고, 행동을 감시하고 확인한다. 부인은 남편의 공격적인 행동에 대해서 자신이 못나서, 무언가를 잘못해서 그렇게 되었다고 자신을 탓한다. 부인은 '내 잘못'이란 생각 때문에 자신의 노력으로 갈등상황에서 벗어나야 한다고 믿는다.

이 단계에서 나타나는 부정(denial) 반응으로 부인은 학대의 시작을 인정하지 않고 외적인 환경(일, 스트레스 등)에 원인을 돌린다. 남편의 행동에 대해서 자신을 탓하며, 상황이 더 악화될 것으로 믿지 않는다. 남편도 긴장에 대해서 외적인 것(술, 일, 스트레스 등)을 탓하고 자신의 행동에 대한 책임을 인정하지 않는다.

(2) 폭발단계

이 단계(explosion phase)에서는 더 이상 참지 못할 정도까지 긴장이 고조된다. 남편은 이성을 잃고 공격하기 시작한다. 처음에는 밀고 잡아당기는 것으로 시작한다. 뺨 때리기, 머리 잡아당기기, 발로 차고, 주먹으로 때리고, 결국에는 몽둥이와 칼을 이용해 신체적인 해를 가한다. 부인은 경찰을 부르거나 이웃의 도움을 청하거나, 그 상황을 벗어나기도 한다. 어떤 경우에는 남편에 대항해서 직접 싸우기도 한다.

이 단계에서 나타나는 부정(denial) 반응으로 부인은 상처를 부인하거나 숨기고 축소한다. 때로는 "나는 상처를 쉽게 받는다"라고 자신을 변명한다. 경찰의 도움이나 의료적인 치치를 요청하지 않는다. 남편의 학대행동에 대해서 술이나 외적인 것에 돌린다. "그는 술이 취해서 어떤 행동을 했는지 모를 것이나"라고 생각하고, 강제적인 성행위에 대해서도 남편이기 때문이라고 생각하면서 문제를 삼지 않는다. 남편도 자신의 행동에 대해서 오히려 부인을 비난하거나 외적인 것에 돌린다. 자신은 상처를 주려한 것이 아니었고 가르치려 했다고 변명하며, 자신의 행동을 낭언시킨다.

(3) 화해단계

이 단계(honeymoon phase)에서는 두 사람 모두 상대적으로 조용하고 가라앉는 상태를 경험한다. 남편은 상처를 치료해 주고 보상하려 애쓴다. 남편은 부인이 도망가지 않을까,

자신을 싫어하지 않을까에 대해 두려운 마음을 갖기도 한다. 평상시보다 더 부드럽고 열정적으로 사랑해 준다. 다시는 그러지 않겠다고 약속하며, 부인도 그러한 말을 믿고 싶어 한다. 남편은 "당신 없이는 못 산다"는 말로 부인에게 의존하는 태도를 보이고 부인도 "저 사람은 나 없이는 못 산다"라고 동정하면서 폭력을 합리화한다.

이 단계에서 나타나는 부정(denial) 반응으로 부인은 상처를 숨기거나 상처 난 부위에 대해서 "원래 약했다, 오래전부터 아파왔었다" 등으로 덮어버린다. 이러한 반응이 자신을 지키는 방법으로 생각한다. 남편에 대한 꿈을 버리지 못하고 남편의 노력하겠다는 약속을 믿는다. 남편도 "다시는 그런 일이 없을 것이다"라고 생각하는 자신을 믿는다.

이와 같은 순환성의 과정에서 피해여성들은 학대관계를 쉽게 떠나지 못한다. 폭력적인 관계가 장기화되는 이유도 여기에 있다. 매 맞는 여성의 떠날 수 없는 이유, 머물 수 없는 이유에 대해 9명의 피해 당사자를 면접한 결과는 다음의 <표 35-1>과 같이 요약된다(정혜숙, 2007).

〈표 35-1〉 매 맞는 여성의 떠날 수 없는, 머물 수 없는 이유

구분	떠날 수 없음(↑)	머물 수 없음(↑)
가해자의 변화	가해자 변화에 대한 기대 유지: 가해자의 사과, 변하겠다는 약속, 가해자를 변화시키려는 피해자의 의지 및 노력	가해자 변화에 대한 기대 포기: 반복되는 가해자의 행동에 대한 절망과 현실 직면
자녀	자녀 출산에 따르는 새로운 기대감과 책임감, 아빠역할(경제적, 정서적)의 필요	자녀의 안전과 건강위협, 자녀 성장과 엄마의 '머물 수 없음'에 대한 자녀의 지원
홀로서기의 자신감	정신과 신체적 건강의 손상, 사회/경제적 활동능력의 약화, 독립 이후의 새로운 변화(생활고, 빈곤)에 대한 두려움. 상실감과 상호의존감, 운명적 유대감으로 인한 홀로서기의 용기와 결단부족	정신적, 신체적 건강의 유지 및 회복, 사회/경제적 활동 능력 유지 및 강화, 새로운 소속감과 안전감의 강화, 역량강화, 자존감 회복
자해자의 통제	용의주도한 압박과 통제/자해적, 가해적 위협, 권력동원 및 위장술로 통제력 유지, 지속되는 통제로 무기력 증가	압박, 통제, 위협의 정도가 커짐에 따라 피해여성의 안전(탈출)에 대한 욕구 증가
매맞는 여성의 변화	피해여성의 변해가는 자신의 모습에 대한 우울과 희망 없음	피해여성 스스로 원래 자신의 모습이 아닌 변화에 대한 두려움과 우려로 인한 대안 모색
의미 있는 타자의 개입	의미 있는 타자의 피해(가해자의 보복)에 대한 두려움과 죄책감, 피해여성의 가족(특히 시댁)의 비현실적인 제안(사회적 통념과 관습에 기초한)	피해여성의 현실에 대한 의미 있는 타자의 적극적인 이해와 도움
가정폭력 관련 원조체계	사회체계의 가정폭력에 대한 몰이해와 부적절한 대응방식, 서비스에 대한 낮은 인지도	전문적 서비스의 도움과 지지로 매 맞는 여성의 안전 증가와 역량강화

출처: 정혜숙(2007). p.292.

Ⅲ. 가정폭력의 실태와 피해의 심각성

1. 가정폭력 발생률

우리 사회에서 가정폭력의 실상을 보여주는 통계자료가 꾸준히 발표되어 왔다. 여기서는 가장 최근에 발표된 공신력 있는 자료로서 여성가족부가 전국 9,060가구를 대상으로 지난 2019년 8월부터 11월까지 수행한 바 있는 가정폭력 실태조사의 결과를 제시하였다. 참고로, 폭력의 유형은 신체적 폭력, 성적 폭력, 경제적 폭력, 정서적 폭력, 통제(예: 친정식구 또는 본가와 연락하거나 만나지 못하도록 하는 행동, 외출시간이나 귀가시간 등을 허락받도록 요구하는 행동 등)로 구성되어 있다. 그 주요 결과는 다음과 같다(박미은 외, 2020: 290-295).

1) 부부폭력의 실태

부부폭력(배우자 사이의 폭력)의 실태는 <표 35-2>와 같다. 지난 1년간 만 19세 이상 유배우(사실혼 포함) 응답자의 배우자에 의한 폭력 피해율은 여성 28.9%, 남성 26.0%로 나타났다. 유형별로 보면 여성과 남성 모두 통제 피해 경험률이 가장 높았고, 두 번째로 정서적 폭력 피해 경험률이 높았다. 여성의 25.4%, 남성의 24.5%가 통제 피해를 경험하였으며, 정서적 폭력 피해 경험은 여성의 8.3%, 남성의 6.0%로 나타났다. 성별에 따른 피해유형에서는 여성의 경우 성적 폭력의 피해 경험이 상대적으로 높은 순위로 나타난 반면 남성은 성적 폭력의 피해 경험이 폭력 유형 중 가장 낮게 나타났다.

〈표 35-2〉 지난 1년간 배우자에 의한 폭력 피해 경험

구분	신체적 폭력	성적 폭력	경제적 폭력	정서적 폭력	통제	계
전체	1.5	2.6	1.0	7.2	25.0	27.5
여성	2.1	4.6	1.2	8.3	25.4	28.9
남성	0.9	0.6	0.8	6.0	24.5	26.0

출처: 여성가족부(2019).

배우자 폭력을 경험한 여성들의 경우 이러한 폭력 피해 경험의 첫 피해 시기를 조사한

결과를 살펴보면 '결혼 후 5년 이후'에 처음으로 피해가 발생한 사례가 46.0%이고 절반 이상이 결혼 후 5년 미만에 발생하였다. '결혼 후 1년 이상 5년 미만'이 30.0%, '결혼 후 1년 미만'이 20.6%이며, '결혼 전 교제 기간'도 3.3%로 나타나 데이트 폭력 경험이 중단되지 않고 결혼 이후의 폭력으로 지속되는 문제를 보여주었다.

〈표 35-3〉 여성이 응답한 배우자에 의한 폭력의 첫 피해 시기 (단위: %(명))

구분	결혼 전 교제기간	결혼 후 1년 미만	결혼 후 1년 이상 5년 미만	결혼 후 5년 이후
비율	3.3	20.6	30.0	46.0

출처: 여성가족부(2019).

폭력으로 인한 정서적 영향은 여성의 경우 남성보다 다소 높은 편이었으며, 성별로 비교해 보면, '배우자에 대한 적대감, 분노' 여성 18.4%, 남성 14.5%, '무력감, 자존감 하락'은 여성 16.0%, 남성 14.1%, '계속 당시의 생각이 남' 여성 14.3%, 남성 9.1%, '매사에 우울, 불안' 여성 10.1%, 남성 6.8%, '위협감, 공포심' 여성 8.4%, 남성 3.8%, '죽고 싶다는 생각' 여성 4.2%, 남성 2.9%로 6개 문항에서 여성의 응답이 더 많았으나, '고립감, 사람 만나는 것을 기피'만 여성 2.6%, 남성 2.9%로 남성이 다소 많았다.

배우자 폭력에 대한 대응은 '별다른 대응을 한 적이 한 번도 없다'는 응답이 45.6%로 나타났고, '자리를 피하거나 집 밖으로 도망갔다'는 대응도 12.5%로 나타났다. 이에 비해 '주위에 도움을 요청했다'는 대응은 1.0%에 불과하여 폭력 상황에 요구되는 대처방안과 지지체계 개발 등 보다 적극적인 사회적 보호 체계의 마련이 필요함을 보여주었다. 또한 배우자에게 맞대응했다는 응답이 43.1%로 나타났는데, 이는 배우자의 폭력이 상호 폭력으로 이어지는 양상을 보여준다고 하겠다.

2) 자녀폭력 실태

같은 조사에서, 아동폭력 실태를 알아보기 위해 18세 미만 아동을 양육하고 있는 응답자에게 지난 1년간 아동폭력 가해 경험이 있는지를 조사하였다. <표 35-4>에서 보는 바와 같이, 자녀학대 발생률은 전체 27.6%로 나타났다. 여성에 의한 경우가 32.0%로 남성의 22.7%보다 높았다. 이는 남성보다 여성의 아동에 대한 돌봄 역할수행이 많아 아동과 보내는 시간이 많은 점을 고려해서 해석할 필요가 있다. 폭력의 유형에서는 정서적 폭력이 24.0%로 가장 빈번하게 나타났고 신체적 폭력 11.3%, 방임 2.0%로 나타났다.

〈표 35-4〉 지난 1년간 양육자에 의한 아동폭력 가해 경험 (단위 : %)

구 분	신체적 폭력	정서적 폭력	방 임	계
전체	11.3	24.0	2.0	27.6
여성	13.5	27.8	2.7	32.0
남성	8.8	19.8	1.1	22.7

출처: 여성가족부(2019).

가정 안에서 발생하는 폭력과 학대는 학대 유형이나 형태에서 그 경계가 명확하지 않으며, 한 가지 이상의 폭력이 동시에 발생하는 경향이 있다. 따라서 부부폭력과 노인학대, 아동학대가 동시에 나타나는 경우가 많고, 가족이라는 친밀한 관계에서 발생하기 때문에 폭력의 결과는 그만큼 심각하다고 할 수 있다.

3) 노인학대 실태

같은 조사에서 만 65세 이상 응답자를 대상으로 지난 1년간 자녀, 사위, 며느리, 손자녀와 같은 가족원에 의한 폭력피해를 조사한 결과, 노인폭력 피해는 3.8%로 나타났다. 폭력 유형별로 보면, 정서적 폭력이 3.5%로 가장 높았고, 방임 0.3%, 신체적 폭력 0.2%, 경제적 폭력 0.2%의 순이었다(<표 35-5> 참조).

〈표 35-5〉 노인의 특성별 지난 1년간 노인학대 발생률 (단위 : %, 명)

구 분		노인학대 발생률	노인학대 유형별				분석 대상 수
			정서적 폭력	신체적 폭력	경제적 폭력	방 임	
전 체		3.8	3.5	0.2	0.2	0.3	1,091
성별	여 성	3.8	3.7	0.1	0.2	0.4	475
	남 성	3.7	3.4	0.4	0.3	0.3	616

출처 : 여성가족부(2019).

한편, <표 35-6>에서 보는 바와 같이, 학대행위자와 학대 경험 노인의 관계를 살펴본 결과, 주가해자는 '아들, 딸'이 81.7%로 가장 높았고, '사위, 며느리' 11.5%, '손자, 손녀' 6.9% 순이었다. 성별로 보면, 여성 노인이 응답한 주가해자는 '아들, 딸' 76.2%, '사위, 며느리' 19.7%, '손자, 손녀' 4.1%이었으며, 남성 노인이 응답한 주가해자는 '아들, 딸' 89.3%, '손자, 손녀' 10.7%이었다. 즉, 남성 노인은 폭력의 주가해자가 자녀인 비율이 높고, 여성 노인은 사위, 며느리에 의한 폭력 피해 경험 비율이 남성보다 높았다.

〈표 35-6〉 노인학대행위자와의 관계 (단위 : %, 명)

구 분	아 들, 딸	사위, 며느리	손자, 손녀	계
전체	81.7	11.5	6.9	100.0(42)
여성	76.2	19.7	4.1	100.0(25)
남성	89.3		10.7	100.0(18)

출처: 여성가족부(2019).

노인학대는 대부분 아들, 딸과 사위, 며느리 등 가까운 가족관계 안에서 발생하고 있다. 특히 손자, 손녀로부터 폭력을 당하는 경우도 나타나고 있는 점을 고려할 때 향후 노인세대와 가족구성원 간의 의사소통과 가족관계 개선을 위한 전문적 개입과 노인학대 예방을 위한 사회적 노력이 시급히 요구된다고 하겠다.

2. 가정폭력 피해의 심각성

1) 가정폭력으로 인한 심리사회적 피해

가정폭력의 피해자인 아내들이 겪는 심리사회적 피해는 다양하다(박미은, 1996; 장희숙, 2010; Walker, 1984; Kemp et al., 1995). 우선 정신적인 면에서 피해여성들은 약물과 알코올남용, 자살기도, 신체화 질환을 겪을 수 있고, 이러한 증상을 갖는 아내들의 약 20%정도가 우울을 비롯한 유사정신병을 경험할 수 있다. 이러한 정신적인 피해가 장기화되는 경우에는 이른바 피학대여성 증후군(battered-women syndrome)이나 외상 후 스트레스성 장애(post-traumatic stress disorder: PTSD)로 고통을 받게 된다.

피해여성들은 성격적인 면에서 두려움, 우울, 무기력감, 비관, 스트레스를 안고 살아간다. 심한 경우에는 정신분열증이나 경계성 인격장애로 진단되기도 한다. 폭력의 결과로 나타나는 우울과 자아존중감의 손상은 폭력의 빈도, 심각성, 피해정도에 따라 높은 상관을 보이며, 이런 부정적인 감정은 한 번 형성되면 시간의 변화에 따라 쉽게 나아지지 않는다. 이 외에도 아내들은 폭력의 결과로 인해 두려움, 죄의식, 절망감, 수치심, 자기불신, 능력에 대한 자신감 상실, 그리고 자기 자신과 환경에 대한 통제감의 상실로 인해 무기력해진다.

행동적인 면에서는 대처능력의 유의미한 감소가 나타나고, 심각한 스트레스로 인한 정서적인 위기를 겪기도 하며, 만성적인 소진상태로 발전되기도 한다. 친밀과 신뢰를 바탕으로 한 인간관계를 기피하게 되고, 사회적인 지지체계로부터 고립되는 경우가 많다. 가정 내에서도 결혼생활의 스트레스 때문에 결혼만족도가 낮고 어머니와 아내로서의 역할을 수행하는데 어려움을 겪게 된다.

따라서 남편의 폭력으로 인한 이러한 심리사회적인 피해는 적절한 도움 없이 오랫동안 방치되는 경우에는 아내들은 무기력하게 만들고 폭력관계에 빠져드는 결과를 초래할 수 있다. 이러한 피해의 심각성은 아내들이 남편의 반복적이고 장기적인 폭력에도 불구하고 적극적으로 외부의 도움을 요청하지 못하며, 비록 위기의 순간에 일시적으로 도움을 요청한 경우라도 위기가 지난 후에는 대부분의 아내들이 다시 폭력관계로 돌아가는 사실을 통해서도 확인된다.

2) 가정폭력 피해자의 경험: '인고의 세월'

가정폭력 피해자들은 오랜 인고의 세월을 거쳐 도움의 손길을 찾고 있다. 그 만큼 피해도 장기적이다. 그렇다면 왜 '인고의 세월'인가? 가족과 부부라는 관계적 특성과 가족 내 폭력이라는 공간적 특성이 피해여성들로 하여금 닫친 삶을 살게 한다. 정신보건사회복지사들은 이러한 가정폭력의 역동성과 장기적 피해를 충분히 이해하고 가능한 조기에 도움을 받을 수 있도록 개입해야 한다. 이와 관련해서 여기서는 가정폭력 당사자 6명을 심층적으로 인터뷰한 결과를 직, 간접 인용의 형태로 요약하여 제시하고자 한다(장수미·김주현, 2005). 피해여성들의 도움 찾기가 왜 '인고의 세월'을 거쳐야했는지를 보여준다(<그림 35-1> 참조).

첫째, 피해여성들은 오랫동안 가정폭력으로부터 피해를 당해 왔지만 참고 인내하면서 살아왔다. 이들은 '가정문제는 가정 안에서 해결해야 한다', '어떤 어려운 문제가 있더라도 엄마는 가정을 지켜야 한다'는 신념을 갖도록 사회문화적으로 교육받아왔다.

둘째, 반복되는 남편의 폭력이 참을 수 없이 고통스럽지만 자녀양육을 위해서 나만 참으면 된다는 생각으로 가정을 지켜냈다. 물론 남편을 변화시키기 위해서, 자신과 가족을 보호하기 위해서 나름대로의 대응방법을 강구하여 사용했지만 가정폭력은 매번 재발하여 나와 가족에게 피해를 입혔기 때문에 모두 실패한 방법들이 되었다. 지쳐만 갔다. 더구나 남편이 여성들을 원가족, 친척, 친구로부터 고립시켰다. 비공식적인 자원망과의 관계가 단절되거나 비공식적인 자원들은 폭력적인 상황에서 실질적인 도움을 주지 못했다.

셋째, 언젠가 피해여성들은 매스컴이나 주변인을 통해 가정폭력을 신고할 수 있다는 사실을 알게 되었고, 이러한 정보의 입수는 폭력적인 위기상황을 모면할 수 있는 잠재적 자원으로 확보되었다. 여성들은 반복적으로 폭력피해를 당하는 상황에서 '참는 것도 한계가 있어요', '너무 살 수가 없어요', '내가 정말 죽이고 싶은 생각이 들어요'라는 표현을 함으로써 인내의 한계를 느끼고 있었다. 갈수록 심각한 폭력발생으로 위기상황이 돌발된다.

넷째, 확보한 자원의 하나로서 '신고'를 사용할지, 참고 지낼지를 고려하면서 손익계산을 한다. 짧은 시간이지만 남편, 배우자로서의 자격에 대해 고려해 보니 부정적인 평가를 내리게 되어 더 이상 용서할 수 없는 상황에 이른다. 그리고 나와 가족의 생존을 위해서 신고하게 되는 전환점에 이르게 된 것이다. 지금까지 폭력에 대해서 검증된 효과적인 대응방법이 없었기에 피해자는 "신고"라는 도움 찾기를 선택하였다.

다섯째, 가정폭력을 사회에 알리고 도움을 요청하는 것은 낯설기는 하지만 경찰에 대한 가정폭력피해자의 기대는 우선, 나와 가족이 보호를 받는 것이다. 뿐만 아니라 자신이 피해자로서 인정되고, 남편에게 경각심을 줌으로써 폭력행위를 변화시키고자 하는데 있다. 그러나 신고를 통해 처음으로 접촉한 경찰의 미온적인 태도에 실망하게 된다. 그 후에 남편이 무거운 처벌을 받을 수 있다는 것을 알게 되었고 그러한 결정에 참여자가 영향력을 행사할 수 있음을 알게 되었다. 그러나 참여자는 현실적인 이유로 처벌을 원치 않았다. 그리고 참여자들은 남편을 신고하고 처벌이 내려지는 것과 관련하여 남편으로부터 정서적, 신체적 괴롭힘을 당하였다.

여섯째, 남편의 폭력행위를 신고함으로써 남편의 폭력적인 성향을 완전히 변화시키지는 못했지만 신고제도는 적어도 여성들에게는 폭력의 위기상황에서 유일한 보호수단이 되었다. 남편이 스스로 신고제도를 경계하기도 하지만 참여자들은 폭력이 재발되기 직전에 '신고하겠다'고 경고함으로써 남편의 행위를 통제할 수 있었고 폭력이 재발된 후 또 다시 신고하여 남편의 행동을 저지하였다. 신고제도는 이들의 사적인 공간에서 발생하는 폭력문제를 해결하기 위한 공식적인 사회망이 되었다.

일곱째, '신고했다는 경험', '앞으로도 신고할 수 있다는 것'은 점차로 참여자들에게 "힘"이자 "든든한 자원"이 된다. 그리고 성장한 십대 이상의 자녀는 참여자들에게 실질적인 도움체계가 된다. 점차로 가정폭력에 대한 인식도 증진되어 여성들은 가정폭력이 우리 가정만의 문제가 아닌 사회문제로 인식하게 되었고 폭력과 관련된 올바른 지식을 갖게 되었다. 이제는 더 이상 참고만 살지 않을 것이다. 보다 적극적으로 사회의 다양한 기관에 도움을 요청하게 되었다.

여덟째, 여성들은 혼인생활을 지속하거나 이혼수속 중이거나 이혼을 고려중에 있는데 이들은 과거에 얽매이기보다는 미래에 초점을 두며 살아가고 있다. 자신의 능력(힘)을 키우기 위해서 계획하고 실천하기도 하고 남편의 존재유무를 떠나서 홀로설 수 있다는 자신감을 갖게 되기도 하였다.

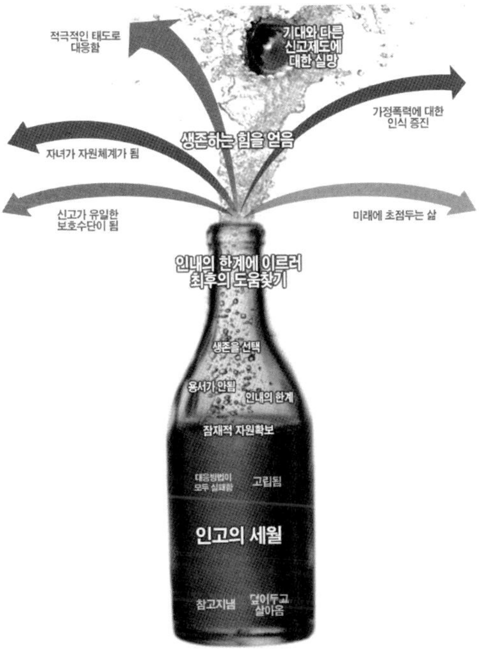

〈그림 35-1〉 피해여성의 경험: 폭발모형

출처: 장수미·김주현(2005). p.153.

Ⅳ. 가정폭력에 대한 법적 처리 및 치료적 개입

1. 가정폭력사건의 법적 처리절차

1) 응급조치

응급조치는 사법경찰관의 현장출동에서 시작된다. 경찰은 가정폭력사건에 대한 신고를 받은 즉시 지체 없이 현장에 임하여 폭력행위의 제시, 가정폭력 행위자·피해자의 분리 및 범죄수사, 피해자의 가정폭력관련 상담소 또는 보호시설 인도(피해자의 동의가 있는 경우), 긴급치료가 필요한 피해자의 의료기관 인도, 폭력행위의 재발 시 임시조치를 신청할 수 있음을 통보하는 등의 응급조치를 취하여야 한다(가정폭력처벌법 제5조).

가정폭력사건에 대한 응급조치를 취한 경찰관은 행위자의 인적사항, 피해자와의 관계,

범죄사실의 요지, 가정상황, 피해자, 신고자, 응급조치의 내용 등을 기재한 응급조치보고서를 작성한다.

2) 임시조치

경찰은 가정폭력범죄가 재발될 우려가 인정될 시에는 가해자에 대하여 피해자 또는 가정구성원의 주거 또는 방실로부터 퇴거 등 격리, 피해자 또는 가정구성원의 주거나 직장 등에서 100미터 이내의 접근금지, 전기통신을 이용한 접근금지, 의료기관이나 그 밖의 요양소에의 위탁, 국가경찰서의 유치장 또는 구치소에의 유치, 상담소 등에의 상담위탁 등의 임시조치를 신청하여 피해자에 대한 보호조치를 취한다(가정폭력처벌법 제8조, 제29조).

가정폭력 행위자가 위 임시조치를 위반하여 가정폭력범죄가 재발될 우려가 있다고 인정하는 때에는 국가경찰관서의 유치장 또는 구치소에 유치하는 임시조치를 신청할 수 있다. 격리, 접근금지, 전기통신 이용 접근금지는 2개월을 초과할 수 없으며 2회에 한하여 연장이 가능하고, 유치장 등 유치는 1개월을 초과할 수 없으며, 1회에 한하여 연장이 가능하다.

3) 보호처분

판사는 심리의 결과 필요하다고 인정한 때에는 결정으로 보호처분을 할 수 있다. 보호처분이 확정되면 동일한 범죄사실로 다시 공소를 제기할 수 없다. 보호처분에는 가정폭력행위자가 피해자 또는 가정구성원에게 접근하는 행위의 제한, 전기통신을 이용하여 접근하는 행위의 제한, 피해자에 대한 친권행사의 제한, 보호관찰 등에 관한 법률에 의한 사회봉사·수강명령, 보호관찰, 보호시설에의 감호위탁, 의료기관 치료위탁, 상담소 상담위탁 등이 있다(가정폭력처벌법 제40조). 접근제한, 전기통신 접근제한, 친권제한, 보호관찰, 감호위탁, 치료위탁, 상담위탁은 그 기간이 6개월을 초과할 수 없으며, 필요하다고 인정될시 1년 이내의 범위에서 1회에 한하여 그 종류와 기간을 변경할 수 있다. 사회봉사·수강명령은 그 시간이 200시간을 각각 초과할 수 없다. 가정폭력사건의 처리 흐름은 <그림 35-2>와 같다.

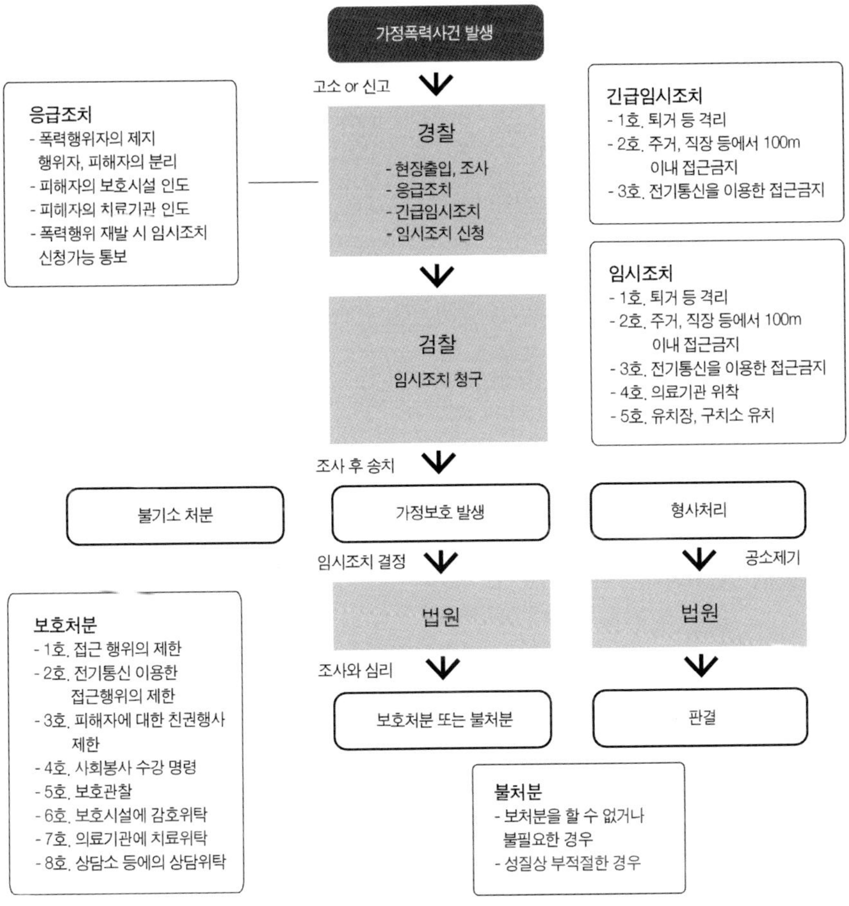

〈그림 35-2〉 가정폭력사건 처리 흐름도

출처: 서울특별시(2020). p.116에서 재인용.

2. 학대행위자에 대한 치료적 개입

1) 개입목표 및 근거모형

정신건강전문가는 학대행위자(가해자)를 변화시키려는 개입의 일차 목적은 폭력발생을 예방하여 피해자의 안전을 보장하는데 있음을 인식할 필요가 있다. 가해자를 처벌의 대상으로만 인식하기보다는 재활(교육)의 기회를 제공함으로서 가정해체를 방지하는 것이 중요하다. 실제로 많은 피해자들이 남편의 처벌보다는 상담과 치료를 원하고 있으며, 전국적으로 다양한 형식의 가해자프로그램이 운영되고 있다(박미은, 1999; 장희숙·허인영, 2018; Edleson & Eisikovits, 1996).

먼저 가해자 치료의 구체적인 목적은 다음과 같다. ① 폭력근절, ② 가해자의 폭력에 대한 책임감 인정, ③ 비폭력적인 대안행동 학습, ④ 폭력이 배우자와 가족에 미치는 결과 인식, ⑤ 폭력을 강화하는 사회문화적 요인에 대한 인식, ⑥ 가해자의 자존감 향상 및 의존감 감소, ⑦ 지속적인 치료와 사후관리의 중요성 인식 등이다. 한편, 가해자에 개입할 때 활용되는 근거모델은 매우 다양한데, 주로 다음과 같은 네 가지 모형이 선호된다.

(1) 통찰모델(insight model)

이는 가장 오래된 접근이다. 가해자의 병리적인 성격과 정신상태가 폭력의 원인이라고 가정한다. 즉 가해자의 약한 자아, 친밀감에 대한 두려움, 낮은 인내수준, 버려지는 것에 대한 두려움, 의존성 및 의존성에 대한 갈등, 우울, 손상된 자아기능, 약해질까 두려운 무의식적인 불안, 그리고 이러한 취약점들을 겉으로 포장하고 있는 과장된 남성다움을 원인으로 들고 있다. 이 접근에서의 공통 가정은 이들은 손상된 자아기능으로 인해 실제 혹은 상상된 위협에 폭력으로 과잉 반응하는 것이라고 본다. 손상된 자아기능의 결핍은 부모로부터의 거부, 폭력가정에서의 성장과 같은 아동기 발달상의 상처에 기인한다.

치료목적은 손상 받은 자아의 기능을 강화시키고 취약한 감정을 회복하는 것이다. 가해자가 어떻게 과거경험으로부터 영향을 받았는지를 깨닫고 자기 내면상태를 보다 잘 이해하며, 자신의 상처를 극복하여 현재의 관계에 보다 잘 반응하도록 배우는 것이다. 상담자는 위협적이지 않은 지지적인 태도로 가해자가 개방하도록 분위기를 만들어가야 한다고 본다.

(2) 상호작용모델(interactive model)

폭력은 남편과 아내 사이의 순환적인 상호작용에 기반을 둔 폐쇄된 행동패턴, 관계의 문제에 관해 누가 통제를 하느냐에 대한 상호투쟁이 폭력으로 발생된다고 본다. 부부사이의 행동은 상호작용의 연속과정에 의해 원인도 되고 결과도 되는 것이라고 본다. 이 관점에서 볼 때, 폭력발생은 부부사이의 긴장해소, 갈등해결, 정체성 유지, 정서적 거리 유지 등의 기능이 있으며, 폭력이 가족 내에서 부부체계 내에서 발생하는 특징이 있다.

치료의 목적은 부부 모두 관계상의 역기능적 상호작용과정에서 자기의 문제를 알아내고, 이에 대한 책임을 지고 부부가 함께 변화하는 것이다. 따라서 단지 가해자의 폭력행위에만 초점을 맞추어서는 안 되며, 부부 모두에게 균형적인 관점을 유지해야 한다. 치료자들은 가해자와 피해자라는 이분법적인 구분보다는 '학대적인 부부관계'와 같은 성이 전제로 하지 않은 '부부'의 문제로서 간주한다. 치료과정에서 부부를 함께 상담하는 것은 필수적이다.

(3) 인지행동모형(cognitive behavioral model)

심리교육모형(psycho-education model)으로 불린다. 이 접근에서는 폭력은 사회적으로 학습되고 강화되는 것이라고 보며, 그렇기 때문에 비폭력도 학습될 수 있다고 본다. 사회학습을 통해서 폭력을 스트레스나 불안을 해소하는 방법으로 학습하며, 비합리적인 생각이나 사회기술의 부족이 폭력발생의 원인이라고 간주하기 때문에 대인관계 기술훈련은 폭력행동을 통제하는데 있어 가장 중요한 요소가 된다. 대부분의 프로그램은 이러한 비폭력에 대한 학습을 강화하는 내용으로 구성되며, 예를 들면 분노관리방법이 가장 대표적이며 이외에 의사소통방법, 성역할 사회화, 자기주장, 스트레스관리 등이다. 이 모델은 폭력통제에 대한 유용한 모델로서 인정받고 있으며, 가장 널리 행해지고 있다.

(4) 여권주의 모형(pro-feminist model)

이 접근에서는 남성에게 정신병리 요소가 있을 수 있고, 인지의 왜곡과 사회학습의 요소 그리고 부부간의 역기능적 요소가 있다는 것을 완전히 무시하지는 않는다. 단지 이러한 요소들은 폭력발생의 부차적인 요소이며, 폭력의 본질을 흐리게 할 수 있다는 것이다. 그러므로 폭력의 보다 근본적인 원인은 남성과 여성의 힘의 불균형과 이를 유지하고 허용하는 가부장적 사회구조와 문화에 있다고 간주한다. 즉 여성에 대한 남성의 힘과 통제가 가장 근본적인 이유이다.

치료적인 개입은 남성이 아내를 상대로 신체적, 심리적인 힘과 통제를 사용하려는 것을 도전하는 것이다. 즉 남성들의 성차별적인 기대와 통제행동을 바꾸는 것이다. 실제로 많은 가해자를 위한 치료프로그램에서는 피해자의 안전에 일차적인 중요성을 두며, 가해자가 자신의 폭력발생을 방지하는 안전계획을 세우도록 하고 있다. 이러한 계획에는 금지명령(restraint order)을 지키며, 알코올과 약물을 끊는다는 약속이 포함된다.

2) 개입의 내용

가해자에 대한 치료적 개입은 대체로 다음과 같은 몇 단계를 거쳐 이루어진다.

① 문제의 확인단계

- 이 단계에서 학대자의 자발적인 보고나 치료 요구는 거의 없다.
- 법적인 강제의뢰가 대부분이다.

② 초기면접 및 사정단계

- 학대상황에 대한 조사: 전반적인 학대상황 및 위험성을 조사한다.
- 가해자의 변화의 동기 및 구타행위에 대한 인정여부를 파악한다.
- 치료계획 수립

③ 치료단계

- 개별치료, 집단치료, 부부치료, 가족치료 등의 방법이 있다.
- 가장 효과적인 접근방법은 집단적인 개입이며, 이는 비용효과도 있다.
- 개별 치료와 부부치료는 제한적으로 사용되며, 특히 부부치료는 집단을 통해서 가해자의 폭력통제가 가능하다는 판단과 피해자의 동의가 있을 때 실시한다.

④ 종결 및 평가단계

- 치료의 성공적인 종결을 확인하고 변화과정과 종결내용을 법원(의뢰처)에 보고한다.
- 만약 치료를 지속하기 어려운 사정이 있는 경우 다른 곳에서의 치료를 의뢰한다.
- 가해자 개입(프로그램)의 효과는 단기적으로는 신체적 폭력이 더 이상 발생하지 않는 것을 확인하는 것인데, 이는 피해자의 보고와 법적 자료를 확인함으로써 가능하다. 장기적인 효과로는 부부관계가 안정되거나 더 이상 부부간 폭력이 발생하지 않는 것을 의미한다.

가해자 문제에 개입하는 전문가가 갖추어야 하는 요건은 다음과 같다. ① 자신의 현재 가정에서 폭력이 없을 것, ② 음주 및 약물복용이 없을 것, ③ 성차별적인 시각을 갖고 있지 않을 것, ④ 범죄의 과거력이 없을 것, ⑤ 사전에 가정폭력에 대한 교육과 훈련을 받을 것, ⑥ 개입에 대해 정기적인 감독을 받을 수 있을 것, ⑦ 가해자의 폭력재발을 점검하고 신속하게 보고하며, 피해자의 안전을 최대한 보장할 것 등이다. 특히 가정폭력을 다루는 전문가들은 과거나 현재의 삶에서 클라이언트와 유사한 개인적 경험이 개입과정에 부정적인 영향을 미치지 않도록 철저한 자기관리와 성찰의 노력이 필요하다(박미은 외, 2010).

참고로 가해자를 위한 치료 프로그램의 주요내용을 살펴보자. 가해자 치료 프로그램의 목적은 가해자의 교육 및 재활, 피해자의 안전 및 회복, 그리고 가족의 유지와 통합에 있다. 실례로 프로그램에서 다루어지는 회기별 내용에는 다음의 주제들이 포함된다.

- 프로그램 소개, 프로그램의 목적, 원칙, 규칙, 타임아웃(time-out) 계약
- 남성폭력에 대한 이해, 폭력의 개념과 형태, 폭력의 주기
- 남성의 권력과 통제, 성역할 사회화, 범죄로서의 폭력
- 음주와 폭력의 관계, 폭력이 아동과 가정에 미치는 영향
- 분노관리 I: 분노의 원인과 형태, 분노와 폭력과의 관계
- 분노관리 II: 분노관리기법의 훈련
- 스트레스관리 I: 스트레스의 원인과 형태, 스트레스와 폭력과의 관계
- 스트레스관리 II: 스트레스관리기법의 훈련
- 갈등해결방법, 효과적인 갈등해결기법 훈련
- 의사소통훈련 I: 효과적인 의사소통기법 훈련
- 의사소통훈련 II: 자기주장 훈련, 의사결정방법 훈련
- 프로그램평가 및 사후관리계획, 재발예방계획, 지지체계 활용방안 등

이상과 같은 가해자프로그램의 효과성에 대해, 국내에서 2000년부터 2017년까지 발표된 11편의 논문을 대상으로 메타 분석한 결과 대부분의 프로그램이 가해자의 폭력행동 변화에 치료 효과가 있었다. 즉, 효과의 크기는 가해자의 통제행동, 정서적 폭력, 신체적 폭력의 순이었으며, 가해자들의 성역할과 폭력에 대한 태도를 긍정적으로 변화시켰다. 그 외에 분노와 우울 수준을 낮추고, 자존감과 의사소통기술을 향상시켜 부부관계 만족도를 높였다. 프로그램 형식은 여성주의·인지행동 모델이 절충모델이나 단일모델보다 효과가 더 있으며, 가해남성으로 구성된 집단이 부부집단에 비해 더 효과가 있었다(장희숙·허인영, 2018).

3. 학대피해자에 대한 개입

학대피해자에 대한 개입은 다양할 수 있다. 문제가 복합적일 뿐 아니라 피해자들의 욕구 또한 다르기 때문이다. 여기서는 국내외의 관련 자료를 참조하여, 피해여성을 도울 때 고려해야 할 몇 가지 개입 방안을 제시한다(박미은, 1996; 서울특별시, 2020; Edleson & Eisikovits, 1996).

1) 위기개입과 안전계획의 수립

학대받는 아내에 대한 접근에서 최우선적인 목적은 아내 자신과 아이들의 신체적인 안전을 확인하는 것이다. 특히 최초상담에서 안전과 위기관리에 대해 논의가 반드시 이루어져야 한다. 첫 상담을 받은 아내들 중에 많은 수가 계속적인 상담을 원치 않거나 포기하는 경향이 있기 때문에, 학대받은 아내를 위한 개입은 신속하고 신중해야 한다.

아내가 집으로 돌아가는 것이 위험하다는 판단이 서게 되면 일단 안전한 곳이 어디인지를 함께 의논해야 한다. 우선 친구나 친척집, 그리고 주변의 아는 사람들을 고려해 보고, 적절하지 않을 때는 쉼터를 소개한다. 이러한 논의는 구체적이고 확실하게 이루어져 실질적인 도움이 되도록 해야 한다. 예를 들어 안전한 곳으로 판단되는 장소에 상담가가 직접 전화를 해서 확인해야 하며, 믿을 만한 사람과의 동행을 통해서 안전을 확보해야 한다. 해당 쉼터를 안내할 경우에도 장소, 기능, 서비스내용, 직원 등과 같은 구체적인 정보를 전달한다.

특히 여성 정신장애인이 학대 피해자인 경우에는 정신건강전문가가 일차적인 스크리닝을 하고, 필요시 가정폭력상담소나 응급의료기관 등으로 의뢰하는 것이 바람직하다. 의뢰과정에서 정신장애인의 불안수준이나 대처능력이 떨어지는 경우에는 충분한 정보를 전달하는 것뿐 아니라 가능한 직접 동행하면서 이후의 절차들을 함께 해주는 것이 좋다.

2) 개별상담

(1) 학대상황 및 욕구에 대한 사정

학대 사례의 경우 초기사정은 매우 중요하다. 학대 시작 시기, 빈도, 내용, 심각성, 피해의 정도와 내용, 원 가족에서의 학대여부, 현 가족 내 아동학대 여부, 피해여성의 정신적, 신체적 건강과 현재 기능정도, 그리고 기타 외부적 스트레스 요인들(경제적인 문제, 질병, 약물복용, 확대가족과의 갈등 등)을 사정하는데, 이런 내용들은 기관에서 준비된 일정한 초기 면접지나 학대관련 설문지를 통해 이루어진다. 사정의 결과 학대받은 아내가 심각한 정신과적 증상이나 약물의 개입이 있다고 판단될 때는 정신건강전문가에게 의뢰해야 한다.

학대상황에 대한 정보수집과 함께 그 상황에 대한 클라이언트의 주관적인 판단과 계획을 알아본다. 즉, 학대에 대한 문제정의, 피해자로서의 자신에 대한 생각, 대응과정, 문제해결의 의지나 동기정도, 무엇이 변화되길 원하는지, 구체적으로 어떤 도움을 원하는지, 활용 가능한 개인적 장점은 무엇인지 등 다양한 욕구들을 사정한다. 이때, 이들의 욕구는 아동의 양육과 보호, 경제적인 도움, 주거서비스, 직업, 법적인 보호 등과 관련되어 있으므로 아내들의 욕구와 더불어 가족과 환경적인 욕구도 사정의 범위에 포함시켜야 한다. 아래의 <표 35-7>은 초기면접지에 들어가는 내용이다.

〈표 35-7〉 폭력사정을 위한 초기면접지의 내용

부부간 폭력을 사정하기 위한 초기면접지
1) 이름과 날짜
2) 일반적인 정보: 자신의 신상과 가족관계
- 나이, 성별, 학력, 군대여부, 동거여부, 직업 등
3) 가장 최근의 폭력행동
- 사건일시, 사건내용, 상해정도, 음주관련여부 및 음주정도, 음주 치료의뢰 여부, 폭력발생에 대한 태도 등
- 음주: 최초 음주시기, 기간, 사용량
4) 최초의 폭력행동
- 시기, 사건내용, 상해정도, 음주관련여부, 사건처리내용
5) 스트레스 요인
6) 타인을 해하거나 법 저촉여부
- 음주운전, 폭행, 타인의 권리 불법침해 등
7) 과거 성장기 폭력여부
- 누구에 의해 성장했는지, 그들의 보호/양육은 어떠했는지, 학대/방임여부, 부모폭력 관찰여부, 부모음주 여부 등
8) 부부관계
- 언제, 어떻게 결혼했는지, 결혼기간, 부부갈등의 내용
9) 폭력행동에 대한 평가(사정)
10) 개입계획

(2) 지지상담

지지상담은 학대받는 아내들의 고통과 욕구에 공감해주고 고립감에서 벗어나도록 돕는 것이다. 학대관계에 머무르는 경우 소극적인 대처보다는 적극적인 대처가 가능하다는 믿음을 주어 자신의 상황을 관리하도록 돕는다. 만약 학대관계를 일시적으로 떠났거나 떠나려고 하는 사람들에게는 가정을 떠나는 데서 오는 불안과 죄책감 등의 심리적인 고통을 다루어주며, 아이의 양육과 남편과의 관계처리문제 등 독립적인 생활준비에 관련된 사항들을 의논한다. 전문가들은 신뢰관계를 유지하면서 아내들이 자기비난이나 새로운 가능성을 인정하지 않고 과거로 후퇴하려는 모습을 보일 때는 용기를 주고, 변화의 동기를 자극해야 한다. 이때는 깊은 내면의 변화를 유도하기보다 교육적, 직접적, 현실적인 특성을 갖는다.

다음은 가정폭력 피해자를 상담할 때 고려해야 하는 사항이다(서울특별시, 2020: 113).

- 피해자가 경험하고 있을지 모르는 긴장과 불안을 제거하기 위해서 몇 분 동안 일상적인 대화를 나눌 수 있음. 그러나 이러한 대화에 너무 많은 시간을 소비하지 않도록 주의해야 함.
- 피해자가 의뢰된 경위와 의뢰된 기관 또는 의뢰자에 대해 충분히 설명해 줌. 또한 가정방문을 동의해 준 의지에 대해서도 지지가 필요.
- 피해자의 경우 폭력의 원인을 자신의 탓으로 돌리거나 위축되어 있는 경우가 있으므로, 상담 초기에 자신의 잘못이 아님을 알게 해주는 과정이 필요함. 또한 가정폭력을 은폐하거나 혼자서 힘들어하지 않고 도움을 요청한 용기에 대해서 지지하고 격려함.
- 가정방문 시 폭력으로 인한 외상이 있는지 살펴보고 피해자가 편안하고 온화한 분위기에서 안심하고 이야기를 할 수 있게 해야 함.

(3) 피해여성을 위한 지지집단

① 의식변화

의식변화의 첫 단계는 새로운 시각에 대한 학습이다. 학대란 무엇이고, 왜 발생하는지, 그리고 어떻게 대처해왔으며, 앞으로 어떤 변화가 요구되는지에 대해서 좀 더 넓은 차원에서 보게 된다. 즉 아내학대와 관련이 되는 성차별적 사회문화와 고정된 성역할, 남성들의 통제와 압력에 대한 사회화된 욕구, 여성들의 수동성과 의존성 등을 새롭게 인식함으로써 자신의 상황은 단지 개인적인 사건이기보다는 사회적 연대가 필요한 사회문제로 받아 들에게 된다. 집단구성원들과의 상호작용 속에서 지신이 미처 발견하지 못했거나 간과했던 잠재력을 확인하면서 자존감을 높이고 자신의 삶을 스스로 통제하려는 힘을 나누게 된다.

② 상호도움

상호부조는 자조적이고 소집단의 규모일 때 가장 효과적이다. 학대과정에서 억눌렀던 감정과 상실감, 무기력한 느낌, 고립감을 충분히 발산하도록 돕는다. 자유롭게 듣고 반응하고, 비난받거나 강요됨이 없이 결속력과 소속감을 경험하게 된다. 이러한 집단을 통해 새로운 감정으로 타인을 도와주려는 욕구로 나타나게 된다. 집단상담이 끝난 후에도 계속적으로 자조적인 모임으로 발전시켜 서로에게 도움이 되는 지지체계로 기능할 수 있다.

③ 위기관리 및 대처기술의 획득

학대관계에 머무르고자 하는 아내들에게는 주장훈련, 분노조절, 갈등조정훈련 등의 대처기술과 함께 위기 시에 활용 가능한 자원에 관한 정보를 제공해야 한다. 즉 활용가능한 자원의 소재, 효과적인 이용방법, 관련체계들의 한계, 그리고 법적인 대응 시 필요한 서류작성(예: 보호명령서의 획득)에 대해서 알려주어야 한다. 위기관리기술은 자신과 아동을 보호하기 위해서 필요하다.

4. 부부상담

많은 학대받은 아내들이 학대상황이 변하기를 원하면서도 부부관계는 계속 유지하려 한다는 점에서 부부상담은 꼭 필요하다. 부부상담에서 선행되어야 하는 전제들이 있다. ① 아내의 안전 여부, ② 아내가 스스로 선택하고 이용할 수 있는 대안들을 충분히 고려한 후에 부부치료를 결정한 것인지, ③ 부부 모두 변화를 원하고 있고 폭력에 대한 일정한 책임을 인정하고 있는지의 확인, ④ 상대를 통제하고 억압하기 위한 도구적인 폭력에 관여하지 않고 갈등표출의 방법으로 표현적인 성격을 띠는 가벼운 폭력에 관여된 부부에 한해서 상담을 시작해야 한다.

따라서 부부상담에서 남편은 자신의 학대에 대한 책임을 인정하고, 분노를 통제하겠다는 의지를 보여주고, 부인도 남편의 분노를 자극하는 역기능적인 의사소통이나 약점을 건드리는 행동을 하지 않겠다는 의지를 나타내야 한다. 여기서는 주로 인지행동적인 접근을 통해 분노조절방법, 효과적인 의사소통과 감정표현방법, 갈등해결방법 등을 훈련한다.

V. 정부의 가정폭력대책 및 피해자 보호방안

정신건강전문가는 앞서 소개한 가해자 및 피해자에 대한 치료적 개입과 아울러 현재 정부가 추진하는 다양한 대책을 충분히 숙지하여 현장에서 활용할 필요가 있다(박미은 외, 2020: 300-304).

1. 여성긴급전화 1366센터 운영

폭력 및 학대와 관련하여 노인, 여성, 아동에 대해 가해지는 학대발생과 관련된 긴급전화로서 1366(가정폭력, 성폭력), 1577-1391(아동보호 전문기관), 1577-1389(노인보호 전문기관), 해바라기여성아동센터, 해바라기아동센터, 이주여성 긴급지원센터(1577-1366) 등이 있다. 학대유형에 상관없이 112신고센터를 통해 신고할 수 있다. 이외에 민간단체에 의해 운영되는 전문보호기관에 신고 또는 상담할 수 있다. 상담센터의 전화서비스는 전화상담, 내방상담, 쉼터 알선, 추후지도 등의 구체적 서비스를 제공하면서 지역사회의 다양한 서비스와 복지자원을 연계해준다(<그림 35-3> 참조).

특히 1366 센터는 가정폭력, 성폭력, 성매매 등으로 긴급 구조 및 보호, 또는 상담을 필요로 하는 여성들을 대상으로 전국적으로 365일 24시간 긴급 상담을 실시한다. 전국을 권역별로 나누어 피해자에 대한 1차 긴급 상담과 의료기관과 상담기관, 법률구조기관, 보호시설 등의 서비스 연계 등 다양한 서비스를 제공한다.

현재 긴급전화센터 1366에서는 피해자의 신고접수 및 상담, 관련 기관·시설과의 연계, 피해자에 대한 긴급한 구조의 지원, 경찰관서 등으로부터 인도받은 피해자 및 피해자가 동반한 가정구성원의 임시보호 등의 업무를 수행한다(가정폭력방지 및 피해자보호 등에 관한 법률: 약칭 가정폭력방지법, 제4조의6).

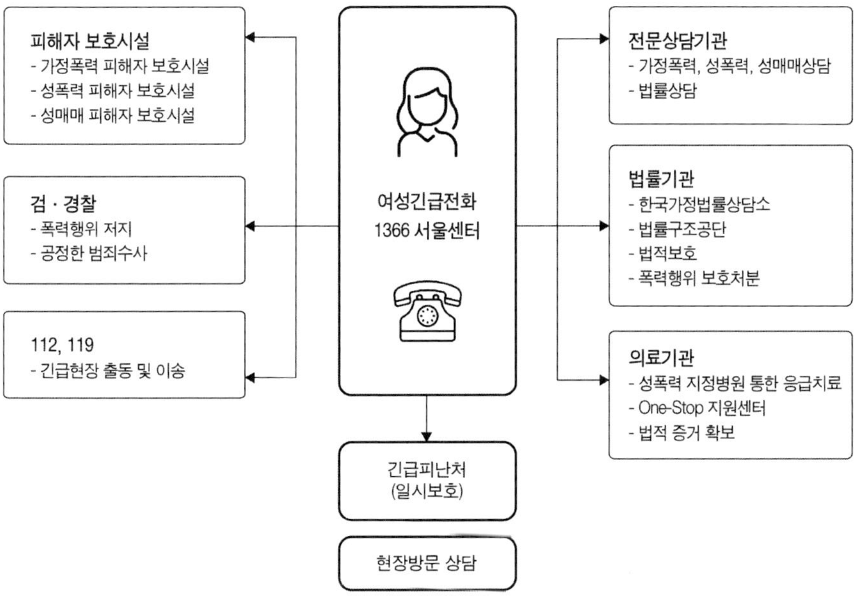

〈그림 35-3〉 가정폭력 피해자를 위한 서비스 체계

출처: 여성긴급전화 1366 홈페이지.

2. 상담소 및 보호시설 운영

가정폭력상담소는 다음과 같은 업무를 수행한다(가정폭력방지법 제6조). 즉, 가정폭력을 신고 받거나 이에 관한 상담에 응하는 일, 가정폭력으로 정상적인 가정생활과 사회생활이 어렵거나 그 밖에 긴급히 보호할 필요가 있는 피해자 등을 임시로 보호하거나 의료기관 또는 피해자 보호시설로 인도하는 일을 한다. 또한 의료 및 수사·재판 등의 법률지원을 연계·제공하는 역할, 관련 교육과 홍보, 조사 및 연구 등의 업무를 수행한다. 피해자 치료프로그램과 가해자 교정 및 치료프로그램도 상담소에서 운영한다. 2018년 기준 전국적으로 207개소의 가정폭력상담소가 운영되고 있다.

가정폭력피해자 보호시설도 전국적으로 운영되고 있는데(가정폭력방지법 제7조), 대상자들이 최소 6개월에서 최장 2년까지 자녀와 함께 이용할 수 있다. 가정폭력 보호시설의 종류로는 단기 및 장기보호시설, 장애인보호시설, 외국인보호시설 등이 있다. 최근 가정폭력에 대한 국가와 사회의 책임이 강조되면서 행위자 교정·치료프로그램, 피해자 치료프로그램, 직업훈련 등 폭력방지에 대한 각종 시책이 추진되면서 신규 설치가 늘고 있고, 이에 따라 상담원들의 전문성 강화에 대한 사회의 요구도 높아지고 있다.

3. 피해자 중심의 보호시스템 구축과 운영

정부에서는 가정폭력 피해자에게 의료·상담·수사·법률 보호서비스를 통합적으로 지원하기 위해 one-stop 보호시스템을 구축하여 운영하고 있다(<그림 35-4> 참조).

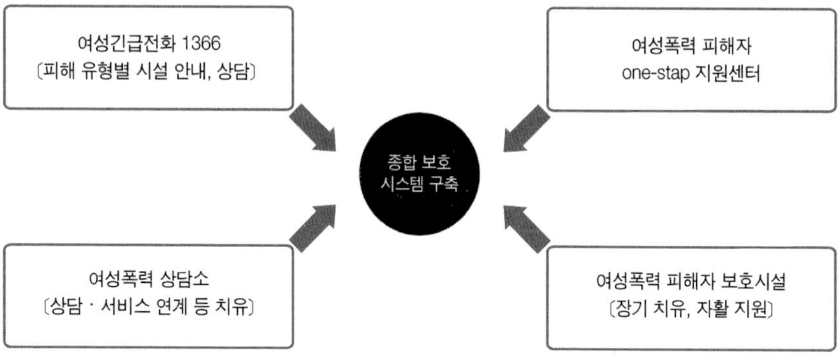

〈그림 35-4〉 가정폭력 피해자 중심의 종합보호 시스템

4. 무료법률 구조지원

가정 및 여성폭력 피해자는 폭력에 대한 사회적 무관심, 낮은 사회·경제적 지위로 인한 법률지식의 부족, 소송에 따른 시간적 여유 부족 등으로 자신의 권익을 지키지 못하는 인권 사각지대에 놓여 있다. 따라서 이들에게 무료로 법률구조를 하여 줌으로써 기본적 인권을 옹호하고 여성권익을 신장하고자 무료법률구조사업을 시행 중이다. 이를 위하여 여성가족부에서는 가정폭력법률구조는 대한법률구조공단·한국가정법률상담소과, 성폭력법률구조는 '민변'과 협약을 체결하여 가정폭력·성폭력 등에 의한 피해여성에게 민사, 가사, 형사소송 등의 소송구조비를 지원하고 있다. 지원 대상에는 국내거주 외국인여성을 포함한다.

5. 가정폭력 피해자 의료지원

여성가족부에서는 일부 성폭력긴급의료지원센터를 포함하여 상당수의 의료기관을 전담병원으로 지정하여 폭력 피해여성에 대한 치료보호를 지원하고 있다(가정폭력방지법

제18조). 의료기관에서는 피해자에게 보건에 관한 상담 및 지도, 신체적·정신적 피해에 대한 치료 등을 제공한다. 가정폭력 피해자 의료비지원 강화를 위하여 국가 및 지방자치단체의 치료비 지원은 임의조항에서 강제조항으로, 구상권은 강제조항에서 임의조항으로 관계법령이 개정되었다. 참고로 치료보호의 범위는 다음의 <표 35-8>과 같다.

〈표 35-8〉 가정폭력 피해자를 위한 의료적 치료의 범위

가정폭력 피해자	
• 보건에 관한 상담 및 지도 • 신체적·정신적 피해에 대한 치료 • 임산부의 심리적 안정을 위한 각종 치료프로그램의 실시 등 정신치료	• 임산부 및 태아보호를 위한 검사 및 치료 • 가정폭력피해자 가정의 신생아에 관한 의료 • 진단서 발급

주: 치료비용 본인부담액과 건강보험 또는 의료보호 비적용 진료비용 지원.

6. 가정폭력 행위자 성행교정 · 치료 프로그램 운영

가정폭력 행위자 성행교정을 통하여 가정폭력의 재발을 방지하고자 복권기금을 활용, 가정폭력 행위자 성행교정·치료 프로그램을 개발·운영하고 있다. 가정폭력 행위자 성행교정 프로그램에 참여하는 대상자는 가정폭력범죄의 처벌 등에 관한 특례법(약칭 가정폭력범죄 처벌법)에 의거 가정보호사건 중 법원의 상담위탁 처분자, 검찰의 상담조건부 기소유예자, 기타 상담소의 상담과정에서 권유한 자로서 본인이 동의서를 제출한 자이다. 현재 많은 기관에서 관련 프로그램을 운영하고 있고, 여성가족부에서는 강사료, 상담료, 임차료 등 프로그램 운영비를 지원하고 있다.

7. 가정폭력 피해자 치료 · 회복 프로그램 운영

가정폭력 피해자 및 동반 아동의 치유를 통한 자존감 회복 및 온전한 사회인으로의 복귀를 도모하고자 가정폭력 피해자에 대하여 심리적 안정을 위한 전문상담, 심신 회복을 위한 정신 및 심리치료 등을 내용으로 하는 치료·회복 프로그램을 개발·운영하고 있다. 관련 프로그램은 가정폭력 피해자 보호시설에 입소한 자 중 본인이 원하는 자를 대상으로 실시하고 있고, 여성가족부에서는 전문가 상담료, 강사료 등 운영에 소요되는 비용을 지원하고 있다.

8. 가정폭력방지 및 예방을 위한 홍보강화

가정폭력 방지 및 사전예방을 위하여 여성가족부에서는 예방교육 및 홍보를 적극적으로 추진하고 있다(가정폭력방지법 제4조의3). 따라서 초·중·고등하교 학생들을 대상으로 연 1회 이상 가정폭력 예방교육이 의무적으로 실시하고 있다. 또한 가정폭력 발생 이후 피해자보호강화와 함께 가정폭력이 사전에 발생되는 것을 줄일 수 있도록 적극적인 예방교육 및 홍보를 강화해 나가도록 노력할 계획이다.

VI. 관련 척도

갈등관리척도(conflict tactics scale: CTS)

► 언어적 공격: 1-6　　► 경미한 신체폭력: 7-10　　► 심각한 신체폭력: 11-15

배우자(예: 남편)가 했던 행동	전혀 없다	1년에 한두 번	한 달에 한두 번	일주일에 1회 이상	거의 매일
1. 부부간에 의견이 일치되지 않을 때, 남편은 모욕적인 말과 행동을 하여 아내의 감정을 상하게 하였다.					
2. 의견이 불일치될 때, 남편이 문제를 의논하기를 거부하고 뿌루퉁해 있었다.					
3. 다툴 시에 남편은 발을 구른다든지 방문을 꽝하고 세게 닫았다.					
4. 다툴 시에 남편은 아내에게 소리를 질렀다.					
5. 다툴 시 남편이 아내를 괴롭히는 말이나 행동을 했다.					
6. 다툴 시에 남편이 때리겠다고 위협하거나, 물건을 던지겠다고 위협하였다.					
7. 다툴 시에 남편이 실제로 물건을 던지거나 부수거나 찼다.					
8. 다툴 시에 남편이 아내를 겨냥해서 실제로 물건을 던졌다.					
9. 다툴 시에 남편은 아내를 밀거나 움켜잡거나 또는 잡고 흔들었다.					
10. 남편은 아내의 뺨을 때렸다.					
11. 남편은 발로 차거나 주먹으로 구타를 하였다.					
12. 남편은 단단한 물건(혁대나 몽둥이 등)으로 때렸다.					
13. 남편은 사정없이 마구 녹초가 되게 때렸다.					
14. 남편은 칼 또는 흉기로 생명을 위협을 하였다.					
15. 다툴 시에 남편은 실제로 칼 또는 흉기를 휘둘렀다.					

참고문헌

박미은 (1996). 학대받는 아내의 심리사회적 대응과정과 사회사업적 임파워먼트. 정신보건과 사회사업, 3, 53-80.

박미은, 신희정, 이미림, 김성자 (2010). 가정폭력상담원들의 개인적 경험을 통한 상담에서의 역전이 현상. 사회과학연구, 26(4), 1-23.

박미은 (2012). 폭력 및 학대, 한국정신건강사회복지사협회. 정신보건사회복지의 이론과 실제: 정신보건전문요원 수련교재. 양서원.

박미은, 신희정, 이혜경, 이미림 (2020). 가족복지론. 공동체.

서울특별시 (2020). 2020 위기사례 대응 매뉴얼.

오세연, 박원배 (2018). 아내의 의한 남편폭력 원인과 대응방안에 관한 연구. 한국경찰연구, 17(4), 133-162.

여성가족부 (2019). 가정폭력실태조사 보고서.

장수미, 김주현 (2005). 가정폭력 피해여성의 경찰 신고경험에 관한 연구. 한국가족복지학, 16, 127-160.

장희숙 (2006). 지역사회의 폭력남편과 가성폭력범죄 행위자들의 특성 비교. 한국사회복지학, 58(4), 141-168.

장희숙 (2010). 가정폭력이 개인과 사회에 미치는 영향. 교정담론, 4(2), 85-113.

장희숙, 허인영 (2018). 부부폭력 가해자프로그램의 효과에 대한 메타분석. 사회복지연구, 49(4), 101-129.

정혜숙 (2007). 매맞는 여성의 떠날 수 없는, 머물 수 없는 이유. 사회복지연구, 32, 269-298.

최경숙 (2016). 학대 및 폭력에 대한 이해와 개입. 한국정신건강사회복지사협회(편), 정신보건사회복지의 이해와 적용(pp. 212-248).

Dutton, D. (1995). the Batterer: A psychological profile. N. Y.: Harper Collins Pub.

Edleson, J., & Tolman, R. (1992). Intervention for men who batter: An ecological approach. Sage Pub.

Edleson, J., & Eisikovits, Z. (1996). Future interventions with battered women and their families. Sage Pub.

Gelles, R. J., (1997). Intimate violence in families. Sage Pub.

Johnson, M., (1995). Patriarchal terrorism and common couple violence". *J of Marriage and the Family. 57,* 283-94.

Kemp, A., Green, B. L., Hovanitz, C., & Rawlings, E. I. (1995) Incidence and correlates of post-traumatic stress disorder in battered women" *J of International Violence, 10*(1), 43-55.

Straus, M. A. (1979). Measuring intrafamily conflict and violence: the conflict tactics(CT) scale". *J of Marriage and the Family,* Feb., 75-88.

Straus, M. A., & Gelles, R. J. (1990). *Physical violence in American families.* New Burnswick: Transaction Pub.

Walker, L. E. (1984). *The battered woman syndrome.* New York: Springer.

Walker, L. E. (1989). *Terrifying love.* New York: Harper & Row Pub.

[관련 법률]

가정폭력방지 및 피해자보호 등에 관한 법률(약칭: 가정폭력방지법), 법률 제17437호, 2020. 6. 6., 일부개정.

가정폭력방지 및 피해자보호 등에 관한 법률 시행령, 대통령령 제27751호, 2016. 12. 30., 타법개정.

가정폭력범죄의 처벌 등에 관한 특례법(약칭: 가정폭력처벌법), 법률 제17499호, 2020. 10. 20., 일부개정.

가정폭력범죄의 처벌 등에 관한 특례법 시행령, 대통령령 제26325호, 2015. 6. 22., 제정.

36장

정신장애인 당사자 중심의 임파워먼트실천

김문근
(대구대학교)

Ⅰ. 임파워먼트 실천의 필요성

미국의 실용주의 철학의 영향을 받은 상징적 상호작용론(Symbolic Interactionism)은 인간은 사회적으로 공유된 상황정의에 따라 기대되는 행동을 한다고 주장한다. 인간은 사회적 존재이므로 공동체에 소속되어 구성원들 사이에 존재하는 공통된 의미에 기초해 행동한다는 것이다. 각각의 개인, 그들이 위치한 지위와 그들에게 기대되는 행동, 특정한 사물이나 활동 등 무엇이든 인간의 행동과 관련된 것들은 특정한 의미를 내포하고 있고, 그러한 의미는 사회의 구성원들 사이에 공유되어 있다고 본다. 특히 우리 각자는 나는 누구인가 하는 자신을 규정하는 정체성, 우리가 사용하는 일상의 언어, 도구, 기호나 상징, 관념 등 무엇이든 그에 대한 공통된 의미나 기대가 존재하며, 그것 때문에 조화로운 행동이 일어난다고 가정한다(김문근, 2016).

이런 상징적 상호작용론의 관점을 대입해 본다면 정신건강문제가 있는 사람은 다양한 상황에서 그들을 둘러싼 사회적 의미와 기대 속에 제한된 삶을 살아간다. 특히 정신건강 영역에서 가벼운 스트레스부터 우울감, 자살에 대한 생각, 과도하게 탐닉하는 습관 등은 이제 예비적인 정신질환으로 간주된다. 우울증 진단을 받거나 조현병 진단을 받는다면 정신의학적 의미와 기대는 강력한 규범으로 작용하며, 자신이나 타인에게 위험을 끼칠 우려가 예상되는 증후가 보일 때에는 자신의 의지에 반하는 입원절차가 개시되기도 한다. 이처럼 정신건강문제가 있는 사람에게는 정신의학을 판단의 준거로 하는 의료모델이 그의 정체성을 치료받아야 할 정신질환자로 정의하고, 정신질환자에게는 때때로 비자발적 치료가 건강을 위한 자발적인 선택이 아니라 보호의무자의 동의나 정신건강의학전문의의 진단, 행정기관장의 승인에 의거해 비자발적인 입원치료가 적용된다.

사회적으로는 정신질환자의 위험성에 대한 편견과 낙인이 워낙 강력하여 지역사회에서 함께 지역주민으로 살아가는 데 제약이 따를 수 있고, 정신질환자임을 밝히고 취업하기는 쉽지 않다. 정신질환자에 의한 범죄가 언론에 보도되는 상황에서는 적절한 치료와 재활을 거치고 있는 사람에 대해서도 사회적인 편견과 차별이 심화되는 경향이 있다. 정신질환과 범죄를 연결되는 사회적 상황 속에서 보건복지부는 지역사회의 위기대응과 응급입원절차를 신속히 점검하고 강화하며, 치안당국은 범죄예방을 이유로 정신질환자의 현황파악에 나서는가 하면 응급입원이나 행정입원 등 비자발적 입원절차가 유력한 예방책이 되지 않을까 하는 기대를 하곤 한다.

이처럼 정신장애인은 의료모델이나 사회의 편견과 낙인, 치안중심의 대응 가운데서 온전한 한 인격체로 존중받지 못한 채 정신건강복지법의 입원제도나 의료시스템에 의해 치료와 재활의 대상이 되고, 사회적 편견과 차별의 대상이 되고, 범죄우려가 높은 관리대상이 되기도 한다. 정신장애인은 주체적으로 자신의 욕구를 결정하고 자신이 선택한 삶의 대안을 따라 지역사회의 일원으로 통합되어 살아가는 것을 저해하는 사회적 장벽과 억압에 직면해 있다. 누구라도 이러한 다중적인 억압 아래 살아간다면 주체적인 삶을 살기는 어려울 것이다. 치료와 재활도 주체적으로 선택하는 것일 때 정신건강문제가 있는 인격체를 자유롭게 하고, 그의 삶을 풍요롭게 할 수 있다. 획일적으로 강요된 치료와 재활, 위기대응이나 위험성에 대한 통제 중심의 관리 등과 같은 억압은 행동뿐만 아니라 개인의 자아까지도 억압하여 무력감 속에 수동적 존재로 살아가게 만들 수 있다.

이런 현실에서 임파워먼트 실천은 왜 필요한가? 첫째, 임파워먼트실천은 사회적 억압에 대한 비판적 성찰을 제공할 수 있기 때문이다. 소위 정치적 올바름이 포스트모던 사회의 상식과 교양이 된 현실에서 인권과 정의를 옹호하는 사회복지전문직이라면 정신장애인을 둘러싼 의료모델, 치안적인 접근, 사회의 편견과 차별 등 이중, 삼중의 사회적 억압에 대한 비판적 성찰 역량을 갖추어야 할 것이다. 이러한 비판적 성찰을 가능하게 하는 접근이 임파워먼트 실천이다. 둘째, 정신건강사회복지사는 그동안 스스로의 건강과 복지, 인권을 위해 제목소리를 내지 못하고, 정치적으로 집단적 권익옹호를 효과적으로 해

내지 못하고 있는 정신장애인들이 비판적 의식화를 통해 권리의 주체로 다시 서도록 지원하는 전문적 역량이 필요하기 때문이다. 억압되어 자신의 삶의 현실을 운명인 양 받아들이며, 사회가 내리는 처방과 처우를 수동적으로 받아들이기만 하는 사회적 약자들이 자신의 권리와 목소리, 정치적 힘을 자각할 수 있도록 원조하는 데 가장 적합한 접근이 임파워먼트 실천이다(Gutiérrez, Parsons, & Cox, 2006)

본 장에서는 이처럼 다중적인 사회적 억압 속에서 무력화된 정신장애인을 능동적인 삶의 주체로 회복시키고, 그들에게 부당한 사회구조적 압력을 비판적으로 성찰하고, 집단적 옹호를 통해 극복해 나갈 수 있는 원조하는 임파워먼트실천의 개념과 원리, 실천사례에 대해 살펴보려 한다.

Ⅱ. 임파워먼트의 개념과 실천원리

1. 임파워먼트의 개념

연구자들은 임파워먼트를 획일적으로 정의하기 어렵다는데 견해를 같이 한다. 임파워먼트는 경영학이나 보건영역, 사회복지영역 등에서 각각 활용되고 있는데, 그 개념의 공통분모가 없는 것은 아니지만 강조하는 본질이 확연하게 구분된다. 또한 동일한 영역 내에서도 임파워먼트를 개인적 수준, 집단 수준, 사회정치적 수준 등 어떤 수준에 초점을 맞추는가에 따라 그 개념은 확연한 차이가 있기 때문이다(김문근, 2016).

경영학에서 임파워먼트는 조직운영에 있어 관리자가 자신의 힘과 권한을 소속 구성원들과 어떻게 공유하는가와 관련된 개념이다. 그러므로 경영학분야에서 임파워먼트는 상위수준의 관리자가 하위수준의 조직 구성원과 힘과 권한을 공유하기 위해 의사결정을 위임하거나 분권화하는 참여경영을 의미한다.

보건영역에서는 임파워먼트는 건강과 관련하여 환자 또는 시민의 선택 및 자기결정과 깊은 관련이 있는 개념으로 인식되고 있다. 공중보건영역에서 임파워먼트는 보건교육을 통해 시민의 합리적인 선택과 결정을 보장하고, 그에 대해 스스로 책임지도록 하는 접근을 의미한다.

한편 사회복지영역에서 임파워먼트는 개인과 환경 사이의 적합성을 향상시키기 위해 열악한 상황에 처한 개인의 비판적 의식을 고취시키고, 충분한 잠재력과 긍정적이고 능동적인 자기개념을 개발하며, 구체적인 기술을 향상시키며, 집단적 힘을 활용하여 권익을 옹호하는 활동을 포괄한다. 특히 사회복지영역에서 다양한 학자들의 관점을 정리해 보면 임파워먼트란, 열악한 환경에 처한 사람들과 이들을 억압하는 사회체계의 압력과 관련하여 사회복지전문직이 의도적으로 개입하여 개인의 내적인 변화와 외적인 행동의 변화, 집합적 수준의 사회정치적 옹호활동을 통해 부정의한 사회체계와 사회환경을 변화시키는 제반 노력을 의미한다(Lee et al., 2001; 김문근, 2016).

한편 사회체계의 수준에 따라 임파워먼트는 개념적 차이가 존재한다. 첫째, 개인적 차원에서 임파워먼트는 열악한 삶의 환경에 처한 사람들이 주관적으로 지각하는 통제감, 자기효능감, 유능성 등 심리 내적 요소를 향상시키고, 사회정치적 맥락에 대한 비판적 의식을 제고하며, 의사결정 및 문제해결 등과 관련한 기술이나 리더십, 필요한 지식이나 자원을 향상시키는 제반 활동을 의미한다. 임파워먼트가 결여된 상태는 소외, 학습된 무기력, 삶에 대한 통제감의 상실 등을 포함한다(Rappaport, 1984; Zimmerman, 1995; 김문근, 2016).

둘째, 가족, 집단, 조직, 지역사회 등을 포함하는 중간체계 수준에서 임파워먼트는 개인과 거시사회체계 사이에서 이러한 중간체계가 소속된 개인들의 욕구 및 필요에 민감하게 반응하도록 변화시키는 것과 관련이 있다. 사실 개인이 거시사회체계에서부터 시작된 사회적 억압을 체험하는 것은 이러한 중간단계의 사회체계를 통한 경우가 많다. 예컨대 성차별을 경험하는 여성은 거시 사회체계로부터 억압을 직접 체험하는 것이 아니라 그가 소속된 가족 및 직장에서의 차별을 통해 사회적 억압을 경험한다. 사회복지분야에서는 일선의 사회복지기관, 시설, 단체 등이 이러한 중간체계를 구성하며, 사회복지 이용자들로 하여금 거시사회체계에 존재하는 차별과 억압을 경험하는 생생한 현장을 구성한다. 그러므로 이러한 중간수준의 체계가 거시체계 속에 존재하는 사회적 억압을 성찰하고, 반억압적 실천을 할 수 있도록 변화를 추동하는 것이 임파워먼트라 할 수 있겠다(김문근, 2016).

다음으로 거시사회체계는 사회구조적인 억압과 권력체계, 사회경제적 부정의 및 불평등을 내포하고 있는데, 이런 거시사회체계수준에서 임파워먼트는 사회적으로 불이익과 부당한 처우에 노출된 사람들의 비판적 의식화와 집단적인 조직화와 옹호활동을 통해 법률 및 제도, 정책 등의 구체적인 변화를 가져오는 것을 뜻한다. 이러한 변화는 비판적으로 의식화된 사회 취약집단의 집합적인 사회행동을 통해 가능하다(Masterson & Owen, 2006). 그러므로 거시사회체계의 임파워먼트 개념은 갈등주의적인 관점에 근거하여 사회의 불평등과 부정의를 비판하고, 개선하려는 활동을 의미한다(이혁구, 2000).

뿐만 아니라 임파워먼트는 하나의 이념(ideology) 또는 가치(value)이기도 하고, 실천과정(process)이기도 하며, 실천성과(outcome)를 의미하기도 한다. 이념 및 가치적 측면에서 임파워먼트는 사회복지 또는 정신건강분야에서 전통적으로 지향했던 전문가 중심주의, 이용자의 질병이나 결함을 강조했던 의료모델과 구분되는 강점관점, 전문가와 이용자 사이의 평등한 관계를 강조하는 방향으로의 가치 및 관점의 전환을 의미한다. 둘째, 임파워먼트는 사회적으로 취약한 상태의 사회구성원 또는 서비스 이용자들의 지식, 기술, 자원을 강화하고, 이들의 내재적인 비판의식을 제고하고, 부정적 자아를 긍정적, 능동적 자아로 변화시키는 과정을 의미한다. 셋째, 임파워먼트는 사회적으로 취약한 구성원의 자아인식이나 통제감, 집단이나 지역사회에 대한 참여행동, 사회구조적 혹은 사회규범적 변화의 결과, 즉 성과를 의미하기도 한다. 그렇기에 임파워먼트는 이념과 가치이며, 변화과정이며, 변화의 성과를 포괄하는 개념으로 볼 수 있다(김문근, 2016).

2. 임파워먼트 실천의 기본원리

임파워먼트의 개념이 이와 같이 개인수준, 중간체계수준, 거시체계수준 등에서 각각 다르게 정의될 수 있고, 이념과 가치, 변화의 과정과 성과라는 점에서 다면적으로 정의될 수 있기에 임파워먼트실천의 핵심원리를 이해하기는 더욱 어려운 것이 현실이다. 임파워먼트 실천의 기본원리를 보다 명확히 이해하기 위해 임파워먼트의 선행조건으로서 사회적 억압의 존재와 이로 인한 특수한 집단 또는 개인의 무력화, 임파워먼트의 과정 및 본질로서 비판적 의식화와 집단적인 옹호에 대해 살펴보도록 한다.

1) 무력함

임파워먼트 실천의 선행조건은 사회적 억압과 그로 인한 특정한 개개인의 무력화이다. 우선 무력함을 경험하는 사람은 누구이며, 그들의 경험의 본질은 무엇일까? 임파워먼트를 필요로 하는 사람들은 다양한데, 대표적으로 여성, 소수민족, 장애인, 정신질환자, 성적소수자, 빈곤주민, 노인 등을 들 수 있다. 이들은 각각 다양한 특성에서 차이가 있겠지만 한결같이 무력함(powerlessness) 혹은 무기력함(helplessness)을 경험하고 있다는 공통점이 있다. 이러한 소수집단이나 취약한 집단들이 경험하는 무력함을 설명하는 이론적 개념이 셀리그만의 '학습된 무기력(learned helplessness)' 개념과 사회학습이론가 밴두라의 '자기효능감(self efficacy)'이다. 이 두 가지 개념은 모두 특정한 환경 속에서 개인이 주관적으로 체험하는 통제감 혹은 역량의 긍정적 또는 부정적 상태를 설명하는데 유용하다(김문근, 2016).

'학습된 무기력'은 셀리그만의 동물실험을 통해 검정되어 이론으로 정립되었는데, 인간의 우울증 연구에도 적용되어 경험적 지지를 확보하였다. 회피할 수 없는 부정적 사건 또는 자극을 일정 기간 동안 경험하게 된다면 동물이나 인간의 능동적인 대처반응이 손상된다는 것이다. 즉 특정한 상황에서 행동을 위한 인지적 측면과 정서적 측면에서 동기가 손상된다는 것이다. 극복 혹은 회피할 수 없는 부정적 환경이나 자극에 장기간, 반복적으로 노출된다면 능동적, 주체적 대처를 위한 내적 동기가 저하 혹은 소멸되는 현상을 말한다(Maiser and Seligman, 1976). 환언하면 학습된 무기력이란 주체적으로 행동하는 존재였던 인간이 주체로서의 자기정체성 및 동기를 상실한 상태라 할 수 있다. 이는 행동의 주체여야 할 한 인간이 마치 사물처럼 타자의 행동의 객체로 존재하며, 그의 의식은 이러한 현실이 변화될 수 없는 것처럼, 혹은 이런 삶을 변화시킬 수 없는 운명처럼 받아들이고 있다.

이런 학습된 무기력 이론에 따른다면 임파워먼트의 선행조건으로서 무력함에 처한 개인들의 경험은 기존의 부정적 경험을 통한 '통제 상실 경험' → '통제 불가능에 대한 지각' → '통제 불가능한 사건에 대한 귀인' → '향후 통제 불가능에 대한 기대' → '무력함의 증상들'로 이어진 것이다. 이러한 상황에 대한 임파워먼트 개입은 무력함이 생성된 순서의 역순으로 진행되어야 할 것이다. 즉 '새로운 환경에서 통제감의 경험' → '통제감의 지각' → '성공적 통제에 대한 귀인' → '향후 통제 가능성에 대한 기대' → ' 희망을 지각함'으로 이어지는 것이 임파워먼트라 할 수 있다. 즉 학습된 무기력에서 학습된 희망으로 전환을 시도하는 것이다(Zimmerman, 1990; 김문근, 2016). 잘 아는 바와 같이 주체로서 인간이 경험하는 불행한 사건들에 대해 내부 귀인을 사용하게 되면 자아의 의미는 점점 부정적이 되며, 자아는 모든 실패의 책임을 혼자 떠안게 된다. 자신의 삶에 일어난 모든 불행의 원인 제공자가 자기 자신이라면 자기 자신은 더 이상 자신의 삶을 구원할 수 있는 주체일 수 없다는 결론은 자명하다. 이런 이유 때문에 무력함은 자기에 대한 부정을 통해 내면에 깊이 자리 잡게 된다. 임파워먼트 과정에서 귀인은 긍정적 변화는 자아에게로 향하고, 척박한 삶의 사회구조적 원인을 탐구함으로써 자신이 경험하는 불행의 상당한 원인을 사회구조로 돌리게 된다. 이런 과정을 통해 개인의 주체성은 자유를 회복할 준비를 하게 된다.

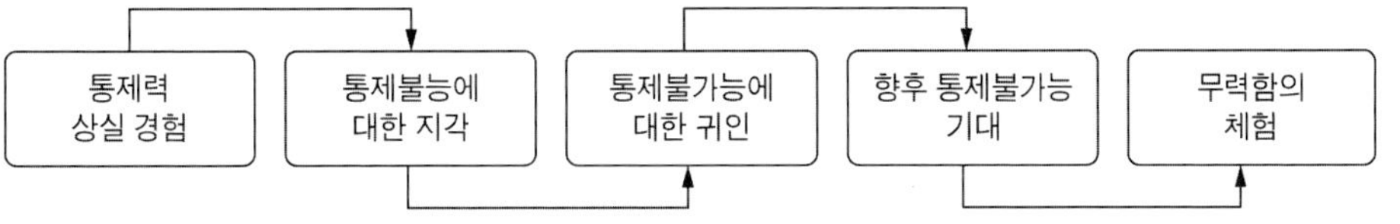

〈그림 36-1〉 무력함에 이르는 경로

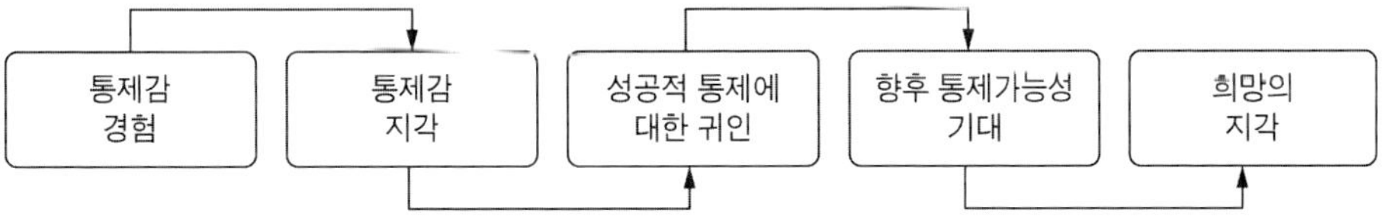

〈그림 36-2〉 무력함을 극복하는 경로

그러므로 임파워먼트의 선행조건으로 사회의 취약집단이 경험하는 무력함이란 그들의 부정적 자아개념의 하나라 할 수 있다. 그들은 사회환경 속에서 자신의 삶에 대해 소극적이며 수동적인 상태로 존재한다. 그래서 일면 그들의 열악한 삶은 곧 그들의 성격적 결함이나 심리적 결함으로 이해되기 쉽다. 하지만 그들이 체험하는 무력함은 사회 속에서 타인들과 상호작용하면서 생성되고, 유지되는 사회적 상황에 대한 정의(definition)로서 사회에 대한 인식과 자아에 대한 인식을 반영한다. 이러한 무력함이 지속된다는 것은 사회적 상황이 끊임없이 그 속에 존재하는 취약한 구성원들로 하여금 스스로를 무력하고, 다른 대안이 존재하지 않는 존재로 지각하게끔 만들고 있다는 의미이다. 특히 사회적 상호작용에 깊이 내재되어 있는 가치, 관념, 문화는 사회환경과 그 속에서 불리한 위치에 처한 사람들의 자아를 부정적인 의미로 규정하는 힘이 막강할 수밖에 없다. 그래서 지속적인 상호작용을 통해 드러나는 자기에 대한 부정적 정의를 통해 무력함이 형성되었다면 이러한 무력함을 대신할 자기에 대한 긍정적 의미의 생성 또한 전혀 새로운 상호작용을 통해 가능하리라는 것이 논리적인 결론일 것이다. 즉 임파워먼트란 무력함에 처한 사람들이 자기와 사회를 새롭게 바라볼 수 있도록 새로운 상호작용을 제공하는 것이 핵심적 원리라 하겠다.

2) 사회적 억압, 비판적 의식화와 집단적 옹호

위에서 취약한 집단구성원이 경험하는 무력함이 어떻게 발생할 수 있는지, 또한 어떻게 극복될 수 있는지 살펴보았는데, 이제 무력함을 발생시키는 사회환경은 무엇인지 살펴볼 필요가 있다. 개인이 경험하는 무력함을 단지 개인의 심리내적 문제로 환원하게 될 경우, 임파워먼트는 개인의 부정적인 자아개념을 긍정적으로 변화시키고, 개인에게 필요한 적응기술을 향상시키고, 필요한 자원을 제공하거나 지원하는데 그치기 쉽다. 임파워먼트에서 간과해서는 안 될 점은 개인의 무력함을 발생시키는 사회체계의 영향이다. 왜 여성, 장애인, 소수민족, 정신질환자, 성소수자, 빈곤한 주민 등은 무력함을 경험하게 되는가? 그것은 사회적 억압 때문이다. 가정에서 한 여성이 한 남성으로부터 억압을 경험한다 할지라도 그 기원은 가부장적인 가족제도에 의존하는 사회체계의 작동에 있다는 것이 임파워먼트접근의 관점이다. 장애인이 경험하는 사회적 차별과 억압은 인간의 신체의 온전성과 건강한 노동력을 표준으로 삼고, 그에 못 미치는 손상 또는 기능적 제한을 지닌 사람들을 분류하고, 차별대우하는 사회체계에 원인이 있는 것이다. 그러므로 임파워먼트는 궁극적으로는 이러한 사회체계수준의 억압을 비판하고 극복하는 것이 목표이며, 그러한 목표를 위해 단기적으로는 억압 아래 있는 사람들이 사회환경을 새롭게 인식하고, 자신의 문제나 상황, 자기를 새롭게 인식하도록 원조하는 것이 필요하다.

임파워먼트실천은 이처럼 사회적 억압에 대한 인식을 새롭게 함으로써 자신의 문제와 자아를 재인식하게 만드는 과정을 '의식화(consciousness raising 또는 conscientization)'라 부른다. 다수의 임파워먼트 이론가들은 취약한 사회구성원들이 무력함을 체험하는 이유는 사회구조 차원에서 작동하는 억압에 의해 자아를 능동적이고 주체적인 존재로 지각할 수 없어 수동적인 대상으로 지각하기 때문이라 보고 있다(Adams, 2003; Carr, 2003; Parsons, 1991). 사회적 차원에서 작동하는 억압을 인식하지 못할 때 개개인은 사회구조적 문제를 개인의 문제로 인식하게 되고, 그 결과 자아개념이 부정적으로 변화되며 무력함은 일상이 되는 것이다. 이런 상황에서 사회구조적 문제에 대한 비판적 인식을 통해 개인의 문제를 정치적 억압의 문제로 치환하는, 재정의하는 시도가 비판적 의식화라 할 수 있다(김문근, 2016).

비판적 의식화라는 개념은 비판적 교육학자 파울로 프레이리의 『피억압자들의 교육학』(Freire, 1970) 출간 이후 널리 알려졌다. 사회의 취약한 구성원들은 지배계층이 시행하는 일방적인 정보제공과 수동적 수용이라는 '은행의 계좌 이체식 교육'에 의해 그들의 의식은 지배계층의 질서 속에 흠뻑 젖어 있다(submerged). 그래서 자신의 고유한 관점으로 세계를 바라보고 정의(명명)하며, 세계를 창조하거나 재창조하는 주체가 되지 못하며, 그럴 가능성도 자각하지 못하는 상태에 있다. 즉 그들은 억압자들의 견해를 스스로 내면화 한 결과 자기를 비하하거나 억압자들을 선망의 대상으로 삼거나, 스스로를 대안을 모색하는 사고의 주체로 지각하지 못한 채 억압자들에게 의존하는 삶을 살게 된다. 그에 비해 지배자들은 결코 취약한 사회 구성원들을 생동력 있는 주체로 보지 않고, 그들의 소유와 통제의 대상으로 사물화한다(Freire, 1970). 따라서 피억압 상태에 있는 취약한 사회구성원에게 있어 진정한 해방은 그들 스스로 세계를 정의내리고, 대안들을 모색하고, 결정하고 선택하며, 행동의 주체로 자기를 재인식하는 데서 시작될 수 있다. 이런 과정을 통해서만이 피억압자들은 억압자들에게 비로소 진정한 대화의 상대로 등장하게 된다.

프레이리는 피억압자들의 비판적 의식화는 그들이 처한 환경에 대해 '상황성(situationality)'을 인식하는 데서 출발한다고 주장하는데 이는 의미심장하다. 우리는 경험을 통해 우리 자신, 타인들, 사회환경이 지속적으로 변화하고 있다는 것을 잘 알고 있다. 하지만 때때로 우리는 자신과 타인, 사회가 도무지 변화라고는 없는 고착된 화석처럼 인식하는 경우도 있다. 우리의 인식이 후자라면 우리는 주체성을 상실한 상태이며, 우리의 의식은 잠들어 있으며, 우리는 자신과 타인, 환경을 운명론적으로 받아들이고 있는 것이다. 하지만 상황성, 즉 변화가능성, 대안적인 정의가 가능하다는 생각은 중대한 변화의 관문일 수 있다. 이러한 상황성의 개념은 연극치료 이론가 모레노의 잉여현실(surplus reality), 이야기 치료에서 강조하는 '다른 극본'과도 연결될 수 있는 개념이다(김문근, 2016). 의식이 비판적 기능, 주체적 판단기능을 멈춰버리면 우리 자신과 타인, 환경은 유일한 현실이며, 고착된 불변의 현실이며, 운명론적인 단 하나의 각본일 뿐이다. 하지만 우리가 사고하는 주체로서 자아와 타인, 환경을 새롭게 인지하고 정의내릴 수 있다면 새로운 가능성의 문이 열릴 수 있다. 임파워먼트 실천에서 특히 강조하는 비판적 의식화의 핵심은 여성인권운동가 캐롤 해니시가 주장한 '사적인 것이 정치적인 것(Personal is Political)'[1]이라는 구호

1) Hanish, C.(1969). The Personal is Political. 이 글은 해니시가 1969년 미국 플로리다 주에서 열린 여성해방운동 컨퍼런스에서 발표되었다. 후에 이 발표가 널리 알려지면서 여성이 개인적으로 경험하는 일들이 여성에 대한 사회구조적 권력관계에 의한 억압임을 비판하는 구호로, 다양한 피억압자들의 비판적 의식화를 촉구하는 구호로 널리 사용되고 있다.

와 다르지 않다. 여성으로서, 소수민족으로서, 장애인으로서, 성소수자로서, 정신장애인으로서 일상에서 경험하는 차별, 억압, 부정의, 빈곤 등은 개인적인 문제가 아니라 사회정치적인 문제라는 인식을 갖게 되는 순간 자신의 변화가 아니라 사회의 변화를 촉구하는 주체로 다시 서게 되는 것이다.

이러한 비판적 의식화를 통해 취약집단구성원들이 스스로를 사회적 억압 아래 있는 운명공동체로 지각하게 되어 집단적 옹호활동이 촉진될 때 비로소 사회구조적 차원의 임파워먼트가 시작될 수 있다. 임파워먼트와 관련해 비판적 의식화는 집단적 연대를 불러일으키고, 집단적 연대는 비판적 의식화를 촉진하는 상호적 영향을 전제한다. 무력함에 빠져 개체로 존재하는 당사자들이 임파워먼트 집단에 소속될 때 비판적 관점으로 자신의 문제와 사회환경을 인지할 수 있고, 사회적 억압에 대한 분노와 집단적 옹호를 통한 문제해결에 나설 수 있게 된다. 그러므로 비판적 의식화는 피억압자들의 연대를 이끌어내기 위한 기초라 할 수 있고, 당사자 옹호집단에 참여하는 것은 비판적 의식화를 촉진하기 위한 토대라고 할 수 있다. 이러한 비판적 의식화와 집단적 연대라는 토대가 마련될 때 사회구조적 차원의 변화를 이끌어 낼 수 있는 거시적 차원의 임파워먼트도 원활하게 전개될 수 있다.

3. 정신장애인과 임파워먼트 실천

위에서 살펴본 임파워먼트의 개념과 원리에 대한 이해에 근거해 정신장애인 당사자 중심의 임파워먼트 실천을 위해 그들이 처한 상황과 임파워먼트 실천의 원리에 대해 검토해 보고자 한다.

1) 정신장애인이 직면한 현실

의료적 모델에 근거해 정신건강문제를 이해하고, 전문적 실천을 하는 전문직은 통상 정신건강문제는 단지 의학적인 질병의 문제이며, 의학적 치료와 재활이 지원된다면 당사자의 삶은 완전히 회복될 수 있다고 가정하기 쉽다. 하지만 정신질환은 쉽게 치료되지 않으며, 지속적인 치료에도 불구하고 여전히 질병의 증상과 기능저하의 문제가 남아 있으며 사회적으로는 기회가 제한되어 있고, 편견과 낙인, 차별이 존재하므로 더 이상 이전의 삶으로 완전한 회복이 어렵다. 그렇기에 우리나라도 1999년 장애인복지법 개정을 통해 2000년부터 1년 이상 지속적인 치료에도 불구하고 정신질환으로 인한 손상 및 기능저하로 인해 일상생활에 상당한 어려움을 경험하므로 주위의 지원을 필요로 하는 사람을 정신장애인으로 등록하여 지원하고 있다.

그렇다면 정신장애인이 사회적으로 경험하는 억압은 무엇인가? 우선 이 글의 서론부에서 의료모델이 갖는 긍정적 기여뿐 아니라 부정적 폐해에 대한 성찰이 필요함을 언급한 바 있다. 의료모델이 어떤 폐해를 지니고 있다는 말인가? 과학적 지식에 근거한 의료적 실천이 왜 문제가 된다는 말인가 하는 의문을 가질 수 있을 것이다. 의료적 모델은 정신건강문제를 치료가 필요한 의학적 상태로 규정한다. 특히 정신건강에 대한 생의학모델은 정신질환을 뇌의 질병으로 규정하고, 화학적 약물을 통해 신경전달물질에 영향을 미쳐 증상을 통제한다. 이러한 의료모델 혹은 생의학모델은 정신건강문제의 본질과 관련하여 다양한 상태가 혼재되어 존재할 수 있는 현실에서 획일적인 문제정의(의학적 진단)와 획일적 개입(의학적 치료)만을 강요한다는 점에서 억압적이다. 정신건강문제를 지닌 사람들이 경험하는 다양한 증상은 건강한 사람의 경험(인지, 사고, 정서, 행동 등)과는 실적으로 매우 다른 것으로 이해되지만 한편으로는 정도의 차이일 뿐이라는 주장도 있다. 우울한 감정을 경험하는 상태와 우울증 진단을 받는 상태는 질적으로 다르다고 볼 수도 있지만 다만 정도(혹은 심각도)의 차이라고 볼 수도 있다는 점이다. 그래서 우울증상을 경험하는 사람에게는 약물치료가 효과적일 수도 있지만 심리상담이나 동료지지가 더 효과적일 수도 있다. 과거에 비해 정신건강문제를 뇌의 질환, 즉 화학적 약물을 통해 치료가능한 질병으로 정의하면 당사자는 환자로 규정되기에 증상으로 나타나는 행동에 대한 비난은 감소한다. 하지만 질병에 대한 치료를 받지 않는 것에 대한 비난은 더욱 가중되기 쉽다. 의학적 치료가 필요하고, 도움이 되는 것이라 할지라도 이제 사회는 조기에 정신질환을 발견하고, 치료받지 않는 것을 사회시스템의 실패로 여기거나 혹은 정신건강문제가 있는 개인과 보호의무자의 실패로 규정해 버린다. 최근 발표된 제2차 정신건강복지기본계획(2021~2025)은 정신질환의 조기발견과 조기치료를 부쩍 강조한다. 이런 사회환경 속에서 정신건강증상은 개인적인 관할영역을 벗어나 사회적, 공적 관할 영역으로 전환되어 버린다. 정신건강은 개인의 권리이기 이전에 사회적 책임으로 전환되었고, 치료는 개인의 선택이기 이전에 의무로 전환되어 버렸다.

정신건강문제에 대해 또 하나의 억압적 효과를 지니는 것은 사법적 모델 혹은 치안적 모델이다. 정신질환자는 자신 또는 타인에게 해를 끼칠 위험성을 지니고 있는 것으로 간주하는데, 특히 타인에게 폭력적인 행동을 할 위험성이 큰 것으로 예상될 경우 사법적, 행정적 절차를 통해 정신질환자에 대해 비자발적인 입원치료를 집행한다. 잘 아는 바와 같이 우리나라 정신건강복지법도 보호입원, 행정입원, 응급입원 등 위험성에 근거하여 비자발적인 입원에 대해 상세히 규정하고 있다. 정신질환자에 의한 범죄가 간헐적으로 발생하므로 사회는 치안을 위해 정신질환자를 통제하는 전략을 곧잘 활용한다. 2018년~2019년 봄에 걸쳐 발생한 몇 차례의 정신질환자에 의한 강력 범죄로 인해 의료계와 국회에서는 정신질환자의 비자발적 입원요건을 강화하는 정신건강복지법 개정안이 제안되었고, 보건복지부는 지역사회 위기응급대응체계를 강화하는 정책을 제시하였고, 경찰청은 조현병 환자들에 대한 관리방안을 모색하기도 했다(김문근 · 하경희, 2019; 보건복지부, 2019). 모든 정신질환자가 다 폭력의 위험성을 지니고 있는 것은 아니지만 정신질환은 곧 위험성과 연결되고, 정신질환자에 대한 사회적 여론은 악화되기 쉽다. 이런 상황에서 정신질환자 또는 정신장애인이 당당히 자신에게 정신질환이 있음을 밝히고, 자유롭게 사회에 참여할 수 있을까? 결코 쉽지 않을 것이다.

뿐만 아니라 일상에서 시민들은 정신질환 및 정신질환자에 대한 편견과 차별적 태도를 지니고 있다. 정신질환자에 대해서는 위험하고, 무능력하며, 잘 회복되지 않으며, 타인들과 쉽게 구별된다는 편견이 존재한다(김정남, 2003). 최근 국가인권위원회의 연구에서도 정신질환자는 충동적으로 범죄를 저지른다는 편견이 높은 것으로 나타났다(국가인권위원회, 2019). 이런 편향된 인식은 정신질환을 지닌 사람과 보호자에게 편견으로 작용하여 그들을 심리적으로 위축시키고, 사회관계를 위축시키며, 지역사회 거주 또는 취업 등을 통해 사회의 일구성원으로 참여하는 데 부정적 영향을 끼친다(김문근, 2019).

이처럼 정신질환자 또는 정신장애인에 대해 전문가, 고용주, 지역주민 등은 특유의 편견을 지닌 채 차별적 반응을 보인다. 이러한 차별적 태도는 '태도적 장벽'(attitudinal barrier)으로 불리기도 한다. 무엇보다도 정신질환 또는 정신장애를 지닌 사람들에 대해 사회가 차별적인 태도를 갖는 이면에는 근대사회가 강조하는 '온전한 정신'의 신화(mentalism 또는 sanism)가 존재하기 때문이다. 근대 이후 이성이 절대시되면서 인간의 합리성에 반하는 특성들은 정신질환과 연결되는 경향이 농후하다. 광기, 혼란, 충동성, 폭력 등은 정신질환의 증상들과 연결되어 왔다. 그 결과 정신질환이 있는 사람들에 대해서는 그들의 전인격을 특유의 고정관념과 편견으로 손상시키고 변형시키는 결과를 가져왔다. 정신건강문제가 있는 사람을 성인이 아닌 아이 취급을 하는가 하면, 그들의 말을 비이성적이라 하여 무시하고, 스스로 자신의 욕구를 인식하지 못하며, 결정을 내리지 못하고, 정신장애를 지닌 사람이 아니라 불능상태에 빠진 사람으로 인식하곤 한다(Deegan, 1992).

2) 정신장애인 임파워먼트실천 원리

아래에서는 정신장애인 당사자 중심의 임파워먼트실천의 원리를 보다 심도 있게 이해하기 위해 상징적 상호작용론에 근거하여 그 원리를 설명하고자 한다.

(1) 사회적 상호작용과 상징적 의미에 대한 비판적 성찰과 재설정

상징적 상호작용론은 인간의 사회적 행동은 소속된 집단 또는 공동체 내에 공유되어 있는 '대상(object)'의 의미(meaning)를 향하여 일어나므로 서로 조화로운 행동이 가능하며, 비로소 일 개인의 행동이 진정한 의미에서 '사회적 행동(social behavior)'이 된다고 설명한다. 개개인의 다양한 차이에도 불구하고 보편적으로 잘 알려진 사회적 상황에서 참여자들은 타인과 조화로운 행동이 가능한 것은 그 상황에 존재하는 자아, 타인, 그 외 다양한 대상들의 의미를 잘 인지하고 있기 때문이다. 마치 잘 알려진 길을 갈 때 어떤 의식적인 긴장이나 주의집중을 요하지 않고도 물 흐르듯 길을 찾아가는 것처럼 일상적 상황에서 우리들은 자신에게 기대되는 행동, 타인에게 기대되는 행동, 특정한 대상에 기대되는 행동을 자연스럽게 수행하게 된다(Hewitt, 2001; 김문근, 2016).

이러한 상징적 상호작용론이 전제하는 사회적 행동의 작동원리를 정신장애인이 경험하는 사회적 상황에 접목해 보자. 정신건강복지사가 실천하는 다양한 현장이 있을텐데 정신의료서비스가 제공되는 정신의료기관을 가정해 보자. 그곳에 존재하는 정신질환자, 전문의, 간호사, 사회복지사, 그 외의 다양한 공시지, 병실, 프로그램실, 각각의 프로그램 등에 대해서는 모두 일정한 기대, 의미가 부여되어 있다. 정신의료기관에 참여하는 사람들이 이처럼 공유된 의미에 부합하는 행동을 할 때 조화로운 일상이 보장된다. 그런데 임파워먼트실천은 이렇게 자연스러워 보이는 특정한 상황과 그 안에 존재하는 다양한 사람들, 활동들, 공간들 등에 부여되어 있는 기대 또는 의미가 갖는 억압적 측면을 비판적으로 성찰하고, 취약한 구성원의 더 나은 삶과 기본적 권리를 위해 대안적인 기대, 의미를 설정하고, 그것을 기반으로 하는 새로운 실천, 운영, 제도를 구축하고자 시도한다.

하지만 사회적 억압을 경험하는 당사자이든, 사회적 억압을 가하는 실천가이든 사회적 상황에 내재된 의미에 대해 비판적으로 성찰하기는 쉽지 않다. 따라서 임파워먼트실천은 사회적 상황에 내재된 당연한 의미에 대해 질문하는데서 시작할 수 있다. 예컨대 정신건강복지현장에서 지원 및 서비스를 필요로 하는 사람은 정신질환자인가 정신장애인인가? 당사자에게 필요한 것은 치료와 재활인가 혹은 복지지원과 권리보장인가? 정신건강복지센터는 이용자의 정신건강을 관리하는 기관인가 아니면 정신건강에 대한 지원을 제공하는 기관인가? 정신건강사회복지사는 질병에 대해 진단하고, 욕구를 사정하며, 필요한 서비스를 결정하는 주체인가 아니면 당사자와 협력하여 당사자가 자신의 욕구를 충족하도록 원조하고, 필요로 하는 서비스를 제안하고 자기결정을 돕는 전문직인가? 특정한 상황에 이처럼 대립하는 관점과 기대가 공존할 수 있음에도 우리는 어느 한쪽을 선택하고, 그러한 선택을 당연시하며 그것이 당사자의 건강과 복지, 인권에 최선이라고 단정하지 않는가? 이런 무성찰적인 실천이 당사자를 수동적인 환자로 만들어 내지는 않는가? 이런 질문들을 통해 일상의 실천에 내재된 이론이나 관점, 기대나 의미를 민감성 있게 검토해 보고, 그 안에 내재된 억압적 측면을 비판적으로 돌아보고, 당사자를 주체화 하고, 그들이 원하는 더 나은 사회적 상호작용으로 전환하는 것이 임파워먼트실천의 핵심원리라 할 수 있다.

정신보건법 제정 후 이 법은 정신장애인을 줄곧 정신질환자로 정의했고, 2016년 법률의 전면개정을 통해 정신건강복지법이 제정되었음에도 이것은 변함이 없다. 정신건강복지법의 정신질환자의 개념은 장애인복지법의 정신장애인에 준하는 개념임에 틀림없다. 그럼에도 정신건강복지법이 정신질환자라는 단일한 개념만 규정하는 것은 당사자의 삶에 어떤 영향을 줄까? 당사자가 정신질환자 혹은 정신장애인이라는 대안적 정체성을 선택할 여지를 왜 보장하지 않는가? 왜 정신질환자에 대한 복지지원이어야 하는가? 정신장애인에 대한 복지지원이어서는 안 되는가? 지금까지 큰 문제없이 지나온 이러한 획일적인, 의료모델에 준거한 상황정의는 향후 그 자체로 억압적 효과 때문에 비판과 저항의 대상이 될 개연성이 다분하다. 정신질환자는 정신건강의학전문의 및 행정기관장, 보호의무자, 기타 정신건강전문요원 등의 통제, 관리, 지도, 보호를 받아야 하는 피동적인 환자이며, 자신 및 타인에게 위험을 끼칠 가능성이 높은 사람으로 간주된다. 이러한 인식론은 서비스체계에 대해서는 당사자를 정신장애인으로 규정하는 대안적인 실천을 억압하고, 당사자에게는 당당하게 사회적 지원을 요구할 수 있는 장애인으로서의 정체성을 인식하고 활용할 수 없도록 억압하기 쉽다.

그러므로 다양한 상황에서 전문가와 정신장애인 사이의 상호작용, 서비스기관과 정신장애인 사이의 상호작용, 지방자치단체 및 정부와 정신장애인 사이의 상호작용 등 정신건강복지서비스 전달의 제반 수준에서 상황과 대상의 의미를 재정의 할 필요가 있다. 특히 당사자를 정신의학적 치료만 필요로 하는 정신질환자가 아니라 다양한 복지지원과 인권옹호를 필요로 하는 정신장애인으로, 정신장애를 지녔지만 이웃으로 살아갈 권리가 있는 지역주민으로, 정신장애를 지니고 있지만 양질의 고용을 필요로 하는 구직자로, 인격적 존엄과 명예를 훼손하는 사회의 편견과 낙인으로부터 보호받아야 하는 가치 있는 사회구성원으로 정의해야 한다. 정신건강전문직은 당사자의 질병에 대해 전권을 지닌 독보적 권한 보유자가 아니라 당사자의 건강에 대한 권리와 치료 및 재활지원에 대한 권리를 보호하는 통제된 전문직으로 규정되어야 한다.

(2) 비판적 의식화와 집단적 옹호

정신장애인 중심의 임파워먼트 실천을 위해서는 그들과 관련된 사회적 상황을 재정의해야 한다. 그렇다면 당연시되고 있는 사회적 상황의 의미에 대한 비판적 관섬은 어떻게 싹틀 수 있을까 하는 의문이 제기된다. 우선 남들보다 앞서 사회적 억압을 체감하고 그 부당함을 문제로 제기하는 당사자들이 있을 수 있다. 필자는 2007년 정신질환이 없었음에도 정신보건법의 보호입원 규정에 근거해 비자발적 입원을 경험한 후 가까스로 정신병원에서 퇴원하여 그를 위법하게 입원시켰던 남편과 종교기관 성직자, 정신의료기관 전문의 등에 대해 법률소송을 통해 자신의 권리를 명확하게 보호하였던 한 여성의 사례를 연구한 적이 있다(김문근, 2007). 이 사례의 당사자는 스스로의 경험을 통해 비판적 의식화가 일어난 사례이다. 이처럼 자발적인 임파워먼트는 우연적인 계기를 통해 시작될 수 있다. 하지만 우연적인 계기에 의한 의식화보다 더 공식적인 의식화 과정을 거칠 수도 있다. 의식화된 전문가에 의해 다수의 당사자들이 비판적 의식화가 촉진될 수 있으나, 당사자들을 비판적으로 의식화하기 위해 구조화된 교육이나 훈련 프로그램이 활용될 수도 있다. 2000년대 후반부터 당사자 리더 육성을 위한 다양한 교육 및 훈련이 시도되어 왔으며, 특히 한국정신재활시설협회는 당사자리더 육성프로그램을 통해 비판적 의식화에 기여한 바 있다.

이러한 비판적 의식화는 앞서 다룬 바와 같이 사회적 상황에 대한 대안적인 정의(definition)를 위한 새로운 관점, 대안적 관점이 제시될 때 촉진될 수 있다. 이러한 대안적 관점은 장애의 사회모델에서 보듯이 독특한 이론적 관점이 집단적 지지를 받으면서 등장하여 보편화됨으로써 이전의 의료모델을 대체하는 방식으로 전개될 수 있다. 또는 새로운 국제규범이나 국내규범, 타영역의 규범이 수입, 수용되면서 과거의 규범을 대체함으로써 나타나기도 한다. 1999년 개정된 장애인복지법이 2000년 시행되면서 정신질환으로 인한 장애등록이 가능해졌다. 2020년 말 현재 약 10만 명 이상의 정신장애인이 등록되어 있다. 이러한 변화로 인해 정신질환자 중 일부는 정신장애인이라는 새로운 정체성을 선택할 수 있게 되었다. 정신장애인이라는 정체성을 자각하게 되면 2006년 국제장애인권리협약이 강조하는 다양한 차별로부터의 보호와 평등한 처우, 지역사회에 통합되어 살아갈 권리 등을 자신의 권리로 인식하게 된다. 이러한 인식은 단지 정신질환에 대한 치료만을 우선시하거나 절대시하는 의료모델에 대한 도전으로 이어질 수 있다. 그러므로 정신장애인을 억압하는 의료모델이나 치안모델에 대항하여 채택할 수 있는 관점이 제시되고, 그러한 관점이 당사자들의 지지를 받을 때 비판적 의식화는 힘을 얻을 수 있다. 집단에 근거한 비판적 의식화가 갖는 힘은 집단적, 정치적 옹호활동을 통해 확연하게 드러날 수 있다. 최근 지방자치단체의 정신건강복지정책 관련 공개토론회에는 당사자 활동가의 참여가 두드러지며, 이들은 당당하게 사회의 편견과 차별의 해소, 지역사회에 통합되어 살아갈 권리를 주장한다. 지방자치단체의 선출직 공직자들이 당사자들의 집단적인 옹호에 반응함으로써 정신장애인의 의료, 재활, 지역사회자립생활을 위한 지원은 한층 강화될 수 있다.

Ⅲ. 정신장애인 임파워먼트 실천 사례

아래에서는 정신장애인 임파워먼트 실천사례를 통해 임파워먼트실천의 원리가 현장에서 어떻게 구현될 수 있는지 살펴보고자 한다. 본 강의에서 임파워먼트 실천사례는 전문가와 정신장애인 당사자 수준의 미시적 실천보다는 정신건강사회복지전문직이 주도적으로 실천하고 있는 지역사회수준의 서비스조직 수준의 임파워먼트 실천사례에 초점을 맞추고자 한다. 첫째, 전통적인 의료모델의 재활모형과 선명하게 구별되는 고유한 운영원리와 철학을 바탕으로 하는 클럽하우스모델을 통해 임파워먼트 실천의 실제를 살펴보고자 한다. 둘째, 정신장애인에 대한 사회적 편견과 낙인을 유통하는 미디어에 대한 새로운 접근을 통해 정신장애인 인식개선에 기여하고 있는 '한마음의집'의 정신장애인 영화제작을 통한 임파워먼트 사례를 살펴보고자 한다.

1. 클럽하우스모델

1950년대에 출발한 클럽하우스모델이 국내에 도입된 것은 1986년이다. 국내 클럽하우스 역사는 어느덧 35년에 이른다. 클럽하우스모델은 당시로서는 매우 파격적인 실천접근이었을 것이다. 그 시절에 비해 정신장애인 당사자의 목소리가 상당한 영향력을 확보한 현재로서도 클럽하우스모델이 진보적인 접근임을 부정할 수는 없다. 그렇다면 클럽하우스는 어떤 점에서 임파워먼트 실천사례로 볼 수 있나? 무엇보다도 클럽하우스모델은 정신장애인, 전문가, 공간, 프로그램 및 서비스, 조직의 운영 등 사회적 상호작용과 관련된 모든 요소들에 대해 정신장애인에게 억압적 효과를 갖는 의료모델과는 전혀 다른 의미와 관점을 제시하고 있다.

우선 정신장애인은 환자가 아니라 공동체(클럽)의 회원으로 정의되며, 정신건강전문가는 직원(staff)으로 정의된다. 사회의 다른 클럽이 그러하듯 클럽하우스는 회원으로서의 권리를 강조한다. 전형적인 의료모델에서 전문가와 정신질환자는 치료 및 재활의 주체와 객체라는 관계를 전제하지만 클럽하우스는 클럽 운영을 위해 협력하는 대등한 동반자 관계를 추구한다. 동등한 의사결정, 공간에 대한 동등한 접근, 업무에 대한 동등한 참여는 의료모델에서 상상하기 쉽지 않다. 즉 클럽하우스모델과 의료모델은 정신질환자 또는 정신장애인에게 전혀 다른 역할을 기대하며, 그 결과 그들의 정체성 또한 다르게 형성된다.

둘째, 전통적인 의료모델과 달리 클럽하우스모델의 중심활동은 클럽 운영을 위한 업무중심의 일과(work ordered day)로 구성된다. 활동은 참여하는 사람의 정체성의 토대가 되는데, 클럽하우스의 일 중심의 일과는 정신장애인에게 환자가 아니라 클럽운영에 주체적으로 기여하는 회원으로서의 정체성 형성에 기여한다(김문근, 2016). 클럽하우스에서 이루어지는 안내와 교육, 취업지원, 주거지원, 클럽하우스 환경관리와 편의서비스 제공 등은 정신장애인에게 성인으로서 생산적인 주체로서의 정체성을 강화하기에 적합하다. 의료환경 속에서 정신질환자로 정의되던 한 인격체가 공동체에 기여할 수 있는 활동과 업무, 역할을 중심으로 자기를 정의할 수 있는 토대를 제공한다.

셋째, 클럽하우스모델은 기존의 전통적인 의료모델과 선명하게 구별되는 사회적 상호작용을 위해 정교한 원칙과 기준을 제시하고 있으며, 이를 구현할 수 있는 실천체계를 갖추고 있다는 점이다. 의료모델은 정신건강분야의 전문적 실천의 근간을 형성하고 있으므로 정신건강전문요원은 하위 직역이 무엇이든 관계없이 의료모델을 전문성의 토대로 삼고 있다 해도 과언이 아니다. 이런 현실에서 클럽하우스모델은 정신장애인에게 수동적인 환자로서의 역할이 아니라 주체적인 공동체 구성원 역할을 기반으로 하고 있다. 정신장애인은 회원으로서 판단을 내리고 자기의견을 주장하고, 의사결정에 동등한 결정권을 행사한다. 전문가와 관계는 동등하고, 클럽하우스 내에서는 인위적인 치료 또는 재활 프로그램이 아니라 정신장애인 회원의 자아회복과 지역사회통합적인 생활을 지원할 수 있는 다양한 업무를 중심으로 하루 일과를 보낸다. 이러한 차별화된 상호작용은 정교하게 구성되어 있는 '클럽하우스 스탠다드'를 통해 명확하게 제시되고 있다. 클럽하우스 스탠다드의 내용과 그 의미에 관한 클럽하우스 내부자들의 해석과 교육, 연구자료를 살펴보면 클럽하우스는 의도적으로 기획된 새로운 사회적 상호작용을 위한 소우주와 같다는 점을 발견하게 된다. 특히 스탠다드를 어떻게 적용할 것인지에 관해 개별 클럽하우스 내부에서나 국제클럽하우스 커뮤니티 내에서나 지속적인 토론과 성찰이 이루어진다. 뿐만 아니라 스탠다드에 근거한 클럽하우스 운영을 담보하기 위해 클럽하우스를 운영하려는 사람은 클럽하우스의 운영원리를 정확하게 습득하도록 21일 간의 체험적 훈련을 의무로 규정하고 있다. 아울러 국제클럽하우스개발센터의 인증을 받은 클럽하우스와 그렇지 않은 클럽하우스를 엄격하게 구별하고 있다. 국제클럽하우스개발센터의 인증은 클럽하우스의 자가평가, 당사자 인증위원이 참여하는 현장평가, 국제클럽하우스개발센터의 최종평가와 인증으로 구성되는 인증절차를 거쳐야 공식적인 클럽하우스로 인정을 받게 된다(김문근, 2016).

국내에서 가장 오랜 역사를 자랑하는 태화샘솟는집은 클럽하우스로서 국제인증을 받았을 뿐만 아니라 국제클럽하우스훈련센터로 운영되고 있다. 태화샘솟는집이 클럽하우스로서 성취한 부분들은 다양하지만 무엇보다도 정신장애인의 지역사회통합과 직결된 직업, 주거, 권익옹호와 관련한 다양한 연구와 실천사례를 통해 의료모델에서 우선순위에서 뒤처지거나 큰 관심을 받지 않았던 정신장애인의 삶의 다양한 욕구와 권리보장에 기여하고 있다.

많은 사람들은 클럽하우스의 공간배치나 호칭, 일부 활동요소(일 중심의 일과)과 같은 외적인 요소를 모방할 수 있다. 하지만 클럽하우스가 왜 그렇게 하는가에 대한 그 이면의 철학과 인식론을 이해하지 못한다면 클럽하우스와 임파워먼트실천을 연결 짓기 어렵다.

클럽하우스모델은 당사자의 자발적인 의식화를 통해 확산되는 것이 아니라 지역사회에서 사회재활서비스를 제공하는 법인과 전문가들이 먼저 의료모델에 대한 비판적 의식화가 이루어진 후 대안적 모델을 추구하는 과정에서 클럽하우스모델을 채택하고, 클럽하우스를 발전시키는 과정에서 정신장애인이 동반자로 참여함으로써 임파워먼트가 전개된다. 특히 클럽하우스가 성숙해 가는 과정에서 전문가와 정신장애인의 비판적 의식화가 촉진되고, 더욱 전형적인 클럽하우스를 추구하게 되면서 임파워먼트는 더 강력해진다.

2. 정신장애인 주도의 영화제작을 통한 편견극복 사례

서울지역의 주거시설 한마음의집은 2013년부터 정신장애인에 대한 사회의 편견과 낙인, 차별을 극복하기 위해 영화제작을 활용하고 있다. 지역사회에서 이웃과 더불어 살아가야 하지만 정신장애인과 주거시설에 대해 반감을 가진 지역주민들을 접하면서 시설 운영자인 정신건강사회복지사 최동표 원장은 정신장애인의 삶을 생생히 보여주는 영화제작을 통해 사회의 편견과 낙인, 차별을 극복하려는 시도를 하게 되었다. 그 과정에서 정신장애인은 스스로 커밍아웃하며, 그들의 일상을 생생히 공개하며 사회의 편견과 낙인, 차별에 대해 그들만의 목소리를 영화에 담아내는 경험을 하게 되고, 심리 내적인 임파워먼트, 사회를 향한 당당한 목소리내기라는 임파워먼트 과정에 주체적으로 참여하며 변화를 경험하게 된 것으로 나타났다(김문근, 2019). 아래에서는 필자가 연구한 한마음의집 영화제작을 통한 정신장애인 편견과 낙인 극복과정에 나타난 임파워먼트실천을 보다 자세하게 소개하고자 한다.

1) 사회적 억압으로 존재하는 편견과 낙인, 차별

상징적 상호작용론에 의하면 자아와 타인, 사회적 대상에 부여된 사회적 의미는 일개인이 마음대로 변화시킬 수는 없다. 공동체의 상호작용 속에서 새로운 의미가 형성되어, 공유되어야 비로소 과거의 의미가 새로운 의미로 전환될 수 있다. 정신장애인의 삶이 척박한 것은 정신질환 및 정신질환자에 대한 편견이 사회에 만연하고, 정신장애인도 그러한 편견을 운명처럼 받아들이며, 그 편견의 울타리 안에서 살 수밖에 없다는 데서 기인한다고 할 수 있다.

한마음의집은 지역사회에 주거시설을 설치하는 그 순간부터 지역주민의 편견과 차별에 시달렸다. 지역주민들은 사소한 일에 대해서도 민원을 제기하고, 정신질환자 범죄 뉴스가 보도되면 노골적으로 한마음의집 거주자들에 대해서도 경계의 시선을 보냈으며, 지역에 피해를 끼친다면 주거시설을 이전하겠다는 각서를 요구하였고, 건물주인은 갑자기 전세보증금을 인상하여 이사를 압박하기도 하였다. 이 같은 사회심리적 환경에서 아무 일 없었다는 듯 살아갈 수는 없을 것이다. 정신장애인도, 그들을 지원하는 정신건강복지사들도 위축되고, 불안하며, 불편할 수밖에 없다. 이런 환경이라면 오래지 않아 전문가들도, 정신장애인들도 철저하게 무력화되어 지역주민들의 눈치를 살피며, 떳떳하지 못한 존재인 양 뒤로 물러나고, 숨어서 살아가야 했을 것이다. 이처럼 지역사회의 만연한 편견과 차별로 인해 정신장애인에게 지역사회의 평범한 이웃으로 함께 살아가고픈 가장 기본적인 소망도 억압당하는 상황에서 그들을 원조하는 정신건강사회복지사는 비판적 의식화가 이루어지고, 주거시설에 거주하는 당사자들에게 변화를 위한 행동에 함께 나서도록 촉구할 수밖에 없었던 것이다.

한마음의집은 사회적 편견과 낙인을 심화시키는 사회의 미디어에 대해 좌절스러운 경험을 하였고 그것이 영화라는 매개체를 활용하는 임파워먼트 실천의 계기가 되었다. 미디어는 정신장애인의 힘겹지만 감동적인 재활성공사례를 보도함으로써 정신장애인과 재활시설에 우호적인 메시지를 전달한다. 하지만 정신질환자 범죄가 발생하면 언론은 다양한 보도를 통해 정신장애인 전반에 대해 위험하고 두려운 존재라는 편견과 낙인을 심화시키는 도구가 된다. 언론이라는 미디어가 사회의 시선이라면 사회의 시선은 더 빈번하게 정신질환자의 범죄와 같은 부정적인 측면을 보도함으로써 간헐적으로 보도되는 정신장애인의 재활과 사회통합의 성공적인 이야기를 상쇄시켜 버린다. 현대사회에서 미디어만큼 막강한 위력을 발휘하는 것은 없다. 미디어는 순식간에 사회적 대상, 그것이 사람이든, 어떤 활동이든, 사물이든, 관념이든, 그 의미를 만들어내고, 보급시킴으로써 이미지화 하는데 절대적인 영향력을 지니고 있다. 따라서 미디어가 정신장애인에게 부정적인 이미지를 만들어낼수록 정신장애인의 삶은 억압받고, 사회의 구석으로 내몰릴 수밖에 없다. 그러므로 정신장애인에 대한 편견과 낙인을 보급하고 확산시키는 미디어에 도전하지 않고서는 지역사회에서 긍정적인 자아를 유지할 수 없고, 기본적인 욕구인 주거를 확보할 수도 없기에 영화제작과 보급이라는 미디어를 통한 옹호활동에 나선 것이다.

2) 영화라는 매개체 활용과 임파워먼트 경험

한마음의집은 정신장애인 당사자들이 주체가 되어 자신들의 일상을 보여주고, 자신들의 목소리를 표현하는 영화를 제작하여 보급함으로써 정신장애인에 대한 편견을 확산시키는 미디어의 영향에 대응해왔다. 당사자 중심의 영화제작은 여러 가지 측면에서 정신장애인을 위한 임파워먼트실천의 특성을 잘 보여주고 있다.

첫째, 정신장애인들이 사회의 편견과 낙인에도 불구하고 자신들의 얼굴과 이름, 일상의 삶과 내면의 목소리를 직접 드러낸다는 점에서 무력감을 대신하는 주체적, 능동적 행동을 통한 저항을 보여준다는 점이다. 사회적 시선을 상징하는 카메라 앞에서 자신을 공개하는 것은 일종의 커밍아웃이라 할 수 있고, 이는 정신질환자에 대한 높은 편견과 낙인을 고려할 때 상당한 용기를 필요로 하는 일이다. 당사자들은 정신건강사회복지사의 설득과 지지에 힘입어 커밍아웃과 당당한 목소리내기에 참여했고, 이러한 커밍아웃은 지역사회의 편견과 차별 가운데 살고 있던 정신장애인에게 해방감과 용기를 불러일으키는 계기가 됐다. 감추려고만 했던 자신의 정체와 내밀한 일상생활, 내면의 이야기를 털어놓고 표현함으로써 자기 자신의 내면에 존재하던 사회의 편견과 맞서고, 카메라렌즈를 통해 당당하게 사회의 편견과 맞서게 됐다.

둘째, 정신장애인의 삶을 생생하게 보여주는 영화제작 과정에서 정신장애인들이 대본작성, 출연, 연출, 촬영 등 주요 과정에서 보조적인 역할이 아니라 주체적인 역할을 담당하였다는 것이다. 특히 정신질환자에 대한 편견과 낙인을 극복하기 위한 영화제작 초기에 정신장애인 당사자들이 각각의 재능과 역량을 통해 참여하며, 도전하였다는 점이다. 오히려 초기 영화제작을 통해 사회적 관심을 끌면서 영화전문가의 재능기부와 클라우드펀딩을 통한 기금지원 등 외부의 지원과 호응이 활성화되었다.

셋째, 영화제작을 통한 편견개선의 필요성을 체감한 정신건강사회복지사가 정신장애인 당사자, 가족, 시설의 종사자 등의 심리적 부담감과 회의감, 저항 등에도 불구하고 영화제작과 보급의 필요성을 실득하고, 적극적인 참여를 설득해내는 과정은 전형적인 임파워먼트실천의 한 장면을 보여준다. 영화제작을 뒷받침한 정신건강사회복지사는 '평등하려면 왜 숨어 있어야 해'라고 정신장애인들에게 도전함으로써 그들이 커밍아웃하는 데 필요한 비판적 의식과 용기를 불러일으켰다. 뿐만 아니라 정신건강사회복지사는 영화제작과정에서 필요한 전문적 봉사자 확보, 기금모금 등을 전적으로 뒷받침했다. 제작된 영화를 보급하는 과정에도 주위의 관심부족과 비협조에 적지 않은 어려움이 있었지만 지속적인 시도를 통해 지방자치단체 인권교육용으로 영화를 보급하는 성과, 영화제 등 공모행사에 지원하여 소기의 성과를 거둘 수 있었다.

Ⅳ. 결론: 정신건강복지영역의 임파워먼트 실천의 과제

임파워먼트실천은 이미 사회복지분야에 널리 소개되어 왔고, 다양한 연구논문들도 발표되었다. 그럼에도 임파워먼트실천이 그다지 활성화되어 있지 못한 것은 다음과 같은 몇 가지 과제와 관련이 있다.

첫째, 임파워먼트실천의 본질은 무엇이며, 그 원리는 무엇인가에 대해 명확한 이해를 향상시킬 필요가 있다는 점이다. 임파워먼트실천을 단지 당사자들에게 더 많은 결정권을 부여하고, 당사자들의 심리내적인 강화와 구체적 기술과 자원을 지원하는 것을 임파워먼트라고 인식하는 경우가 허다하다. 그래서 '역량강화'라는 말이 종종 임파워먼트에 대한 번역어로 사용되지만 단지 개인의 기능과 자원을 강화하는 것만으로는 사회적 억압을 전제하는 임파워먼트실천의 본질과 그 원리에 가 닿을 수 없다. 한편 본 장에서 사례로 제시한 클럽하우스나 한마음의집은 모두 서비스기관 차원에서 임파워먼트실천을 기관운영의 공식적인 원리나 철학으로 명시하지는 않았으나 그 운영은 임파워먼트실천의 원리에 부합한다. 이처럼 임파워먼트실천이라고 포장되었으나 임파워먼트실천과 거리가 먼 경우도 적지 않고, 임파워먼트실천이라 명시하지 않았지만 본질상 정신장애인이 경험하는 사회적 억압에 저항하는 사회변혁적 실천으로 임파워먼트실천에 부합하는 경우도 있어 임파워먼트 실천에 대한 혼란을 불러일으키고 있다. 하지만 본 장에서는 임파워먼트실천의 본질은 사회적 억압을 경험하는 취약한 집단의 무력함과 부당한 차별 등을 극복하기 위한 비판적 의식화와 집단적 옹호를 포함한다고 강조한 바 있다. 임파워먼트실천을 위해서는 임파워먼트실천이 필요한 선행조건으로서 사회적 억압에 대한 명확한 이해, 무력화된 취약한 구성원의 비판적 의식화와 집단적 옹호로 이어지는 개인적 변화와 집단적 변화, 사회체계의 변화로 이어지는 변화의 논리를 이해하는 것이 무엇보다 중요할 것이다.

둘째, 사회변혁적인 임파워먼트실천에 대한 전문직의 내재적인 부담을 극복할 수 있도록 서비스체계의 각 수준에서 비판적 성찰이 요구된다. 임파워먼트실천은 사회적 억압을 가정하고, 비판적 의식화와 집단적 옹호를 포함하므로 많은 사회복지전문가들은 임파워먼트실천에 부담을 경험하기 쉽다. 사회복지실천은 본래 사회변혁적이고, 사회정의 지향적인 실천이었지만 사회복지전문직이 제도화되면서 구조기능주의적인 관점에서 개인의 교정과 사회재적응을 지원하는 전문직으로 그 정체성이 고착화된 부분이 크기 때문이다. 특히 의료모델이 강력한 규범으로 존재하는 정신건강영역에서 정신건강사회복지사가 사회변혁적인 임파워먼트실천을 홀로 담당해 내기는 쉽지 않다. 서비스기관(조직) 차원에서 임파워먼트실천을 정당한 실천으로 승인하고, 의료모델의 한계를 뛰어넘어 당사자 중심의 운영과 실천을 보장하지 않는다면 임파워먼트실천에 공감하고 헌신할 준비가 된 정신건강사회복지사라 할지라도 실천할 수 있는 것은 그다지 많지 않다. 진정한 임파워먼트실천을 위해서는 정신건강복지영역의 전문직, 정신장애인 당사자, 가족, 서비스기관, 지방자치단체와 정부 등 전 수준에서 인식의 전환이 필요하다. 그래서 정신장애인이 경험하는 사회적 억압에 대한 깊이 있는 이해와 공감이 필요하고, 정신건강사회복지사 자신과 동료, 기관, 기관을 이용하는 정신장애인 당사자와 가족 등의 비판적 의식화가 반드시 필요하다.

끝으로 다양한 임파워먼트실천사례들과 성공적인 경험을 공유함으로써 임파워먼트실천이 갖는 가치와 실천전략에 대한 이해와 숙련이 필요하다. 사실 임파워먼트실천은 억압당하는 자들을 위한 옹호와 사회변혁적 실천이라는 점에서 가치적으로 강력한 지지를 받지만 구체적인 실천기술이 무엇인지는 선명하지 않다. 임파워먼트실천은 본 장에서 소개한 클럽하우스사례와 영화제작을 통한 편견극복 사례처럼 간단한 한두 가지의 활동으로 구성되는 프로그램이 아니다. 제도나 사회적 관행 또는 실천이론과 기술, 사회적 편견이나 문화로 고착화되어 있는 사회적 억압에 대한 전문가와 당사자의 비판적 의식화, 단계적인 옹호활동을 통한 성공적인 성취의 경험이 축적되어야 한다. 정신건강사회복지사가 실천전략으로 임파워먼트접근을 활용하려 할 때 스스로 비판적 의식화가 선행되고, 정신장애인 당사자의 비판적 의식화를 원조하여 조직화를 촉진하고, 집단적 옹호활동을 위한 역량이 구축될 수 있도록 지원을 제공해야 한다. 무엇보다도 정신건강사회복지사는 의료모델 외에 대안적인 접근, 특히 당사자 중심적인 접근을 보장하는 이론적, 인식론적 토대가 무엇인지 성찰하고, 이를 활용할 수 있어야 할 것이다. 의료모델 대신 리커버리모델, 정신장애인 정체성을 토대로 하는 국제장애인권리협약 및 장애의 사회적 모델 등이 좋은 예라 할 수 있을 것이다.

참고문헌

김문근 (2016). 상징적 상호작용론과 정신장애의 이해. EM 커뮤니티.

김문근 (2019). 영화제작을 통한 정신장애인 편견 개선 사례 연구. 사회복지연구, 50(1), 5-34.

김문근, 하경희 (2019). 정신건강복지정책 주요 현안과 쟁점 분석. 한국정신건강사회복지학회 학술발표 논문집, 163-198.

이혁구 (2000). 권력의 장치로서의 사회복지-푸코의 권력이론에 입각한 '권한부여' 비판. 한국사회복지학, 43, 328-357.

Adams, R. (2003). *Social Work and Empowerment*(3rd ed). New York: Palgrave Macmillan.

Carr, E. S. (2003). Rethinking empowerment theory using a feminist lens: The importance of process. *Affilia 18*(1), 8-20.

Deegan, P. E. (1992). The Independent Living Movement and people with psychiatric disabilities: Taking back control. *Psychosocial Rehabilitation Journal, 15*(3), 3-19.

Freire, P. (1970). *Pedagogy of the oppressed.* New York, Continuum.

Gutiérrez, L., Parsons, R., & Cox, E. O. (2006). 사회복지실천과 역량강화. 김혜란, 좌현숙, 최유림, 문영주, 김보미 공역. 나눔의집.

Hewitt, J. P. (2001). 자아와 사회: 상징적 상호작용주의 사회심리학. 윤인진 외 공역. 학지사.

Parsons, R. J. (1991). Empowerment: Purpose and practice principle in social work. *Social Work with Groups 14*(2), 7-21.

Rappaport, J. (1984). Studies in empowerment introduction to the issue. *Prevention in Human Services, 3,* 1-7.

Zimmerman, M. A. (1990). Toward a theory of learned hopefulness: A structural model analysis of participation and empowerment. *Journal of research in personality, 24*(1), 71-86.

Zimmerman M. A. (1995). Psychological Empowerment: Issues and Illustrations. *American Journal of Community Psychology, 23*(5), 581-599.

정신건강사회복지의 이해와 실제 2

초판발행 2021년 4월 25일 **1판 1쇄 인쇄** | 2021년 4월 30일 **1판 1쇄 발행**
2022년 3월 5일 **1판 2쇄 인쇄** | 2022년 3월 10일 **1판 2쇄 발행**

편저자 한국정신건강사회복지사협회
펴낸이 최용구 | **펴낸곳** 도서출판 **신정**
주소 (04316) 서울시 용산구 원효로 89길 19(원효로1가)
전화 02)3211-4782, 0266(영업부), 3211-4783(편집부), 3211-4784(팩스)
이메일 shinjeong72@naver.com | **홈페이지** www.sjbook.co.kr
등록 2001년 5월 11일 제13-702호
기획마케팅 최용구 장만동 최중구 신소희 | **책임편집** 석기은 황기연

ISBN 978-89-5912-760-3 94330
978-89-5912-761-0 (전2권)

정가 23,000원